FRANÇOIS ROUVIÈRE

L'ALIÉNATION

Conserver (a Couverture)

DES

7 28

BIENS NATIONAUX

DANS LE GARD

NIMES

LIBRAIRIE
GERVAIS-BEDOT
rue des Halles

LIBRAIRIE
LAVAGNE-PEYROT
boulevard Alphonse Daudet

1900

L'ALIÉNATION DES BIENS NATIONAUX

Dans le Gard

FRANÇOIS ROUVIÈRE

L'ALIÉNATION

DES

BIENS NATIONAUX

DANS LE GARD

NIMES

LIBRAIRIE	LIBRAIRIE
GERVAIS-BEDOT	**LAVAGNE-PEYROT**
rue des Halles	boulevard Alphonse Daudet

1900

L'ALIÉNATION DES BIENS NATIONAUX

DANS LE GARD

I

Ce n'est pas pour satisfaire un sentiment de curio-
sité malsaine que j'ai dressé, en ce qui concerne le
Gard, la liste des acquéreurs de biens nationaux, et
compulsé tous les documents locaux se rapportant
à cette grande opération dont l'influence sur la
constitution de la propriété dans notre pays ne sau-
rait être contestée.

Il m'importait peu de savoir si certains se sont en-
richis ou non par l'acquisition, à vil prix, des biens
du Clergé aujourd'hui encore en la possession de
leurs descendants qui ont, — quelques-uns du
moins, — conservé en même temps les traditions politiques et religieuses de leurs ancêtres.

Il m'était bien indifférent d'apprendre s'il existe,
de nos jours, parmi les détracteurs les plus achar-
nés de la Révolution, parmi les ennemis le plus en
vue de la démocratie moderne, des gens devant leur
fortune actuelle et la considération dont ils jouis-

sent à cette seule circonstance qu'ils sont les petits-
fils de « sans-culottes, » de « patriotes, » — comme
on disait alors, — qui, en devenant acquéreurs de
biens nat... naux, ont aidé la France à entretenir jusqu'à quatorze armées pour défendre son sol et sa liberté.

Lorsque cette liste sera publiée, chacun pourra
se livrer à ses réflexions personnelles sur ce point.

Mon but est tout autre.

Les résultats généraux de la vente des biens nationaux ont été jugés de façons différentes, parfois contradictoires, par les historiens ou par les économis-
tes, suivant les points de vue auxquels ils se sont
placés, sans doute parce que les éléments complets
d'appréciation leur ont manqué.

Aussi, M. Aulard disait-il, le 14 décembre 1892,
dans l'excellente revue qu'il dirige (1), en signalant
la publication faite en allemand, par un jeune russe,
M. Borris-Menzès, professeur à l'Université de Sofia,
d'une intéressante étude sur l'aliénation des biens
nationaux de Seine-et-Oise : « Ce n'est que par de
« telles monographies qu'on pourra préparer les
« éléments utiles pour une histoire économique de
« la Révolution. »

Puisse celle-ci contribuer à cette grande œuvre !
A défaut d'autre mérite, elle a du moins celui de la
vérité et de l'exactitude.

J'ai consulté aux archives départementales toute
la série Q, indépendamment de la série L. J'ai lu les
actes de vente, la correspondance administrative qui
les a précédés ou suivis ; j'ai relevé les incidents
qui m'ont paru intéressants pour l'histoire ; un « som-

(1) *La Révolution française*, p. 561.

mier » qu'a bien voulu me communiquer M. Bardon, receveur des domaines et membre de l'Académie de Nimes, m'a fixé sur la façon dont les acquéreurs se sont libérés ; parmi les biens déclarés nationaux et non aliénés sous la Révolution, j'ai désigné ceux qui ont été affectés ultérieurement à des services publics, ceux qu'on a restitués ou rendus à leur destination primitive, ceux qui sont devenus domaniaux et qui ont été vendus sous la monarchie de juillet (1).

Enfin, pour les émigrés, j'ai non seulement recueilli quelques notes biographiques et généalogiques fort intéressantes, mais j'ai aussi relevé l'estimation, faite sous la Restauration, des biens dont ils avaient été dépouillés, et indiqué la part qui leur a été attribuée, — à eux ou à leurs ayant-droits, — dans la répartition du milliard voté le 27 avril 1825 pour les indemniser ; on verra par là que si l'Etat ne retrouva pas dans l'aliénation des biens du Clergé la compensation des charges qu'il dût assumer en s'emparant de ces biens, l'opération n'a pas été apparemment meilleure en ce qui touche les biens des émigrés, que cette opération n'a été qu'un expédient et n'a eu, peut-être, qu'un seul avantage réel et immédiat, celui de permettre à la France de se procurer momentanément des ressources pour lutter contre l'Europe coalisée.

Au point de vue économique, la dispersion des biens nationaux entre des détenteurs plus nombreux, les reventes successives et partielles de ces biens par les acquéreurs de lots importants, — spéculateurs ou non, — la décentralisation, en un mot, de la propriété rurale a eu cependant une portée

(1) En exécution de la loi du 25 mars 1831.

considérable qu'une histoire complète, telle que la désire M. Aulard, pourra seule faire ressortir.

⁎

Les biens nationaux sont divisés en biens de *première origine* et en biens de *seconde origine*.

Les biens dits de *première origine* comprennent :

1* Les biens du Clergé mis à la disposition de la Nation par la loi. du 5 novembre 1790, qui en forment la presque totalité ;

2* Les biens des Religionnaires fugitifs non réclamés dans les délais prescrits par la loi du 15 décembre 1790 (1) ;

3° Les domaines de la Couronne vendus en exécution de la loi du 11 février 1791 ;

4* Les biens des Citadelles supprimées par la loi du 10 juillet 1791 ;

5° Les domaines engagés (2) ;

6° Les biens des sociétés, établissements, confréries et congrégations supprimées.

On a dit bien des choses sur l'origine des biens du Clergé confisqués par la Révolution, sur les causes de leur accroissement, sur les moyens employés pour augmenter le domaine de l'Eglise. Point n'est besoin de les rappeler. Mais le fait suivant relaté dans une lettre adressée au Procureur général syndic du département du Gard , par les administrateurs du district de Nimes, le 7 septembre 1791, et

(1) Voir, à ce sujet, mon travail sur *Les Religionnaires des diocèses de Nimes, Alais et Uzès, et la Révolution française.* (Paris, lib. Fischbacher, et Nimes, librair. Lavagne-Peyrot,1889).

(2) Voir, plus loin, ce qu'on entend par *domaines engagés.*

envoyée au Comité des Domaines le 7 février 1792, mérite d'être cité :

Le sieur Pierre Chabanel, messager de cette ville, calviniste, était propriétaire, longtemps avant le commencement du siècle, d'un terrain enclos sis devant le monastère de la Visitation de cette ville ; les religieuses, ayant voulu réparer leur chapelle, proposèrent au sieur Chabanel de céder ce terrain qui gênait leur jour et leurs projets ; le sieur Chabanel, dont ce local faisait la principale ressource (il l'employait en remises publiques et en dépôts d'engrais), se refusa constamment au vœu des religieuses.

On obtint une lettre de cachet pour traduire le sieur Chabanel au fort de Brescou, près d'Agde, sous prétexte de Religion ; il paraît que cet ordre arbitraire n'eut pas son entière exécution car, le 3 avril 1714, le sieur Chabanel vendit sa possession aux religieuses de la Visitation moyennant le prix de 900 livres qui n'était pas la moitié de la valeur réelle, et il paraît constant que ce fût *pour acheter sa liberté.*

Cependant ces religieuses ne firent aucun usage de leur nouvelle acquisition et, depuis cette époque, les enfants et petits-enfants du sieur Chabanel, qui sont les sieurs Franc, ont continué de jouir à loyer de leur maison paternelle, et elle est encore aujourd'hui leur seule ressource, ayant continué l'industrie de leur frère et ayeul.

D'après ces faits, le Directoire est d'avis, monsieur, que ce terrain doit être rendu aux sieurs Franc, héritiers du sieur Chabanel, à la charge par eux de rembourser la somme de 900 livres qu'ils ont reçue en 1714 pour le prix de cette maison (1).

Est-ce suffisamment édifiant ?

Loin de moi la pensée de conclure du particulier au général et de proclamer que tous les biens du Clergé dont la Nation s'empara avaient une origine

(1) *Archiv. dép.* 1, Q, 1, 51.

aussi impure. Que beaucoup aient été volontairement donnés aux ecclésiastiques et aux congrégations religieuses, j'aurais garde de le nier ; on sait
aussi que le souci de s'assurer la paix de l'âme dans
la vie future et la crainte des flammes éternelles ont
été le mobile de bien de donations ; mais le cas du
sieur Chabanel n'est vraisemblablement pas isolé.

*_**

Quoi qu'il en soit, les ventes de biens nationaux
ordonnées par la loi eurent lieu dans le Gard en
même temps que dans les autres départements.

Du 19 novembre 1790 au 26 brumaire an IV (17 novembre 1795), elles furent faites, par voie d'adjudication, devant les administrations de districts (1). Le
prix en était payable en assignats, savoir : douze pour
cent immédiatement après la vente, le surplus en
douze annuités. Mais en l'an IV, *tous* les acquéreurs,
profitant de la dépréciation des assignats, pouvant se
procurer, pour se libérer, de fortes sommes en assignats avec peu d'argent, usèrent de la faculté qu'ils
avaient d'anticiper leurs paiements (2). Les seuls
rares acquéreurs qui avaient acquitté leur dette peu

(1) Voici les dates extrèmes de ces ventes par district : *Uzès*,
20 déc. 1790 — 3 vendémiaire an 4 ; *Alais*, 5 février 1791 — 9 brumaire an 4 ; *Le Vigan*, 3 janvier 1791 — 25 janvier 1793 ; *Pont-St-
Esprit*, 9 décembre 1790 — 27 fructidor an 3 ; *St-Hippolyte*, 10 décembre 1790 — 23 thermidor an 3 ; *Beaucaire*, 20 déc. 1790 —
29 vendémiaire an 4 ; *Sommières*, 18 janvier 1791 — 8 brumaire
an 4 ; *Nîmes*, 19 nov. 1790 — 26 brumaire an 4.

(2) Ce fait est établi par le *sommier des domaines nationaux* du
district de Nîmes (du 16 décembre 1790 au 11 brumaire an 4), contenant 371 articles, qu'a bien voulu me communiquer M. Achille
Bardon, receveur des domaines.

après la vente ne purent pas bénéficier des circonstances.

Dès le 26 prairial an IV (14 juin 1796), on ne pro-
céda plus avec concurrence et publicité ; les ventes
eurent lieu devant l'administration départementale
(les districts étant supprimés), de gré à gré, d'après
un prix déterminé conformément à l'article 8 de la
loi du 28 ventôse précédent ; le prix en était payable en mandats territoriaux ou promesses de mandats, moitié dans la décade et moitié dans les trois
mois. Ce mode de paiement n'évita pas le scandale.
Les mandats territoriaux, dit Benoit Malon (1) « allè-
« rent tout naturellement, comme les ruisseaux à la
« rivière, ès mains des *fournisseurs.* Ce nouveau
« papier-monnaie devait partie être changé contre
« des assignats, à raison de trente capitaux pour un,
« partie être employé à l'achat direct des biens na-
« tionaux. Les croupiers, déjà possesseurs de la plus
« grande partie des assignats, raflèrent rapidement
« les mandats territoriaux, payant ainsi au 340ᵐᵉ ce
« qui leur valait un ter hai, ou, pour être plus
« clair, payant un ce qui valait dix et demi. »

Ce système ne dura que trois mois. A partir du
21 fructidor de la même année, on eut recours de
nouveau a l'adjudication. Le prix des ventes fut
alors exigé en inscriptions au Grand-Livre de la
Dette publique, récemment établi par la Convention
nationale sur la proposition de Cambon, un quart
dans les vingt jours et avant la prise de possession,
trois quarts dans les deux mois suivants, les frais
d'enregistrement et un pour cent pour frais de vente
étant exigibles en numéraire.

(1) *L'agiotage de 1715 à 1870* (Paris, 1885) pp. 24-25.

Peu après, le 8 germinal an V, et postérieurement, on stipule que la totalité du montant de la
vente sera acquittée dans les vingt jours en inscriptions au Grand-Livre, et, à peine un mois plus tard,
dès le 20 floréal, les actes portent que le prix sera
payé : 1/10ᵉ en numéraire, moitié dans les dix jours
et moitié dans les six mois ; 4/10ᵉ en cédules produisant cinq pour cent d'intérêt, payables chaque année ; le restant facultativement avec des ordonnan-
ces ministérielles pour fournitures à la République,
bordereaux de liquidation de la Dette publique ou
de dette des émigrés, bons de liquidation, bons de
loterie, bons de restitution ou d'indemnités pour
pertes occasionnées par la guerre dans les départements frontières ou de l'Ouest (valeurs admises seulement jusqu'au 1ᵉʳ messidor), ou avec des inscriptions sur le Grand-Livre. Mais on sait que, lors de la
dépréciation des assignats, les fournisseurs des armées n'avaient plus voulu de papier-monnaie ; ils
avaient préféré se faire inscrire au Grand-Livre à
raison de six capitaux pour un, puis de 10, 15, 20
capitaux pour un. « Telle maison de Gênes, — dit
« M. G. Avenel, — pour avoir avancé 1,100,000 francs
« était portée pour 10,000,000. Tel autre, créancier
« de 200.000 liv. se trouvait possesseur de 12 mil-
« lions d'inscriptions. » Et c'est avec de tels titres
que les acquéreurs de biens nationaux furent admis
à se libérer !

Cet abus scandaleux dura jusqu'au 27 brumaire
an VII (17 novembre 1798), date à laquelle on exigea
la totalité du montant des ventes en numéraire métallique en 18 mois, savoir : 1/12ᵉ dans les dix jours et
le surplus en six obligations, la première de 1/12ᵉ,

les cinq autres de 1/6ᵉ chaque, de trois mois en trois
mois. A partir du 1ᵉʳ pluviôse suivant (20 décembre
1798), on admit cependant en paiement des « bons
de remboursement des deux tiers de la dette publique ou des effets équivalents. »

Enfin, les ventes faites sous l'Empire, en 1808 et
1809, dans les communes de la situation des biens,
le furent sous la condition expresse du paiement du
prix en numéraire, par cinquièmes, le premier dans
les trois mois, le second un an après, et ainsi de
suite d'année en année. Ce sont les seules qui n'aient
pas occasionné à l'État de cruelles déceptions.

*
* *

Avant de procéder aux ventes, on avait fait dresser, par des experts, des procès-verbaux d'estimation.

Bon nombre de ces procès-verbaux ont disparu,
et certains de ceux qui nous ont été conservés, la
plupart se rapportant à des propriétés très vastes,
n'indiquent malheureusement ni les contenances, ni
les confronts ; d'où l'impossibilité de connaître exactement l'importance superficielle des biens aliénés.

Ajoutons à cela que certains experts se trompè-
rent « pour n'avoir pas eu les modèles sous les
yeux,» et qu'ils durent rectifier leurs opérations (1).
On écrivait de Pont-Saint-Esprit, le 19 décembre
1790 : « Des propriétés nationales dont la valeur
« s'élève à 500.000 livres n'ont pas été estimées au-
« delà de 250.000 livres. Et à ce prix la ville de Ro-
« quemaure gagnerait une forte somme aux dépens

(1) *Arch. dép.*, 2, Q, 3, 14.

« de la Nation (1), tandis que les officiers munici-
« paux publiquement taxés de collusion avec les ex-
« perts, perdraient leur réputation d'intégrité scru-
« puleuse (2). »

En dépit d'éléments d'appréciation aussi impar-
faits, le Directoire du département, dans son compte
de gestion rendu au Conseil le 16 novembre 1791,
fixa à 18.659.916 liv. 13 s. 7 d. la « valeur *approximative* des biens nationaux situés dans le Gard ; »
le 1ᵉʳ octobre 1792, il l'évaluait à 23.637.936 liv. dont
11.407.731 liv. déjà vendus et 4.604.766 liv. « à vendre, » le restant étant pour le moment réservé. Il ne
s'agit, bien entendu, que des biens de première origine. Mais qui oserait affirmer, qui pourrait établir,
que ces chiffres ont été atteints, dépassés ou appro-
chés ? Que de déconvenues les ventes ne réser-
vaient-elles pas ?

.

Ces ventes étaient annoncées par des affiches
préalables que, dans certaines localités, des « mal-
intentionnés » arrachaient presque aussitôt après
leur apposition (3).

Il paraît, néanmoins, qu'au début les biens furent « avantageusement aliénés. » Telle propriété,
qu'une « estimation assez juste » avait évaluée à
4212 liv., trouva preneur à 11.000 liv. « Il ne nous

(1) On sait qu'à l'origine les communes furent appelées à sou-
missionner pour l'acquisition des biens nationaux situés sur leurs
territoires, sauf à elles à les revendre.

(2) *Arch. dép.* 1, Q, 1, 51.

(3) Lettres du District de Sommières, 17 déc. 1790, *Arch. dép.*
1, Q, 1, 51.

reste qu'un regret, — disaient à ce sujet les administrateurs du district de Pont-Saint-Esprit, — c'est
que les lenteurs du Comité d'aliénation nous em-
pêchent de profiter d'un moment aussi favorable (1). »
Tel jardin affermé 400 liv. par an fut vendu 11.500
livres : « C'est une bonne augure *(sic)* pour les ventes prochaines, » s'empressent de dire dans leur en-
thousiasme les administrateurs du district de Beaucaire ; « la séance a été tenue avec beaucoup d'appa-
reil et il y a eu un grand concours d'assistants (2). »

On considérait alors ces acquisitions comme de
bons placements ; on vit des maris acheter des biens
du Clergé pour consolider les dots de leurs femmes,
des pères immobiliser ainsi le patrimoine de leurs
enfants.

Bientôt l'empressement se calme, et on se conforme aux désirs des enchérisseurs en groupant,
contrairement au vœu de la loi, certains lots faits
par les experts pour les vendre en bloc, sous prétexte d'épargner des frais de séjour aux enchérisseurs éloignés de leur domicile (3) ; on va même,
pour les faciliter, jusqu'à admettre que certains
acquéreurs se portent garants pour d'autres (4) ;
aussi quelques ventes de biens sis à Pujaut, Aramon,
Villeneuve, Saint-Gilles, Beaucaire, etc... (5) nous

(1) 11 déc. 1790, *arch. dép.* 1, Q, 1, 51. — On sait que les ventes
ne pouvaient être annoncées que sur l'autorisation de ce Comité
siégeant à Paris.

(2) 20 déc. 1790, *id.*

(3) *Arch. dép.* 2, Q, 3, 38 et 1, Q, 1, 56.

(4) De Villeneuve et de Pujaut entre autres.

(5) Voy. les nos 443, 613, 695, 842, 1041, 1870, 2418 de la liste
des acquéreurs.

apparaissent-elles comme de véritables partages, à titre onéreux, entre habitants d'une même commune, partages faits avec le consentement tacite de l'administration qui s'est ménagée cependant une excuse en adjugeant à un prix légèrement supérieur à celui de l'estimation.

On vit aussi, à divers moments, se former des coalitions, dont le but était d'écarter les concurrents par la menace, les insultes, les promesses : « L'aliénation de quelques objets au prix de 100.000 liv., quoiqu'ils valussent le double selon les rapports qui nous ont été faits, annonce une coalition qu'il importe de prévenir, » — écrit le procureur syndic de Pont-Saint-Esprit (1). « Les biens nationaux s'adjugent et s'adjugeront très mal, pour le présent, par l'effet des coalitions, nous pourrions même dire par les menaces aux prétendants, ou par l'argent qui leur est offert ou donné, ce dont nous n'avons pas la certitude physique, mais celle de la renommée, » ajoute-t-il trois jours après (2).

Pour y remédier, le Directoire du département suspend toute adjudication pendant un délai déterminé. Mais dès que les ventes sont de nouveau annoncées, les coalitions renaissent : le 1er ventôse an II (19 février 1794), à Pont-St-Esprit, Charavel Jean-Baptiste élève la voix et demande, en séance, aux habitants de Bagnols présents, s'ils consentent à ce qu'il surenchérisse de 1.000 livres ; — à Beaucaire, le 27 fructidor an III (13 septembre 1795), des individus de Villeneuve veulent exclure de l'adjudication certains prétendants de Pujaut ; les adminis-

(1) 30 avril 1791, *arch. dép.* 1, Q, 1, 51.
(2) 2 mai 1791, *id.*

trateurs, la garde nationale, sont insultés ; il y a
des voies de fait très graves qui déterminent des
arrestations et une plainte à l'accusateur public ; —
antérieurement, le 18 nivôse (7 janvier 1795), deux
particuliers, Joseph Lacroix et Vincent Mouleau
avaient proféré, en présence du District, des menaces contre les prétendants et tenu des propos sédi-
tieux ou contre-révolutionnaires (1).

Dans de telles circonstances, on se gardait bien
d'adjuger ; la séance était levée et on renvoyait les
ventes à un autre jour. Mais on comprend bien que
les intérêts de l'État durent souffrir considérable-
ment d'une telle disposition des esprits et de la tena-
cité des spéculateurs.

Ailleurs, ce sont des incidents d'une autre nature qui motivent l'ajournement des ventes. Ainsi,
à Alais, le 5 août 1791, à la vente du couvent des
Capucins, un nommé Bénézet, « insolvable et aliéné, »
se présenta et fit des offres ; on fut obligé de ne
plus les recevoir, ce que voyant notre homme me-
naça les administrateurs du district de ses canons
(il se prétendait colonel des grenadiers et en portait
l'habit) et de les faire destituer (2).

A part cela, tout se passa dans l'ordre le plus
parfait.

.*.

Mais s'il est impossible, par suite des lacunes
de certains procès-verbaux d'expertise ou d'adjudication de faire connaître l'étendue totale des biens

(1) *Arch. dép.* 2. Q. 3, 13.
(2) *Arch. dép.* 1. Q. 1, 51.

ruraux aliénés, il n'est guère plus facile d'indiquer le produit réel des ventes consenties.

En raison de la dépréciation du papier-monnaie, de la variété et des différences de cours des valeurs admises en paiement, il aurait fallu se livrer à des calculs longs et fastidieux pour connaître, d'après les tableaux officiellement publiés en l'an VI (1), la somme en numéraire représentée par le prix de chaque vente, suivant la date de l'acte, et additionner ensuite les résultats ainsi obtenus.

J'ai renoncé à cette besogne qui m'a paru d'autant plus inutile que les paiements anticipés, dont les dates ne sont pas toujours connues, jettent un trouble insurmontable dans ces calculs et ne permettent pas de faire ressortir exactement la somme que l'État a retirée de l'opération, et d'apprécier si cette somme a été supérieure ou inférieure à celle de la valeur approximative totale rapportée plus haut.

Tout ce que je puis dire ici, c'est que les biens de 146 établissements furent vendus, à part ceux des prieurés et des communes; les biens de la Couronne, de la Province de Languedoc, et des Religionnaires fugitifs sont aussi en dehors de ce chiffre (2). Les biens ruraux, les fermes, les maisons d'habitation, les couvents, les églises, les presbytères aliénés intéressent 377 communes ou hameaux du département ; le nombre des propriétés bâties ainsi livrées à des particuliers n'est pas inférieur à 680.

---

(1) Le tableau de dépréciation, pour le Gard, fut dressé par l'administration centrale du département le 5 fructidor an V.

(2) Ne sont pas non plus compris les biens appartenant à Jean Bresson, de Sommières, receveur général du département, vendus le 30 frimaire an XII, en exécution des lois des 15 floréal an X et 28 pluviose an III sur la comptabilité, pour reliquat de compte. Voy. *Arch. dép.* 2. Q. 4, 6, nos 9 et 12, — 2. Q. 4, 7, nos 3, 5 bis et 6.

Les acquéreurs de ces immeubles, acquéreurs de première main, s'élèvent à 2725. Il y a, parmi eux, plus que des roturiers ou de simples paysans. Les nobles ne dédaignèrent pas d'acquérir des biens du Clergé. Dans la liste, on remarquera les plus grands noms du département.

Il y a aussi des prêtres et le Consistoire protestant de Nimes parmi les acquéreurs, ainsi que les représentants les plus autorisés de la bourgeoisie.

Certains de ces acquéreurs ne purent remplir leurs engagements et furent déchus des avantages de leurs acquisitions. J'en ai relevé plus de vingt dans ce cas, principalement dans les districts de Beaucaire, de Saint-Hippolyte et de Pont-Saint-Esprit, et, assurément, je n'ai pu les connaître tous. Il y eut donc des reventes par suite de folle-enchère ; la plupart furent faites à des prix inférieurs à ceux primitivement obtenus (1).

Cependant, tout, ici, trouva acquéreur. Ainsi, les décrets des 29 germinal et 8 prairial an III avaient établi une loterie de maisons, meubles et effets précieux déclarés nationaux ; des tirages eurent lieu à Paris les 2 et 12 fructidor an III et 9 brumaire an IV ; et, dans le prospectus ou liste des lots, on ne voit rien figurer se rapportant au Gard.

Il convient d'ajouter que pendant la Révolution, certains biens provenant soit du Clergé, soit des émigrés, et non encore aliénés, furent utilisés pour les besoins de la Nation et de ses représentants. Les uns furent affectés à des services publics, aux magasins militaires, aux corps de garde, au logement des

(1) *Arch. dép.* l. Q. 1, 52, lettre d'Amelot, Paris, 12 mars 1792.

garnisons et de la gendarmerie, plus tard aux tribunaux, mairies, prisons, collèges. On en rendit plusieurs à leur première destination (églises et presbytères) et on en concéda aussi pour le culte protestant. Enfin, le 7 fructidor an II, le représentant du peuple Perrin, délégué par la Convention dans le Gard, désirant se loger « dans la maison ayant appartenu à Jean-Antoine Teissier-Marguerittes, condamné à la peine de mort, » le District de Nîmes ordonna de lever les scellés qui y étaient apposés, de dresser l'inventaire des meubles qu'elle contenait et d'en « laisser la libre disposition au représentant (1). »

II

Biens mobiliers. Meubles et objets réservés pour l'armée, les musées, les bibliothèques, etc... ou restitués aux églises. Envoi d'argenterie aux ateliers de monnaie. Cloches des églises supprimées. Ventes d'objets mobiliers.

Ce ne sont pas, il est vrai, les seuls immeubles du Clergé et des émigrés qui avaient été attribués à la Nation par les lois révolutionnaires. Les meubles et effets étaient compris dans la confiscation et furent vendus.

On excepta cependant de la vente :

1° Les bois de lits, draps, couvertures, matelas et paillasses qui, d'après la loi du 25 vendémiaire an II, devaient être employés au casernement des citoyens de la première réquisition et furent versés dans les magasins militaires ;

(1) *Arch. dép.* 5, Q. 7, f° 248.

2° Le linge, sauf le linge neuf n'ayant jamais servi ou précieux par sa nature ou par sa forme, conformément à l'arrêté du Comité de salut public du 27 floréal, — envoyé aux armées ;

3° Les meubles en bois rare, glaces, chandeliers, bras, girandoles, porcelaines, bijoux, manuscrits, livres imprimés, tableaux, médailles, pierres gravées, mis à la disposition de la Commission de commerce et d'approvisionnement de la République par l'arrêté du Comité de salut public du 3 germinal, et réservés aux musées et bibliothèques, — (et cependant, quand on jette un coup d'œil sur les inventaires des archives, on est frappé de la quantité considérable de documents, de chartes, de livres précieux disparus ou passés à l'étranger) ;

4° L'or, l'argent et le cuivre, qui devaient être envoyés à l'Hôtel des monnaies conformément à la loi du 3 septembre 1792 et à l'article 9 de celle du 25 juillet 1793.

Certains de ces objets, nécessaires « à la majesté du service divin, » furent néanmoins restitués aux églises, même pendant la période la plus troublée de la Révolution, sur des états détaillés certifiés par l'évêque constitutionnel Dumouchel ; d'autres périrent par le feu, en totalité ou en partie, dans des mouvements populaires à Anduze, Boisset-et-Gaujac, etc.

Toutefois, d'après les bordereaux conservés aux archives départementales, les divers envois d'argenterie faits par le Gard aux Monnaies de Montpellier et de Paris, de 1791 à l'an III, s'élèvent à 6.101 marcs, 6 gros, 6 grains (1), savoir :

(1) Le marc était évalué à la moitié de la livre et se divisait en 8 onces ou 64 gros, ou 92 deniers, ou 300 mailles ou 4.608 grains.

Pour le district d'Alais, 574 marcs, 26 onces, 22 gros.

— de Beaucaire, 761 marcs, 26 onces, 16 1/2 gros.

— de Nimes, 1618 marcs, 62 onces, 44 gros.

— de Pont-Saint-Esprit, 1,540 marcs, 39 onces, 104 gros, 106 grains.

— de St-Hippolyte, 73 marcs, 12 onces, 15 gros, 12 grains.

— de Sommières, 148 marcs, 8 onces, 19 1/2 gros.

— d'Uzès, 968 marcs, 31 onces, 7 gros.

— du Vigan, 383 marcs, 20 onces, 15 gros, 38 grains.

Ces envois comprenaient, non seulement de l'argenterie proprement dite, mais aussi du vermeil, des galons, des tissus et des broderies d'or ou d'argent (fins, brûlés ou faux), et des objets de toutes sortes, provenant, les uns et les autres, soit des églises et des congrégations supprimées, soit de « dons civiques et patriotiques » faits par les particuliers, les sociétés populaires et les communes, soit des émigrés. Pour les curieux qui voudraient rechercher (tâche à laquelle j'ai renoncé) la valeur approximative de ces diverses matières, je m'empresse de dire que, dans le poids total indiqué, l'or, les galons et tissus d'or, n'atteignent pas 100 marcs.

Le cuivre et le laiton n'entrent pas dans ce relevé.

(Chéruel, dict. hist. des institutions de la France, II, 732). La livre, poids de marc, se divisait en 16 onces, l'once en 8 gros, le gros en 3 deniers, le denier en 24 grains. La livre vaut 489 gr 50.585, l'once 30 gr. 59.412, le gros 3 gr. 82.426, le denier 1 gr. 27.475, le grain 0 gr. 05.311 (Durant et Bastide, Tables de comparaison... Nimes, Gaude, 1816, p. 215).

Certains objets de cette nature furent réquisitionnés pour le service des armées et des hôpitaux ; on envoya les autres à Montpellier pour être transformés en monnaie de billon (1).

On fit aussi servir à la fonte de la monnaie de billon les cloches des églises supprimées. C'est ainsi que le District d'Alais envoya à la Monnaie de Montpellier 28 cloches pesant 3.429 livres, 4 onces ; celui de Beaucaire, 22 cloches pesant 8.423 livres et demie ; celui de Nimes, 40 cloches pesant, au total, les unes (12), 1.435 liv., les autres, 108 quintaux, 579 liv. ; celui de Pont-St-Esprit, 31 cloches pesant 4.132 liv. 5 onces ; celui de St-Hippolyte, 10 cloches pesant 730 liv. et demie ; celui de Sommières, 14 cloches pesant 863 liv. 15 onces (le poids de celles de St-Jean-de-Roque et de Brouzet n'est pas indiqué) ; celui d'Uzès, 27 cloches pesant 5.788 liv. 8 onces ; seul, le District du Vigan n'envoya rien.

Les archives nous ont aussi conservé quelques procès-verbaux de ventes de mobiliers de première origine. J'ignore si l'énumération suivante que j'en fait est complète :

Aiguesmortes, 22 germinal en III, matériaux de démolition des clochers et autres signes extérieurs du culte, 150 liv.

Aimargues, 4 mars 1791, mobilier du couvent des Récollets, 80 liv. ; 3 ventôse an II, meubles et effets de l'église paroissiale, de la chapelle des Pénitents gris et de l'église des Récollets, 1.463 l. 5 s. 6 d.

(1) On envoya aussi à la Monnaie de Paris : le 25 germinal an II, 2.160 liv. en pièces d'or trouvées dans la maison d'Alméras, de Salinelles ; le 15 frimaire an XI, 7 gr. d'or et 113 gr. d'argent ; le 13 janvier 1807, 19 gr. d'or et 178 gr. d'argent.

Alais, 7 déc. 1792-24 sept. 1793, mobilier des maisons religieuses supprimées, 2.686 l. 10 s.; 8-15 ventôse an III, habillements et ornements d'église de diverses églises du district, déposés au Palais épiscopal, 11.521 l.; 17-26 ventôse an III, meubles et effets provenant de diverses églises du district, déposés aux ci-devants Dominicains, 12.673 l. 16 s.; 16 messidor-12 thermidor an IV, meubles du collège, 77.713 l. 7 s.; 15 messidor-18 fructidor an V, id. 758 l.

Anduze, 11 février 1793, mobilier du couvent du Verbe-Incarné, 917 l. 10 s.

Boisset-et-Gaujac, 10 germinal an II, mobilier de l'église (le reste avait été brûlé) 123 l. 10 s.

Beauvoisin, 15 mars 1791, mobilier de l'abbaye de Franquevaux, 1.112 l. 14 s.

Blauzac, 26 janvier 1793, vente, à Uzès, du mobilier de l'abbaye de Saint-Nicolas, (Genovefins), 313 l. 10 s.; 27 vendémiaire an IV, id., 47.892 l.

Générac, 10 prairial an II, vente de deux ormeaux du grand prieuré de Saint-Gilles, 100 l.

Nîmes, 4 mars 1791, mobilier des Bénédictins, 1.337 l. 12 s.; 13 avril 1791, mobilier des Augustins, 163 l. 16 s.; 19 avril 1791, mobilier des Dominicains, 550 l. 14 s.; 27 mai 1791, mule, charrette et harnais des Capucins, 375 l. ; 4-10 décembre 1792, mobilier des Ursulines du grand couvent, 960 l. 15 s.; 10-15 décembre 1792, mobilier des Ursulines du second monastère, 1.382 l. 7 s.; 17-19 décembre 1792, mobilier des religieuses de la Visitation Saintes-Maries, 616 l. 16 s.; 22 décembre 1792, meubles des corps et communautés supprimés, vendus à la mairie, 208 l. 10 s.; 15-17 janvier 1793, meubles des sœurs des écoles chrétiennes dites de la Calade, 787 l. 7 s.; 18-23 janvier 1793, mobilier des sœurs de la Providence, 801 l. 1 s.; 26-29 mars 1793, meubles et effets déposés dans une salle du Collège et provenant des églises supprimées de Nimes, 1.403 l. 8 s. 6 d.; 22 floréal-11 prairial an II, effets d'églises déposés au collège, 11.635 l. 11 s.; 17 fructidor an II ; boiseries et autres effets des Capucins, 810 l. 5 s.; 4 prairial an III, effets et ornements d'églises, 1.110 l.; 6 prairial an III, pont de bois devant l'entrée du couvent des Capucins, 410 l.; 9 prairial an III, effets provenant d'églises supprimées, 590 l. ; 25 prairial an III, effets provenant d'églises supprimées, 635 l.; 5 messidor an III, meubles de la Régie générale de la marque d'or et d'argent, 350 l.; 25 fructidor an III, meubles provenant des ateliers de Charité établis aux faubourgs Saint-Antoine et Saint-Marceau à Paris, 7.119 l.; 26 fructidor an III, effets provenant d'églises supprimées, 5.525 l.

Saint-Gilles, 2 septembre 1791, mobilier des bâtiments de l'exploitation de la Dime (Chapitre), 1.303 l. 7 s.; 19-21 mars 1791, meubles et effets trouvés dans l'église Saint-Jean et dans la Collégiale (ordre de Malte), vendus à Nimes, 1175 l. 2 s. ; 9 floréal an III, matériaux de la démolition des clochers, 775 l.

Saint-Laurent-d'Aigouze, 6 ventôse an II, matériaux de trois croix en pierre abattues, 18 l.; 6 ventôse an II, matériaux de l'autel et de la chaire de l'église, 104 l.; 28 ventôse an II, fer et plomb provenant de la cloche de l'église envoyée à Nimes, 60 l.

Sommières, 14-16 novembre 1791, meubles des Cordeliers, 321 l. 8 s. 6 d.; 22-23 février 1793, meubles

des Ursulines, 1.268 l. 3 s.; 24 messidor an III, dé-
pouilles des églises et *de divers émigrés* déposées
aux magasins du district 16.494 l. 10 s. (1).

Uzès, 27-30 août 1791, meubles des Cordeliers,
609 l. 11 s.; 5 février 1793, meubles du couvent des
religieuses N.-D., 1.015 l. 19 s.; 9 février 1793, meubles du Séminaire, 605 l. 10 s.

Le Vigan, 4 germinal an II, vente d'une pendule
des Capucins, 352 l. 10 s.

III

Domaines engagés. Soumissions des engagistes.

Le moment est venu de donner quelques détails
sur les *domaines engagés*. Une loi du 14 ventôse
an VII, porte :

Les aliénations du domaine de l'État, consommées dans
l'ancien territoire de la France avant la publication de l'édit
de février 1566, sans clause de retour ni réserve de rachat,
demeurent confirmées…

Toutes les aliénations du domaine de l'État contenant
clause de retour ou réserve de rachat, faites à quelque titre

---

(1) Il y a (arch. dép. 2. Q. 5. 18) des quittances du receveur du
district du produit de la vente des linges, effets, ornements des
églises du district savoir : 21 floréal an 2, 4792 livres 3 sols ;
21 messidor, 1889 l.; même jour, 312 l. 15 s.; 1 thermidor, 2077 l.
12 s.; 29 fructidor, 1893 l. 18 s., « pour solde ».

Le 24 messidor an III, le District vendit au prix de 16.374 l., le
mobilier des émigrés, des déportés et des églises déposé dans ses
magasins. (Il s'agit probablement de la même vente, malgré la
différence du chiffre).

Le District de Saint-Hippolyte n'avait fait aucune vente de mobilier au 23 messidor an III.

que ce soit, à quelques époques qu'elles puissent remonter, et en quelque lieu de la République que les biens soient situés, sont et demeurent définitivement révoquées.

Toutes autres aliénations, même celles qui ne contiennent aucune clause de retour ou de rachat, faites et consommées dans l'ancien territoire de la France postérieurement à l'édit de février 1566, et dans les pays réunis postérieurement aux époques respectives de leur réunion, sans autorisation des assemblées nationales, sont et demeurent révoquées, ainsi que les sous-aliénations qui peuvent les avoir suivies, sauf les exceptions ci-après...

Art. 13. (Obligation, pour les engagistes, de faire, dans le mois de la publication de la loi, à l'administration centrale du département de la situation des biens, la déclaration générale des fonds faisant l'objet de leur engagement, échange ou autre titre de concession).

Art. 14. Ceux qui auront fait la déclaration ci-dessus pourront, dans le mois suivant, faire devant la même administration, la soumission irrévocable de payer en numéraire métallique le quart de la valeur des dits biens..., avec renonciation à toute imputation, compensation ou distraction de finance ou amélioration.

Tombèrent sous l'application de cette loi :

1° Trente salmées et demie de terres dépendant du mas Desports, à *Beaucaire* (déclaration du 27 pluviôse an II, faite par des Roys, représenté plus tard par Mlle de Gallifet) ;

2° Quarante arpents de Garrigues ou bois d'Agulhon, territoire de *Roquemaure*, concédés par arrêt du Conseil du 27 juillet 1784 (ou 1785) pour lesquels Giraudy paya, en exécution d'un arrêté préfectoral du 22 février 1828, le quart de l'estimation, soit 2701 fr. 27.

3° Terres sises à *Fourques*, au lieu dit des Folles,

données à Jérôme Ferrier et Jean Bimard les 27 janvier 1607, 11 septembre 1608 et 15 juillet 1610, à Gabriel Chatellain le 13 avril 1620, à un autre le 13 mars 1608, ensemble le château de Fourques concédé les 18 mars 1607 et 15 juin 1608.

Le château de Fourques et ses dépendances, tombant sous l'application de la loi, détenus par Adélaïde-Thérèse-Clotilde Alisan-Chazet, veuve d'Esprit Bon, tutrice de Louis-François-Esprit Bon, son fils, furent estimés, et la dame Bon fut maintenue en jouissance, le 17 pluviôse an IX, moyennant 9.425 fr.

Cent salmées de terre étaient aussi atteintes par la loi. Un arrêté préfectoral du 17 octobre 1811 décida qu'elles étaient acquises au Domaine, à défaut par les détenteurs d'avoir fait la déclaration exigée. Mais une décision ministérielle, du 18 mai 1812, releva les détenteurs de cette déchéance, à charge par eux de payer le quart exigé. En conséquence, Balthazard Alisan de Chazet, père et fils, et Armand-Louis de Mackau, au nom et comme père et tuteur de ses deux enfants Armand-René-Marie de Mackau, officier de marine, et Anne-Félicité de Mackau, représentants de Mme Bon, acquittèrent, les 31 janvier et 13 mars 1813, la somme de 25,611 fr. 55.

4° Les herbages appelés le Petit Peccais, terroir d'*Aiguesmortes*, pour lesquels les détenteurs, furent maintenus en possession, par arrêté préfectoral du 10 ventôse an X, et payèrent le quart exigé.

5° Les vestiges du fort de *Calvisson*, estimés 100 f., et un bois estimé 9.440 fr., pour lesquels Antoine-Jean Nogaret paya 2.385 fr., en exécution d'un arrêté du préfet de l'Hérault du 7 vendémiaire an VIII.

D'autres biens engagés furent révélés au préfet du Gard par Étienne Boisset, avocat à Paris, en exécution d'une décision du ministre des finances du 30 octobre 1819 (1). Quelques-uns des articles de l'état qu'il fournit méritent d'être signalés dans l'intérêt de l'histoire :

1° Domaine et viguerie de *Pont-St-Esprit* (14 juin 1642 et 13 juin 1643 (2). — Ces biens, provenant d'atterrissements dans le Rhône se trouvaient compris dans les dispositions de l'article 33 de la loi réservant la question.

2° Domaine et baronnie de *Roquemaure* (2 août 1634 et 18 janvier 1701). — Biens vendus pour cause d'émigration, le 11 floréal an III, au profit de l'Etat, moyennant 21.700 livres.

3° Domaine d'*Uzès* échangé contre la baronnie de *Levis* (29 mars 1721, 9 août 1726, 28 août 1647). — Biens vendus pour cause d'émigration du duc d'Uzès en l'an III et en l'an IV, au prix de 585.380 livres.

4° Domaine de *Montaren* et de *Fresque royale* (28 mars 1643). — Les droits aliénés ne consistaient qu'en une portion de la haute et basse justice, censives, etc. et avaient été supprimés sans indemnité par la loi du 17 juillet 1793.

(1) État du 16 déc. 1820, *arch. dép.* 5. Q. 51. Cette décision garantissait à Boisset une indemnité du quart de la valeur des biens ou des sommes que le domaine recouvrerait pour lesquels il n'aurait pas été exercé de poursuites depuis dix ans. — D'autres révélations furent faites par un sieur Tabarié, révélations illusoires comme la plupart de celles de Boisset puisque tous les articles de son état concernaient des biens aliénés par le Domaine, hors de l'application de la loi de l'an VII eu égard à leur nature, ou dont les détenteurs avaient déjà payé le quart ; l'un de ces articles était relatif à des fours banaux de Beaucaire n'existant plus « de mémoire d'homme » et dont les lois sur la féodalité auraient supprimé la redevance. *Id.* 5. Q. 51, état du 15 déc. 1820.

(2) Ces dates sont celles des titres de concession invoqués.

5° Domaine de l'étang de *Pujaut* et terroir desséché, contenant 1448 saumées asséchées dont 100 saumées réunies au Domaine (2 mai 1625, 9 mars 1644, 31 avril 1646, 20 juin 1604, 16 juin 1612, 30 août 1612, 4 mai 1610, mai 1603, 13 novembre 1604, 25 février 1610, 3 octobre 1647 et 10 juillet 1646). — Cet étang appartenait en partie aux Chartreux de Villeneuve et en partie à M. Raousset de Boulbon. La première partie avait été vendue au profit de l'État le 22 avril 1808 et la seconde le 21 messidor an II.

6° Domaine de *Villeneuve-lès-Avignon* (8 janvier 1643 et 29 décembre 1691). — Il appartenait à la commune au commencement de la Révolution ; il fut vendu au profit de l'État le 1er thermidor an IV, d'après l'abandon qu'elle en fit pour jouir du bénéfice de la loi d'août 1793.

7° Étang du *Repausset* et de la *Bourdi* établi par le sieur de Vauvré, et à lui concédé le 18 décembre 1691. — Cet étang appartenait à la commune d'*Aiguesmortes*, en vertu de lettres patentes du roi Charles VII en date du 6 avril 1434, confirmées par un jugement souverain des commissaires du Domaine du 31 octobre 1670. Par conséquent, il se trouvait dans le cas de l'application de l'art. 1er de la loi du 14 ventôse an VII. Au reste, la partie du couchant avait été vendue au sr Vigne, au prix de 28.900 f., le 1er mars 1814, en vertu de la loi du 20 mars 1813, et la partie du levant avait été restituée à la commune d'après celle du 28 avril 1816.

8° Terres à *Aiguesmortes*, concédées à Le Camus le 2 août 1634. — Il fut impossible de découvrir ces terres et leurs détenteurs.

9° Marais d'*Aiguesmortes* (21 novembre 1724). — Ces objets font partie des objets concédés par le Gouvernement, le 13 floréal an IX, aux concessionnaires du canal de Beaucaire à Aiguesmortes.

10° Passage et barrage de la Tour Carbonnière, près *Aiguesmortes* (4 octobre 1607). — Ce local était en la possession de l'administration des douanes qui y avait établi un poste.

11° Terres d'*Aramon* et de *Vallabrègues* dont la jouissance a été maintenue à la dame Barbier (15 juin 1623 et 30 mai 1690). — « M. le marquis d'Aramon, — dit à ce sujet le Directeur des Domaines du département, — possesseur actuel, ayant justifié que l'acte de concession remontait au 24 juillet 1426, il n'y a pas eu lieu, d'après l'art. 1er de la loi du 14 ventôse an VII, de revenir sur cette aliénation ».

12° Terre et seigneurie de *Beaucaire* données en contre-échange du marquisat de Belle-Isle (20 mai 1719). — Ces biens ne consistaient qu'en droits seigneuriaux supprimés par les lois des 27 août 1792 et 17 juillet 1793.

13° Marais de *Beaucaire* et de *Fourques* (7 septembre 1682). — Un arrêté du Conseil de préfecture, du 4 brumaire an XIII, avait maintenu les détenteurs dans la propriété de ces marais comme se trouvant dans les exceptions de la loi.

14° Marais de 300 saumées à *Fourques* donné au marquis de Béringhen (20 mai et 18 août 1681). — Compris dans les exceptions de la loi.

15° Vingt-cinq arpents de bois au terroir de *Beaucaire* provenant des Pères de la Doctrine chrétienne d'Avignon (18 octobre 1757). — Ce bois avait été vendu, avec le domaine du mas de Bosc dont il faisait partie, appartenant aux Pères de la Doctrine chrétienne d'Avignon, aux s[r] Valladier et autres, au prix de 66.100 fr., devant le District de Beaucaire, le 12 décembre 1792, et revendu par les acquéreurs à M. de Seynes, le 18 février 1793, devant Me Magnan, notaire, au prix de 55.000 fr.

16° Palus, garrigues et vallons, au territoire de *Nimes,* déclarés appartenir au roi par arrêt du parlement de Toulouse (2 mars 1557, 5 septembre 1619 et 27 septembre 1634). — Ces biens avait été donnés à la ville de Nimes par Bernard Aton, vicomte de Nimes, en 1144 et 1157, ainsi que par Raimond, comte de Toulouse, en 1185. Des lettres-patentes du roi, en date du mois d'octobre 1730, avaient confirmé ces donations. En conséquence, il n'y avait pas lieu d'appliquer l'art. 1er de la loi du 14 ventôse an VII.

17° Domaines de *Sommières* et de *Montredon* engagés au profit du s[r] de Launay (6 mars 1725 et 17 février 1646). — Ce domaine ne consistait qu'en bois revendiqués par plusieurs communes qui en avaient fait le partage en vertu d'un arrêté préfectoral du 29 mai 1810.

18° Seigneurie de *Gallargues* dont jouissait François d'Ornan, sieur de Mazargues (23 mai 1636 et 12 juin 1638). — Domaine vendu le 25 pluviôse an II, au prix de 256.480 livres, pour cause d'émigration du détenteur.

19° Domaine et baronnie d'*Anduze* (19 février 1625). — L'aliénation de la baronnie et domaine d'Anduze, remontant au 13 juin 1344, se trouvait comprise dans la disposition de l'art. 1er de la loi de l'an VII. Mais ce domaine ne consistait qu'en droits honorifiques et féodaux supprimés.

IV.

Biens de seconde origine. But de la vente des biens des émigrés.
Lettres de Mme Maury de la Peyrouze et de Guichard de la
Linière. Le cas du comte de Ganges. Ventes mobilières.

Les biens de *seconde origine* comprenaient :

1° Les biens des émigrés, confisqués au profit de
la Nation par la loi du 8 avril 1792 ;

2° Les biens patrimoniaux des communes, vendus
en exécution de la loi du 24 août 1793 sur la conso-
lidation de la Dette publique ;

3° Les biens des individus condamnés par les
tribunaux révolutionnaires ;

4° Les biens des conscrits réfractaires.

La vente des biens des émigrés avait un triple but :
punir les émigrés, alimenter le Trésor national, atta-
cher au sol de la République un plus grand nombre
de français.

En ordonnant cette vente, la Révolution n'avait
rien innové. Louis XIV s'était emparé des biens
des Religionnaires fugitifs qu'on appella de *première découverte ;* plus tard, il fit saisir la part revenant à ces fugitifs dans la succession de leurs parents:
ce furent les biens de *nouvelle découverte.*

La Révolution, après s'être appropriée, au profit
de l'État, les biens propres des émigrés, se borna à
infliger des peines à leurs auteurs restés en France :

tin décret du 12 septembre 1792, ordonna que les pères et mères des émigrés seraient tenus de fournir l'habillement de deux hommes pour chaque enfant émigré, et, plus tard, la loi décida leur incarcération, à moins qu'il ne justifient avoir fait tous leurs efforts pour retenir leurs enfants sur le territoire de la République.

Madame Maury de la Peyrouze se trouvait dans le premier cas. Elle écrivit de « St Hippolyte-du-Gard, » le 15 novembre 1792, à la Convention nationale, cette curieuse lettre :

« Législateurs, je suis veuve depuis douze ans, âgée de soixante ans. Je reste mère de trois fils. Les deux puinés, dont j'ignore le séjour et la destinée, font le tourment de ma vie ; l'aîné, que les grenadiers nationaux du 5ᵐᵉ bataillon du Gard ont élu pour leur chef, fait mon unique consolation.... Ceux-là sont, non convaincus, mais soupçonnés d'avoir pris le parti des princes ; le dévouement de celuy-cy à la cause de la patrie est manifeste et prouvé.

« Je suis menacée d'être traitée comme complice du crime prétendu des uns et comme étrangère à la vertu réelle de l'autre.

« Ces procédés, qui tiendraient par un bout à l'injustice et par l'autre à l'ingratitude, seraient le résultat d'une loy qui ne vient, ne doit, ni ne peut frapper sur moy.

« La principale considération qui détermina cette loi du 12 septembre dernier fut « que beaucoup de mauvais citoyens, restés en France pour éviter le séquestre et la vente de leurs biens, avaient fait ou laissé émigrer leurs fils auxquels ils fournissaient les moyens de subsister. »

« Séparée des miens, je n'ay été à portée, ni de les
faire, ni de les laisser émigrer. Leur employ dans
leur régiment étoit leur seul moyen de subsister, et
pour eux l'impossibilité de rien recevoir de ma part
tenoit chez moy à l'impuissance de rien envoyer.

« *Les pères et mères dont les fils sont absents*
(art. 1er) seront tenus, etc....

« Les mères ne sont là que parce que les pères y
sont en chef. Les pères, investis par la nature et
par les loix d'une autorité que les mères, ni ne partagent, ni n'acquièrent jamais.... ; les pères qui,
seuls, exercent cette première magistrature dont
l'effet est d'autant plus certain qu'elle touche de
plus près aux objets qu'elle doit gouverner.... ;
les pères dont le pouvoir ou l'impuissance furent
et seront toujours les plus sûrs thermomètres de la
bonté ou de la dépravation des mœurs dans un état,
et par conséquent de la vigueur ou de la faiblesse
de ses principes politiques....

« Les pères responsables de la conduite de leurs
enfans : La nature semble le vouloir, la raison peut
y consentir, la loy doit l'ordonner dans certains
cas.... Mais les mères, bornées à une tutelle de
soins plutôt que d'intérêts, et pendant le temps
seulement que leurs enfants ne voient, ne pensent,
ni n'agissent encore ! ! ! Les mères responsables!!!
Mais les veuves opprimées par une loy, quand ce
n'est pas trop de toutes les lois réunies pour les
protéger!!! Cette loy du 12 septembre est fausse
devant celle qui déclare les fautes personnelles;
elle est injuste à côté de celle qui veut que les
enfants soient libres à 21 ans.

« Cette loy, qui caractérise bien la crise qui la fit

haître, est digne d'être en contradiction avec elle-
même ; elle donne aux pères et aux mères (art. 1er)
un délai de 21 jours et veut (art. 2) qu'ils s'exécu-
tent dans 15.

« Mais où sont mes fils ? Si phisiquement ils ne
pouvoient exister nulle part sans l'aveu de leur
mère , je le saurois nécessairement. Je ne suis
témoin à moy-même que je l'ignore ; mon silence
peut, si l'on veut, être interprété contre eux, jamais
contre moy.

« La loy qui me puniroit de ne pas dire ce que je ne
sais point seroit un monstre digne d'un sultan qui
ne veut et ne prend que sa volonté pour règle et
pour mesure.

« D'après les dernières lettres de mes fils, dans le
temps de l'insurrection survenue dans leurs corps,
toute idée d'émigration étoit bien loin de leurs
cœurs et de leurs projets : j'en ay la preuve.

« Alors, ils n'avoient que deux aziles : leur régiment ou l'Amérique. Dans l'un, pour eux point de
sûreté auprès des soldats ; dans l'autre, espoir de
fortune auprès de parents qui, depuis longtemps,
les appeloient (1).

« Quoi qu'il puisse en être, si l'on pouvoit persis-
ter à me citer devant ce décret du 12 septembre, j'y
comparaîtrois, mais avec les loix du 8 avril et 2 septembre qui veulent que, sur les biens même de mes
fils, on prélève une portion en ma faveur.

---

(1) Ce passage et un autre de cette lettre semblent indiquer
que Louis Gabriel-Marie-Antoine et Jean-Louis-Edouard Maury
de la Peyrouse, frères, émigrés, s'étaient réfugiés en Amérique. —
En 1825, Raoul Maury de la Peyrouse, agissant tant en son nom
qu'au nom d'Alexandrine-Madeleine-Victoire, sa tante et d'Etiennette
Victoire-Fortunée, sa sœur, réclama une indemnité : on n'avait
saisi ni vendu aucun bien des émigrés, et sa réclamation fut rejetée.

« Eh ! qui pourroit méconnaître l'esprit et violer indirectement l'ordre de ces loix en m'arrachant le peu que des arrangemens de famille m'ont laissé, et qui sans la tendre loyauté de mon fils ainé, ne suffiroit pas à mes besoins... Ce sont des faits.

« Mais non , Législateurs ! quand l'incertitude cruelle du sort de deux fils accable une veuve désolée, vous ne permettrez pas qu'un décret, qui luy est étranger, l'écrase de son poids.

Les sueurs du colon peuvent enrichir et féconder le sol de la patrie et de la liberté ; les larmes des veuves ne seroient propres qu'à l'appauvrir et qu'à la dessécher.

« Législateurs ! Vous êtes éclairés. D'après l'exposé que je viens de vous faire, je ne puis que me livrer à l'espérance que vous demeurerez convaincus que la loi du 12 septembre n'est pas faite pour moy. Vous êtes justes, et je ne puis que me livrer à la confiance que vous vous hâterez de faire cesser la demande de la solde et de l'équipement de quatre hommes que me fait le receveur du district de Saint-Hipolyte (1). »

Le cas où se trouvèrent Antoine-François Guichard de la Linière et sa femme qui appartenait à la grande famille d'Assas, mérite aussi une mention particulière. Leur fils Antoine-Jean-Louis Guichard de la Linière, officier de cavalerie, propriétaire à Saint-André-de-Majencoules, ayant émigré, ils furent arrêtés et n'obtinrent leur mise en liberté, qu'en

(1) *Arch. dép.* 1. Q. 1, 51. — L'état des « effets d'habillement et petit équipement » joint à la circulaire du min. de la guerre Pache, du 5 nov. 1792, s'élève à 163 liv. 4 s. par homme. C'est donc 672 liv. 16 s. qu'on réclamait à Mme Maury de la Peyrouse. Nous ignorons quelle suite fut donnée à sa pétition.

justifiant qu'ils avaient usé de tous les moyens pour l'empêcher de quitter la France. A cet effet, Antoine-François Guichard de la Linière, père, ancien député de la Noblesse aux États-Généraux, produisit les deux lettres suivantes inspirées par le plus pur patriotisme.

La première est datée du Vigan, le 20 juillet 1792; elle est adressée à son fils aîné, alors à Paris, rue Croix-des-petits-champs; elle est ainsi conçue :

« .... Si l'immense quantité de sottises qu'on apprend tous les jours sur le fait d'émigrés pouvait avoir la moindre influence sur votre opinion, et, ce qui serait pis, sur votre conduite, j'en mourais certainement de chagrin et de honte, et il vaudrait mieux que vous m'eussiez empoisonné avant de partir. Toutes les lois du devoir, toutes celles de la nature, tous les conseils possibles de vos véritables intérêts s'opposent à cette coupable manière. Soyez certain, d'ailleurs, que les princes, qui peuvent voir avec quelque plaisir un certain nombre de français se sacrifier pour eux, peuvent bien accueillir avec un petit compliment ceux qui leur arrivent, mais qu'aucun prince depuis la création, n'a jamais su ni pu envisager les autres hommes que comme des instruments qui leur doivent tout et à qui ils ne doivent rien. Un homme appartient à son pays et n'appartient qu'à son pays; rien dans le monde ne peut dégager un honnête homme de ce lien qui est l'ouvrage de la nature, et celui qui, de son consentement, entre dans une conjuration contre sa patrie donne au peuple qu'il abjure le droit de l'exterminer lui et sa race. J'espère, mon cher fils, que ces principes seront votre règle constante et celle de

votre frère ; nous vous avons transmis toute notre
propriété, il ne nous reste que notre bénédiction ;
vous ne voudrez sûrement ni l'un, ni l'autre, mériter
d'en être privés quand Dieu retirera votre mère et
moi de ce monde.... (1). »

Dans la seconde, datée du 26 du même mois, il
disait à son fils cadet Jean-François :

« .... Je suis comblé de joie du dédommagement
que le ministre vous a accordé. Vous voilà, à 27 ans,
lieutenant-colonel d'un régiment de cavalerie. J'en
avais 40 sonnés quand je parvins à ce grade, qui m'a
conduit à celui de maréchal de camp. Cette manière
d'avoir réparé l'erreur qui avait empêché votre remplacement de capitaine est honorable, et la satisfaction que vous en témoignez double la nôtre, parce
qu'elle est pour nous un garant que vous nous tien-
drez tout ce que vous m'avez promis sur le fait que
vous savez bien.

« J'ai reçu, il y a peu de temps, des nouvelles de
votre frère, que je trouve un peu obscures. Je lui
ai répondu sur-le-champ de la bonne encre. Je le
prie avec flamme comme ami, je lui ordonne, avec
énergie comme père, de ne jamais quitter ses éten-
dards sous tel prétexte et dans quelle circonstance
que ce puisse être. Tâchez de le voir le plus tôt
possible. Je vous arme de toute mon autorité de
père, et votre mère en fait autant. Employez-la avec
tous les moyens dont vous pourrez renforcer l'amitié
qu'il a pour vous, à l'effet de le garantir du piège
funeste où ce qu'on appelle le torrent de camarade-
rie pourroit l'entraîner. Je ne me consolerois jamais si

(1) *Arch. Dép.* 1. Q. 2, 23, p. 213-216.

un de mes enfants renonçoit à son pays. Ceux que la
fougue du moment rend coupables du crime d'émigration ne voient pas, sans doute, qu'ils manquent
d'abord au plus sacré des devoirs, celui d'être fidèle
à leur patrie, et encore à tout ce que la nature de-
vroit leur inspirer pour leurs parents, qu'ils expo-
sent à la sévérité d'une nation justement indi-
gnée.... » (1).

Belles paroles, qui sont la plus éloquente condam-
nation de ceux qui suivirent le prince de Condé.

Quoi qu'il en soit, les ventes des biens des émigrés furent faites dans les districts, savoir : A Alais,
du 3 ventose an II au 1er vendémiaire an IV ; à Beaucaire, du 1er nivose an II au 11 pluviose an III ; à
Nimes, du 5 pluviose an II au 28 brumaire an IV ;
à Pont-Saint-Esprit, du 9 ventose an II au 23 vendémiaire an III ; à Saint-Hippolyte, du 4 frimaire
an II au 7 vendémiaire an III ; à Sommières, du
9 nivose an II au 6 vendémiaire an IV ; à Uzès, du
24 nivose an II au 26 brumaire an IV ; et au Vigan,
ds 24 frimaire an II au 8 germinal an III.

Après la suppression des districts, toutes les ventes eurent lieu, par voie d'adjudication, ou de gré à
gré, devant l'administration départementale.

Elles concernent 141 particuliers, dont 22 ecclésiastiques atteints par les lois révolutionnaires spé-
ciales, et 5 condamnés à mort ; les autres avaient
émigré volontairement ou étaient considérés comme
tels.

(2) *Arch. Dép.* 1. Q. 2. 23, p. 213-216. — Ces observations ne
sont pas, d'ailleurs, isolées. Marianne-Pauline de Peyrot, étant
malade, chargea, parait-il, Rouger, procureur-syndic du Vigan,
d'écrire à son fils, Anne-François-Louis baron Saubert de Larcy,
« alors en garnison à Quimper, pour lui faire connaitre l'odieux
do l'émigration et le garantir de ce crime. » *Id.*, p. 244 et 258.

Le nombre des acquéreurs de leurs biens s'élève
à 1.591 ; parmi eux se trouvent des parents des émigrés eux-mêmes, désireux de conserver intacts, pour
l'heure du retour, certains domaines auxquels se rat-
tachaient de nombreux souvenirs de famille.

.•.

Les incidents d'adjudication dont j'ai parlé plus
haut se rapportent aux biens des deux *origines*.
Inutile donc d'y revenir.

Mais, à ce sujet, je tiens à signaler un fait, peut-
être unique dans l'histoire révolutionnaire, qui indique combien on prenait toutes les mesures de nature
à éviter que les biens des émigrés, ou de ceux qua-
lifiés tels par la loi, échappent à la nation.

Louis-Alexandre-Marie-Anne de Vissec, comte de
Ganges, propriétaire à La Cadière, Saint-Bonnet et
Thoiras, « habitait, depuis 1791, aux environs de
Bayonne et croyait échapper à la vengeance nationale ; muni de patentes, il s'y livrait à des opérations
de commerce pour mieux favoriser les émigrés d'Espagne, en leur faisant passer des denrées de première nécessité... » (1). C'est, du moins, ce dont on
l'accusait. En tout cas, à la fin de décembre 1792,
le comte de Ganges se trouvait en état d'arrestation
à Bayonne, pour être allé passer quelques jours sur
la frontière d'Espagne sans passeport, et pour s'être
rendu, cette fois muni d'un passeport daté du
6 août 1792, dans un délicieux site de la rive gauche
de la Nive, aux eaux thermales de Cambo, très fré-

---

(1) Lettre de Guisquet, Présid. du Dép. du Gard, au dist. de Saint-
Hippolyte, du 3 messidor an II, (*Arch. Dép.* I. Q. 2; 11).

quentées jusqu'alors par les Français et par les Espagnols, qu'un arrêté du Département des Basses-Pyrénées l'obligea de quitter « comme étranger ». (1).

Le 27 germinal an II (16 avril 1794), c'est-à-dire quatorze mois plus tard, les représentants du peuple Pinet et Cavaignac, délégués par la Convention près l'armée des Pyrénées-Occidentales, prirent, à Bayonne, un arrêté ainsi conçu :

« Vu la lettre de leur collègue Monestier (du Puy-de-Dôme), du 25 de ce mois, au Comité de surveillance de Bayonne, par laquelle il leur donne l'ordre de lui envoyer sur-le-champ, pour être jugé à Pau, le ci-devant marquis de Ganges (2), Michel ou François Lacombe, son domestique, et le ci-devant secrétaire-greffier de la Municipalité de Bayonne ;

« Vu le rapport qui leur a été fait par le Comité de surveillance de Bayonne, duquel il résulte qu'au moment où ces trois individus alloient monter en voiture pour se rendre à Pau, le ci-devant marquis de Ganges s'est coupé la gorge avec un rasoir ;

« Vu le verbal dressé par les chirurgiens appelés... et leur rapport d'après lequel il est constant que cet homme coupable est mort dans l'espace de quelques heures des suites de sa blessure.... ;

« Considérant que l'état de mort du ci-devant marquis de Ganges ne permet pas qu'il soit transporté à Pau pour y subir le jugement qu'il a mérité ; que, cependant, il est indispensable, si ce scélérat

(1) Lettre de la Mun. de Bayonne, 12 déc. 1792, *Arch Dép.*, I. Q.11, 51.

(2) Il s'agit du *comte* et non du *marquis* de Ganges. Lettre de Guisquet, Présid. du Dép. au dist. de Saint-Hippolyte, 3 messidor an II, *Arch. Dép.*, I. Q. 2, 11.

a échappé, en s'assassinant, à l'échafaut, que l'application de la peine qu'il a méritée mette sa fortune entre les mains de la République ;

« Considérant qu'un décret de la Convention nationale a prononcé que les biens des traîtres, qui auroient prévenu par une mort forcée le châtiment qu'ils méritoient, seroient également soumis à la confiscation....

« Arrête : Art. 1er. — Le Tribunal civil du district d'Ustaritz, séant à Bayonne, se formera sur-le-champ en Tribunal révolutionnaire ; le Commissaire national remplira les fonctions d'accusateur public.

« Art. 2. — L'affaire du ci-devant marquis de Ganges lui est attribuée; il s'en occupera sur l'heure et la jugera sans désemparer..... » (1).

Ainsi fut fait, et le comte de Ganges fut condamné à mort *præsente cadavere* (2), mesure bien inutile pour que la nation pût s'attribuer ses biens, puisque, déjà, elle s'en était emparée et les avait vendus comme appartenant à un *émigré*.

⁂

Pour chaque émigré, j'ai indiqué, dans une table spéciale, non-seulement le relevé des immeubles vendus en provenant, mais aussi la date et le montant de la vente de ses meubles saisis dans le département.

Comme complément à ce relevé, voici l'extrait des

(1) *Arch. Dép.*, 1. Q. 2, 11.

(2) Je n'ai pu cependant obtenir copie du jugement malgré plusieurs demandes à M. l'Archiviste départemental des Basses-Pyrénées, qui sont restées sans réponse.

ventes de meubles appartenant, soit à des prêtres déportés dont ils étaient les seuls biens, soit à des individus condamnés par les tribunaux révolutionnaires, et qui n'y ont pas trouvé place (1) :

Achard Claude, prêtre déporté, 1er germ. an II, Aramon, 262 l. 10 s.

Antoine Joseph, prêtre déporté, 22 vend. an II, Comps, 256 l. 8 s.

Aymard Charles-Louis, notaire, condamné , 13 pluviose an II, Tresques, 1505 l.

Baragnon Jules, homme de loi, 7-8 ventose an II, Uzès, 1732 l. 15 s.

Belle Castor, imprimeur, condamné, 18 thermidor an II, Nimes, 2,013 l. 15 s.

Boissières Jean-Antoine, avocat à Montfrin, condamné, 1-4e j. comp. an II, Nimes, 894 l.

Chamontin Louis, ex-curé, 21 brumaire an III, Vergèze, 2,789 l.

Champetier Privat, prêtre déporté , 9 messidor an III, Lussan, 2,596 l.

Clémenceau Henri-Claude, prêtre émigré, 14 thermidor an II, Nimes, 1,183 l. 10 s.

Colomb Jacques, travailleur, 11 germinal an II, Aiguesmortes, 58 l. 4 s.

Colomb Marc-Antoine, condamné, 29 prairial an II, Nimes, 17,637 l. 16 s., — 21 messidor an II, 3,034 l. 5 s., — 17 fructidor an II, 8,166 l.

Coste Jean, émigré de Montpellier, 25 frimaire an III, Sommières, 553 l. 5 s.

Cros, ex-vicaire, 15 brumaire an III, Gallargues, 379 l. 10 s.

(1) On trouvera la plupart de ces noms, avec des détails particuliers, dans les annexes des tomes 2, 3 et 4 de mon *Histoire de la Révolution française dans le département du Gard*.

Dejean Pierre, prêtre déporté, 9 messidor an II, Saint-Étienne d'Escattes, 682 l. 12 s.

Deleuze Hyacinthe, prêtre déporté, 28 fructidor an II, Roquemaure, 927 l. 17 s.

Deurre-Morier Marie-Charles, condamné, 15 brumaire an III, Pont-Saint-Esprit, 1,914 l. 15 s.

Domergue Bruno, prêtre déporté, 21 prairial an III, Valiguières, 17 l.

Dubois Pierre, prêtre déporté, 16 messidor an II, Avejean, 1,039 l. 6 s.

Dupuy Louis, prêtre déporté, 9 messidor an II, Vic-Aubarne, 823 l.

Fabre Louis, prêtre déporté, 21 prairial an III, Valiguières, 490 l.

Folacher André, homme de loi, 26 floréal an II, Nimes, 2,275 l.

Fontanier Jean, notaire, condamné, 21 fructidor an II, Roquemaure, 1.310 l. 6 s.

Fourchut dit le Camus, condamné, 26 fructidor an II, Bagnols, 26 fructidor an II, 5,381 l. 15 s.

Fromageot Pierre, abbé de Goudargues, condamné, 8 fructidor an II, Pont-Saint-Esprit, 2,128 l. 15 s.; 22 fructidor an II, Goudargues, 616 l. 5 s.

Gay, ex-curé, 3 nivôse an II, Bellegarde, 1,470 l. 11 s.

Gérard Alexandre, 300 bédigues, 200 moutons, 200 brebis, 21 barraux de vin formant les cheptels du domaine de Brousson, à *Bastet-Crussol*, 17 frimaire an VI, Bellegarde, 6,572 l. 5 s.

Goirand Joseph-Maurice, juge, condamné, 11-14 fructidor an II, Uzès, 5,726 l. 10 s.

Gout Placide, ex-ecclésiastique, 21 nivôse, an III, Sommières, 271 l. 16 s.

Griolet Jean-Antoine père, condamné, 22 thermidor an II, 4,566 l. 1 s.

Guiraud Claude-Nicolas-Marie, condamné, 11 thermidor an II, Vauvert, 201 l. 10 s.

Jarras Jean-François-Xavier, ex-curé, 29 messidor an III, Saint-Laurent-d'Aigouze, 1,150 l.

Lapierre Louis, prêtre déporté, 12 messidor an III, Pouzillac, 181 l.

Larguier Louis-Alexandre, prêtre déporté, 1er germinal an III, Aramon, 318 l.

Leynaud, ex-prêtre à Bourg-Saint-Andéol, 3 prairial an II, Aiguesmortes, 105 l. 10 s.

Madier Andéol, condamné, Lasalle, 1er brumaire an III (61 moutons), 2,443 l. 10 s. ; 24 brumaire an III (8 moutons) 608 l.

Maurice François, condamné de commune-Affranchie, 26 prairial an II, Pont-Saint-Esprit, 24,542 l. 16 s.

Merle Hyacinthe, notaire, condamné, 25 fructidor an II, Bagnols, 289 l.

Meynier Francois-Étienne fils, 21 thermidor an II, Salinelles, 9,816 l. 13 s.

Michel Hyacinthe, prêtre déporté, 24 fructidor an II, Roquemaure, 1,372 l. 4 s.

Maureau Pierre, chanoine reclus, 24 thermidor an II, Beaucaire, 2,426 l. 9 s.

Nesmes Jean-Arnaud, receveur des domaines, 17 fructidor an II, Aiguesmortes, 15 l.

Ode, dit la Marmotte, condamné, 25 fructider an II, Bagnols, 13 l. 18 s.

Peyron Antoine, condamné, 17 messidor an II, Beaucaire, 781 l. 10 s.

Pinière-Clavin Marc-Antoine, prêtre déporté, 13 fructidor an II, Pont-Saint-Esprit, 1,410 l. 7 s.

Privat Jean-Baptiste, prêtre reclus, 13 vendémiaire an III, Beaucaire, 2,853 l. 4 s.

Rafin Marc-Antoine-Jean, condamné, 2 fructidor an II, Sommières, 1,920 l.; 32 vendémiaire an III, Quissac, 10,374 l. 13 s.

Robert, prêtre déporté, 7 messidor an II, Salinelles, 483 l.

Roque-Clausonnelle Henry, 6-12 prairial an II, Beaucaire, 8,978 l. 10 s.

Souchon André, prêtre déporté, 12 messidor an III, Bourdic, 591 l.

Teissier Jean-Antoine, baron de Marguerittes, condamné, 5 thermidor an II, Marguerittes, 1,249 l. 10 s.

Tourelle, ex-curé, nivose an II, Aiguesmortes, 4,123 l. 5 s.

Troncard Jacques, prêtre déporté, 1ᵉʳ germinal an III, Aramon, 47 l. 10 s.

Valette Guillaume, ex-curé, 23 brumaire—7 nivose an II, Bernis, 7397 l. 10 s.; 29 brumaire an II, 331 l. 10 s.

Vallat François, prêtre déporté, 18 germ. an II, Aimargues, 640 l. 16 s.

Verdier Jean, notaire, condamné, 8 fructidor an II, Uzès, 262 l. 15 s.

Vincens-Saint-Laurent Jacques, commissaire ordonnateur à l'armée des Alpes, 19 germinal an II, 2.574 h. 17 s. (1).

(1) Les récoltes, également rendues au profit de la Nation, ne sont pas comprises dans ce relevé.

V

Affectation de certains biens. La Sénatorerie de Nimes. Dotation de la Légion d'honneur. Réintégration des émigrés ; procès et plaintes. Le milliard des émigrés ; exécution de la loi du 25 avril 1825. Opérations de la Caisse d'amortissement ; restitution aux communes.

Tous les biens nationaux ne furent cependant pas vendus ; plusieurs changèrent simplement de destination et furent affectés à divers services publics ; d'autres servirent à la reconstitution partielle du patrimoine des hospices. Quelques-uns, enfin, servirent à la formation de la dotation de la Sénatorerie de Nimes et de la Légion d'honneur.

Le Sénatus-Consulte du 14 nivose an XI porte : « Il y aura une Sénatorerie par arrondissement de Tribunal d'appel. Chaque Sénatorerie sera dotée d'une maison et d'un revenu annuel de 20 à 25.000 frencs. »

Comme « maison », on avait songé au couvent des Capucins et à celui des P. P. du Château, à Nimes ; mais ils se trouvaient trop délabrés (1). On proposa le palais épiscopal d'Alais (2) ; mais l'évêché de Viviers fut préféré et définitivement affecté, comme habitation, à la Sénatorerie de Nimes (3).

Le contingent du Gard, dans la dotation de cette

(1) Lettre du Directeur de l'Enregistrement du Gard, 4 germinal an XI.

(2) Lettre du Ministre des Finances, 16 florial an XI.

(3) Arrêté du Gouvernement, 5 vendémaire an XII.

Sénatorerie, était fixé à 3.001 francs par an. On y affecta d'abord le salin de l'Abbé, à Aiguesmortes, qui fut refusé (vendémaire an XII), puis : 1° Un pré à la Palun, commune de Théziers, produisant 500 francs (1) ; 2° 41 hectares 7 ares de terres et vignes sises à Beaucaire, provenant de l'émigré Baschy (2) ; 3° Une maison, une grange et des terres sises à Pont - Saint - Esprit et à Saint - Alexandre, provenant de l'émigré Chansiergue et produisant 323 fr. 30 (3) ; 4° Le domaine de Puech-Guéma, à Saint-Roman, provenant de l'émigré Massanes (4) ; 5° Le domaine de l'Espérelle, à Vissec, provenant de l'émigré Latour-Dupin, produisant 440 francs (5).

Deux de ces articles n'étant plus en possession du Domaine, on y suppléa, afin de compléter le contingent, par : 1° Un four à Théziers, produisant 36 francs (6) ; 2° Une terre à Montfrin, provenant de l'émigré Monteynard et produisant 60 fr. ; 3° Le domaine du Moulet, à Beaucaire, provenant de l'émigré Coëtlogon, vendu par la nation, mais rentré en sa possession par suite de la déchéance de l'acquéreur et produisant 1.357 fr. 50 ; 4° Deux terres sises à Beaucaire, provenant de l'émigré Guitry et produisant 205 fr. 20; 5° enfin, une écurie avec grenier et enclos, à Vallabrègues, provenant de la commune et produisant 139 francs (7).

(1) Vendu ensuite, en 1830.

(2) Ces biens étaient déjà aliénés.

(3) Biens vendus ensuite, en 1809.

(4) Il était déjà vendu.

(5) Fut restitué plus tard à l'émigré.

(6) Vendu plus tard, en 1830.

(7) Lettre du Direct. des Dom. du Gard, 3 frimaire an XII. — L'écurie de Vallabrègues et ses dépendances furent vendues en 1809.

Dès que l'Empire eut disparu, une ordonnance royale du 4 juin 1814 réunit au Domaine de la Couronne la dotation des Sénatoreries, « déduction faite des propriétés particulières acquises par voie de confiscation. » Il n'y avait plus alors, dans ce cas, que le pré de Théziers, affermé à un sieur Guiraud, et le four à pain de la même commune tenu en location par les héritiers Lacroix. Gide, notaire à Nimes, était le régisseur de notre Sénatorerie.

⁎

L'article 3 de la loi du 21 floréal an X, portant création de la Légion d'honneur, affecta une dotation spéciale au nouvel ordre.

Le contingent imposé au Gard dans cette dotation était de 82.942 francs. On y affecta, jusqu'à due concurrence, le Salin de l'Abbé, à Peccais ; mais cette affectation fut repoussée par l'Empereur (18 vendémiaire an XIII), et il n'existait pas alors d'autres domaines nationaux pouvant y suppléer (1).

Le Gouvernement n'insista pas d'ailleurs ; les décrets des 9 germinal an XIII et 8 mars 1806 pourvurent à la dotation de la Légion d'honneur autrement que par l'imposition de contingents départementaux.

⁎

Après le 9 thermidor, les détenus élargis obtinrent la levée des scellés apposés sur leurs meubles et maisons, et leur réintégration « dans la pleine et entière jouissance de tous leurs biens » (2). Les enfants ou ayant-droits des condamnés furent favo-

(1) Rapport du 7 nivose an XIII, *Arch. Dép.*, 1. Q. 1. 69.

(2) 11 fructidor an II, *Arch. Dép.*, 5 Q. 7, n° 340.

risés de la même façon, dès l'an III, par la levée du sequestre qui pesait sur les biens de leurs auteurs ou débiteurs.

De leur côté, les émigrés, dès leur rentrée en France, profitèrent d'abord de cette dernière mesure ; ils furent, bientôt après, en vertu de décisions administratives, envoyés en possession et jouissance de leurs biens non vendus, et l'administration des Domaines leur restitua les sommes consignées qui leur appartenaient.

Les émigrés ne se tinrent pas pour satisfaits. Des acquéreurs, abusant des termes vagues ou du laconisme des actes et des procès-verbaux de ventes, avaient usurpé certains biens des émigrés ; ceux-ci agirent contre les acquéreurs peu scrupuleux. Ils consentirent à traiter avec eux; mais ils les trouvèrent parfois « un peu raisonnables, » parfois « inexorables » (1), et, dans la plupart des cas, il y eut procès.

Ces instances devinrent plus nombreuses encore lorsque la loi du 5 décembre 1814 eut établi le droit des émigrés à la restitution de leurs biens sequestrés et non vendus : ils allèrent jusques à contester la portée des actes les moins sujets à controverse, les contenances, les bornes, etc. (2) et les tribunaux eurent une rude besogne.

Ils ne furent pas seuls, d'ailleurs, à réclamer contre certaines ventes. L'exemple était contagieux. Des communes élevèrent elles-mêmes des plaintes, et l'on vit, entre autres, les habitants de Dions protester, le 23 termidor an IV, contre la vente à Béchard

(1) Du Roure, *Arch. Dép.*, 3. Q. 1, 12.

(2) *Arch. Dép.*, 5. Q. 24 et 26.

père d'une maison qui ne faisait pas partie, d'après eux, des biens déclarés nationaux (1).

***

Cette fureur de contestation dura, du côté des émigrés, jusqu'en 1825. Alors, en exécution de la loi du 27 avril 1825 et de l'ordonnance royale du 1er mai suivant, le directeur de l'enregistrement et des Domaines dressa un bordereau d'indemnité pour chacun des émigrés, déportés ou condamnés, qui avaient été dépouillés sous la Révolution.

Cet état (il faut bien le dire pour indiquer le procédé suivi) était ainsi divisé :

CHAP. 1er, Section 1re. Biens-fonds aliénés en vertu de la loi du 12 prairial an III et de lois ou décrets postérieurs qui ordonnaient la recherche et l'indication préalable du revenu de 1790. (Le capital *d'indemnité était formé de 18 fois ce revenu*).

Section II. Biens-fonds vendus en exécution de lois antérieures à celle du 12 prairial an III, qui ne prescrivaient qu'une simple estimation préalable. (*Le prix des ventes en assignats était réduit en numéraire au cours du jour des ventes d'après le tableau de dépréciation des assignats, arrêté conformément à la loi du 5 messidor an V, pour former le capital d'indemnité*).

CHAPITRE II. Aliénation de biens-fonds dans la possession desquels l'ancien propriétaire est rentré, en les acquérant de l'État directement ou par personnes interposées (2). (*La réduction en numé-*

(1) *Arch. dép.* 1. Q. 6.

(2) Les ascendants, descendants ou femme de l'ancien propriétaire sont réputés personnes interposées (art. 4 de la loi du 25 avril 1825).

raire était faite d'après le cours du jour de chaque paiement pour former la valeur réelle du prix payé à l'État et dont il fallait tenir compte à l'émigré dans le calcul de l'indemnité lui revenant).

CHAPITRE III, Section 1re. Biens-fonds rachetés à des tiers par l'ancien propriétaire directement ou par personnes interposées et pour lesquels l'indemnité doit être égale aux valeurs réelles que l'ancien propriétaire a justifié avoir payées aux tiers pour prix du rachat, attendu que ces valeurs n'excèdent pas l'indemnité déterminée par l'article 2 de la loi. (*L'indemnité était fixée, suivant le cas, conformément à ce qui est dit aux sections 1 et 2 du chapitre 1er*). — Section ii. Biens-fonds rachetés à des tiers par l'ancien propriétaire ou par personnes interposées et pour lesquels l'indemnité doit être liquidés conformément à l'art. 2 de la loi, attendu que le prix de rachat excède l'indemnité déterminée par cet article. (*C'est-à-dire conformément à ce qui est dit aux deux sections du chapitre 1er*). — Section iii. Biens-fonds rachetés à des tiers par l'ancien propriétaire, directement ou par personnes interposées, et pour lesquels l'indemnité doit être égale aux valeurs réelles formant le prix payé à l'État, attendu que les justifications prescrites par l'art. 4 de la loi n'ont pas été faites.

CHAPITRE IV. Concessions de biens-fonds faites par l'État, soit gratuitement ou à titre onéreux, aux hospices et aux établissements publics, soit gratuitement à des particuliers (art. 16 et 17 de la loi). *L'indemnité comprenait le montant en numéraire du capital de l'estimation des biens faite antérieurement à la concession des biens ou contradictoirement par experts, valeur de 1790, à défaut de cette esti-mation).*

On déduisait du produit : 1° les dettes payées à la décharge du propriétaire dépossédé, selon l'état adressé par le ministre des finances au directeur général de l'enregistrement et des domaines ; 2° les soultes payées à la décharge du propriétaire dépos-sédé ; 3° les sommes, provenant de reliquats de dé-comptes, remises à l'ancien propriétaire ou à ses représentants, en exécution de la loi du 5 décem-bre 1814 ; et compensations opérées à leur profit pour des sommes dues par eux au même titre ; 4° le montant des bons au porteur, réduits en numéraire au cours du jour où ils ont été délivrés par les tré-soriers de district aux héritiers des condamnés et des déportés ; 5° le montant du quart de l'indem-nité relative au biens-fonds provenant d'engage-ments.

Le registre des réclamations des dépossédés ou de leurs ayant-droits, ouvert à la préfecture, fut clos après l'expiration du délai fixé par la loi, le 7 mai 1826. Il contient 147 réclamations de domiciliés en France et 2 de domiciliés en Europe, hors de France. A la date de la clôture, 30 demandes n'étaient pas accompagées des pièces justificatives indispensables à leur instruction.

Une de ces demandes fut rejetée par le motif que les biens avaient été acquis par la famille et le mon-tant non payé, dix parce que le passif de la liquida-tion dépassait l'actif, une en raison de ce que le droit à l'indemnité n'existait pas, une comme se rapportant à un comptable débiteur de l'Etat ; la vente des biens avait été annulée en faveur de l'un des dépossédés ; sept de ces derniers étaient également entrés en possesion de leurs biens ; les héritiers de trois autres se désistèrent ; enfin, pour dix-sept, la liquidation définitive n'est pas indiquée, et, pour sept, il n'y a pas de trace de réclamation.

Les 93 autres particuliers ou leurs héritiers reçurent, sur les bases que j'ai indiquées, des titres de rente annuelle montant à 121.650 fr. 12 et représentant un capital de 4.055.004 francs.

.*.

La caisse d'amortissement, rétablie sous le Consulat par le ministre des finances Gaudin, ne fut guère, entre les mains du gouvernement, qu'un instrument de trésorerie.

En exécution d'une décision ministérielle du 16 novembre 1808, elle prit possession, dès le mois de décembre suivant, d'une série de biens aliénables situés dans le département ou disponibles d'après la loi du 24 avril 1806, estimés 59.810 francs. Mais certains biens qui figurent dans l'état dressé par le directeur des Domaines le 27 décembre 1808 (1), ne furent pas vendus et, après maintes recherches, on en trouva d'autres qui furent mis en vente au profit de la Caisse.

La loi des finances du 20 mars 1813 donna à la Caisse une nouvelle source de produits. Elle porte : « Les biens ruraux, maisons et usines, possédés par les communes, sont cédés à la Caisse d'amortissement qui en percevra les revenus à partir du 1er janvier 1813. Sont exceptés, les bois, les biens com-

(1) *Arch. dép.* 6 Q. 19.

munaux proprement dits, tels que pâtis, pâturages, tourbières et autres dont les habitants jouissent en commun, ainsi que les halles, marchés, promenades et emplacements utiles pour la salubrité ou l'agrément, les églises, les casernes, les hôtels-de-ville, les salles de spectacles et autres édifices que possèdent les communes et qui sont affectés à un service public. Les communes recevront en inscriptions 5 % une rente proportionnée au revenu net des biens cédés, d'après la fixation qui en sera déterminée par un arrêt du conseil... » Ces biens seront mis en vente. Le prix des adjudications sera payable, en numéraire, 1/6ᵐᵉ comptant, 1/6ᵐᵉ dans les trois mois, les deux autres tiers d'année en année avec intérêt à 5 0 0.

Les ventes commencèrent immédiatement. Il y eut peu d'empressement aux adjudications ; il fallut y revenir à deux, trois et quatre reprises, et encore certains biens ne trouvèrent-ils pas preneurs. Les anciens émigrés, ou leurs descendants, en profitèrent pour reconstituer leurs grands domaines, en remplaçant par des biens de communes ceux qui avaient été aliénés au profit de la nation. « On dit que la mise à prix est encore trop forte, — dit Armand, délégué du sous-préfet du Vigan, dans une lettre du 10 août 1814, à la suite d'un insuccès ; — elle ne le paraît pas, mais on peut la trouver telle parce qu'ordinairement on ne veut faire que de *bonnes affaires* lorsqu'il s'agit d'acheter les biens de l'État ou des communes (1). »

Les nombreuses propriétés qui restèrent invendues furent restituées aux communes.

(1) *Arch. dép.* 6. Q. 3, lettre annexée.

C'était la seconde opération tentée à l'aide des biens des communes. Un « état des biens, meubles et immeubles qui ont passé dans les mains de la Nation en exécution de la loi du 24 août 1793 et des sommes liquidées au profit des créanciers des communes en conformité de la même loi », certifié par le directeur de l'enregistrement et du Domaine impérial, le 16 juin 1806 (1) porte, en effet, à 366,098 francs le total de la valeur de ces biens, et à 1,393,177 fr. 05 c. les sommes liquidées au profit des créanciers (2).

Cet état concerne 73 communes, savoir : Alais, Anduze, Bagard, Bonnevaux, Brignon, Génolhac, Concoules, Générargues, Lézan, Saint-Alban, Saint-Hilaire-de-Brethmas, Saint-Paul-Lacoste, Salindres, Servas, Saint-Ambroix, Saint-Jean-du-Gard, — Aygaliers, Bagnols, Cornillon, Fournès, Laudun, Les Angles, Le Pin, Pujaut, Roquemaure, Rochefort, Saint-Julien-de-Peyrolas, Saze, Saint-Laurent-la-Vernède, Saint-Hilaire-d'Ozilhan, Saint-Pons-la-Calm, Uzès, Villeneuve, — Aramon, Aiguesmortes, Aimargues, Beaucaire, Bellegarde, Bezouce, Bouillargues, Le Cailar, Domazan, Fourques, Générac, Meynes, Montfrin, Marguerittes, Nimes, Redessan, Saint-Gilles, Saint-Laurent-d'Aigouze, Sommières, Sernhac, Théziers, Vallabrègues, Vauvert, — Cros, Durfort, Esparron, Lasalle, Pompignan, Saint-André-de-Majencoules, Saint-André-de-Valborgne, Saint-Hippolyte, Sumène, Sauve, Soudorgue, Vallerauge, Vic-le-Fecq, Rogues, Quissac et Le Vigan.

(1) *Arch. dép.* 6. Q. 19.

(2) En principal : 656.609 65 = 656.609 65 ⎫
⠀⠀En rentes :⠀⠀36,828 37 = 736.567 40 ⎭ = 1.393.177 fr. 05

La Nation ne trouva un avantage qu'à Bellegarde seulement.

Malgré la loi, Nîmes resta en possession de plusieurs immeubles « entr'autres de quatro maisons qui servaient autrefois aux écoles, sous le prétexte qu'elles avaient servi depuis au logement des instituteurs primaires ou à indemniser la commune du logement qu'elle payait en ce moment à douze instituteurs primaires. »

Cette première opération, on le voit, avait été plus favorable que nuisible aux intérêts des communes du Gard.

RELEVÉ ALPHABÉTIQUE

DES ACQUÉREURS

DES BIENS NATIONAUX

DE PREMIÈRE ORIGINE[1]

1. Abauzit Firmin, nég. à Uzès.— Uzès (Cordeliers), 14 janvier 1791, terre sous l'Esplanade, 15 ém., 6.025 l. 10 s.

2. Abauzit Jean - Pierre, nég. à Uzès. — Uzès (*Capucins*), 27 germ. an III, remise au fond de la

---

[1] Nous indiquons : 1° les nom, prénoms, profession et domicile de chaque acquéreur ; 2° la commune de la situation des biens, l'établissement antérieurement détenteur des propriétés vendues, la date de la vente, les noms et la consistance des biens aliénés, le prix de la vente.

Voici les principales abréviations employées : adm., administrateur ; agr., agriculteur ; b., boisseau ; brum., brumaire ; c., couchant ; can., canne ; cet. ou set., sétérée ; chap., chapelle ; chataig., chataignerie ; civad., civadière ; com., commanderie ; conf., confrontant, confront ; cult., cultivateur ; d., denier ; dem., demeurant ; dép., département ; dest., dextre ; dist., district ; ém., émime ; fab., fabricant ; flor., floréal ; frim., frimaire ; fruct., fructidor ; germ., germinal ; l., levant ; lid. lidière ; m., midi ; mén., ménager ; mess., messidor ; n., nord ; nég., négociant ; niv., nivose ; not., notaire ; picot., picotin ; plur. pluviose ; poig. ou poug., poignadière ; prair., prairial ; prop., propriétaire ; s., sol, sou ; sal., salmée ; t., toise ; t. c., toise carrée ; therm., thermidor ; trav., travailleur ; vend., vendémiaire ; vent., ventose ; ver., vertison.

rue avec grand jardin potager, 26.500 l. (1). Voy., en outre, Blaud Jacques-Louis.

Aberlenc..., à St-Privat-des-Vieux. Voy. Sorbière Simon-Jude.

3. Aberlenc Antoine-Scipion, acc. publ. près le Trib. de dist. d'Alais. — Alais (*Chap. Saint-Michel*), 2 avril 1791, olivette-mûriers, quartier de Fenou-deilhe, 3 quartes 2/3 b., 845 l.

4. Abric Pierre, à Aiguesvives. — Aiguesvives (*prieuré*), 13 mars 1791, chenevière, 1 quarton 4 dext. 3 pans, 390 l.

Abrieu André, à Pujaut. — Voy. Anastay Antoine, Bouvet Marc, Jouffret Jean et Jouffret Jean père (2).

Abrieu Esprit, à Pujaut. — Voy. Bouvet Marc.

Abrieu Jean-François, à Pujaut. — Voy. Anastay Antoine et Bouvet Marc.

Abrieu Nicolas, à Pujaut. — Voy. Bouvet Marc.

Abril André, à Pujaut (3). — Voy. Caulet Étienne.

Abril François, à Pujaut. — Voy. Caulet Étienne.

Achard Joachim, à Villeneuve. — Voy. Caulet Étienne.

5. Achard Joseph, à St-Paulet-de-Caisson. — St-Paulet-de-Caisson (*prieuré*) 17 fruct. an III, terre 6 ém. 4 b., 3.300 l.

6. Achard Vincent.... — St-Paulet-de-Caisson (*Chap. N.-D. de l'Assomption*), 2 mai 1791, terre quartier de la Biance (4), 535 l.

---

(1) La maison conventuelle des Capucins fut divisée en plusieurs lots. Le jardin avait 2.094 cannes (*Arch. dép. 2. Q. 1, 26*). Voy. Boucarut Pierre-Louis Gardies Joseph et Phéline Adrien.

(2) Voy. Abril André, la note.

(3) C'est probablement Abrieu André.

(4) D'après un état (*Arch. dép., 1. Q. 1, 35*), les biens de cette chapelle comprenaient 13 pièces, au total 5 sal., 41 em. 4 b.

7. Achardy André-Simon, homme de loi à Beaucaire. — Vallabrègues (*Chap. de Claude Bonfils*),
24 sept. 1791, terre 2 sal. 1 ém.. 375 l. (1).

8. Achardy Étienne, boulanger à Beaucaire. —
Beaucaire (*la commune*), 9 vend. an iv, bâtiment du
poids de la farine, 23 toises 3 pieds 8 pouces, 32.000 l.;
id., 2 mess. an v, deux vacants près la porte du Pont,
4 picotins, 93 l. 10 s.

9. Acquier Pierre, cafetier à Nimes. — Vallabrègues et Comps (*Ch. St-Étienne*), 29 janv. 1791, terres
3 sal. 6 1/2 ém., 5 picotins, 9.042 l.

10-12. Adam Édouard et Charles Michel fils, nég.
à Nimes, et Serres Jacques - Édouard, vérif. de la
Régie nat. — Alais (*évêché*), 19 mess. an iv, l'évêché
et ses dépendances, soit : bâtiments 440 toises
carrées, cours et jardins 2.022, orangerie 30, —
87.240 francs (2).

13. Affourtit Louis l'ainé, banquier à Nimes. —
Milhaud (*prieuré*), 20 janv. 1791 (3), terres lab., prés,
moulin, 136.000 l. (4) ; — 10 juin 1791, droits féodaux
sur une maison rue Saint-Antoine, à Nimes, près le
puits du Marché (*Ordre de Malte, com. de Saint-
Antoine*), 3.189 l. 8 s. 5 d.

Agniel Jacques, mén. à Connaux. — Voy. Fougasse
Benoit.

(1) Déclara avoir agi pour *Boissière* Jean-Anthime, adm. du dép.,
de Montfrin.

(2) Vente de gré à gré. L'évêché et ses dépendances furent re-
vendus, sans doute par suite de folle-enchère, le 17 pluv. an vi.
Voy. n° 323.

(3) Pour le dist. de Nimes, les dates indiquées sont tantôt celles
des enchères, tantôt celles des actes définitifs de vente.

(4) Le prieuré simple et séculier de Milhaud était uni à la mense
épiscopale de Nimes.

14. **Agnel Jean**, prop. à Fonfrède, C' de Robiac. — Robiac *(prieuré)*, 3 mars 1808, cave dépendant de la maison curiale et lavoir, 53 fr.

15. **Agnel Jérémie**, avoué à Alais. —Saint-Martin-de-Valgalgue *(prieuré)* la grande terre, 15 quartes, 1225 l. (1).

16. **Agnel Simon**, maire à Saint-Jean-de-V. — Saint-Jean-de-Valériscle *(prieuré)*, 10 févr. 1793, cinq pièces, au total 37 quartes, 1 b., 13.400 l.

Agussol Pierre, à Arre. — Voy. Nougarède Barthélémy.

17. **Aguze François-Louis**, homme de loi au Vigan. — Le Vigan *(prieuré)* 19 janv. 1791, maison claustrale, 6.350 l.

Aguze Jean-Jacques, ex-juge royal au Vigan. — Voy. Anthouard David-Jean.

18. **Aigoin Jacques-Roman**, à Saint-Roman. — Cézas *(prieuré)*, 9 vend. an v, maison presbytérale, 5 dext., et terres attenantes 2 cét., 1,600 fr. (2).

19. **Aigoin Jean**, à Colognac. —Cros *(prieuré)*, 6 avril 1809, maison curiale et ses dépendances, jardin 26 a., 72 c., 2.712 fr.

20. **Aigon...** — Nimes *(la Couronne)*, 15 avril 1812, partie du sol des remparts 29 m. c. 74 à 1 fr. 75 c. 52 fr. 05.

21. **Aillaud Antoine**, agr. à Beaucaire.— Beaucaire *(ordre de Malte, com. d'Astros)*, 23 niv. an III, terre 5 ém., 5 picot., 3100 l.; —8 germ. an III, terre 1 sal., 1075 l.

(1) Il déclara avoir agi pour Jean-Antoine Deleuze de Villaret, ancien major du régiment de Turenne, à Alais.

(2) Vente de gré à gré.

22. Aillaud Jacques, trav. à Beaucaire. —Beau‑
caire (*ordre de Malte, com. d'Astros*), 3 vent. an III,
terre 5 ém. 6 2/3 picot., 1050 l. Voy. en outre Mi‑
chel Raymond.

Aillaud Jean‑Marie, à Villeneuve. — Voy. Anastay
Gabriel, Caulet Étienne et Pourpre Claude.

Aimard. —- Voy. Aymard.

Aime. — Voy. Ayme.

Airal. — Voy. Heiral.

Ayral. — Voy. Heiral.

23. Alazard Jean, cafetier à Uzès. — Uzès (*Sémi‑
naire*), 19 août 1793, maison et dépendances formant
trois ailes avec cour, rue Saint‑Julien, 17,222 l.; —
Uzès (*religieuses de N. - D. ou de la Visitation*),
19 août 1793, maison, cour, jardin et enclos au quar‑
tier de l'Esplanade, 40,000 l.

24. Albert Thomas, nég. à Sauve. — Sauve (*cha‑
pelle Mage, fondée dans l'église*) 16 mai 1791, vigne
et terre, 5 sel. 7 dext., 3900 l.

Alibert Pierre, à Nimes. — Voy. Fabre André.

25-27. Allard Charles, Conte Antoine et Ricard
Antoine, à Villeneuve. — Pujaut (*Chartreuse de Vil‑
leneuve*), 31 déc. 1791, terre 11 sal., 4 ém., 6 poug.
3,250 l.

28. Alledebeuf Françoise, veuve Dupuy, à Som‑
mières. —Sommières (*la Couronne*), partie du sol et
des matériaux des remparts, 44 fr.

Allègre Jacques, fils d'autre, à Beauvoisin. —
Voy. Bourely Jean.

Allègre Louis père, à Beauvoisin. — Voy. Bourely
Jean.

Allègre Michel, notaire à Bonnevaux. — Voy.
Polge‑le‑Blanc Jean‑Baptiste.

Allègre Moïse, fils de Jacques, à Beauvoisin. — Voy. Bourely Jean.

Allègre Pierre, prop. à Bonnevaux. — Voy. Polge-le-Blanc Jean-Baptiste.

Allègre Pierre, fils de Louis, à Beauvoisin. — Voy. Bourely Jean.

29. Allemand Antoine, bourgeois à Cavillargues. — Saint-Firmin (*Chapitre d'Uzès*), 15 mars 1791, domaine de Malhac, 132,000 l. (1).

30. Allen Louis... — Junas (*prieuré*), 2 avril 1791, aire 24 dex., 130 l.

Allenche Jean, à Villeneuve. — Voy. Caulet Étienne.

31. Allier Jacques... — Souvignargues (*dominicature*), 20 janvier 1791, garrigue 32 set. 11 dext., 1825 l.

Allier Pierre, à Saint-Gilles. — Voy. Defferre Isaac et Fabrègue Jean-Louis.

32. Allouet Marie, à Tresques. — Tresques (*chapelain*), 21 therm. an VI, maison, 27,000 l. (2).

33. Allut Antoine, à Nimes. — Nimes (*la commune*), 26 brum. an V, le sol sur lequel se trouve construite la salle de spectacle, 247 t. 3 pieds carrés, 1485 fr.

34-35. Allut Jean ainé, off. mun. à Montpellier, et Sabatier Guillaume, dem . à Paris . — *Saint-Gilles* (*abbé de*) (3), 18 nov. 1791 , le domaine d'Espeiran, consistant en terres, près, herbages,

(1) Le 28, il céda ce domaine à Rodolphe-Joseph Rafin, ancien conseiller honoraire au Parlement de Toulouse, demeurant à Uzès (Bonhomme, not. à Uzès).

(2) Déclara agir pour Bouzigue Jean-Baptiste, son mari.

(3) Bénédictins.

roubine ayant sa prise d'eau au Rhône, vignes, château, ménagerie, cuves vinaires, cabanes pour les
bêtes à laine, jardin potager, luzernes, marais et
bois tamaris, en tout 1024 sal. 8 ém., 673,000 l.

36. Alméras Antoine, à Masmolène. — *Masmolène*
(*Chapelainie de*), 8 vend. an III, terre 6 ém. 9 vest.,
400 l.

37. Alméras Jacques, à Masmolène — *Masmolène*
(*Chapelainie de*) 8 vend. an III, terre 2 sal. 7 ém.
8 vest., 3,000 l.

38. Alméras Louis, nég. à Lasalle.—Sainte-Croix-
de-Caderle (*prieuré*), 2 août 1791, divers biens,
3,715 l.

39. Alteirac Antoine, à Colorgues. — Colorgues
(*prieuré*), 15 mars 1792, maison avec écurie, jardin,
grenier à foin et église, en tout 5 1/2 vest., 2,335 l.

40. Alteirac Dominique, nég. à Alais. — St-Hilaire-
de-Brethmas (*ordre de Malte*, com. de......), 9 vend.
an III, herme et rochers 41 quartes 3 b., 1275 l.

41. Alteirac Étienne, à Méjanes. — Méjanes-lès-
Alais (*prieuré*) 11 fruct. an II, deux terres-mûriers
80 t., c., 410 l.

42. Alteirac François fils, cult. à Alais. — St-Hilaire-de-Brethmas (*ordre de Malte*, com. de........),
2 frim. an III, terres-mûriers, rives et hermes, 26
quartes 2 b., 3100 l.

Amalric Jean père, à Aimargues. — Voy. Lambon Antoine.

43. Amoreux Jean-Joseph-Marie, à Uzès. — Meynes (*chapitre de Montpellier*), 27 mai 1791, deux
terres et un pré 14. sal. 15 em. 14 poig., 17.425 l.

44-46. Amphoux Henry, ancien berger, Bigot Jean
et Bigot François, cult., à Générac. — Générac

(*ordre de Malte, grand prieuré de St-Gilles*) 28 vent.,
an III, domaine du château : 2ᵉ lot, 56 can. couvert,
58 can. cour, 3 sal. 224 dext. champs, 53.000 l. (1) ;
3ᵉ lot, 50 can. couvert, 22 can. cour, 3 sal. 175 dext.
champs, 36.500 l. (1).

47-48. Amphoux Henri, ancien berger, Aurillon
Jacques et Durand Henry, bergers à Générac. —
Générac (*ordre de Malte, grand prieuré de St-Gilles*),
28 vent. an III, domaine du Château, 5ᵉ lot : pré
1 sal. 68 3/4 dext., herme 2 sal. 135 dext., 16.000 l.

Amphoux Henry jeune, berger à Générac.— Voy.
Chassefière François.

Amphoux Jacob, fils de Pierre, à Beauvoisin. —
Voy. Bourely Jean.

Amphoux Louis, à St-Gilles.—Voy. Boucaud Pierre.

Amphoux Louis fils, à St-Gilles. — Voy. Charamaule Jean-François.

49. Amphoux Pierre, cult. à Générac. — Générac
(*ordre de Malte, grand prieuré de St-Gilles*), 28 vent.
an III, domaine du château, 18ᵉ lot, 6 sal. 316 1/4
dext., 20.000 l.

Amphoux Pierre, à Beauvoisin. — Voy. Bourely
Jean.

Amphoux Pierre, fils d'autre, à Beauvoisin. —
Voy. Bourely Jean.

Amphoux Pierre, fils de Jacob, à Beauvoisin. —
Voy. Bourely Jean.

Amphoux Pierre-Jean, fils de Pierre, à Beauvoisin. — Voy. Bourely Jean.

50-65. Anastay Antoine, Gaillard Jacques, Aslay
Jean, Aslay Claude, Vidal Pierre, Laurent Joseph,

(1) Chacun pour un tiers,

Blayras Joseph, Velay Jean-Baptiste, Abrieu André, Bouvet Jean, Chiron Joseph, Abrieu Jean-François, Calvet Jean, Vidal Claude, Bouvet Marc-Antoine et Taulier Simon, tous de Pujaut. — Pujaut (*Chartreux de Villeneuve*), 16 mars 1791, terre 18 sal., 7.525 l.

Anastay Antoine, à Pujaut. — Voy. Caulet Étienne.

66-75. Anastay Gabriel, Lhermite Bertrand, Ferrand Robert, Goubert Joseph, Velay Michel, Balmier Jean-Baptiste, Gonnet Barthélemy, Aillaud Jean-Marie, Freissinet Antoine et Pécoul Noël, à Villeneuve. — Villeneuve (*Chapitre*), 24 mars 1791, enclos (terre, vigne et verger) 5 sal. 1 em., 6.300 l.

Anastay Gabriel, à Villeneuve. — Voy. Caulet Étienne et Vidal Esprit.

Anastay Joseph, à Pujaut. — Voy. Bouvet Marc.

76-77. Anastay Louis et Aimard Chrisostome, à Villeneuve. — Villeneuve (*la commune*), 1 therm. an iv, crémens et atterissements au quartier des Ors, 44.027 fr. 6 s. 8 d. (1).

Anastay Michel, à Pujaut. — Voy. Caulet Étienne.

78. Ancelin Pierre, mén. à Meynes. — (*Chapitre de Montpellier*), 28 avril 1791, maison 52 can. 3 pans, aire 3 ém. 7 poig., terre 6 em., terre 1 sal. 6 ém. 3 poig., 4.000 l.

79. Andore...... époux de Thérèse Larrieu, aubergiste à Nimes. — Nimes (*Chapitre*), 2 avril 1791, droits féodaux sur une maison, rue de la Sabaterie, 389 l. 19 s. 9 d.

80. André André, à Villeneuve. — Les Angles (..........), 22 avril 1808, terre-olivette 15 ares, 200 fr.

(1) Vente de gré à gré.

81. André Claude........... — Nimes (*la Couronne*), 15 avril 1812, partie du sol et des matériaux des remparts, 51 m. c., 75 × 1.75 = 96 fr. 56.

82-85. André Claude, Boisson Pierre, Mme de Vanel et Ode, à Saint-Alexandre. — St-Alexandre (*prieuré et chapelle Ste-Barbe*), 31 déc. 1791, six terres du prieuré 25 em. 70 lid., quatre terres de Ste-Barbe 3 sal. 16 em. 75 lid., 9.200 l. (1).

86-87. André Étienne et Aubert Jacques, cult. à Générac. — Générac (*ordre de Malte, grand prieuré de St-Gilles*), 28 ventôse an III, domaine du Château, 15ᵉ lot, 3 sal. 355 dext., 15.000 l.

88-90. André François et Bilhaux César, fab. d'eau-de-vie, et Ferrier Jean, trav. à Générac. — Générac (*Ordre de Malte, grand prieuré de St-Gilles*), 28 vent. an III, domaine du Château, 16ᵉ lot, 2 sal. 370 dext., 13.000 l.

91. André Jacques, agr. et voiturier à Beaucaire. — Beaucaire (*Ordre de Malte*, com. d'Astros), 9 frim. an III, terre 2 sal. 1 em. 6 picot., 6.400 l.; — 2 vent. an III, terre 1 sal. 3 em. 7 picot., 4.600 l.; — 26 vent. an III, terre 1 sal. 3.000 l. Voy., en outre, Michel Raymond.

92-94. André Jacques, Roux-Cagnac Etienne fils, et Chassefière Louis aîné, de Générac. — Générac (*Ordre de Malte, grand prieuré de St-Gilles*), 28 vent. an III, domaine du Château, 13ᵉ lot, 3 sal. 160 dext., 21.000 l. (2).

(1) Mᵐᵉ de Vanel eut la terre du plan pour 2841 l. 9 s.; Ode, la terre du prieur près le cimetière, celle du plantier et celle des Loges (*prieuré*) ainsi que le bois de Costabelle (*Ste-Barbe*) compris dans les dix pièces de terre, pour 1.603 l.

(2) Chacun pour un tiers.

André Jean, fils aîné à Joseph, à Villeneuve. Voy,
Caulet Etienne.

95. André Jean-François, à Connaux. — Laudun
(*prieuré*), 13 fév. 1791, vigne 3.600 l.

96. André Jean-Pierre, à Boisset. — Boisset
(*prieuré*), 1 frim. an v, église 6 dext., cimetière 8
dext., enclos 2? dext., 1158 fr. (1).

André Jean-Pierre, à Villeneuve. — Voy. Caulet
Étienne et Pourpre Claude.

André Pierre, à Beaucaire. — Voy. Faure Jean.

97. Angelier François, mén. à Montfrin. — Montfrin (*chapelle St-Blaise*), 15 juin 1791, terre 4 cm.
1 civad., 440 l.

98. Angelras Antoine, à Gajan. — Gajan (*prieuré*),
8 brum. an iv, enclos 1 quarton 12 dext., 21.000 l.

99. Antoine Joseph-Anselme aîné, à Beaucaire.
— Pujaut (*Chartreux de Villeneuve*), 20 Déc. 1809,
herme 1694 ares 52 (3e lot) 2.200 fr. (2).

100-101. Anthouard David-Jean, juge de paix du
Vigan. — Pommiers (*dominicature du prieuré*), 14
mai 1791, terre près le village 400 t., chataig. 5
quartes, chataig., noyers et bois 5 set., aire et vacant 2 b., terre-muriers 1 quarte, vigne-olivette et
jardin, 5.200 l. 10 s. (3) ; — Arrigas (*prieuré*), 6 juin
1791, pré, chataig. et jardin dit le clos, 2 set., 2.400 l ;
Esparron (*prieuré*), 7 juin 1791, vigne 6 quartes,
vigne et bois 7 quartes; 525 l. ; Madières (*prieuré*),
9 juin 1791, vigne-olivette et fruitiers, 1.500 l.

(1) Vente de gré à gré.

(2) Le 22, il fit élection en faveur de Guillaume-Thérèse-François-Roger des Granges, commissaire des poudres et salpètres du
gouvernement à Avignon.

(3) Il déclara avoir agi tant pour lui que pour Jean-Jacques
Aguze, ex-juge royal du Vigan.

Aptel....à Garons. — Voy. Loche Jean fils.

102. Aptel Jean-Louis, à St-Gilles. — Générac, Nimes, Bouillargues et St-Gilles (*Bernardins, chapitre de Nimes et chapitre de St-Gilles*), 16 février 1833, bois de Campagne (coupe n° 11, bois d'Estagel), 54 h. 00 a. 50 c., 38.200 fr.(1) Voy., en outre, Puech Jules.

103. Arbus Jean, à Nimes. — Uzès (*diocèse*, ou plutôt *évêché*), 16 flor. an vi, maison dite salle diocésaine, rue de la monnaie, 105.000 l. ; maison attenante à la salle diocésaine 16.000 l.

104. Archier Joseph, à Sernhac. — Sernhac (*chapelle St-Pierre*), 23 janv. 1791, terre 2 1/2 em., herme 1 em. 1 civad., 86 l.

105. Archinard Jacques, nég. à Nimes. — Milhaud (*chapelle St Blaise*), 19 août 1791, six pièces terre, au total 1 sal. 20 em. 39 dext., 3.872 l.

106. Archinard Jean (ou Jacques), nég. à Nimes. — Nimes, Marguerittes et Milhaud (*frères prêcheurs de Nimes*), 19 janvier 1791, le domaine de Mérignargues, 66.100 l.

107. Archinard Jean, à Nimes. — Milhaud (*chapelle Ste Anastasie*), 19 août 1791, terres 2 sal. 3 em., 3.050 l.

(1) Bois vendus en exécution de la loi du 25 mars 1831. — Le Gard figure dans le « nouveau catalogue, pour l'année 1833, des bois domaniaux à aliéner » pour deux forêts seulement : Campagne 992 h. 32 et Valbonne 1290 h. 03. Quinze lots sur 32 du bois de Campagne restèrent invendus en février 1833 ; les 17 lots adjugés produisirent 787.400 f., soit 68.420 f. de plus que l'estimation. Le restant fut mis en adjudication en 19 lots, le 12 Déc. 1853, et produisit 502.710 f. — Le bois de Campagne avait été formé :
1° Du bois d'Estagel, St-Gilles (*chapitre*), 182 h. 62 a.
2° Du bois de Campagnole, Générac (*bernardins*), 101 h. 18 a. 35.
3° Du bois des Bouquets, Générac (*bernardins*), 47 h. 96 a. 65.
4° Du bois de Campagne et Signan, Nimes (*chapitre*), 599 h. 41 a 36.
5° Du bois de Bouillargues (*chapitre de Nimes*), 61 h. 13 a. 64.

Archinard (la veuve), à Nimes. — Voy. Charamaule.

108. Arène Jean, agr. à Beaucaire. — Beaucaire
(*Ordre de Malte, com. d'Astros*), 22 pluv. an iii, terre
(33ᵉ lot) 1 sal., 2.950 l. ; id. (34ᵉ lot), 1 sal. 2550 l.

109. Arène Jean fils, agr. à Beaucaire. — Beaucaire (*Ordre de Malte, com. d'Astros*), 26 niv. an iii,
terre (10ᵉ lot) 1 sal. 2 em. 1750 l. ; (11ᵉ lot), 1 sal.
2 em. 4 picot., 1500 l.

110. Arène Léonard, agrᵉ à Beaucaire. — Beaucaire (*Ordre de Malte, com. d'Astros*), 11 niv. an iii,
terre (25ᵉ lot) 1 sal., 2.550 l. ; 2 vent. an iii, terre
(46° lot) 2 sal., 5550 l.

Armand Jean, à Beaucaire. — Voy. Michel
Raymond.

111. Armand Joseph-Louis-Simon, avoué au trib.
de dist. de Nimes. — Verfeuil (*abbesse de Bagnols*),
20 mai 1791, domaine de Valsauve, 97.200 l.

Armand Pierre, à Beaucaire. — Voy. Michel
Raymond.

112. Armentier François, prop. à Beaucaire. —
Beaucaire (*la couronne*), 4 mars 1813, francs-bords
inutiles du canal de Beaucaire à Aiguesmortes (16ᵉ
lot) 186ᵐ59, ↔ 212 fr.

113. Arnail-Fornier, prop. à Nimes. — Nimes
(*Ordre de Malte....*), 7 vent. an ii, jardin à roue en
deux corps avec logement de jardinier, au-dessous
de l'Esplanade, 2 sal. 13 cm. 1 dext., 30.000 l. (1).

114. Arnal Jean-François, bourgeois à Alzon. —
Alzon (*chapitre St-Victor de Marseille, prieur d'Alzon*), 2 mai 1791, four banal 1800 l.

(1) Voy. n° 1316.

115. Arnassan Antoine, mén. à Cardet. — Cardet (*prieuré*), 24 Déc. 1791, église cimetière, jardin et hangard, 493 l.

116. Arnassan Jacques, prop. à Cardet. — Cardet (*Ordre de Malte, com. de St-Christol*) 18 vent. an III, terre 1 1/2 sal., pré 6 quartes, 10.000 l.

117. Arnassan Marc, agr. à Cardet. — Cardet (*Ordre de Malte, com. de St-Christol*), 16 vent. an III, terre et rouvière 6 quartes 8 dextres, 1625 l.

Arnaud (d'), à Vallabris. — Voy. Voulland Jean-Henri.

118. Arnaud, femme Roche, ... Nimes — (*la couronne*), 15 avril 1812, partie du sol et mat. des remparts 108me à 1,75 = 189 fr.

Arnaud Esprit, à Pujaut. — Voy. Caulet Etienne.

119. Arnaud Henri, à Vergèze. — Vergèze (*prieuré*), 29 janvier 1791, 17 pièces terre, au total 8 set. 19 quartons 588 dext., 8.400 liv.

Arnaud Isaac, à Aubais. — Voy. Charamaule.

120. Arnaud Jean-Baptiste, bourgeois à Nimes. — Nimes (*religieux de Saint-Bauzile*)(1), 17 février 1791, rachat de droits fixes et casuels sur une maison au chemin de Beaucaire, 776 l. 8 s. 10 d.

121. Arnavielle Charles, boulanger à Alais. — Alais(*la couronne*), 7 mars 1812, mat. et sol des remparts (13e lot), 142 fr 70.

122. Arnavon Honoré, nég. à Marseille. — Aramon et Les Angles (*Chartreux de Villeneuve*), 28 août 1791, domaine de la Vernède, 160 sal. environ, cabaux, meubles, effets, 192,100 liv.

123. Arsac Jean-André, nég. à Alais. — Alais

(1) *Bénédictins.*

(*abbaye de Saint-Bernard*), 17 mars 1791, vigne olivette aux calades, 810 liv.

Artaud Jean, à Beaucaire.—Voy. Michel Raymond.

124. Artaud Jean-Baptiste, nég. à Beaucaire. — Beaucaire (*cordeliers*), 7ᵉ jour 2ᵉ décade 2ᵉ mois an iì, deux parties de couvent dans laquelle se trouve la chapelle des *Pénitents gris*, 24.000 liv. ; id. deux autres parties de couvent 30.000 liv.

125. Artaud Joseph, agr. à Beaucaire. — Beaucaire (*la couronne*), 4 mars 1813, francs bords inutiles du canal de Beaucaire à Aiguesmortes (25ᵉ lot) 58 m 06 = 93 fr.

Arvieux...., à Chusclan. — Voy. Méric Iguace.

Astay Claude, à Pujaut.—Voy. Anastay Antoine et Bouvet Marc.

Astay Esprit, à Pujaut. — Voy. Bouvet Marc.

Astay Jacques, à Pujaut.— Voy. Bouvet Marc et Caulet Etienne.

Astay Jean, à Pujaut. — Voy. Anastay Antoine, Bouvet Marc et Rochette Blaise.

Astay Jean-Joseph, à Pujaut.— Voy. Bouvet Marc.

Astay Jean-Michel, à Pujaut. — Voy. Rochette Blaise.

Astay Joseph, à Pujaut. — Voy. Bouvet Marc.

Astay Marc fils, à Pujaut. — Voy. Bouvet Marc.

Astay Michel, à Pujaut. — Voy. Bouvet Marc et Vidal Pierre.

Astay Noël, à Pujaut. — Voy. Bouvet Marc et Caulet Etienne.

Astruc Elisabeth, à Uzès. — Voy. Verdier Simon.

126. Alger Etienne, fab. de bas à Alais. — Saint-Hilaire-de-Brethmas (*ordre de Malte, com. de....*), 11 vend. an iii, terre, herme et rochers 15 quartes 1 b,

1750 liv. ; 1 frim. an III, terre, muriers, pâture 45 quartes 2 b. , 4.575 liv.

127. Aubanel Etienne, à Sommières. — Clarensac (*chapelle St-Jean-Baptiste* et *chapelle St-Mathieu*), 15 févr. 1791, 13 pièces terre, ensemble 46 ém. 106 dext. (*St-Jean-B.*) et 17 pièces ensemble 48 1/2 ém. 144 dext. (*St-Mathieu*) 15.400 fr. — Sommières (*chapitre de St-Gilles*), 14 mai 1791, vigne-oliv. 6 quartons 20 dext. « dans laquelle il y a des traces d'une vieille église, et une espèce de mur de fortification, » 605 liv. ; — Gallargues (*la commune*), 8 brum. an IV, olivette 1 quarton 1/2, 14.000 liv.

128. Aubanel Etienne ainé, nég. à Sommières. — Sommières (*Ursulines*), 5 brum. an V, vigne, 133 dext. olivette 20 3/5 dext., 660 fr. (1) ; jardin en deux corps 62 2/5 dext., 506 fr. (2) ; — Sommières (*la couronne*), 1er août 1813, sol des remparts , 30e lot, 209 fr. (3), 28e lot, 396 francs (3).

129. Aubanel Etienne cadet, nég. à Sommières. — Sommières (*vicairie*), 5 brum. an V, maison, rue de la grande église, où logeaient les vicaires 23 t. 1 pied avec ciel-ouvert de 1 t. 4 pieds, 1260 fr. (4) ; — Sommières (*la couronne*), 6 juillet 1809, terrain dépendant du château, 15a. 20 c., 410 fr. — Voy. en outre, Aubanel Etienne ainé.

Aubanel Jean, à Aimargues. — Voy. Rampon Pierre.

(1) Vente de gré à gré.

(2) Fit une déclaration de command en faveur de Castan André, nég. à Sommières.

(3) Il était alors juge de paix ; il déclara avoir agi pour Aubanel Etienne cadet, son frère. — Il obtint, le 22 fév. 1810, la cession gratuite de 2a 16 de terrain dit de la Regourdasse, dépendant du château.

(4) Vente de gré à gré.

130. Aubanel Louis, nég. à Nimes. — Nimes (*frè-res prêcheurs*), 24 décembre 1790, le domaine dit des Capélans, près Caissargues, 96.000 liv.

131. Aubaressy Etienne, mén. à Vauvert. — Vau-vert (*chapelle St-Sébastien*), 23 déc. 1790, terre 5 car-terées 1/2, 2.700 livres.

132. Aubary Laurent, nég. à Nimes.—Nimes (*Ursu-lines, 2ᵉ monastère*), 24 mars 1791, terre au quartier de Terraube, 1 sal., 3.800 liv.

133. Aubert Gabriel, mén. à Villeneuve.— Ville-neuve (*Chartreux*), 13 avril 1791, terre et vigne-olivette, 1 sal. 4 ém. en friche, 4 ém. en herme, 1450 livres.

Aubert Jacques, à Cornillon. — Voy. Bouillane-Lacoste Louis.

Aubert Jacques, cult. à Générac. — Voy. André Etienne.

Aubert Simon, à Montfaucon — Voy. Faure Simon.

Aubignac (d'), à Lasalle.—Voy. Du Puy d'Aubignac.

134. Aude Raymond, à Villeneuve. — Villeneuve (*chapitre*), 3 vend. an III, partie de maison (7ᵉ lot) 3.550 livres. — Voy. Ode.

135. Audemard.... tonnelier à Nimes. — Nimes (*religieuses de la Fontaine*) (1), 31 janvier 1791, droits féodaux sur une terre de 7 em. au quartier des Feissines, 347 l. 11 s. 7 d.

Audemard André, à Roquemaure. — Voy. Faure Simon.

136. Audemard Madeleine veuve Vincent Bruguier, à Nimes. — Nimes (*la couronne*), 15 avril 1812, partie du sol des remparts 756 m. à 1 fr. 75 = 1323 fr.

(1) « Transférées à Beaucaire, » ajoute l'acte.

137. Audibert Jean, à Vallabrègues. — Vallabrègues (*prieuré*), 28 déc. 1790, terre 5 cm., 1050 l.

Audibert Raymond, à Meynes. — Voy. Comte Jacques.

138. Audibrand Jacques........ — Beaucaire (*cordeliers*), 13 janv. 1791, olivette 2 em., 565 l. (1); — Villeneuve (*chapitre*), 11 germ. an II, partie de maison, 2200 l. (2).

139. Audoyer Antoine, à Tavel. — Pujaut (*chartreux de Villeneuvee*), 20 déc. 1809, terres gastes et garrigues 70 a. 36 (1er lot), 70 francs.

140. Audoyer Claude, prop. à Cardet. — Cardet (*ordre de Malte, com. de St-Christol*), 18 vent. an III, terre 9 quartes, 175 l.

Audoyer Nicolas père, à St-Bonnet-de-Cheiran. — Voy. Saussine Jean.

141. Audry Jacques, à Générac. — Générac (*ordre de Malte, grand prieuré de St-Gilles*), 26 vent. an III, domaine du Château (17e lot) 3 sal. 20 dext., 19.000 l.(3).

142-143. Audry Jacques, faiseur de bas, Chassefière Louis et Coste Jean, cult. à Générac. — Générac (*ordre de Malte, grand prieuré de St-Gilles*), 28 vent. an III, domaine du Château (22e lot) 7 sal. 92 dext., 10.300 l.

144. Audry Jean, à Calvisson. — Calvisson (*la commune*), 4 juillet 1793, ancien cimetière de *Cincens* 15 3/5 dext., 675 l.

145. Augier Jean, à Pont-St-Esprit. — Pont-St-Esprit (*ursulines*), 4 fév. 1793, maison occupée par

(1) Déclara avoir agi pour Pascal Jean, trav. à Beaucaire.

(2) Fit élection en faveur de Charles-Benoit Mercurin fils ainé, de Villeneuve.

(3) Déclara avoir agi pour Aurillon Pierre fils, agr. à Générac.

l'aumônier de ces religieuses, 1433 l. ; 6 février 1793, partie de couvent, 5415 l. ;— *(bénédictins)*, 22 mai 1793, maison et 2 pièces attenantes, 3050 l.; —*(pénitents blancs)*, 24 vent. an III, chapelle et 3 b. de terre autour, 445 l. (1) ; — *(chapelle St-André)*, 6 juillet 1792, chapelle, 320 l.

146-149. Augier Pierre, maire, Jonquet Barthélemy, Pascal Louis et Pouzol Pierre, aux Angles. — Les Angles *(chartreux de Villeneuve)*, 16 avril 1791, propriété de 9 sal. dont 6 en terres et 3 en bois avec petit bâtiment, 8.000 l.

150. Aulier.... vicaire.... — St-Etienne-des-Sorts *(chapelle St-Etienne)*, 18 mars 1791, terre de 4 cm., 56 l. 5 s. 6 d.

Aurillon Henri, berger à Générac. — Voy. Amphoux Henry.

Aurillon Jacques, berger à Générac. — Voy. Amphoux Henry.

Aurillon Jacques, à St-Gilles. — Voy. Charamaule.

151. Aurillon Jean, cult. à Générac.—Générac *(Ordre de Malte, grand prieuré de Saint-Gilles)* 28 vent. an III, domaine du château (11ᵉ lot) 2 sal. 317 dext., 17.200 l·

152. Aurillon Jean, cult. à Saint-Gilles. — Saint-Gilles *(Ordre de Malte, com. de Sainte-Anne)*, 27 frim. an III, domaine des Auriasses (3ᵉ lot) 2 sal. 270 dext., 15.000 l.

Aurillon Marguerite, à Saint-Gilles. — Voy. Defferre Isaac.

Aurillon Mathieu dit Bellerame, agr. à Générac. — Voy. Méjanelle Jean.

(1) Sans doute à la folle-enchère de Boyer, n° 511,

153. Aurillon Pierre, à Générac. — Générac *(Ordre de Malte, grand prieuré de Saint-Gilles)*, 28 vent. an III, domaine du château (9ᵉ lot) 4 sal. 100 dext., 25.000 l.

154. Aurillon Pierre fils, cult. à Générac. — Générac *(Ordre de Malte, grand prieuré de Saint-Gilles)*, 28 vent. an III, domaine du château (23ᵉ lot) 3 sal. 200 dext., 5.500 l. Voy. en outre Audry Jacques.

155. Aurivel.... à Nimes. — Nimes *(augustins)*, 7 fév. 1793, maison et cour de 107 cannes dite « la cour de Batte » quartier des flottes, conf. du C. les remparts, 1.925 l. (1).

Aurivel Jean-Pierre, à Valence. — Voy. Souchon Jacques.

156. Aussel Jacques, à Nimes. — Nimes *(la Couronne)*, 8 juillet 1816, sol provenant de l'emplacement des remparts, rue Rangueil, au lieu dit « le portal rouge », 70ᵐ c., 122 fr. 50 (2).

157. Aussel Pierre.... — Nimes *(la Couronne)*, 15 avril 1812, partie du sol des remparts 54 m. à 1 fr. 75 = 94 fr. 50 (3).

158. Auzias Jean-Joseph, not. à Roquemaure. — Roquemaure *(la Commune)*, 2 mess. an IV, terrain de 5 sal. 6 cm. 2 lid., 1516 fr. (4).

159. Auzias Jean-Joseph-Louis, homme de loi à Roquemaure. — Roquemaure *(chapitre)*, 2 août 1791, 6ᵉ partie du crément d'Urban, 609 l. 16 s. (5).

---

(1) Cédé à Pierre Laurent, blanchisseur de coton, et Jean Lapenne, trav., le 15 févr. 1793 (Espérandieu, not.)

(2) Vente de gré à gré.

(3) Vente de gré à gré.

(4) Vente amiable.

(5) C'était le prix de l'estimation. — Il fit folle-enchère : voy. Belgarric Jean-Baptiste-Joseph fils.

160. Auzière Clément, à Saint-Laurent-d'Aigouze.
— Saint-Laurent-d'Aigouze (*la Couronne*), 11 fruct.
an IV, métairie dite « la Cantine » avec 11 carteir.
herme, 2970 fr. (1).

161. Auzillon François, nég. à Nimes. — Nimes
(*frères prêcheurs*), 22 janv. 1791, olivette à Grézan
ou Audonel, 28 cm., 8.025 l.

162. Avon Jean-Baptiste, not. à Beaucaire. —
Beaucaire (*la Commune*), 9 vend. an IV, hangard
situé à la porte Beauregard, 30,000 l. (2).

Axat (veuve du marquis d'), à Montpellier. — Voy.
Roche Jacques.

163. Aymard Chrisostôme, boulanger, à Villeneuve. — Villeneuve (*Religieuses de la Providence*),
21 mess. an III, domaine de Baccarat, bât. et 9 sal.
1 1|2 cm. jardin, vignes, terres, 43.100 l ; — Les
Angles (*chapitre de Villeneuve*), 1 therm. an IV,
terre de 9 1|2 cm., 3212 fr. (3). Voy. Aimard, Anes-
tay Louis et Caulet Etienne.

Ayme Jacques, à Aramon. — Voy. Cadenet
Honoré.

Aynaud Marie, à Pujaut. — Voy. Caulet Etienne
et Soulier Jean-Marie.

164. Badieu Joseph fils... — Bagnols (*cordeliers*),
4 janv. 1791, terre 5 ém. 3 b., 755 l.

Bagnol Hugues, à Vénéjan. — Voy. Bagnol Paul.
Bagnol Jean, à Vénéjan. — Voy. Rouvier Joseph.
165-166. Bagnol Paul et Bagnol Hugues, à Vénéjan. — Vénéjan (*prieuré*), 9 mai 1791, terre près le
jardin du prieuré 4 ém. 4 b., 305 l.

(1) Vente amiable.
(2) Vente amiable.
(3) Vente amiable.

Bagnol Paul, à Vénéjan. — Voy. Rouvier Joseph.

167. Baile François... — Saint-Julien-de-Peyrolas (*prieur*), 11 avril 1791, terre un setier, 65 l.

168-169. Balmelle Jean-Charles et Gouret Jean,... — Saint-Michel-d'Euzet (*prieuré*), 27 déc. 1790, deux terres au total 2. sal. 5 ém. 7 b., 3.800 l.

170. Balmier Jean-Baptiste, à Villeneuve. — Voy. Anastay Gabriel et Caulet Étienne.

171. Banache Jeanne, prop. à Alais. — Alais (*la Couronne*), 7 mars 1812, matériaux et sol des remparts, 22e lot, 132 fr. 56; — 23e lot, 167 fr. 23.

172. Bancel Antoine, j. d. p. à Manduel. — Manduel (*chapelle Saint-Blaise*), 17 nov. 1791, sept pièces terre au total 3 sal. 48 ém. 19 b. 19 1/2 dext., 12.000 l. ; (*prieuré*), 17 nov. 1791, une terre dite la vicairie, 1000 l.

173. Barafort Étienne, fab. de bas à Alais. — Alais (*hospice*), 1 fruct. an III, rent. fonc. de 15 l., 300 l.

Baragnon Jean-Antoine, membre du dir. du dép. — Voy. Verdier Jean.

Baragnon (Maigron de), à Uzès. — Voy. Maigron.

Baragnon (Maxime), nég. à Beaucaire. — Voy. Dijol Jean.

Barandon Antoine, à Raurel. — Voy. Malige Jean.

Barbe Jean, à Beaucaire. — Voy. Michel Raymond.

174. Barbier Charles, prop. à Vallabrègues. — Vallabrègues (*la commune*) 2 nov. 1809, enclos 5 a. provenant de la commune, affecté à la dotation de la Sénatorerie de Nimes en exécution de l'arrêté du gouvernement du 18 fruct. an XI, et vendu par auto-

risation du chancelier du Sénat du 23 sept. 1809, — 470 fr.

Barbier Charles neveu, à Vallabrègues. — Voy. Lacroix Joseph.

Barbier Joseph, à Vallabrègues. — Voy. Bruges Marie-Jean-Louis et Lacroix Joseph.

175. Barbier Louis, mén. à Vallabrègues. — Vallabrègues (*la fabrique*) 19 germ. an III, terre 9 3/7 picot.,300 l. — Voy. en outre Bruges Marie-Jean-Louis et Lacroix Joseph.

176. Bargeton Augustin, à Uzès. —Uzès (*prieuré de Saint-Étienne d'*), 5 niv an VI, maison rue de la triperie ci-devant occupée par le sacristain, 12 can. 7 pans, 10.300 fr.

177. Bargeton (de) Emmanuel, ci-devant de Montaise, chev. de St-Louis, brigadier des armées royales, à Arpaillargues.—Arpaillargues (*prieuré*) 4 janv. 1791, 8 articles (les premiers) de biens 3 sal. 21 ém. 36 3/4 vert., 6 200 l.

Bargeton Jacques, du mas de Bourdel. — Voy. Dautun Jean-François.

178. Barin…. — St-Etienne-d'Escatte (*prieuré*), 21 janv. 1791, terre 32 dext., pré 45 dext. et jardin 12 1/2 dext., 850 l. (1).

Barnavon.— Voy. Bernavon.

179. Barnavon Antoine, à Beaucaire. —Beaucaire (*ordre de Malte*, com. d'Astros) 17 pluv. an III, terre 1 sal., 11.500 l. ; — (*la Couronne*) 4 mars 1813, francs bords inutiles du canal de Beaucaire à Aiguesmortes 93 m. c. 76. = 110 fr.

---

(1) Déclara avoir agi pour Claude Espanet, tenancier à Saint-Étienne-d'Escatte.

180. Barnavon François, tanneur à Beaucaire. — Beaucaire *(cordeliers)* 11 juillet 1791, maison « gache de curaterie nᵒˢ 3 et 4 », 2.500 liv; *(ordre de Malte, com. d'Astros)*, 27 germ. an iii, domaine des Perprèzes, 30ᵉ lot, 1 sal. 5 ém. 1 picot., 2100 l., 31ᵉ lot, 1 sal. 6 ém. 3 picot., 2.150 l. ; *(la Couronne)* 4 mars 1813, francs bords inutiles du canal de Beaucaire à Aiguesmortes (19ᵉ lot) 50 m. c. 63 = 61 fr.

181. Barnavon Jean, fils de Vincent, agr. à Beaucaire. — Beaucaire *(ordre de Malte, com. d'Astros)* 24 vent. an iii, domaine des Perprèzes, 1ᵉʳ lot, bâtiments 140 t., terres 36 s. 3 cm., 103.000 l.

182. Barnavon Vincent, prop. à Beaucaire. — Beaucaire (la *Couronne*) 4 mars 1813, francs bords inutiles du canal de Beaucaire à Aiguesmortes (18ᵉ lot) 55ᵐc 98 = 70 fr.

183. Barnier Barthélemy, vitrier à Nimes. — Nimes *(chapitre)*, 26 prair. an iv, maison de la Prévôté avec cour et écurie 166 t. 2 pieds carrés y compris 46 t. 3 p. de cour, 18.000 l.

Barracan Antoine, à Villeneuve. — Voy. Caulet Etienne.

Barracan Joseph, à Villeneuve. — Voy. Caulet Etienne et Pourpre Claude.

184. Barral François, à St-Laurent. — St-Laurent-le-Minier *(prieuré)*, 14 fév. 1808, jardin (1) 210 fr. Voy. en outre Roux Jean.

185. Barre Pierre-Guillaume, agr. à Brignon. — Nimes *(Carmes)* 9 niv. an ii, maison conventuelle et enclos, excepté l'église et la sacristie, 538 t. 4 pans, 35. 200 l.

(1) La contenance est comprise dans Pelon Victor

186. Barret Michel, mén. à Villeneuve. — Villeneuve (*bénédictins*), 5 févr. 1791, terre «au fourrage
St-André» dite la glacière, 875 l. ; — (*Chartreux*) 6
mars 1791, olivette 18 3/4 cm., 3.000 l.

187. Barrière Jean, agr. à Bellegarde. — Bellegarde (*ordre de Malte, com. de St-Jean*) 2 prair. an II,
partie du domaine de St-Jean, 3 sal. 2 cm. 2 1/4 b.,
650 l. — (*la commune*) 26 fruct. an III, pré 4 sal. 7
cm. 2 b., 12.000 l.

Barry François, à Beaucaire. — Voy. Michel
Raymond.

188. Barry Jean, à St-Jean-de-M. — St-Jean-de-
Maruéjols (*prieuré*) 15 germ. an VI, jardin 42 can.
9.000 fr.

Barry Louis, maire de St-Jean-de-M. — Voy.
Roussel Louis.

189. Barry Pierre, fact. à Nimes.—Nimes (*chapitre*)
2 déc. 1790, censive de 5 s. et les droits casuels au
quint sur une terre de 17 cm. au quartier de Magaille,
130 l. 2 s. 4 d.

190. Bascou François, tailleur d'habits à Alais.—
St-Hilaire-de-Breth. (*ordre de Malte, com. de...*)
11 vend. an III, terre 13 quartes 3 b., 2100 l.

191. Bascoul Pierre, à Bellegarde. — Bellegarde
(*ordre de Malte, com. de St-Jean*) 2 prair. an II,
partie du domaine, de St-Jean, 1 sal. 20 cm. 3 5/6 b.,
1400 l.

192. Basque François, sellier à Alais. — Alais (*la
Couronne*) 7 mars 1812, matériaux et 6e lot du sol
des remparts, 184 fr. 91.

193. Bassaget Pierre, cult. au Cailar. — Le Cailar
(*ordre de Malte, com. de St-Christol*) 8 prair. an II,
domaine de la mourade. 16e lot, 5 carteir. 1 quarton
16 1/2 dext., 2675 l. Voy. en outre Rampon Pierre.

194. Basset Louis, clédier à Beaucaire. — Beaucaire (*ordre de Malte, com. d'Astros*) 17 brum. an
III, domaine de St-Pierre, 8ᵉ lot, 1 sal. 1 ém. 2 picot.,
2500 liv. ; 11 nivose, an III, même domaine, 24ᵉ lot,
7 em. 8 picot., 2050 l.

195. Basset Raymond, agr. à Beaucaire. — Beaucaire (*ordre de Malte, com. d'Astros*) 17 brum. an. III,
domaine de St-Pierre, 17ᵉ lot, 1 sal. 1 picot., 3000 l. ;
11 niv. an III, même domaine, 30ᵉ lot, 1 sal.,2600 l.

196. Basson Pierre, mén. à Concoules. — Concoules (*fondation André*, prêtre),25 juillet 1791, obit
fondé par André dans la paroisse et propriétés en
dépendant, 1775 l.

197. Bastide Jean... — Colognac (*prieuré*) 25 mars
1791, terre-chat. appelée de l'ancienne église, 3 sellé-
rées 1850 l.

198. Bastide Pierre...Junas (*prieuré*) 2 avril 1791,
terre 66 dext., 415 l.

Batailler Jean, à Villeneuve.—Voy.Caulet Etienne
et Pourpre Claude.

199. Batailler Louis, teinturier à Beaucaire. —
Beaucaire (*Cordeliers*) 13 janvier 1791, vigne 3 ém.
890 l.

200-202. Batailler Paul, mén., Lautier Joseph et
Roux Bernard, à Villeneuve. — Pujaut (*Chartreux de
Villeneuve*) 28 mai 1791, terre 4 sal. 7 em. 2 picot.
5000 l.

203. Batifort François, à Aubais. — Congénies
(*ordre de Malte, com. de St-Christol*) 3 juillet 1793,
trois pièces ensemble 239 dext., 3000 l.

204. Batte Jean, à Cruviers-Lascours.—Cruviers-
Lascours et Brignon (*ordre de Malte, com. de St*

Christol) 27 août 1793, terres et petit bois (5 articles) 17.500 l.

205. Baud Claude... — Masmolène *(chapelainie)* 8 vend. an III, terre 2 em. 2 vert., 435 l., — terre 1 sal., 460 l.

206. Baud Vincent, agr. à Beaucaire. — Beaucaire *(ordre de Malte, com. d'Astros)* 23 niv. an III, terre 5ᵉ lot, 5 ém., 2100 l.

207. Baudouin Jean, maçon... — Dufort *(prieuré)* 5 févr. 1791, chataig. et vigne 18 quartes 16 dext., 1300 l.

208. Baume François, prop. à Orsan. — Orsan *(chapelain de Bagnols)* 18 therm. an VIII, rente de 2 f. 80, 42 fr.

209. Baumel Honoré. not. à Bagnols. — Sabran *(bénédictins de Rochefort, congrégation de St-Maur),* 21 déc. 1790, domaine des Imbres, batiments, terres, près, vignes, muriers, chataign. y compris les cabaux et pensions foncières qui en dépendent (127 sal.) 38.500 l. : — St-Alexandre *(chartreux de Villeneuve,)* 30 déc. 1790, domaine de la Paillasse, batiments 275 cannes, terres 57 sal. bois 71 sal. 2 em. 2 b. 3 lid., 111.000 l. ; — Bagnols *(prieuré)* 11 mars 1791, 2 terres 1 sal. 6 em. 4 b. 2 lid., 4800 l. ; — Bagnols *(Carmes)* 11 mars 1791, terre 1 sal., 450 l. ; — *id.* 8 avril 1791, terre au quartier de Saduran 12 em., 3750 l. ; — Goudargues *(prieuré)* 16 mars 1791, 2 terres, 8200 l. : — St-Gervais *(prieuré)* 5 vend. an VI, terrain 3 em., 264 fr. (1) ; — *id.* 12 vend. an V, maison presbytérale 36 cannes, écurie 8 cannes, jardin 2 b. 2 lid., 3060 fr. (1).

(1) Vente amiable.

210. Baumel Honoré et Broche-Devaulx (Charles-François de). — Bagnols (*carmes*) 15 mars 1791, église et couvent, jardin, moulin à huile et quatre maisons locatives qui en dépendent, 12.860 l.

211-212. Baumel Honoré, Génin Michel et David Claude... — Roquemaure (*chartreux de Villeneuve*) 11 oct. 1791, domaine du Taleur 68 sal. et la 7ᵉ partie des bois et garrigues de la montagne du Four, cabaux, harnais, outils, 82.300 l. (1)

213. Baumel Honoré et Jouine... — Goudargues (*prieur*) 15 févr. 1791, moulin à blé, batiments, écluse, prise d'eau et dépendances, masure appelée cloitre qui était autrefois un couvent, terre 3 sal. 2 ém., pré 7 sal. 6 ém. 7 b., 45.500 l.

214. Baumel Honoré et Ladroit... — Bagnols et St-Gervais (*abbesse du monastère St-Bernard*) 22 janvier 1791, domaine de Rouveiran 18 sal. 7 cm. 1 lid., 40.000 l (2)

215-216. Baumel Honoré, Sauzède et Magne...— Bagnols (*cordeliers*) 24 janv. 1791, couvent et enclos de 1 sal. 2 cm. 2 b. 3 lid., et Bagnols (*Carmes*) 24 janv. 1791, enclos avec petit bâtiment 1 sal. 2 cm., 30.600 l.

217. Baumel Jean... — Aiguesmortes (*la Couronne*) 22 déc. 1842, terrain au levant du chenal, 83ᵐ 20 = 14 fr. 14.

218. Baumelle Jean-Pierre, cordonnier à Uzès.— Uzès (*chapitre*) 17 mars 1792, aire dite de St-Ferréol, 2 ém., 1485 l.

---

(1) Revente à la suite de la folle enchère de SOUCHÈRE JEAN-FRANÇOIS.

(2) Ils déclarèrent avoir agi pour THIBAUD JEAN-BAPTISTE nég. à Bagnols.

219. Baumet Jean, régent des écoles à Beaucaire. — Beaucaire *(doctrinaires)* 15 déc. 1792, olivette 7 ém. 7 picot., 3000 l.

Baumet Pierre, à Villeneuve. — Voy. Caulet Etienne.

220. Bauquier Barthélemy, à Rivière. — Tharaux *(prieuré)* 27 frim. an v, maison presbytérale et herme de 12 cannes, 600 fr. (1); —Potelières *(prieuré)* 27 frim. an v, maison curiale et petit terrain attenant, 1200 fr. (1) ; — Rivière *(prieuré)* 15 germ. an vi, jardin en deux parties closes 417 cannes et pavillon de 5 cannes, 75.000 fr. ; — Tharaux *(la Commune)* 15 germ. an vi, une vieille arche du pont de Tharaux, 2700 fr.

221. Baux Esprit... — Roquemaure *(chartreux de Villeneuve)* 9 juin 1791, domaine du Four 81 sal. plus 32 sal. bois ou garrigues sur la montagne du Four et la moitié du troupeau, 108. 900 l.

222. Bazille Jean-Pierre-Daniel, homme de loi,... — Beaucaire *(Ursulines)* 2 avril 1791, domaine de la Plaine 100 sal. 7 ém. 2 picot., dont 70 sal. 5 ém. 2 picot. en une terre au quartier du Pètre où se trouve la métairie, 116.400 l. (2).

223. Beau David, cult. à Mialet. — La Melouze *(dominicature)* 16 therm. an iii, maison et jardin clos 25 sel. 3 quartes 1 b., 20.000 (3).

224. Beau Louis, agr. à Beaucaire. — Beaucaire *(ordre de Malte, com. d'Astros)* 3 vent. an iii, terre (54ᵉ lot), 5 ém. 6 2/3 picot., 1025 l.

Beaucourt frères, à Nimes. — Voy. Roubel Jean aîné.

225. Beaulieu... à Saint-Gilles. — (aumônerie), 16 vend. an XIII, emplacement de la chapelle de Saint-Nicolas, 561 m. c., au faubourg de Labadié, 120 fr. ; terres 7 sal. ou 11 hect., 930 fr.

226. Beaune (de) Jean-Baptiste, à Roquemaure. — Roquemaure (Chapitre) 16 mai 1791, maison, cour, jardin et four, excepté l'aile habitée par le doyen, 15.600 l. ; Roquemaure (Chartreux de Villeneuve), 3 juin 1791, terrain de 127 sal. faisant partie du domaine de la Simonnette (1) avec maison et la moitié du troupeau, plus 1/7 des bois et garrigues de la montagne du Four, 171.000 l.

Beauvoir de Grimoard du Roure (Denis-Auguste de), à Barjac. — Voy. Guès Jean.

227. Béchard Abraham, cult. à Dions. — Dions (chapelainie) (2) 8 vend. an V, maison du chapelain 1881 fr. 50 (3).

228. Béchard François, prêtre à Sernhac. — Sernhac (chapelle Saint-Pierre) 21 mars 1791, terre 4 ém. 1 civad., 820 l. (4).

229. Béchard François neveu, à Dions. — Russan (chapelle Saint-Blaise), 25 fruct. an III, cinq terres, 32.000 l.

230. Béchard Georges, prop. à Lédignan. — Saint-Benoit-de-Cheiran (prieuré) 24 déc. 1791, église, maison presbytérale, jardin, basse-cour et cimetière, 1100 l. (5).

---

(1) D'après un état, ce domaine aurait été acquis par Meynier, de Nimes. Voy. Meynier.
(2) Ou plutôt prieuré.
(3) Vente amiable.
(4) Fit folle-enchère. Voy. Dayna Pierre.
(5) Dût faire folle-enchère ; voy. Saussine.

Béchard Jean, à Saint Jean-de-Serres. — Voy. Duverdier Henri.

231. Bedos Pierre, men. à Saint-Martin-de-Valgalgue. — Saint-Martin-de-Valgalgue (*prieuré*) 16 juin 1791, terre-mûriers 6 quartes, 775 l.

232. Belgarric François, médecin à Pont-Saint-Esprit. — Pont-St-Esprit (*Bénédictins*) 8 germ. an III, église dite de Saint-Pierre, appartements et sacristie attenants, 6.100 l.

233. Belgarric Jean-Baptiste-Joseph fils... — Roquemaure (*Chapitre*), 4 juin 1792, 6ᵉ portion d'un crément ou tlon dit d'Urban, 310 l. (1).

234. Belle Castor, imprimeur à Nimes. — Nimes, (*FF. prècheurs*) 26 mars 1791, une maison et cour à fumier sur la place de l'ancien château, 29.500 l.

235. Bellet Jean-Baptiste, à Nimes. — Nimes, Bouillargues, Saint-Gilles et Générac (*Bernardins, chapitre de Nimes et chapitre de Saint-Gilles*) 16 févr. 1833, bois de campagne, 1ᵉʳ lot de la coupe n° 16, bosquet des Mattes, 11 h. 92. a. 70 c., 13.100 fr. (2).

Belleuil Simon, à Aramon. — Voy. Cadenet Honoré.

Bellile..., à Pont-Saint-Esprit. — Voy. Labaume.

Bellon Eustache, à Voiron. — Voy. Blanc-Pascal Pierre.

236. Belly Antoine, agr. à Beaucaire. — Beaucaire (*ordre de Malte, com. d'Astros*) 26 vent. an III, domaine des Perprêzes (14ᵉ lot) 1 sal., 875 l.

237. Belly François, agr. à Beaucaire. — Beau-

---

(1) Revente par suite de la folle-enchère d'Auzias, homme de loi, de Roquemaure.

(2) Voy. Aptel Jean-Louis, la note.

caire (*ordre de Malte, com. d'Astros*) 5 pluv. an iii, terre, 20ᵉ lot, 6 ém. 3 picot., 3.150 l. ; id., 30ᵉ lot, 4 ém. 3 picot. 1.075 l. ; id., 31ᵉ lot, 7 ém., 3.325 l.,

Belly Joseph, à Beaucaire.—Voy. Michel Raymond.

238. Bénézet Etienne, à Junas. — Junas (*prieuré*), 2 avril 1791, herme 6 quartes 20 dext., 220 l.

239. Bénézet Jean, à Junas. — Junas (*prieuré*), 2 avril 1791, herme 176 dext., 65 l.

240. Benoit Antoine fils... — Pont-St-Esprit (*caté-chiste de la paroisse*) 31 Mai 1791, maison, 3400 l.

241. Benoit Jacques fils, du mas de Travès, Cᵉ de St-Martin-de-V.—St-Martin-de-Valgalgue (*prieuré*) 8 juillet 1791, herme 21 quartes, 900 l.

242-243. Benoit Pierre et Lafont Jean-François père, à Génolhac. — Génolhac (*dominicains*) 1ᵉʳ mars 1810, église qui « restera affectée à l'exercice du culte protestant, » 860 fr., 62 (1)

244-245. Bérard... maire, et Coullomb Joseph, chirurgien, à Meynes. — Meynes (*chapitre de Mont-pellier*), 1ᵉʳ avril 1791, terre 6 em. 1 poign., 1507 l.

246. Bérard Jacques-Marcellin-Denis, à Alais. — Alais (*hôpital*) 5 germ. an iii, rente foncière de 350 l., 7000 l. (2)

247. Béraud Jean... — St-Laurent-des-Arbres (?....) 10 mai 1791, onze terres, 11.300 l.

248. Béraud Jean, à Roquemaure. — Roquemaure (*religieuses du Verbe incarné*) 9 fruct. an ii, 2ᵉ lot du couvent, 59 cannes couvert et passage de 45 cannes, 6075 l.

(1) Vente amiable.
(2) Déclare avoir agi pour Ribayrol Louis-Xavier, d'Alais, tuteur de Ribayrol Louis-Xavier, Dominique, Pauline, Elisabeth, Françoise, Théodore, Justine et Aglaé, ses neveux et nièces.

Béraud Jean, à Beaucaire.—Voy. Michel Raymond.

249. Béraud Jean-Jacques, agr., à Beaucaire. — Beaucaire (*ordre de Malte, com. d'Astros*) 17 brum. an III, domaine de St-Pierre, 9e lot, terre 7 em. 7 picot., 3025 l.

250. Bergeron Antoine, menuisier à Nimes. — Nimes (*évéché*), 8 mars 1791, maison rue du Chapitre, 6000 l.

251. Bergougnoux Alexandre, trav. à St-Bonnet. — Saint-Bonnet (*Chapelle Saint-Sépulcre* et *Notre-Dame-de-Beaulieu*), 23 mars 1791, olivette 1 sal. 1 em. 4 civad., 124 l. 15 s.

252. Bergougnoux Pierre, à Sernhac. — Saint-Bonnet (*Chapelle Saint-Sépulcre*), 23 mars 1791, olivette et herme 1 sal. 1 em. 4 civad., 124 l. 15 s. (1).

Berlandier Laurent, à Pujaut.—Voy. Bouvet Marc.

Berlen Jean, nég. à Montpellier. — Voy. Lablache Louis-Joseph.

Bernard André, à Pujaut. — Voy. Bouvet Marc.

Bernard Antoine, prop. à Codolet. — Voy. Ode Simon.

253. Bernard Antoine, boulanger à Beaucaire. — Beaucaire (*Ordre de Malte, comm. d'Astros*), 9 germ. an III, domaine des Perprézes, 29e lot, terre 1 sal. 1 em., 4.000 l.

254. Bernard Barthélémy fils, à La Jasse, ce de Saint-Hilaire. — Saint-Hilaire-de-Brethmas (*Ordre de Malte, comm......*), 17 fruct. an II, devois 15 quar-

(1) Cet article ne fait-il pas double emploi avec le précédent ? — L'acquéreur fit folle-enchère et la pièce fut revendue le 26 septembre 1791, à Vernet Pierre, de Saint-Bonnet, au prix de 270 l.

les, 4.600 l. ; 5 vend. an III, terre 23 quartes 2 b., 3.400 l.

Bernard Bruno, à Pujaut. — Bouvet Marc.

Bernard Gabriel, à Pujaut. — Bouvet Marc.

255. Bernard Henri, cult. à Aimargues. — Le Cailar (*Ordre de Malte, com. de Saint - Christol*), 8 prair. an II, domaine de la Mourade, 18e lot, 5 carteir. 20 1/4 dext., 2.200 l. ; 24e lot, 3 carteir. 3 quartous 29 dext., 2.550 l.

256. Bernard Jean, prop. et maire à Monteils. — Monteils (*dominicature*), 19 frim. an II, jardin dans le village, 2 b. 2 1/2 arpents, 176 l.

Bernard Jean, à Aramon. — Voy. Cadenet Honoré.

Bernard Jean, à Pujaut. — Voy. Bouvet Marc et Soulier Jean-Léon.

Bernard Jean-Michel, à Pujaut. — Voy. Caulet Etienne et Rochette Blaise.

Bernard Louis, fournier à Aramon. — Voyez Cadenet Honoré.

Bernard Louis (autre). à Aramon. — Voyez Cadenet Honoré.

Bernard Michel, à Pujaut. — Voy. Bouvet Marc.

Bernard Noël, à Pujaut. — Voy. Bouvet Marc et Caulet Etienne.

Bernard Pierre, fils à Noël, à Pujau′   . Bouvet Marc.

257. Bernard Pierre-Joseph....   St-Martin-de-Sossenac (*prieuré*) 8 mars 1791, cinq terres, 28 quartes 58 dext. d'où il faut déduire le jardin du curé, 1.900 l.

Bernavon. — Voy. Barnavon.

258-259. Bernavon Antoine et Hugues Antoine,

mén, à Beaucaire. — Beaucaire (*ordre de Malte, com. d'Astros*), 21 vend. an III, domaine de St-Pierre, 2ᵉ lot, terre 13 sal. 7 ém. 8 picot., la seconde partie de la métairie 100 cannes, jardin 7 ém. et logement du jardinier, 26.200 l.

260. Bernavon Jean-Baptiste aîné, prop. à Beaucaire. — Beaucaire (*la couronne*), 4 mars 1813, francs bords du canal de Beaucaire à Aiguemortes, 13ᵉ lot, 205 m. c., 215 fr.

261-264. Bernavon Pierre, Dalmas Gabriel, Michel Jean et Pierrugues Barthélemy, à Beaucaire. — Beaucaire (*ursulines*), 15 déc. 1792, deux parties de maison 525 cannes, et jardin 117 cannes, 23.100 l.

Bernavon Pierre, à Beaucaire. — Voy. Faure Jean.

Bernavon Vincent (femme de) à Beaucaire. — Voy. Goubier Catherine.

Bernavon Vital, négociant à Beaucaire. — Voy. Bazille Jean-Pierre-Daniel.

265. Bernavon Vital aîné, nég. à Beaucaire. — Beaucaire (*cordeliers*), 20 déc. 1790, jardin et batiment en dépendant 202 cannes 2 pans, 11.500 l. ; — 9 vend. an IV, terrain inculte 25 toises 2 pieds 3 pouces, 3.600 l. (1).

266. Bernavon Vital père, prop. à Beaucaire. — Beaucaire (*la couronne*) 4 mars 1813, francs bords inutiles du canal de Beaucaire à Aiguesmortes, 10ᵉ lot, 316 m. c. 81 = 750 fr.

Berrus Jacques, au Cailar. — Voy. Mathieu Jacques.

267. Berrus Jacques aîné, mari de Maroger, cult. au Cailar. — Le Cailar (*ordre de Malte, com. de*

(1) Déclara avoir agi tant pour lui que pour Dreron femme Dassac.

St-Christol), 7 prair. an II, domaine de la Mourade, 2ᵉ lot, 2 carteir. 3 quartons, 4.100 l. — Voy., en outre, Maurel Louis et Mathieu Jean.

Berrus Paul, à Aimargues ou le Cailar. — Voy. Maurel Louis et Mathieu Jean.

Berrus Pierre, au Cailar. — Voy. Maurel Louis et Mathieu Jean.

268. Bertet Nicolas-Marie, à Villeneuve. — Villeneuve (*Chapitre*), 3 vend. an III, partie de maison (2ᵉ lot), 4.600 l.

269. Berthon Jacques... — Servas (*chapelle Saint-Georges*), 27 fruct. an IV, six pièces 10 sal. 1 em. 45 quartes 11 b., 3.410 f. (1); — Servas (*chapelle Saint-Claude*) 28 fruct. an IV, maison 11 dext. avec cour 4 dext. et jardin 2 1/2 b., plus six pièces terres 12 sal. 66 quartes 3 1/2 b. 12 dext., 5.515 fr. (1); — Servas (*prieuré*), 6 vend. an V, jardin 2 b., 2 arpents et terre 18 quartes 3 b., 2.123 fr. (1); — Génolhac (*évêché d'Uzès*), 27 fruct. an IV, moitié d'un four banal 15 cannes, moitié d'une tour 3 cannes 1 pan, 1.695 l. 6 s. 4 d., et Génolhac (*chapelle de Sadargues et de Sainte - Catherine*), 27 fruct. an IV, quatre pièces, soit 2 journaux 6 quartes 142 dext. 15 cannes, 2.125 l. 16 s., total 3.829 l. 2 s. 4 d. (1); — Rousson (*prieuré*), 28 fruct. an IV, jardin 1 1/2 b., et Rousson (*Chapitre d'Alais*), 28 fruct. an IV, quatre pièces, soit 33 quartes 11 1/3 b., 1.150 f. (1); — Sumène (*Pénitents*), 26 brum. an V, cerclière 7 sel., 621 f. (2); — Pompignan (*hermitage de Moinier*), 20 fruct. an V, bâtiment de l'hermitage et terrain de 22 sel., 1.800 fr. (2); —

(1) Vente amiable. L'acquéreur déclara avoir agi pour Laborie, d'Alais.

(2) Vente amiable. Il déclara avoir agi pour Boyer François, de Ganges.

Soustelle (*la commune*). 23 niv. an v, deux pièces, soit 9 quartes 6 1/2 b., 1.177 fr. (1).

Bertier Étienne-Gabriel, à Beaucaire. — Voy. Imbert Pierre.

270. Bertout Augustin... — Pont-Saint-Esprit (*la commune*) 13 pluv. an xII, chemin de traverse longeant le couvent des Capucins, 5 a. 52, = 65 fr. (2).

271. Bertrand Charles, nég. à Nimes — Nimes (*Ursulines du grand couvent*) 25 mess. an IV, maison rue des flottes, derrière le grand couvent, conf du Midi la petite rue ou cul-de-sac, 5184 fr. (3).

Bertrand François, coutelier à Génolhac.— Voy. Roux Pierre fils.

Bertrand Jean, à Pujaut. — Voy. Bouvet Marc et Caulet Etienne.

Bertrand J n-B tiste, à Pujaut.— Voy. Rochette Blaise.

272. B thomas ainé, voiturier à Beaucaire. —Beaucaire (*Ordre de Malte, com. d'Astros*) 17 pluv. an III, terre 26e lot, 1 sal., 10.600 l.

273. Bessière André, à Pont-St-Esprit. — Codolet (*prieuré*) 21 déc. 1792, jardin du curé, 1390 l.

274. Bialès Gédéon... — Beaucaire (*ursulines*) 21 mai 1791, vigne-olivette 7 ém., 2 picot. 1075 l. (4)

275. Bialès (héritiers) à Beaucaire. — Beaucaire (*la Couronne*) 4 mars 1813, francs-bords inutiles du

(1) Vente amiable. Déclara avoir agi pour Laborie, d'Alais.

(2) Déclara avoir agi pour Delzeuze Louis-Étienne, de Pont-Saint-Esprit.

(3) Vente amiable.

(4) Déclara avoir acquis pour Volpelière Guillaume, de Beaucaire.

canal deBeaucaire à Aiguesmortes, 29ᵉ lot, 112ᵐ,
03= 175 f.(1)

276. Bialès Jean-Baptiste, à Cavillargues. — Cavillargues (*prieuré*) 17 mai 1791, sept pièces soit 10
ém., 17b.7 1/2 l., 1125 l.

277. Bialès Joseph, nég. à Beaucaire.—Beaucaire
(*cordeliers*) 12 janvier 1791, terre à Panafin, 1 sal. 4
ém. 2 picot., 3850 l.

Bigot.... à Nimes. — Voy. Fabre André.

Bigot François, cult. à Générac.— Voy. Amphoux
Henry.

Bigot Henri, cult. à Nimes.— Voy. Coumoul Jean.

Bigot Jean, cult. à Générac. — Voy. Amphoux
Henry.

Bigot Pierre, cult. à Nimes. — Voy. Coumoul
Jean.

Bilhaux César, fab. d'eau-de-vie à Générac. —
Voy. André César.

Billon Eustache, à Voiron. — Voy. Blanc-Pascal.

278. Billon Joseph-Alexandre, bourgeois à Béda-
ride (Comtat*).* — Le Pin (*prieuré*) 21 mai 1791, terre
et aire au Cougnac, soit 4 sal. 6 ém. 2 vert., 4.100 l.

Bimar Pierre oncle, nég. à Beaucaire.— Voy. Lescure.

Bion Jean fils de François, à Beauvoisin. — Voy.
Bourrelly Jean.

279. Blachère Michel, à Saint-Julien. — Saint-
Julien-de-Peyrolas (prieuré) 13 janvier 1791, terre
au Cros, 2 ém.., 500 l.

280. Blachier Ambroise, colonel en retraite à Nimes. — Générac, Nimes, Bouillargues et Saint-

(1) Ils étaient représentés par Eyssette Philippe, notaire.

Gilles (*Bernardins*, *Chapitre de Nimes* et *Chapitre de Saint-Gilles*) 12 déc. 1853, bois de campagne (les bosquets, 5ᵐᵉ lot) 29 h. 60 a., 32,800 fr. (1). Voy. en outre Blachier Pierre.

Blachier Casimir, à Nimes. — Voy. Blachier Pierre.

281. Blachier Pierre, secrét. du dist. à Nimes. — Nimes (*Pères de Saint-Jean*) 15 pluv. an III, maison aux bourgades, conf. du couchant la rue Porte-d'Alais, 67 cannes de couvert, 347 cannes cour ou jardin, 26,000 l. (2).

282-283. Blachier Pierre, Blachier Ambroise et Blachier Casimir à Nimes. — Générac, Nimes, Bouillargues et St-Gilles (*Bernardins*, *Chapitre de Nimes* et *Chapitre de Saint-Gilles*) 16 févr. 1833, bois de campagne, 3ᵐᵉ lot de la coupe n° 25 (bois des piles) 14 h. 53 a. 80 c., 9150 fr. (3).

284. Blanc... curé à Thoiras. — Thoiras (*prieuré*) 26 mars 1791, cinq pièces soit 3 set. 7 quartes 56 dext. moins la contenance pour le jardin du curé, 700 l.

285. Blanc André, à la Bastide. — Goudargues (*prêtres desservants du hameau de la Bastide*) 16 nov. 1792, maison et jardin 2 lid., deux terres à La Bastide-d'Orniol, 705 l. 5 s.

286. Blanc Anne, née Ferry, à Nimes. — Saint-Gilles (*Chapitre*) 18 août 1791, partie du domaine

---

(1) Voy. Aptel Jean-Louis, la note.

(2) Déclara avoir agi pour Maury Jean, marchand de vin, à Nimes.

(3) Voy. Aptel Jean-Louis, la note.

d'Estagel consistant en terres, près, bosquets, hermes et garrigues du 1er lot (1), 37,136 l. 18 s.

Blanc Antoine, à Saint-Gilles. — Voy. Charamaule Jean-François et Defferre Isaac.

287. Blanc Antoine, mén. à Aramon. - Aramon (*prieuré*) 16 janvier 1791, aire et poulailler 2 ém., 724 l.; Théziers (*Chapelle St-Pancrace — Manerbe, d'Aramon*) 27 Mai 1791, terre 6 ém., 1500 l. — Voy. en outre Eymieu Joseph.

288. Blanc Claude, cult. à Beaucaire. — Beaucaire (*Ordre de Malte, com. d'Astros*), 12 niv. an III, domaine de St-Pierre, 41e lot, terre 1 sal., 2550 l. ; 20 niv. an III, domaine des Perprèzes, 15e lot, terre 1 sal., 1100 l.

289. Blanc Jacques, trav. à Aramon. — Aramon (*ursulines*) 7 sept. 1791, olivette, 1 sal., 99 l.

290-291. — Blanc Jean et Poncet Guillaume, cult., à Beaucaire. — Beaucaire (*Ordre de Malte, com. d'Astros*) 12 niv. an III, domaine de St-Pierre, 40e lot, 1 sal., 2600 l.

Blanc Jean à Beaucaire. — Voy. Michel Raymond.

292. Blanc Louis, trav. à Montfrin. — Montfrin (*chapelle St-Blaise*) 26 mai 1791, terre 5 ém. et 1 1/2 civad., 175 l. 3 s. 6 d.

Blanc Michel, à Villeneuve. — Voy. Caulet Etienne.

293-296. Blanc-Pascal Pierre, homme de loi à Nimes, Roux Jean, Roux François et Bellon Eustache, de Voiron. — St-Gilles (*Ordre de Malte,*

---

(1) Ce lot, y compris ce qui fut acquis le même jour par Jalabert Pierre cadet, Mazer Jean et Roustan Jacques-François, était composé d'une bergerie et 350 sal. de prés, champs, vignes, hermes, garrigues et bouquets de bois.

com. de Capelle) 23 fruct. an III, le domaine de Capelle, consistant en bat., champs lab., herbages, paturages, près, bois de saule et généralement tout ce qui fait partie du bail à ferme, 5.100.000 l. (1)

297. Blanc Pierre... — Sauve (*abbaye de St-Pierre*) (2) 10 déc. 1791, moulin à blé et ses dépendances, 10.250 l. (3)

298. Blanc Pierre-Barthélemy, à Villeneuve-Pujaut (*Chartreux de Villeneuve)* 19 flor. an v, terme 4 ém., 121 fr. (4)

299. Blanc Thomas, agr. à Beaucaire. — Beaucaire (*Ordre de Malte, com. d'Astros)* 5 pluv. an III, terre, 18ᵉ lot, 5 ém., 3300 l.

300. — Blanche Claude-François, à Uzès. — Uzès. (*la Commune*), 12 vend. an v, masure et cour autrefois écorchoirs, 5 3/4 vert., 396 fr. (5)

301. Blancher Jacques, à Montclus. — Montclus (*prieuré*), 29 oct. 1792, terre servant de jardin 300 cannes, 462 l. ; 17 vend. an vIII, écurie et grenier 6 cannes, bûcher 14 cannes, 12.000 f.

Blancher Jean, à Beaucaire. — Voy. Raynaud Etienne.

302. Blanchet Jean, agr. à Bellegarde. — Bellegarde (*la Commune*) 26 fruct. an III, vacant de 10 toises, 10.000 l.; herme de 4 ém., 12.500 l.

---

(1) Affermé à Pierre Marignan le 11 nov. 1791 (Gautier, not. à St-Gilles). — Les bois seuls 26 sal.

(2) Bénédictins.

(3) Revente à la suite de la folle enchère de Mourgues Jacques.

(4) Vente amiable.

(5) Vente amiable.

303. Blanchet Jean-Michel, bourgeois à Villeneuve.
— Villeneuve (*bénédictins*) 16 févr. 1791, moulin à
huile et ses dépendances rue Pouzeraque, 4600 l. ;
jardin potager avec maison, écurie, etc..., même rue,
11.300 l.

304. Blanchon Claude, à Beaucaire. — Beaucaire
(*cordeliers*) 30 janvier 1791, maison «gache de curaterie» n°ˢ 1 et 2, 2325 l.

305. Blanchon Mathieu, à Sernhac. — Sernhac
(*chapelle St-Pierre*) 23 janvier 1791, terre 3 ém., 430 l.

306. Blaquière Jacques, à Montdardier. — Montdardier (*prieuré*), 12 mai 1791, aire close près l'église
avec petit pailler, 200 toises environ, 1215 l.

Blaquière Pierre-Paul, à St-Laurent-le-Minier. —
Voy. Roux Jean.

Blatière Jacques, serrurier au Cailar. — Voy.
Maurel Louis et Mathieu Jean.

Blatière Pierre, mar.-ferrant au Cailar. — Voy.
Maurel Louis et Mathieu Jean.

307. Blaud Jacques-Louis, à Uzès. — Castillon-
du-Gard (*chapitre d'Uzès*) 3 vend. an iv, moulin à
huile, four et plusieurs pièces de terre 6 sal. 4 ém.
4 vert., 40.000 l. (1)

308. Blauvac Dominique-Jean-François-Régis, à
Aramon. — Aramon (*chapelle St-Pancrace-Manerbe*)
23 mai 1791, terre 3 ém., 379 l.

309. Blazin Michel, fab. de bas à Nimes. — Nimes
(*carmes*) 9 mars 1791, maison sur les chemins de
Beaucaire et d'Avignon, 3750 l. (2)

(1) Il fit élection, le même jour, en faveur de Jean-Pierre
Abauzit fils, d'Uzès.

(2) Fit folle-enchère. Vendue par adjud. le 7 févr. 1793 à
Nicolas Henry, nég. à Nimes, au prix de 3.600 l.

Bleyrac Joseph, à Pujaut.— Voy. Anastay Antoine et Bouvet Marc.

Bobe-Demoineuse Jacques-Honoré, à Aramon. — Voy. Lafont Jean-Baptiste.

Bocarut. Voy. Boucarut.

310. Bocarut Vincent, à Arpaillargues. — Arpaillargues (*prieuré*) 6 vend. an III, maison avec cour et écurie, 6.400 l., jardin de 12 vert. ,1025 l.

311-312. Boisset Louis et Veirun Pierre, à Générargues. — Générargues (*dominicature*) 23 fruct. an III, terre-muriers (ancien cimetière) 16 dext.

Boisset Louis, à Générargues. — Voy. Veirun Pierre.

Boissier Antoine, fab. de molleton à Sommières.— Voy. Cadel Barthélemy.

313. Boissier Jacques, à Boissières. — Boissières (*Cauzit et Suzanne Ducasse, relig. fug.*) 23 therm. an VIII, rente de 10 fr. due par les héritiers de Jean Ducasse en représentation des droits légitimaires de ces relig. fug., 150 fr.

Boissier Jean, bourgeois à Aimargues. — Voy. Bourely Pierre, fils de Jacques.

314. Boissier Jean-François père, notaire à Vauvert. — Vauvert (*prieuré de Villeneuve*) 20 août 1791, champs 3 quartons, 205 liv.

315. Boissier Marc-Antoine, cult. à Aimargues.— Aimargues (*pénitents gris*) 22 fruct. an IV, chapelle 36 toises de plat-fond, 630 fr. (1)

316. Boissier Pierre, à Aguzan. — St-Martin

(1) Vente amiable.

d'Aguzan (*prieuré*) 12 nov. 1791, église supprimée, terre autour et cimetière, 1400 l.

317-318. Boissière Baptiste et Chassefière Louis fils, cult. à Générac. — Générac (*ordre de Malte, G^d prieuré de St-Gilles*) 28 vent. an iii, domaine du château, 10° lot, 3 sal. 333 1/2 dext., 16.300 l.

319. Boissière Charles-Gaspard, ex-viguier, adm. du dist. à Aramon. — Aramon (*chapelle Saint-Pancrace*), 23 déc. 1790, deux olivettes, 10 em. 13 1/6 poug., 650 l. Aramon (*Ursulines*), 15 avril 1791, olivette, 2 em. 2 3/4 poug., 242 l.

320. Boissière François, maître en chirurgie à Aimargues. — Aimargues (*prieuré de St-Saturnin*), 19 déc. 1790, champ 3 carteir. 1/2 quarton, 2.025 l.

321. Boissière Jean, bourgeois à Aimargues. — Aimargues (*prieuré de Saint-Saturnin*), 23 déc. 1790, pré 2 1/2 quartons 16 dext., 1.000 l. Voy. en outre Bourely Pierre, fils de Jacques, Carbonnier Charles, Guillaume Pierre, Félines Claude, Rampon Pierre et Rousselier Guillaume.

Boissière Jean-Anthime, adm. du dép. à Montfrin. — Voy. Achardy André-Simon.

322. Boisson Jacques-Etienne, à Sommières. — Sommières (*la couronne*), 1er août 1813, partie du sol des remparts (20° lot), 122 f.

323. Boisson Jean-Louis-Joseph, à Saint-Nazaire. — Vénejan (*la commune*), 17 janvier 1811, terre, vigne et bois 5 arpents 7 perches 62 mètres, 3.025. f.; biens 1 arpent 80 perches, 215 f.

324. Boisson-Laribal Simon-Boudier, prop. à Alais. — Alais (*La couronne*), 7 mars 1812, matériaux et sol des remparts (15° lot) 69 f. 10; (16° lot) 278 f. 64.

Boisson Pierre, à Saint-Alexandre. — Voy. André Claude.

325. — Bonamy Jean, nég. à Beaucaire. — Beaucaire (*ordre de Malte, com. d'Astros*), 8 germ. an III, domaine des Perprèzes (20ᵉ lot), terre 1 sal., 1.700 l.

326. Bondurand Alexis, prop. et maire à Sénéchas. — Sénéchas (*prieuré*), 6 mars 1792, une terre de 425 toises et quatre autres pièces d'un revenu de 182 l., 5.425 l.

Bonhoure Antoine. — Voy. commune de Saint-Hippolyte.

327-328. Boni Joseph et Fabre.... Carsan (*Bénédictins de Rochefort*), 14 mai 1791, maison et cour 18 cannes et 5 pièces 10 sal. 29 em., 10.000 l. — Voy. Bony.

329. Boniol Joseph, curé de Cannes. — Cannes (*prieuré*) 18 janvier 1791, enclos de la Clastre 4 set. 1 quarte, 1.300 l.

330. Bonjean Paul, agr. à Vallabrègues. — Vallabrègues (*la fabrique*), 18 germ. an III, terre (5ᵉ lot), 5 1/2 picot., 200 l.

331. Bonnafoux Simon, nég. à Saint-Bonnet. — Saint-Bonnet (*chapelle Saint-Sépulcre et N.-D. de Beaulieu*), 3 fév. 1791, olivette 2 em. 1 1/4 civad., vigne 7 em. 3 3/4 civad., 388 l.

332. Bonnafoy Pierre, à Navacelle. — Navacelle (*prieuré*), 17 mars 1792, terre 3 quartes, 300 l. — Voy. Bonnefoy.

Bonnard Jean, à Montfaucon. — Voy. Rigaud Claude.

Bonnaud Jean, à Roquemaure. — Voy. Faure Simon.

Bonnaud Jean, à Montfaucon. — Voy. Rigaud Claude.

333. Bonnaud Jean - Louis, à Nimes. — Alais (*évêché*), 17 pluv. an vi, maison appelée l'Évêché d'Alais, bâtiments 440 t. c., cour et jardin 2.022 t. c., orangerie 30 t. c., 500.000 fr.

334. Bonnaure Louis, à Sommières. — Sommières (*la couronne*), 6 juillet 1809, terrain dépendant du château, en trois parties, 68 a. 44 1/2 m., 2.000 f.

335. Bonnefoy Barthélemy, mén. à Montfrin. — Montfrin (*chapelle Saint-Simon*), 26 mai 1791, jardin et bâtiments 6 em. 5 1/2 civ., deux terres 1 em. 6 1/2 civ. 3 dext., 2.400 l. ; 2 juillet 1791, terre 3 em., 1.100 l.

Bonnefoy Jean, maréchal à Saint-Gilles. — Voy. Boyer Claude.

336. Bonneru Charles - Maxime - Joseph, not. à Nimes. — Générac, Nimes, Bouillargues et Saint-Gilles (*Bernardins, Chapitre de Nimes et Chapitre de Saint-Gilles*), 12 déc. 1853, bois de campagne, canton de Val de Signan (18ᵉ lot), 40 hect. 38 a., 52.400 f. (1).

337. Bonnet Claude, ménag. à Domessargues. — *Domessargues (prieuré)* : 22 janvier 1791, 8 terres ou vignes 1 sal., 36 quart. 4 1/2 b. et un casal sur le midi du passage de l'église, 1.540 l.

338. Bonnet François. — *La Calmette (Chapitre de Nimes)*, 24 janvier 1791, 2 prés. 10 em. 10 dext. 1.782 l.

339. Bonnet Hippolyte, recev. des actes judiciai-

(1) Le 15 il fit élection en faveur de Fabre - Lichaire Gustave, prop. à Nimes. — Voy. Aptel Jean-Louis, la note.

res à Nimes. — *Générac, Nimes, Bouillargues* et *St-Gilles* (*Bernardins, chapitre de Nimes* et *chapitre de Saint-Gilles*), 12 déc. 1853, bois de Campagne (canton des Codes, 4ᵉ lot), 24 hect. 36 a., 28.000 f. (1).

340. Bonneveau Joseph, à *Villeneuve.* — *Villeneuve* (*Chartreux*), 1 therm. an ɪɪ, partie des bâtiments de la Chartreuse et 1/3 de l'enclos Saint-Jean, 3.000 l.

Bonpas Pierre, à Beaucaire. — Voy. *Michel Raymond.*

Bony Joseph, à Villeneuve. — Voy. Caulet Étienne. Voy. aussi *Boni.*

341. Bony Louis-Adrien, entreposeur de tabacs à Saint-Hippolyte. — *Saint-Hippolyte-du-Fort* (*La couronne*), 11 avril 1822, la Tour Saint-Jean, 1.000 f.

342-343. Borel Jacques et Bouillane-Lacoste Louis. — Saint-Laurent-de-Carnols (*Chartreux de Valbonne*), 12 mai 1791, domaine de Cadenet et cabaux 38.000 l. (2).

344-345. Borely et Gouret. — *Saint-Laurent-de-Carnols* (*Chartreux de Valbonne*), 12 mars 1791, moulin de Guvernail et terre qui en dépend (2), 7.325 f.

Borely Jean, à Carsan. — Voy. *Colombet* Pierre.

346. Borély Jean-François, géomètre à *Cornillon.* — Cornillon (*prieuré*) 22 therm. an v, aire 6 boiss. avec pigeonnier 6 cannes couvert, terre 1 1/2 boiss., écurie et cour 1 b., casal 1 1/2 lid. 563 f. (3) 26 fruct. an v, jardin 4 boiss., 297 f.

---

(1) Voyez *Aptel* Jean-Louis.

(2) Le domaine de Cadenet et le moulin de Guvernail comprenaient : Maisonnage 690 cannes, cour. 380 cannes, terres cultes 89 sal. — Voy. *Borely* et *Gouret.*

(3) Vente amiable.

347. Borély Joseph. — Cornillon (prieur de Goudargues) : 2 fév. 1791, terre avec masure 3 1/2 cm.
235 l.

348. Borde Jacques. — *Aiguesmortes (La Couronne)*: 22 déc. 1842, terrain de 106 ᵐ, 93 c., conf.
au levant le chenal, 18 f. 18.

Borne François, à Beaucaire. — Voy *Michel* Raymond.

Borne Jean, à St-Gilles. — Voy. *Charamaule.*

349. Borne Joseph, ménager à Sernhac. — *Sernhac
(Chapelle-St-Pierre)* : 7 mars 1791, 5 pièces terres et
olivettes, 22 em. 12 civad., 505 l. ; — *Sernhac
(Chapelle St-Sébastien)* : 2 mai 1791 , 6 pièces ,
16 em. 21 1/2 civad., 251 l. — *Sernhac (Luminaire
N.-D.,* et *Bassin des âmes)* : 2 mai 1791, 6 pièces, 1
cm. 17 3/4 civad., 275 l. — *Sernhac (prieuré)* 18
juin 1791, olivette 1 ém. 1 1/3 civad. 126 l.

350. Borty Joseph, nég. à Villeneuve. — *Villeneuve
(prieuré)* : 8 niv. an II, ancienne église St-Pons,
4.200 l. — Voy. en outre Bouvet Marc et Caulet
Étienne.

351. Bosanquet, prop. à Aimargues. — *Sommières
(La Couronne)*: 1 août 1813, partie des matériaux et
du sol des remparts (26ᵉ lot) 446 fr. — Voy. Bozanquet.

352. Bozanquet-Cardet Denis-Jean-Marie, à Alais.
— *Alais (Chapitre)*: 9 févr. 1791, 2 prairies aff. 625 l.
— 16.000 l. ; — *Cardet (Prieuré)* 16 fév. 1791, pré
de 25 quartes, et terre de 4 quartes, 4.375 l. ; —
Alais (La Couronne) : 20 déc. 1810, terrain dans
l'enclos du fort conf. au couchant la rue d'Auvergne
780 m. c., 2.450 fr. ; — 7 Mars 1812, matériaux et

sol des remparts (5ᵉ lot) 239 fr. 16 (1) ; (9ᵉ lot) 220 fr. 84 (2) ; (10ᵉ lot) 338 fr. 19 ; (11ᵉ lot) 184 fr. 17 (3).

Voy. en outre *Favant* Pierre.

353. Bosc, ...Quilhan (*Prieuré*), 14 mai 1791, bois 12 sct., 1275 l.

354. Bosc Antoine, à Bouillargues. — *Bouillar-gues (Chapitre de Nîmes)* : 17 déc. 1790, domaine du Mas-Neuf (24ᵉ lot) 10 cm., 400 l.

355. Boucairan, à Marguerittes. — *Marguerittes (chapitre de Nîmes)* : 17 déc. 1790, domaine du Mas-Neuf (14ᵉ lot), terre au quartier de Tannisson, 580 l.

356. Boucarut Jean-Baptiste, off. mun. à Meynes. — *Meynes (Chapitre de Montpellier)* : 17 juin 1791, terre 3 cm. 6 poign., 87 l.

357. Boucarut Louis, agr. à Nîmes. — *Poulx (Prieu.°* : 4ᵉ jour compl. an iv, maison curiale 52 cannes, 1 pan, et cour attenante, 71 cannes, 2.600 fr.

358. Boucarut Pierre-Louis, à Uzès. — *Uzès (Capu-cins)* : 27 germ. an iii, bâtiment et jardin, 11.000 l. (4). Voy. en outre *Champel* Antoine fils.

359. Boucarut Simon, maire à Cabrières. — *Ca-brières (chapelle de Thomas et Maurezon)* : 15 mars 1791, les divers fonds dépendant de cette chapelle, 3.000 l.

360-372. Boucaud Pierre, boulanger, Rolland-Coustan, Rolland-Bousquet, Amphoux Louis, Four-maud Jacques, Roussel Jacques, Fourmaud Daniel, Meirargues François, Héraud Pierre, Vally Jacques,

(1) Déclara avoir agi pour les hoirs Fabre.
(2) Déclara avoir agi pour les demoiselles Cessenat.
(3) Déclara avoir agi pour *Plantier.*
(4) Fit élection le lendemain, pour la moitié, en faveur de *Pierre Mathieu fils.*

Michel Antoine, Brun Jacques et Michel Alexandre, tous de St-Gilles. — *St-Gilles (abbaye de St-Gilles* (1) : 20 janvier 1791, les terres du port, 1/2 sal. ou 3 set. 50 dext., et le bac à traille, 87.100 l. (2)

373. Bouche Clément, agr. à Beaucaire. — *Beaucaire (ordre de Malte, com. d'Astros)* : 17 brum. an III, domaine de St-Pierre (13ᵉ lot) 7 em. 4 picot. 2.050 l.

Bouche Jean, à Beaucaire. — Voy. Michel Raymond.

374-377. Boucher Barthélemy, Jouve Louis, Granier Jean et Lamouroux Étienne, d'Aramon. — *Aramon (Ursulines)* : 18 avril 1791, terre et olivette, 2 sal. 3 em. 9 pougn., 6.000 l.

Boucher Barthélemy et Lamouroux Etienne, d'Aramon. — *Aramon (Ursulines)* : 7 mai 1791, 2 terres 1 sal. 5 ém. 4 2/3 pougn., 4.800 l.

378. Boucher Barthélemy et Granier ainé, d'Aramon. — *Aramon (Chapelle St-Jacques)*, 25 mai 1791, 2 olivettes, 2 ém. 2 poign.

Aramon chapelle (St-Jaume) : 25 mai 1791, 1 terre et 2 olivettes, 14 em., 11 poign.

Aramon (chapelle Ste-Marthe) : 25 mai 1791, 9 pièces, 2 sal. 15 em. 42 1/6 poign.

Théziers (chapelle Ste-Marthe) : 25 mai 1791, 2 olivettes, 2 em. 12 1/4 civad.

Théziers (chapelle St-Jacques) : 25 mai 1791, 2 terres dont une en 9 corps, 2 sal. 8 em., 12 civad.

} 6.284 l.

---

(1) Bénédictins.
(2) Voy. Fabrègue Jean.

379. Bouchet Rose , à Nimes. — *Nimes (Evêché)* : 9 mars 1791, maison rue du chapitre, 4700 l.

380. Boudes Louis, à la Bruguière, Cᵉ d'Arrigas. — Arrigas *(prieuré)* : 6 juin 1791, chataigneraie 6 quartes, 132 l.

Boudet à Nimes. — Voy. *Fabre* André.

381. Boudier de Laribal Simon, homme de loi à Boisson. — *Boisson (prieuré)* : 21 mars 1791, maison et 5 pièces 2 sal., 46 quartes 8 boiss., 8575 l.

Boudin Antoine, à Beaucaire. — Voy. *Michel* Raymond.

Boudon André , à Beauvoisin. — Voy. *Bourely* Jean.

Boudon Jean, fils d'André, à Beauvoisin. — Voy. *Bourely* Jean.

382. Boudoux Jean, cult. à Générac. — *Générac (Ordre de Malte, grand prieuré de St-Gilles)* : 28 vent. an iii, domaine du château (12ᵉ lot) 2 sal. 329 dext., 17.000 l.

383. Bouet , à Cannes. — *Cannes (prieuré)* : 18 janvier 1791, terre attenant à l'église 1 quarte, 5 dext., 190 l. — Jardin, 3 dext., 250 l.

Bouet Maurice, à Garrigues. — Voy. *Fromental* François.

Bouet Simon, à St-Bonnet. — Voy. *Chambon* Jacques fils.

384. Bougarel Isaac, cult. à Valence. — *Valence (prieuré)* : 24 janvier 1791, terre à Magalier, 5 sal., 5 cm., 6.100 l.—;28 août 1793, maison, écurie, cave, cour, 15 dext. 2 pans, église avec un plan au devant, jardin clos 1 cm., 1 boiss., 2 dext., 3 pans, 7.100 l.

Bouillane-Lacoste Louis, à St-Laurens de Carnols. — Voy. *Borel* Jacques.

385-387. Bouillane-Lacoste Louis , Bouillane-Lacoste Philippe et Aubat Jacques.—*Cornillon (Chartreux de Valbonne)* : 14 mars 1791, domaine de Rhodière ou d'Orvalier, 26.300 l.

Bouillane-Lacoste Philippe, à Cornillon. — Voy. *Bouillane-Lacoste Louis.*

388. Bouillon. — Nimes (La Couronne): 15 avril 1812, partie des matériaux et du sol des remparts 27 mèt. à 1 fr. 75 = 47 fr. 25 (1).

Bouissa Antoine , à Villeneuve. — Voy. Caulet Etienne.

Bouissonnas André, à Pujaut. — Voy. *Rochette* Blaise.

Bouissonnas André jeune, à Pujaut. — Voy. Bouvet Marc.

Bouissonnas Gabriel, à Pujaut. — Voy. Rochette Blaise, Rouchette Blaise et Vidal Pierre.

Boujard Jean Pierre, à Villeneuve. — Voy. Caulet Etienne.

Boujon Jean Joseph, à Pujaut. — Voy. Vidal Pierre ; voy. aussi Bouzon.

389. Boulard Hyacinthe-Paul, notaire à Avignon. —*Fourques (Ordre de Malte, com...)* 17 fruct. an III, domaine de la grande cabane : bâtiments 129 1|2 cannes ; terres 328 sal.; luzernes 18 sal. 1|2 em. 7 3|4 dext.; près 67 sal. 5 1|2 em.; pâturages 50 sal. 4 em. 2 dext.; bois 20 sal. 7 dext., 2.700.000 l. (2).;— 29 vend. an IV, le grand mas d'Argence, 791 sel. 15 dext., 2.225.000 l.

_____

(1) Vente amiable.

(2) Il déclare avoir agi pour *Clément* Pierre, de Valréas (Drôme), dom. à Paris.

390. Boulliard Michel. — Salazac *(prieuré)* : 5 mars 1791, 3 terres, au total 11 sal., 9 ém., 11 boiss., 3 lid., 1500 l.

391. Boumelle André, forgeron à Beaucaire. — *Beaucaire (La Couronne)* : 4 mars 1813, francs bords inutiles du canal de Beaucaire à Aiguesmortes (5ᵐᵉ lot) 67 m. c , 153 fr.

392. Bourely aîné, à Nimes. — *Nimes (Chapitre)* : 4 mai 1791, droits féodaux sur une terre quartier de Maleroubieu, 27 l. 1 sol, 5 deniers.

393. Bourely Claude, à Roquemaure, — *Roque-maure (Religieuses du Verbe incarné)* : 9 fruct. an II, couvent, (4ᵉ lot) 20 cannes couvert, 1 poug. jardin, 4300 l.

Bourely François, cultiv. à Aimargues. — Voyez *Cabanon* Charles.

Bourely François, à Nimes. — Voyez *Jullian* Étienne.

394. Bourely François neveu; — *Combas (prieuré)*: 7 mai 1791, 2 terres olivettes, 2 quartes 31 1/2 dext., 1425 l.

395. Bourely Jacques, tailleur d'habits à Nimes. *Nimes (Chapitre)* : 9 mars 1791, partie de maison à la Grand-Rue, y compris un magasin et un sellier, 6,025 l.

396-401. Bourely Jean , Amphoux Jacob , (ou Pierre), Boudon André (ou Jean fils), Breton Mathieu, Giran Moïse et Rouvin Louis , à Beauvoisin. — *Beauvoisin (précentorerie du Chapitre de Nimes)* : 22 mars 1791, 10 pièces au total 10 sal. 1452 1/6 dext., 14.500 l.

402-424. Bourely Jean, Riquet Jacques, fils de Charles; Allègre Moïse, fils de Jacques ; Rouvin

Louis, fils d'autre ; Girand Jacques, fils de Jean ; Villaret Pierre, fils d'autre ; Teissier André, fils de Pierre ; Gueissac Louis, fils d'autre ; Giran Louis, fils de Moïse ; Rouvin Pierre, fils de Louis ; Allègre Pierre, fils de Louis ; Allègre Louis père ; Roques Jacques-Simon, fils d'Antoine ; Roques Pierre, aussi fils d'Antoine ; Amphoux Pierre, fils d'autre ; Amphoux Pierre-Jean, fils de Pierre ; Bion Jean, fils de François ; Amphoux Pierre, fils de Jacob ; Allègre Jacques, fils d'autre ; Amphoux Jacob, fils de Pierre ; Giran Jacques, fils de Moïse ; Rouvin Isaac, fils de Jean ; Villaret Louis, fils d'Etienne, et Boudon Jean, fils d'André, de Beauvoisin. — *Générac (Bernardins)* : 15 nov. 1791, le domaine de Franquevaux, comprenant : château à la moderne, grande ménagerie, 88 sal. terres lab., 18 sal. près et costières, 4 sal. olivettes, 6½ sal. vignes, 129 sal. palus et roseaux, 447 sal. garrignes, total 747 sal., 252,000 l.

425. Bourely Mathieu, ménag. à Montfrin. — *Montfrin (chapelle Saint-Blaise)* : 2 juillet 1791, terre 1 ém., 3 poign., 3 dext., 100 l. ; — 2 ém. 1 poign., 2 dext., 132 l.

426. Bourelly Pierre, fils de Jacques, ménager à Aimargues. — *Aimargues (chapelle de Philippe Ricard)* : 2 mars 1791, 4 pièces au total, 5 carteirad. 7 1/2 quartons 22 dext., 1825 l. (1).

Bourgours François, maréchal à Remoulins. — Voyez *Drôme* Jean-Joseph.

_____

(1) Il céda à Jean-Antoine *Grand*, Jean *Boissière*, bourgeois, Abel *Soulier* et Augustin *Gautier*, d'Aimargues, par actes des 20 avril et 15 octobre 1791, 11 et 12 mai 1792 (Coissard, notaire à Aimargues).

427. Bourguet David, à Thoiras.—*Corbès* (*prieuré*): 10 avril 1792, 3 pièces, au total 4 sct. 21 quartes, 3 boiss., 1774 l.

428. Bourguet Jean, au mas de Cabane. — *Saint-Martin-de-Sossenac* (*prieuré*) : 12 sept. 1791, église 4 3/4 dext., basse-cour, écurie, pailler, 8 3/4 dext., cimetière 10 1/4 dext., jardin 1/2 arpent, 2,975 l.

429. Bourguet Jean, à Saint-Césaire-de-G. — *Saint-Césaire-de-Gauzignan* (*prieuré*): 1ᵉʳ nov. 1792, maison presbytérale, jardin, église, écurie, grenier à foin et cave, 1,750 l.

Bourguet Louis père, à Sauve. — Voy. *Gairaud* Gabriel.

430. Bourguet Mathieu, à Nimes. — *Saint-Dionisy* (*Chapitre de Nimes*) : 28 avril 1791, aire 1 ém. 17 1/4 dext., terre 16 dext., 1150 liv. ; — *Saint-Dionisy* (*La Commune*) : 2 mess. an vii, terrain 2 1/2 dext., 96 f.

Bourguet Suzanne, femme de Mathieu Jean-Jacques, à Nimes. — Voy. *Fabre* Jean.

431. Bourret Claude, agr. à Villeneuve. — *Villeneuve* (*Chapitre*): 3 vend. an iii, partie de maison (9ᵉ lot), 4,100 l.

Bourret Elzéard, à Villeneuve. — Voyet *Caulet* Étienne.

432. Bourrié Antoine, à Arrigas. — *Arrigas* (*prieuré*) : 6 juin 1791, vigne à la Condamine, 5 quartes, 132 l.

433. Bourrié Étienne, à Arrigas. — *Blandas* (*prieuré*) : 7 juin 1791, aire près l'église, jardin clos 3 boiss. terre close 6 boiss., 825 l. (1).

_____

(1) Déclara avoir agi pour Jean-Antoine Rigal, du mas de la Rigalvarié.

Bouscharain, à Marsillargues. — Voy. *Mathieu*, du Cailar.

Bouscharain Charles, à Aimargues. — Voy. *Rampon* Pierre.

Bouschet André, à Bonnevaux. — Voy. *Pin* Jean.

434. Bouschon Saint-Ange, à Uzès. — *Uzès* (*Évêché*) : 5 frim. an VI, bâtiments de l'Évêché et parc clos attenant de 17 sal., 88.600 f. (1).

435. Bousquet, à Pont-Saint-Esprit. — *Pont-Saint-Esprit* (*Capucins*) : 24 oct. 1792, maison, enclos et jardin, 7 éminées, 27.700 l. (2).

436. Bousquet Antoine, architecte. — *Pont-Saint-Esprit* (*PP. Minimes*) : 7 mars 1791, couvent et ses dépendances, 14,300 l. — Voy. *Bousquet* Jean-Antoine.

437. Bousquet-Jalaguier Antoine, négociant à Nîmes. — *Saint-Gilles* (*bénéfice des ouvreries*) : 18 déc 1790, terres lab., 20,000 l. — *Saint-Gilles* (*Chapitre*) : 18 mars 1791, l'aire et le mazet de la dime, 3 set., 32 dext., 3.500 l. — *Saint-Gilles* (*Aumôneries*) : 19 mars 1791, le domaine des aumôneries, 27 sal. 14 1/4 ém. 12 dext., 63,000 l.

438. Bousquet Jean, à Saint-Julien-de-Peyrolas. — *Saint-Julien-de-Peyrolas* (*Chapelle Saint-Anne*) : 1er mars 1791, terre 3 émin.,3 boiss., 462 l.

439. Bousquet Jean-Antoine fils, architecte, à Pont-Saint-Esprit. — *Pont-Saint-Esprit* (*Bénédictins*) : 14 déc. 1790, aire de la dime, 4 ém., 2,000 l. — Voy. *Bousquet* Antoine.

Bousquet Paulin-Pollien, prop. à St-Hippolyte. — Voy. *Patu-Dadre* Pierre.

(1) Voy. Capion Mathieu.
(2) Il céda à Louis-Etienne Delzeuze.

440-441. Bouteille Alexandre, boulanger, et Massip Jean, négociant, à Saint-Gilles. — *Saint-Gilles* (*Ordre de Malte, commanderie de Sainte-Anne*) : 23 frim. an III, domaine des Auriasses (18ᵉ lot) 1 sal. 231 dext., 8,700 l.

Bouteille Alexandre, boulanger à Saint-Gilles. Voy. Massip Jean.

442. Boutonnet (Étienne - Bernard de), à Montpellier. — *Saint-Laurent-d'Aigouze* (*Chapitre d'Alais*) : le domaine du Petit-Courtel, 60,000 l.

Bouvet Antoine, à Pujaut. — Voy. *Bouvet* Marc.

Bouvet François, à Pujaut. — Voy. *Bouvet* Marc et *Soulier* Jean-Louis.

Bouvet Gabriel, à Pujaut. — Voy. *Bouvet* Marc et *Jouffret* Jean.

Bouvet Gabriel, frères, à Pujaut. — Voy. *Jouffret* Jean père.

Bouvet Jean, à Pujaut. — Voy. *Anastay* Antoine, *Caulet* Etienne et *Vidal* Pierre.

Bouvet Jean-Joseph, à Pujaut. — Voy. *Bouvet* Marc.

Bouvet Joseph, à Pujaut. — Voy. *Bouvet* Marc.

Bouvet Joseph-Simon, à Pujaut. — Voy. *Soulier* Jean-Léon.

443-546. Bouvet Marc, Grand Antoine, Soulier Jean-François, Establet André, Corrensou Louis, Bouvet François, Astay Noël, Rochette Blaise, Cambe Jacques, Berlandier Laurent, Pouzol Joseph, Rieusset Marianne, Tamayou Jacques, Bernard Michel, Borly Joseph, Couissin Charles, Bernard Bruno, Estournel François, Astay Marc fils, Philibert Bruno, Bernard Gabriel, Philibert Baptiste, Astay Michel, Philib Jacques, Bernard Pierre fils à Noël, Bouvet

Michel, Coulomb Michel, Coulomb Noël, Poujol François, Malafosse Louis, Astay Esprit, Ferréol Joseph, Vidal Bruno, Astay Jacques, Ferréol Vincent, Bouzon Jean-Joseph, Rieusset Pierre, Roudil Joseph, Cambe Antoine, Taulier Simon, Bernard Noël, Tamayou Philippe, Tamayou Gabriel, Pouzol Marc, Vidal Laurent, Burel Etienne, Vidal Joseph fils de Claude, Astay Jean-Joseph, Rieusset André, Bouvet Jean-Joseph, Naud Jean-Michel, Velay Jean-Baptiste, Bernard Jean, Vidal Pierre, Vidal Marc, Rieusset Firmin, Jouffret Jean, Dufour André, Calvet Jean, Calvet Jacques, Velay Marc, Jouffret Jean père, Philibert Joseph, Vidal Esprit, Laurent Joseph, Guillaumon Jean, Bouvet Joseph, Astay Jean, Vidal Claude, Coulomb Etienne, Pert Jean, Velay Blaise, Abrieu Nicolas, Bernard André, Astay Joseph, Anastay Joseph, Gaillard Marc, Astay Claude, Rode Jean, Bouvet Marc-Antoine, Abrieu André, Bertrand Jean, Bleyrac Joseph, Coulomb Baptiste, Ricard Pierre, Soulier Dominique, Bouissonnas André jeune, Abrieu Esprit, Dufour Bruno, Ricard Michel, Pélissier Nicolas, Chave Jean-Baptiste, Petit François, Cheron Joseph, Abrieu Jean-François, Rieusset Pierre vieux, Caulet Gilles, Grand André, Bouvet Antoine, Guillaumon Blaise, Bouvet Gabriel, Colin François, Faugar Jean, Correnson Guillaume, tous de Pujaut. — Pujaut (*Chartreux de Villeneuve*) : 30 mars 1791, le domaine de St-Antelme, 105 sal. de terres lab., 82 sal. 7 ém., 2 poign. vignes ou hermes, 130.100 l.

Bouvet Marc-Antoine, à Pujaut. — Voy. *Anastay* Antoine, *Bouvet* Marc, *Caulet* Etienne et *Vidal* Pierre.

547. Bouvet Martin, à Pujaut.— *Pujaut (Chartreux de Villeneuve)* : 20 déc. 1809, herme 5.016 ares 60 c. (7º lot) 1.405 fr. ; 654 ares 36 c. (4º lot) 580 fr. — Voy. en outre *Soulier* Jean-Léon.

Bouvet Michel, à Pujaut. — Voy. *Bouvet* Marc et *Caulet* Étienne.

Bouvet Simon, à Pujaut. — Voy. *Jouffret* Jean.

548. Bouyer Pierre, banastier à Vallabrègues. — *Vallabrègues (fabrique du lieu)* : 19 germ. an III, terre 3 ém. 2 picot., 5.400 l.

549. Bouzigue, de Bagnols. — *Bagnols (cordeliers)* : 16 février 1791, 2 vignes, 2 sal. 8 ém., 3.600 l.

550. Bouzigue Jean-Baptiste, maire de Tresques. — *Tresques (chapelains)* : 26 septembre 1791, 20 pièces terre, 14.943 l. — Voy. en outre *Allouet* Marie.

Bouzon Jacques, à Roquemaure. — Voy. *Faure* Simon.

Bouzon Jean-François, à Sauveterre. — Voy. *Soulier* Jean-Léon.

Bouzon Jean-Joseph, à Pujaut.—Voy. *Bouvet* Marc.

Bouzon Michel, à Roquemaure. — Voy. *Faure* Simon et Boujou.

551. Boyer. — *Pont-St-Esprit (Pénitents blancs)* : 15 nov. 1792, chapelle, 660 l. (1).

542. Boyer Antoine, cordonnier à Villeneuve. — *Villeneuve (chapitre)* : 4 niv. an III, partie de maison, 8.000 l.

553. Boyer Barthélemy, à Sernhac. — *Sernhac chapelle (Saint-Pierre)* : 21 mars 1791, terres et vignes, 1 sal. 5 ém. 3 civad., 800 l. (2).

(1) Fit folle enchère. — Voy. *Augier* Jean.
(2) Fit folle enchère. Réadjugé à *Vidal Jacques*, de Sernhac, le 22 nov. 1791, au prix de 400 l.

555-556. Boyer Claude, Bonnefoy Jean et Potavin Louis, de Saint-Gilles. — *Saint-Gilles (ordre de Malte, Com. de Ste-Anne)* : 27 frim. an III, domaine des Auriasses (10° lot), 1 sal. 177 dext., 7.600 l. (1).

557. Boyer François, à Ganges. — Saint-Sauveur *(chapelain)* : 16 vend. an VII, deux prés, 2 sét., 239 fr. 44 (2). — *Conqueirac (prieuré)* : 19 vend. an VII, terre 5 quartes, 935 fr. (3). — Voy. en outre *Berthon* Jacques.

558. Boyer Jean, à Saint-Ambroix. — *Saint-Ambroix (la commune)* : 30 août 1806, maison dans le cul-de-sac de la rue Porte-d'Alais, ayant servi de four à pain, 54 m. de sol, 1.200 fr.

Boyer Pierre à Aramon. — Voy. *Cadenet* Honoré.

Boyer (veuve), née Anne Clauzel, à Villeneuve. — Voy. *Caulet* Étienne.

559. Boyer Vincent, cult. à Pujaut. — *Pujaut (chartreux de Villeneuve)* : 16 flor. an V, herme 5 ém. 151 fr. 51 (3). — Voy. en outre *Caulet* Étienne.

560. Brahic André, notaire à Alais. — *Saint-Florent (prieuré)* : 5 septembre 1791, mûriers 1 sal., mûriers et chataig. 6 quartes, 1.070 l. (4).

561. Brichet André, agr. à Beaucaire. — *Beaucaire (Ordre de Malte, com. d'Astros)*, 23 niv. an III, terre (3° lot), 1 sal. 4.000 l.

Brémond Firmin, à Villeneuve. — Voyez *Caulet* Etienne.

Brémond Jean, à Garons. — Voy. *Loche* Jean fils.

(1) Chacun pour un tiers.
(2) Vente amiable.
(3)   id.
(4) Il déclare avoir agi pour *Rivière* Jean-Louis, avoué au Tribunal du dist. d'Alais.

Brémond Jean, mari de Brune, à Garons. — Voy. *Loche* Jean fils.

Brémond (autre), à Garons.— Voy. *Loche* Jean fils.

562. Brémond Jean-Joseph. — *Roquemaure*, (*Chapitre*), 20 avril 1791, domaine et terre en dépendant, 68.500 l.;—*Roquemaure* (*Récollets*), 20 avril 1791, couvent, église et jardin, 12.700 l.

Bresson Antoine, à Villeneuve. – Voy. *Lhermite* Barthélemy.

563. Bresson Jean, ad. du dist., à Aiguesvives. —*Mus* (*prieuré*), 22 janv. 1791, vigne 393 dext.,1.200 l.; vigne 184 dext.,1.000 l.; —*Lèques* (*prieuré*),12 vend. an v, maison curiale 45 toises 6 pans 9 pouces, 810 fr. (1).

Bresson Jean à Vauvert. — Voy. *Brunel* Pierre.

564. Bresson Pierre. — *Junas* (*prieuré*), 2 avril 1791, vigne 6. dext., 305 l.

565. Breton François, facturier à Bagard. — *Bagard* (*prieuré*), 27 avril 1791, terre 6 quartes, terre 8 sct. 1 quarte, 1.475 l.

Breton Mathieu, à Beauvoisin.—Voy.*Bourely* Jean.

566. Breysse Joseph, agr. à Beaucaire.—*Beaucaire* (*Ordre de Malte, com. d'Astros*), 11 niv. an iii, domaine de St-Pierre (28e lot), terre 1 sal., 2.000 l.

567. Briac Jean, ménag. à Bouillargues. —*Bouillargues* (*Chapitre de Nimes*), 17 déc. 1790, 2 vignes 1 sal. 14 ém., 1.625 l.

568. Brignan Jean, aubergiste à St-Gilles. — *St-Gilles* (*Ordre de Malte, com. Ste Anne*), 28 frim. an iii, domaine des Auriasses (15e lot), 1 sal. 223 dext., 10.000 l. — Voy., en outre, Brun Jean.

569. Brisse Alexis, recev. du dist. — *Aramon*

(1) Vente amiable.

Chartreux de Villeneuve), 16 janv. 1791, terre 4 sal.
1 ém., 6 poign., 6.450 l. (1). Voy. en outre Boissière
Charles-Gaspard.

Broche-Devaulx (Charles-François de), à *Bagnols*.
-- Voy. Baumel Honoré.

570. Bros-Lecointe Jean, à Anduze.— *Puechredon*
(prieuré), 14 pluv. an II, cimetière 7 dext., maison
presbytérale tombant en ruine, vieille église, 1.700 l.

571. Brouet André, ménag., à Martignargues. —
Martignargues (prieuré), 8 juillet 1791, 4 pièces 1 sal.
23 ém. 5 1/3 bois., maison en mauvais état avec cour,
autre maison avec écurie, 2.100 l.

572. Brousse Pierre-Louis, prop. à Caissargues.
— *Générac*, Bouillargues, Nîmes et St-Gilles,
(*Bernardins*, *Chapitre de Nîmes* et *Chapitre de
St-Gilles)*,12 déc. 1853, bois de Campagne (Commune
de St-Gilles, 17ᵉ lot, terre muriers dite de Rapatelie)
1 hect. 78 a,. 3.000 fr. (2).

Brousson Pierre père, au Cailar. — Voy. *Maurel*
Louis et *Mathieu* Jean.

573. Bruel François, nég. à Nîmes. — *Beaucaire*
(ordre de Malte, Com. d'Astros) : 26 fruct. an IV,
domaine de la Grenouillère, bâtiments et 98 sal. de
terres, 64.953 l. 3 s. 4 d. (3).

574. Bruges Marie-Jean-Louis. — *Vallabrègues*
(prieuré):12 mars 1791, terre 7 ém., 1 picot., 2.266 l.
(4).

575. Bruguier Claude. — *Aigaliers (bénéfice de*

(1) Agissait pour Jean-François *Sorbier* ci-devant seigneur de Pougnadoresse.

(2) Voy. *Aptel* Jean-Louis, la note.

(3) Vente amiable.

(4) Déclara agir pour Louis et Joseph *Barbier* frères, ménagers à Vallabrègues.

Galligues) : 15 avril 1791, 12 pièces au total 1 sal.,
40 ém., 41 1/2 vest., 4.300 l.

Bruguier Henri, à Bagnols. — Voy. *Ferrand*
Pierre.

576. Bruguier Pierre, à Pont-Saint-Esprit. —
Pont-Saint-Esprit (Minimes) : 9 prairial an III, église
du quartier de Villebonnet, chapelle et sacristie
attenantes, 140 toises, 22.500 l.

577. Bruguier-Rourre, nég. à Pont-Saint-Esprit.
— *Pont - Saint - Esprit (Visitation Sainte-Marie) :*
12 janvier 1791, jardin et logement de jardinier,
5.275 l.

Bruguier Vincent (veuve de), à Nîmes. — Voy.
Audemard Madeleine.

Bruguière (seigneur de la), à Fontarèche. — Voy.
Carme Jean-Baptiste.

Bruguière (veuve), à Sommières. — Voy. *Niel*
Marguerittes.

578. Brun Elzéard, agr. à Bellegarde. — *Belle-*
garde (ordre de Malte, Com. de Saint-Jean) : 2 prair.
an II, partie du domaine de Saint-Jean, 2 terres au
total 4 sal. 9 ém., 1 1/2 boiss., 1.950 l.

579. Brun Étienne, nég. à Alais. — *Alais (Cor-*
deliers) : 3 août 1791, église, maison et jardin,
565 toises, 14.600 l. (1).

580. Brun François fils, à Vic-le-Fesq. — *Vic-le-*
Fesq (prieuré) : 1er jour compl. an IV, maison curiale, 22 toises 4 pieds 1 pouce, plus un bûcher,
540 fr. (2).

Brun-Granaud Antoine, à Saint-Gilles. — Voy.
Fabrègue Jean-Louis, *Charamaule* et *Defferre* Isaac.

_____

(1) Déclara avoir agi pour *Francexon* François père, nég. à Alais.
(2) Vente amiable.

581-582. Brun Jacques et Clavel Jacques, sabotier à Saint‑Gilles. — *Saint‑Gilles (ordre de Malte, com. de Sainte‑Anne)* : 27 frim. an III, domaine des Auriasses (4e lot), 1 sal. 175 dext., 8.600 l. (1).

Brun Jacques, à Saint‑Gilles. — Voy. *Charamaule, Defferre* Isaac et *Boucaud* Pierre.

583. Brun Jean, boucher à Saint‑Gilles. — *Saint‑Gilles (ordre de Malte, com. de Sainte‑Anne)* : 27 frim. an III, domaine des Auriasses (13e lot), 2 sal. 53 dext., 13.500 l. (2) ; — 28 frim. an III, domaine des Auriasses (24e lot), 2 arpents 29 perches 2 toises 1 pied 6 pouces, y compris un moulin à vent.... 20.000 l. (3). Voy. en outre *Charamaule* et *Defferre* Isaac.

Brun Jean‑Baptiste, postillon à Remoulins. — Voy. Drome Jean‑Joseph.

584. Brun Marie, à Uzès. — *Uzès (Chapitre)* : 21 mai 1791, moulin de la Tour, sous l'enclos de l'Evêché, lopin de terre au‑devant et pré au‑dessus, le long de la rivière, de contenance de 12 cm., 16.000 l. ; — 26 août 1793, tour carrée sous le parc de l'Evêché, de 70 pieds de haut sur 15 pieds 6 pouces carrés, sur un rocher escarpé, 126 l.

Brun‑Meirargues Antoine, à Saint‑Gilles. — Voy. *Charamaule* et *Defferre* Isaac.

585. Brun Pierre, à Boisson. — *Allègre (prieuré d'Arlende)* : 19 avril 1791, terre et aire 35 quartes, maison et cour, 1.210 l. ; — 13 avril 1792, trois petites terres à Arlende, ensemble 4 boiss., 200 l. — Voy. *Brun* Simon‑Pierre.

(1) Chacun par moitié.
(2) Pour *Granaud* Jean, cult. à Saint‑Gilles.
(3) Pour *Brignon* Jean, de Saint‑Gilles.

Brun Pierre, meunier à Beaucaire. — Voy. *Michel* Pierre.

Brun Rose, à Manduel. — Voy. *Canonge* Jean-Louis.

586. Brun Simon-Pierre, à Boisson. — *Boisson* (*prieuré*) : 29 pluv. an v, jardin attenant au presbytère , 6 boiss. ; *Saint - Julien - de - Cassagnas* (*prieuré*) : 29 pluv. an v, jardin, 2 cm., ensemble 660 fr. (1). — Voy. *Brun* Pierre.

587. Brunel, cult. à La Bruguière. — *La Bruguière* (*prieuré*) : 25 germ. an v, maison curiale, 5 toises de long sur 4 de haut, 432 fr. (1).

588. Brunel Jacques, secrét. de la Cᵉ à Nimes. — *Nimes* (*séminaire*), 17 fruct. an iii, herme et olivette, 8 em., 10.000 l.

589. Brunel Jacques, à Nimes. — *Vauvert (Bernardins de Franquevaux)* : 1ᵉʳ vend. an iv, domaine des Iscles et ses dépendances, 910.000 l. (2).

590. Brunel Jean, bourgeois à Saint-Géniès. — *Saint-Géniès-de-Malgoirès* (*prieuré*) : 19 juillet 1791, 5 terres (y compris une aire et un mas), au total 8 sal. 26 em. 11 boiss., 15.100 l.

591. Brunel Louis, ménag. à Bernis. — *Bernis* (*Chapelle de Blauzac*), 28 janv. 1791, champ au chemin de Calvisson, 460 l.

592-593. Brunel Louise et Brunel Marie, sœurs, à Nimes. — *Nimes (Evêché)*, 19 nov. 1790, censive sur une maison au puits de l'olivier, 199 l. 14 s. 2 d.

Brunel Marie, à Nimes. Voy. *Brunel* Louise.

594. Brunel Pierre, ménag. à Bernis. — *Aubord*

(1) Vente amiable.
(2) Pour *Imbert* Étienne, teinturier à Nimes.

(*Chapelle de Coulorgues*), 18 janv. 1791, terre 1 sal., 620 l.

595-597. Brunel Pierre, Bresson Jean et Meirargues Jacques, à Vauvert. — *Vauvert (prieuré)*, 23 mars 1791, les bâtiments servant à l'exploitation de la dime, 5.600 l.

598. Brunel Pierre cadet, à Monoblet. — *St-Félix-de-Palières (prieuré)*, 24 mess. an iv, maison curiale, cour, écurie, 12 1/2 dext., terre et vigne 5 quartes, 3 1/8 boiss., 1996 fr. (1)

599. Brunel, veuve Brunel. — *Vallabrègues (La Couronne)*, 27 nov. 1807, maison appelée corps de garde, 125 m. c. de sol, 510 fr.

Brunelon Jean, nég. à Gallargues. — Voy. *Carbonnier* Charles.

600. Buchet, libraire à Nimes. — *Nimes (monastère St-Bauzile)* (2), 21 mars 1792, matériaux et emplacement de l'ancienne église, 110 l.

Buchet Joseph (femme), à Nimes. — Voy. *Prunet* Marguérite.

Burel Etienne, à Pujaut. — Voy. *Bouvet* Marc.

Busquet Jean, ménag. à Remoulins. — Voy. *Drome* Jean-Joseph.

Cabane à Nimes. — Voy. Fabre André.

Cabane Jacques, à Quissac. — Voy. *Granier* Honoré.

(1) Vente amiable.
(2) Bénédictins.

601. Cabane Jean. — Pompignan (*La Couronne*) : 10 mai 1791, rachat de droits seigneuriaux de la Nation sur une terre, 52 l. 1 s. 8 d.

602. Cabane Louis, fab. de bas à Nimes. — *Nimes* (*Augustins*) : 16 fruct. an IV, maison de ces religieux, 101 toises 1 pan 4 pouces, 9,360 fr. (1).

603. Cabanis Antoine, ancien facturier à Alais. — *Monteils* (*Dominicature*) : 19 frim. an II, église, cimetière de 2 boiss., maison curiale, jardin de 5 quartes, terres et vignes, 1 sal. 5 quartes 10 ém. 11 boiss., 10,150 l.

Cabanis David, nég. à Montpellier. — Voy. *Guion David.*

604. Cabanis François, à Cinsens. — *Cinsens* (*La Commune*) : 13 vendém. an V, vacant 8 dext., 44 fr. (2).

605. Cabanis Jean, propr. à Alais. — *Alais* (*La Couronne*) : 17 mars 1812, matériaux et sol des remparts (18ᵐᵉ lot) 302 fr. 05 (3).

Cabanis-Lamine Jean, propr. à Alais. — Voyez *Laborie* Pierre-François-Thomas.

606. Cabanis Pierre, à Villevielle. — *Sommières* (*La Couronne*) : 18 juillet 1809, château (maison du commandant), logem. des invalides, terrain culte au levant de ces bâtiments : 5 a. 85 de terrain, 348 m. c. de bât., 1,675 fr.

607. Cabanis Pierre, à Générargues. — *Lézan* (*dominicature*) : 23 fruct. an III, vigne-olivette, 3 quartes, 1350 l. (4).

(1) Vente amiable.
(2) Vente amiable.
(3) Déclara avoir agi pour *Sauvages.*
(4) Déclara avoir agi (pour la moitié) pour *Antoine Fabre*, de Générargues.

608. Cabanon Charles, cult. à Aimargues. — *Le Cailar (Ordre de Malte, commanderie de Saint-Christol)* : 8 prairial an II, domaine de la Mourade, (17ᵐᵉ lot) 4 cart., 1 quarteron, 19 1/2 dext., 1,850 l. (1). — Voyez en outre *Pélissier* François.

609. Cabiac Joseph, du mas de Sabonadier. — *Issirac (prieuré)*, 28 janvier 1791, 7 terres, 5,725 l.
Cabissole Jean à Pujaut. — Voy. Caulet Etienne.

610. Cabrol Simon, à Saint-Laurent. — *Saint-Laurent-des-Arbres (archevêque d'Avignon, prieur du lieu)* : 22 mai 1793, aire 238 cannes, four à pain et casal où est la maison, 2,500 l.

611. Cade Jean-Baptiste-François, notaire à St-Quentin. — *St-Quentin (prieuré)* 21 fruct. an IV, terre 5 ém. 2 vert.   655 l. 19 s. 4 d,
Vallabrix (prieuré) : 21 fruct. an IV, terre 2 ém. 3/4 vert. (2).   308 l.   963 l. 19 s. 4 d.

612. Cadel Barthélemy, à Sommières. — *Sommières (La Couronne)* : 8 juillet 1809, terrain dépendant du château, 6 ar. 80,520 fr.; 18 juillet 1809, château (bâtiment à gauche en entrant dans la cour, chambre de Pierre Jacques, logis des tambours, terrain du même côté, magasin à poudre) bâtiments 799 m. c., terrain culte 6 a. 80, 3,200 fr.; 22 février 1810, partie du terrain dit de la Regourdanne, dépendant du château, 12 m. 57 (3).

(1) Déclara avoir agi pour *Bourely François*, cult. à Aimargues.
(2) Vente amiable.
(3) Cession gratuite.

Cadenet Amand, à Aramon. — Voy. Cadenet Honoré et Saïsse Jean-Pierre.

613-651. Cadenet Honoré, Bernard Jean, Roussière Joseph, Dupont Joseph, Vignon Joseph, Cadenet Amand, Cadenet Joseph, Boyer Pierre, Rouvière Jacques, Saïsse Jean-Pierre, Martin Charles, Aymes Jacques, Guillermet Thomas, Viaud Gaspard, jardinier, Jouve ménager, Trémond Raymond, Farde Jean, Grèze Joseph, Bernard Louis, Dupont Claude, Gibert Jean, Savoyan Thomas, Tamayou Antoine, Bernard Louis, fournier, Ponte Pierre, Mouret Roustan, Granier Jean, Gerbaud Claude, Viaud Pierre, Pey Jean-Joseph, Belleuil Simon, Rozier Jean, Guiraud Etienne, Quiot Joseph, Fabre Antoine, traiteur, Grèze Pierre, Sorbier Laurent, Fabre Antoine, ménager, et Farde Jean-Joseph, d'Aramon. — *Aramon* (Ursulines): 21 janvier 1793, couvent et jardin de 2 em. 4 poign, 20.100 l.

652. Cadenet Jean fils, ménag. à Sernhac. — *Sernhac* (*chapelle St-Pierre*) : 3 mars 1791, terre 5 ém. 2 civ. et *Sernhac* (*prieuré*), 3 mars 1791, aire 1 ém. 2 civ., avec petit bâtiment, 1.200 l.

653. Cadenet Joseph, à Aramon. — Aramon (*chapelle St-Pancrace-Manerbe*): 24 mai 1791, terre 1 sal. 3 em. 3 poign.... 3.150 l. — Voy. en outre *Cadenet* Honoré.

Caillot Pierre, à St-Gilles. — Voy. *Charamaule* et *Defferre* Isaac.

Calmen Antoine, à Tavel. — Voy. *Vissac* Vincent.

Calvet Jacques, à Pujaut. — Voy. Bouvet Marc.

654. Calvet Jean, cult. à Pujaut. — *Pujaut* (*chartreux de Villeneuve*) : 19 flor. an v, terres hermes,

3 sal.... 726 l. (1). — Voy. en outre Anastay Antoine et *Bouvet* Marc.

Calvière (de) à Vézénobres. — Voy. *Lacombe* Jean-Louis.

Combe Antoine, à Pujaut. — Voy. *Bouvet* Marc.

Cambe Jacques, à Pujaut. — Voy. *Bouvet* Marc et *Rochette* Blaise.

655. Cambessèdès Jacques, à Taleyrac. — *Valleraugue (prieuré)*, 15 fév. 1793, église supprimée de Taleyrac, 555 liv.

656. Cambon Jacques, pharmacien à Beaucaire. — *Beaucaire (La Couronne)* : 4 mars 1813, francs bords inutiles du canal de Beaucaire à Aiguesmortes (32ᵉ lot), 156 m. c., 240 fr.

657. Cambon Paul, maire à Aujargues. — *Fontanès (ermitage de Prime - Combe)* : 10 juin 1793, bâtiments et chapelle, 86 tois. 4 pieds 8 pouces, basse-cour, 38 tois. 1 pied 6 pouces, 4 terres 5 sel. 5 quart., prairie, 3 quart., bois, 32 sel., 5.000 l. (2).

658. Camp Étienne, prop. à Saint-Michel-d'Euzet. — *Saint-Michel-d'Euzet (chartreux de Valbonne)* : 25 mai 1846, parcelle de terrain usurpée dépendant de la forêt de Valbonne, 64 ares, 64 fr. (3).

659. Camp Jean, à Saint-Michel-d'Euzet (*Saint-Michel-d'Euzet (chartreux de Valbonne)* : 25 janvier 1792, terre 2 1/2 ém., 55 liv.

(1) Vente amiable.

(2) Cambon vendit le tout à Richard, curé de Clarensac, le 10 août 1805 ; en 1822, la propriété passa à Jury-Joly, curé de Montpezat, qui en fit donation au Séminaire de Nîmes, le 11 mars 1833.

(3) Vente amiable.

Campredon Antoine, maire de Générargues. — Voy. *Commune de Générargues.*

660. Camus Henry, bourgeois de Nimes. — *Beaucaire* (*abbaye St-Sauveur de la Fontaine de Nimes*) : 11 mars 1791, domaine de Saint-Paul, (habitation de maître, bâtiments d'exploitation, chapelle, jardin, prés, terres et vignes) 116 sal. 5 ém., 65,500 liv.

661. Canal de Beaucaire (administration du) représentée par Fargeon, conseiller à la Cour impériale, administrateur du Canal. — *Beaucaire* (*La Couronne*) : 4 mars 1813, francs bords inutiles du Canal de Beaucaire à Aiguesmortes (30ᵉ lot), 202 m. c. 40, 310 fr.

Canonge Claude, à Estézargues. — Voy. *Granier* Suzanne.

662. Canonge François, trav. au Collet-de-Dèze. — *Saint-Hippolyte-de-Caton* (*prieuré*) : 30 avril 1791, 6 pièces, 50 quartes 2 boiss.... 3,083 liv.

663. Canonge Guillaume, trav. à Aramon. — *Théziers* (*Ursulines d'Aramon*) : 28 mai 1791, olivette 1 ém. 2 civ..... 13 l. 4 s.

664. Canonge Jean-Louis, prop. à Manduel. — *Manduel* (*prieuré*) : 24 brum. an VIII, maison ayant servi de logement au vicaire.... 56.000 fr. (1).

665. Canonge Jean-Louis, à Caveirac. — *Mus* (*La Commune*) : 11 pluv. an VI, vacant de 3 dext..... 35 l. 4 s. (2).

Canonge Pierre (veuve), à Estézargues. — Voy. *Granier* Suzanne.

_____

(1) Il fit élection, le 21 frimaire, en faveur de *Brun* Rose, sa femme.

(2) Vente amiable.

666. Capeau Blaise. — *Roquemaure (Religieuses du Verbe incarné)* : 18 mai 1793, jardin potager et bâtiments attenants, 9.650 l.

Capeau Jean, à Villeneuve. — Voy. *Caulet* Étienne.

667. Capeau Joseph, à Villeneuve. — *Villeneuve (Chartreux)* : 1 therm. an II, la Chartreuse (6ᵉ lot) : bâtiments et jardin du coadjuteur, petite chapelle, église, plantation de mûriers, 4.075 l. — Voy. en outre *Caulet* Étienne.

668. Capion Mathieu, à Nimes. — *Uzès (Évêché):* 11 mess. an IV, l'évêché, jardin potager, bat. dans ce jardin, olivette, parterre, 12 sal., bois. 5 sal., 64.500 f. (1). — *St-Siffret (prieuré)* : 21 Fruct. an IV, maison presbyt. et jardin, 6 vert., 2.394 f. *Flaux (prieuré):* 21 Fruct. an IV, maison presbyt. et jardin 4 1/2 vert., 1.980 l.— *Vallabrix (prieuré):* 21 Fruct. an IV, maison presbyt. et jardin 4 1/2 vert., 2.016 l.(2).

669. Capon Antoine, homme de loi à Cabrières. — *Cabrières (Chapelle N.-D.)* : 27 janv. 1791, 8 pièces, 34 em. 21 boiss., 17 1/2 dext., 3.158 l. 4 s.

670. Carbonnel, bourgeois à Nimes. — *Nimes (Chapelle de Daumezou):* 10 janv. 1791, champ à la Font de Bouquier, 1.325 l.

671. Carbonnier Charles, maire à Aimargues. — *Aimargues (Chapelle St-Sébastien):* 18 janvier 1791, les fonds dép. de cette chapelle, 24 carteirad., 1 quarton, 7.400 l. (3).

---

(1) Vente amiable. Dut faire folle enchère : voy. Bouchon Saint-Ange.

(2) Vente amiable.

(3) Le 5 juin 1791, il céda à Jean *Brunelon*, nég. à Gallargues Jean *Boissières*, bourgeois, et Pierre *Puech*, fab. de bas, d'Ai-

672-673. Carcassonne David et Carcassonne Jacob, frères, prop. à Nimes. — *Générac*, *Bouillargues*, *Nimes* et *St-Gilles* (*Bernardins, Chapitre de Nimes et Chapitre de St-Gilles*) : 16 fév. 1833, bois de Campagne, coupe n° 14 (partie de la Grande Bohémienne), 47 hect. 64 a., 30.600 fr. ; bois de Campagne, coupe n° 5 (grand bois et pinède), 36 hect. 20 c., 32.000 fr. (1).

Carcassonne Jacob, à Nimes. — Voy. *Carcassonne David.*

674. Carme Jean-Antoine, curé du Garn. — *Le Garn* (*prieuré*) : 21 janv. 1791, terre de la Clastre, 15 quartes, 300 l.

675. Carme Jean-Baptiste, seigneur de la Bruguière. — *Fontarèches* (*prieuré*) : 12 avril 1791, 2 terres et un pré, 3 sal., 14 cm., 4.000 l.

676. Carreton Amand, ménag. à Sernhac. — *Sernhac* (*Chapelle St-Pierre*) : 23 janv. 1791, terre et olivette, 2 cm. 4 1/2 civad., 400 l. ; 23 février 1791, aire 3 civad., 205 l. (2) ; 7 mars 1791, vigne 2 em., 5 civad., 170 l. (3).

677. Carrière Jacques, fab. d'eau-de-vie à Vergèze. — *Vergèze* (*bureau des pauvres*) : 21 therm. an III, 2 terres et 1 vigne, 858 dext., 18.000 l.

678. Carrière Jacques, homme de loi à Nimes. — *Beaucaire* (*Chapelle St-Louis*) : 23 mess. an IV,

margues. Me Coissard, not.) — Le 16 déc. (même not.) *Brunelon, Boissières* et *Puech*, cèdent partie de ces fonds à Antoine et Louis *Lambon*, frères, ménag. d'Aimargues, moyennant 3.502 l. — Le 29 janv. 1792, (même not.) *Brunelon, Boissières* et *Puech*, partagent la portion restante et la part de *Brunelon* est de 302 l. 10 s., celle de *Boissières*, de 1.500 l., et celle de *Puech*, de 1.296 l. 9 s.

(1) Voy. *Aptel* Jean-Louis, la note.

(2) Déclara avoir agi pour *Guiraud* Paul-François, juge au trib. du district de Saint-Rémy.

(3) Fit folle enchère. Réadjugé le 22 nov. 1791, à *Périllier* Claude, de Sernhac, au prix de 57 l. 16 s.

terre 5 em., vigne 1 sal., 1.650 fr. — *Beaucaire
(Doctrinaires)* : 12 vend. an v, maison et enclos
formant le collège des doctrinaires, avec église et
jardin, 1.126 cannes, 32.617 fr. — *Bagnols
(Ursulines)* : 22 fruct. an IV, le couvent (maison formant 42 pièces) jardin 2 em., 4 boiss., 2 lid., cimetière et cour 30 cannes, 24.600 fr. (1).

679. Carrieu David, prop. à Cassagnoles — *Cardet (Ordre de Malte, com. de St-Christol)* : 18 vent.
an III, terre 5 quartes 25 dext., 225 l. —18 vent. an III,
terre 5 quartes 20 dext., 300 l.

680. Carrieu Paul-David fils, facturier à Cassagnoles.— *Cassagnoles (Chapitre de Nimes)*: 18 germ.
an III, terre 1 quarte 2 boiss. 2.500 l.

681. Cassan François-Alexis. — *Vénéjan (Chapelainie d'Andéol Vedel)* : 19 mars 1791, vigne et terre
5 em. 2 lid 3 1/2 boiss., 370 l.

682. Castan André, négt à Sommières. — *Sommières (La Commune)* : 8 therm. an IV, la maison du
bureau de la marque des étoffes et des écoles, rue
de la Taillade : 18 t. 3 p. 10 pouces de couvert, 8
toises 3 pieds de cour, 1.800 fr. — *Sommières (Ursulines)* : 15 floréal an VI, couvent 260 toises et jardin
35 dext., 189.200 fr. — Voy., en outre, *Aubanel
Etienne aîné*.

683. Castang Antoine-Jacques. — *Boissières
(prieuré)* : 15 février 1792, maison curiale 9 dext. et
église 43 toises 6 pieds, 4.975 l.

---

(1) Vente amiable. Dut faire folle-enchère ; voy., en effet,
Crouzier Jean-Joseph et Vermale André-Dominique.

684. Castan Etienne, boucher à Vallabrègues. — *Vallabrègues (la fabrique)* : 18 germ. an III, terre (3e lot) 2 em., 4.100 l.

685. Castan Jacques, à Sommières. — *Sommières (La Couronne)* : 1 août 1813, partie du sol et des matériaux des remparts (19e lot), 54 fr.

686. Castan Pierre, à Sommières. — *Sommières (La Couronne)* : 1 août 1813, partie du sol et des matériaux des remparts (22e lot), 68 f.

687. Castanet Jean-César fils, juge de paix du 1er arrondt de Nimes. — *Aubord (prieuré)* : 18 janv. 1791, aire 7 em. 16 dext., et censive, 1125 l.

688. Castanet Marie-Joseph, curé de Mialet. — *Mialet (dominicature)* : 9 mai 1791, 3 terres 512 toises, 1.350 l.

689. Castel Jacques, fils de Jacques, cult. à Beaucaire. — *Beaucaire (ordre de Malte, Com. d'Astros)* : 23 pluv. an III, terre (40e lot) 7 em. 4 picot., 2.450 l.

Castel Jean, à Beaucaire. — Voy. Michel Raymond.

690. Castel Thomas, agr. à *Beaucaire*. — *Beaucaire (ordre de Malte, com. d'Astros)* : 25 vent. an III, domaine des Perprèzes (4e lot), terre 1 sal., 2.600 l.

            »   (5e lot), terre 1 sal., 2.650 l.

26 vent. an III, id »   (16e lot), terre 1 sal., 1.100 l.

8 germ. an III, id »   (21e lot), terre 1 sal., 2 000 l.

Voy. en outre *Michel* Raymond.

Castelnau Michel, à St-Bonnet-de-Cheiran. — Voy. Saussine Jean.

Castille (baron de). — Voy. *Froment* Gabriel-Joseph.

691. Castillon Henri, prop. à Blauzac.— *St-Maximin (prieuré)*: 12 brum. an v, maison presbytérale 25 cannes 2 pouces de couvert, et jardin de 16 cannes, 1.080 fr. (1)

692. Castillon Jean-François, ex-procureur au présidial de Nimes.—*Saint-Alban (prieuré)*: 6 avril 1791, 4 pièces, 42 set. 18 quartes 1 boiss., 15.000 l.

693. Castillon Paul-Antoine, prop. à St-Gervazy. — *St-Gervazy (prieuré)*: 23 therm. an iv, maison presbytérale 43 cannes de couvert, avec cour de 35 cannes, 3.960 fr. (1) Voy. en outre *Polge* Pierre.

Castries (Maréchal de), à Alais. — Voy. Lacroix Charles-Eugène-Gabriel.

694. Catillon Jacques, dit Gévaudan, md. de chevaux à Nimes. — Voy *Chambaud* Louis (2).

695-798. Caulet Etienne, ménag. à Pujaut, Poujol Louis, Ricard Louis, Barracan Joseph et Barracan Antoine, frères ; Bony Joseph, Batailler Jean, Blanc Michel, Richet Henri, Léon Firmin, Chabrel Joseph, Manse Joseph, Darboux Antoine, Lhermite Bertrand et Lhermite Barthélemy, père et fils, Gilles Jean, Anastay Gabriel (agissant tant pour lui que pour Courbet François, bourgeois) Vaillen Pierre, Bourret Elzéard, Solomieu André, Allenche Jean, Granier Antoine, Pécoul Joseph, Roussière Antoine, Jourdan Louis, Lautier Joseph, André Jean, fils ainé à Joseph, Boyer Vincent, Aymard Chrisostome, Gaillard Jean-Pierre, Lhermite Bertrand, fils à feu Jean-Baptiste,

(1) Vente amiable. Voy. Reynaud Joseph

(2) Fut adjudicataire à la suite d'une déclaration d'ami élu de Louis *Chambaud* ; le 7 fruct. an iii, il céda la 7e partie évaluée 23.000 l. à Jean Itier, de Nages (Noris, not. à Nimes.)

André Jean-Pierre, Michel Jean, fils ainé à Guillaume,
Fabrol Joseph, Derlis Laurent, Tardieu Blaise,
Regnier Pierre, Nebla Antoine, Massa Pierre, Prat
André fils ainé, Ricard Louis, Balmier Jean-Baptiste,
Poujol Thomas, Ricard Antoine, Cuer Louis, Vincent
Jean-Louis, Clauzel Anne veuve Boyer, Capeau Jean,
Aillaud Jean-Marie, Coustin Louis, Capeau Joseph,
Conte Pierre, Guillaumon Jean-Joseph, Bouissa
Antoine, Brémond Firmin, Germain Jean-Jacques-
Arsène, Michel Claude, Gros Antoine, Tardieu
François, Boujard Jean-Pierre, Régnier Gabriel,
Meynier Guillaume, Achard Joachim, Baumet Pierre,
Lhermite Louis, tous de Villeneuve ; — Anastay
Michel, Anastay Antoine, Abril André, Bouvet Jean,
Bertrand Jean, Velay Jean-Baptiste, Vidal Claude,
Borty Joseph, Bouvet Marc-Antoine, Astay Noël,
Taulier Louis, Tamayou Blaise, Laurent Joseph,
Vidal Joseph, Bruno, David Gaspard, Arnaud Esprit,
Cabissole Jean, Poujol François, Bernard Jean-Michel
Bernard Noël, Gaillard Jacques, Rieu Antoine,
Astay Jacques, Jeauffret François, Coulomb Antoine,
Rieusset Firmin, Tamayou Jacques, Correnson Pierre
père, Abril François, Chiron Joseph, Poujol Marc,
Ricard Jean-Jacques, Bouvet Michel, Julliard Claude,
Philibert Antoine, Jame Joseph, Aynaud Marie,
Correnson Jean-Louis, tous de Pujaut. — *Pujaut*
(*Chartreux de Villeneuve*) : 12 mars 1791, métairie
de St-Bruno, terres, paturages et hermes, en tout
97 sal., 153.600 liv.

799. Caulet Etienne, à Pujaut. — *Villeneuve* (*Bénédictins*) : 21 septembre 1791, terre 14 em., 3.375 liv.
Voy. *Coulet* Etienne.

Caulet Gilles, à Pujaut. — Voy. *Bouvet* Marc et *Coulet* Gilles.

800. Causse Claude, à Sommières. — *Salinelles* et *Montredon (prieuré)* : 18 mars 1791, 6 pièces: 36 sel. 9 quartons 80 dext,. 3.000 l. — *Sommières (La Couronne)* : 1 août 1813, partie du sol et des matériaux des remparts (1er lot) longeant la maison Gibert, 159 f.

801. Causse François, à Sommières. — *Sommières (prieuré)* : 13 germ. an VII, cave et caveau attenant sous la sacristie de l'église paroissiale, rue du Quart, 11 toises 4 pieds de surface, 8.000 fr.

Cavalier Alexandre, à Vallabrègues. — Voy. *Lacroix* Joseph.

802. Cavalier-Bénézet, à Nimes. — *Nimes (Carmes)* : 7 févr. 1793, maison aux chemins de Beaucaire et d'Avignon, confrontant au Midi la maison conventuelle des Carmes, 3.600 liv. (1).

803. Cavalier Jacques, ménager à Cabrières. — *Cabrières (prieuré)* : 19 janvier 1791, terre 5 ém. 2 2/2 boiss., 625 liv.

804. Cavalier Jean, cult. à Roquevieille, commune de Pommiers. — *Pommiers (prieuré)* : 7 fév. 1808, jardin, 380 fr.

805. Cavène Michel, à Aramon. — *Aramon (chartreux de Villeneuve)* : 7 mai 1791, terre et vigne 3 ém., 620 liv.

Cay-Vidal. — Voy. *Vidal-Cay.*

806. Caylet Jean-Antoine, secret. du dist. d'Alais, puis secret. en chef de l'adm. du canton d'Alais, et ensuite professeur de législation à l'Ecole Centrale

---

(1) Déclara agir pour Nicolas Henry; la vente avait lieu à la suite de la folle-enchère de Blazin Michel, fab. de bas, de Nimes.

du Gard. — *Alais (Jacobins)* : 12 juillet 1791, 5 pièces 421 toises 22 quartes 6 boiss., 2.013 liv. —
22 mai 1792, chenevière au clos des prêcheurs,
18 quartes, 9.525 livres. — *Alais (Cordeliers)* :
25 août 1791, terre autour de la Maréchale, 20 quartes, 2.335 liv. — *Alais (La Commune)* : 16 therm.
an IV, herme 22 sal. 14 quartes 2 boiss., 4.048 l. (1).
— 6 vent. an VI, maison ayant servi de boucherie,
22 toises 2 pieds 6 pouces, deux boutiques à côté,
32 1/2 toises, bergerie, 53 toises 2 pieds, tuerie,
15 toises, vacant, 15 toises 2 pieds, passage, 10 toises
3 pieds, 300.000 fr. (2). — Voy. en outre *Soustelle*
Jean-Antoine.

807. Caylus Jean, à St-Hippolyte. — *Cros (prieuré)* :
9 août 1791, terre et châtaigneraie, moins le jardin
du curé, 1.650 liv. (3).

808. Cazal Jean, curé de Lézan. — *Lézan (chapelle
de la Magdeleine)* : 29 avril 1791, terre 14 quartes
2 boiss., vigne 15 quartes 1/2 boiss., 1.050 liv.

Cessenat (demoiselles), à Alais. — Voy. *Bosanquet-Cardet*.

Chabal François, à Valleraugue. — Voy. *Teulon-
Latour* Pierre.

809. Chabanel Pierre, commissionnaire à Nimes.
— *Aiguesvives (abbaye de Franquevaux)* : 21 janvier 1791, censive d'un chapon gras estimé 30 sous
et droit de lods au 1/6 sur son domaine de Reculan
et du Plan rond, 1.004 l. 12 s. 11 d. — *Nimes*

(1) Vente amiable.

(2) Fit folle-enchère; une nouvelle adjudication, annoncée pour
le 25 juillet 1806, fut renvoyée.

(3(Les biens du prieuré avaient une contenance totale de 7 set.
3 quartes. Voy. *Clausel*.

(*abbaye de Saint-Sauveur*) : 22 août 1791, vigne-olivette close, près le Temple de Diane, 3 sal. 8 1/2 ém., 6.400 l. — *Nimes* (*chapitre*) : 20 mars 1792, le domaine de Cabanon, bâtiments, terres, 48 sal., vignes 2 sal., 32.000 liv. — *Nimes* (*Évêché*) : 6 février 1793, le palais épiscopal, composé d'un grand corps de bâtiments, jardin, grande cour, cuisines et leurs dépendances, écurie, remise et cour attenante, 101.000 liv.

810. Chabaud Jacques, cult. à La Rouvière. — *La Rouvière* (*chapitre de Nimes, comme prieur du lieu*) : 2 vend. an v, aire 4 ém. 7 dext., 484 fr. (1).

811. Chabaud Jacques, ménag. à Aubarne. — *Russan* (*bénéfice du lieu*) : 12 avril 1791, 2 terres 2 sal. 21 ém., et une autre à Russan, 1.390 liv.

812. Chabert Pierre, à Saint-Ambroix. — *Saint-Ambroix* (*La Commune*) : 27 niv. an v, 2 parties d'un ancien cimetière, 255 toises 4 pieds, 1.530 fr. (1).

Chabrel Joseph, à Villeneuve. — Voy. *Caulet* Étienne.

813. Chabrier Antoine, au Cailar. — *Le Cailar* (*La commune*) : 7 niv. an v, maison place du Canal, 20 cannes de plat-fond, 1.494 fr. (1).

814. Chabrier Marie, veuve de Maurant, charcutier à Nimes. — *Nimes* (*chapelainie St-Pierre fondée dans l'église cathédrale*) : 16 mars 1791, droits féodaux sur une terre à la Bastide-de-l'Évêque, 94 l. 12 s. 1 d.

Chailaud fils, à Pont-Saint-Esprit. — Voy. *Augier* Jean.

(1) Vente amiable.

Chalmeton Antoine-Édouard, prop. à Laudun. — Voy. *Salaville-Laval* François-Scipion.

815. Chalmeton Louis-Joseph-Ignace, proc. syndic. — *Uzès (Séminaire)* : 12 janvier 1791, jardin en face le Séminaire, 1.018 l. 12 s.

Chamand (veuve), à Beaucaire. Voy. *Graillon* Élisabeth.

Chambaud, à Nimes. — Voy. *Fabre* André.

816. Chambaud Louis, entrepr. de trav. publ. à Nimes. — *Nimes (prieuré de Sainte-Perpétue dép. du Chapitre de Nimes)* : 12 janvier 1791, champ en 2 parties et creux à fumier, 9.100 l. — *Nimes (Ursulines, 1er monastère)* : 12 mars 1791, champ près Caissargues, 12.649 l. — *Redessan (prieuré)* : 26 janvier 1791, biens estimés 6.656 l., sans indication de contenance, 12.500 l. — Voy. en outre *Fabre* André.

817-823. Chambaud Louis, architecte, Chambaud Noël, entrepreneur, son fils, Duplan Marc, serrurier, Ducros Jacques, charron, Fabre Pierre, charpentier, Mounot Jean, entrepreneur, et Catillon Jacques dit Gévaudan, tous de Nimes. — *Nimes (Ordre de Malte Cie de Montfrin)* : 12 ventôse an II, le mas de St-Jean, près Caissargues, 81 arpents, 12 perches, 1 toise, 3 pieds, 7 pouces terrain, 2 — 8 — 3 — 2 — 6 lignes de couvert, 161.000 l, (1).

Chambaud Noël, entrepr. à Nimes. — Voy. *Chambaud* Louis.

Chambon et autres, à St-Paulet de Caisson. — Voy. *Galibert* Pierre.

_____

(1) Chacun pour 1/7e.

Chambon Jacques, à Tavel. — Voy. *Vissac* Vincent.

824. Chambon Jacques, agr. à Beaucaire. — *Beaucaire (Ordre de Malte, C* d'Astros)* : 5 pluv. an III, terre (17ᵉ lot), 1 sal, 4.575 l.

825-827. Chambon Jacques fils, Crouzier Mathieu et Bouet Simon, de St-Bonnet. — *St-Bonnet (prieuré)* : 3 fév. 1791, aire 2 civad., et *St-Bonnet (chapelle Ste-Catherine)* : 3 fév. 1791, terre et olivette, 4 em., 5 civad., ensemble 195 l. 5 s.

Chambon Jean, à Tavel. — Voy. *Vissac* Vincent.

828. Chambon Louis, nég. à Nimes. — *Blauzac et Russan (abbaye de Ste-Geneviève de St-Nicolas-de-Campagnac)* : 18 mess. an IV, le domaine de St-Nicolas et les terres situées dans le terroir de Russan dépendant de ce domaine, 80.640 fr. (1).

829. Chambon Pierre, agr. à Tavel. — *Rochefort (bénédictins)* : 25 flor. an III, terre 1 sal. 6 em., 1.500 l.; vigne 2 sal., 3 em., 7 vert., 1.525 l. — Voy. en outre *Vissac* Vincent.

830. Chambordon Honoré, agr. à Beaucaire. — *Beaucaire (ordre de Malte, C* d'Astros)* : 9 germ. an III, domaine des Perprèzes (23ᵉ lot), terre 1 sal., 3.100 l.

831. Chambordon Honoré et Ouilhas Jean, agr. à Beaucaire. — *Beaucaire (ordre de Malte, C* d'Astros)* : 9 germ. an III, domaine des Perprèzes (24ᵉ lot), terre 1 sal., 2.700 l.

Chamboredon Alexis, du Claux. — Voy. *Daulun* Jean-François.

(1) Vente amiable.

832. Champel Antoine fils, à Uzès. — *Uzès (capu-cins)* : 27 germ. an III, grand corps de bâtiment près le jardin du cloître, 16.000 l.; rue du Mas Bourguet, cour, remise et bûcher, 3.000 l. (1).

833. Champel Simon, à Castelnau. — *Castelnau (abbaye de Bagnols)* : 12 avril 1792, terre au mas de Bagnères, 6 cm., 33 l.

834. Champel Simon et Fontanieu, à Castelnau.— *Castelnau (prieuré de Brignon)* : 7 mai 1791, terre 5 em. 5 vert. et *Castelnau (   )* 7 mai 1791, 4 terres et aire, 6 1/2 sal. 8 em. 1 quarte, 4.854 l.

835. Chancel Etienne, nég. à Montfrin.—*Montfrin (chapelle St-Blaise)* : 19 Mars 1791, terre 2 1/2 ém., 382 l.

836. Chantelot Antoine, prop. à Collias. — *Collias (Prieuré)* : 11 fruct. an IV, maison curiale 19 cannes de couvert, jardin et cour 6 vert., 2 terres 5 cm. 3 vert... 2.386 fr. (2)

837. Chapel Antoine, cult. à Nimes. — *Redessan (Prieuré)* : 15 pluv. an III, jardin clos 25 dext... 7.050 l. (3)

838-839. Chapel François, à St-Laurent-d'Aigouze et Chapel Jean, son frère, dom. à Bordeaux. — Fourques *(ordre de Malte, com. d'   )* : 17 fruct. an III, le petit Mas d'Argence comprenant : terres 423 set. 42 dext., bois 13 set. 19 dext., segonnaux 12 set. 8 dext., herbages 337 set. 36 dext., habita-tion 32 dext., 1.180.000 l.

(1) Le 28, il fit élection en faveur de *Mathieu* Pierre et *Boucarut* Pierre-Louis, d'Uzès.
(2) Vente amiable.
(3) D'après un état, l'acquéreur serait *Estève* Jacques.

Chapel Jean, à Bordeaux. — Voy. *Chapel* François.

Chapelier Louis, à St-Jean-de-Maruéjols. — Voy. *Roussel* Louis.

840. Chapelle Jean, bourgeois, membre du dist., à St-Gervasy. — *St-Gervasy (dominicature)*: 7 janv. 1791, 22 pièces soit 7 sal. 79 ém. 62 1/2 civad. 24 1/2 dex. et *St-Gervasy (chapelle St-Esprit)* : 7 janvier 1791, 10 p. soit 22 em. 30 1/2 civad. 16 1/2 dext., ensemble 14.000 l.

Chapelle (veuve) à St-Gervasy. — Voy. *Reynaud* Louise.

841. Chapus Jean, ménag. à Comps. — *Vallabrègues (chapelle St-Michel)*: 15 Mars 1791, terre 8 em., 732 l. 12 s.

842-891. Charamaule Jean-François, nég. à Bagnols, Fabrègue, père et fils, Sénilhac Louis, médecin, Defferre Isaac, Ventujol David, Fabrègue Jean, oncle, Pérouse Jean-François fils, Villaret Pierre, Brun Jean, boucher, Peyron Joseph, Etinelly Pierre, Blanc Antoine, Lazare-Meirargues Suzanne, Clavel Jacques, Ravier Jeanne, Fourmaud Nicolas, Hilier Augustin, Durand Claude, Brun-Meirargues Antoine, Vanel Jacques, Dumas Pierre, Borne Jean, Portier-Cadière Jean, Meyrargues Antoine, Amphoux Louis, fils, Peyron Etienne, Dide Paul, Portier-Brun Jean, Valz Jacques, Coumoul Jean, Goiran André neveu, Pailhoux Joseph, Lyon Jean, Brun-Granaude Antoine, Caillot Pierre, Aurillon Jacques, Guinoir Louis fils ainé, ferblantier, Brun Jacques, droguiste, Gautier Jean, notaire, tous de St-Gilles. Inard (ou Isnard) Louis, Archinard (la veuve) de Nimes, Devaux François, de Bagnols, Roumestan Louis, de Bernis, Lauzière Pierre et Arnaud Isaac, d'Aubais, Peyraube fils, de Vauvert, Lazare Pierre fils, Roux Romain et Puech-Ronx Salomon, d'Uchaud. — *St-Gilles* (ordre de Malte, g⁴ prieuré de St-Gilles): 1 brum. an IV, les domaines de la Fosse et de Canavère, composés de bâtiments d'exploitation, terres lab., près, herbages et palus, en tout 1015 sal. 49 dext., 8.025.000 l.

892-894. Charavel Jean-Joseph, Imbert Pierre et Maubernard Antoine. — *Beaucaire (archevêque d'Arles):* 4 févr. 1791, maison avec basse-cour dite l'évêché « gache de curaterie », 14.000 l. (1)

895. Charavel Joseph aîné, nég¹ à Beaucaire. — *Beaucaire (Religieuses de la Providence)* : 19 flor. an III, bâtiment de la Providence (2ᵉ lot).... 9.000 l.

896. Chardounaud Jean, à Cardet. — *Cardet (La commune):* 22 nov. 1809, ancien cimetière 1 perche 3 m. 17..., 75 fr.

897. Charles Jean - Baptiste cadet, géomètre à Nimes. — *Beaucaire (La couronne)* : 4 mars 1813, francs bords inutiles du Canal de Beaucaire à Aiguesmortes (7ᵉ lot), 232ᵐ39..., 520 fr.

898. Charles Michel, nég¹ à Nimes. — *Bouillargues (chapitre de Nimes):* 17 déc. 1790, 2 vignes à Rodilhan, 13 ém., 5.675 liv.— *St-Julien-de-Valgalgues (Abbaye St-Bernard et Ste-Claire, d'Alais)* (2): 4 octobre 1791, domaine des Fonts, sept pièces terres ou vignes 4 sal. 76 quart. 9 boiss.; grand tenement avec métairie, four, pigeonnier, église, jardin, 2 mou-

(1) L'acte contient partage entre les acquéreurs : *Imbert* 4,685 l. 9 s., *Maubernard* 5404 l. 2 s., *Charavel* 3910 l, 9 s.

(2) Cisterciennes.

lins à blé, fontaine, etc., 23 sal. 3 quart.; mine de
vitriol et couperose avec maison de maître, bât.
d'exploitation, ustensiles, d'un revenu de 700 l. ;
six bois, 75 sal. 48 quart.; ensemble 55.600 liv.

Charles Michel fils, nég¹ à Nimes. — Voy. Adam
Edouard.

899. Charmasson Mathieu-Nicolas-Marie, secret.-
greff. de la comm. à Villeneuve. — *Villeneuve (chapitre)* : 17 germ. an III, partie de la maison (ancien
doyenné, grenier à sel, salle capitulaire, basse-cour,
trois petits jardins, etc.) 27.000 l.

900. Charousset Jean-Antoine, hôte... — *St-André-
de-Roquepertuis (prieuré)* : 22 déc. 1790, 3 pièces,
13 ém. 2 quart. 2 boiss. 4 1/2 lid...., 5.425 liv.

901. Charrier Jean, adm. du dist. de Pont-Saint-
Esprit. — *Bagnols (Ursulines)* : 30 avril 1791, terre
10 sal. environ, 7.800 liv.

902. Chas Jean, conserv. des hypothèques à Nimes. — *Saint-Nazaire (prieuré)* : 9 fruct. an IV,
maison presbytérale et terre de 1 em. 2 boiss.
2 1/2 lid., 1824 fr. (1). — 12 vend. an V, vigne et
terre 3 em. 3 poign., 528 fr. (2).

903. Chassanis André, à Nimes. — *Nimes (La Couronne)* : 9 germ. an II, petit jardin près le palais de
justice, conf. du L. la maison Courbis et du N. le
Palais, 51 toises, 665 l. (3).

904. Chassaret Jacques, cult. à Générac. — *Géné-*

---

(1) Vente amiable. Déclara agir pour Alexis *Guinet*, juge de
paix à Bagnols.

(2) Vente amiable. Déclara agir pour Villiers Jean, nég.

(3) Déclara agir pour *Courbis* Joseph-Antoine.

rac (Ordre de Malte, grand prieuré de Saint-Gilles) :
28 vent. an III, domaine du château (1er lot), 1945 cannes 7 pans de terrain et 15 cannes 7 pans de couvert, 12.500 l.

905-907. Chassefière François, cult., Chassefière
Louis, son fils, et Roux David, secret. greff. du juge
de paix, à Générac. — *Générac (Ordre de Malte
grand prieuré de Saint-Gilles)* : 28 vent. an III, domaine du Château (14e lot), 3 sal. 227 dext., 17.100 l. (1).

Chassefière Louis, cult. à Générac. — Voy. Audry
Jacques.

Chassefière Louis aîné, à Générac. — Voy. André
Jacques.

Chassefière Louis fils, cult. à Générac. — Voy.
Boissière Baptiste et Chassefière François.

908. Chastanier Pierre. — *Lussan (prieuré)* :
13 mars 1792, l'église de Valcroze, 250 l.

909. Chatal Pierre, ménager à Deaux. — *Deaux
(prieuré)* : 10 avril 1792, 5 pièces, au total 2 sal.
50 quartes 8 1/4 arpents 5 2/3 boiss. ; *Saint-
Étienne-de-Lolm (prieuré)* : 10 avril 1792, vigne
14 quartes 2 boiss., ensemble 2.200 l. — *Deaux
(prieuré)* : 7 niv. an II, église, maison curiale, cour,
jardin, cimetière de 63 toises, et terre lab. de
4 quartes 3 5/8 boiss., 3.150 l.

Chaunac, mari d'Henriette Deslèbres, à Alais. —
Voy. *Deslèbres*.

Chauvet Antoine, à Saint-Gilles. — Voy. *Defferre*
Isaac.

---

(1) Chacun pour 1/3. *Roux* céda sa part à Henri *Amphoux* jeune,
berger à Générac, le 22 fruct. an III. (Elzéar Four, not. à Générac).

Chave Jean-Baptiste, à Pujaut. — Voy. *Bouvet* Marc.

910. Chay François, nég. à Saint-Gilles. — *Saint-Gilles (Chapitre)* : 13 flor. an II, maison et jardin appelés la Clastre, 87 cannes 4 pans de couvert, 168 cannes 5 pans jardin, 13.550 l.

911. Chay Jean, nég. à Sernhac. — *Sernhac (Chapelle Saint-Sébastien)* : 21 février 1791, terre 1 em., 2 civad., 41 l. — *Sernhac (Chapelle Saint-Eustache)* : 21 fév. 1791, terre 3 ém. 4 civad., 710 l.

912. Chay Pierre, à Sernhac. — *Sernhac (Chapelle Saint-Pierre)* : 23 janv. 1791, terre 1 em. 2 civad., 225 l.

Chayret Pierre, à Saint-Gervais. — Voy. *Gache* André.

Chazal, à Barjac. Voy. *Merle*.

913. Chazel Jacques, cult. à Uzès. — *Uzès (La Commune)* : 4 brum. an V, maison du bureau de la subvention 11 cannes 4 pans de plat fond, 765 fr. (1).

Chiron Joseph, à Pujaut. — Voy. *Anastay* Antoine, *Bouvet* Marc, *Caulet* Étienne, *Jouffret* Jean et *Jouffret* Jean père.

Choisity Agnès-Marie, veuve Dujol, à Saint-Géniès-de-Com. — Voy. *Choisity* Laurent-Antoine.

914. Choisity Hyacinthe, à Tarascon. — *Aramon (La Commune)* : 12 mess. an III, pré 2 sal., 9.500 l. ; pré 2 sal. 2 poign., 11.200 l. ; pré 1 sal., 4.100 l.

915. Choisity Laurent-Antoine, à Aramon. — *Aramon (chapelle St-Pancrace-Jonglaresse)* ; 13 mars 1791, terre 1 em. 3 1/4 poign., 138 l. 6 s. 6 d. (2)

(1) Vente amiable.
(2) Il agissait comme procureur-fondé et neveu de *Choisity* Agnès-Marie, veuve Dujol, de St-Géniès-de-Com.

916. Chrestien André, cult., à St-Gilles. — *St-Gilles (Ordre de Malte, Cte de St-Anne)* : 28 frim. an III, domaine des Auriasses (23e lot), 1 sal. 356 dext., 13,000 l.

Chrestien André ainé, à St-Gilles.—Voy. *Defferre* Isaac.

917. Clamens Pierre, à Arrigas.—Arrigas *(prieuré)*: 2 mai 1792, jardin de 502 2/9 toises, 1,600 l.

918. Clap Pierre, ménag., à St-Pons-la-Calm. — *St-Pons-la-Calm (chapelle de N.-D. la neuve)* : 9 mai 1791, 6 terres au total 26 em., 4 vest., 2.175 l.; *Ste-Anastasie (Evêque d'Uzès)* : 26 sept. 1791, domaine de Gournier, maisonnage, bergerie, terres, près, champs, vignes 115 sal., bois et devois 168 sal., 89.000 l.

919. Claparède Alexandre. —*Pompignan (prieuré)* : 28 janv. 1791, devois de 16 sct. 22 dext., 410 l.

920. Claret Louis, agr. à Rochefort. — *Rochefort (Bénédictins)* : 25 vent. an III, bâtiments et église sur un rocher (basse-cour, cuves, chambres, etc.) 25.000 l.

921. Clauzel, maire de Cros. — *Cros (prieuré)* : 9 août 1791, terre-mûriers touchant le cimetière (1), 210 l.

Clauzel Anne, veuve Boyer, à Villeneuve. — Voy. *Caulet* Etienne.

922. Clavel Antoine, agr. à Beaucaire.—*Beaucaire (Ordre de Malte, com. d'Astros)* : 2 vent. an III, terre (51e lot), 1 sal. 3 em. 7 1/2 picot., 4.250 l. —Voy. en outre *Michel* Raymond.

---

(1) Pour la contenance totale des biens du prieuré, voy. *Caylus* Jean.

923. Clavel Jacques, cult. à Codognan. —*Codognan* (*prieuré*) : 34 therm. an IV, maison presbytérale avec cour et jardin, en tout 22 3/4 dext., 3.600 fr. (1).

924. Clavel Jacques, sabotier, à St-Gilles. — *St-Gilles* (*Ordre de Malte, com. de Ste-Anne*) : 28 frim. an III, domaine des Auriasses (20ᵉ lot) 1 sal., 188 dext., 8.200 l. — Voy. en outre *Brun* Jacques, *Charamaule* et *Defferre* Isaac.

Clavel Louis, à Beaucaire. —Voy. *Michel* Raymond.

925. Clément Gabriel, à Cannes. — Cannes (*prieuré*) : 18 janv. 1791, terre 1 set. 1 boiss., 300 l. Voy. en outre *Dalbenas* Jean-Joseph.

Clément Pierre, à Valréas. — Voy. *Boulard* Hyacinthe-Paul.

926. Cler Jean, architecte à Nimes. — *Nimes* (*La Couronne*) : 21 mars 1792, deux parties de terrain près la citadelle, jouies ci-devant par le Gouverneur de la ville, 1.764 l. (2)

Cler Jean, fils ainé, à Nimes. — Voy. *Cler* Jean.

Cler Jean-Baptiste, à St-Laurent-de-Carnols. — Voy. *Faure* Claude.

927. Clergeau-Lacroix Pierre-Pascal, à Nimes. — *Roquemaure* (*La commune*) : 28 mess. an IV, terre-muriers 62 1/2 cannes carrées 440 fr. (3) *Pujaut* (*chartreux de Villeneuve*) : 9 therm. an V, terre gaste 2 sal., 830 l. (4). — 28 flor. an VI, 5 terres gastes 12 sal. 16 ém., 25.000 l. (5). *Sabran* (*prieuré*

(1) Vente amiable.

(2) Il les céda à Jean *Cler*, son fils ainé, le 30 vent. an II (Espérandieu, not. à Nimes.)

(3) Déclara avoir agi pour Jean-Louis *Talade du Grail*, médecin à Roquemaure. — Vente amiable.

(4) Déclara avoir agi pour *Serenne* François-Antoine-David, prop., à sa campagne d'Acqueria.

(5) Id. (Déclaration du 29).

de St-Julien-de-Pistrain) : 19 fruct. an iv, maison curiale de St-Julien-de-Pistrain et jardin attenant, 4 boiss. 1 lid., 1.660 fr. (1). — *Tavel* (*Confrérie de St-Ferréol*) : 8 flor. an vi, 3 terres au total 4 em. 6 poign., 22.000 l. (2)

928. Clet Jacques, à Nimes. — *Pujaut* (*Chartreux de Villeneuve*) : 12 flor. an v, herme 4 em., 121 fr. (3); 9 brum. an vi, 3 terres gastes 6 sal. 8 em., 630 liv.; 8 flor. an vi, terre gaste 4 sal. (4); id. 1 sal. (5); id. 4 em. (6); ensemble 280 fr., 28 flor. an vi, terre gaste 2 sal., 140 liv. (7). — *Villeneuve* (*Chapitre*) : 4 flor. an vii, deux boutiques contigües, 7 cannes de superficie, 7.200 fr.

929. Cocu Jean-Charles père, Pont-Saint-Esprit. — *Pont - Saint - Esprit* (*Religieux de la Congr. de l'ancienne Observance de Cluny*) : 15 déc. 1791, partie de maison attenante au couvent, 618 liv.

Codoniane. — Voy. *Gabriac*.

930-931. Codure Deglun et d'Eurre François-Jérôme, Pont-Saint-Esprit. — *Pont - Saint - Esprit* (*prieuré*) : 4 fév. 1791, maison dite de St-Pancrace avec chapelle de dévotion et terres qui en dépendent, 3.960 liv.

Colin François, à Pujaut. — Voy. *Bouvet* Marc.

Collet Étienne, à Puyaut. — Voy. *Rochette* Blaise.

---

(1) Vente amiable. Il déclara avoir agi pour *Gaste de la Rouvière*.

(2) Déclara avoir agi pour Serenne François-Antoine-David, prop. à sa campagne d'Acquéria.

(3) Vente amiable.

(4) Le 9, il déclara avoir agi pour Paul *Gleize*, de Villeneuve.

(5) Le 9, il déclara avoir agi pour Claude *Oziol*, de Villeneuve.

(6) Le 9, il déclara avoir agi pour Jacques *Taulier*, de Tavel.

(7) Le 29, il déclara avoir agi pour Claude *Oziol*, de Villeneuve.

932. Colomb Marc-Antoine, à Nimes. — *Rodilhan (chapelle et prieuré de Saint-Étienne-de-Capduel ou du Capitole)* : 14 juin 1791, droits féodaux sur une partie de sa métairie de Colognac, terroir de Rodilhan, près le Pont-des-Iles, 3.875 liv. — *Nimes (Ursulines du deuxième monastère)* : 4 fév. 1793, troisième corps de maison composé de l'église, du chœur et ses dépendances avec un petit bâtiment occupé par un bourrelier, 134 toises, 16.500 liv. (1).

933-934. Colombet Pierre et Borrelly Jean. — *Carsan(chartreux de Valbonne)* : 9 avril 1791, vigne de 15 sal., 5.000 liv.

935. Colombier Pierre, cafetier à Pont-St-Esprit. — *Pont-St-Esprit (La Couronne)* : 14 pluv. an VII, terre de 2 em. dépendant de la Citadelle, 352 fr. (2).

936. Combes, à Sommières. — *Carnas (prieuré)* : 25 vend. an IV, jardin 7 dext., 310 liv.

937. Combes Abraham, fils d'Abraham, ménag. et nég'. à Aiguesvives. — *Saint-Laurent-d'Aigouze (chapitre d'Alais)* : 24 janv. 1791, partie du domaine de Psalmody (3), 57.500 liv.

938. Combes Antoine, ménag. à Lézan. — *Tornac (prieuré)* : 12 avril 1792, terre lab. affermées 457 liv., 9.273 liv. 19 s. 10 d.

939. Combe Claude, menuisier à Villeneuve. — *Villeneuve (chartreux)* : 18 mars 1791, maison au fort Saint-André-de-Villeneuve, 905 liv. — *Villeneuve (abbé commandataire de Saint-André)* : 17 juin 1791, emplacement d'une maison dans le fort et local joignant, 65 liv.

(1) Compris à *Maury* Louis.
(2) Vente amiable.
(3) Pour la contenance totale voy. *Rame* Denis.

940. Combe Fortuné, prop. à Nimes. — *Générac, Nimes, Bouillargues* et *Saint-Gilles* (*Bernardins chapitre de Nimes* et *chapitre de Saint-Gilles*) : 15 février 1833, bois de Campagne (2ᵉ lot), près la *uilerie de la coupe nᵒ 12, 7 hect. 70 a. 60 c., 5.250 fr. (1).

941. Combe Jacques, à Villeneuve. — *Villeneuve* (*Religieuses de Sainte - Praxède, d'Avignon*) (2) : 27 mai 1793, domaine île de Patiras, 15 sal., 16.500 liv.

Combes Louis, négᵗ. à Aimargues. — Voy. *Fabre Louis.*

Combe (veuve), à Bagnols. — Voy. *Ferrand* Marie.

942. Combet Claude-Michel-Étienne fils, maire du Vigan. — *Roquedur* (*dominicature*) : 13-24 mai 1791, vignes, mûriers, châtaigniers, luzerne et jardin, 4 set. 3 quart. 17 pans, 1.521 liv. (3).

Combet Michel-Étienne, au Vigan. — Voy. Froment Louis.

Comeiras. — Voy. Delpuech.

943. Comert, à Sommières — *Sommières* (*la couronne*) : 22 février 1810, parcelle de terrain dit de la Regourdane, dépendant du château, 5ᵐ,92. (4).

944. Commune Jean , prop. à Saint-Gilles. — *St-Gilles* (*prieuré de St-Martin*) 5 mars 1811, vacant sur lequel était autrefois l'église de St-Martin 269ᵐ, 600 fr. (5).

---

(1) Voy. *Aptel* Jean Louis, la note.
(2) Dominicaines.
(3) Dut faire folle-enchère, voy. Pomaret Jean.
(4) Cession gratuite.
(5) Revente par suite de la déchéance de Peiron Antoine.

945. Commune d'Alais (1). — *Alais (la couronne)* :
7 mars 1812, matériaux et sol des remparts (26ᵉ lot)
290 fr. 19.

946. Commune d'Anduze (2). — *Anduze (la couronne)* : 8 mars 1809, les casernes, 15.000 fr. (3).

947. Commune de Beaucaire (4). — *Beaucaire
(la couronne)* : 17 avril 1811, les parties des remparts qui menacent ruine au N. et au C. de la
ville, 6.250 fr.(5) ; — 15 octobre 1819 (6), terrain dit la
prairie, y compris le terrain dit de la Corderie ou
jeu de Mail où se tient la foire.

948. Commune de Calvisson (7) — *Calvisson (chapitre de* Nimes): 15 décembre 1791, maison appelée
le couvent, environ 50 dext., aire et terre 166 dext.,
7.575 liv. (8).

949. Commune de Générargues (9). — *Générargues (prieuré)* : 5 novembre 1811, partie invendue du
presbytère et l'ancien cimetière, « pour y établir
la maison communale et l'instituteur, » 1.320 f. (10).

950. Commune de Nimes (11). — *Nimes (capucins)* : 16
janvier 1815, terrain de 1 are 78 formant une petite

(1) Représentée par *Firmas-Périès* Jean-Louis, maire.
(2) — id — par François Frédéric Lafarelle, maire.
(3) Vente amiable.
(4) Représentée par Joseph *Privat*, maire.
(5) Vente amiable.
(6) Décision du ministre des finances qui abandonne ces terrains gratuitement à *la Commune*.
(7) Représentée par *Renouard* André.
(8) La maison fut revendue ; voy. Penot Jean.
(9) — id — par Antoine *Campredon*, maire.
(10) Vente amiable.
(11) Représentée par le baron de *Daunant*, maire ; vente amiable.

cour, conf. du L. une petite rue, du N. l'hôtel du
Luxembourg, 459 fr. (...?)(1) 31 janvier 1817, maison
attenant à l'ancienne salle de spectacles pour être
démolie et servir à l'embellissement de la prome-
nade du cours, 170ᵐ, 4.000 fr.

951. Commune de Pont-Saint-Esprit (2). — *Pont-
Saint-Esprit* (*maison de St-Pierre*) : 12 avril 1791,
cour, fours banaux, remises et petit bâtiment
4.554 l. (3). *Pont-St-Esprit* (*La Couronne*) :
26 Avril 1810, parties de la citadelle comprenant :
les glacis 1 arpent 70 perches, les fossés 45 perches
60 mètres, murs de soutènement formant un chemin
couvert et planté d'arbres au bout du pont, redoute
dite fort Montrevel, 39 perches 28 mètres ; langue de
terre le long des murs de la citadelle, entre ces murs
et le Rhône, 6 à 8 perches; casernes vieilles en face
la porte d'entrée ; casernes neuves au couchant des
vieilles; boulangerie, écuries, grenier à foin, glacière
et bastion, 12.237 f. (4). — (5) *Pont-St-Esprit* (*La Couronne*): 4 Octobre 1813, portion de la citadelle appartenant encore à la Caisse d'amortissement, savoir :
bastions n° 3, 4 et 5, courtines, contrescarpes n° 6,
portes de secours, deux corps de garde, bûcher,
partie du logement du garde d'artillerie, 4 salles

---

(1) Représentée par le marquis de *Vallongue*, maire; vente
amiable.

(2) Représentée par Darasse.

(3) Prix d'estimation.

(4) Vente amiable.

(5) Représentée par *Renoyer*, Valerian-François, maire.

d'armes, hangard, église de la citadelle, maison adossée au flanc droit du bastion n°1, etc., 5.442 f. 50(1).

952. Commune de St-Gilles. — *St-Gilles (l'abbé de St-Gilles* (2) : 23 mars 1792, le château et la terre qui est au devant (pas de contenance), 20.000 livres.

953. Commune de St-Hippolyte-du-Fort (3), *St-Hippolyte (La Couronne)* : 7 février 1811, les anciennes casernes (à affecter suivant la délib. mun. du 16 juillet 1809)... 15.366 fr.

954. Commune de Saze (4). — *Saze (décimateurs du lieu)* : 4 mars 1813, caves et greniers, 824 fr. 10.

955. Commune de Tavel. — *Tavel (prieuré)* : 17 déc. 1791, jardin 4 poign. 2 lid., 596 l. 15 s.

956. Commune de Vallabrègues. — *Vallabrègues (prieuré)* : 10 juin 1791, terrain de 2 em., 462 l.

957. Commune de Villeneuve. — *Villeneuve (la Providence)* : 19 avril 1810, partie non aliénée de la maison de la Providence, Grand'Rue, pour être affectée à un établis. d'instruction publique, 3.000 f. (5). *Villeneuve (abbé Command. de St-André)* : 14 février 1791, maison de campagne appelée Montaud et ses dépendances, 7.734 l. 18 s.

958. Compan Antoine, à Campestre. — *Campestre (prieuré)* : 15 mai 1792, aire de 36 dext. et pailler de 32 can., 836 liv.,

(1) Vente amiable. — Partie de la citadelle fut retrocédée à la guerre en 1816 (*arch. dép.* 5. Q. 19) ; la totalité fut retrocédée à l'Etat le 17 nov. 1830 (id. 5. Q. 18)

(2) Bénédictins.

(3) Représentée par Antoine *Bonhoure*, procureur fondé de Laurent-Etienne-Joseph Maury de la Peyrouse, maire. Vente amiable. — Nous trouvons néanmoins, à la date du 12 mai 1826, une décision du ministre des fin. remettant les casernes à la Commune.

(4) Représentée par Antoine *Henry*, maire.

(5) Vente amiable.

959. Consistoire protestant de Nimes. — *Nimes* (*La Couronne*) : 22 flor. an XII, terrain provenant des fossés, mur et tour de ronde de la ville, longeant au L. « l'église des protestants » (grand temple ou ancienne église des «pères du château», ou « Dominicains ») 35ᵐ 57 de long sur 3ᵐ 70 au M. et 4ᵐ 45 au N., soit 145ᵐ c., à 4 fr. le mètre, 580 f. (1)

960. Conte André, cult., à Bouillargues. — *Bouillargues* (*prieuré*) : 2 fruct. an IV, 2 terres 5 1/2 em., 506 f. (2)

Conte Antoine, à Villeneuve. Voy. *Allard* Charles.

961. Conte Jacques, ménag. à Meynes. — *Meynes* (*chapitre de Montpellier*) : 18 mai 1791, terre 7 poig.., 135 liv. — *Meynes* (*chapelle N.-D.*) : 17 juin 1791, 2 terres 3 em. 9 poig., 50 l.

962-963. Conte Jacques, Eysselle Etienne et Audibert Raymond, à Meynes. — *Meynes* (*chapitre de Montpellier*) : 11 juillet 1791, 2 terres 3 sal. 2 ém., 1.928 l.

Conte Jean, à Aiguesmortes. — Voy. *Ducros Jean-Sébastien*.

964. Comte Jean, com. de police à Beaucaire. — *Beaucaire* (*La couronne*) : 4 mars 1813, francs-bords inutiles du canal de Beaucaire à Aiguesmortes, 33ᵐ 82, — 46 f.

965. Conte Pierre, off. mun. à Villeneuve. — Villeneuve (*Bénédictins*) : 5 févr. 1791, terre dite de la sacristie 10 em., 3.625 l. — Villeneuve (Chartreux) : 13 avril 1791, terre 23 sal. 2 3/4 ém., 3.100 l. — Voy. en outre *Caulet* Etienne.

(1) Cession amiable.
(2) Cession amiable.

Comy Jacques, ménag. à Garons. — Voy. *Loche* Jean fils.

Comy Jean, à Garons. — Voy. *Loche* Jean fils.

Comy Simon, ménager, à Bouillargues. — Voy. *Reynard* Louis.

966. Conduzorgues aîné. — Quissac (*abbaye de Sauve* (1) *et prieuré de Quissac*) : 17 mars 1791, 2 terres, 3 sel. 5 quartes 19 dext., 2,400 l.

967. Conduzorgues Pierre, à Bragassargues. — *Bragassargues (paroisse supprimée)* : 7 fruct. an III, presbytère, église et cimetière de 10 dext., 10.400 l.

Conil Alphonse, à Beaucaire. — Voy. *Conil* Jean-Baptiste.

968. Conil Jean-Baptiste, à Beaucaire. — *Beaucaire (doctrinaires)* : 12 nov. 1792, terre 4 sal. 1 ém. 4 picot., 12.100 l. (2).

969. Cordat Mathieu. — *Bagnols (Carmes)* : 30 avril 1791, terre 6 em. 7 boiss., 1.225 l.

Cornailler Jean, prop. à Codolet. — Voy. *Ode* Simon.

970. Correnson. — *Roquemaure (chapitre)* : 17 mars 1791, domaine de Montmarnès, 37.000 l.

Correnson Guillaume, à Pujaut. — Voy. *Bouvet* Marc.

Correnson Jean-Louis, à Pujaut. — Voy. *Caulet* Étienne et *Rochette* Blaise.

Corrénson Joseph, à Sernhac. — Voy. *Lafont* Jean-Baptiste.

Correnson Louis, à Pujaut. — Voy. *Bouvet* Marc.

Correnson Pierre père, à Pujaut. — Voy. *Caulet* Étienne.

---

(1) Bénédictins.
(2) Il déclara avoir agi pour Conil Alphonse, son frère.

971. Coste Antoine, à Bouillargues. — *Bouillar-gues (chapitre de Nimes)* : 17 déc. 1790, champ 1 sal., 400 l.

972. Coste Étienne jeune, nég. à Nimes. — *Nimes (sœurs de la Calade)* : 10 niv. an ii, vigne-olivette 1 sal. 1 em., 5175 l. — Voy. en outre Foule Mathieu.

973. Coste Jacques, à Bouillargues. —*Bouillargues (chapitre de Nimes)* : 17 déc. 1790, vigne 9 ém., 600 l.

974. Coste Jacques, bourgeois à Cannes. — *Clairan (prieuré)* : 18 janv. 1791, 3 terres 6 1/2 sal., 2 hermes 6 quartes, bois 50 set., 2.000 l.

975. Coste Jacques fils, à Cannes. — *Clairan (prieuré)* : 10 germ. an v, vieille église et vacant, le tout 2 quartes, 50 fr. (1).

976. Coste Jean, ménager à Bouillargues. — *Bouillargues (chapitre de Nimes)* : 17 déc. 1790, vigne 3 sal., 1.950 l. (2).

Coste Jean, cult. à Générac. — Voy. *Audry Jacques.*

977. Coucoulard Paul, agr. à Beaucaire. — *Beaucaire (ordre de Malte, Cᵉ d'Astros)* : 12 niv. an iii, domaine de Saint-Pierre (42ᵉ lot), 1 sal., 2.575 l.

978. Coudroux Louis, ménag. à Cabrières. — *Cabrières (prieuré)* : 19 janv. 1791, terre et aire 13 em. 7 boiss., 800 l.

Couissin Charles, à Pujaut. — Voy. *Bouvet Marc.*

_____

(1) Vente amiable.

(2) Le 9 niv. an ii, Jean *Teissier*, de Bouillargues, paya 1738 l. 9 s. 6 d., pour se rendre acquéreur de créance de pareille somme sur Coste Jean.

979. Couissin Etienne, ménager. — *Roquemaure*
(*chartreux de Villeneuve*) : 10 oct. 1791, domaine
dans l'île d'Oiselet, 52.900 l. (1).

980. Coularou Antoine, maire à Saint-Laurent-
le-Minier. — *Rogues* (*dominicature*) : 9 juin 1791,
20 pièces dont 9 ne sont pas mesurées ; les 11 autres,
23 1/2 sel. 6 1/2 quartes 12 boiss., le tout 14.600 l.

Coulet Etienne, à Pujaut. — Voy. *Vidal* Pierre et
Caulet Etienne.

981. Coulet Étienne, fab. à Pompignan. — *Pom-*
pignan (*prieuré?*) : 6 oct. 1792, pré dit de l'Œuvre,
2 quartes 15 dext., 815 liv.

Coulet Gilles, à Pujaut. — Voy. *Soulier* Jean-Léon
et *Caulet* Gilles.

982. Coulet Jean - Jacques, à Margueritles. —
Margueritles (*prieuré*) : 14 therm. an VII, vestiges
de l'ancienne chapelle de Couloure et 5 em. 2 civad.
de terrain attenant, 165 fr.

983. Coulet Marie, veuve de Gabriel Touzellier,
à Montagnac. — *Montagnac* (*prieuré*) : 15 mars 1791,
jardin de 8 dext., 213 liv.

Coullomb Antoine, à Pujaut. — Voy. *Caulet*
Étienne et *Vidal* Pierre.

Coulomb Baptiste, à Pujaut. — Voy. *Bouvet* Marc.

Coulomb Étienne, à Pujaut. — Voy. *Bouvet* Marc
et *Vidal* Pierre.

984-985. Coulomb Jean et Franc Pierre, de Comps.
— *Vallabrègues* et *Comps* (*prieuré de Comps*) :
10 juin 1791, terre, 2 em. pour Coulomb, terre 2 em.
6 picot., pour Franc., ensemble 1 600 l.

986. Coulomb Jean aîné, à Anduze. — *Tornac*

(1) Revente par suite de la folle-enchère d'André *Dufour*.

(*La commune*) : 13 vend. an v, terre herme, ancien cimetière de l'église de Saint-Pierre-de-Civignac de Tornac supprimée, 16 3/4 dext, 50 l. 1 s. (1).

987. Coulomb Joseph, cult. à Souvignargues. — *Souvignargues* (*La Commune*) : 11 pluv. an v, vacant de 46 toises 5 pieds 6 pouces, 220 fr. (1).

988. Coullomb Joseph, chirurgien à Meynes. — *Meynes* (*chapitre de Montpellier*) : 1er avril 1791, terre 1 sal. 4 em., 4.075 liv. — Voy. en outre *Bérard*, maire.

Coulomb Michel, à Pujaut. — Voy. *Bouvet* Marc.
Coulomb Noël, à Pujaut. — Voy. *Bouvet* Marc.

989. Coulomb Pierre, à Cruviers. — *Cruviers-Lascours* (*bénéfice du lieu*) : 7 fév. 1791, 7 pièces 3 sal. 33 em. 3 quartes 16 bois. 3 dext., 9.119 liv.

990. Coumoul Jean, agr. à Saint-Gilles. — *Saint-Gilles* (*Ordre de Malte, Comm. Ste-Anne*) : 27 frim. an III, domaine des Auriasses (1er lot), 21 sal. 153 d., y compris 82 cannes 4 pans en couvert, 121.000 l. (2); —(11e lot), 1 sal. 280 d., 8.850 l. (2). — (12e lot), 1 sal. 317 dext., 10.100 l. (2).— (22e lot), 2 sal., 13.000 l.(3). Voy. en outre *Charamaule* et *Defferre* Isaac.

991. Courbassier François, maître en chirurgie à Bagnols. — *Sabran* (*prieuré*) : 7 fév. 1791, 3 terres, 8 em. 14 boiss. 1 lid., plus une autre terre dans laquelle on a pris le jardin du curé, 1.950 liv.

992. Courbet Antoine, bourgeois à Villeneuve. — *Pujaut* (*chartreux de Villeneuve*) : 16 mars 1791, terre 23 sal., 14.500 liv. ; vigne, 2 sal. 1 em. 4 poign., 4.150 liv.

(1) Vente amiable.
(2) Déclara avoir agi pour *Bigot* Pierre, cult. à Nimes.
(3) Déclara avoir agi pour *Bigot* Henri, cult. à Nimes.

Courbet François, bourgeois à Villeneuve. — Voy. *Caulet* Etienne.

993. **Courbis Joseph - Antoine**, proc. syndic du dist., à Nimes. — *Bouillargues* (*chapitre de Nîmes*) : 20 mars 1792, l'autre moitié (Voy. *Gaujoux*) des domaines de Campagne et de Signan, consistant en bât. d'exploitation, tuileries, terres lab., vignes et prés, 144.000 liv. (1). — Voy. en outre *Chassanis* André.

994. **Courcier Pierre fils aîné**, prop., à St-Martin-de-Boubeaux. — *Lamelouze* (*prieuré*) : 5 mars 1791, 5 pièces, 86 set. 7 quartes 5 boiss., 8.425 l. — Voy. en outre *Beau* David.

995. **Courdesse Jacques**, à St-Dionisy. — *St-Dionisy* (*La commune*) : 28 vent. an IX, biens 10 dext., 1.800 f. Voy. en outre *Foulc* Jean fils.

996. **Coustier Marie**, femme de François Fabre, à Nimes. — *Nimes* (*chapitre*) : 11 Mars 1791, partie de maison adossée à la cathédrale, rue du Clocher, 8250 l. (2).

997. **Couslin Jean-Etienne**. — *Vénéjan* (*prieuré*) : 18 mai 1793, jardin du curé, 750 l.

998. **Coustin Louis**, trav., à Villeneuve. — *Villeneuve* (*prieuré*) : 17 juin 1791, 3 vignes 3 1/2 em. 34 cosses, 1.525 l. — Voy. en outre *Caulet* Etienne.

999. **Coutelle Jean**, à Lapaulrie. — *Conqueirac* (*prieuré*) : 12 sept. 1791, 2 terres 5 set. 23 1/2 dext., 3.000 l.

___

(1) Le domaine de Signan comptait au total 93 sal. 3 em. 23 1/4 dext. (*arch. dép.* 2. Q, 3, 36 bis).

(2) Le 29 novem. 1791, elle déclara Antoine *Darboux*, boucher à Nimes, pour son ami élu (Novy, notaire.)

Couturier Louis, nég., à St-Chamond. — Voy. *Avon*
Jean-Baptiste.

Crémieu Sarah, veuve de Jacob Milbaud dit Couteau,
à Nimes. — Voy. Crémieu Saül.

1000. Crémieu Saül, march., à Nimes. —*Le Cailar*
(Ordre de Malte, com. de St-Christol) : 7 prair.
an II, domaine de la Mourade (1er lot), 76 carteir.
1 1/2 quarton, y compris 41 can. 5 p. de couv.,
100.000 l. (1); (5e lot) 14. cart. 1/2 quart. 17 1/4
dext., 26.000 l. (1); (6e lot), 4 cart. 2 quart. 21
dext., 8.200 l.; (7e lot), 8 1/3 cart. 80 dext., 10.500 l.;
(9e lot), 7 2/3 cart. 17 dext., 10.500 l.; (10e lot), 6 1/2
cart. 1/3 dext., 8.000 l.; (12e lot), 8 1/2 cart. 27 dext.;
11.000 l.; (13e lot), 8 3/4 cart. 22 1/2 dext., 12.000 l..
Voy. en outre Mathieu Jacques.

Crès Jacques, à Orthoux. — Voy. Rivière Jean-
Antoine.

1001. Crès Jean, fab. à Sommières. — *Sommières*
(La couronne): 1 août 1813, partie du sol et matériaux
des remparts (5e lot), 44 f.

1002. Crespy Léon, nég. à Alais. —*Alais (Abbaye*
de St-Bernard): 12 février 1791, rente foncière de
400 l. sur un domaine sis à Bruèges, 8.000 l. (2)

Crillion Baptiste, à Beaucaire. — Voy. *Michel*
Raymond.

1003. Crouzet, à Liouc. — *Liouc (prieuré)* : 6 avril
1791, terre 2 quartes 23 dext., 280 l.

1004-1005. Crouzet Claude et Crouzet Louis,

____

(1) Il déclara avoir agi pour Sarah *Crémieu*, sa fille, veuve de
Jacob Milbaud dit Couteau.

(2) Il déclara agir pour *Roure* et *Gibert*, nég. à Alais,

frères, à Comps. — *Vallabrègues et Comps (cure de Vallabrègues)* : 10 juin 1791, terre 2 ém., 200 l. — Voy. Crouzier Claude.

Crouzet Louis, à Comps. — Voy. *Crouzet* Claude et *Crouzier* Louis.

Crouzier Claude, à Comps.—Voy. *Guigue* Honoré.

1006. Crouzier Jean-Joseph, à St Bonnet. — *Bagnols (Ursulines)* : 26 flor. an vi, couvent 287 cannes carrées, jardin potager avec logement du jardinier 2 em. 4 boiss. 2 lid., cimetière et cour 30 cannes, 345.000 l. (1)

1007. Crouzier Joseph, à Rochefort. — *Rochefort (prieuré)* : 13 pluv. an xii, bâtiment en ruine (vieille église abandonnée) 3 ares 10, — 177 f. (2).

Crouzier Louis, à Comps. — Voy. *Guigue* Honoré.

Crouzier Mathieu, à St-Bonnet. — Voy. Chambon Jacques fils.

1008. Crouzier Simon, ménag., à St-Bonnet. — *St-Bonnet (chapelle N.-D. de Beaulieu)* : 26 janv. 1791, terre olivette et herme 1 1/2 sal., 356 l. 13 s. 6 d.

1009. Croy (de) François-Philippe-Marcelin, ex-curé de St-Victor-de-Mal. — *St-Victor-de-Malcap (prieuré)* : 5 terres, aire, olivettes 2 sal. 32 quartes 10 boiss., plus une maison avec jardin, 6.000 fr.

Cuer Louis, à Villeneuve. — Voy. *Caulet* Étienne.

_____

(1) Dut faire folle-enchère : Voy. en effet Vermale André-Dominique.

(2) Fit élection, le 14, en faveur de *Lahondès* François, prop, à Beaucaire, pour le tiers de son acquisition.

1010. Dadre (1). — *St-Bonnet*, dist. de St-Hippolyte, *(prieuré)*: 12 novembre 1791, église supprimée
et cimetière, 700 l.

1011. Daire Jean, cult. à Vézénobres. — St-Just
(prieuré): 13 vend. an v, maison presbytérale 1 boiss.,
avec petit casal 1/3 de boiss., 1.188 fr. (2).

1012. Dalbenas Jean-Joseph, dit Cadet, ad. du dist.
à Sommières. — *Quilhan (prieuré d'Orthoux)* : 11
fruct. an III, pré et jardin 125 dext., section d'Orthoux, 18.800 l.—*Cannes* (paroisse supprimée): 8 vend.
an IV, jardin 5 quartes 3 dex., 13.300 l.

1013. Dalmas Gabriel, nég. à Beaucaire. —*Beaucaire (Doyenné)* : 24 ther. an III, maison et jardin
150 toises, 69.000 l. — Voy. en outre *Bernaçon* Pierre.

Dalphanty Gabrielle - Suzanne - Fortunée (époux
de) à St-Christol. — Voy. *Pélissier* Jean-Baptiste-
Pierre.

Daniel Étienne, au Cailar. Voy *Daniel* Jean.

1014-1015. Daniel Jean et Daniel Étienne, frères,
cult. à Aimargues. — Le Cailar (*Ordre de Malte
C^rie de St-Christol* : 8 prair. an II, domaine de la
Mourade (23e lot) 7 cartcir. 2 1/2 quartons 11 1/4
dext., 5.100 l.

Daniel Sébastien, cult. à Aimargues. — Voy.
Rousselier Guillaume et *Sabatier* Pierre.

1016. Danise Marie, veuve Martin, propr. à Beaucaire. — *Beaucaire (La couronne)* : 4 mars 1813,
francs bords inutiles du canal de Beaucaire à Aiguesmortes (14e lot) 215 m. c., 220 fr.

---

(1) Agissant pour Vissec Louis-Alexandre.
(2) Vente amiable.

1017. Darasse. — *Roquemaure (Chartreuse de Villeneuve)* : 6 juin 1791, domaine de la Bastide Neuve 88 sal., la moitié du troupeau et la 7ᵉ partie de la montagne de Four, le tout estimé 80.000 livres, 171.700 l. (1). — Voy en outre *commune de Pont-St-Esprit.*

Darboux Antoine, boucher à Nimes. — Voy. *Coustier* Marie.

1018. Darboux Antoine, cult. à Villeneuve. — *Villeneuve (Chartreux)* : 1 therm. an ii, la Chartreuse (2ᵉ lot), 3 em. 5 cosses, 16.100 l. — Voy. en outre *Caulet* Étienne.

1019-1020. Darboux Antoine et Seynes Joseph, charrons à Villeneuve. — *Rochefort (Bénédictins)* : 24 mars 1791, olivette 7 sal. 4 em. 8 vest., 1.225 l.

1021. Darboux Pierre, cult. à Bellegarde. — *Bellegarde (Ordre de Malte, Cⁱᵉ St-Jean)* : 2 prair. an ii, partie du domaine de St-Jean, terre 3 sal. 5 em. 2 boiss., 1.750 l.

1022. Darlhac Marc-Antoine, notaire à Nimes. — *Bagnols ? (abbaye des Chambons)* : 2 mess. an iv, le domaine de Maransan-lès-Bagnols, consistant en bâtiments 1 cm. 4 boiss. 1 lid. 45 pans, terres 171 sal. 6 em. 2 boiss. 1 lid. 4 pans, bois taillis 233 sal. 5 em. 4 boiss. 1 lid. 25 pans, 175.300 fr. (2). — *Nimes (frères ignorantins)* : 24 mess. an iv, maison des frères rue Fresque 132 toises 1 pied 3 pouces carrés, 8.100 fr. (2). — *Roquemaure (la commune)* : 1 therm. an iv, terre dans l'ile de Mimart 5 sal., 12.386 fr. (2). — *St-Gilles*

(1) D'après un état, ce domaine aurait été acquis par *Gilles* fils, de Roquemaure. En tous cas, il y eut folle-enchère : Voy. *Gilles* père.

(2) Vente amiable.

(ordre de Malte, Cie...) : 17 therm. an iv, maison 48 toises 1 pied 11 pouces carrés, avec cour 159 toises, 2.772 l. (1).

D'Arnaud, à Vallabrix. — Voy. *Voulland* Jean-Henri.

Dassac (Drevon femme), à Beaucaire. — Voy. *Bernavon* Vital aîné.

1023. Daudet Antoine. — *Mus (prieuré)* : 22 janvier 1791, vigne 83 dext., 664 l.

1024. Daudé François-Xavier, maréchal-ferrant, à Alais. — *Alais (La Couronne)* : 7 mars 1812, matériaux et sol des remparts (2e lot), 658 fr. 51.

1025. Daudé Jacques, cult. à Concoules. — *Concoules (dominicature)* : 9 brum. an iv, jardin clos et pré de 5 quartes 1/2 boiss., 2.996 l. 17 s. 6 d.

1026. Daudé Louis. — *Crespian (prieuré)* : 15 mars 1791, 2 terres et 2 hermes, 37 quartes 23 dext., 640 l.

1027. Daudet Louis. — *Aiguesvives (prieuré de Mus)* : 22 janv. 1791, vigne 215 dext., 535 l.

1028. Daumet Jean, ménag. au Mas de la Roque (Peyroles). — *Peyroles (prieuré)* : 27 mars 1791, terre 4 set. 3 quartes 22 dext., moins ce qu'il faut pour le jardin du curé, 3.535 l.

Daunant (baron de), maire de Nimes. — Voy. *commune de Nimes*.

1029. Daunant (de) Pierre, à Nimes. — *Bouillargues (chapitre de Nimes)* : 17 déc. 1790, champ de 10 em., 925 l. — *Bourdic (prieuré)* : 23 mars 1791, 8 terres, soit 9 sal. 23 em. 8 vest., 8.075 l. — *Id.* 8 fruct. an iv, maison presbytérale avec jardin, et terre de

(1) Vente amiable.

1 em., 5.356 fr. (1). — *Sauzet (bénéfice du lieu)* :
11 mai 1791, terre et aire 2 sal. 3 em. 2 boiss. ;
terre 9 em. 1 boiss. 3 dext., le tout 6.025 l. (2). —
Voy. en outre *Salaville-Laval*.

1030. Daussier François, maître chirurgien à Aubarne. — *Aubarne (évéché d'Uzès)* : 12 avril 1791,
aire 3 cm.. 220 l.

1031. Daulun Jacques-Louis, prop. à Ste-Cécile.
— *Ste-Cécile-d'Andorge (dominicature)* : 23 fruct.
an III, châtaigneraie 5 sal. 6 quartes 1 boiss. ; jardin 2 quartes 3 boiss., le tout 1.300 l.

1032. Daulun Jean-François, prop. à Portes. —
Portes (La Couronne) : 11 vent. an III, pré 7 quartes
2 boiss., 1.550 l. — *Peyremale (dominicature)* :
28 therm. an III, maison, jardin, vigne, olivette et
mûriers (un arpent), 1.600 l. (3).

1033. Daulun Jean-Jacques-Henry-François, à
Sainte-Cécile-d'And. — *Blannaves (prieuré)* : 7 octobre 1808, maison curiale et ses dépendances 1 are
75 cent., jardin et terre 1 are 75 cent., vigne 19 ares
95 cent., 1.300 fr.

1034. David Claude, ménag. à Villeneuve. —
Pujaut (chartreux de Villeneuve) : 30 mars 1791,
métairie de Saint-Hugues, 105 sal. 6 ém. 2 poig.
terres, 6 sal. vignes, 24 sal. hermes, 154.000 liv. (4).

(1) Vente amiable.

(2) Déclara avoir agi pour dame Jacquette de *Paradès*, sa cou-
sine.

(3) Déclara avoir agi pour Bargeton Jacques, du mas de Bourdel,
et *Chamboredon* Alexis, du Claux.

(4) Fit élection d'ami, le 1er avril (Me Avon, not.), en faveur de
Roux Fulcrand-Étienne-Claude, ci-devant président-trésorier de
France, à Montpellier.

David Claude, à Roquemaure. — Voy. *Baumel* Honoré.

1035. David Claude et Ferrand Robert, ménag. à Villeneuve. — *Pujaut (chartreux de Villeneuve)* : 14 mai 1791, terre 7 sal. 3 ém. 4 poig., 3.325 liv.

David Gaspard, à Pujaut. — Voy. *Caulet* Etienne.

1036. Daydon Jacques, ménag. à Estézargues. — *Estézargues (chapelle Saint-Gérard)* : 9 mai 1791, maison et dix pièces 21 ém. 15 1/4 civad., 482 l. 13 s. 6 d.

1037. Dayna Pierre, cordonnier à Sernhac. — *Sernhac (chapelle Saint-Pierre)* : 22 nov. 1791, terre 4 ém. 1 civad., 316 liv. (1).

1038. D'Aysac Marie, maire à Codolet. — *Codolet (prieuré)* : 30 novemb. 1827, maison de deux pièces, 745 fr. (2).

1039. Decray Jean-Baptiste-Scipion, gendre de la veuve Gagnety, à Nimes. — *Milhaud (chapelle Saint-Blaise)* : 15 nov. 1791, 5 pièces, soit 1 sal. 17 ém. 54 dext., 5.325 liv.

1040. Defages-Chazeaux Esprit-François-Antoine, à Saint-Paulet. — *Saint-Paulet-de-Caisson (confrérie du lieu)*: 26 fruct. an III, terre de 7 boiss. en gravier, 495 liv.

1041-1081. Defferre Isaac, fab. d'eau-de-vie, Fabrègue Jean-Louis fils, Jalaguier Jacques, Marignan Firmin, Marignan Étienne, Brun Jean, Brun-Granaude Antoine, Aurillon Marguerite, Marignan (veuve), Granaud Jean, Gautier Jean, notaire, Héraud

(1) Par suite de la folle-enchère de *Béchard*, prêtre.
(2) Par suite de la déchéance de l'acquéreur (?)

Adrien, Brun Jacques, droguiste, Chrestien André aîné, Brun - Meirargues Antoine, Mestre Robert, Clavel Jacques, Allier Pierre, Faucher Antoine, Portier-Méjanelle Jean, Portier-Cadière Jean, Guinard Pierre, Chauvet Antoine, Villaret Pierre, Peyron Étienne, Meirargues Antoine, Hitier Augustin, Portal Pierre, Blanc Antoine, Ventujol David, Delpuech Pierre, Goirand André neveu, Michel Jean, Lazare Pierre fils (d'Uchaud), Vally Jacques, Coumoul Jean, Brun Jacques, tailleur d'habits, Gay Antoine père, épicier (de Nîmes), Fourmaud Daniel, Caillot Pierre et Pailloux Joseph, habitants de Saint-Gilles. — *Saint-Gilles (ordre de Malte, grand prieuré de Saint-Gilles)* : 4 fruct. an III, la maison collégiale de Saint-Jean-de-Malte, hors la ville, 2.571 toises 7 pans, dont 840 en parterre et cour, 1190 en deux jardins clos, 122 en église et cimetière, et ses dépendances, savoir : cour Saint-Jean (dans la ville) 41 cannes en bât. et 92 en cour, deux terres, une de 4.868 toises 3 pieds, une de 508 toises (1), le tout 501.000 liv.

1082. Defferre Isaac, fab. d'eau-de-vie, Michel Jean, cult., Marignan Firmin, cult., Fabrègue Jean-Louis fils et Guinard Pierre, agr., de Saint-Gilles. — *Saint-Gilles (ordre de Malte, grand prieuré de Saint-Gilles)* : 4 fruct. an III, champ de 11 carteirades, 130.168 l., 15 s.

Defferre Isaac, à Saint-Gilles.—Voy. *Charamaule.*

1083. Defos Daniel, juge de paix du canton de Montaren. — *Montaren (ordre de Malte, comm. de Saint-Christol)* : 23 août 1793, terre 3 ém., 650 l.

(1) Suivant bail consenti à Caillot le 15 mars 1793, il y aurait, outre les deux jardins, six terres.

Deglun. — Voy. *Codure.*

1084. Deidier Joseph. — *Uzès (la commune)* :
20 juillet 1813, maison du bureau de la subvention,
365 fr.

1085. Deimon Étienne, à Calvisson. — *Calvisson
(la commune)* : 7 vend. an v, vacant de 15 dext.,
59 l. 8 s. (1).

1086. Deimon Jean aîné, propr. à Calvisson. —
Calvisson (prieuré) : 25 vent. an vi, maison curiale
5 1/2 dext. avec jardin 4 1/4 dext., 2520 fr. (2).

1087. Dejardin Jacques, fabricant d'eau-de-vie à
Nimes. — *Nimes (chapitre)* : 11 germ. an vi, garrigues du domaine de Campagne, 25 salm., 215.000 fr.

1088. Delavelle François, à Bagnols. — *Roquemaure (chartreux de Villeneuve)* : 24 juin 1791, tènement du Four et tènement de la grande Bastide
101 sal., plus la septième partie des bois et garrigues de la montagne du Four, moulin à écluse, tuilerie et four à chaux dépendant du domaine de Fou-
vet, le tout 122.000 l.

1089. Deleuze de Villaret Jean-Antoine, ancien
major au régiment du maréchal de Turenne, à
Alais. — *Saint-Christol (prieuré d'Arènes)* : 30 mai
1791, 2 terres mûriers 30 quartes 4 1/2 boiss., 2195 l.
Voy. en outre *Agnel* Jérémie.

1090. Delon Étienne, à Sommières. — *Sommières
(la couronne)* : 1er août 1813, partie du sol et matériaux des remparts (23me lot), 89 fr.

---

(1) Vente amiable,
(2) Revente par la suite de la folle-enchère de Jean *Galibert.*

1091. Delon Isaac, à Sommières. — *Sommières*
(*la couronne*) : 1ᵉʳ août 1813, partie du sol et matériaux des remparts (24ᵐᵉ lot), 58 fr.

1092. Delon Jean, ancien maire à Sernhac. —
Sernhac (*bénéfice Saint-Pierre*) : 3 janv. 1791, terre
2 ém. 2 1/2 civad., 178 l. 18 s. 8 d.— *Sernhac* (*chapelle
Saint-Pierre*) : 15 mars 1791, terre 8 ém., 650 l.

1093. Delord Jacques, à Junas.— *Junas* (*prieuré*):
2 avril 1791, parran de 29 dext., 170 l.

1094. Delord Jacques à Méjanes. — *Méjanes*
(*prieuré*) : 11 fruct. an ii, terre-mûriers 2 boiss.,
250 l.

1095-1097. Delord Paul, Guérin Louis, époux de
Louise Delord, et Delord Suzanne, à Nimes. — *Nimes* (*prieur de Saint-Bauzile*, (1) : 3 mai 1791, rachat
des droits féodaux sur une vigne-olivette au quartier de Tacal, 54 l. 4s.

Delord Suzanne, à Nimes. — Voy. Delord Paul.

Delorme, ex-officier à Bellegarde, près Malamort.
— Voy. Pépin J. G. M.

1098. Delorme André. — *Saint-Paulet-de-Caisson*
(*prieuré*): 6 août 1791, 2 terres et 1 aire, 4 sal. 5 ém.
3 boiss., 1925 l. (2)

1099. Delpuech Jean , ménager à Vauvert. —
Saint-Laurent-d'Aigouze (*Évêque d'Alais*) : 4 mars
1791, le tènement du Canet et les herbages au-dessous du Canaverié, 249 carteirad. terre culte, 27.400
livres.

(1) Bénédictins.
(2) Revente par suite de la folle-enchère de Jean *Galibert*.

1100. Delpuech Pierre, négociant à Alais. — *Alais* (*chapelle Saint-Crépin et Saint-Crépinien*) : 2 déc. 1791, pré aux prairies basses, 3150 l.

Delpuech Pierre, à Saint-Gilles. — Voy. *Defferre* Isaac.

1101. Delpuech de Comeiras Jean-François, lieutenant-général, gouverneur de la ville de Saint-Hippolyte. — *Saint-Hippolyte-du-Fort* (*prieuré*) : terre dans laquelle il y a une vieille église, 7 quartes 1 dext., 1.400 l.

Deleuze Louis-Étienne, à Pont-Saint-Esprit. — Voy. *Bertout* Augustin et *Bousquet.*

1102. Demeson Claude, à Estézargues. — *Estézargues* (*chapelle de Fournès*) : 7 nov. 1791, terre 6 em., 133 l.

1103. Denis Charles, trav. à Saint-Bonnet. — *Saint-Bonnet* (*chapelle Saint-Sépulcre*): 25 fév. 1791, 2 hermes 10 cm. 1 civad., 68 l.

1104. Dentraigue Louis-Marie, prop. à Uzès. — *Nîmes* (*chapitre*) : 23 juin 1815, bois de Cabanon, 110 hect. 08 ar. 18., 14.100 fr.

1105. Deparcieux Antoine, maire du Pradel. — *Portes* (*La Couronne*) : 11 vent. an III, pré sous le château 29 quartes 1/2 boiss., et châtaign. joignant 3 quartes 1 boiss., 4.270 l.

1106. Département du Gard (1). — *Nîmes* (*Augustins*) : 30 avril 1791, maison conventuelle, 18.000 l.

Derlis Laurent, à Villeneuve. — Voy. *Caulet* Etienne.

_____

(1) Représenté par *Vigier* et *Pieyre.*

Dermetion Antoine, à Aimargues. — Voy. *Félines* Claude.

Deroche Jacques, ancien prévôt de la cathédrale d'Uzès. — Voy. *Dufour* Pierre.

1107. Descole   . — *Nimes (Académie)* : 3 mess. an IV, maison de l'Académie, rue Séguier, construite sur le terrain des religieux Carmes, 181 toises 1 pied 4 pouces y compris le jardin et l'orangerie, 13.050 fr. (1).

1108. Descosse Charles, cordonnier à Beaucaire. *Beaucaire (ordre de Malte, C° d'Astros)* : 15 niv. an III, domaine de St-Pierre (26° lot), 1 sal., 2.550 l. ; id. 5 pluv., an III, terre (16° lot), 1 sal., 4.200 liv.

1109. Deshours Louis, à Lasalle. — *Thoiras (prieuré)* : 11 oct. 1808, maison curiale 120 m. c. et jardin joignant 27 a. 04., 4.000 fr.

1110. Deslèbres. — *Alais (hôpital)* : 19 germ. an III, rente foncière de 275 l., 4.125 l. (2).

1111. Des Ours Mandajors, colonel-com' la garde nat. d'Alais. — *Alais (Jacobins)* : 7 fév. 1791, rente foncière de 30 l. sur partie de maison, 500 l. ; 8 fév. 1791, rente foncière de 35 l. sur la même maison, 600 l.

1112. Despuech Barthélemy, pr. synd. du dist. de Saint-Hippolyte. — *Saint-Jean-de-Roque (prieuré)* : 11 juin 1793, ancienne église supprimée, 33 toises 1 pied 8 pouces, et terrain contigu au-devant, 605 l. ; 5 juillet 1793, ancien presbytère 54 toises 5 pieds,

(1) Vente amiable.
(2) Pour *Chaunac* (son gendre) mari d'Henriette Deslèbres, héritière d'Eugracie Cabanis, sa mère.

avec terrasse, basse-cour et jardin 13 dext., 1433 l. — Canaules et Saint-Nazaire-de-Gardies (hôpital d'Alais : 21 therm. an III, domaine de Borel (maison, écuries, terres, mûriers et pâturages), 355.000 l. (1). Saint-Hippolyte-du-Fort (Etat-major de la ville) : 30 oct. 1809, glacière 14 m. de long sur 14 m. de larg., avec chemin de 3 m. autour, 112 fr. (2).

Despuech Jacques. — Voy. Despuech Barthélemy.

1113. Desserre Jean. — Saint-Christol-de-Rodières (prieuré) : 16 fév. 1791, terre de la Clastre 2 sal. 1 em., moins l'espace réservé au jardin du curé, 2.175 l. ; 18 mai 1793, jardin du prieur, 400 l.

1114. Destable. — Pont-Saint-Esprit (Bénédictins) : 9 fév. 1793, appartement dont jouissait l'ex-bénédictin Barruel., 4.275 l.

Devaux François, à Bagnols. — Voy. Charamaule.

1115. Devèze Jacques, avoué à la Cour d'appel de Nimes. — Nimes (la couronne) : 28 juin 1810, partie des remparts et du tour de ronde attenant à sa propriété, 135 m. c., 405 fr. (3).

Deville Joseph, à Pujaut. — Voy. Vidal Pierre.

1116. Deydier Joseph, aubergiste, à Uzès. — Uzès. — Uzès (   ) 30 oct. 1792, petite maison joignant la maison curiale de la paroisse Saint-Jullien d'Uzès, 2325 l.

1117-1118. Deydier Simon et Fabre Joseph, de Saint-Laurent. — Saint-Laurent-de-Carnols (Chartreux de Valbonne) : 11 avril 1792, terre, 200 l.

(1) Pour Jacques Despuech.
(2) Il était alors « notaire impérial ».
(3) Vente amiable.

1119. Dhombre Élie, propr. à Tornac. — *Tornac (cure de Saint-Pierre-Cavignac-de-Tornac)*: 13 avril 1792, église, maison presbytérale, basse-cour et jardin, 4200 l.

1120. Dhombres Jean-Pierre, à Gulhen. — *St-Paul-Lacoste (dominicature)* : 26 avril 1791, terre-mûriers, vigne, olivette, chataigneraies, jardin, 4 sal. 10 quartes 3/4 bois., 3500 l.

Dide Paul, à Saint-Gilles. — Voy. *Charamaule.*

1121. Dijol Jean, prop. à Garons. — *Générac, Nimes, Bouillargues* et *Saint-Gilles (Bernardins, (chapitre de Nimes et chapitre de Saint-Gilles)* : 12 déc. 1853, bois de Campagne (canton de terres oliviers, 9ᵉ lot), 22 h. 60 a., 27.800 fr. (1).

1122. Dilland Pierre, ménag. à Sernhac. — *Sernhac (chapelle Saint-Pierre)*: 2 mai 1791, 2 prés 6 ém. 1 civad., 150 l. 10 s.

1123. Dissé Magdeleine, veuve de Mourier, menuisier, à Marguerittes. — *Marguerittes (chapelle N.-D.)* : 22 janvier 1791, partie des fonds (2), 100 livres (3).

1124. Dolsan Pierre fils, négoc., à Alais. — *Alais (abbaye Saint-Bernard)* : 10 févr. 1791, terre-olivette 9 quartes 2 boiss., 2150 l.

1125. Dombres, à Sommières. — *Sommières (la*

---

(1) Fit élection, le 15, en faveur de *Baragnon* Maxime, nég. à Beaucaire. — Voy. *Aptel* Jean-Louis, la note.

(2) La totalité des fonds de cette chapelle comprenait 5 pièces, au total 1 sal. 10 ém. 17 dext. 5 civad. — Pour le surplus, voy. *Duclap Gabriel* et *Mourier* Jean.

(3) Acquis pour elle par Jean-Pierre *Mourier* son fils.

couronne) : 23 fév. 1810, partie du terrain dit de la Regourdane, dép. du château, 4 m. 53 (1).

1126. Dombras Jean-Antoine. — *Ceyrac (prieuré)* : 10 mai 1792, église supprimée, cimetière et terre de 3 sel., 600 l.

Domergue. — Voy. Doumergue.

1127. Domergue, ménag. à la Cadière. — *La Cadière (prieuré)* : 18 juin 1791, vigne 1 sel. 1 quarte 14 dext., 125 l.

1128. Domergue Aimé, jardinier à Nimes. — *Nimes (chapelle Sainte-Catherine)* : 11 mars 1791, terrain à Codols, partie champ, partie jardin potager, 2.000 l.

1129. Domergue Jean, cult. à Gailhan. — *Gailhan (prieuré)* : 23 therm. an iv, maison curiale 1 quarte 5 dext., 720 fr. (2) ; 15 fruct. an iv, pré 2 quartons 7 1/2 dext., 170 l. 10 s. (2). — *Gailhan (Pères de Lorette de Saint-Jean)* : 1 frim. an vii, ancien cimetière 6 quartes, 44 fr.

1130. Domergue Maurice, maire à Gailhan. — *Gailhan* et *Sardan (Doctrinaires de Nimes)* : 11 juin 1793, 7 pièces à Gailhan 11 sel. 4 quartes 2 quartons 48 3/4 dext., 1 pièce à Sardan 6 sel., le tout 2000 l.

1131. Domergue Pierre, à Sumène. — *Sumène (la commune)* : 16 brum. an vii, moulin à huile sur le Rieutord 12 toises 6 pieds de plat fond ; moulin à blé attenant 11 toises 2 pieds de plat fond, le tout 15.000 fr.

(1) Cession gratuite.
(2) Vente amiable.

1132. Domergue Pierre, ménag. à La Cadière. — *La Cadière (prieuré)* : 27 avril 1791, vigne 1 sel. 1 quarte 13 dext., 545 liv.

Donnadieu Jean (veuve de), à Nimes. — Voy. *Fabre* André.

1133. Donnadieu Pierre, off. d'infant. à Lasalle. — *Vabres (prieuré)* : 1 fév. 1791, sept pièces terre, pré, châtaig., herme, 51 sel. 13 quartes 38 dext., 4.975 liv.; 1 fév. 1791, châtaigneraie sur laquelle il y a un atelier de poterie, 2 quartes 10 dext., 93 liv.; 7 sep. 1791, maison curiale 18 3/4 dext., couvert 14 1/4 dext., cour, église 4 2/3 dext., jardin 5 quart. 3 2/3 dext., cimetière 8 dext., 3.275 liv.,

1134. Donnarel, à Sommières. — *Sommières (La couronne)* : 22 fév. 1810, partie du terrain dit de la Regourdane dépendant du château, 5ᵐ84 (1).

1135. Donzel, à Nimes. — *Euzet (prieuré)* : 7 mess. an iv, terre-mûriers 200 cannes, 308 fr. (2).

1136. Donzel Antoine, ad. du dist. à Nimes. — *Bernis (chapelle de Blauzac)* : 28 janv. 1791, champ au chemin de Calvisson, 1.270 liv. — *Bernis (abbé de Saint-Gilles)* (3) : 1ᵉʳ mars 1791, fonds du prieuré de Bernis, 60.100 liv.

1137. Donzel Antoine, prop. à Nimes. — *Générac (Bernardins de Franquevaux)* : 22 mars 1792, le domaine de Campagnole (logement de maître et de fermier, écurie, bergerie, cellier, cuves, deux tuileries et leurs ateliers, jardin, près, terres, vignes et garrigues), 202.000 liv.

(1) Cession gratuite.
(2) Vente amiable.
(3) Bénédictins.

Donzel Jean - Antoine - Isidore - Ulysse, notaire à Nimes. — Voy. *Roche* François-Casimir.

1138. Dormesson Guillaume, ménag. à Aramon. — *Aramon* (*Ursulines*) : 9 mai 1791, olivette 6 1/2 poign., 59 liv.

1139. Dorte, ex-curé de Lédenon. — *Lédenon* (*prieuré*) : 1ᵉʳ juillet 1791, dix pièces 45 ém. 9 boiss., 1.137 liv.

Dorte Étienne, à Garons. — Voy. *Loche* Jean fils.

Dorte Jacques, à Garons. — Voy. *Loche* Jean fils.

Dorte Jacques (autre), à Garons. — Voy. *Loche* Jean fils.

1140. Dorthe Jean. — *Junas* (*prieuré*) : 2 avril 1791, vigne-olivette 267 dext., 1.350 liv.

1141. Dorthe Louis, prop. à Garons. — *Nimes, Bouillargues, Générac* et *Saint-Gilles*, (*chapitre de Nimes, Bernardins* et *chapitre de Saint-Gilles*) : 12 décembre 1853, bois de Campagne (canton de terres-oliviers, 6ᵉ lot), 17 hect. 60 ares, 19.200 fr. (1) ; 12 décembre 1853, bois de Campagne (canton de terres-oliviers, 7ᵉ lot), 22 hect. 30 ares, 24.230 fr. (1).

1142. Dorthe Louis. — *Junas* (*prieuré*) : 2 avril 1791, terre 3 quartons, 625 liv.

Dorte Pierre, à Garons. — Voy. *Loche* Jean fils.

1143. Doulio Jean-Agricol, maçon à Roquemaure. — Laudun (*Célestins d'Avignon*) : 23 nov. 1811, maison, 765 fr.

Doumergue. — Voy. *Domergue*.

1144. Doumergue Antoine, meunier à Montpezal,

(1) Voy. *Aptel* Jean-Louis, la note.

— *Fons-sous-Gardon* (*prieuré*) : 8 brum. an IV, pré ou jardin 4 ém., 14.500 liv. — *Montpezat* (*prieuré*) : 19 therm. an IV, maison curiale, cour et jardin, 15 dext., 2.799 fr. (1).

1145. Doumergue Louis, à Congénies. — *Congénies* (*chapelles Notre-Dame et Saint-Sébastien*) : 13 avril 1791, rachat d'une rente foncière de 3 liv., 60 liv.

1146. Doux Jacques, ex-maire à Caveirac. — *Caveirac* (*prieuré*) : 20 août 1791, olivette, aire et champ, quartier du mas de Renard, 1300 l.

Drevon, femme Dassac, à Beaucaire. — Voy. *Bernavon* Vital aîné.

1147. Drome Jean-Joseph, à Remoulins. — *Remoulins, Saint-Hilaire d'Ozilhan, Sernhac et Vers* (*chapelainie de N.-D. de Bethléem à Remoulins*) : 20 déc. 1790, 24 pièces, soit 13 sal. 96 em. 110 1/2 vest., et *Remoulins* (*prieuré*) : 20 déc. 1790, 3 pièces, soit 2 sal. 4 em. 7 vest., le tout 30.000 l. (2).

1148. Drujon Victor, ménag. à Sernhac. — *Sernhac* (*chapelle Saint-Cérix*) : 3 mars 1791, terre 5 em. 3 civ., 900 l.

1149. Dubec Antoine, cult. à Rochefort. — *Rochefort* (*confrérie de Saint-Bertrand*) : 19 pluv. an V, masure et 6 terres 18 em., 1.428 fr. (3).

1150. Dubois Jean-Pierre fils, aubergiste à Saint-

(1) Vente amiable.

(2) Le 18 mars 1791, il déclara avoir pour associés : *Fabre* Alexandre, maire, *Basquet* Jean, ménager, *Bourgours* François, maréchal, *Gazagne* Alexandre, ménager, *Brun* Jean-Baptiste, postillon, et *Mudaille* Gabriel, maçon, tous de Remoulins.

(3) Vente amiable.

Martin-de-Valgalgue. — *Saint-Martin-de-Valgalgue* (*dominicature*) : 8 juillet 1791, terre-mûriers et oliviers 1 quarte 3 boiss., 525 l.

1151. Dubois Vincent, à Beaucaire. — *Beaucaire* (*Bénédictines*) : 3 niv. an III, partie de maison (1er lot) 82 toises 2 pouces de bâtiment, 14 toises 2 pieds 6 pouces en cour, 10.200 l.

1152. Ducamp Jean, nég. à Nimes. — *Nimes (Rectorerie Sainte-Eugénie*) : 21 mars 1792, maison et église, 20.000 l.

Ducas (femme) à Nimes. — Voy. *Dudon* Jeanne.

1153. Duclap Gabriel, faiseur de bas à Marguerittes. — *Marguerittes (chapelle N.-D.)* : 27 janv. 1791, partie des fonds de cette chapelle (1), 825 l.

1154. Duclap Louis, écrivain à Uzès. — *Ste-Eulalie (bénéfice du lieu, au chapitre d'Uzès)* : 22 août 1793, église, maison presbytérale, jardin-potager, mûriers, et 3 terres de 6 sal. 5 em., et *Ste-Eulalie (chapelle St-Bernard)* : 22 août 1793, terre 4 1/2 em., le tout 4.600 l. (2).

Duclar, à Vénéjean. — Voy. *Malmazet* André (veuve).

1155. Duclaux Jean-Louis, prop. à Alais. — *Alais* (*La couronne*) : 7 mars 1812, matériaux et sol des remparts (12e lot), 398 fr. 23.

1156. Ducros, à Sommières. — *Sommières (La Couronne)* : 22 fév. 1810, partie du terrain dit de la Regourdane dép. du château, 6 m 32 (3).

---

(1) Pour la contenance totale, voy. *Dissé* Magdeleine.
(2) Il déclara avoir agi pour *Joyeux* Louis, nég. de Nimes.
(3) Cession gratuite.

Ducros Jacques, charron à Nimes. — Voy. *Chambaud* Louis.

1157. Ducros Jean, à St-Roman. — *Colognac* (*prieuré*) : 11 oct. 1808, terre 2 a. 58 m., 130 fr.

1158. Ducros Jean, à St-Étienne-d'Escalle. — *St-Étienne d'Escalle* (*prieuré*) : 23 therm. an IV, maison presbytérale 7 dext., 1.800 fr. (1) : 15 fruct. an IV, grenier à foin, cave, écurie, 3 1/2 dext., 216 l. (1).

1159. Ducros Jean-Sébastien, capitaine du génie à Castres. — *Aiguesmortes* et *Saint-Laurent-d'Aigouze* (*Évêque d'Alais*) : 18 juillet 1835, salins de l'Abbé 237 hect. 11 ares 50 cent., et (*Prieur de Saint-Gilles*) : 18 juillet 1835, salins de Saint-Jean, 449 hect. 89 ares 24 cent., le tout 450.500 fr. (2).

1160. Ducros-Latour Antoine, à Sumène. — *Sumène* (*chapelle Ste-Hostie, de Ganges*) : 2 mai 1791, deux terres 3 sct. 5 quartes 2 boiss., 1.225 liv.

1161. Ducros Pierre, à Cannes. — *Cannes* (*prieuré*) : 18 janv. 1791, mûriers 3 set., 170 liv.

1162. Dudon Jeanne, épouse Ducas, à Nimes. — *Nimes* (*chapitre*) : 4 déc. 1790, censive d'une émine blé froment et de 4 sous argent, 245 l. 10 s. 6 d.

---

(1) Vente amiable.

(2) Ducros fut déchu, et le 7 janv. 1837 les salins furent adjugés à Rigal et Cie, nég. à Montpellier, qui déclarèrent, le 9, avoir agi tant pour eux que pour les prop. des salins particuliers de Peccais représentés par MM. *Lichtenstein et Vialars*, *Serres Louis et Cie*, de Montpellier, *Gros* Jean-François, *Conte* Jean et *Vigne* Philippe, d'Aiguesmortes. Le salin de l'Abbé fut d'abord affecté à la dotation de la Légion d'honneur, soit 82.942 francs pour le Gard (vendemiaire an XII), puis refusé (vendemiaire an XIII). — Le salin de l'Abbé figure sur un état des biens invendus au 23 frimaire an XII pour une valeur de 1.800.000 francs, et celui de Saint-Jean pour une valeur de 1.000.000 francs.

1163. Dufau Charles - Augustin, prop. à Saint-Étienne-de-Lolm. — *Mons (prieuré)* : 13 sept. 1791, maison curiale 14 1/2 cannes, jardin 3 boiss., cour 1 boiss. 1 dext., et deux terres 5 quartes 4 1/4 boiss., 3.656 liv. (1).

1164. Dufès Pierre, cult. à Langlade. — *Langlade (prieuré)* : 26 fruct. an v, maison curiale et jardin 12 1/2 dext, vacant appelé le Temple 4 1/5 dext., 2.380 liv. (2).

1165. Dufès Pierre, nég. à Nimes. — *Nimes (Carmes)* : 31 mars 1791, maison sur les chemins de Beaucaire et d'Avignon, 3.075 liv.

1166. Dufour André, à Pujaut. — *Roquemaure (chartreux de Villeneuve)* : 24 juin 1791, domaine dans l'île d'Oiselet et terres de la petite île de la Motte, 73.900 liv. (3). — *Villeneuve (chartreux)* : 27 mai 1793, la maison des Chartreux et ses dépendances, 103.000 liv. (4). — Voy. en outre *Bouvet Marc*.

(1) Cette vente dût être annulée ; nous en trouvons une autre, pour les mêmes objets, au même acquéreur, sous la date du 8 niv. an v, au prix de 2.055 francs.

(2) Vente amiable.

(3) Fit folle-enchère. — Voy. Couissin Étienne.

(4) Fit folle-enchère et la revente eut lieu par lots le 1er therm. an II, savoir :

1er lot bâtiments, Queiranne Pons............	13.600 livres.
2e — — Delsoux Antoine............	16.100 —
3e — jardin, Nourry Joseph................	10.300 —
4e — enclos, 3 ém. 15 cosses, Roux Bernard.	853 —
5e — bât. et 1/2 ém., Queiranne Pons.......	6.075 —
6e — bât. et jardin, Capeau Joseph...........	4.075 —
7e — — Nourry Joseph.........	1.700 —
8e — cimetière et cloître, Ferra Pierre.......	3.025 —
9e — bât. et 4 ém., Jourdan Louis...........	6.250 —
À reporter.........	61.978 livres

Dufour Bruno, à Pujaut. — Voy. *Bouvet* Marc.

1167. Dufour Pierre, notaire et avoué à Uzès. — *Uzès (chapitre)* : 14 fév. 1791, jardin du Portalet et maison attenante, hors la porte de la ville, 7 vest. en tout, 12.800 liv (1).

Dujol (veuve), à Saint-Géniès-de-Comolas. — Voy. *Choisity* Laurent-Antoine.

1168. Dumas Alexis, curé de Saint - Privat. — *Saint - Privat - de - Champclos (prieuré)* : 9 fév. 1791, terre lab. herme, aire, pailler et vigne contiguë, jardin clos de 56 cannes, 2.088 liv.

1169. Dumas Antoine, trav. à Rivière. — *Rivière (bénéfice du lieu)* : 27 septembre 1791, terre-olivette 5 quartes mesure de Saint-Ambroix, 460 liv.

1170. Dumas Jean, maire à Montmirat. — *Montmirat (prieuré)* : 15 mars 1791, 5 pièces 27 quartes 59 dext. 2 boiss., plus un herme aux Sérailles et une olivette à la Coste, 1.050 l.; 17 février 1792, maison curiale 30 l. couvert et 22 l. cour, église 16 l. 1 pied 6 pouces, ancien local de la maison curiale 22 l., le tout 1.034 l.

Report........	61.978	—
10e — bât. et cour, Masse Gabriel...........:.	2.325	—
11e — bât. et cour, Queiranne Jean-Le-Marie.	3.767	—
12e — — Roussière Antoine........	6.350	—
13e — bât. et 5 ém., Sayne Joseph...........	5.400	—
14e — bât. et 7 ém., Queiranne Jean-Le-Marie.	7.797	—
15e — bâtiments, Richet Claude.............	925	—
16e — Celliers et 1/3 enclos, Bonnevaux Joseph.	3.000	—
17e — Celliers et partie enclos, Nourry Joseph.	850	—
Total.................	92.392 livres.	

(1) Cédé à Jacques *Deroche*, ancien prévôt de l'église cathédrale d'Uzès, le 14 mars 1791 (L. Granet, not. à Uzès).

Dumas Jean-Louis fils, à Sommières. — Voy. *La-blache* Louis-Joseph.

Dumas Marie, à Uzès. — Voy. *Robin* Antoine.

1171. — Dumas Mathieu, trav. à St-Mamert. — *St-Mamert (prieuré)* : 16 mars 1791, 13 pièces au total 89 quartes 2 boiss. 127 dext., 2.342 l. 10 s.

Dumas Pierre, à St-Gilles. — Voy. *Charamaule.*

Dumas Pierre, à Concoules. — Voy. *Dussaud* Pierre.

Dumas (veuve) à Uzès. — Voy. Roux Jacques.

Dumas (veuve) à Pont-St-Esprit. — Voy. *Roman* Marie.

1172. Dumazer Jean, à Canaules. — *Logrian (prieuré)* : 16 therm. an IV, maison presbytèrale 32 toises couvert, 1 quarte cour et jardin, 4 1/2 quartes herme, 2.350 fr. (1).—*St-Nazaire* (prieuré) : 17 therm. an IV, maison isolée dans la campagne 30 toises couvert et terrain autour 5 quartes, 925 fr. 50 c. (1).

1173. Dumazer Jean, agr. à Portes. — *Portes (La couronne)* : 12 vent. an III, masure de maison 36 cannes, jardin 36 cannes, vignes 48 cannes, le tout appelé *le Fort,* sis à Peyremale, 450 l.

Dumont Jean, à Uchaud. — Voy. *Mérignargues* Jacques.

1174. Duplan Daniel, cult. à Foissac. — *Foissac (prieuré)* : 21 brum. an V, maison 15 cannes couvert, avec cour 11 cannes, 603 fr. (1).

1175. Duplan Jean-Louis. — *Serviers (prieuré)* : 15 avril 1791, terre 3 cm. 4 vest., 220 l.

(1) Vente amiable.

Duplan Marc, serrurier à Nimes. — Voy. *Chambaud* Louis.

Duplessis Jean, à Beaucaire. — Voy. *Laugier* Gaspard et *Maubernard* Jean.

1176. Duplessis Jean-Joseph, colonel à Vallabrègues. — *Vallabrègues (chapelle St-Michel)* : 29 déc. 1790, terre 3 sal., 5.901 l. — *Vallabrègues (prieuré)* : 13 février 1792, terre 1 sal. 6 em. 4 picol., 1.100 l. (1).

1177. Duplessis Louis-Antoine, propr. à Avignon. — Pouzilhac (Clergé ?) : 14 sept. 1813, terrain 1 arpent 49 perches 83 mètres, section de St-Martin, 468 f.

Duplessis Louis-Antoine, maire de Vallabrègues. Voy. *Duplessis* Jean-Joseph.

1178. Duplessis Pierre, à Saumane. — *St-Martin-de-Corconac (chapelle Ste-Marie)* : 26 avril 1791, terre 2 sel., 865 l.

1179. Duplessis Simon, agr. à Beaucaire. — *Beaucaire (la couronne)* : 4 mars 1813, francs bords inutiles du canal de Beaucaire à Aiguesmortes, 31e lot, 170m 98, — 262 fr.

1180. Dupont Antoine, ménag. à Logrian. — *Logrian (prieuré)* : 19 janvier 1791, terre 4 sel. 3 bois., 700 l.

Dupont Claude, à Aramon. — Voy. Cadenet Honoré.

1181. Dupont Jean, à Montignargues. — *Montignargues (prieuré)* : 22 therm. an iv, maison curiale 6 dext., et jardin attenant 1 1/2 dext., 570 francs (2).

(1) Pour *Duplessis* Louis-Antoine, maire de Vallabrègues.
(2) Vente amiable.

Dupont Joseph, à Aramon. — Voy. *Cadenet* Honoré.

1182. Dupont Nicolas, vitrier à Alais. — *Alais (la couronne)* : 7 mars 1812, matériaux et sol des remparts (21ᵐᵉ lot), 95 fr. 88 c.

1183. Dupont Pierre, à Saint-Bauzély. — *Saint-Bauzély (prieuré)* : 30 octobre 1792, ancienne église, 34 toises 4 pieds, 485 l.

Dupoux Jacques, à Saint-Paulet-de-Caisson. — Voy. *Vidal* Michel.

1184. Du Puy d'Aubignac, à Lasalle. — *Lasalle (prieuré)* : 16 mai 1791, terre 1 quarte 12 dext., 670 livres.

1185. Dupuy François, à Saint-Julien. — St-Julien-de-Peyrolas *(prieuré)* : 18 janv. 1791, terre 7 ém., moins 3 ém. 1 boiss. 3 lid., 800 l.

1186. Dupuy Pierre, ménag., à Bellegarde. — *Bellegarde (chapelle de Saint-Jean-Baptiste)* : 13 janv. 1791, 3 pièces terre 2 sal. 1 ém. 2 picot., 2450 livres.

Dupuy (veuve) à Sommières. — Voy. *Alledebeuf* Françoise.

1187. Durand, à Sommières. — Sommières *(la couronne)* : 22 fév. 1810, partie du terrain dit la Regourdane dép. du château, 4 m. 05 (1).—1 août 1813, partie du sol et matériaux des remparts (21ᵉ lot), 122 fr.

1188. Durand Adolphe, percepteur à Vauvert. — *Aiguesmortes (la couronne)* : 6 janvier 1846, terrain

(1) Cession gratuite.

rive gauche du chenal au Grau-du-Roi (7 ares 64) sur lequel est établi un établissement de bains, 129 fr. 96 (1).

1189. Durand Antoine, à Masmolène. — *Masmolène (chapelainie)* : 8 vend, an III, terre 7 ém. 4 vest., 520 l.

1190. Durand Charles, aubergiste à Alais. — *Alais (chapelle Saint-Jacques)* : 4 avril 1791, rente fonc. de 164 l. sur une maison rue Valaurie, 2900 l.

Durand Claude, à Saint-Gilles. — Voy. *Charamaule*.

Durand Henry, berger, à Générac. — Voy. *Amphoux* Henry.

1191. Durand Jean, à Villeneuve. — *Pujaut (chartreux de Villeneuve)* : 19 flor. an v, hermes 2 sal., 484 l. (2).

1192. Durand Jean-Joseph-Catherine, recev. du canal à Beaucaire. — *Beaucoisin (Bernardins)* : 30 janvier 1815, bois de Franquevaux 223 hect., 87.000 francs. (3).

1193. Durand Louis. — *Saint-Théodorit (prieuré)* : 27 avril 1791, terre 8 set. 1 quarte, 660 l.

1194. Duschet Barthélemy, à Castelnau. — *Castelnau (abbaye de Bagnols)* : 12 avril 1792, terre herme à Cantarel 3 quartes, 8 l., 4 s. — *Castelnau (prieuré)* : 21 août 1793, maison presbytérale avec écurie, pailler, hangar et basse-cour close, 2.100 l. ;

(1) Vendu par arrêté préfectoral.
(2) Vente amiable.
(3) Le 31, il fit élection en faveur de *Martin* Pierre-Antoine, aîné négociant à Tarascon.

2 frim. an VIII, ancien cimetière 1 boiss. 1 dexi.; 51 fr.

1195. Dussaud Pierre, à Aujac. — *Concoules* (*chapelle N.-D. de Pitié*) : 25 juillet 1791, métairie des Ribes, 6.600 l. (1).

1196. Dussuel Théodoril, ménag. à Gaujac. — *Gaujac* (*bénéfice du lieu*) : 21 mars 1791, 14 terres, prés, aire et maison claustrale, cour et jardin, au total 2 sal. 29 cm. 34 boiss., 14.700 l. (2).

1197. Duverdier Henri, prop. à St-Jean-de-Serres. — *St-Jean-de-Serres* (*dominicature*) : 5 fruct. an III, jardin 1 boiss., 7 terres soit 21 sel. 1 quarte, pré 2 sel. 3 quartes 1 boiss., vigne 5 sel. 2 quartes, 40.300 l. (3).

1198. D'Ysarn, chev. de St-Louis, maire de Blauzac. — *Blauzac* (*prieuré*) : 17 avril 1791, terre 6 cm., 264 l.

1199. Ecal Antoine, à Alais. — *Saint-Ambroix* (*1re orig. ?*) : 6 sept. 1809, rochers et terres vaines 42 hect. 76 a. 58 (3e lot), 10.300 fr.

1200. Emery Antoine-Joseph-Xavier, présid. du trib. de dist. de Beaucaire. —*Beaucaire* (*Ursulines*) : 28 mars 1791, d maine du Grès, bâtiments et 170 sal. 49 cm. 9 picot. terres, 104.000 l.

1201. Encontre Eustache, ainé. —*Sommières (La*

(1) Déclara avoir agi pour *Dumas* Pierre, fermier de cette métairie.

(2) Revente: Voy. *Nathon* Gabriel

(3) Déclara avoir agi tant pour lui que pour Joseph *Vernassal* et Jean Béchard, de St-Jean-de-Serres, et pour François *Jullien* d'Alais.

couronne) : 1 août 1813, partie du sol et matériaux des remparts (8° lot), 52 fr.

Entraigue (d') Louis-Marie, à Nîmes. — Voy. Dentraigue.

1202. Escudier Hugues, droguiste à Nîmes. — *Nîmes (Recollets)* : 19 mess. an IV, lopin de terre dans l'enclos des Recollets, conf. au Nord les lavoirs, 230 toises carrées, 1584 f. (1)

Espanet Claude, à St-Etienne-d'Escatte. — Voy. *Barin.*

1203. Espérandieu. — *(Ursulines, 1er monastère)* : 5 fév. 1793, 6 portions de la maison conventuelle, savoir : 1re partie, conf. au Midi l'Agau ; 2° partie, conf. au Midi partie des jardin et maison ; 3° partie, conf. au Midi l'Eglise ; 4° partie, conf. au Midi Alde-bert (2) ; 5° partie, conf. au Levant une partie du jardin, et au Midi Prat ; 8° partie, conf. au Levant la cour commune avec Prat, au couchant de la rue des Flottes, le tout 90.900 fr. (3).

1204. Espérandieu Jean, ménag., à Foissac. — *Foissac (prieuré)* : 18 mars 1791, terre au clos 11 ém., 2200 l. ; 16 avril 1792, église, 300. (4).

Espérandieu (Veuve) née Suel, à Uzès. — Voy. *Phéline* Adrien.

(1) Vente amiable ; ce lopin de terre avait été acquis des Re-collets par la Commune.

(2) Ces quatre parties ont pour confront, au Levant, la rue du Grand Couvent.

(3) Il fit élection, le 7, en faveur de : *Lagorce* Jean, nég. à Nîmes, (1, 2, 3 et 8° parties) 54. 720 l. 18 s ; — *Vincens-Valz* Alexandre, nég. à Nîmes, (4° partie où est l'église), 22.611 l. 18 s. 9 d ; *Imbert* Etienne (5° partie) 13517 l. 3 s. 3 d. — Voy. Lagorce Jean et Valz Vincent.

(4) Agissant pour François-Joseph de la Rouvière, seigneur de Foissac.

Essénat Guillaume, à Roquemaure. — Voy. *Fauré* Simon.

Establet André, à Pujaut. — Voy. Bouvet Marc.

1205. Estève Jacques, maçon à Nimes.—*Redessan* *(prieuré)* : 15 pluv. an III, jardin du prieur 25 dext. ou 1 ém., 7050 l. (1). — Voy. en outre *Nolhac* Jean aîné.

1206. Estornel Jean-François, à Pujaut. — *Pujaut* *(La Commune)* : 22 pluv. an VI, vacant de 92 pieds carrés, 66 f. *(2)*.

Estournel François, à Pujaut. — Voy. *Bouvet* Marc.

1207. Etienne Guillaume, à Sommières. — *Som·* *mières (La Couronne)* : 1 août 1813, partie du sol et matériaux des remparts (17e lot), 44 f.

1808. Etienne Pierre, agr., à Beaucaire. — *Beau·* *caire (Ordre de Malte, com. d'Astros)* : 12 niv. an III, domaine de St-Pierre (44e lot), terre 1 sal., 2900 l. — Voy. en outre *Michel* Raymond.

Etinelly Pierre, à St-Gilles. — Voy. *Charamaule.*

Eure (François-Jérôme d'), à Pont-St-Esprit. — Voy. *Codure-Deglan.*

Evesque Jean, à Sauveterre. — Voy. *Pouzon* Guillaume.

1209. Eybert Guillaume, coloriste, à Beaucaire.— *Beaucaire (Ordre de Malte, com. d'Astros)* : 9 frim. an III, domaine de St-Pierre (23e lot), terre 1 sal. 6 picot., 3.950 l.

1210. Eybert Jean-Louis, Md de cuirs, à Beaucaire. — *Beaucaire (La Couronne)* : 4 mars 1813, francs-

(1) Voy. Chapel Antoine.
(2) Vente amiable.

bords inutiles du canal de Beaucaire à Aiguesmortes, (28ᵉ lot), 245ᵐ, 16 c., 435 f.

1211. Eymard Jacques-Louis, à Tresques. — *Tresques (Chartreux de Villeneuve et Prieur de Tresques)* : 16 Mars 1791, 4 pièces ensemble 6 sal. 12 ém. 2 lid. 10 boiss., 4612 l. — *Tresques* (2 chapelles du lieu) : 12 mai 1791, terre 1 sal. 3 boiss., 1,204 l. 15 s.

1212. Eymieu Joseph, trav., à Aramon.— *Aramon (Chartreux de Villeneuve)* : 11 juin 1791, olivette 3 ém. 2 poign., 99 l.

1213-1214. Eymieu Joseph et Blanc Antoine, trav., à Aramon. —*Aramon (Chartreux de Villeneuve)* : 9 mai 1791, terre 1 ém. 5 1/4 poign., 310 l.

Eyroux-Praden, nég., à Nimes. — Voy. *Fabrot* François.

Eysselle. — Voy. Isselte.

Eysselte Etienne, à Meynes. — Voy. Comte Jacques.

Eysselte Philippe, notaire, à Beaucaire. — Voy. Bialès (héritiers).

Fabre, à Cambo. — Voy. *Ginoulliac* Pierre aîné.

Fabre, à Carsan. — Voy. *Boni* Joseph.

1215. Fabre Alexandre, nég. à Nimes. — *Nimes (La commune)* : 27 fruct. an iv, vacant de 60 toises carrées, conf. du Midi, « une muraille dépendant du pavillon du Jeu du Mail », 110 fr. (1).

Fabre Alexandre, maire à Remoulins. — Voy. *Drome* Jean-Joseph.

1216. Fabre André. — *Nimes (La commune)* : 3 fruct. an ix, terrain dépendant des fossés, murs et tour de ronde de la ville, 4.900 mètres carrés en

(1) Vente amiable.

parties, conf. savoir : la 1re, au N., la place de l'a-
breuvoir, à l'E. la rue projetée vis-à-vis la Maison
Carrée et au S. la place de la Comédie ; la 2e, au
N. la place de la Bouquerie, au S. la rue de l'Agau,
au C. la place de l'Abreuvoir ; la 3e, au S. la place
de la Bouquerie, au C. la rue Bonaparte projetée en
face la Maison Carrée, au N. une rue projetée formant le prolongement de celle des fours de la Munitionnaire ; la 4e, au N. cette dernière rue des
fours de la Munitionnaire, à l'E. la place de la Bouquerie faisant face au Grand Cours ; la 5e, au N. la
rue de la Bouquerie, à l'Est la place de la Bouquerie, au S. celle de l'abreuvoir, 5.250 fr. (1).

Fabre Antoine, ménag. à Aramon. — Voy. *Cadenet* Honoré.

Fabre Antoine, traiteur à Aramon. — Voy. *Cadenet* Honoré.

Fabre Antoine, à Générargues. — Voy. *Cabanis*
Pierre.

1217-1218. Fabre Étienne et Fabre Jacques, à
St-Jean-de-Ceyr. —*St-Jean-de-Ceyrargues (prieuré)*:
15 vend. an v, maison presbytérale avec cour et jardin attenant de 5 boiss., 2.018 fr. (2).

Fabre François (femme de) à Nimes. — Voy.
Coustier Marie.

---

(1) Le 7, il fit déclaration de command en faveur des riverains
suivants : *Rocheblave* fils, prop., *Rocheblave* père, *Nonlet* pour sa
fille mineure Marguerite *Nonlet*, *Cabane*, *Laurent*, *Alibert* Pierre,
Rey-Randon, *Fajon*, *Chambaud*, *Bigot*, *Jullian* Jacques, *Perrier*
veuve de Jean *Donnadieu* et *Chambaud* Louis, lesquels en leur
qualité de riverains réclamèrent le bénéfice du droit de préemption
réservé au cahier des charges. Il fit également déclaration de
command pour *Vanel. Boulet* et Suzanne *Roussel* veuve *Rocheblave*, Françoise *Gounin*, *Neiran* ou *Leiran* Pierre.

(2) Vente amiable. — Le 16 il fit élection en faveur de *Bourguet*
Suzanne femme de *Nathieu* Jean-Jacques, de Nimes.

Fabre (hoirs) à Alais. — Voy. *Bosanquet-Cardet*.

1219. Fabre Honoré, lieut. de gend. à Uzès. — *Uzès (Chapitre)* : 19 mess. an IV, maison, avec cour et jardin, appelée Prévoté, 6.208 l. 10 s. (1).

1220. Fabre Jacques, ménag. à St-Jean-de-Ceyrargues. — *St-Jean-de-Ceyrargues (prieuré)* : 16 avril 1792, aire de 3 boiss. environ, 210 l. — Voy. en outre *Fabre* Étienne.

1221. Fabre Jacques, agr. à Beauvoisin. — *Vestric (chapelle N. D. des Portes)* : 22 mars 1791, divers fonds 27 set. 21 dext., 8.700 l.

1222. Fabre Jean, à Nîmes. — *Montfrin (chapelle St-Martin)* : 14 septembre 1809, herme appelé chapelle St-Martin 15 ares 25 c., 125 fr. (1). — *Montfrin (chapelle de St-Jean-des-Vignes)* : 14 septembre 1809, terrain appelé chapelle de Saint-Jean-des-Vignes 8 ares 35 c., 105 fr. (1). — *Théziers (1re origine ?)* : 14 septembre 1809, maison appelée la Forge, 24 m. c. 305 fr. (1).

1223. Fabre Jean, huissier à Nîmes. — *Domazan (1re origine)* : 6 septembre 1810, vigne en 3 corps 2 hect. 45 ares, 109 fr.

1224. Fabre Jean, à Lèques. — *Lèques (prieuré)* : 7 avril 1791, 8 pièces, au total 32 quartons 97 dext., 760 l.

1225. Fabre Joseph, à Aramon. — *Aramon (chapelle St-Pancrace dite Jonglaresse)* : 16 janvier 1791, herme 1 ém., 1 poign., 115 l.

1226. Fabre Joseph, ménag. à Valiguières. — *Valiguières (prieuré)* : 16 mars 1792, 3 terres au total 22 ém. 6 dext., 2.825 l.

(1) Vente amiable.

Fabre Joseph, à St-Laurent-de-Carnols. — Voy. *Deydier* Simon.

1227. Fabre-Lichaire Gustave, prop. à Nimes. — *Nimes, Bouillargues, St-Gilles* et *Générac* (Chapitre de Nimes, Chapitre de St-Gilles et Bernardins) : 12 déc. 1853, bois de Campagne (canton de Val de Signan, 19ᵉ lot) 32 hect. 45 ares bois, 1 hect. 27 ares terres, 36.700 fr. (1). — Voy. en outre *Bonneru* Charles-Maxime-Joseph.

1228. Fabre-Lichaire Henri, prop. à Nimes. — *Nimes, Bouillargues, St-Gilles* et *Générac* (*Chapitre de Nimes, Chapitre de St-Gilles* et *Bernardins*) : 16 fév. 1833, bois de Campagne (coupe nº 3, dite la Garga-vaille) 28 hect. 43 ares 80 c., 37.100 (1).

1229. Fabre Louis, ménag. à Aimargues. — *Aimargues* (*prieuré St-Saturnin*) : 22 janv. 1791, champ 6 carteirad. 3 quartons, 2.000 l.

1230. Fabre Paul, nég. à Aramon. — *Aramon* (prieuré de St-Pierre-du-Terme) : 15 fév. 1792, maison, église et cimetière de St-Pierre-du-Terme, 2.200 l. ; — *Aramon* (Minimes d'Avignon) : 14 déc. 1792, 6 oli-vettes 1 sal. 7 cm. 20 poign., 2.400 l.

1231. Fabre Pierre. — *St-Gervais-lès-Bagnols* (Chartreux de Valbonne) : 18 mars 1791, terre de la Réalle, 1.800 l.

Fabre Pierre, charpentier à Nimes. — Voy. *Cham-baud* Louis.

Fabrègue père et fils, à St-Gilles. — Voy. *Chara-maule*.

---

(1) Voy. Aptel Jean-Louis, la note.
(2) Bénédictins.
(3) Voy. Boucaud Pierre.

1232. Fabrègue Jean, nég. à St-Gilles. — *St-Gilles* (Abbé de St-Gilles) (2) : 3 mai 1791, le bac à traill sur le Rhône, 17.000 l. (3).

Fabrègue Jean oncle, à St-Gilles. — Voy. *Charamaule*.

1233. Fabrègue Jean-Louis, nég¹ à St-Gilles. — *St-Gilles* (*Ordre de Malte, g⁴ prieuré de St-Gilles*) : 1 vend. an IV, le domaine de Claire-Farine, comprenant bâtiments, cabanes et cabanons d'exploitation, 198 sal. terres, 259 sal. herbages et 183 sal. palus et marais, 3.500.000 l. (1) ; — *St-Gilles* (*Abbaye de St-Gilles*) (2) : 30 janv. 1815, bois d'Espeiran 268 hect. 38 a. 82, c. 172.000 fr. (3). — Voy. en outre Defferre Isaac.

Fabrol Joseph, à Villeneuve. — Voy. Caulet Étienne.

1234. Fabrol François, droguiste à Nimes. — *Margueriltes* (Légat-Pie joui par le ci-d¹ curé, *fondé par Antoine Saurin): 2 mai 1791, les champs, vignes et olivettes formant ce Légat, 5.650 l. (4).

Fachet Franc, à Aimargues. — Voy. *Rampon* Pierre.

Fago Jean, à Beaucaire. — Voy. *Michel* Raymond.

1235. Faïsse David, petit-fils, march. tanneur à Saint-Hippolyte. — *Saint - Martin - de - Corconac*

---

(1) Le 2, il déclara avoir agi tant pour lui que pour *Nestre* Robert, *Guinard* Pierre, *Marignan* Étienne, *Marignan* Firmin, *Granaud* Jean, *Pérouse* fils, *Vally* Jacques, *Brun-Granaud* Antoine, *Allier* Pierre et Jean *Michel*, de St-Gilles, et Louis *Isnard*, tanneur de Nimes, tous par égale part.

(2) Bénédictins.

(3) Le 31, il fit élection en faveur de Jean-Baptiste-Félix *Sabatier* propr. à Montpellier.

(4) Cédé à *Eyroux-Praden*, négt à Nimes, le 10 juin 1791. (Mᵉ Gasquet, not. à Margueriltes).

(*Hôpital d'Alais*) : 22 therm, an III, domaine de Carrière 252 sct. 1 quarte, 110,000 liv. (1).

Fajon   , à Nimes. — Voy. *Fabre* André.

Fajon Louis fils, à Nimes. — Voy. *Franc* Pierre.

1236. Falguier   , curé. — *Sainte-Croix-de-
Caderle* (*prieuré*) : 2 août 1791, vigne, 1 quarte
6 dext., 175 liv.

1237. Fanguin Jean. — *Vergèze* (*chapelle Saint-
Eustache*) : 17 mars 1791, vigne 8 sct., 3.850 liv.

1238. Farde Jean, travailleur à Aramon. — *Domazan* (*Ursulines d'Aramon*) : 24 mai 1791, vigne
6 ém., 143 liv. — Voy. en outre *Cadenet* Honoré.

Farde Jean-Joseph, à Aramon. — Voy. *Cadenet*
Honoré.

1239. Farde Joseph, ménag. à Aramon. — *Aramon* (*chapelle de l'Annonciation*) : 9 mars 1791,
16 pièces au total 5 sal. 46 ém. 44 5/6 poign.,
21.600 liv. (2).

Farde Pierre, à Aramon. — Voy. *Farde* Joseph.

1240. Fargès Antoine, prop. à Saint-Hippolyte-de-
Caton. — *Saint-Hippolyte-de-Caton* (*dominicature*) :
5 niv. an II, vigne 5 quartes, 180 liv.

Fargeon, cons. à la Cour de Nimes. — Voy. Canal
de Beaucaire.

Faucher   , à Roquemaure. — Voy. *Mille* et
Faucher.

Faucher Antoine, à Saint-Gilles. — Voy. *Defferre*
Isaac.

Faucher Étienne, à Roquemaure. — Voy. *Faure*
Simon.

---

(1) Déclara agir tant pour lui que pour Jean-Louis et Hippolyte
Latour frères, tanneurs à Saint-Hippolyte.

(2) Tant pour lui que pour Pierre *Farde*, son fils.

Faucher Jean, ménag. à Garons. — Voy. *Loche* Jean fils.

Faucher Pierre, ménag. à Vauvert. — Voy. *Maraval* Jacques.

1241. Fauchier Pierre, à Roquemaure. — *Roquemaure (Religieuses du Verbe incarné)* : 9 fruct. an ii, 3ᵉ lot du couvent servant ci-devant de club, 26 cannes de couvert, 14 cannes 1 pan de cour, 5.175 liv.

1242. Faucon Jean fils, à Beaucaire. — *Beaucaire (ordre de Malte, com. d'Astros)* : 17 brum. an iii, domaine de St-Pierre (10ᵉ lot), terre 7 ém. 9 picot., 3.000 liv.

1243. Faucon Jean père, agr. à Beaucaire. — *Beaucaire (ordre de Malte, com. d'Astros)* : 17 brum. an iii, domaine de Saint-Pierre (7ᵉ lot), terre 6 ém. 1 picot., 3.000 liv.; (15ᵉ lot), terre 1 sal. 2 picot., 2.825 liv.; (16ᵉ lot), terre 1 sal. 2 picot., 2.700 liv.

Faugar Jean, à Pujaut. — Voy *Bouvet* Marc.

1244. Fauquet Jean fils, bourgeois à Meynes. — *Meynes (Chapitre de Montpellier)* : 1er fév. 1791, terre 3 ém. 7 3/4 poign. et *Meynes (chapelle Notre-Dame)* : 1er fév. 1791, terre 5 ém. 4 1/4 poign., 3.037 liv.

Fauquier Louis, à Uchaud. — Voy. *Mérignargues* Jacques.

1245. Faure Claude. — *Roquemaure (Religieuses du Verbe incarné)* : 18 mai 1793, couvent et ses dépendances, 9,000 l. (2) ; 9 fruct. an ii, couvent (1er lot), la chapelle 22 cannes de couvert, 1.400 l.

(1) Dût faire folle-enchère ; le couvent fut revendu en 4 lots le 9 fruct. an ii: Voy. Béraud Jean, Bourely Claude, Fauchier Pierre et la suite du présent numéro.

(2) Revente par suite de la folle-enchère de *Fournier Jean*.

1246-1248. Faure Claude, Granet Louis et Clerc Jean-Baptiste. — *St-Laurent-de-Carnols (Chartreux de Valbonne)* : 14 oct. 1791, domaine de Gubernail et cabaux, 19.400 l. (1).

1249-1254. Faure Jean, Sève Honoré, Bernavon Pierre, André Pierre, Vanel Guillaume et Vanel Louis, de Beaucaire. — *Beaucaire (Chartreux de Bompas)* : 15 déc. 1792, maison rue de la Teinture, 10,400 l.

1255. Faure Louis — *Pont-Esprit (Ursulines)* : 4 fév. 1793, partie de la maison, 17.700 l.; 6 févr. 1793, petite maison, 1,400 l.

1256. Faure Louis, agr. à Beaucaire. — *Beaucaire (Ordre de Malte, comm. d'Astros)* : 23 niv. an III, terre (6ᵉ lot) 4 ém. 4 picot., 2,050 l. ; 25 vent. an III, domaine des Perprèzes (3ᵉ lot) terre 1 sal., 2,750 l.; 26 vent. an III, domaine des Perprèzes (12ᵉ lot) terre 1 sal., 1,000 l.

1257-1280. Faure Simon, nég., Grousset Jean, Essinat Guillaume, Larnac Pierre cadet, Sufren Laurent, Michel Jean, Rousset Jean, Puvet Philippe, Rigaud Blaise, Rivaud Bernard-Richard, Rousset Claude, Bouzon Jacques, Machard Joseph, Hugue Mathieu, Bonnaud Jean, Audemard André, Rambaud Guillaume, Bouzon Michel, Quatrier Joseph, Patris Joseph, Faucher Étienne, Malandran Étienne, tous de Roquemaure, Aubert Simon et Gros Pierre, de Montfaucon. — *Vallabrègues (chapelle de St-Pierre et St-Paul)* : 21 juillet 1791, terre 7 sal. 4 ém., 6,300 l.

1281. Favant, homme de loi à Sommières. — *St-Come (chapelle Ste-Anne)* : 29 janv. 1791, maison et cour 14 1/4 dext. moins 9 cannes, et 21 pièces terre,

(1) Revente par suite de la folle-enchère de *Fournier* Jean.

au total 15 sal. 116 ém. 148 dext., 88,100 l.; — *Congénies (chapitre de Nîmes)* : 14 mars 1791, moulin à huile
et 16 terres, au total 11 1/2 set. ; *Congénies (prieuré
du lieu)* : 14 mars 1791, 4 pièces : soit 10 set.,
5 quart. 91 dext. et *Congénies (prieuré de Poulx)* :
14 mars 1791, 2 lopins de terre dont un de 20 dext.,
le tout 15,300 l.

1282. Favant Étienne, nég. à Alais. — *St-Hilaire-
de-Brethmas (Ordre de Malte, comm.....)* : 28 brum.
an III, herme raysse pâturage et rochers 67 quartes
1 boiss., 2,135 l.

1283. Favant Étienne fils aîné, à Alais. — *St-Hilaire-de-Brethmas (Ordre de Malte, comm.....)* :
17 fruct, an II, terre 40 quartes 3 boiss. 10,000 l.;
Portes (la Couronne) : 11 vent. an III, pré 18 quartes, 7,575 l. et pré 15 quartes, 1,550 l.

1284. Favant François, nég., à Alais. — *Alais
(abbaye St-Bernard)* : 14 fév. 1791, rente foncière
de 30 l. sur une maison rue des Mourgues, 600 l.

1285. Favant Pierre, nég , à Alais. — *Cardet
(ordre de Malte, comm. de Saint-Christol)* : 18 vent.
an III, terre 23 quartes 1 boiss., 4.525 l. ; *id.* 91
q tes 2 boiss., 17.500 l. ; *id.* 41 quartes 2 boiss.
8.100 l. ; *id.* 3 sal. 9 quartes, 12.800 l. ; *id.* 5 sal. 3
quartes 2 boiss., 15.700 l. ; *id.* 2 sal. 15 quartes
1 boiss., 7.750 l. ; *id.* 2 sal. 14 quartes 1 boiss.,
14.100; *id.* 2 sal. 12 quartes 23 dext., 1.625 l. (1).

1286. Favas Bernard, prop., à Sommières. — *Sommières (La Couronne)* : 1 août 1813, partie du sol et
matériaux des remparts (13e lot), 41 f.

(1) Il déclara avoir agi au nom de Jean Denis-Marie Bozanquet,
prop. à Alais, pour toutes ces parcelles.

1287. Fayet Antoine, à Beaucaire. — *Beaucaire* (*Cordeliers*) : 21 mai 1791, maison « gache de cura-terie », 6.050 l. ; 21 prair. an III, terre (2ᵉ lot) 20 toises 1 pouce 4 lignes, 1.200 l.

1288. Fayn Jean-Baptiste-Florent, notaire, à Beaucaire.—*Beaucaire* (*La Couronne*) : 4 mars 1813, francs bords inutiles du canal de Beaucaire à Ai-guesmortes (12ᵉ lot) 207ᵐ 36 c., 215 f.

1289. Felgière Antoine, à Saûmane. — *Saumane* (*Chapelle St-Sébastien*) : 14 pluv. an II, pré 12 quar-tes 22 3/4 dext., 8.425 l.

1290. Félines Adrien, fabᵗ d'étoffes de soie, à Nimes. — *Nîmes* (*La Couronne*) : 15 pluv. an III, 11ᵉ division des terrés qui entourent la Citadelle, 500 cannes environ, 1.250 l. (1); 15 juin 1809, vacant faisant partie des glacis de la Citadelle, conf du L. le grand chemin d'Alais projeté et du N. une rue nouvellement ouverte, 650ᵐᵉ, 660 f.

1291. Félines Claude, à Aimargues.— *Aimargues* (*Chapelle de Jean Audouin*): 2 mars 1791, 11 pièces au total 17 carl. 20 quart. 48 dext., 5958 l. 10 s. (2).

1292. Félines Pierre-Brice, ménag., à Aramon.—*Aramon* (*Ursulines*) : 6 juin 1791, olivette 3 ém. 7 3/4 poign., 203 l.

1293. Fenouil Antoine, ménag., à Meynes. — *Meynes* (*Chapître de Montpellier*) : 18 mai 1791, terre 1 ém. 6 poig., 220 l.

(1) Doit faire double emploi avec *Phélins* Adrien.

(2) Biens cédés à Jean-Antoine *Lamy*, agent de change à Nimes, Pierre *Vesson*, Jean *Boissière*, bourgeois, Jean *Vals*, Pierre-Etienne *Savoye*, Antoine *Dermenon*, Antoine *Lambon*, Augustin *Gautier*, Jacques-Antoine *Toiras*, ami élu d'Etienne *Soulier*, tous d'Ai-margues, suivant actes des 27 avril, 15 mai, 8 et 16 oct. 1791, 12 janv., 12 et 15 mars 1792. (MMᵉˢ Coissardet Carbonnier, not.)

1294. Fenouil Jean, à Meynes. — *Meynes (chapelle St-Sébastien)* : 18 mai 1791, olivette 4 ém., 93 l.

Fermaud Jacques, à Orthoux. — Voy. *Rivière* Jean-Antoine.

Ferrand, à St-Paulet-de-Caisson. — Voy. *Flandin.*

1295. Ferrand Marie, veuve Combe, à Bagnols. — *Bagnols (prieuré)* : 17 nov. 1791, domaine de Carmignan, 99.000 l. — *Bagnols (prêtres de St-Joseph)* : 28 déc. 1792, maison rue St-Roch, n° 26, 670 l. ; 28 déc. 1792, maison rue de la Vitrerie, n° 27, 790 l.; 29 déc. 1792, autre maison, 1.535 l. ; 4 janv. 1793, domaine en 19 pièces soit 50 sal. 70 ém. 56 boiss. 9 lid., 64.100 l. — *Bagnols (Les chapelains)* : 5 janv. 1793, 6 terres soit 10 sal. 26 ém. 16 boiss. 3 lid. et petit bâtiment avec petit jardin près la ville, 25.100 l.

1296-1297. Ferrand Pierre et Bruguier Henri. — *Bagnols (Prieur de St-Gervais)* : 11 mars 1791, garrigue 3 sal. 2 ém. 4 cannes, 380 l.

1298. Ferrand Robert, à Villeneuve. — *Rochefort (Bénédictins)* : 12 avril 1791, métairie des Berlatières 36 sal. 6 ém., 18.500 l. — Voy. *Ferraud.*

1299. Ferral Pierre, à Villeneuve. — *Villeneuve (Chartreux)* : 1 therm. an ii, La Chartreuse (8° lot, le cimetière et 7 cellules), 3.025 l.

Ferraud Robert, à Villeneuve. — Voy. *Anastay* Gabriel et *David* Claude.

Ferréol Jacques, à Tavel. — Voy. *Vissac* Vincent.

Ferréol Joseph, à Pujaut. — Voy. *Bouvet* Marc.

Ferréol Vincent, à Pujaut. — Voy. *Bouvet* Marc.

Ferrier Jean, trav. à Générac. — Voy. *André* François.

1300. Ferrière Jean, presseur à Nimes. — *Nimes* (*chapelle St-Simon et St-Jude*) : 10 janv. 1791, champ à Terre-Aube, 2.675 l.

Ferry (Anne Blanc, née), à Nimes. — Voy. *Blanc* Anne.

Fesq (du) Joseph-Henri, à St-Julien-de-la-Nef. — Voy. *Massal* Antoine.

Fesquet   , à Nimes. — Voy. *Peyre.*

1301. Fesquet Louis, facturier à Anduze. — *Anduze* (*religieuses du Verbe incarné*) : 29 octobre 1792, maison, enclos et cour, rue de la Bouquerie, 206 toises 2 pieds ; terre-mûriers, où se trouve la prise des eaux qui se répandent dans l'enclos, 4 quartes 16 1/2 dext., le tout 37.000 l.

1302. Fevat Jean-Joseph, à Beaucaire. — *Beaucaire* (*Abbesse de Beaucaire*) : 14 avril 1791, métairie de Valescure comprenant : bâtiments 30 cannes, bois 50 sal., terres 14 sal. 10 ém. 8 picot., 16.400 l.

1303. Figon André, à Rodilhan. — *Bouillargues* (*Chapitre de Nimes*) : 17 déc. 1790, vigne et champ 6 ém., 455 liv. ; 8 fév. 1793, petit champ, 200 liv.

1304. Figuier Jacques, à Villevielle. — *Villevielle* (*prieuré*) : 28 therm. an IV, maison presbytérale et cour 39 toises carrées, 720 liv. (1).

1305. Figuière François, maçon à Beaucaire. — *Beaucaire* (*Religieuses de la Providence*) : 19 flor. an III, bâtiment de la Providence (1er lot), 1.100 liv.

Figuière Poncet, à Beaucaire. — Voy. *Michel* Raymond.

1306. Figuière Poncet fils, agr. à Beaucaire. — *Beaucaire* (*ordre de Malte, comm. d'Astros*) :

_____

(1) Vente amiable.

26 vent. an iii, domaine des Perprèzes (13ᵉ lot), terré 1 sal., 850 liv.

Firmas-Périès Jean-Louis, maire d'Alais. — Voy. *commune d'Alais* et *Hospices d'Alais.*

1307. Firmas Rosalie-Lucrèce, veuve Petit, prop. à Alais. — *Alais (la Couronne)* : 7 mars 1812, matériaux et sol des remparts (24ᵉ lot), 706 fr. 59.

1308. Firmin Élzéard, à Vallabrègues. — *Vallabrègues (la Fabrique)* : 19 germ. an iii, terre 1 ém. 7 2/3 picot., 1.000 liv.

1309-1310. Flandin et Ferrand, à Pont-St-Esprit. — *Saint-Paulet-de-Caisson* et *Carsan (Chartreux de Valbonne)* : domaine du Canel avec son ténement, une plantation de mûriers, deux autres terres et cabaux, 40.000 liv.

1311. Flandin André, à Tharaux. — *Tharaux (prieuré)* : 13 avril 1792, terre 10 boiss., 385 liv.

Flandin Antoine, à Saint-Paulet-de-Caisson. — Voy. *Galibert* Jean-Pierre et *Méric* Jean-Vincent.

1312. Flandin Étienne, fils de Louis. — *Saint-Christol-de-Rodières (prieuré)* : 17 mars 1791, deux terres soit 1 ém. 10 boiss., 270 liv.

1313. Flandin Honoré, ménag. à Collias. — *Collias (chapelles Saint-Pierre* et *Saint-Paul)* : 13 avril 1791, terre 1 ém., 150 liv.

1314. Fléchaire Michel, prop. à Avignon. — *Aramon (la commune)* : 26 août 1811, métairie du Mouton servant d'auberge (bâtiments), 4.425 liv.

Flory Jean, à Garons. — Voy. *Loche* Jean fils.

1315. Flour Jean-Baptiste. — *Pont-Saint-Esprit (Dominicains)* : 11 mai 1791, hospice des Dominicains avec église et terres environnantes, 6.325 liv.

1316. Flouret Élzéard, courtier à Beaucaire. —

Beaucaire (ordre de Malte, comm. d'Astros) :
23 niv. an III, terre (8e lot) 6 ém., 3.400 liv.

1317. Floutier Jacques, prop. à Lédignan. — Saint-
Bénézet (prieuré) : 26 juin 1791, deux olivettes et une
aire, en tout 28 quartes, 2.400 liv.

1318. Folcher Pierre, aubergiste à Génolhac. —
Génolhac (dominicature, chapelles St-Jacques, Sainte Catherine, Notre-Dame-de-Pitié et Chapelain de
l'Obit) : 23 fruct. an III, pré, châtaign. et rochers,
20 quartes 5 boiss., 65.000 liv. ; 23 fruct. an III, pré,
châtaign. et rochers, 10 quartes 3 boiss., 50.000 liv.

1319. Fontane Gabriel-Simon. — Aiguesmortes
(La Couronne) : 22 déc. 1842, terrain conf. au L. le
chenal 130u 79 c., 22 fr. 23.

Fontane Suzanne, à Nimes. — Voy. Pons Jean.

1320. Fontane Victor, propr. à Anduze. — Boisset-et-Gaujac (prieuré) 17 mess. an IV, maison curiale et jardin 1 quarte 1 1/2 dext., autre jardin 3
quartes 7 dext., terrain 7 1/2 dext., pré 1 quarte
9 1/2 dext., vigne et terre (?), le tout 2.746 l. (1).

1321. Fontanès Étienne, cult. à Aimargues. — Le
Cailar (Ordre de Malte, (Cie de St-Christol) : 8 prair.
an II, domaine de la Mourade (21e lot) 15 carteirad.
3 1/2 quartons, 10.250 l. (2).

Fontanès Pierre, à Aimargues. — Voy. Rampon
Marie.

Fontanier, à Garons. — Voy. Loche Jean fils.

Fontanieu, à Castelnau. — Voy. Champel Simon.

1322. Fontanieu. — St-Maurice-de-Cazevieille
(bénéfice du lieu) : 9 fév. 1791, 6 pièces soit 23 ém.
6 vest., 3.600 l.

(1) Pour Teissier Jean-Pierre, notaire à Anduze. Vente amiable.
(2) Pour Rousselier Guillaume, prop. à Aimargues.

1323. Fontanieu Jean, à Maruéjols-lès-G. — *Maruéjols-lès-Gardon (prieuré)* : 27 avril 1791, emplacement de maison 3 dext., aire et 4 terres 35 quartes 3 1/2 boiss. 5 dex., 3.750 l. ; 22 fruct. an iii, terre 5 quartes moins 1 boiss. 3 dext., 2050 l. ; 5 vend. an v, cour 2 toises carrées et écurie 28 pans de long sur 13 de large, 270 fr., (1).

1324. Fontanieu Nicolas, à Monteils. — *Méjane (prieuré)* : 11 fruct. an ii, terre de 16 quartes, 1.280 l.

1325. Fontanieu Pierre, à Monteils. — *Méjane (prieuré)* : 11 fruct. an ii, vigne 2 quartes 1 boiss., 1.350 l.

1326. Fontanieu Pierre, à Canaules. — *Souvignargues (prieuré)* : 28 mai 1793, vieille église et cimetière attenant, en tout 12 dext., 115 l.

Fontanille (marquis de), à Nimes. — Voy. *Mathei.*

1327. Fonzes Louis, à Aumessas. — *Aumessas (prieuré)* : 6 prair. an vi, terre close 3/4 de set. 40.000 l.

1328. Fornier-Arnail, à Nimes. — *Nimes (ordre de Malte, Crie de Montfrin)* : 7 vent. an ii, jardin sous l'Esplanade, conf. au L. celui des Capucins, 2 sal. 1 ém. 11 dext., 30.000 l. (2).

1329. Fossat Jean fils, ménag. au Plan de Lat. — *Concoules (chapelle de N.-D.-de-Pitié)* : 25 mai 1791, métairie de la Bise-basse comprenant : maison avec cour, terres, châtaign., jardin et prés, 2.515 l. ; 26 août 1791, vigne, 300 l.

1330. Fosse Jean, à Calvisson. — *Calvisson (la commune)* : 8 germ. an vii, vacant de 125 dext. 800 l.

(1) Vente amiable.
(2) Fait double emploi avec *Arnail-Fornier*, n° 113.

1331-1332. Fougasse Benoit, bourgeois, et Agniel Jacques, à Connaux. — *Connaux (chapelle St-Sébastien)* : 22 déc. 1790, 16 articles de biens ruraux et une maison à l'exception de 2 pensions, 22,200 l. (1).

1333-1335. Foulc-Griolet, — Pagès père et fils, — négociants à Nimes, et —Griolet frères et Pagès, nég. à Sommières. — *Nimes (Chapitre)* : 23 juin 1815, bois de Mitau 78 hect. 47 a. 67 c., 5.692 fr. (2) ; bois de Puech-Méjan 117 hect. 71 a. 17 c., 15.900 fr. (3). — bois de Puech-Mazel 20 hect. 55 a. 03 c., et bois des Espèces 86 hect. 26 a. 02 c., 12.500 fr.—*Vénéjean(La Commune)* : 23 juin 1815, bois de l'Aiguillon 10 hect. 12 a. 34 c., 1.823 fr. — *Villeneuve (Bénédictins)* : 23 juin 1815, bois de Montagné 159 hect., 23.772 fr.

1336. Foulc Jean fils, à Nimes. — *St-Côme (Chapitre de Nimes)* : 29 janv. 1791, aire 2 ém., 450 l.

1337. Foulc Jean fils, à St-Côme. — *St-Dionisy (La Commune)* : 4 flor. an VII, vacant de 6 dext., 33 l. (4).

1338. Foulc Mathieu, nég. à Nimes. — *Nimes (Visitation Stes-Maries)* : 21 germ. an VI, monastère avec cours et église 282 toises carrées, jardin clos attenant conf. à l'O. la rue du clos du Puget 2.477 toises carrées, le tout 1.500.000 fr.—*Lédignan (prieuré)* :

(1) La vente fut passée le 11 janv. 1791 et il fut attribué : 1° à Fougasse, la maison curiale, le four, l'ancienne église St-André et 12 sal. 26 ém. 11 boiss. 3 lid. en terres, prés, aire et clos, en 9 articles, soit 17.900 l. ; 2° à Agniel, un jardin avec pavillon et 3 sal. 21 ém. 25 boiss. en terres et vignes, soit 4.300 l. — Voy. *Trial* Jean-Noël.

(2) Le 30, ils firent élection en faveur de *Tuech* Antoine fils aîné, prop. à Nimes.

(3) Le 27, ils firent élection en faveur de *Nègre* Joseph oncle et *Noguier* Marc, nég. à Nimes.

(4) Fit élection, le 5, en faveur de *Courdesse* Jacques, de St-Dionisy.

2 prair. an VI, écurie et petit jardin attenant 4 3/4 dext., 20.000 l. (1).

Foulquier Louis, à St-Laurent-le-Minier. — Voy. *Roux* Jean.

Foulquier Pierre, à St-Laurent-le-Minier. — Voy. *Roux* Jean.

Four François, à Beaucaire. — Voy. *Michel* Raymond.

Four Jacques, à Beaucaire. — Voy. *Michel* Raymond.

Four Jean, à Beaucaire. — Voy. *Michel* Raymond.

1339. Four Jean, cult. à Bouillargues. — *Bouillargues (Chapitre de Nîmes)* : 22 brum. an V, terre 10 ém., 440 fr. (2).

Four Joseph, à Beaucaire. — Voy. *Michel* Raymond.

1340. Fourcade Laurent, perruquier à Nimes. — *Nimes (chapelle N.-D. de la Vergne)* : 12 mars 1791, champ au quartier du Pont-Neuf, 5.650 l.

Fourmaud Daniel, à St Gilles. — Voy. *Boucaud* Pierre et Defferre Isaac.

Fourmaud Jacques, à St-Gilles. — Voy. *Boucaud* Pierre.

Fourmaud Nicolas, à St-Gilles. — Voy. *Charamaule*.

1341. Fournet Audibert. — *Junas (prieuré)* : 2 avril 1791, terre 3 quartons, 165 l.

1342. Fournier André, à Bouillargues. — *Bouillargues (Chapitre de Nîmes)* : 17 déc. 1790, vigne de 4 sal., 2.400 l.

(1) Le 3, il déclara avoir agi pour *Coste* Etienne, nég. à Nîmes.
(2) Vente amiable.

1343. Fournier Jean, à St-Paulet. — *St-Paulet-de-Caisson (Chartreux de Valbonne)* : 7 juin 1791, domaine de Gubernail et cabaux, 23.100 l. (1).

Fournier Pierre, à Orthoux. — Voy. Rivière Jean-Antoine.

1344. Foussat Jean, bourgeois, à Beaucaire. — *Beaucaire (Cordeliers)* : 27 janvier 1791, maison « gache de la curaterie », 2.400 l.

1345. Fraissinet Louis. — *Soudorgnes (prieuré)* : 9 mars 1791, biens 30 set. 22 quartes 25 dext., moins la contenance pour le jardin du curé, 4 575 l.

1346. Fraissinet Pierre, nég. à Alais. — *Alais (chapelle St- Michel et St-Jean)* : 5 avril 1791, vigne-olivette et mûriers 6 quartes 1 1/4 boiss., 1.700 l.

1347. Franc Jacques, aubergiste, à Sommières. — *Sommières (La Couronne)* : 24 oct. 1813, partie du sol et matériaux des remparts (31ᵉ lot) vis-à-vis la rampe du château, 163 f. 20.

1348. Franc Jean fils, cult., à Sommières.—*Sommières (Cavalier Jean, relig. fugitif)* : 9 frim. an v, maison vis-à-vis le puits du faubourg du Pont 17 toises 7 pieds 6 pouces, 1432 f. 20 (2).

1349. Franc Pierre, boulanger, à Nimes.— *Nimes (Religieuses des Saintes-Maries)* : 1 niv. an ii, enclos et hangard 213 toises, 7.650 l.(3).

Franc Pierre, à Vallabrègues et Comps. — Voy. *Coulomb* Jean.

(1) Fit folle-enchère. Voy. *Faure* Claude.

(2) Vente amiable.

(3) Cédé le 5 mess. an 2 (Novis, notaire) à Louis *Fajon* fils (1.200 l. 7 s. 7 d.), à *Roulle* mari de *Silhol* (2.460 l. 15 s. 4 d.) et à *Roulle* mari de *Patus* (2.460 l. 15 s. 4 d.) attributions faites par partage immédiatement après la cession.

Francezon François père, nég., à Alais. — Voy. *Brun* Etienne.

1350. Francezon Jean-André, nég., à Alais. — *Alais (la Couronne)* : 7 mars 1812, matériaux et sol des remparts (27e lot), 370 f. 35.

1351. François Jean Jacques, bourgeois, à Uzès. — *Montaren-et-St-Médiers (prieuré)* : 18 avril 1791, 2 terres à Montaren 6 sal. 4 ém. 1 vest., et 2 terres à St-Médiers 5 sal. 7 cm., 7.900 l.

François Joseph, à St-Michel-d'Euzet. — Voy. Gouret Jean.

François Pierre, avoué à Nimes. — Voy. Pierre.

François Thérèse, veuve Guibert, à Villeneuve.— Voy. *Gleize* Paul-Joseph.

1352. Franquebalme André, nég. à St-Géniès-de-Com. — *Saint-Géniès-de-Comolas (Chapitre de Roquemaure)* : 10 mai 1791, maison claustrale, 1,800 l. — *Saint-Laurent-des-Arbres (chapelle Sainte-Agnès)* : 23 mess. an iv, terre 3 ém. 3 poign. 1 lid., 990 fr. (1).

1353. Pral Pierre, nég. à Nimes. — *St-Laurent-d'Aigouze (évêque d'Alais)* : 4 mars 1791, le domaine de la Pinède de l'Abbé, les Montilles triangulaires, les Baisses du Périer, les Courèges et le Canaverié, consistant en terres, pacages, marais, salants, forêts de pins, etc., 145,000 l.

1354. Frégerolle Jean, à Dions.— *Dions (prieuré)* : 11 therm. an iv, maison curiale, jardin et herme, 1 ém. 3 boiss., 4,540 fr. (1).

1355. Frégier Jean-Louis, nég. à St-Hippolyte.— *St-Hippolyte-du-Fort (la Couronne)* : 6 mess. an iii, la moitié d'une maison à la place du Plan servant de corps de garde, 18.300 l.

(1) Vente amiable,

1356. Frégier Louis, à St-Hippolyte. — *St-Hip-polyte-du-Fort (hôpital d'Alais)* : 23 therm. an III. domaine de Vallongue 117 set. 2 quartes 7 dext., 160,000 l.

Freissinet Antoine, à Villeneuve. — Voy. *Anastay* Gabriel et *Pourpre* Claude.

Freisssinet Hyacinthe, à Villeneuve. — Voy. *Pourpre* Claude.

1357. Frigoulier Louis, agr. à Calvisson — *Cinsens (prieuré)* : 14 fév. 1792, maison curiale 26 toises 1 pied 4 pouces, et église, 4.100 l. — *Calvisson (la Commune)* : 7 vend. an V, le cimetière de Bizac 15 dext., et le temple de Cinsens 4 dext., 81 francs 83 c. (1).

1358. Froment Gabriel-Joseph, baron de Castille, à Beaucaire. — *Saint-Bonnet (chapelle Saint-Sépulcre)* : 26 janv. 1791, herme à la Fendille. *Saint-Bonnet (chapelle N.-D. de Beaulieu)*, 26 janv. 1791, 2 terres soit 2 ém. 5 civad., le tout 670 l. — *Argilliers (prieuré)* : 30 flor. an V, maison curiale 32 cannes de couvert, jardin et cour 1 ém. 1 vest., 819 l. 18 s. (1).

1359. Froment Jean-Louis, à Nîmes. — *Saint-Étienne-de-Lolm (prieuré)* : 4 flor. an VII, ancien cimetière, basse cour et passage 259 mètres, 110 fr. (2). — *Bagnols (chapelain du lieu)* : 27 vent. an VI, jardin clos 6 boiss. 2 lid., 20,000 fr.

1360. Froment Louis, à Nîmes. — *Le Vigan*

_____

(1) Vente amiable.

(2) Vente amiable. Le 5, Froment fit élection en faveur de *Rambucis* Jean, de Saint-Étienne-de-Lolm.

(*Capucins*) : 4 flor. an vii, jardin 2 1/2 quartes, 3,820 liv. (1).

1361. Fromental Antoine, à Meynes. — *Meynes* (*chapelle Notre-Dame*) : 28 mai 1791, terre 6 poign., 100 liv.

1362-1363. Fromental François, de St-Chaptes, et Bouet Maurice, de Garrigues. — *Garrigues* (*prieuré*) : 2 fruct. an iv, maison presbytérale, jardin et casal 2 1/4 vest., 1.504 fr. (2). — *Aubussargues* (*prieuré*) : 2 fruct. an iv. maison presbytérale et jardin de 4 1/2 vest., 1.390 liv. (2).

1364. Fromental Jacques, ménag. à Saint-Étienne-de-Lolm. — *Saint-Étienne-de-Lolm.* (*dominicature*) : 26 avril 1791, pré de la Clastre avec prise d'eau 2 sal. 2 sel. 2 quartes 2 boiss., 1.850 liv.

1365. Fromental Jean, nég. et maire à Boucoiran. — *Boucoiran* (*prieuré*) : 22 janv. 1791, deux terres et une vigne 6 sal. 10 quartes 3 boiss., 14.500 liv. — *Mauressargues* (*prieuré*) : 7 mai 1791, neuf pièces terre, pré, bois, soit 132 quartes, et une pièce contenant 209 oliviers et autres arbres fruliers (3), 4.900 liv.

1366. Fumal Jean, agr. à Beaucaire. — *Beaucaire* (*ordre de Malte, com. d'Astros*) : 11 niv. an iii, domaine de Saint-Pierre (27ᵉ lot), terre 1 sal., 2.000 liv.; (29ᵉ lot), terre 1 sal., 2.000 liv. — *Voy.* en outre *Michel* Raymond.

---

(1) Le 6, il fit élection en faveur de *Combet* Michel-Étienne, du Vigan.

(2) Vente amiable.

(3) D'après un état, les biens de ce prieuré contenaient 5 sal. 7 ém. 19 dext. 20 sel. 3 boiss., plus une portion de lande au Pied Parat.

1367. Fustier Sébastien. — *St-Laurent-la-Ver-nède (prieuré)* : 17 janvier 1791, une maison dans le fort, 330 l.

1368. Gabiac-Cadoniane (François-Joseph de).— *Saint-Paulet-de-Caisson (chapelle de l'Assomption)* : 13 mars 1791, trois terres, 1.000 l., et une terre, 161 l. Voy. en outre Achard Vincent.

1369. Gabriac Laurent-Scipion, à Alais. — *St-Hilaire-de-Brethmas (prieuré)* : 7 oct. 1808, maison curiale avec cour et écurie 2 a. 51 c. jardin curial 6 a. 89 c., ensemble 655 fr.

1370-1372. Gache André, Chayret Pierre et Vernin Marcelin. — *St-Gervais (prieuré)* : 27 janvier 1791, trois terres 4 sal. 21 ém. 2 boiss., 6.625 l.

Gachet Jean aîné, à Beaucaire. — Voy. *Michel* Raymond.

Gachet Jean jeune, à Beaucaire. — Voy. *Michel* Raymond.

1373. Gadille Etienne, agr. à Cabrières. — *Cabrières (prieuré)* : 19 janvier 1791, terre-olivette 9 ém. 1 dext., 1.000 l.. — *Cabrières (chapelle N.-D.)* : 27 janv. 1791, terre 5 boiss. 1 dext., 49 livr. 3 sols.

1374. Gadille Jean, cult. à Cabrières. — *Cabrières (chapelle N.-D.)* : 22 janv. 1791, terre 6 ém. 1 boiss. 3 dext., 147 l. 9 s.

Gagnety (gendre de la veuve). — Voy. Decray Jean-Baptiste-Scipion.

1375. Gagon . — *Montagnac (prieuré)* : 15 mars 1791, 5 pièces terre et herme 34 quartes 28 dext., 1.150 l.

1376. Gaillard Charles, à Collias. — *Collias (Les chapelains St-Pierre, St-Paul et St-Claude)* : 10 mai

1791, maison avec cour et jardin, 32 pièces terres, olivettes 5 salm. 95 ém. 102 1/2 vert., 12.000 l.

Gaillard Guillaume, à Tavel. — Voy. *Vissac* Vincent.

1377. Gaillard Guillaume. — *Carnas (prieuré)*: 8 avril 1791, huit pièces, soit 31 set. 6 quartons 51 dext., 2.250 l.

Gaillard Jacques, à Pujaut. — Voy. *Anastay* Antoine, *Caulet* Etienne et *Vidal* Pierre.

1378. Gaillard Jacques, à Tavel. — Pujaut *(Chartreux de Villeneuve)* : 10 décembre 1811, terre gaste 92 a. 10 c., 300 fr.

Gaillard Jean-Pierre, à Villeneuve. — Voy. *Caulet* Etienne et *Pourpre* Claude.

Gaillard Marc, à Pujaut. — Voy. *Bouvet* Marc et *Vidal* Pierre.

Gaillard (ou Guillard) Pierre, à Garons. — Voy. *Loche* Jean fils.

1379. Gairaud Gabriel, à Sauve. — *Sauve (abbaye de Sauve (1)* : 18 juin 1791, maison appelée la cave, 3.300 l. — *Sauve (?)* : 23 therm. an VIII, rente foncière de 3 l. due par Louis Bourguet père, 45 fr.

Gaissac. Voy. Gueissac.

1380. Gaissad Moïse, boulanger à St-Gilles. — *St-Gilles (ordre de Malte, C^rie Ste-Anne)* : 28 frim. an III, domaine des Auriasses (17ᵉ lot) 2 sal. 121 dext., 14.100 l. (2). Voy. en outre *Malaviale* Bernard.

1381. Galaud, fab. d'eau-de-vie à Bernis. — Aubord *(prieuré)* : 18 janvier 1791, vigne 2 sal. 8 dext.,

(1) Bénédictins.

(2) Agissait pour *Rougaon* Gabriel fils, et *Girard* Louis, jardinier.

3.050 l. (1). —*Bernis* (chapelle de Blauzac): 28 janv. 1791, trois champs au Pradas, aux Aubes et au Millas, 1.500 l. (2).

1382. Galdin Pierre, facturier à Uzès. — *Uzès (chapelainie du S* Ancre, prêtre): 17 mai 1791, terre 1 sal., 1.200 l.

1383. Galibert Jean, à St-Paulet.— *St-Paulet-de-Caisson (prieuré)*: 23 janv. 1791, deux terres et l'aire de la dîme 4 sal. 5 em. 3 boiss., 1.785 l. (3).

1384-1385. Galibert Jean-Pierre, fils de Laurent, et Flandin Antoine.— *St-Paulet-de-Caisson (chapelle de l'Assomption)*: 13 mars 1791, terre de 4 em., 415 l. Voy. en outre *Achard* Vincent.

1386. Galibert Jean-Pierre et Méric Vincent. — *St-Paulet-de-Caisson (Chartreux de Valbonne)* : 2 mai 1791, domaine de Vachères, ses dépendances et cabaux, 13.900 l.

1387. Galibert Jean-Pierre. — *Saint-Paulet-de-Caisson (chapelle de l'Assomption)*: 14 mai 1791, deux terres dont une touchant le jardin du curé, 340 l. Voy. en outre *Achard* Vincent.

1388. Galibert Pierre. — *Mus (prieuré)* : 22 janvier 1791, deux vignes 581 dext., 3.000 l.

1389. Galibert Pierre. — *St - Paulet-de-Caisson (Chartreux de Valbonne)* : 23 therm. an viii, rente de 12 l. servie par Chambon et autres, 180 fr. (4).

1390. Gallet Barthélemy, agr. à Bellegarde. — *Bellegarde (ordre de Malte, Cie St-Jean)* : 2 prair.

<hr>

(1) Fit folle enchère, et le 17 novembre 1791, la pièce fut adjugée à Jean *Granier*, de Bernis, au prix de 3.950 l.

(2) Fit folle-enchère et le 17 novembre 1791, la pièce fut adjugée à Pierre *Montbounoux*, de Bernis, au prix de 1.800 l.

(3) Fit folle-enchère. — Voy. Delorme André.

(4) Vente amiable.

an II, partie du domaine de St-Jean, 2 sal. 10 ém. 2 3/4 boiss., 1.450 l.

1391. Galoffre Jean, cult. à Lédignan. — *St-Théodorit (prieuré)*: 23 fruct. an IV, maison curiale 8 dext., jardin et olivette 2 quartes, 1.300 fr. *(1)*.

1392. Galoffre Pierre, ménag. à Bouillargues. — *Bouillargues (Chapitre de Nîmes)* : 17 déc. 1791, vigne 1 sal. 8 êm., 1525-l.

Ganges (de), à St-Bonnet. — Voy. Ginestoux.

1393. Gardies François, prop. à Alais. — *Alais (chapelle des Cinq plaies)* : 22 août 1791, maison rue Monière, 1.500 l. (2). — Voy. en outre *Julien* François et *Lichère* Pierre.

Gardies Jean-Louis, à Alais. — Voy. *Julien* François et *Lichère* Pierre.

1394. Gardies Joseph, à Alais. — *Alais (abbaye des Fonts St-Bernard et Ste-Claire)*: 11 fév. 1791, domaine à Clavières d'environ 20 sal., 13.600 l. (3). — *Alais (chapelle St-Georges)* : 31 mai 1791, pré de 42 quartes, 9.000 l. — *Uzès (Capucins)* : 27 germ. an III, jardin où est l'enclos sur la rue de St-Ambroix, 15.500 l. (4). — *Allègre (Ordre de Malte, C^e de Jalès)* : 21 août 1793, domaine de Peyrolle et moulin à blé, terres, prairies, bois de 10 sal., bâtiments, moulin à eau sur la rivière d'Auzonnet, maison, ménagerie, 112.500 l.

1395. Gardies Mathieu, nég. à Alais. — *St-Jean-du-Pin (Jacobins d'Alais)*: 11 fév. 1791, terre-mû-

(1) Vente amiable.

(2) Il déclara avoir agi pour *Sac* Antoine, journalier à Alais.

(3) Il déclara avoir agi pour *Gardies* Mathieu, son frère.

(4) Fit élection en faveur de *Gardies* veuve Roque, sa nièce, *Verdier* Vincent, fab. de bas, et *Verdier* Louis, d'Uzès.

riers 10 quartes 1/4 boiss., 3.050 l. — Voy. en outre *Gardies* Joseph.

Gardies, veuve Roque, à Uzès. — Voy. *Gardies* Joseph.

1396. Garnier Laurent. — *Pont-St-Esprit (Congrégation des Messieurs)* : 17 nov. 1792, chapelle, 1.850 l.

Garnier Laurent (veuve de) à Pont-Saint-Esprit., — Voy. *Pélissier* Marie-Thérèse.

Gaste de la Rouvière, à Sabran. — Voy. *Clergeau-Lacroix.*

1397. Gaude Jacques, libraire à Nimes. — *Aubarne (Évêché d'Uzès)* : 16 mess. an IV, la maison appelée l'évêché 49 cannes, 900 fr. (1).

Gaujoux Jean, nég. à Montpellier. — Voy. *Gaujoux* Jean-Louis-Claude.

1398. Gaujoux Jean-Louis-Claude, recev. des consignations, à Nimes. — *Bouillargues (Chapitre de Nimes)* : 20 mars 1792, la moitié des domaines de Campagne et Signan (Voy. *Courbis* Joseph-Antoine) 144.000 l. (2).

1399. Gaussard Paul, homme de loi, à Nimes. — *Nimes (la commune)* : 25 flor. an V, terrain conf. au L. le boulevard des Calquières : 4 t. 2 p. 3 pouces façade, 3 t. 3 pans profondeur, 180 fr.

1400. Gaussen David, cult. à Martignargues. — *St-Maurice de-Cazevielle, Valence* et *St-Césaire-de-Gauzignan (Ordre de Malte, C^rie de St-Christol)* : 27 août 1793, terres, vignes, prés, olivettes, clos, bois taillis, colombier, four, moulin à huile, 28.200 l.

(1) Vente amiable.

(2) En céda la moitié à *Gaujoux Jean*, nég. à Montpellier, le 9 oct. 1793 (Verdier, not. à Sauve).

1401. Gaussen François, à St-Mamert. — *Parignargues* (*prieuré*): 16 therm. an IV, maison presbytérale, cour et enclos, 2 ém. 10 dext., 3,006 l. (1).

1402. Gaussen Pierre, à Sommières. — *Sommières* (*La commune*) : 26 therm. an III, bâtiment servant de glacière, 17.000 l. (1).

1403. Gautier Antoine, ménag. à Vallabrègues. — *Vallabrègues* (*Fabrique du lieu*) : 18 germ. an III, terre (2ᵉ lot) 2 ém., 4.200 l.

Gautier Augustin, à Aimargues. — Voy. *Félines* Claude, *Bourely* Pierre, fils de Jacques, et Rampon Pierre.

1404. Gautier Benoit fils, à Beaucaire. — *Beaucaire* (*Ordre de Malte, Cⁱᵉ d'Astros*) : 28 germ. an III, domaine des Perprèzes (35ᵉ lot), terre 1 sal. 8 picot., 2.675 l.

1405. Gautier Jacques, agr. à Beaucaire. — *Beaucaire* (*Ordre de Malte, C d'Astros*) : 3 vent. an III, terre (57ᵉ lot) 6 ém. 1 picot., 1225 l.

1406. Gautier Jacques , à Tornac. — *Tornac* (*prieuré de St-Baudile de Tornac*) : 24 mess. an IV, maison curiale de St-Baudile de Tornac avec jardin, en tout 4 dext., vigne 4 quartes, terre 3 quartes et 2 boiss., 1.008 fr. (1).

1407-1408. Gautier Jacques et Isser Louis. — *Bragassargues* (*prieuré*) : 29 mai 1791, pavillon avec parterre de 10 dext., terre-herme 24 sel., 350 l.

1409. Gautier Jean, nég. à Anduze. — *Bagard* (*prieuré*) : 27 avril 1791, bois taillis dit du prieur, 21 sel., 1.300 l. (2).

(1) Vente amiable.

(2) Il déclara avoir agi pour Jean-Pierre *Vidal*, nég. à Montpellier.

1410. Gautier Jean, notaire à St-Gilles. — *St-Gilles (Chapitre)* : 17 août 1791, les bâtiments de l'ancien cloître et de la dîme, 18.000 l. ; le vieux chœur et la glacière, 5.325 l. — Voy. en outre *Charamaule* et *Defferre* Isaac.

1411. Gauthier Jean-Baptiste. — *Vénéjean (chapelainie d'Andéol Vedel)* : 19 mars 1791, terre 5 boiss. 2 1/2 lid., 55 l. 15 s.

Gavanon Louis, fripier à Nimes. — Voy. *Jullian* Étienne.

Gay Antoine père, épicier à Nimes. — Voy. *Defferre* Isaac.

1412. Gayte Denis, agr. à Beaucaire. — *Beaucaire (Ordre de Malte, C^{rie} d'Astros)* : 17 brum. an iii, domaine de St-Pierre (11e lot), terre 6 ém. 1 picot., 2.975 l.

Gazagne Alexandre, ménag. à Remoulins. — Voy. *Drome* Jean-Joseph.

1413. Gazay Antoine, à Beaucaire. — *Beaucaire (ordre de Malte, C^{rie} d'Astros)* : 12 niv. an iii, domaine de Saint-Pierre (46e lot), terre 1 sal., 2.950 l.

1414. Gazay Antoine, nég. à Nimes. — *Villeneuve (Chapitre métropolitain)* (1) : 5 prair. an iii, domaine de la Barthelasse : bât. 16 toises, terres 45 sal., 382.000 liv.

1415. Gazay Antoine jeune, à Nimes. — *Nimes (La Couronne)* : 29 pluv. an viii, terrain provenant du tour de ronde, près le château des Dominicains, conf. au levant la place des Carmes, du M. « le Monument antique », 68^{m}50 c., 905 fr.

Gebelin Claude, à Maruéjols. — Voy. *Mante* Antoine.

(1) D'Avignon.

Gebelin Jean aîné, à Beaucaire. — Voy. *Michel Raymond.*

Gebelin Jean jeune, à Beaucaire. — Voy. *Michel Raymond.*

Gebelin Poncet, à Beaucaire. — Voy. *Michel Raymond.*

Gelly Claude, taillandier à Nimes. — Voy. *Hours,* tailleur.

1416. Genin Michel, à Roquemaure. — *Roquemaure (Chartreux de Villeneuve)* : 21 juin 1791, 43 sal. terres plantées d'ormeaux et de peupliers faisant partie des domaines du Taleur et de la Simonette, 54,100 liv. — Voy. en outre *Baumel* Honoré.

1417-1418. Genin Michel et Granet Raimond. — *Roquemaure (Chartreux de Villeneuve)* : 12 octobre 1791, domaine de la grande Bastide dans la Vallergue, partie du troupeau et la 7ᵉ partie des bois de la montagne du Four, 123.100 liv. (1).

1419. Gent Joseph, à Saint-Géniès-de-Comolas. — *Roquemaure (La Couronne)* : 27 flor. an III, château-fort, magasins, bâtiments et terrain en dépendant de 3.618 cannes 6 pans carrés, 21.700 liv. (2).

1420. Gente André fils, à St-Géniès-de-Comolas. — *St-Géniès-de-Comolas (chapelle de Ste-Césarie)* ; 4 mess. an IV, 4 pièces au total 1 sal. 13 ém. 4 poign., 3.336 liv. 13 s. 4 d. (3).

1421. Georges Louis, entrepreneur à Uzès. — *Nimes et Ste-Anastasie (Genovefins de St-Nicolas)* :

(1) Revente à la suite de la folle-enchère de *Souchs* Jacques.

(2) Il déclara avoir agi pour Louis *Granet*, de Roquemaure, et Auguste *Giraudy*, de Pont-Saint-Esprit.

(3) Vente amiable.

18 juin 1832, bois de St-Nicolas (28ᵉ lot) 6 hect.,
5.400 fr.

1422. Gerbaud Antoine, ménag. à Aramon. —
Aramon (Ursulines) : 30 mai 1791, terre 3 ém.
5 1/4 poign., 401 liv.

1423. Gerbaud Claude, ménag. à Aramon. —
Aramon (Ursulines) : 14 avril 1791, terre 5 ém.,
1.300 liv. — *Aramon (chapelle Saint-Pancrace-Jonglaresse)* : 30 avril 1791, olivette 2 ém. 3 poign.,
142 liv. 10 s. — Voy. en outre *Cadenet* Honoré et
Saïsse Jean-Pierre.

Germain Jean-Jacques-Arsène, à Villeneuve. —
Voy. *Caulet* Etienne.

1424. Germain Louis-Benoît, prop. à Villeneuve.
— *Villeneuve (la commune)* : 5 fruct. an IV, local
servant d'auditoire, 2.916 fr. (1).

1425. Germany Mathieu, ménag. à Aramon. —
Aramon (chapelle Saint-Pancrace-Manerbe) : 19 février 1791, terre 1 ém. 1 poign., 310 liv.

1426. Gevaudan Mathieu, curé de Laval. — *Laval
(dominicature)* : 21 mai 1791, terre mûriers 3 quartes 3 boiss., 270 liv.

Gibert, nég. à Alais. — Voy. *Crespy* Léon.

1427. Gibert Jean, trav. à Aramon. — *Domazan
(Ursulines d'Aramon)* : 11 juin 1791, vigne 1 sal.
5 ém. 2 vest., 159 liv. 10 s. — Voy. en outre *Cadenet*
Honoré.

1428. Gibert Pierre, cult. à Alais. — *St-Hilaire-
de-Brethmas (Ordre de Malte, C°   )* : 8 vend.
an III, terre et herme 23 quartes 3 boiss., 1.200 liv.

1429. Gide Joseph-Étienne-Théophile, homme de

(1) Vente amiable.

loi, à Uzès. — *Uzès (Chapitre)*: 17 avril 1792, jardin avec bâtiment et pavillon au midi du parc de l'Évêché 1 1/2 ém., 2 725 liv.

1430. Gilbert Étienne, ménag. à Domazan. — *Domazan (Chapitre de Villeneuve)* : 15 juillet 1791, maison, cour et écurie, 2.375 liv.

Gilles fils, à Roquemaure. — Voy. *Darasse* et *Gilles* père.

Gilles Bernard, à Beaucaire. — Voy. *Michel* Raymond.

Gilles Claude, à Villeneuve. — Voy. *Héraud* Antoine-Marie-Joseph-Pons.

1431. Gilles de Gissac,   . — *Laudun (Chapelains du lieu)* (1) : 7 mars 1791, vigne 36 ém., 1.760 liv.

1432. Gilles Jean, ménag. à Villeneuve. — *Villeneuve (Bénédictins)* : 8 niv. an II, terre 8 sal. 4 ém., 15.025 liv. — *Villeneuve (Chapitre)* : 18 therm. an IV, petite maison, 486 fr. (2). — *Villeneuve (Pénitents noirs)* : 18 therm. an IV, chapelle 34 toises, salle attenante 12 cannes, cour 9 cannes, offices 12 cannes, petit casal 6 cannes, 2.700 fr. (2). — *Pujaut (Bénédictins de Villeneuve)* : 21 therm. an IV, terre 6 sal., 7.040 fr. (2). — Voy. en outre *Caulet* Étienne.

1433. Gilles Jean, bourgeois,   . — *Roquemaure (Chapitre)* : 17 mars 1791, maison et jardin au faubourg, 9.800 liv.

1434. Gilles père,   . — *Roquemaure (Chartreux de Villeneuve)* : 13 oct. 1791, domaine

(1) Chapelle fondée par Guillaume de Laudun, archevêque de Toulouse, le 5 août 1352, dans l'église paroissiale de Laudun, pour quatre chapelains et dotée de ses fonds patrimoniaux aliénés par les chapelains sous pension (*Arch. dép.*, 1 Q., 1, 35, note).

(2) Vente amiable.

de la Bastide neuve 88 sal., moitié du troupeau et 7ᵉ partie des bois de la montagne du Four, 136.200 liv. (1).

1435. Gilles Pierre, . — *Roquemaure* (*Chapitre*) : 20 avril 1791, domaine de la Petite Ile, terres, pâturages, etc., 24.600 liv.

1436. Gilly Louis, nég. à Remoulins. — *Fournès* (*Chapitre de Villeneuve*) : 18 mai 1791, maison avec écurie, basse-cour, jardin et aire ; *Fournès* (*Chapelle d'Imbert Reynaud*) : 18 mai 1791, 5 terres ensemble 6 sal. 19 ém. 2 3/4 civad.. le tout 9.824 liv. 18 s. 6 d.

1437. Gilly Pierre-Antoine fils, à Calvisson. — *Calvisson* (*La commune*) : 27 germ. an vi, vieux cimetière en 2 corps 22 dext., 67 liv. 7 s. 2 d. (2).

1438. Ginestoux (Louis-Alexandre Vissec — Ganges, marquis de). — *Saint-Bonnet* (*prieuré*) : 4 février 1791, deux terres chât. 3 sct. 3 quartes, 209 liv.

1439. Ginhoux Jacques, dit Balthazar, à Rivière.— *Rochegude* (*chapelle St-Thomas*) : 27 septembre 1791, chataign. et mûriers, 1.600 l.

1440. Ginoulliac Pierre aîné. — *Cambo* (*prieuré*) : 12 nov. 1791, église supprimée 5 5/8 dext., cimetière 8 3/4 dext., et 2 pièces terre 4 sct. 4 1/2 quartes 3 boiss., 1.100 l.

Girand Jacques fils de Jean, à Beauvoisin. — Voy. *Bourely* Jean.

Giran Jacques fils de Moïse, à Beauvoisin. — Voy. *Bourely* Jean.

Giran Louis fils de Moïse, à Beauvoisin. — Voy. *Bourely* Jean.

Giran Moïse, à Beauvoisin. — Voy. *Bourely* Jean.

(1) Revente par suite de la folle-enchère de Gilles fils.
(2) Vente amiable.

Girard Louis, jardinier à St-Gilles. — Voy. *Gais-sad* Moïse.

1441-1442. Girand Pierre et Perre Elzéard, à Beau-caire. — *Beaucaire (Ursulines)* : 1ᵉʳ juillet 1791, vi-gne olivette 1 sal. 5 ém. 3 picot, 1.700 l. (1).

Giraudy Auguste, à Pont-Saint-Esprit. — Voy. *Gent* Joseph.

1443. Giraudy Charles-Louis-Auguste fils (2). — *Roquemaure (Chapitre)* : 9 avril 1791, vigne de Pla-nonge, 1.541 l.; — *Pujaut (Chartreux de Villeneuve)* : 20 déc. 1809, herme 564 a. 84 c. (9ᵉ lot), 725 fr. (3).

1444. Giraudy Jean-Joseph, à Roquemaure (4). — *Roquemaure (La Couronne)* : 5 pluv. an x, gravier 16 hect. 85 a., 275 fr. — Voy. en outre *Giraudy* Charles-Louis-Auguste.

Gleize Paul, à Villeneuve. — Voy. *Clet* Jacques.

1445. Gleize Paul-Joseph, notaire à Villeneuve. — *Villeneuve (Chapitre)* : 11 germ. an ii, partie de maison, 3.110 l. (5); 14 fruct. an vi, batiment contigu au mur de l'église du Chapitre et terrain au N. de ce batiment, 4.700 l.— *Pujaut (Chartreux de Villeneuve)* : 20 déc. 1809, herme 941 a. 40 c. (2ᵉ lot), 700 fr.

Goiran André neveu, à St-Gilles. — Voy. *Chara-maule* et *Defferre* Isaac.

1446. Goirand Pierre fils, aubergiste à Alais. —

(1) Rapprochez de Renaudier François, à Beaucaire.

(2) Habitait Nîmes en 1809.

(3) Le 22, il fit élection en faveur de Jean-Joseph *Giraudy*, son père, procureur général et impérial près la Cour d'appel de Nîmes.

(4) Etait procureur général à Nîmes en 1809.

(5) Vente amiable.

(6) Déclara agir pour Thérèse François veuve Guibert, sa belle-mère.

St-Hilaire-de-Brethmas (*Ordre de Malte, C* de) :
9 vend. an III, terre chêne herme et rochers 28 quartes 2 boiss., 890 l. ; — 13 vend. an III, terre chêne herme et rochers 25 quartes 2 boiss., 1.350 l. ; — *Portes*
(*La Couronne*) : 11 vent. an III, pré de la barrière
23 quartes 1 boiss., 4530 l.

1447-1448. Gonard Antoine et Roussel Pierre, à
Domazan. — *Domazan* (*Chapitre de Villeneuve*) : 15
juillet 1791, aire close de murs, 300 l.

1449. Gonard Etienne, forgeron à Beaucaire. —
Beaucaire (*Ordre de Malte, C d'Astros*) : 2 vent.
an III, terre (45e lot) 1 sal. 4 ém. 4 picot., 4.500 l. ; —
Beaucaire (*La Couronne*) : 4 mars 1813, francs bords
inutiles du canal de Beaucaire à Aiguesmortes (20e
lot) 104m 58 c., 135 fr.

1450. Gonier (ou Goniel) Charles. — *Pont-St-
Esprit* (*Religieuses de la Visitation*) : 25 oct. 1792,
maisons occupées par l'aumônier de ces religieuses,
par Goyer et par Fargier, et moitié de l'enclos qui
avoisine ces maisons, 10.100 l.

Gonnet, à La Roque. — Voy. Maucune François.

Gonnet Barthélemy, à Villeneuve. — Voy. *Anastay* Gabriel et *Goubert* Joseph.

Gonnet Jean, à Villeneuve. — Voy. *Monier* Jacques.

1451. Gontier Pierre, à St-Laurent-de-C. — *St-Laurent-de-Carnols* (chapelle dont jouissait Vignon, mis-
sionnaire de l'ordre de St-Joseph) : 6 fév. 1791, vigne 1 sal. 260 l. ; — *St-Laurent-de-Carnols* (*La commune*) : 22 frim. an v, vigne 3 ém. 1 boiss., 330 f. (1).

1452. Gory J. A. fils, à Nimes. — *Gajan* (*prieuré*) :
19 fruct. an IV, maison presbytérale et jardin attenant 8 dext., 2.376 fr. (1).

(1) Vente amiable.

Goubert Joseph, à Pujaut. — Voy. *Vidal* Pierre.

1453-1456. Goubert Joseph, Paillon Augustin, Laurent Jean et Gonnet Barthélemy, de Villeneuve. — *Villeneuve (Chapitre)* : 16 mai 1791, vigne et verger, 3 sal. 7 ém., 1,800 l.

Goubert Joseph, à Villeneuve. — Voy. Anastay Gabriel.

1457. Goubier Catherine, femme Bernavon Vincent, à Beaucaire. — *Beaucaire (Ordre de Malte, Cᵛᵉ d'Astros)* : 17 brum. an III, domaine de St-Pierre (3ᵉ lot) terre de 1 sal. 5 ém. 4 picot, 4.525 l.

1458. Gouiran Barthélemy, cult. à Bellegarde. — *Bellegarde (Ordre de Malte, Cⁱᵉ de St-Jean)* : 2 prair. an II, partie du domaine de St-Jean 2 sal. 3 ém. 1/4 boiss., 1.800 l.

Gousset Jean, à Roquemaure. — Voy. Faure Simon.

1459. Goujon François, ménag. à Aimargues. — *Aimargues (prieuré de St-Saturnin)* : 29 janv. 1791, champ 2 carteirad. 3 quartons. 3 dext.,745 l.;—29 janvier 1791, champ 2 carteirad. 3 quartons 3 dext., 1025 l. (1).

Gounin Françoise, à Nimes. — Voy. Fabre André.

Gouret, à St-Laurent-de-Carnols. — Voy. Borély.

1460. Gouret André, fils de Pierre, à St-Paulet. — *St-Paulet-de-Caisson (chapelle N.-D. de l'Assomption)* : 17 fév. 1791, terre 2 ém., 308 l. — Voy. en outre *Mathieu* François.

1461. Gouret Antoine. — *St-Paulet-de-Caisson*

(1) Goujon Jacques, d'après l'acte, céda à Jean Amalric père, bourgeois à Aimargues le 28 février 1791 (Carbonnier. not. à Aimargues.

(chapelle *N.-D. de l'Assomption*) : 13 mars 1791, terre , 264 l. (1).

1462-1467. Gouret Jean, Rivat Pierre, Lèbre Jean, Héraud François, François Joseph et Michel Joseph, de St-Michel-d'Euzet. — St-Michel-d'Euzet (*chapelle de la Coronade*) : 14 avril 1792, deux terres 12 sal. 4½ém.; 6.200 l. (2).

1468. Gouret Jean. — St-Michel-d'Euzet (*prieuré*) : 17 fruct. an III, lopin de terre, 7.000 l. — Voy. en outre *Balmelle* Jean-Charles.

Grail (Jean-Louis Talade du), médecin à Roquemaure. — Voy. *Clergeau-Lacroix*.

1469. Graillon Elisabeth, veuve Chamand, à Beaucaire. — *Beaucaire* (*La Couronne*) : 4 mars 1813, francs bords inutiles du canal de Beaucaire à Aiguesmortes (26ᵉ lot) 327ᵐ 25 c., 660 fr.

1470. Granaud Jean, agr. à St-Gilles. — *St-Gilles* (*Bénéfice de St-Pierre* in via sacra) : 17 août 1791, deux champs 5 1/2 ém. 15 dext., 820 l. — Voy. en outre Brun Jean, Fabrègue Jean-Louis et Defferre Isaac.

Grand André, à Pujaut. — Voy. *Bouvet* Marc et *Rochette* Blaise.

1471. Grand Antoine, cult. à Pujaut. — *Pujaut* (*Chartreux de Villeneuve*) : 12 flor. an V, herme 5 ém., 123 l. 14 s. (3) — Voy. en outre *Bouvet* Marc.

Grand Jean-Antoine, à Aimargues. — Voy. *Bourely* Pierre, fils de Jacques.

Grand Nicolas, à Mus. — Voy. *Robert* Pierre.

(1) Voy. *Achard* Vincent.

(2) Revente par suite de la folle-enchère de *Pigaol* Laurent et *Roman* Alexis.

(3) Vente amiable.

1472. Grand Pierre, à Nus. — *Mus* (*prieuré*) : 22 janv. 1791, aire 19 dext., 114 l.

1473. Granet André-Roch, bourgeois à Rochefort. — *Rochefort* (*Bénédictins*) : 12 avril 1791, maison près le monastère, 1500 l.

Granet Jean, ménager à Garons. — Voy. *Loche* Jean fils.

Granet Louis, à St-Laurent-de-Carnols. — Voy. *Faure* Claude.

Granet Louis, à Roquemaure. — Voy. *Gent* Joseph.

Granet Raimond, à Roquemaure. — Voy. *Genin* Michel.

Granges(Guillaume-Thérèse-François-Roger des), à Avignon. — Voy. *Anthoine* Joseph-Anselme aîné.

Granier aîné, à Aramon. — Voy. *Boucher* Barthélemy.

1474. Granier Antoine, meunier à Beaucaire. — *Beaucaire* (*Ordre de Malte, C° d'Astros*) : 17 brum. an III, domaine de St-Pierre (6° lot) terre 6 ém. 1 picot., 2.950 l. — *Beaucaire* (*Bénédictines*) : 3 niv. an III, partie de maison (3° lot), 53 t. 3 p. 6 p. en bâtiments, 16 t. 5 p. 7 p. 4 lignes en basse-cour, 15.000 l.

Granier Antoine, à Villeneuve. — Voy. *Caulet* Étienne.

1475. Granier Antoine fils, à Aramon. — *Aramon* (*Ursulines*) : 2 juillet 1791, olivette 7 ém., 66 l.

1476-1478. Granier Honoré, de Sardan, Ruel Pierre et Cabane Jacques, de Quissac. — *Quilhan* (*prieuré*) : 5 avril 1791, neuf pièces bois et terres, au total 73 set. 10 quartons 109 dext. y compris l'église et le cimetière, 10.600 l. (1).

1479. Granier Jean, à Bernis. — *Bernis (chapelle de Blauzac)* : 28 janv. 1791, champ à la chapelle basse et champ au grand chemin, 1.790 l. — Voy. en outre *Galaud*, à Aubord.

1480. Granier (autre), p. d. l. c. de Bernis. — *Bernis (chapelle de Blauzac)* : 28 janv. 1791, champ à la chapelle haute, 800 l.

Granier Jean, à Aramon. — Voy. *Boucher* Barthélemy et *Cadenet* Honoré.

1481. Granier Suzanne, veuve Canonge Pierre, à Estézargues. — *Estézargues (prieuré)* : 5 mars 1791, écurie et grenier à foin, 800 l.

1482. Grenier Pierre, de Montpellier. — *Les Plans (Bénéfice et cure du lieu)* : 29 oct. 1792, maison avec jardin 11 cannes, maison curiale avec cour de 51 cannes, église paroissiale, aire 2 boiss., 3.850 l.

Grèze Joseph, à Aramon. — Voy. *Cadenet* Honoré.

Grèze Pierre, à Aramon. — Voy. *Cadenet* Honoré.

Grimoard du Roure, à Barjac. — Voy. *Guès* Jean.

1483. Griolet, à Sommières. — *Sommières (La Couronne)* : 22 fév. 1810, partie du terrain dit de la Regourdane, dép. du château, 6 m 32 (2).

Griolet frères et Pagès, fab. à Sommières. — Voy. *Foulc-Griolet*.

1484. Griolet Pierre, nég. à Rivière. — *Rivière*

(1) Granier et Ruel se désistèrent, séance tenante, en faveur de Cabane.
(2) Cession gratuite.

(*Bénéfice du lieu*) : 17 janv. 1791, pré et terre 12 quartes 1 boiss., 3.400 l,

Gros, ex-président de la cour des Aides de Montpellier, à St-Félix-de-Paillères. — Voy. *Roche* Jacques.

Gros Antoine, à Villeneuve. — Voy. *Caulet* Étienne.

Gros Jean-François, à Aiguesmortes. — Voy. *Ducros* Jean-Sébastien.

Gros Pierre, à Montfaucon. — Voy. *Faure* Simon.

1485. Gueidan Louis, nég. à St-Ambroix. — *St-Ambroix (   )* : 6 sept. 1809, rochers et terres vaines 34 hect. 41 a. 62 c. (4ᵉ lot), 2.800 fr.

1486. Gueilen Joseph, à Tavel. — *Pujaut* (*Chartreux de Villeneuve*) : 22 avril 1808, terre 63 ares, 900 fr.

Gueissac Louis, fils d'autre, à Beauvoisin. — Voy. *Bourely* André.

Guérin Louis, époux Delord, à Nimes. — Voy. Delord Paul.

1487. Guès Jean, procureur-fondé de Denis-Auguste de Beauvoir de Grimoard du Roure. — *Barjac* (*Capucins*) : 20 janv. 1792, couvent des capucins, enclos et dépendances, 29.500 l.

1488. Guibal Pierre-David, au Vigan. — *Aumessas* (*prieuré*) : 16 juin 1791, champ de 84 toises, 190 l.

Guibert (Thérèse François, veuve) à Villeneuve. — Voy. *Gleize* Paul-Joseph.

1489. Guichardon Gabriel, à Comps. — *Comps* (*chapelle St-Étienne*) : 25 mai 1819, matériaux de cette chapelle et terrain en dépendant, 10 ares, 137 fr.

Guignard de St-Priest (Françoise-Mathurine de), à Montpellier. — Voy. *Roche* Jacques.

1490. Guignard Joséphine, à Roquemaure. — *Ro-*
quemaure (la commune) : 17 mess. an IV, terrain de
26 sal. 2 ém. 7 poign., 6.600 fr. (1). — *Roque-*
maure et *Tavel (ces communes)* : 21 fruct. an IV,
vacant 1 sal. 3 ém., 528 l. (1).

1491. Guigue Charles (2). — *Beaucaire (La Cou-*
ronne?) : 11 nov. 1811, terrain national contigu à sa
maison, 386 m. 20 c., 965 fr. 50 (1).

1492-1494. Guigue Honoré, Crouzier Claude et
Crouzier Louis, frères, de Comps. — *Vallabrègues*
(prieuré) : 23 mai 1791, deux terres 3 ém. 10 et 17/28
picot., 700 l.

1495. Guigue Jean, à St-Michel. — *St-Michel-*
d'Euzét (Chartreux de Valbonne) : 10 avril 1791,
domaine de Dame Guise 110 sal. et ses dépendances, bâtiments et cabaux, excepté la terre dite Pierre
Blanche, 74.000 liv.

Guigue Louis, nég. à Nimes. — Voy. *Guigue*
Charles.

1496. Guigue Thomas, maire à Comps. — *Valla-*
brègues (prieuré) : 23 mars 1791, terre 2 sal. 2 ém.,
4.000 liv.

1497. Guilhaumier Antoine, à Saint-Marcel. —
Saint-Marcel-de-Careiret (Bénéfice du lieu) : 17 janvier 1791, terre et aire 3 ém. environ, avec un bâtiment de 4 cannes de couvert touchant le jardin de
la cure, 900 liv.

Guillard. — Voy. *Gaillard.*

1498. Guillard Jean-Louis aîné, à Saint-Géniès-
de-Comolas. — *Saint-Laurent-des-Arbres (Chapelle*

(1) Vente amiable.

(2) Représenté par Guigue Louis, nég. à Nimes, son neveu.

N.-D. de Thézan) : 13 avril 1792, cette chapelle, 270 liv.

1499. Guillaume Pierre, fab. de bas, à Aimargues. — *Aimargues (Chapelle de Pierre Thomas)* : 2 mars 1791, quatre pièces soit 6 carteir. 4 1/2 quartons 43 dext., 2.850 liv. (1).

Guillaumont Blaise, à Pujaut. — Voy. *Bouvet* Marc.

Guillaumond Étienne, à Beaucaire. — Voy. *Michel* Raymond.

Guillaumont Gabriel, à Pujaut. — Voy. *Soulier* Jean-Léon.

Guillaumont Jean, à Pujaut. — Voy. *Bouvet* Marc et *Rochette* Blaise.

Guillaumon Jean-Joseph, à Villeneuve. — Voy. *Caulet* Étienne.

1500. Guillaumon Simon, . — *Roquemaure (Bénédictins de Villeneuve)* : 9 avril 1791, domaine de l'Aumônerie, 4.150 liv.

1501. Guilleminet Pierre - Geneviève - Louis, . — *Roquemaure (Religieuses du Verbe Incarné)* : 16 mai 1791, vigne en plusieurs corps, 4.850 liv.

1502. Guillemont Pierre, agr. à Beaucaire. — *Beaucaire (Ordre de Malte, Ce d'Astros)* : 23 niv. an III, terre (10e lot) 6 ém., 3.625 liv.

Guillermet Thomas, à Aramon. — Voy. *Cadenet* Honoré.

---

(1) Céda à Jean-Antoine *Lamy*, agent de change à Nimes, Jean *Boissière*, bourgeois, Pierre *Puech* et Abel *Soulier*, d'Aimargues, les 20, 23 avril, 15 mai 1791 et 12 mars 1792 (Goissard et Carbonnier, not. à Aimargues).

Guinard François, nég. à Montpellier. — Voy. *Lablache* Louis-Joseph cadet.

Guinard Pierre, à Saint-Gilles. — Voy. *Fabrègue* Jean-Louis et *Defferre* Isaac.

Guinet Alexis, juge de paix à Bagnols. — Voy. *Chas* Jean.

1503. Guinoir Louis fils, à Saint-Gilles. — *Saint-Gilles (Chapitre)* : 19 mars 1791, le bâtiment appelé « Je m'en repens », 625 liv.

Guinoir Louis fils aîné, à Saint-Gilles. — Voy. *Charamaule.*

1504. Guion David, à Lasalle. — *Lasalle (prieuré)* : 27 avril 1791, pré chènevière 25 quartes 5 dext., 20.000 liv. (1).

1505. Guion Étienne, agr. à Bellegarde. — *Belle-garde (Ordre de Malte, Cᵉ de Saint-Jean)* : 7 prair. an II, partie du domaine de Saint-Jean, terre 5 sal. 5 ém., 2.300 liv. — *Bellegarde (La commune)* : 26 fruct. an III, four à pain 4 toises., 11.000 liv.

Guiot Gaspard, à Beaucaire. — Voy. *Michel* Raymond.

1506. Guiraud Étienne, à Aramon. — *Aramon (chapelle Saint-Pancrace-Jonglaresse)* : 7 mai 1791, terre 5 ém. 2 poign., 1.800 liv. (2). — *Aramon (Ursulines)* : 11 mai 1791, pré 2 ém. 4 poign., 269 liv. — Voy. en outre *Cadenet* Honoré.

1507. Guiraud François, à Uzès. — *Sagriès (prieuré)* : 2 nov. 1792, maison et partie de basse-cour rue de la Calade, 3.000 liv.

Guiraud Jacques, à Garons. — Voy. *Loche* Jean fils.

(1) Il déclara avoir agi pour *Cabanis* David, nég. à Montpellier.
(2) Pour sa femme née Marie *Seveyrac.*

1508. Guiraud Jean, facturier à Montignargues.
— *Montignargues (prieuré)* : 2 nov. 1792, église supprimée, 300 liv.

1509. Guiraud Louis-Étienne-Aimé, à Nimes. —
Nimes (chapelle Saint - Simon et Saint - Jude) :
26 décemb. 1790, champ 6 sal. (près Caissargues),
12.900 liv. — *Nimes (Ursulines du premier monastère)*:
12 mars 1791, partie d'un champ près Caissargues,
13.168 liv.

1510. Guiraud Paul-François, juge au trib. de dist.
de Saint-Rémy. — *Sernhac* (« Bassin des Ames »,
dont le curé était titulaire) : 29 mars 1791, terre
4 ém. 4 1/2 civad., 810 liv. — Voy. en outre *Carreton* Amand.

1511. Guiraud Paul - Gabriel, à Navacelles. —
Navacelles (prieuré) : 22 mars 1791, terre, pré, aire,
mûriers et rochers 5 sal. et terre à la Condamine
4 sal. 1 quarte, 10.785 liv. 10 s.; — 18 flor. an VI, jardin clos 100 cannes carrées, 3.000 fr.

1512. Guiraud Pierre-Théophile, juge au trib. de
dist. d'Uzès. — *Saint-Firmin (Évêché d'Uzès)* : 12 février 1791, métairie dite du Fonze en terres et prairies, 32.100 liv. — *Uzès (Cordeliers)* : 18 juillet 1791,
maison conventuelle avec l'église, la sacristie, bâtiment, terrain et jardin en dépendant, le tout près
l'Esplanade, 7.159 liv. 4 s.

1513. Guiraud Simon-Louis, nég. à Valérargues.
— *Valérargues (prieuré)* : 12 mars 1792, maison presbytérale et église avec terrain de 6 boiss., 1.400 liv.

Guirodet Charles-Philippe-Toussaint, à Alais. —
Voy. *Salze* Pierre.

---

(1) Pour sa femme née Marie Sereyrac.

Guirodet Pierre-Marc, prop. à Alais. — Voy. *Tuech* Jean.

Guitard Laurent, à Beaucaire. —Voy. *Michel* Raymond.

1514-1515. Guizot père, juge au trib. du distr., et Guizot fils, bourgeois à Nimes. — *Aubord (chapelle de Coulorgues)* : 14 février 1791, partie des fonds de cette chapelle, jouis par le curé de Maruéjols, 2.280 l. — *Aubord (prieuré)* : 18 janv. 1791, deux terres soit 1 sal. 10 ém. 20 dext., 2.150 l.

1516. Guizot Pierre, nég. à Nimes. — *Cardet (La commune)* : 9 vend. an v, terre-mûriers 1 1/2 quart., vacant appelé le temple des réformés 8 dext., 451 fr. (1).

1517. Hébert Michel, adm. du dict. de Nimes. — *Nimes (Chapitre)* : 31 mars 1791, partie de maison à la grand'rue, 29.000 l. ; 16 nov. 1791, corridor enclavé dans la maison de la maitrise, 100 l.

1518. Hébrard Alexis, aubergiste à Génolhac. — *Génolhac (dominicature et chapelles St-Jacques, Ste-Catherine, N.-D. de Pitié et chapelain de l'obit)* : 23 fruct. an iii, châtaigneraie et rochers 7 quartes 1 boiss., 5.600 l. ; vigne 4 quartes 1 boiss., 5.000 l.

Hébrard Paul, fils du pupille, nég. à Aiguesvives. — Voy. *Mathieu* Jacques.

Hébrard Paul père, dit le pupille, à Aiguesvives. Voy. *Mathieu* Jacques.

1519. Heiral Antoine, ménag. à Martignargues. — *Martignargues (prieuré)* : 29 avril 1791, partie d'olivette-mûriers 4 quartes 2 boiss., 320 l.

___

(1) Vente amiable : pour *Teissier* Jacques, prop. à Cardet.

Henry Antoine, maire de Saze. — Voy. *commune de Saze.*

1520. Henry Joseph, nég. à Montfrin. — *Montfrin (chapelle St-Simon)* : 21 janv. 1791, olivette 7 ém. 2 1/4 civad., 1.248 l. 19 s. 2 d.

Henry Nicolas, nég. à Nimes. — Voy. *Blazin Michel, Cavalier-Bénézet* et *Nicolas* Henry.

1521. Hérat Antoine, entrepreneur à Nimes. — *Bouillargues (Chapitre de Nimes)* : 17 déc. 1790, champ 2 sal. 4 ém., 2.200 l. — *Nimes (Augustins)* : 18 déc. 1790, vigne-olivette 1 sal. 5 2/3 ém., 2.200 l. (1).

1522. Héraud Adrien, tonnelier à St-Gilles. — *St-Gilles (Ordre de Malte, Cᵉ Ste-Anne)* : 27 frim. an III, domaine des Auriasses (9ᵉ lot) 1 sal. 96 dext., 6.300 l. (2). — Voy. en outre *Defferre* Isaac, *Héraud* Pierre et *Villaret* Pierre.

1523. Héraud Antoine-Marie-Joseph-Pons, prop. à Villeneuve. — *Pujaut (Chartreux de Villeneuve)* : 22 avril 1808, montagne 32.000 ares, 16.500 fr. (3); 20 déc. 1809, garrigues 2.464 ares 64 c. (10ᵉ lot), 2.505 fr. ; 20 déc. 1809, herme, 1.631 ares 76 cent. (8ᵉ lot), 705 fr.

Héraud François, à Saint-Michel-d'Euzet. — Voy. *Gouret* Jean.

Héraut Jacques, à Vestric. — Voy. *Mérignargues* Jacques.

---

(1) Céda à Louis Labondès-Brun, nég. à Nimes, le 22 sept. 1791. (Bonnaud, not.).

(2) Pour Pierre *Héraud*, son frère.

(3) Fit élection le 23, pour la moitié, en faveur de Claude *Gilles*, de Villeneuve.

1524. Héraud Jean-Pons, prop. à Villeneuve. — *Villeneuve* (*Pénitents gris*) : 3 brum. an v, chapelle 81 toises carrées, 1.350 fr. (1).

1525. Héraud Pierre, cult. à Saint-Gilles. — *Saint-Gilles* (*Ordre de Malte, C* Sainte-Anne*) : 27 frim. an III, domaine des Auriasses (8* lot) 1 sal. 143 dext., 7.000 liv. (2). — Voy. en outre *Boucaud* Pierre et *Héraud* Adrien.

1526. Hilaire Jacques, menuisier à Beaucaire. — *Beaucaire* (*confrérie des maçons et traceurs*) : 17 vent. an III, bâtiment appelé St-Marc 11 t. 3 p. 9 pouces, 2.000 liv.

1527. Hitier Augustin, entrep. de chemins, à Saint-Gilles. — *Saint-Gilles* (*Ordre de Malte, C* Sainte-Anne*) : 27 frim. an III, domaine des Auriasses (7* lot) 1 sal. 212 dext., 7.500 liv. — Voy. en outre *Charamaule, Defferre* Isaac et *Itier.*

1528. Hospices d'Alais (3). — *Alais* (*La Couronne*): 17 mars 1812, matériaux et sol des remparts (19* lot), 745 f. 32 c.; (25* lot), 1.086 f. 04 c.; (28* lot), 720 f. 13 c.

1529. Hôpital général de Beaucaire. — *Beaucaire* (*Capucins*) : 10 nov. 1792, maison des Capucins et ses dépendances, 10.000 liv. (4).

1530. Hospices de Beaucaire (5). — *Beaucaire* (*Capucins*) : 2 juin 1808, couvent des Capucins et ses dépendances, 7.300 fr. (6).

(1) Vente amiable.

(2) Pour *Héraud* Adrien, son frère.

(3) Représentés par *Firmas-Périés* Jean-Louis, maire.

(4) Voy. le numéro suivant.

(5) Représentés par Joseph *Lieutard*, membre de la Commission administrative.

(6) Cette vente et la précédente ont trait au même immeuble ; la première dût être considérée comme irrégulière.

1531. Hospitalier, fab. de poterie, à Beaucaire. — *Beaucaire (La Couronne)* : 25 oct. 1811, terrain national contigü à sa maison, 1.295 mèt., 323 fr. 75 c. (1).

1532. Hostalier Guillaume-François, à Alais. — *Alais (Hôpital)* : 5 therm. an III, rente foncière de 100 liv., 2.000 liv. (2). — *Anduze (Religieuses)* : 6 therm. an III, rente foncière de 300 l., 6.000 l.

Houet Louis, à Garons. — Voy. *Loche* Jean fils.

1533. Hours André, nég. à Alais. — *Saint-Privat-des-Vieux (dominicature)* : 13 nov. 1792, maison, église et jardin, 1.000 liv. — Voy. en outre *Sorbière* Simon-Jude.

1534. Hours Louis, tailleur à Nimes.— *Nimes (Chapelain St-Esprit)* : 10 janvier 1791, champ à Puech-haut, et champ à Audanel, le tout 2.000 l. (3). — *Caissargues (prieuré)* : 1er mars 1791, le moulin de Cafarel et champ en dépendant 3 sal. 11 ém., 22.400 l.

Hugon François, serrurier à Aiguesmortes. — Voy. *Mouret* Étienne.

Hugues Antoine, ménag. à Beaucaire. — Voy. *Bernavon* Antoine.

1535. Hugues Jean, dit Cagno, à Blauzac. — *Ste-Anastasie (chapelle St-Blaise, prieuré et évêque d'Uzès)* : 19 avril 1791, quatre terres soit 11 ém. 10 bois. 1 vest., 990 l.

Hugues Jean, à Roquemaure. — Voy. *Quiot* Raynaud.

---

(1) Vente amiable.

(2) Agissant pour *Renaud-Lascours* Annibal-Joseph-Jérôme, d'Alais.

(3) Céda au même prix à Claude *Gilly* père, taillandier à Nîmes, le 13 novembre 1791 (Bonnaud, not.).

Hugues Mathieu, à Roquemaure. — Voy. *Faure Simon.*

1536. Huguet-Boissier François, bourgeois à Nîmes. — *Nîmes (chapelle de la Madeleine)* : 11 mars 1791, partie de maison près la Maison-Carrée, 1.360 l. — *Nîmes (Evêque de)* : 12 mars 1791, champ à St-Césaire, quartier de la Clastre, 460 l.

1537. Iché François. — *Aiguesmortes (La Couronne)* : 22 déc. 1842, terrain conf. au L. le chenal 124ᵐ 90, 21 fr. 23.

1538. Idalot Joseph, agr. à Nîmes. — *Jonquières-et-St-Vincent (Jésuites de Nîmes, collège)* : 29 mai 1793, mas de Fabre et ses dépendances 95 sal. 6 ém. 8 1/2 picot. y compris 148 cannes de bâtiments, 110.400 l.

1539. Igon Simon. — *Uzès (Chapitre)* : 14 mars 1791, maison dite le grenier du Chapitre, rue de l'Archidiaconal, 1.600 livres. — *Uzès (Prieuré de St-Julien)* : 25 flor. an II, église de St-Julien, 135 cannes carrées avec cour de 36 cannes (1), 11.000 livres.

1540. Imbert-Alméras, chaufournier à Beaucaire. — *Beaucaire (Ordre de Malte, Cᵗᵉ d'Astros)* : 11 niv. an III, domaine de Saint-Pierre (32ᵉ lot), terre 1 sal., 2.875 livres ; (23ᵉ lot), terre 1 sal., 2.675 livres.

Imbert Étienne, teinturier à Nîmes. — Voy. *Brunel Jacques* et *Espérandieu.*

1541. Imbert Gabriel, cordonnier à Beaucaire. — *Beaucaire (La Couronne)* : 8 niv. an II, petit bâtiment sur le bord du Rhône servant ci-devant de corps de garde aux employés de la Ferme générale, 315 livres.

(1) La description de l'église est faite dans l'acte.

1542. Imbert Jacques, à Roquemaure.—*Montfaucon* (*prieuré*): 14 fruct. an III, jardin du curé 1/2 arpent., 34.000 livres.

1543. Imbert Jacques aîné. — *Montpezat* (*la commune*) : 8 brumaire an IV, terre 14 sct. 1 quarton, 103.500 livres.

1544. Imbert - Niquet, ramelier à Beaucaire. — *Beaucaire* (*Ordre de Malte, C^ric d'Astros*) : 11 niv. an III, domaine de Saint-Pierre (31ᵉ lot), terre 1 sal., 3.050 livres.

1545-1549. Imbert Pierre, voiturier, Roque Claude, salpêtrier, Troupel Jean, Bertier Étienne-Gabriel, et Pascal Jean, de Beaucaire. —*Beaucaire* (*Ursulines*) : 29 mai 1791, 3 terres 11 ém. 5 picot., 1.203 livres.

1550. Imbert Pierre, agr. et voiturier à Beaucaire. — *Beaucaire* (*Ordre de Malte, C^ric d'Astros*): 12 niv. an III, domaine de Saint-Pierre (36ᵉ lot), terre 7 ém. 8 picot., 2.625 livres ; 22 pluv. an III (36ᵉ lot), terre 1 sal., 3.225 livres; (37ᵉ lot), 5 ém. 6 picot., 2.000 liv. — Voy. en outre *Charavel* Jean-Joseph.

Isnard Jean, maçon à Nimes. — Voy. *Nolhac* Jean aîné.

Isnard Louis, tanneur à Nimes. — Voy. *Charamaule* et *Fabrègue* Jean-Louis.

1551. Isnard Simon, nég. à Montpellier. — *Le Cailar* (*Ordre de Malte, C^ric de St-Christol*): 7 prair. an II, domaine de la Mourade (4ᵉ lot), 5 carteirad. 1/2 quarton 8 dext., 7.400 livres. — Voy. en outre *Rampon* Pierre.

Isser Louis, à Bragassargues. — Voy. *Gautier* Jacques.

Issote Félix, Garons. — Voy. *Loche* Jean fils.

Itier. — Voy. *Hitier*.

Itier Jean, à Nages. — Voy. *Catillon* Jacques.

1552. Ivolas, à Sommières. — *Sommières* (*la Couronne*) : 22 fév. 1810, partie du terrain dit de la Regourdane dépendant du château, 4^m53 (1).

1553. Jacob Jean-Baptiste, à Nimes. — *Garrigues* (*Chapelle Saint-Bertrand*) : 19 mess. an IV, quatre terres, 1.818 l. 13 s. 4 d. (2).

Jacquet François, à Beaucaire. — Voy. *Michel* Raymond.

1554. Jalabert Jean. — *Gallargues* (*Chapitre de Nimes*) : 9 avril 1791, terre et aire 5 carter. et jardin 1 quarton 1 dext., 2.400 livres.

1555. Jalabert Pierre cadet, à Nimes. — *St-Gilles* (*Chapitre*) : 18 août 1791, partie du domaine d'Estagel (3), 31.525 l. 9. s.

Jalaguier Claude, nég. à Nimes. — Voy. Jalaguier Pierre.

Jalaguier Jacques, à Saint-Gilles. — Voy. *Defferre* Isaac.

1556. Jalaguier Pierre, bourgeois à Saint-Gilles. — *Saint-Gilles* (*Abbé de*) (4) : 9 janv. 1791, le domaine de Barjac, 132.000 livres. — *Bellegarde* (*abbaye de Saint-Gilles*) : 30 janv. 1791, deux terres (22 sal. 11 ém. 4 boiss.), dépendant de la métairie de Bioms, et le restant de ce domaine, ensemble les terres dites Labbadie, 94.500 livres (5).

Jame Joseph, à Pujaut. — Voy. *Caulet* Étienne.

(1) Cession gratuite.
(2) Vente amiable.
(3) Pour la contenance totale, voy. *Blanc* Anne née Ferry.
(4) Bénédictins.
(5) Agissait pour Claude *Jalaguier*, nég. de Nimes.

1557. Jardin Daniel, fabr. de bas à Nimes. — *Nimes (Évêque de)*, 24 mars 1791, maison et jardin rue du Chapitre, 9500 l.

Jauffret. — Voy. *Jouffret*.

Jauffret François, à Pujaut. — Voyez *Caulet Étienne*.

1558. — Jaume Thomas, ménag. à Remoulins. — *Castillon-du-Gard (chapelle de N.-D. et de Saint-Jean)* : 11 mai 1791, maison et 33 terres, 5500 l.

Jaussaud. — Voy. *Jossaud*.

Jaussaud, à Saint-Privat-des-Vieux. — Voy. *Sorbière* Simon-Jude.

Jean Antoine, maçon à Revens. — Voy. *Jean Jean*.

1559. — Jean Gilles. — *Junas (prieuré)* : 2 avril 1791, terre 3 quartons et pré 12 quartes, 4700 l.

1560. Jean Gilles. — *Gavernes (prieuré)* : 16 fév. 1792, église 18 toises et terrain attenant 16 dext., 300 l. — *Junas (prieuré)* : 4 mars 1792, maison curiale, 27 t. 5 p. 5 p., jardin 37 2/5 dext., écurie, cour et grenier à foin 7 t. 1 p. 6 p. de couvert 9 t. 1 pied de cour, 1125 l.

1561. Jean Jean, à Revens. — *Revens (dominicature)* : 10 mars 1791, champ, herme, pré artificiel, fruitier, vigère, bois peupliers et vigne, le tout contigu, 7550 toises carrées, 3454 l. (1).

1562. Jeanjean Pierre dit Cardé, à Lanuéjols. — *Lanuéjols (Ordre de Malte, Commanderie de Milhau)* : 15 fév. 1793, domaine de Servilières consistant en maisons, greniers, citernes, four, granges, étables,

(1) Déclara avoir agi pour *Jean* Antoine, son frère, maçon, à Revens.

bergerie, basse-cour, jardin, aire, terres lab., prés, bois, devois, vacants (1), 400200 l. (2).

1563. Jobelet. — *Saint-Michel-d'Euzet (Chartreux de Valbonne)* : 29 janv. 1791, vigne de 32 salm., 17,000 l.

Jonquet Barthélemy, aux Angles. — Voy. *Augier Pierre*.

Jossaud. — Voy. *Jaussaud*.

1564. Jossaud Jean-François père, à Aramon. — *Aramon (Ursulines)* : 7 mai 1791, terre 6 ém., 1050 l.

1565. Joubaud Jean, bourgeois, à Saint-Ambroix. — *Saint-Denis (Bénéfice de)* : 14 mai 1791, terre 3 sal. 11 quartes, 3535 l.

1566. Joubert Mathieu, à Marsillargues. — *Vergèze (chapelle Saint-Pastour)* : 15 févr. 1791, métairie de Saint-Pastour, 13 pièces au total 33 set. 96 carter. 26 quartons 104 dext., 26,800 l.

1567. Joubert Pierre, trav. à Aramon. — *Aramon (chapelle Saint-Pancrace-Jonglaresse)* : 7 mai 1791, olivette 9 ém. 3 poign., 132 l.

Jouffret. — Voy. *Jauffret*.

1568-1574. — Jouffret Jean, Soulier Jean-Léon, Abrieu André, Chiron Joseph, Soulier Dominique, Bouvet Gabriel et Bouvet Simon, de Pujaut. — *Pujaut (Chartreux de Villeneuve)* : 22 vent. an v, terre 2 ém., 300 fr. 06 (3).

Jouffret Jean, à Pujaut. — Voy. *Bouvet* Marc et *Vidal* Esprit.

1575. Jouffret Jean père, Soulier Jean Léon,

(1) Les bois seuls 161 arpents.

(2) Il déclara, le 24 niv. an iv, avoir agi pour Méjean François, de Valleraugue. (Noyrigat, not., à Saint-André-de-Majencoule).

(3) Vente amiable.

Abrieu André, Soulier Dominique, Chiron Joseph et Bouvet Gabriel frères, à Pujaut. — *Pujaut (Chartreux de Villeneuve)*: 17 germ. an VI, terre gaste 5 salm., 3 ém., 752 l. 19 s. (1).

Jouffret Jean père, à Pujaut. — Voy. *Bouvet* Marc.

1576-1577. — Jouine et Sauzède, à Bagnols. — *Bagnols (Cordeliers)*: 24 janv. 1791, terre 6 ém., 5 boiss., et *Bagnols (Carmes)*: 24 janv. 1791, terre 7 ém. 2 boiss. 3 lid., le tout 3750 l.

Jouine, à Bagnols. — Voy. *Baumel.*

1578. Jourdan Louis, agr., à Villeneuve. — *Villeneuve (Chartreux)*: 1 therm. an II, la Chartreuse (9e lot). bâtiments et 4 ém. de terre, 6.250 l. — Voy. en outre *Caulet* Étienne.

1579. Jourdan Marie, veuve Pagier, marchande à Beaucaire. — *Beaucaire (Cordeliers)*: 27 janv. 1791, deux maisons attenantes « gache de curaterie », 8.000 l.

1580. Jourdan Pierre, à St-Paulet-de-Caisson. — *St-Michel-d'Euzet (Chartreux de Valbonne)*: 12 frim. an VII, le domaine du Chapelas comprenant : bâtiments d'exploitation rurale 300 cannes, terres, garrigues et prés 48 sal. 7 ém. 1 quart., la pente d'un tènement 2 sal., 6.200 l. (2).

1581. Jourdan Pierre,   . — *Souvignargues (Dominicature)*: 20 janv. 1791, 5 pièces soit 5 sel. 7 1/2 quartons, 1.200 l.

1.582. Jourde Etienne, cult. à Cabrières. — Ca-

---

(1) Vente amiable.
(2) Voy. *Ribière* Etienne.

brières (chapelle N.-D.) : 27 janv. 1791, terre 3 ém.
4 boiss. 4 dext., 181 l. 17 s.

Jouve, ménag. à Aramon. — Voy. *Cadenel* Honoré.

1583. Jouve Joseph, nég. à Aramon. — *Aramon
(Chartreux de Villeneuve)* : 16 janv. 1791, terre
2 sal. 4 ém. 5 2/3 poign., 5.200 l.

Jouve Louis, à Aramon. — Voy. *Boucher* Barthélemy.

1584. Jouvenot   . — *Pont-Saint-Esprit (Visitation de Ste-Marie)* : 10 janv. 1791, maison, enclos
et hangard, 20.000 l.

1585. Joyeux Antoine, à Seynes. — *Seynes (prieuré)* :
14 avril 1792, église supprimée, 250 l.

1586. Joyeux Louis, nég. à Nimes. — *St-Chaptes*
et *Dions (Ordre de Malte , C*^ie^ *de St-Christol)* :
22 avril 1793, domaine du Luc, terres, luzernes, prés,
pacages, vigères, bâtiments et ménagerie, 90.600 l.
— Voy. en outre *Duclap* Louis.

1587. Jullian Antoine, ménag. à Navacelle. —
Navacelle (bénéfice de) : 17 mars 1792, pré 7 boiss.,
176 l.

1588. Jullian Barthélemy, tisseur de toile à Meynes.
— *Meynes (Chapitre de Montpellier)* : 1 fév. 1791,
terre 3 ém. 6 poign., 1.200 l.

1589. Jullian Étienne, boulanger à Nimes. — *Nimes
(Carmes)* : 1er avril 1791, maison sur les chemins de
Beaucaire et d'Avignon, 7.000 l. (1).

1590. Jullian François à Rochefort. — *Rochefort
(Bénédictins)* : 25 flor. an III, vigne 2 sal., 200 l.

(1) Céda, le 12 juin 1792, à Henri *Quet*, bourrelier, et *Bourely*
François, de Nimes (Espérandieu, not.). Le 10 nov. 1792 *Bourely*
céda sa portion à Louis *Gavanon*.

Jullian Jacques, à Nimes. — Voy. *Fabre* André.

1591. Julian Pierre, direct. des droits d'enreg. du dép. du Gard. — *St-Gilles (Chapitre)* : 23 mars 1792, le domaine de la Mourade verte, consistant en palus et herbages palustres, 70.000 l.

Julliard Claude, à Pujaut. — Voy. *Caulet* Étienne.

Juliard Jean, à Beaucaire. — Voy. *Michel* Raymond.

Juliard Simon, à Beaucaire. — Voy. *Michel* Raymond.

1592. Julien, notaire à Sauve. — *Logrian (prieuré)* : 19 janv. 1791, terre et pré 5 set. 2 boiss. 5 1/2 dext., 2.750 l. ; terre et pré 5 quartes 1 boiss., 950 l. ; terre 1 quarte 3 boiss., 220 l. ; terre 2 boiss. 2 1/2 dext., 55 l. ; terre 5 set. 1 quarte 3 boiss., 450 l.

1593. Julien François, agr. à Alais. — *Servas (Ordre de Malte, C^le de St-Christol)* : 24 flor. an iii, terres et pré 10 sal. 18 quartes 6 boiss., 36.600 l. (1) ; terre et herme 16 sal. 8 quartes, et pré 27 quartes, 37.100 (1). — Voy. en outre *Duverdier* Henri.

Julien Joseph, à Vallabrègues. — Voy. *Lacroix* Joseph.

1594. Jult Simon. — *St-Paulet-de-Caisson (chapelle de l'Assomption)* : 13 mars 1791, terre, 150 l. — Voy. *Achard* Joseph.

1595. Jumas Claude, ménag. à Alais. — *St-Martin-de-Valgalgue (prieuré)* : 16 juin 1791, pré de 9 quartes, 1.521 l.

(1) Il déclara avoir agi pour *Martinenche* François, *Gardies* Jean-Louis et *Gardies* François, neveux, d'Alais.

1596. Labaume (1). — *Pont-St-Esprit (Minimes)* :
9 mai 1791 , domaine sur l'une et l'autre rive du
Rhône, 120 sal. environ, 123.000 l.

1597. Labeilhe André, nég. à Alais. — *Alais*
(Jacobins) : 12 fév. 1791, vigne-mûriers 10 quartes
3 boiss., 2.250 l. (2).

1598. Lablache Jean-Louis, nég. à Sommières. —
Liouc (prieuré) : 1 fructidor an IV, maison curiale
35 toises 5 pieds 9 pouces, vacant attenant 86 toises
4 pieds, le tout 922 fr. (3).

1599. Lablache Louis-Joseph cadet, à Sommières.
—*Sommières (chapelle St-Lazare)* : 18 janvier 1791,
terre 386 dext. plus une rive de 32 dext., 2.400 l.—
Sommières (Ursulines) : 23 janvier 1791, vigne, pré
et jardin 8 set. 3 quartons 18 dext., 15.000 l. —
*Aubais (Ordre de Malte, C*ie* de St-Christol)* : 3 juillet
1793, 16 pièces soit 79 set. 25 quartons 49 2/3 dext.,
écurie et grenier à foin 20 cannes couvert, cour
1 set. 1 quarton 21 dext., 62.000 liv. (4). — *Fontanès*
*(Ordre de Malte, C*ie* de St-Christol)* : 4 juillet 1793,
bois taillis 95 set., 12.100 l. (5). — *Quissac (Hôpital*
d'Alais) : 8 therm. an III, moulin à blé sur le Vidourle
avec moulin à huile, pré 2 3/4 set., terre appelée Car-
guemion « dont la contenance n'est pas connue, »
le tout 225.000 l. (6). — *Liouc (Hôpital d'Alais)* :

(1) Auquel *Bellile*, adjudicataire, transmit immédiatement ses
droits.

(2) Il déclara avoir agi pour *Lichère* Pierre, notaire à Alais.

(3) Vente amiable,

(4) Il déclara avoir agi pour *Lausière* Pierre, d'Aubais.

(5) Il déclara avoir agi tant pour lui que pour *Dumas* Jean-Louis
fils, de Sommières.

(6) Il déclara avoir agi pour *Guisard* François, *Berlin* Jean et
Palias Jean-Baptiste, nég. à Montpellier.

8 therm. an III, domaine consistant en maisons, bergeries, écuries, moulins et 27 set. pré ou jardins, 292 set. terres lab., 18 set. olivettes, 8 set. vignes, 21 set. mûriers, 343 set. bois, hermes ou garrigues, le tout 2.000.000 l. (1). — *Sommières (la commune)* : 11 therm. an III, bâtiments appelés écorcheries au faubourg du pont, 80.000 l. (2). — *Salinelles (prieuré)* : 8 brum. an IV, terre 5 quartons, 4.000 l. — *Aujargues (prieuré)* : 26 fruct. an IV, maison curiale 54 toises 3 pieds de couvert avec cour et jardin 31 dext., 1.880 fr. (3).

1600. Laboissonnade Jean-Louis-François, nég. à Pont-St-Esprit. — *Pont-St-Esprit (Bénédictins de St-Pierre)* : 30 frim. an V partie de maison invendue, quartier de St-Pierre, 18.000 fr. (4).

1601. Laborie Pierre-François-Thomas, recev. du dist. d'Alais. — *Alais (Jacobins)* : 28 fév. 1792, terre châtaign. vigne et herme à la Gardelle avec maison attenante, 3.100 l. (5). — *Bagard (Jacobins d'Alais)* : 21 mai 1791, domaine de la tour de Billot : maison de ferme, terres, hermes, vignes, 16 sal. au total, bois de chênes-verts et paturage 12 sal. 3 setiers 1 quarte, 8.400 l. — Voy. en outre *Berthon* Jacques.

1602. Labrousse Jean-Joseph, maire d'Aramon. — *Aramon (chapelle St-Joseph, autrement dite St-Esprit)* : 19 fév. 1791, 6 pièces, soit 2 ém. 22 1/4 poign., 2.300 l.

1603. Lacharière Jean cadet, au Vigan. — *Aumes-*

(1) Il déclara avoir agi pour *Guinard* François, *Berlen* Jean et *Palias* Jean-Baptiste, nég. à Montpellier.

(2) Il déclara avoir agi pour *Guinard* François et *Palias* Jean-Baptiste, nég. de Montpellier.

(3) Vente amiable.

(4) Vente amiable.

(5) Il déclara avoir agi pour Jean *Cabanis-Lamine*, prop. à Alais.

sas (prieuré) : 10 juin 1791, jardin de 1 quarte, 960 l.—
Pommiers (prieuré) : 3 mai 1792, terre de 600 toises,
1.500 l.

1604. Lacombe Étienne, nég. à Marsillargues.—
Saint-Laurent-d'Aigouze (Ordre de Malte, C^{rie} de
) : 14 brum. an VI, domaine de Saint-
Jean-de-la-Pinède , comprenant métairie et cour
19 1/2 dext., terres 120 carteirades, herbages 3.914
carteirades, bois 287 arpents 80 perches, 900 brebis,
200 doublenques, 100 béliers, 96 moutons, 130 bédigues et 60 rosses, le tout 88.151 l. 6 s. 7 d. (1).

1605. Lacombe Jean-Louis, notaire à Vézénobres,
agent de M. *de Calvière.* — *Vézénobres (prieuré)* :
cuve vinaire enclavée dans les bâtiments du château, aire avec petite pièce 2 quartes 1 boiss, 642 l.
2 s.

1606. Lacour François, cordonnier à Aiguèze. —
Aiguèze (prieuré) : 13 mai 1807, vigne 1 hect.
75 ares 72 c., 475 fr.

1607. Lacroix Alexandre, à Aramon. — *Aramon
(la commune)* : 30 avril 1811, maison confrontant au
midi le presbytère, 250 fr.

1608. Lacroix Charles-Eugène-Gabriel, maréchal
de Castries. — *Alais (Jacobins)* : 6 fév. 1791, rente
foncière de 30 livres, 560 livres.

1609. Lacroix Jacques, à Tresques. — *Tresques
(chapelain de)* : 26 septembre 1791, la maison de
Guion, chapelain, 1.100 livres.

Lacroix Jean, à Vallabrègues. — Voy. *Lacroix*
Joseph.

1610-1618. Lacroix Joseph, Lacroix Jean, Marin

(1) Vente amiable.

Robert, Barbier Louis, Barbier Joseph, frères, Barbier Charles, neveu, Cavalier Alexandre, Lamouroux Claude et Julien Joseph, tous de Vallabrègues. — *Vallabrègues (les Jésuites, domaine régi par les Économats de Montpellier)* : 5 déc. 1792, domaine dit des Jésuites, 33 sal. 18 ém. 16 1/5 picot., 72.450 liv.

1619. Lacroix Joseph, fils à Charles, agr. à Vallabrègues. — *Vallabrègues (fabrique de)* : 18 germ. an III, terre (4ᵉ lot) 2 ém., 3.600 livres.

1620. Lacroix Louis, appariteur de la commune, à Saint-Ambroix. — *Saint-Ambroix (Évêque d'Uzès)* : 18 frim. an v, maison dite l'Ancien Auditoire, 850 l. 10 s. (1).

1621. Lacroix Simon, à Meyrane. — *Acejean (prieuré)* : 2 fruct. an IV, maison presbytérale, jardin de 23 toises, terre de 24 cannes et deux petits bâtiments servant d'écurie et de grenier à foin, 1.500 l.(1). — *Meyrane (prieuré)* : 5 vend. an v, tènement 7 sal. et jardin 50 toises, 1.100 liv. (1). — *St-Denis (prieuré)* : 15 germ. an VI, jardin de 24 cannes, 12.000 fr. (2).

Ladroit, à Bagnols. — Voy. *Baumel* Honoré.

La Farelle François-Frédéric, maire d'Anduze. — Voy. *commune d'Anduze.*

1622. Lafont Antoine, à Serviers. — *Serviers (bénéfice de)* : 17 mars 1791, jardin de 4 vest., 126 l. 10 s.

1623. Lafont Blaise, agr. à Beaucaire. — *Beaucaire (Ordre de Malte, Cᵀⁱᵉ d'Astros)* : 18 pluv. an III, terre (29ᵉ lot) 4 ém. 3 picot. 1.050 livres ; 2 vent. an III, terre (49ᵉ lot) 1 sal. 3 ém., 4.550 livres.

1624-1625. Lafont Claude et Jacques frères, ménag.

(1) Vente amiable.
(2) Voy. *Michel* Simon.

à Sernhac. — *Sernhac (chapelle Saint-Pierre)* : 12 mars 1791, terre et vigne 2 sal. 8 ém. 9 civad., 440 l. 19 s.

Lafont Jacques, à Sernhac. — Voy. *Lafont* Claude.

1626. Lafont Jean-Baptiste, bourgeois à Beaucaire. — *Sernhac (chapelle Saint-Pierre)* : 21 mars 1791, terre 3 ém. 2 civad., 675 livres (1). — *Fourques (prieuré)* : 26 mars 1791, sept pièces, soit 35 sel. 171 dext., 13.800 livres (2). — *Aramon (Ursulines)* : 30 avril 1791, pré 1 sal. et *Aramon (chapelle St-Pancrace-Jonglaresse)* : 30 avril 1791, pré 1 sal. 2 poign., ensemble 2.338 livres (3). — *Aramon (Ursulines)* : 11 mai 1791, olivette 1 ém. 7 poign., 104 livres. — *Vallabrègues (chapelle Claude Bernard)* : 8 juin 1791, terre 3 sal. 4 ém., et *Vallabrègues (chapelle Vilatelle)* : 8 juin 1791, terre 2 sal. 1 ém. 6 picot., ensemble 2.200 livres (4).

Lafont Jean-François père, à Génolhac. — Voy. *Benoît* Pierre.

Lafont Joseph, à Beaucaire. — Voy. *Michel* Raymond.

Lafont Pierre (veuve de), à Sommières. — Voy. *Leyrolle* Élisabeth.

1627. Lafont Pierre, ménag. à Tornac. — *Tornac (prieuré)* : 12 mai 1791, moulins, maisons, bâtiments jardins, parterre, prés, vignes, terres et *Tornac (offices claustraux* sacristain, chambrier

---

(1) Pour Joseph *Correnson*, de Sernhac, ad. du dist. de Beaucaire.

(2) Pour Antoine *Peyron*, ad. du dist. de Beaucaire.

(3) Pour Jacques-Honoré *Bobe Demoineuse*, d'Aramon.

(4) Pour Jacques-Barthélemy *Noaille*, de Beaucaire.

et infirmier) : 12 mai 1791, terres dépendant de ces offices, le tout 30.700 livres.

1628. Lafont Pierre, ex-boulanger, propriétaire à Alais. — *Saint-Hilaire-de-Brethmas (Ordre de Malte, Cie de   )* : 28 brum. an III, pièce raysse, pâturage herme et rocher, 113 quartes, 7.800 livres ; 29 brum. an III, pâturage herme et rocher, 66 quart. 1 boiss., 5.300 livres ; 29 brum. an III, terre et pâturage, 48 quartes 1 boiss., 5.050 livres ; 1er frim. an III, terre mûriers, 95 quartes, 13.550 livres ; 2 frim. an III, herme pâturage et rocher, 112 quart. 2 boiss., 5.100 livres ; 3 frim. an III, pâturage herme, 67 quartes 2 boiss., 5.000 livres. — *Alais (Jacobins)* : 13 pluv. an III, pré arrosable dit des Commandeurs et ruines d'une église 5 quartes 2 1/2 boiss., 6.700 l. — *Portes (la Couronne)* : 11 vent. an III, pré de Combecherbouse 7 quart. 2 boiss., 2.045 liv.

1629. Lafuite Firmin, à   . — *Venejean (prieuré)* : 19 mars 1791, terre 2 lid., 12 livres.

1630. Lagier Joseph, travailleur à Villeneuve. — *Villeneuve (Chapitre)* : 8 niv. an II, partie de maison, 4.125 livres.

1631. Lagorce Jean, nég. à Nimes. — *Nimes (1er monastère des Ursulines)* : 5 fév. 1793, 1er, 2e, 3e et 8e corps de maison, 54.720 l. 18 s. (1). — Voy. en outre *Espérandieu*.

1632. Lagorce Jean-César, prop. à Nimes. — *St-Sauveur-des Pourcils (   )* : 12 déc. 1853, bois domanial de Lagre 199 hect. 96 arcs., 71.000 f.

1633. Laguilhac Adrien, nég. à Nimes. — *Nimes*

(1) Céda le 3e corps à Jean *Laurent*, nég. à Nimes le 16 fév. 1793, (Espérandieu, not.) moyennant 18.019 l. 11 s. Cet article, ou plutôt ces 4 corps, sont compris dans le n° 1203.

(professeurs du collège de) : 9 fév. 1793, vigne-olivette dans laquelle est une petite métairie quartier du Devois de Betton, 7 sal. 4 1/2 ém., 15.300 l.

Lahondès-Brun Louis, nég. à Nimes. — Voy. *Hérat* Antoine et *Lavondès-Brun*.

Lahondès François, prop. à Beaucaire. — Voy. *Crouzier* Joseph.

1634. Lambert François, à Sommières. — *Sommières (La Couronne)* : 18 juill. 1809, château (bâtiments en entrant à droite, chapelle, passage, terrain, petit jardin dit vide-bouteille), terrain 7 ares 27, bâtiments 233 m. c., 2.325 fr.

1635. Lambert Louis, maçon à Aramon. — *Aramon (Pénitents blancs)* : 22 prair. an III, chapelle de 80 toises de contenance, 3.100 l.

1636. Lambon Antoine, ménag. à Aimargues. — *Aimargues (prieuré de St-Saturnin)* : 29 janv. 1791, champ de 4 carteirad. 3 quartons 5 dext., 1725 l. (1). — Voy. en outre *Félines* Claude et *Lambon* Louis.

1637. Lambon Antoine, dit la volée, au Cailar. — *Le Cailar (Ordre de Malte, Cie de St-Christol)* : 7 prair. an II, partie du domaine de la Mourade (3e lot) 11 carteirad. 30 quartons 20 dext., 5.100 l. — Voy. en outre *Mathieu* Jean et *Maurel* Louis.

Lambon Louis et Antoine, frères, à Aimargues. — Voy. *Carbonnier* Charles.

Lambon Louis, au Cailar. — Voy. *Maurel* Louis et *Mathieu* Jean.

1638. Lamonie Jacques-Joseph (de). — *Sommières*

(1) Céda à Jean *Amalric* père, bourgeois à Aimargues, le 28 fév. 1791, (*Carbonnier*, not. à Aimargues).

(*La Couronne*) : 1ᵉʳ août 1813, partie du sol et matériaux des remparts (2ᵉ lot), 110 fr.

Lamouroux Claude, à Vallabrègues. — Voy. *Lacroix* Joseph.

Lamouroux Étienne, à Aramon. — Voy. *Boucher* Barthélemy.

1639-1640. Lamouroux Jean et Orgeas Joseph, ménag. à Théziers. — *Théziers (chapelle St-Pierre et St-Paul)* : 24 déc. 1790, un établissement contenant 32 cannes et 5 pièces soit 20 sal. 16 ém. 6 poign., 15.000 l.

1641. Lamouroux Joseph, ménag. à Aramon. — *Aramon (Ursulines)* : 18 avril 1791, olivette 3 ém. 4 1/3 poign., 375 l.

1642. Lamouroux Pierre, agr. à Beaucaire. — *Beaucaire (Ordre de Malte, Cᵗⁱᵉ d'Astros)* : 25 vent. an ii, terre 2 sal. 2 ém. 2 picot., 4.650 l. ; terre 3 sal. 6 ém. 6 picot., 6.800 l. — Voy. en outre *Michel* Raymond.

1643. Lamy Jean-Antoine fils, agent de change à Nîmes. — *Aimargues (prieuré de St-Saturnin)* : 16 déc. 1790, domaine des condamines de St-Ruf, terres, aire, mazet servant à l'exploitation de la dîme, 71 carterées 1 quarton 23 1/4 dext., 45.200 l. — Voy. en outre *Guillaume* Pierre, *Félines* Claude et *Rampon* Pierre.

Lapenne Jean, trav. à Nîmes. — Voy. Aurivel.

1644. Lapierre (de) François, fils, à Valleraugue. — *Valleraugue (Chapitre de Bonheur)* : 6 avril 1791, domaine de Bonheur, sur l'Espérou, consistant en champs, prés, devois, pâturages, bois, moulin à scie, maisonnage, évalué 57.904 l. , plus 5 prés des chanoines rapportant annuell. 332 l. (pas de contenance

indiquée), 102.000 l. — *Valleraugue (La Couronne)* :
8 juin 1791, devois, pâturages et bois à l'Aigoual ou
l'Espérou « d'une grande contenance » (1), 21.000 l.
— *Valleraugue (prieuré de Bonheur)* : 26 fruct.
an IV, maison presbytérale, bâtiment attenant à l'é-
glise, terrain servant de cimetière et pré d'un
demi arpent, le tout au territoire de Bonheur, 1.251
francs. (2).

1645. Lapierre Louis. — *Masmolène (chapelainie)* :
8 vend. an III, terre 8 ém., 265 l.; jardin 5 1/2 vest.,
1550 l.; terre 7 vest., 200 l.

1646. Larnac François, à Saint-Chaptes. — *Bourdic (chapelle Saint-Marc)* : 26 fruct. an III, plusieurs
pièces de terre, 11,000 l.

1647. Larnac François, propr. à Bellegarde. —
Bellegarde (La commune) : 26 fruct. an III, herme
10 ém. 3/4 de boiss., 700 l.

Larnac Pierre cadet, à Roquemaure. — Voyez
Faure Simon.

1648. Laroquète Pierre, à Aumessas. — *Aumessas
(prieuré)* : 10 juin 1791, bois et pâturage dit des
prieurs, 49 l.

Larouvière François, prop. à Codolet. — Voyez
Ode Simon.

Larrieu Thérèse, à Nimes. — Voy. *Andore.*

Lasalle François, not. à Arrigas. — Voy. *Raoux*
Claude.

1649. Lasalle Gabriel, maréchal à Beaucaire. —
Beaucaire (Ordre de Malte, C d'Astros)* : 23 pluv.

---

(1) « On ignore la contenance ; les actes de concession se trou-
veront dans les archives de Montpellier ! » (Arch. dép. du Gard,
1 Q, 2, 22).

(2) Vente amiable.

an III, terre (42ᵐᵉ lot) 1 sal., 2675 l.; (43ᵐᵉ lot)
6 ém., 2275 l. ; (44ᵐᵉ lot) 5 émin. 4 picot., 2475 l.

Lascours. — Voy. *Renaud-Lascours.*

Latour Hippolyte, tanneur à St-Hippolyte. —Voy.
Faïsse David.

1650. Latour Jean-Louis, à Génolhac. — *Portes*
(*La Couronne* « *famille Capet* ») : 15 mai 1809, château 12 ares et terrain inculte clos 70 ares (3 quartes
d'après un p. v. du 18 frim. an III), 3025 fr.

Latour Jean-Louis, tanneur, à St-Hippolyte. —
Voy. *Faïsse* David.

1651. Laugier Gaspard, ménag. à Beaucaire. —
Beaucaire (*Ordre de Malte, Commanderie d'Astros*) :
23 niv. an III, terre (13ᵐᵉ lot) 1 sal. 3 1/2 picot., 5500
l.; 18 pluv. an III, terre (32ᵐᵉ lot) 4 ém., 1050 l.; 26
vent. an III, domaine des Perprèzes (18ᵐᵉ lot) terre
1 salm., 3700 l. (1).

1652. Laugier Jean, boulanger à Villeneuve. —
Villeneuve (abbé de Saint-André) : 3 vend. an III,
four à pain, au faubourg de la Tour, 775 l.

Laurent, à Nimes. — Voy. *Fabre* André.

1653. Laurent, femme Mathieu Roule. — *Nimes*
(*La Couronne*) : 15 avril 1812, partie du sol et matériaux des remparts, 63 m. c. à 1 fr. 75, 110 francs
25 c. (2).

1654. Laurent Jacques, ménag. à Tresques. —
Tresques (chapelain de) : 12 mai 1791, 3 terres soit
2 salm. 5 ém. 11 boiss., 6275 l.

1655. Laurent Jean, jardinier à Nimes. — *Nimes*

(1) Tant pour lui que pour Jean *Duplessis*, de Beaucaire.
(2) Vente amiable.

(*chapelle Saint-Blaise*) (1) : 22 déc. 1790, terre 3 sal. 7 ém. 3 1/2 lid., 10,400 l.

Laurent Jean, à Villeneuve. — Voy. *Goubert* Joseph.

Laurent Jean, à Beaucaire. — Voy. *Michel* Raymond.

Laurent Joseph, à Pujaut. —· Voy. *Anastay* Antoine, *Bouvet* Marc et *Caulet* Etienne.

1656. Laurent Joseph, agr. à Beaucaire. —*Beaucaire* (*Ordre de Malte, C^{ne} d'Astros*) : 12 niv. an III, domaine de Saint-Pierre (45me lot), terre 1 salm., 2900 l. —*Beaucaire* (*La Couronne*) : 4 mars 1813, francs bords inutiles du canal de Beaucaire à Aiguesmortes (27me lot) 121 m. 81, 250 fr.

1657. Laurent Louis, cult. à Lirac. — *Lirac* (*Bénédictins de Rochefort*) : 22 germ. an V, terre 3 1/2 ém., 1584 fr. (2).

Laurent Pierre, blanchisseur de coton, à Nimes.— Voy. *Aurivel*.

1658. Laurent Pierre, à Meynes. — *Meynes* (*Chapitre de Montpellier*) : 20 mai 1791, terre 1 sal. 7 ém. 3 poign., 666 l.

Laurent Thomas, à Beaucaire. — Voy. *Michel* Raymond.

1659. Laurès (Pierre-Joseph-Antoine-Henri do), à Gignac.—*Aiguesmortes* (*la Couronne*) : 3 mars 1845, terrain abandonné par l'administration des Ponts-et-Chaussées comme inutile à son service sur la rive gauche du chenal maritime, 320 fr.

(1) Fondée dans l'église cathédrale ; champ joui par le curé de Marguerittes.

(2) Vente amiable.

1660. Lauret Étienne, nég. à Nimes. — *Margue-*
rittes (1er archidiaconé de Nimes) : 18 mars 1791,
une maison évaluée 2.000 l. et 28 pièces de terre
formant un total de 12 sal. 167 1|2 ém., le tout 21.900 l.

1661. Lauriol Antoine, à Alais. — *Alais (la Com-*
mune) : 25 therm. an iv, enclos attenant aux casernes
283 toises carrées, 2.200 fr. (1).

1662. Lauriol Étienne, à Lédignan. — *St-Jean-de-*
Serres (prieuré) : 18 therm. an iv, maison presbytérale, 2.250 fr. (1).

1663. Lauriol Louis, à Molezan, dist. de Florac. —
St-Martin-de-Corconac (Hôpital d'Alais) : 23 therm.
an iii, domaine de Valeil, 125 set., 65.000 l. — *Peyrol-*
les (Hôpital d'Alais): 23 therm. an iii, la claie de Car-
taou avec châtaign., hermes, rochers et ribes, 113.000 l.

Lauront Jean, nég. à Nimes. — Voy. *Lagorce* Jean.

1664. Lauront Maurice, boulanger, à Nimes. — *Nimes*
(Carmes) : 3 mai 1791, le moulin dit des Capelans
sur le Vistre 16 cannes de couvert, terre attenante
7 ém. 18 3|4 dext., et moulin à vent à Puech-Ferrier,
13.600 l.

1665. Lautier Jean, agr. à Beaucaire. — *Beaucaire*
(Bénédictins) : 3 niv. an iii, partie de maison (2e lot)
comprenant l'église, soit 81 toises 1 pied 8 pouces
6 lignes en bâtiments, 18 toises 4 pieds en basse-
cour, 6.100 l., — *Beaucaire (Ordre de Malte Crie d'As-*
tros) : 27 germ. an iii, domaine des Perprèzes (32e lot
terre 1 sal., 2.350 l.

1666. Lautier Joseph, cult. à Pujaut. — *Pujaut*
(Chartreux de Villeneuve) : 19 flor. an v, herme 16
ém., 484 l. (1).

(1) Vente amiable.

Lautier Joseph, à Villeneuve. — Voy. *Batailler* Paul, *Caulet* Etienne et *Vidal* Esprit.

1667. Lautier Laurent, agr. à Beaucaire. — *Beaucaire (Ordre de Malte, Cte d'Astros)* : 28 germ. an iii, domaine des Perprézes (36e lot), terre 1 sal., 3.700 l.; (37e lot) terre 1 sal. 1 ém. 2 picot., 4.650 l.

1668. Lauze François, à Moussac. — *Moussac (prieuré)* : 12 mars 1792, église paroissiale supprimée, 800 l.

1669. Lauzière Joseph, à Cannes. — *Cannes (prieuré)* : 18 janvier 1791, vigne 2 set. 1 quarte 1 boiss., 275 l.

1670. Lauzière Pierre, nég. à Aubais. — *Aubais (prieuré)* : 13 mars 1791. 7 pièces au total 9 set. 4 quartons 204 1/2 dext., 2875 l. — Voy. en outre *Charamaule* et *Lablache* Louis-Joseph.

1671. Laval Simon, à Bernis. — *Bernis (chapelle de Blauzac)* : 28 janvier 1791, champ à la Coustonne, 1.215 livres.

1672. Lavondès-Brun Louis, nég. à Nimes. — *Nimes (Chapitre)* : 9 mars 1791, partie de maison à la grand'rue, 17.400 l. — Voy. *Lahondès-Brun*.

Lazare-Meirargues Suzanne, à Saint-Gilles. — Voy. *Charamaule*.

Lazare Pierre fils, à Uchaud. — Voy. *Charamaule* et *Defferré* Isaac.

Lèbre Jean, à Saint-Michel-d'Euzet. — Voy. *Gouret* Jean.

Lecointe, juge au tribunal de cassation. — Voy. *Marmonier* père.

1673. Lecointe fils, de Nimes. — *Quilhan (prieuré)* : 16 fév. 1792, maison curiale 33 t. 2 p. 7 p. et jardin attenant 22 toises, 2.000 l.

1674. Léger Jacques, ménag. à Montfrin. — *Mont-frin (chapelle St-Simon)* : 8 mars 1791, terre 4 ém. 1 civad., 540 l. et vigne 10 ém., 380 l.

Leiran Pierre, à Nimes. — Voy. Fabre André.

Léon Firmin, à Villeneuve. — Voy. Caulet Étienne.

Léolard Joseph, à Tavel. — Voy. *Vissac* Vincent et *Liotard*.

1675. Leroy Étenne, nég. à Villeneuve. — *Ville-neuve (Abbé de St-André)* : 23 sept. 1791, terre 5 sal. 2 cosses, 5350 l. — *Villeneuve (chapelle du St-Esprit)*: 22 prair. an III, chapelle de 4 toises de contenance, 600 l.

1676. Lescure, gendre et chargé de procuration de Bimar Pierre oncle, nég. à Beaucaire. — *Beau-caire (La Couronne)* : 4 mars 1813, francs bords inu-tiles du canal de Beaucaire à Aiguesmortes (8ᵉ lot), 662ᵐᵉ 69 c., 1483 fr.

1677. Levat Louis, ménag. à St-Chaptes. — *St-Chaptes (dominicature)* : 7 mars 1791, 8 terres au total 6 1/2 sal. 38 1/2 ém., 6.300 l.

1678. Leyris Antoinette-Marguerite-Claude (dlle) à Alais. — *Alais (chapelle St-Blaise)* : 26 avril 1791, maison sur la place St-Jean, 3.450 l. (1).

1679. Leyris-Desponchès Antoine-Hercule, cha-noine à Nimes. — *Nimes (FF. Prêcheurs)* : 12 avril 1791, droits féodaux sur une partie de maison, 181 l. 17 s. 6 d.

1680. Leyris Jean-Antoine oncle, major comman-dant en l'absence les ville et citadelle d'Alais. — *Alais (Ursulines)* : 21 juin 1791, maison sous le fort et rue Soubeiran, 1120 l.

(1) Déclara avoir agi pour Joseph *Pouget* fils, perruquier, d'Alais.

1680. Leyris Jean-Antoine oncle, major commandant, en l'absence, les ville et citadelle d'Alais. — *Alais* (*Ursulines*) : 21 juin 1791, maison sous le fort et rue Soubeiran, 1120 liv.

1681. Leyrolle Élisabeth, veuve de Pierre Lafont, à Sommières. — *Sommières* (*Cavalier Jeanne, relig. fug.*) : 18 brumaire an v, maison rue de la Taillade, 810 fr. (1).

1682. Lhermite Barthélemy, mén., à Villeneuve. — *Villeneuve* (*Chartreux*) : 6 fév. 1791, enclos 4 1/2 ém., avec petite maison et écurie, 1575 liv.; 6 mars 1791 vigne-olivette 2 sal. 4 ém. , 4050 liv. (2). — Voy. en outre *Caulet* Étienne et *Pourpre* Claude.

Lhermite Bertrand, à Villeneuve. — Voy. *Anastay* Gabriel, *Caulet* Étienne et *Pourpre* Claude.

Lhermite Bertrand, fils à feu Jean-Baptiste, à Villeneuve. — Voy. *Caulet* Étienne.

1683-1684. Lhermite Joseph et Richet Henri, à Villeneuve. — *Pujaut* (*Chartreux de Villeneuve*) : 19 sept. 1791, carrière 2 ém., 264 liv. et *Pujaut* (*Chapitre de Roquemaure*) : 19 sept. 1791, terre-vigne, quartier des Conques, 506 liv. (3).

Lhermite Louis, à Villeneuve. — Voy. *Caulet* Étienne.

1685. Lhostelier François-Julien, prop., à Alais. — Bonnevaux (*prieuré*) : 23 fruct. iii, châtaigneraie 1 quarte, 1000 liv.

1686. Lichère Fierre, notaire, à Alais. — *Servas* (*Ordre de Malte,* C^die *de Saint-Christol*) : 24 flor.

(1) Vente amiable.

(2) Tant pour lui que pour Antoine *Bresson,* André *Palus* et Louis *Ville,* de Villeneuve.

(3) *Lhermite* eut la carrière et *Richet* la terre.

an III, terre 12 sal. 15 quarles, et pré 3 sal. 1 quarlé
2 boiss., 71.000 liv. (1) ; 24 flor. an III, terre 1 1/2 sal.,
herme 15 sal. 1 quarle, pré 1 sal. 14 quarles,
31.800 liv. (1). — Voy. en outre Labeilhe André.

Lichtenstein et Vialars, à Montpellier. — Voy.
Ducros Jean-Sébastien.

1687. Liénard Louis, nég., à Nimes. — *Bagard*
(*prieuré*) : 18 mess. an IV, maison curiale 45 dext.,
2 petits jardins 19 dext., terre 5 quart., 2078 l. (2). —
Uzès (*Cathédrale*) : 11 vent. an VI, maison où logeait
le sonneur, joignant le clocher, 37000 fr.

1688. Lieutard Joseph, à Beaucaire. — *Beaucaire*
(*Ordre de Malte, Cᵗᵉ d'Astros*) : 23 niv. an III, terre
(1ᵉʳ lot) 1 sal., 4.050 liv. ; (2ᵉ lot) 1 sal., 4050 liv. —
Voy. *Hospices de Beaucaire*.

Lijon. — Voy. *Lyon*.

Lijon Joseph, à Villeneuve. — Voy. *Pourpre*
Claude et *Lyon*.

1689. Liotard Adolphe. — *Roquemaure* (*La Couronne*) : 3 oct. 1843, bâtiment sur les bords du
Rhône, ayant servi aux agents d'un octroi de navi-
gation, 1040 fr.

1690. Liotard Jacques, ménag., à la Tourelle. —
Saumane (*chapelle St-Antoine, fondée dans l'Église*) :
26 avril 1791, maison et 6 quarles 2 boiss. 2 1/2 dext.
de terres, 425 l.

Lisson Antoine, à Beaucaire. — Voy. *Michel*
Raymond.

1691. Loche Jean, jardinier, à Nimes. — *Bouillargues* (*Chapitre de Nimes*) : 17 déc. 1790, vigne 1 sal.
5 ém., 900 l.

(1) Il déclara avoir agi pour *Gardies* Jean-Louis et *Gardies*
François, neveux, et *Martinenche* François, tous d'Alais.

(2) Vente amiable.

1692. Loches Jean, fils de feu Guillaume, nég., à Nimes. — *Bouillargues* (*évêché de Nimes*) : 21 déc. 1790, le château, parc et domaine de Garons, savoir : sol du château 323 cannes carrées, cours 651 cannes, terrasse et fossés 1 sal. 6 ém. 26 dext., jardin 11 ém. 4 dex., parc 9 sal. 5 ém., 70000 l.

1693. Lombard (dame), née Payan. — *Bouquet* (*prieuré*) : 14 mars 1792, l'église, la maison presbytérale avec jardin d'un boiss., 2000 l.

1694. Londès Jacques, cult. à Générac. — *Générac* (*Ordre de Malte, grand prieuré de St-Gilles*) : 28 vent. an III, domaine du château (19ᵉ lot) 2 sal. 95 dext., 11100 l.

1695. Londès Jean-Baptiste , nég., à Nimes. — *Bezouce, St-Gervasy* et *Meynes* (*chapelle St-Sébastien, de Bezouce*) : 18 janv. 1791, terre lab., cave, potager, remise censives estimées 6.561 l. 17 s. 4d., le tout 15300 liv.

1696. Longuet-Damien, ménag., à Vers. — *Vers* (*chapelainie N.-D. de Pitié St-Barthélemy*) : 23 déc. 1790, 15 articles de biens sauf le jardin réservé au curé, 3 sal. 51 ém. 59 vest., 7751 l. 10 s.

Lorgas Jean, à Beaucaire. — Voy. *Michel* Raymond.

1697. Loubat Joseph-Théodore-Magloire-Xavier, viguier royal, à Pont-Saint-Esprit. — *St-Julien-de-Peyrolas* (*prieuré*) : 13 déc. 1790, deux terres 1 sal. 6 ém., 1017 l. 17 s.

1698. Loubier Louis, à Maruéjols.—*Maruéjols-lès-Gardon* (*dominicature*) : 23 fruct. an III, jardin de 3 dext., 3200 liv.

1699. Loué Jean, à Bagnols. — *Saint-Julien-de-Peyrolas* (*prieuré*) : 20 déc. 1792, jardin du curé

6 lid., 1.220 l. —*Saint-Etienne-des-Sorts (confrérie du Saint-Sacrement)* : 22 mai 1793, trois terres, et *Saint-Étienne-des-Sorts (confrérie du Saint-Rosaire)* : 22 mai 1793, une terre, le tout 2125 l.—*Bagnols (Bernardines)* : 14 fév. 1793, monastère et jardin attenant, 12200 l. ; petit bâtiment et jardin, 1000 l. — *Bagnols (Ordre de Malte, C*ⁿᵉ⁾ : 15 fév. 1793, 8 terres, 4380 l.

Lougier Gaspard, à Beaucaire. — Voy. *Michel* Raymond.

1700. Lugagne Barthélemy, ménag., à Aramon.— *Aramon (Ursulines)* : 8 juin 1791, olivette 2 ém., 44 l. — Voy. en outre *Saïsse* Jean-Pierre.

Lyautier Guillaume, propr., à Pont-Saint-Esprit. — Voy. *Vidal* Michel.

Lyon. — Voy. Lijon.

Lyon Antoine, à Pujaut.— Voy. *Vidal* Pierre.

Lyon Antoine, à Villeneuve. — Voy. *Pourpre* Claude.

Lyon Jean, à Saint-Gilles. — Voy. *Charamaule.*

Machard Joseph, à Roquemaure. — Voy. *Faure* Simon.

1701. Magnan André. — *Roquemaure (Chapitre)* : 9 avril 1791, aire, 330 l.

Magne, à Bagnols. — Voy. *Baumel* Honoré.

1702. Maguet Mary, aubergiste, à Beaucaire. — *Beaucaire (Ordre de Malte, commanderie d'Astros)* : 9 niv. an II, partie du domaine de Saint-Pierre, 6 ém. 2 picot., 1674 l. ; —25 vent. an II, terre 13 ém., 5450 l.

1703. Mahistre Pierre, bourgeois, à Saint-Laurent. — *Saint-Laurent-d'Aigouze (évêque d'Alais)* :

7 mai 1791, droits féodaux sur un vacant, 6 l. 13 s. 10 d.

1704. Maigron de Baragnon (dame), à Uzès. — Saint-Siffret (*prieuré de Saint-Julien, d'Uzès*) : 13 mai 1791, terre 12 ém., 1825 l.

1705. Mairan. — *Quissac (Abbaye de Sauve (1) et prieuré de Quissac)* : 17 mars 1791, terre 3 1/2 set. 3025 l. (2).

Malafosse Louis, à Pujaut. — Voy. *Bouvet* Marc.

Malandran Etienne, à Roquemaure. — Voyez *Faure* Simon.

1706. Malarte Antoine, facturier, à Sauzet. — *Sauzet (prieuré)* : 17 therm. an iv, maison presbytérale 17 3/4 dext., avec jardin et bûcher 16 2/3 dext., 5400 fr. (3).

1707. Malartigue Toussaint.—*Montfrin (clergé?)* : 13 pluv. an xii, terrain avec chapelle démolie, 3 arpents 32 ares, 1550 fr.

1708. Malaviale Bernard, entrepr. de chemins. — *Saint-Gilles (ordre de Malte, commanderie Sainte Anne)* : 28 frim. an iii, domaine des Auriasses (21ᵐᵉ lot) terre 1 sal. 248 dext., 8600 l. (4).

1709. Malbois Pons-Stanislas, recev. des dom., à Aiguesmortes.—*Aiguesmortes (La Couronne)* : 11 br. an iv, maison, écurie et cour servant au major de la place 70 t. c., 165000 l.

1710. Mallet Louis, à Chusclan. — *Chusclan (prieuré)* : 14 fruct. an iii, vigne et jardin, 1045 liv.

(1) Bénédictins.

(2) Déclara agir pour David *Rivel*, de Sabatier, paroisse de St-Jean-de-Roques.

(3) Vente amiable.

(4) Déclara agir pour Gaïssad Moïse, boulanger.

1711. Malige Jean, à Sérignac.—*Rauret (prieuré)* :
23 avril 1792. maison curiale 22 t., jardin en dépendant 4 4/5 dext., église 18 t. 2 pieds 5 p., 1155 l.
10 s. (1).

1712. Malignon Alexis. — *Bagnols (Cordeliers)* :
8 avril 1791, terre 5 ém. 3 boiss., 1300 l.

1713. Malmazet André (veuve), née Duclar. — *Venéjean (prieuré)* : 19 mars 1791, maison, 245 l.

1714. Malosse Antoine, juge au trib. civil du Gard.
— *Pujaut (Chartreux de Villeneuve)* : 27 germ.
an vi, terres gaches 55 sal. 4 ém., 100000 fr.

1715. Malosse Jules-Antoine, à Villeneuve. —
Villeneuve (la commune) : 12 mess. an iii, domaine
de Montaud, bâtiments 90 t., terres, jardin et vignes
7 sal. 4 ém., 15500 l.

1716. Malzac Étienne-Simon, chev. de St-Louis, à
Sauve. — *St-Nazaire-des-Gardies (prieuré)* : 17 mai
1791, sept terres au total 47 sel. 8 quartes 7 boiss.
25 dext., 6550 liv.

Mandajors — Voy. *Des Ours Mandajors*.

1717. Manivet André, à Aramon. — *Aramon
(Ursulines)* : 20 avril 1791, terre 4 ém. 6 poign.,
550 liv.

1718. Manivet Honoré, à Aramon.— *Aramon (Chapelle N.-D. du Chapelet)* : 8 juin 1791, trois terres soit
2 sal. 12 ém. 9 1/4 poign., 3443 liv. (2).

Manivet Pierre, à Aramon. — Voy. *Manivet Honoré*.

(1) Déclara avoir agi pour *Barandon* Antoine, de Rauret.
(2) Déclara avoir agi pour *Pierre Manivet*, d'Aramon.

1719. Manoël-Lagravière Louis-Charles, chev. de Saint-Louis, cap. au corps royal du génie. — *Lasalle (Prieuré)* : 16 mai 1791, trois pièces soit 3 sel. 5 quartes 31 dext., 6500 l. ; 6 août 1792, vieille église près la maison presbytérale, 650 liv.

Manse Joseph, à Villeneuve. — Voy. *Caulet* Étienne.

Mansy Louis, à Pujaut. — Voy. *Rochette* Blaise et *Vidal* Pierre.

1720. Mante Antoine, à Maruéjols, dist. de Sommières. — *Maruéjols (prieuré)* : 5 juillet 1793, ancien presbytère 45 t. 2 p. 10 p., avec cour et jardin 15 3/5 dext., 1600 liv. (1).

1721-1722. Maraval Jacques et Faucher Pierre, oncle et neveu, ménagers, à Vauvert. — *Vauvert (prieuré)* : 2 avril 1791, enclos dit du prévôt, 3285 liv.

1723. Marchand, doct. en médecine, à Rivière. — *Rivière (bénéfice de)* : 17 janv. 1791, verger et aire 13 quartes 2 boiss., 4800 liv.

1724-1725. Marchand Jacques et Roux Pierre. — *Bragassargues (prieuré)* : 28 avril 1791, neuf pièces soit 121 sel. 6 quartes 3 quartons 5 1/2 boiss. 4 dext., 5300 liv. (2).

1726. Marette Jacques-Marie, prop., à Alais. — *Alais (La Couronne)* : 7 mars 1812, matériaux et sol des remparts (partie), 297 fr. 08.

1727. Margarot Jacques aîné, à Nimes. — *Générac, Nimes, Bouillargues* et *Saint-Gilles (Bernardins, Chapitre de Nimes* et *Chapitre de Saint - Gilles)* : 16 février 1833, bois de Campagne (coupe n° 17, plaine de Gafarel), 38 hect. 16 a. 90 c., 28100 fr. ; (coupe n° 19,

---

(1) Déclara avoir agi pour *Claude Gébelin* de Maruéjols.

(2) Soit 2.000 liv. pour Marchand et 3.300 liv. pour Roux.

Lozère et Tuilerie), 36 hect., 41.300 fr.; (coupe n° 18, Lozère et Gafarel), 47 hect. 40 a. 06 c., 39100 fr. (1).

1728. Margarot Jean-Auguste, nég., à Nimes. — *Générac, Nimes, Bouillargues* et *Saint-Gilles (Bernardins, Chapitre de Nimes)* et *Chapitre de St-Gilles)*: 12 déc. 1853, bois de Campagne (16° lot, canton plaine des Russes), 21 hect. 60 a., 26100 fr. (1).

1729. Margarot Pierre, maire de Langlade. — *Langlade (prieuré)* : 22 mars 1791, vigne, quartier du gour d'Estève, 600 liv. ; — *Milhaud (Évêque de Nimes)*: 15 nov. 1791, devois et garrigues de Garde-Sceau, 34 sal. 10 ém. 12 dext., 28100 liv.

Marignan Étienne, à St-Gilles. — Voy. *Fabrègue* Jean-Louis, *Defferre* Isaac et *Marignan* Pierre.

1730. Marignan Firmin, cult., à Saint-Gilles. — *Saint-Gilles (Ordre de Malte, C*rie·   )* : 18 brum. an v, bois de l'Escale 23 arpents 13 perches 12 toises ou 13 sal., et terre 1 sal., dépendant du domaine de Capette, 10830 fr. (2). — Voy. en outre *Fabrègue* Jean-Louis et *Defferre* Isaac.

1731. Marignan Pierre, cult., à Saint-Gilles. — *Saint-Gilles (Ordre de Malte, C*rie *Ste-Anne)*: 27 frim. an iii, domaine des Auriasses (5° lot) 1 sal. 208 dext., 9.000 liv. (3).

1732. Marignan Pierre, fils aîné, cult., à Saint-Gilles. — *St-Gilles (Ordre de Malte, C*rie *Ste-Anne)* : 27 frim. an iii, domaine des Auriasses (6° lot) 1 sal. 152 dext., 9200 liv.

(1) Voy. Aptel Jean-Louis, la note.
(2) Vente amiable.
(3) Pour Marignan Étienne, son fils.

Marignan (veuve), à Saint-Gilles. — Voy. *Defferre* Isaac.

1733. Marin Baptiste, peseur public, à Vallabrègues. — *Vallabrègues (fabrique de)* : 19 germ. an III, terre 2 ém. 9 2/3 picot., 1600 liv.

1734. Marin Robert, à Vallabrègues. — *Vallabrègues (fabrique de)* : 18 germ. an III, terre (1er lot) 2 ém., 3000 liv. — Voy. en outre *Lacroix* Joseph.

1735. Marmonier père, march., à Nimes. — *Nimes (la commune)* : 21 brum. an V, vacant 32 toises à gauche du chemin d'Avignon, au nord du bâtiment Lecointe, 288 fr. 4 s. (1).

1736. Marquès Claude-Bazile, à Alzon. — *Le Luc (prieuré)* : 21 germ. an VI, maison curiale avec pigeonnier, four, cour, etc. 8 dext., pré clos 24 dext., 564 fr. (1).

1737. Marquet (Victor-Joseph-Louis de), prop., à Beaucaire. — *Beaucaire (la Couronne)* : 4 mars 1813, francs bords inutiles du canal de Beaucaire à Aiguesmortes (4e lot), 110ª58, 250 fr.

1738. Martial Louis, march. tanneur, à Alais. — *Alais (Frères mineurs)* : 8 fév. 1791, vigne-olivette 21 quartes 3 3/4 boiss., 1450 liv.

1739. Martin, à Bagnols. — *Bagnols (Abbesse de l'Abbaye Saint-Bernard de)* : 13 déc. 1790, terre et vigne 6 ém. 5 boiss. 1 lid., 915 liv.

1740. Martin Antoine, tuilier, à Beaucaire. — *Beaucaire (Ordre de Malte, Cte d'Astros)* : 29 germ. an III, domaine des Perprèzes (3e lot) terre 6 ém., 3200 liv. ; (4e lot) terre 5 ém. 7 picot., 3375 liv.

1741. Martin Antoine, cordonnier, à Villeneuve.

(1) **Vente amiable.**

— *Villeneuve (Chapitre)* : 3 vend. an III, deux fours à pain à la place, 2400 liv.

1742. Martin Antoine , à Arre. — *Campestre (prieuré)* : 15 mai 1792, champ 5 sel. 2 quartes, 295 liv.

Martin Charles , à Aramon. — Voy. *Cadenet* Honoré.

1743. Martin David, cult., à Mauressargues. — *Mauressargues (prieuré)* : 8 fruct. an IV, maison presbytérale 9 1/2 dext., avec jardin attenant 1 quarte 1 boiss., 2636 fr. (1).

1744. Martin François , à Meynes. — *Meynes (Chapitre de Montpellier)* : 20 mai 1791, terre 2 ém. 1 poign., 418 liv.

1745. Martin François, agr.,à Larnac.—*St-Hilaire-de-Brethmas (Ordre de Malte, C^{rie}   )* : 3 frim. an III, paturage. herme et rochers 107 quartes , 6225 liv.

1746. Martin Jacques, charcutier, à Beaucaire. — *Beaucaire (Ordre de Malte, C^{rie} d'Astros)* : 25 vent. an II, terre 4 sal., 8900 liv.

Martin Jean, à Beaucaire. — Voy. *Michel* Raymond.

1747. Martin Jean, offic. de santé, à Lédignan. — *Aigremont (prieuré)* : 22 therm. an IV, maison curiale et jardin, 1296 fr. (1).

Martin Jean aîné, agr., à Saumane. — Voy. *Martin* Louis.

1748. Martin Joseph, ménag., à Aramon. — *Aramon (chapelle St-Pancrace Jonglaresse)* : 19 fév. 1791, terre 1 ém. 5 1/3 poign., 61 liv. 17 s. 6 d. ; — 14 mars 1791, olivette 3 ém. 3 poign., 170 liv. — *Aramon*

(1) Vente amiable.

(chapelle Ste-Marthe) : 8 mai 1791, maison à la descente du château 7 cannes 6 pouces, 360 liv.

1749. Martin Louis, nég., à Anduze. — *Cardet (prieuré)* : 8 fruct. an IV, partie de la maison curiale, 1890 fr. (1). — *Saumane (prieuré)* : 8 fruct. an IV, maison curiale et ses dépendances, autre petite maison, et 2 terres soit 9 dext., 1630 fr. (1). ; pré et terre 5 quartes (*à St-Martin-de-Corconnac*), 2200 l. (2). — *Anduze (La commune)* : 6 vend. an V, partie de l'ancien cimetière des catholiques 3 quartes 9 3/4 dext., 858 fr. (1).

1750. Martin Pierre, nég., à Nimes. — *Laudun (prieuré)* : 8 vend. an V, herme 3 ém., 594 fr. (1). — Voy. en outre *Rolland* Pierre.

Martin Pierre-Antoine, nég., à Tarascon. — Voy. *Durand* Jean-Joseph-Catherine.

Martin Pintard. — Voy. *Pintard.*

1751. Martin Théodore, à Monoblet. — *Monoblet (prieuré)* : 7 août 1792, moulin à huile et ses agrès attenant à la maison curiale, 3000 liv.

Martin (veuve), prop. à Beaucaire. — Voy. *Danise* Marie.

Martin (veuve), à Alais. — Voy. *Sagnier* François.

Martinenche François, à Alais. — Voy. *Julien* François et *Lichère* Pierre.

1752. Martinel. — *Roquemaure (Chapitre)* : 16 mai 1791, maison habitée par Jean Chirol, 1200 liv.

Massa Pierre, à Villeneuve. — Voy. *Caulet* Étienne.

1753. Massadau Bernard, ménag., à Saint-Dézéry-

---

(1) Vente amiable.

(2) Vente amiable ; il déclara agir pour *Martin* Jean aîné, agr. à Saumane.

Saint-Dézéry (prieuré) : 5 janv. 1791, terre 2 sal.
4 vest., 2500 liv.

1754. Massal Antoine, ent. de trav., à Sumène. —
Saint-Julien-de-la-Nef (prieuré) : 20 mars 1792, maison curiale et cour, 1020 liv. (1); — église supprimée,
365 liv. (1); — terre-mûriers 2 quartes, 450 liv. (1).

1755. Masse Gabriel, agr., à Villeneuve. — *Villeneuve (Chartreux)* : 1er therm. an II, partie de la Chartreuse (10e lot), bâtiments, boulangerie, jardin et
cour, 2325 liv.

1756. Massedor Jean-François, menuisier, à Beaucaire. — *Beaucaire (Ordre de Malte, Crie d'Astros)* :
23 niv. an III, terre (4e lot) 6 ém., 2600 liv.

1757. Massip Barthélemy, trav., à Sommières. —
Sommières (la Couronne) : 1er août 1813, partie du
sol et matériaux des remparts (4e lot), 69 fr.

1758. Massip Jean, nég., à Saint-Gilles. — *Saint-
Gilles (Ordre de Malte, Crie Sainte-Anne)* : 27 frim.
an III, domaine des Auriasses (2e lot), 2 sal. 123 dext.,
13100 liv. (2). — Voy. en outre *Bouteille* Alexandre.

1759. Massip Jean-Jacques, cult., à Calvisson. —
Calvisson (la commune) : 7 vend. an V., aire et terre
de la Dime 171 dext., 676 fr. 17 s. 4 d. (3).

1760. Massot Jean, agent de change, à Nimes. —
Sommières (la commune) : 28 mess. an IV, salle d'auditoire 22 toises 1 pied, 1980 fr. (3).

1761. Matheï, marquis de Fontanille, héritier de
l'abbé de La Calmette, son frère. — *Nimes (Évêché)* :
2 mai 1791, droits féodaux sur une partie de maison

(1) Il déclara avoir agi pour Joseph-Henri du Fesq.

(2) Déclara avoir agi tant pour lui que pour Alexandre *Bouteille*,
de Saint-Gilles (chacun la moitié).

(3) Vente amiable.

rue et place de la Salamandre, jadis marché aux bœufs, 1656 l. 5 s. 5 d.

1762. Mathey Claude-François, à Alais. — *Alais* (*Frères des Écoles*) : 23 frim. an VI, maison 65 toises 5 pieds, cour 16 toises 5 pieds et jardin rue Blanɔharde ; — *Alais* (*Hermitage*) : 23 frim. an VI, ancien hermitage ou chapelle 31 arpents 1/2 de 9 pans, avec passage et cour 19 1/2 arpents, jardin de 28 arpents et vigne de 5 quartes 2 boiss., le tout 4138 fr. (1).

1763-1764. Mathieu, trav., au Cailar, et Bouscharain, de Marsillargues. — *Aimargues* et *Le Cailar* (*chapelle d'Agnès Guiraude*) : 24 janv. 1791, 13 pièces au total 17 carteirad. 26 1/2 quart. 95 dext., 13100 l.

1765. Mathieu Antoine, nég., à Nimes. — *Nimes* (*Récollets*) : 28 prair. an IV, le couvent des Récollets ayant « à l'O. la rue qui aboutit au chemin de Sauve, à l'E. la-devant église... » 73 t. 1 p. 3 p. de pourtour, 17640 fr. (1). ; 16 mess. an IV, lopin de terre dans l'Enclos des Récollets, confrontant au N. les lavoirs, à l'E. le boulevard, 414 toises carrées, 3311 fr. (1).

1766. Mathieu Antoine. — *Salazac* (*Chartreux de Valbonne*) : 5 mars 1791, terre 10 sal. environ, 1250 liv.

Mathieu Claude, à Nimes. — Voy. *Semelin* Pierrette.

1767-1768. Mathieu François et Gouret André. — *St-Paulet-de-Caisson* (*chapelle de l'Assomption*) : 14 mai 1791, terre 10 ém., 336 liv. — Voy. *Achard* Vincent.

1769. Mathieu Jacques, cult. au Cailar. — *Le Cai-*

(1) Vente amiable.

lar (*Ordre de Malte, C° de St-Christol*) : 7 prair. an ii, domaine de la Mourade (8ᵉ lot) 8 carteirad. 29 1/3 dext., 10200 liv. (1) ; (11ᵉ lot) 10 1/2 carteirad. 11 dext., 12600 liv. (1) ; (14ᵉ lot) 12 carteirad. 2 1/2 quartons 7 dext., 10700 liv. (2). — *Le Cailar* (*La commune*) : 20 frim. an v, maison appelée la Clastre et jardin de 55 toises 2 pieds, 810 fr. (3).

Mathieu Jacques, mari de Bérus, au Cailar. — Voy. *Maurel* Louis et *Mathieu* Jean.

1770-1780 Mathieu Jean, Blatière Pierre, maréchal, Berrus Jacques aîné, mari de Maroger, Maurel Louis aîné, mari de Maroger, Lambou Antoine, Lambon Louis, Ribes Pierre, Brousson Pierre père, Berrus Paul, Berrus Pierre, Mathieu Jacques, mari de Berrus, au Cailar. — *Aimargues* (*chapelle de Montolieu*) : 30 déc. 1790, divers champs et rentes en dépendant, 7500 liv.

1781. Mathieu Jean, à Durfort. — *Durfort* (*prieuré*) : 6 fruct. an vi, vigne 4 1/4 quartes, 9000 liv.

Mathieu Jean, à Mus. — Voy. *Pélissier* François.

1782. Mathieu Jean aîné, à Mus. — *Mus* (*prieuré*) : 22 janv. 1791, vigne 137 dext., 1250 liv.

Mathieu Jean-Jacques (femme de), à Nimes. — Voy. *Fabre* Jean.

1783. Mathieu Louis, à Lunel. — *Gallargues* (*La commune de Lunel*) : 26 therm. an iii, terre 4 carteirad., 27000 liv.

(1) Déclara avoir agi pour *Crémieu* Saül, de Nimes.

(2) Moitié pour lui et moitié pour Jacques *Berrus*. Mathieu céda sa moitié à Paul *Hébrard* père dit pupille et autre Paul *Hébrard*, son fils, négociants à Aiguesvives, au prix de 5350 liv., le 2 prair. an iii (Carbonnier, nct. à Aimargues).

(3) Vente amiable.

1784. Mathieu Pierre, aubergiste, à Boucoiran. — *Durfort (prieuré)* : 5 fév. 1791, terre et vigne 18 sel., moins la partie réservée au jardin de curé, 6000 liv.; 9 août 1791, terre 14 sel. 1 quarte 3 boiss., 4725 liv.

Mathieu Pierre, à Uzès. — Voy. *Champel* Antoine fils.

Mathieu Pierre fils, à Uzès. — Voy. *Boucarut* Pierre-Louis.

1785. Mathieu Pierre neveu, prop., à Saint-Hippolyte. — *Saint-Hippolyte-de-Caton (dominicature)* : 5 niv. an II, jardin 2 boiss., 760 liv.

1786. Mathon Gabriel, ménag., à Gaujac. — *Gaujac (prieuré)* : 21 déc. 1790, maison claustrale, avec cour et 14 terres, soit 3 sal. 29 ém. 39 boiss. 8 lid., 11600 liv. (1).

1787. Maubernard Antoine, voiturier, à Beaucaire. — *Beaucaire (Ordre de Malte, C^rie d'Astros)* : 17 brum. an III, domaine de Saint-Pierre (4e lot), terre 1 sal. 5 picot., 3050 liv.; (5e lot), terre 6 ém. 1 picot., 2700 liv. ; (14e lot), terre 7 ém. 4 picot., 2350 liv.; 12 niv. an III, domaine de Saint-Pierre (48e lot), terre 1 sal. 3 ém. 5 picot., 5400 liv. — Voy. *Charavel* Jean-Joseph et *Paul* Jean.

1788. Maubernard Antoine et Maubernard Jean, frères, ménag., à Beaucaire. — *Beaucaire (Ordre de Malte, C^rie d'Astros)* : 6 pluv. an III, terre (23e lot), 2 sal. 1 ém. 1 picot., 11500 liv. — Voy. *Paul* Jean.

1789. Maubernard Jean, voiturier, à Beaucaire. — *Beaucaire (Cordeliers)* : 20 déc. 1790, terre 4 ém. 2 1/2 picot., 1250 liv. (2). — Voy. *Maubernard* Antoine et *Paul* Jean.

(1) Dut faire folle-enchère. — Voy. *Dussuel* Théodorit.
(2) Duplessis Jean se portant fort pour lui.

1790. Maubernard Mathieu, agr., à Beaucaire. — *Beaucaire (la Couronne)* : 4 mars 1813, francs bords inutiles du canal de Beaucaire à Aiguesmortes (22ᵉ lot), 147ᵐ62, 227 fr.

1791. Maucune François, abbé, de Romans. — *Saint-Paulet-de-Caisson (Chartreux de Valbonne)* : 5 avril 1791, domaine du mas de Saint-Hugues ou Sainte-Gugues, granges, cabaux, terres, 92000 liv. — *Carsan (Chartreux de Valbonne)* : 9 avril 1791, domaine de Grange-Neuve, y compris une vigne que plantaient les Chartreux, 19 sal. 7 ém. 4 1/4 boiss., 28000 liv.

1792. Maucune François, abbé, et Gonnet. — *La Roque (Chartreux de Valbonne)* : 12 avril 1791, moulin de Corps et terres en dépendant, cuves vinaires, futailles, meubles et usines, bâtiments réservés aux Chartreux, maison 109 cannes 2 pans, jardin et broutière 1 sal. 6 boiss., pépinières 4 ém. 1 boiss., 3 pièces 7 sal. 12 ém. 4 boiss. 3 lid., 56000 liv.

1793. Mauméjean Jean, ménag., à Aimargues. — *Aimargues (Prieuré de Saint-Saturnin)* : 17 janv. 1791, champ de 3 carteirad., 1400 liv.

Maurant (veuve) à Nimes. — Voy. *Chabrier* Marie.

1794. Mauras Alexis, à Laval. — *Laval (dominicature)* : 18 frim. an II, terre sous l'église 2 sal. 12 quartes, et vigne 1 sal. 5 quartes, 2350 liv.

1795-1805. Maurel Louis, Berrus Jacques aîné, mari de Maroger, Brousson Pierre père, Lambon Antoine, Lambon Louis, Ribes Pierre, Blatière Pierre, maréchal, Blatière Jacques, serrurier, Mathieu Jacques, mari de Berrus, Berrus Paul et Berrus Pierre, au Cailar. — *Le Cailar (chapelle St-Jean et Castant, fondée dans l'église de Vauvert)* : 17 janv. 1791, divers fonds, 8200 liv.

Maurel Louis aîné, mari de Maroger, au Cailar. — Voy. *Mathieu* Jean.

1806. Maurin Antoine. — *Cinsens (Chapitre de Nimes)* : 9 avril 1791, aire 34 1/2 dext., 900 liv.

1807. Maurin François. — *Codelet (chapelainie de)* : 11 avril 1791, 4 terres au total 42 ém., 6475 liv.

1808. Maurin Jean, nég., à Sauve. — *Sauve (Roux Antoine, relig. fug.)* : 23 therm. an VIII, rente foncière de 36 liv. due par Pierre Jullian, de Sauve, établie sur une maison ayant appartenu à Roux, 540 fr. (1).

1809. Maurin Jean, nég., au Vigan. — *Le Vigan (prieuré)* : 20 janv. 1791, maison et four banal, 5125 liv.

Maury de la Peyrouse (Laurent-Étienne-Joseph), maire de St-Hippolyte. — Voy. *commune de Saint-Hippolyte-du-Fort.*

Maury Jean, march. de vin, à Nimes. — Voy. *Blachier* Pierre.

1810. Maury Louis. — *Nimes (Ursulines du 2me monastère)* : 4 fév. 1793, maison conventuelle, église, cour et jardin, au total 1808 toises, 89000 liv. (2).

1811. Mayet François. — *Goudargues (prieur de)* : 4 juin 1791, diverses terres, 74100 liv. (3).

---

(1) Vente amiable.

(2) Il fit élection pour : 1re partie, *Vigne* frères 46.268 liv., 1.044 toises ; 2e partie, *Ratier* traiteur, 26232 liv., 630 toises ; 3e partie, *Colomb* Marc-Antoine 16500 liv., 134 toises (où est l'église). Totaux 89000 liv. et 1808 toises. — Voy. *Colomb* Marc-Antoine et *Vigne* Barthélemy.

(3) Fit folle-enchère ; réadjugé le 14 oct. 1791, à *Mille* Pierre, de Roquemaure, au prix de 68500 liv.

Maystre David, à Gênes. — Voy. *Perrier* Pierre cadet.

1812. Mazauric Jacques, nég., à Alais. — *Saint-Hilaire-de-Brethmas (Ordre de Malte, C^{rie}.....)* : 11 vend. an III, terres chênes et rochers 45 quartes, 3500 liv.

1813. Mazauric Vulfrand, bourgeois, au Cailar. — *Le Cailar (Chapitre Saint-Pierre, de Montpellier)* : 21 janv. 1791, terres du bénéfice du Cailar, 28309 l.

1814. Mazel André, cult., à Nozières. — *Nozières (cure de)* : 23 août 1793, maison 5 1/4 dext., église 5 1/2 dext. et 2 jardins 32 1/4 dext., 3100 liv.

Mazel André, à Valence. — Voy. *Souchon* Jacques.

1815. Mazel Jean, à Moussac. — *Moussac (évêché d'Uzès)* : 8 fév. 1791, 5 pièces, au total 10 ém. 27 boiss., plus une aire, enclos de la majeure de la vieille église (3 boiss. 1 dext.) y compris « une tour ou ancien clocher qui ne peut être d'autre utilité que de celle de la démolir pour profiter des pierres bien éclairées à leur sale (*sic*) mais qui seront difficiles à arracher par la bonté du mortier qui les lie, » 1525 livres.

1816. Mazel Pierre, bourgeois, à Nimes. — *Nimes (Augustins)* : 8 janvier 1791, maison rue du Mûrier d'Espagne, 18000 l.

1817. Mazer Jean, juge au tribunal du district de Nimes. — *Saint-Gilles (Chapitre)* : 18 août 1791, domaine d'Estagel (1er lot) terres, prés, bosquets, vignes, hermes et garrigues (1) 55508 l. 13 s.

1818 Mazer Louis, propr., à St-Gilles. — *Saint-*

_____
(1) Pour la contenance, voy. *Blanc* Anne née Ferry.

Gilles (*Pénitents blancs*): 17 therm. an ɪᴠ, chapelle avec sacristie et cour, 8040 fr. (1).

1819. Mazolier Louis-Antoine, à Congénies. — *Fontanès* (*prieuré*) : 5 brum. an ᴠ, maison curiale 38 t. 5 p. 5 p., avec cour, jardin et bûcher 34 1/5 dext. 1,630 fr. (1).

1820. Mazoyer Louis. — *Tavel* (*cure de*) : 29 mai 1791, bâtiment de 15 cannes et 5 vignes soit 14 ém. 30 poig., 3000 l. (2).

1821. Mazoyer Vincent. — *Barjac* (*cure de*) : 16 oct. 1792, terre 5 quartes, 250 l.

Mège Jean jeune , à Beaucaire. — Voy. *Michel* Raymond.

Meirargues Antoine, à Saint-Gilles. — Voy. *Charamaule* et *Defferre* Isaac.

Meirargues François, à Saint-Gilles. — Voy. *Boucaud* Pierre et *Meyrargues*.

Meirargues Jacques, à Vauvert. — Voy. *Brunel* Pierre.

1822. Meissonnier Gabriel, à Villeneuve. — *Villeneuve* (*Chartreux*): 8 niv. an ɪɪ, domaine de l'Hermitage et ses dépendances, soit 49 sal. dont 12 en terres et vignes et 37 en montagnes 10000 l.

Meissonnier Gabriel, à Beaucaire. — Voy. *Raynaud* Étienne.

1823. Méjanelle Jean, fab. d'eau-de-vie, à Vauvert. — *Générac* (*Ordre de Malte, grand prieuré de Saint-Gilles*) : 28 vent. an ɪɪɪ, domaine du château (4ᵉ lot) 45 cannes 4 pans couvert, 35 cannes 4 pans cour, et

(1 Vente amiable.

(2) Agissait tant pour lui que pour Jean-Joseph Odoyer, ménager à Tavel.

5 sal. 107 1/2 dext., 41000 liv. (1) ; (6e lot) pré 362 1/4 dext., herme 2 sal. 21 dext., 18000 liv. (1) ; (7e lot), pré 1 sal. 51 dext., herme 3 sal. 157 dext., 23000 l. (1); (8e lot), 1 sal. 280 dext., 35100 liv. (1).

1824. Méjanelle Jean, prop., à Nimes. — *Générac, Nimes , Bouillargues* et *Saint-Gilles (Bernardins, Chapitre de Nimes* et *Chapitre de Saint Gilles)* : 12 déc. 1853, bois de Campagne (Val de Campagne , 2e lot) 16 hect. 12 ares, 32000 fr. (2) ; bois de Campagne (Cave du Renard, 3e lot) 24 hect. 50 ares, 28100 fr. (2).

Méjean François, à Valleraugue. — *Voy. Jeanjean Pierre* dit Cardé.

1825. Menjaud Joseph (ou Jean) Antoine, p. d. la c. d'Aramon. — *Aramon (chapelle Saint-Pancrace Manerbe)* : 19 fév. 1791, terre 4 ém. 2 2/3 poign., 1475 liv. — *Aramon (chapelle Saint-Pancrace Jonglaresse)* : 14 mars 1791, terre 1 ém. 5 3/4 poign., 540 liv. ; 23 mai 1791, terre 1 ém. 1/4 poign., 231 l.

1826. Menjaud Joseph (ou Jean) Antoine, p. d. l. c., et Viaud Pierre, broquier à Aramon. — *Aramon (Ursulines)* : 15 avril 1791, terre 5 ém. 1 poign., et terre 3 ém. 4 poign., 1050 liv.

1827. Menourel Jean, à Castillon-du-Gard. — *Saint-Hilaire-d'Ozilhan (chapelles Sainte-Anne* et *Saint-Barnabé)* : 24 fruct. an iii, 46 pièces de terre, 16300 liv.

1828. Menourel Jean, ménag., à Meynes. — *Meynes (Chapitre de Montpellier)* : 1 avril 1791, terre 1 sal. 5 ém., 3403 liv. ; — *id.* 1 avril 1791, herme 1 sal. 3 ém., et

(1) Fit élection, le 26 fruct., en faveur de *Aurillon* Mathieu, dit Bellerame, son beau-père, agr. à Générac.

(2) Voy. *Aptel* Jean-Louis, la note.

Meynes (chapelle N.-D.) 1 avril 1791, herme 3 ém., les deux 137 liv.

Mercier Pierre, à Brouzet. — Voy. *Tresfon* Antoine.

1829. Mercurin Charles-Benoît fils aîné, à Villeneuve. — *Villeneuve (La Couronne)* : 22 avril 1808, maison à côté de celle de la Couronne « 975 miliares », 220 fr.; maison dite de la Couronne servant autrefois de logement au gouverneur du fort « 960 miliares », 460 fr. — Voy. en outre *Audibran* Jacques.

1830-1831. Mercurin Claude-Benoît, ad. du dist. de Beaucaire, et Queyranne Joseph-François, tous deux de Villeneuve. — *Pujaut (Chartreux de Villeneuve)* : 16 mars 1791, terre de 30 sal., 36300 liv.

1832. Méric Anselme, juge de paix, à Brignon. — *Brignon (prieuré)* : 10 mai 1791, 4 pièces soit 6 1/2 ém. 8 quartes 5 boiss., et *Nozières (Prieuré de St-Jean)* : 10 mai 1791, aire 2 boiss., le tout 1650 liv.

1833 1834. Méric Ignace, abbé, et Arvieux. — *Chusclan (prieuré)* : 7 mars 1791, quatre vignes 1 sal. 19 ém. 1 boiss., moins 2 ém. 5 boiss. 2 1/2 lid. pour le jardin du curé, 4025 liv.

1835-1836. Méric Jean-Vincent et Flandin Antoine. — *Saint-Paulet-de-Caisson (chapelle de l'Assomption)* : 13 mars 1791, 2 terres, 1.200 liv.; 2 terres, 925 liv. — Voy. *Achard* Vincent.

Méric Vincent, à Saint-Paulet-de-Caisson. — Voy. *Galibert* Jean-Pierre.

1837-1843. Mérignargues Jacques, Fauquier Louis, Pons Pierre, Roux Louis, Héraut Jacques, Ravier Louis et Dumont Jean, à Uchaud. — *Vestric (cha-*

pelle N.-D.) : 2 mai 1791, sept pièces soit 3897 dext., ensemble 6875 liv.

1844-1845. Merle et Chazal. — *Barjac (prieuré)* : 4 août 1791, terre 4 sal. 12 quartes, 8200 liv.

1846. Merle. — *Orsan (prieuré)* : 18 mars 1791, 5 terres, soit 3 1/2 sal. 19 ém. 5 boiss. 4 lid., 5150 liv.

1847. Merle. — *Pont-Saint-Esprit (Bénédictins de St-Pierre)* : 9 nov. 1792, appartements et jardins faisant partie de la maison conventuelle, 9300 liv. (1).

1848. Merle aîné, march. de chaussures, à Nîmes. — *Générac, Nîmes, Bouillargues* et *Saint - Gilles (Bernardins, Chapitre de Nîmes* et *Chapitre de Saint-Gilles)* : 12 déc. 1853, bois de Campagnole (canton de Campagnole, 13e lot), 18 hect. 25 ares, 23900 fr. (2).

1849-1850. Merle, père et fils, à Bagnols.— *Bagnols (Récollets)* : 3 nov. 1791, couvent, jardin et dépendances, 15100 liv. (3).

1851. Merle Jacques, ménag., à Concoules. — *Concoules (dominicature)* : 25 mai 1791, châtaigneraie d'un revenu de 37 liv., au couchant de l'église, 968 liv.

1852. Merle Marc. — *Pont-St-Esprit (?   )* : 19 oct. 1792, anciennes prisons, 2425 liv.

Méry Jean, prop., à Aiguesmortes.— Voy. *Mouret* Étienne.

Mestre Robert, à Saint-Gilles. — Voy. *Fabrègue* Jean-Louis et *Defferre* Isaac.

(1) Remit de suite son acquisition à *Peschenier* André.
(2) Voy. *Aptel* Jean-Louis, la note.
(3) Revente par suite de la folle-enchère de *Reboul* Joseph.

1853. Meyer Jean, nég., à Nimes. — *Nimes (Ursulines* du 1er monastère) : 3 brum. an v, maison rue des Flottes, 1188 fr. (1). — *Montfrin (Ordre de Malte, C^{rie} de Montfrin)* : 2 frim. an v, maison avec four et écurie attenants, moulin à huile, moulin à vent avec aire et terre 5 ém., le domaine des Orgnes 55 sal. 5 civad., moulin à eau faisant partie de ce domaine, terres 35 sal. 3 ém. 3 civad., bois 72 sal., 113036 francs. (1). — *Beaucaire (Ursulines)* : 26 niv. an vi, maison confrontant au levant le Jeu de Paume 27 cannes 5 pans, 46500 fr.

Meynier Étienne, à Nimes. — Voy. *Consistoire* protestant.

Meynier Guillaume, à Villeneuve. — Voy. *Caulet* Étienne.

Meynier Nicolas, à Dions. — Voy. *Trinquelague* Jean.

Meyragues. — Voy. *Meirargues.*

Michel Alexandre, à Saint-Gilles. — Voy. *Boucaud* Pierre.

1854. Michel André, ménag., à Beaucaire. — *Beaucaire (Ordre de Malte, C^e d'Astros)* : 9 niv. an ii, partie du domaine de Saint-Pierre 3 salm. 4 ém., 9625 l.

Michel Antoine, à Saint-Gilles. — Voy. *Boucaud* Pierre.

1855. Michel Charles, nég., à Nimes. — *Bouillargues (Chapitre de Nimes)* : 27 déc. 1790, terre 4 salm. 6 ém., 5675 l.

Michel Claude, à Villeneuve. — Voy. *Caulet* Étienne.

(1) Vente amiable,

1856. Michel Daniel, propr., à Cardet. — *Cardet
(Ordre de Malte, Cie de Saint-Christol)*: 18 vent.
an III, terre 1 salm. 10 quartes 13 dext., 1025 l.

Michel Edouard, à Garons. — Voy. *Loche* Jean
fils.

1857. Michel Florent, notaire, à Valleraugue. —
La Rouvière (dist. du Vigan) (prieuré) : 31 mars
1792, terre et jardin 1 set. 2 quartes, 1546 l.

1858. Michel Frédéric, nég., à Nimes. — *Saint-
Hippolyte-du-Fort (état-major de)* : 29 prair. an IV,
terres mûriers et saules (pas de contenance indiquée) 50394 fr. (1). — *Nimes (état-major de la
Citadelle)*: 17 mess. an IV, terres dépendantes de
la Citadelle, 6000 francs. (1). — *Saint-Gilles (la
Couronne)*: 18 mess. an IV, domaine de Lamotte,
consistant en château, 17 cartcirad. de bois, 775
de terres lab. et 543 d'herbages, 167857 francs (1).

1859. Michel Henri, agr., à Bellegarde. — *Bellegarde (Ordre de Malte, com. de Saint-Jean)*: 2 prair.
an II, partie du domaine de Saint-Jean, terres 33
salm. 5 ém. 2 boiss. pré 2 sal. 1 ém., 16850 livres.
— *Bellegarde (La Commune)* : 26 fruct. an III,
herme 2 ém. 5 boiss., 200 l.

1860. Michel Jean, maréchal, à Valleraugue.— *Valleraugue (chapelle de Saint-Antoine, dans l'église
de)*: 30 avril 1791, terre, mûriers et chataign.,500 l.

1861. Michel Jean, homme de loi, à Saint-Gilles.
— *Saint-Gilles (prieuré de Trinquetaille-lès-Arles)*:

(1) Vente amiable.

19 janv. 1791, terres 6600 l. (1). — Voy. en outre *Fabrègue* Jean-Louis et *Defferre* Isaac.

Michel Jean , à Villeneuve. — Voy. *Pourpre* Claude.

Michel Jean , à Beaucaire. — Voy. *Bernavon* Pierre.

Michel Jean , à Roquemaure. — Voy. *Faure* Simon.

Michel Jean, fils aîné à Guillaume, à Villeneuve. — Voy. *Caulet* Étienne.

Michel Jean-Antoine, à St-Paulet-de-Caisson. — Voy. *Vidal* Michel.

1862. Michel Jérôme-Augustin, recev. de l'enreg., au Vans. — *St-Victor-de-Malcap (prieuré)* : 15 fruct. an IV, maison curiale et jardin , 2000 fr. (2). — *St Étienne-de-Malcap (prieuré)* : 16 fruct. an IV, maison curiale et cour 12 cannes 6 pans, écurie 23 cannes, église 10, vacant 4 cannes, 1080 fr. (2). — *Mannas, Cᵉ de Rochegude (prieuré)* : 15 vend. an V, maison presbytérale et terre 150 cannes, autre bâtiment ayant servi d'église 24 cannes de plat-fond, 400 fr. (2).

Michel Joseph , à St-Michel-d'Euzet. — Voy. *Gouret* Jean.

1863. Michel Laurent, maréchal, à St-Gilles. — *St-Gilles (Ordre de Malte, Cᵗⁱᵉ Ste-Anne)* : 28 frim. an III, domaine des Auriasses (19ᵉ lot) 1 sal. 265 dext., 9500 liv.

Michel Louis, à Beaucaire. — Voy. *Michel* Raymond.

1864. Michel Louis, boulanger, à Sauve. — *Sauve*

(1) Fait probablement double emploi avec *Teissonnier* Jeanne.
(2) Vente amiable.

(*Abbaye de*) (1) : 9 août 1791, maison et four banal, 2425 liv.

1865. Michel Pierre, tuilier, à Villeneuve. — *Villeneuve (chapelle St-Blaise)* : 6 mars 1791, terre 3 ém., 600 liv.

1866-1869. Michel Pierre, menuisier, Paul Joseph, perruquier, Valladier Joseph, ménager, et Brun Pierre, meunier, à Beaucaire. — *Beaucaire (Doctrinaires d'Avignon)* : 12 déc. 1793, le domaine du mas de Bosc, cabaux et dépendances, 66100 liv.

1870-1939. Michel Raymond, Lougier Gaspard, André Jacques, Bonpas Pierre, Blanc Jean, Rubis Jacques, Juliard Simon, Troupel Jean, Perrier François, Juliard Jean, Pelouzet Pierre, Arlaud Jean, Pascal Jean, Castel Thomas, Borne François, Clavel Antoine, Bouche Jean, Figuière Poncet, Boudin Antoine, Lisson Antoine, Navelle Jean, Tressaud François, Fage Jean, Laurent Jean, Mie Antoine, Lafond Joseph, Rivet Étienne, Pascal Pierre, Nicolas Jacques, Lamouroux Pierre, Laurent Thomas, Perrier Pierre, Perre Jean, Crillion Baptiste, Armand Pierre, Martin Jean, Mège Jean jeune, Barbe Jean, Castel Jean, Moullias Joseph, Guillaumond Étienne, Barry François, Roux Jean, Béraud Jean, Guiot Gaspard, Rastoux Joseph, Four Jacques, Four Joseph, Four François, Four Jean, Alliaud Jacques, Jacquet François, Vallon Joseph, Fumat Jean, Gibelin Jean aîné, Gebelin Poncet, Gebelin Jean jeune, Lorgas Jean, Armand Jean, Étienne Pierre, Guitard Laurent, Rieuman Antoine, Verret Étienne, Gachet

(1) Bénédictins.

Jean aîné, Gachet Jean jeune, Mounier Imbert, Belly Joseph, Clavel Louis, Gilles Bernard et Michel Louis, tous de Beaucaire. — *Beaucaire (Ursulines)* : 6 pluv. an VII, bâtiment dit des casernes, composé de plusieurs magasins, grand ciel ouvert, 17 chambres, 17 greniers, etc... et église attenante ; le tout 1284^m 40 de contenance et en couvert 1685^m 53, 400000 fr.

1940. Michel Simon, à Laval. — *St-Denis (prieuré)* : 6 sept. 1809, jardin 1 are 81 c., 230 fr. (1).

Michel (veuve), à Saint-Gilles. — Voy. *Teissonnier* Jeanne.

Mie Antoine, à Beaucaire. — Voy. *Michel* Raymond.

Milhaud Jacob, dit Couteau (Crémieu Sarah, veuve de). — Voy. *Crémieu* Saül.

1941. Mille Pierre, off. municip., à Roquemaure. — *Goudargues (prieur de)* : 14 oct. 1791, bien comprenant maison dans le fort 19 cannes de couvert, cour 8 cannes 2 pans, moulin à blé et moulin à huile 36 cannes, maison appelée le Cloître 52 cannes couvert, cour 324 cannes, autre maison 13 cannes, sept terres et deux prés 49 sal. 25 ém. 25 boiss., vieux château de Brès, bâtiments 145 cannes, cour 180, devois 38 sal. 3 boiss., quatre autres pièces 47 sal. 16 ém. 3 boiss (2), 68500 liv. (3).

1942-1943. Mille et Faucher. — *Roquemaure (Chapitre)* : 9 avril 1791, maison et ses dépendances dont jouissait le doyen, 7000 liv.

(1) Voy. *Lacroix* Simon.
(2) Détail de ces biens, *Arch. dép.*, 1, Q., 1, 35.
(3) Revente à la folle-enchère de Mayet.

Milon Mathieu, à Roquemaure. — Voy. *Quiot* Raymond.

1944. Mingaud fils, nég., à Nimes. — *Nimes* (*Évéché*) : 12 mars 1791, champ et aire de la Dîme, à Saint-Césaire, 900 liv.

1945. Moine Noël, tisseur de toiles, à Beaucaire. — *Beaucaire* (*Ordre de Malte, C*^{te} *d'Astros*) : 11 niv. an III, domaine de Saint-Pierre (34° lot), terre 1 sal., 2525 liv.

Moinier Timothée, à Aimargues. — Voy. *Pélissier* François.

1946. Molinard Jean, ménag., à Aimargues. — *Aimargues* (*prieuré de St-Saturnin*) : 23 déc. 1790, champ 2 carteirad. 2 quartons 3 dext., 1075 liv.

1947. Molines-Chabanel Henri, prop., à Nimes. — *Générac, Nimes, Bouillargues* et *Saint-Gilles* (*Bernardins, Chapitre de Nimes* et *Chapitre de Saint-Gilles*) : 16 fév. 1833, bois de Campagne (bois d'Estagel, coupe n° 9), 35 hect. 83 ares 80 c., 34300 fr. (1).

1948. Mollon Jean-Antoine, cult., à Lardoise. — *Laudun* (*La Couronne*) : 22 therm. an IV, maison servant de bureau au receveur des traites, petit logement servant de corps de garde aux employés, herme et vigne joignant, le tout au port de Lardoise, maison 28 cannes couvert, herme 2 sal., vigne 1 sal., 845 fr. (2).

Monier André, à Villeneuve. — Voy. *Monier* Jacques.

1949-1954. Monier Jacques, aux Angles ; Monier André, Monier Jean, Négret Antoine, Pouzol Pierre

---

(1) Voy. *Aptel* Jean-Louis, la note.

(2) Vente amiable.

et Gonnet Jean, de Villeneuve. — *Les Angles (chapelle Saint-Sébastien et des Ames du Purgatoire*, dans
l'église) : 15 mai 1791, quatre pièces dont trois terres
et un casal de 3 3/4 de dext., 3625 l.

Monier Jean, à Villeneuve. — Voy. *Monier* Jacques.

Monnot Jean, entrepreneur, à Nimes. — Voy.
Chambaud Louis.

Montaise (de). — Voy. *Bargeton* Emmanuel.

Montbounoux Pierre, à Nimes. — Voy. *Galaud*.

1955. Montégut Pierre, à Nimes. — *Nimes (Récollets)* : 26 pluv. an VI, terre dans l'enclos des Récollets, confrontant à l'est le boulevard, à l'ouest la
rue du chemin de Sauve, 210 toises 5 pieds carrés,
2400 fr.

1956. Monteil Mathieu, laboureur, à Uzès. — *Montaren (prieuré)* : 27 août 1793, terre herme 2 sal.
4 ém. 1 vest., 300 liv.

Montet Marguerite, à Nimes. — Voy. *Fabre* André.

1957. Montfrin Antoine, agr., à Beaucaire. — *Beaucaire (Ordre de Malte, C^rie d'Astros)* : 5 pluv. an III,
terre (19me lot) 4 ém., 2050 l.

Montlaur. — Voy. *Villardy*.

1958. Moreau Jean, orfèvre, à Beaucaire. — *Beaucaire (prieur de Saint-Sixte)* : 4 mars 1791, petit bâtiment et terrain appelé l'hermitage de Saint-Sixte,
835 l.

Mouillas Joseph, à Beaucaire. — Voy. *Michel*
Raymond.

1959. Mouillas Vincent, jardinier à Beaucaire. —
Beaucaire (Ordre de Malte, C^rie d'Astros) : 17 pluv.
an III, terre (28me lot), 1 salm. 1 ém. 4 picot., 10300
livres.

1960. Moulin Joseph. — Junas (*prieuré*) : 2 avril 1791, olivette 20 dext., 100 l.

Mounier Imbert, à Beaucaire. — Voy. *Michel Raymond*.

1961. Moureau Pierre, agr., à Beaucaire. — *Beaucaire* (*Ordre de Malte, commanderie d'Astros*): 12 niv. an III, domaine de Saint-Pierre (39ᵐᵉ lot) terre 1 sal., 2425 l.

1962. Mouret François. — *St-Théodorit (prieuré)*: 27 avril 1791, terre 17 sct. 1 quarton dont la moitié sur le rocher, 325 l. ; pré de 3 quartes, 135 l.

1963. Mouret Jean, négociant, à Beaucaire. — *Beaucaire (La commune)*: 18 vent. an III, maison à la porte Beauregard, 18 t. 4 p. 9. p. de contenance, 14000 l.

Mouret Roustan, à Aramon. — Voy. *Cadenet Honoré*.

1964. Mourgue Claude, ménag. à Saint-Laurent. — *Saint-Laurent-d'Aigouze (chapelle Morel et Barèze)*: 4 mars 1791, biens 16 carteirad., 11786 l. 13 s. 4 deniers.

1965. Mourgue Jacques, meunier, à Sauve. — *Sauve (Abbaye de)* (1) : 18 juin 1791, moulin à blé et ses dépendances, 10050 l. (2).

1966. Mourgue Louis, bourgeois, à Marsillargues. — *Saint-Laurent-d'Aigouze (Évêque d'Alais)*: 15 janv. 1791, champ dit clos l'Abbé 72 carterées, herbages et marais de Port-Vieil 580 sct. le tout 80100 l.

1967. Mourier Antoine, à Marguerittes. — *Bouillargues (Chapitre de Nîmes)*: 17 déc. 1790, champ 2 salm. 6 ém., 1625 l.

(1) Bénédictins.
(2) Fit folle enchère : Voy. *Blanc Pierre*.

1968. Mourier à Jean, trav., à Marguerittes. — *Marguerittes (chapelle N.-D.)* : 27 janv. 1791, partie des fonds de cette chapelle (1), 300 l.

1969. Mourier Jean-Pierre, à Marguerittes. — Voy. *Dissé* Magdeleine.

1970. Mourier Martial, fabricant d'eau-de-vie, à Générac. — *Générac (Ordre de Malte, grand prieuré de Saint-Gilles)* : 28 vent. an III, domaine du Château (20me lot) 3 salm. 2 dext., 13000 l.

Mourier (veuve de), menuisier, à Marguerittes.— — Voy. *Dissé* Magdeleine.

1971. Mourre Antoine aîné, agr., à Beaucaire. — *Beaucaire (Ordre de Malte, Commanderie d'Astros)* : 9 germ. an III, domaine des Perprêzes (25me lot) terre 1 salm., 2600 l.; (26me lot) terre 1 salm., 2650 livres ; (33me lot) terre 1 salm., 2000 l.; (34me lot) terre 1 salm., 2425 l.

1972. Mourre Antoine et Mourre Pierre, son fils, agr., à Beaucaire. — *Beaucaire (Ordre de Malte, C^e d'Astros)* : 25 vent. an III, domaine des Perprêzes, (6me lot) terre 1 sal., 2625 l.

Mourre Pierre, à Beaucaire. — Voy. *Mourre* Antoine.

1973. Moustardier Joseph, p. d. l. c., à Blauzac. — *Blauzac (prieuré)* : 14 avril 1791, pré au quartier de la Treille, 1475 l.

Moutardier Etienne, à Garons. — Voy. *Loche* Jean fils.

1974. Moutet André, à Vallabrègues. — *Vallabrègues (prieuré)* : 29 déc. 1790, pré 10 ém., 3050 l.

1975. Moutet Étienne, serrurier, à Beaucaire. —

(1) Pour la contenance totale, voy. *Dissé* Magdeleine.

Beaucaire (Cordeliers) : 27 janv. 1791, maison « gâche de curaterie », 3900 l. ; 21 prair. an III, terre (1er lot) 13 l. 4 p. 4 pouces, 800 l.

1976. Mouyren Jean, journalier, à Brin. — *Concoules (dominicature)* : 7 mai 1791, partie de pré, 1000 l.

1977. Moyneuse Jacques-Honoré, prop. à Aramon. — *Aramon (la Commune)* : 9 vend. an IV, chapelle St-Martin 10 l. et terrasse attenante 2 ou 10 poig., 650 l.

Mudaille Gabriel, maçon, à Remoulins. — Voy. *Drome* Jean-Joseph.

1978. Nadal, à Saint-Gilles. — *St-Gilles (Ordre de Malte, Cie....)* : 18 brum. an V, bois (du domaine de Capelle) en deux parties, 12 sal., 21200 fr. (1).

Naud Jean-Michel, à Pujaut. — Voy. *Bonnet* Marc.

1979. Navelle Augustin, traiteur, à Beaucaire. — *Beaucaire (Ordre de Malte, Cie d'Astros)* : 17 pluv. an III, terre (27e lot) 1 sal., 10300 l.

Navelle Jean, à Beaucaire. — Voy. *Michel* Raymond.

Nebla Antoine, à Villeneuve. — Voy. *Caulet* Étienne.

1980. Nègre Jean, trav., à Bagnols. — *Roquemaure (abbé de St-André)* : 23 janvier 1792, vigne 5 ém., 525 l.

Nègre Joseph oncle, nég., à Nimes. — Voy. *Foulc-Griolet*.

Negret Antoine, à Villeneuve. — Voy. *Monier* Jacques et *Pourpre* Claude.

Neyraud frères, à St-Chamond. — Voy. *Souques* Jean-Pierre cadet.

(1) Vente amiable.

Neyran Pierre, à Nimes. — Voy. *Fabre* André.

Nicolas, à Bagard. — Voy. *Vincent* J.-A.

Nicolas Henri, nég., à Nimes. — Voy. *Blazin* Michel et *Cavalier-Bénézet.*

Nicolas Jacques, à Beaucaire. — Voy. *Michel* Raymond.

1981. Niel Marguerite, veuve Bruguière, à Sommières. — *Sommières (La Couronne)* : 1er août 1813, partie du sol et matériaux des remparts (27e lot), 200 fr.

1982. Noailles, à Margueriltes. — *Bouillargues (Chapitre de Nimes)* : 17 déc. 1790, champ et aire 1 sal. 8 ém., 715 liv.

Noaille Jacques-Barthélemy, à Beaucaire. — Voy. *Lafont* Jean-Baptiste.

1983. Noaille Laurent, à Beaucaire. — *Beaucaire (Ursulines)* : 14 avril 1791, vigne 2 sal. 2 ém. 4 picot., 2100 liv. — *Beaucaire (confrérie des Marins)*: 16 vent. an III, bâtiment, y compris l'église Saint-Pierre, 51 toises 3 pieds, 12100 liv. ; la maison dite Saint-Nicolas, 10100 liv.

1984. Noguier Joseph, à Saint-André-de-Roquepertuis. — *La Bastide-d'Orniol (prêtre desservant)* : 15 oct. 1792, chapelle dans ce hameau, 315 liv.

Noguier Marc, nég., à Nimes. — Voy. *Foulc-Griolet.*

1985-1987. Nolhac Jean aîné, Isnard Jean et Estève Jacques, maçons, à Nimes. — *Nimes (Capucins)* : 8 fruct. an II, jardin 1636 cannes conf' du I., la traverse de Roussy et du C. l'Esplanade, 10350 liv.

1988. Nougarède Barthélemy, à la Régaldarié. —

Arre (prieuré) : 3 mai 1792, aire et pailler au Mer-
cou 20 dext., 220 liv. (1).

1989. Nougarède Étienne, à Arre. — *Arre (prieuré)* :
3 mai 1792, vigne 1 set. 1 1/2 boiss., 480 liv.

1990. Nougarède Pierre, à la Régaldarié. — *Campestre (chapelle de Grailles, dans l'église)* : 15 mai 1792,
champ 18 set., 1825 liv.

1991. Nouguier Louis, cult. à Bouillargues. —
Rodilhan (Chapitre de Nîmes) : 23 août 1791, vigne
7 ém., 350 liv.

1992. Nouguier Marc. — *Codognan, Vergèze, Aiguesvives* et *Le Cailar (Chapitre de Nîmes)* : 22 janv.
1791, métairie de Dolozargnes 26 set. 14 dext., et
7 terres soit 107 1/2 set. 8 quartons 131 dext. ,
47400 liv.

1993-1994. Nouis François et Saussine André,
cult., à Caveirac. — *Caveirac (chapelle de la Courtine)* : 15 mars 1791, cinq pièces soit 5 ém. 61 dext.,
1100 l.

1995. Nourry Joseph, agr., à Villeneuve. — *Villeneuve (Chartreux)* : 1 therm. an II, la Chartreuse
(3me lot) comprenant jardin de 4 ém. 8 cosses, galerie, partie d'autre jardin 4 ém. 2 cosses, en tout
1 salm. 2 cosses, moulin à huile, moulin à vent,
olivette, etc., 10300 l.; (7me lot) batiments, salle capitulaire, jardin des sacristains, 1780 l.; (17me lot)
bâtiments, 850 l.

1996. Nouvel Claude. — *Saint-Alexandre (cure
de)* : 19 déc. 1792, jardin du curé, 1425 l.

Ode. — Voy. Aude.
Ode, à Saint-Alexandre. — Voy. *André* Claude.

(1) Il déclara avoir agi pour *Agussol* Pierre, d'Arre.

1997-2001. Ode Simon, Larouvière François, Bernard Antoine, Cornailler Jean et Saut Pierre, prop., à Codolet. — *Codolet (chapelain de Laudun)* : 19 ther. an viii, rente de 16 fr., 240 fr. (1).

Odoyer Jean-Baptiste, à Tavel. — Voy. *Vissac* Vincent.

Odoyer Jean-Joseph, à Tavel. — Voy. *Mazoyer* Louis.

Olivier-Desmonts J... — Voy. *Consistoire protestant.*

2002. Olivier Jean. — *Mus (prieuré)* : 22 janvier 1791, vigne 86 dext., 265 l.; vigne 125 dext., 700 l.

2003. Olivier Pierre, j. d. p. du canton de Monoblet. — *Monoblet (prieuré)* : 26 janv. 1791, terre 3 quartes 2 3/4 boiss., 255 l.

Orfan Antoine, à Tavel. — Voy. *Vissac* Vincent.

Orgeas Joseph, ménag., à Théziers. — Voy. *Lamouroux* Jean.

Ouilhas Jean, agr., à Beaucaire. — Voy. *Chambordon* Honoré.

Oziol Claude, à Villeneuve. — Voy. *Clet* Jacques.

2004. — Oziol Jean-Baptiste, à Villeneuve. — *Villeneuve (chartreux)* : 16 mai 1791, jardin 1 ém., 810 l.

Oziol Pierre, nég., à Pujaut. — Voy. *Pourpre* Claude.

Pagès (Griolet frères et), fab., à Sommières. — Voy. *Foulc-Griolet.*

Pagès, père et fils, nég., à Nîmes. — Voy. *Foulc-Griolet.*

(1) Vente amiable.

2005. Pagès Jean, nég., à Alais. — *Alais (Dominicains)* : 6 avril 1791, rente foncière de 5 l. 10 s. sur
la moitié du terrain de la chapelle des Pénitents,
100 liv.

2006. Pagès Jean-Pierre, curé de Saint-Bonnet.
— *Saint-Bonnet (prieuré)* : 15 fév. 1791, terre et
olivette 17 ém. 4 1/2 civad., 770 l. 11 s. 10 d.

Pagier (veuve), à Beaucaire. — Voy. *Jourdan*
Marie.

2007. Pailhon Antoine, architecte, à Saint-Gilles. —
Saint-Gilles (prieuré de Saint-Martin) : 18 mars
1791, église de Saint-Martin tombant en ruine,
5500 liv. (1).

Paillon Augustin, à Villeneuve. — Voy. *Goubert*
Joseph.

2008. Pailloux Joseph, maçon, à Saint-Gilles. —
St-Gilles (Ordre de Malte, C^{rie} Ste-Anne) : 28 frim.
an III, domaine des Auriasses (16e lot) 1 sal. 334 dext.,
12000 liv. — Voy. en outre *Charamaule* et *Defferre*
Isaac.

Palias Jean-Baptiste, nég., à Montpellier. — Voy.
Lablache Louis-Joseph.

2009. Palice Pierre, cult., au Pin. — *Le Pin (prieuré)* :
26 Août 1793, terre 2 ém. 5 vest., et pré 5 ém. 3 vest.,
2150 liv.

2010. Pallejay Pierre-Marie, ex-viguier royal de
Villeneuve. — *Rochefort (Bénédictins)* : 27 Avril 1791,
olivette 4 sal. 8 ém. 8 vest., 1200 liv.

Palus André, à Villeneuve. — Voy. *Lhermite* Bar-
thélomy.

2011. Palus Jean, aux Angles. — *Les Angles* (abbé
commandataire de St-André-de-Villeneuve) (2) : 5 fé-

(1) Fut décha : l'église fut revendue, le 5 mars 1811, à *Commune*
Jean.
(2) Bénédictins.

vrier 1791, grange et 13 sal. 4 ém. terres en dépendant, 925 liv.

2012. Pansier Joseph-Michel, à Aramon. — *Aramon (prieuré)* : 28 Déc. 1791, basse-cour 22 cannes 4 pans, 135 liv.

2013. Pansier Raymond.—*Aramon (prieuré)*: 3 vend. an III, maison de la Clastre, cour, écurie et dépendances, 6600 liv.

2014. Pantel Jacques, à Chamborigaud.—*Génolhac)dominicature, chapelles St-Jacques, Ste-Catherine Notre-Dame de-Pitié*, et *chapelain de l'obit)* : 23 fruct. an III, jardin et muriers 44 1/4 arpents carrés, 13300 l.

2015. Papel Louis fils, ménag., à Saint-Andéol. — *Saint-Andéol-de-Trouillas (prieuré)* : 7 Mars 1792, terres, vigne et bois 18 sal., maison avec cour et grenier à foin, le tout 3000 liv.

Paradès (Jacquette de) à Nimes. — Voy. *Daunant* Pierre.

Pascal, à Nimes. — Voy. Peyre.

2016. Pascal Jean, agr., à Beaucaire. —*Beaucaire (Ordre de Malte, C*ⁱⁱᵒ *d'Astros)* : 6 pluv. an III, terre (21ᵉ lot) 1 sal. 1 ém. 6 picot., 1500 liv.; (22ᵉ lot) 1 sal. 1 ém. 1 picot.,1750 liv. —Voy. en outre *Audibrand* Jacques, *Imbert* Pierre et *Michel* Raymond.

Pascal Louis, aux Angles. — Voy. *Augier* Pierre.

Pascal Pierre, à Beaucaire. — Voy. *Michel* Raymond.

Patris Joseph, à Roquemaure.—Voy. *Faure* Simon.

2017. Patu-Dadre Pierre, prop. (1) — *Saint-Hippolyte-du-fort (La Couronne)* : 20 sept. 1820, le Fort (*concédé* à la commune par décret du 3 fév. 1808,

(1) Pour *Bousquet* Paulin-Pollien, prop. à St-Hippolyte.

remis au domaine par décret du 29 juillet 1818)
18070 fr. (1)

Patus (Roulle, mari de), à Nimes. — Voy. *Franc Pierre.*

2018. Patus Jean. — *Aiguescives (prieuré)* : 22 janvier 1791, aire de 50 dext., 1300 liv.

2019. Paul, j. d. p. du canton de Vauvert. — *Générac (Chapitre de Nimes)* : 17 janv. 1791, trois champs 903 dext., les albergues se portant à 109 liv. 7 onces 1/3 cire blanche et la mouvance, 6910 liv.

2020. Paul Étienne, cult., à Bellegarde. — *Bellegarde (Ordre de Malte, Cte Saint-Jean)* : 2 prair. an II, partie du domaine de Saint-Jean, 3 sal. 7 ém. 1 1/2 boiss., 9000 liv.

2021. Paul Gédéon, à Bellegarde. — *Bellegarde (Ordre de Malte, Cte Saint-Jean)* : 29 fruct. an III, moulin à eau, — pré 6 sal. 8 ém. 4 1/2 boiss., — autre moulin à eau, — roubine et chaussée 1 sal. 9 ém., — terre 11 ém. 1 3/4 boiss., — pré 3 sal. 5 ém. 3 boiss., le tout 193000 liv.

2022. Paul Henri, poissonnier, à Beaucaire. — *Beaucaire (Ordre de Malte, Cte d'Astros)* : 29 germ. an III, domaine des Perprèzes (1er lot) 1 sal., 4500 liv. ; (2e lot) 1 sal., 4525 liv.

2023. Paul Jean, agr., à Beaucaire. — *Beaucaire (Ordre de Malte, Cte d'Astros)* : 5 pluv. an III, terre (14e lot) 5 ém. 6 picot., 3250 liv. ; (15e lot) 5 ém., 3250 liv. ; — 6 pluv. an III, terre (24e lot) 2 sal. 1 ém. 6 picot., 11100 liv. (2).

(1) A charge de démolition.
(2) Pour Jean et Antoine *Maubernard* frères, de Beaucaire.

Paul Joseph, perruquier, à Beaucaire. — Voy. *Michel* Pierre.

2024. Paulhan Alexandre, cult., à Nimes. — *Nimes (chapelle de Pierre Bourguignon)* : 21 mars 1791, olivette au quartier de Nougeirol, 2800 liv.

Paulinier Louis, à Sommières. — Voy. *Paulinier* (veuve).

2025. Paulinier(veuve), à Sommières. — *Sommières (La Couronne)* : 1 août 1813, partie du sol et maté-riaux des remparts (11ᵉ lot), 66 fr. 50 (1).

Payan, femme Lombard, à Bouquet. — Voy. *Lom-bard.*

2026. Pays Claude, ménag., à Aramon. — *Aramon (Ursulines)* : 9 mai 1791, olivette 2 ém. 4 poign. 225 liv.

Pécoul Joseph, à Villeneuve. — Voy. *Caulet* Étienne.

Pécoul Noël, à Villeneuve. — Voy. *Anastay* Gabriel.

2027. Peiry Etienne, ménag., à Montfrin. — *Valla-brègues (chapelle Claude Bonfils)* : 15 juin 1791, terre 7 1/2 ém., 1125 liv.

2028. Peladan Jean-Pierre, avoué au trib. du dist. d'Uzès. — *Uzès (?)* : 13 mai 1791, jardin clos 5 vest., 470 liv.

Pélissier André, à Aimargues. — Voy. *Pélissier* François, *Rampon* Pierre et *Robert* Pierre.

2029. Pélissier André, fils de Barthélemy, ménag., à Aimargues. — *Aimargues (prieuré de Saint-Satur-nin)* : 24 janv. 1791, deux champs à la Peyre, soit

(1) Pour Louis *Paulinier*, son fils.

3 carteirad. 2 quartons 11 dext., 1625 liv. — Voy. en outre *Robert* Pierre.

2030-2034. Pélissier François, Pélissier André, Sabatier Pierre, Moinier Timothée et Cabanon Charles, cult., à Aimargues. — *Le Coilar (Ordre de Malte, C^rie de Saint-Christol*) : 7 prair an II, domaine de la Mourade (15e lot), 9 carteirad. 3 quartons 7 1/2 dext., 10150 liv. (1).

Pélissier François, à Aimargues. — Voy. *Robert* Pierre.

2035. Pélissier François, cordonnier, à Beaucaire. — *Beaucaire (Ordre de Malte, Commanderie d'Astros)*: 3 germ. an III, domaine des Perprèzes (22e lot) 1 sal. 4 ém. 2 picot., 3400 liv.

Pélissier François aîné, fils de Jean, à Aimargues. — Voy. *Robert* Pierre.

2036. Pélissier Guillaume, nég., à Alais. — *Saint-Hilaire-de-Brethmas (Ordre de Malte, C^rie   *) : 8 vend. an III, terre herme et rochers 24 quartes 1 1/2 boiss., 770 liv.; — 9 vend. an III, terre herme et rochers 43 quartes 3 1/2 boiss., 1795 liv.; — 13 vend. an III, vigne et rochers 30 quartes 3 boiss., 7375 liv. — *Alais (Jacobins* ou *Dominicains)*, maison ou couvent rue Soubeiranne, 12 pluv. an III, une partie 9125 l., et 13 pluv. an III, autre partie comprenant l'église, 8750 liv. — *Portes (la Couronne)* : 11 vent. an III, pré châtaigneraie 9 quartes, 1400 liv.

2037. Pélissier Jean-Baptiste-Pierre, époux Dalphanty Gabrielle-Suzanne-Fortunée, à St-Christol (Arènes). — *Anduze (Couvent du Verbe incarné)*: 29 prairial an III, rente foncière de 100 liv., 1500 liv.

(1) Le cinquième jour complémentaire, *Pélissier* François céda sa portion à Jean *Mathieu*, de Mus (Carbonnier, not. à Aimargues).

2038. Pélissier Marie-Thérèse, veuve de Laurent Garnier, à Pont-Saint-Esprit. — *Pont-Saint-Esprit (Moines du Plan)* (1) : 18 therm. an VIII, rente de 2 fr. 73 c., 40 fr. 95 c. (2).

Pélissier Nicolas, à Pujaut. — Voy. *Bouvet* Marc.

2039. Pellaton Jean. — *Laudun (chapelle de la Croix)* : 2 fév. 1791, maison 8 cannes 6 pans et huit terres 3 sal. 20 ém. 36 boiss. 7 lid., 8525 liv.

2040. Pellenc Claude - François - Placide, fils émancipé de Joseph. — *Rochefort (Bénédictins)* : 14 mars 1791, quatre terres 8 sal. 13 ém. 22 vest., 5926 l. 10 s. 10 d.

2041. Pellenc François, faïencier, à Rochefort. — *Rochefort (Bénédictins)* : 25 flor. an III, vigne 12 ém., 2000 liv., terre 18 ém., 3500 liv.

2042. Pellet Bonaventure-Reynaud, nég., à Alais. — *Alais (Ursulines)* : 16 nov. 1792, maison, église et jardin rue Soubeiranne, 20300 liv.; — 11 févr. 1793, 114 toises carrées de terrain restant du même jardin, 2825 liv.

2043-44. Pellet frères et Reynaud, nég., à Alais. — *Alais (Jacobins)* : 22 mai 1792, terres mûriers 4 quartes 2 boiss., 2500 l.

2045. Pellier Jean-Baptiste, curé de Peyremale. — *Peyremale (prieuré)* : 26 juillet 1791, terres, pré, chataignerée, pigeonnier et rochers, 545 l.

2046. Pelon Victor, nég., à Nimes. — *Saint-Laurent-le-Minier, (prieuré)* : 15 frim. an v, jardin 7 quartes, moins ce qui est réservé au curé, 2200 francs (1). — Voy. *Barral* François.

Pelouzet Pierre, à Beaucaire. — Voy. *Michel Raymond.*

2047. Pelouzet Pierre, meunier, à Saint-Bonnet. — *Saint-Bonnet (prieuré)* : 26 janv. 1791, moulin à eau sur la fontaine du lieu et ses dépendances, 2450 liv.

2048. Pénarier Jean, cult., à St-Étienne-de-Lolm. — *St-Étienne-de-Lolm (prieuré)* : 10 brum. an v, maison 50 cannes, confr. du nord les ruines de l'ancien château, jardin et terre 6 quartes 1 boiss., 3002 f. (1) ;— 4 flor. an vii, vieux bâtiment ayant servi d'église, 68 m., 20,000 fr.

2049. Penchinat Vincent, à Sommières. — *Sommières (Roussillon Antoine, relig. fug.)* : 23 therm. an viii, rente de 20 fr. due par Penchinant, pour le montant de la légitime de ce relig., 300 fr. (1).

2050. Penot Jean, à Calvisson. — *Calvisson (Chapitre de Nimes)* : 20 fruct. an iii, maison appelée couvent 50 dext., 224000 l. (2).

2051. Pépin Antoine. — *Pont-Saint-Esprit (Hôpital)* : 16 prair. an iii, vigne 2 ém. 4 3/4 boiss., 5600 livres.

2052. Pépin Jean-Gaspard-Michel, directeur des postes de Tarascon (3). — *Tavel (Séminaire de Montpellier)* : 25 fév. 1791, domaine de Montezargues 44200 l.

2053. Périllier Claude, à Sernhac. — *Sernhac*

(1) Vente amiable.

(2) Revente, voy. *Commune de Calvisson.*

(3) Procureur-fondé de *Delorme*, ci-devant officier dans le régiment de Lyonnais, habitant Bellegarde, près Malamort.

(*chapelle Saint-Pierre*) : 22 nov. 1791, vigne 2 ém.
5 civad., 57 l. 16 s. (1).

2054. Périllier Elie, à Nimes.—*Redessan* (*prieuré*):
16 therm. an IV, maison presbytérale 37 cannes
7 pans, avec cour 7 cannes 4 pans et jardin 48 cannes
5 pans, 5400 fr. (2).

Perre Elzéard, à Beaucaire. — Voyez *Giraud
Pierre*.

Perre Jean, à Beaucaire. — Voy. *Michel* Raymond.

2055. Perret, à Sommières. — *Sommières (La
Couronne)*: 22 fév. 1810, partie du terrain dit de la
Regourdane, dépend. du château, 5 m. 51... (3).

Perrier, veuve Donnadieu, à Nimes.—Voy. *Fabre
André*.

2056. Perrier Antoine, à Ners. — *Ners* (*Bénéfice de*)
19 mars 1792, pré 11 quartes 1/3 bois, jardin 6 bois.,
écurie, cave et basse cour, le tout 7000 liv.

Perrier Etienne, cult., à Ners. — Voy. Perrier
Pierre.

2057-2058. Perrier Etienne et Vidal Henri, à Ners.
— *Ners* (*prieuré*) : 12 fruct. an IV, maison presbytérale 20 cannes, 2430 fr. (2).

2059. Perrier Jacques. — *Junas* (*prieuré*) : 2 avril
1731, terre 12 quartons, 1100 liv.

2060. Perrier Jean-Pierre, à Tarascon. — *Villeneuve* (*Ordre de Malte*, Cᵗᵉ   ) 17 ther. an III,
domaine de la Motte (ile) habitation et 229 sal. 18 cosses, 1825000 liv.

2061-2062. Perrier Pierre et Perrier Etienne, cult.,

(1) Revente par suite de la folle-enchère de *Carreton* Armand.

(2) Vente amiable.

(3) Cession gratuite.

à Ners. — *Ners (la fabrique de)* : 12 fruct. an iv, pré 22 quartes 2 bois., 2640 fr. (1).

Perrier Pierre, à Beaucaire. — Voy. *Michel* Raymond.

2063. Perrier Pierre cadet, nég., à Tarascon. — *St Gilles (Ordre de Malte, C^{rie} de Barbentane)* : 23 therm. an iii, le mas et tenement de Liviès (2) 510000 liv. (3)

Pérouse Jean-François fils, à Saint-Gilles. — Voy. *Charamaule*, *Fabrègue* Jean-Louis, *Peyre* Pierre-David et *Peyrouse*.

2064. Persin Jean. — *Junas (prieuré)* : 2 avril 1791, pré 12 sel. 71 dext., 320 liv.

Pert Jean, à Pujaut. — Voy. *Bouvet* Marc.

2065. Peschaire Alexandre, nég., à Rochegude. — *Rochegude (?   )* 15 mai 1791, terre et vigne 32 quartes, terre 11 quartes, le tout 460 liv.

2066. Petavin Claude, agr., à Beaucaire. — *Beaucaire (Ordre de Malte, C^{rie} d'Astros)* : 12 niv. an iii, domaine de Saint-Pierre (47e lot) 1 sal, 3150 liv. ; — 3 vent. an iii, terre (56e lot) 6 ém. 1100 liv.

Petit François, à Pujaut. — Voy. *Bouvet* Marc.

Petit (veuve) à Alais. — Voy. *Firmas* Rosalie-Lucrèce.

2067. Petit Victor, à Sumène. — *Sumène (La commune)* : 20 déc. 1810, local avec four à pain 150 m. c. 1825 fr.

(1) Vente amiable.

(2) Affermé à Jean Aurillon, ménager de Générac, par bail du 6 juin 1789 (Me Coillet, not. à Arles).

(3) Cédé à David Maystre, de Gênes, le 25 vend. an iv. (Me Espérandieu, not. à Nîmes)

Peuchenier André, à Pont-Saint-Esprit. — Voy. *Merle*.

Pey Jean-Joseph, à Aramon. — Voy. *Cadenet* Honoré.

2068. Peyras, ménag., à Beaucaire. — *Beaucaire (Ordre de Malte, C^{rie} d'Astros)* : 21 vend. an III, domaine de Saint-Pierre (1er lot) 19 sal. 2 ém. 3 picol. 27400 l. (1).

Peyraube fils, à Vauvert. — Voy. Charamaule.

2069-2071. Peyre, Pascal et Fesquet, à Nimes. — *Nimes (Bénédictins)* : 2 mai 1791, droits féodaux sur une vigne-olivette, 54 liv. 18 s. 8 d.

2072. Peyre Pierre-David, secrét. du dist. de Nimes. — *Saint-Gilles (Ordre de Malte, C^{rie} de Cavalès)* : 23 therm. an III,, domaine de Cavalès 165 sal. 33 dext., 2500000 liv. (2).

2073. Peyret Louis, nég., à Aiguesmortes. — *Aigues-mortes (La Couronne)* : 24 mars 1791, pêcherie dite du Repau et ses dépendances (3), 34200 liv.

Peyron Antoine, ad. du dist. de Beaucaire. — Voy. *Lafont* Jean-Baptiste.

2074. Peyron Bernard, agr., à Nimes. — *Nimes (Ursulines 1er monastère)* : 12 mars 1791, champ près Caissargues, 15183 liv. — Voy. en outre *Peyre* Pierre-David.

Peyron Etienne, à Saint-Gilles. — Voy. *Charamaule* et *Defferre* Isaac.

2075-2077. Peyron Jacques, Rouvin Isaac et Trives Pierre, de Beauvoisin. — *Beauvoisin (chapelle*

(1) Déclara avoir agi pour *Raymond* Pierre.

(2) Peyre fit, le lendemain, élection pour la moitié en faveur de Bernard *Peyron*, prop. à Nimes. Le 7 vend. an IV, il céda l'autre moitié à Pérouse fils (Espérandieu, not. à Nimes).

(3) D'après une note, cette pêcherie comprenait : Etang, une lieue de longueur sur un quart de lieue de largeur, — trois maîtres canaux, — un canal de service, — une métairie sur un îlon.

St-Pierre) : 26 janv. 1791, les fonds de cette chapelle, 4300 liv.

Peyron Joseph, à Saint-Gilles. — Voy. *Charamaule.*

2078. Peyron Pierre, à Nimes. — *Générac, Nimes, Bouillargues* et *Saint-Gilles (Bernardins, Chapitre de Nimes* et *Chapitre de Saint-Gilles)* : 12 déc. 1853, Bois de Campagne (Val de Campagne, 1er lot) 14 hect. 50 ares, 16080 fr. (1).

2079. Peyronnet Jacques, cult., à Aimargues. — *Le Cailar (Ordre de Malte, C^ris de Saint-Christol)* : 8 prair. an 11, domaine de la Mourade (19e lot) 5 carteirad. 1 quarton 6 1/2 dext., 2500 liv.

Peyrouse (Maury de la), maire de Saint-Hippolyte. — Voy. commune de *Saint-Hippolyte.* — Voy. aussi *Pérouse.*

2080. Phéline Adrien, fab. d'étoffes de soie, à Nimes. — *Nimes (La Couronne)* : 15 pluv. an iii, le 11e lot des terres de la Citadelle 500 cannes, 1250 liv. (2). — *Uzès (capucins)* : 27 germ. an iii, bâtiment avec jardin, 15200 liv. (3).

2081. Phélip Louis-Félix, prop., à Sainte-Cécile. — *Sainte-Cécile-d'Andorge (dominicature)* : 23 fruct. an iii, vigne 8 quartes 1 1/2 boiss., vigne 2 quartes 3 boiss., 5050 liv. ; — vigne 5 quartes 3 boiss. jardin 2 1/5 boiss. et 1/4 d'arpent, 2010 liv.

Philibert Antoine, à Pujaut. — Voy. *Caulet* Étienne.

Philibert Baptiste, à Pujaut. — Voy. *Bouvet* Marc.

Philibert Bruno, à Pujaut. — Voy. *Bouvet* Marc.

(1) Voy. Aptel Jean-Louis, la note.

(2) Voy. *Félines* Adrien.

(3) Le 23, il fit élection en faveur de *Suel*, veuve *Espérandieu*, nég. à Uzès.

Philibert Jacques, à Pujaut. — Voy. *Bouvet* Marc, *Rochette* Blaise et *Vidal* Pierre.

Philibert Jean-Baptiste, à Pujaut. — Voy. *Rochette* Blaise.

Philibert Joseph, à Pujaut. — Voy. *Bouvet* Marc.

2082. Picheral Jean fils, à Mus. — *Mus (prieuré)* : 22 janv. 1791, vigne 77 1/2 dext., 580 liv.

2083. Picheral Pierre, agr., à Milhaud. — *Milhaud (Pères de la Doctrine Chrétienne de Nimes)* : 15 mars 1791, champ 1 sal. 7 ém. 27 1/2 dext., 3150 liv.

2084. Piel François, à Quissac. — *Brouzet*, dist. de Sommières *(prieuré)* : 6 avril 1791, neuf pièces, au total 25 set. 13 quartes 6 quartons 55 dext., 3275 liv.

2085. Pierre François, avoué au Tribunal du dist. de Nimes. — *Vauvert (abbaye de Franquevaux)* : 20 août 1791, deux terres hermes 18 carteirad., 2400 liv.

Pierrugues Barthélemy, à Beaucaire. — Voy. *Bernavon* Pierre.

Pieyre. — Voy. département du Gard.

2086. Pignan J. — *Codognan (prieuré)* : 27 janvier 1791, six pièces au total 5 set. 9 1/2 quartons 59 dext., 3850 liv.

2087. Pignol Jean-Pierre, à Alais. — *St-Paul-Lacoste (prieuré)* : 7 oct. 1808, maison curiale 1 are 30 centiares, avec passage, four, écurie, 3 ares 90 centiares, jardin curial 3 ares 80 cent., ensemble 1185 f.; — terre-mûriers 10 ares 36 cent., 500 f.; — vigne 3 ares 90 cent., 125 fr.; — terre 1 are 40 cent., 105 fr.

2088-2089. Pignol Laurent et Roman Alexis, —

St-Michel-d'Euzet (chapelle de la Couronade) : 8 juillet 1791, deux terres soit 12 sal. 4 ém., 8500 liv., (1).

2090. Pillet Pierre, prop., à Beaucaire. — *Beaucaire (la Couronne)* : 4 mars 1813, francs bords inutiles du Canal de Beaucaire à Aiguesmortes (15ᵉ lot), 273ᵃ15 c., 280 fr.

2091. Pin Jean, à Génolhac. — *Bonnevaux (cure de)* : 23 fruct. an III, terre mûriers et châtaigneraie, 1 quarte 3 1/3 boiss., 3775 liv. (2); — terre 1 quarte 1/2 boiss., châtaigneraie 4 quartes, 1025 liv. (2).

2092. Pin Jean-Pierre, de Couchès, paroisse de Saint-Frézol, juge de paix du canton de Vialas, dist. de Villefort. — *Génolhac (Jacobins)* : 12 sep. 1791, maison, grenier à foin, jardin et vigne, 7175 liv. — Voy. en outre *Teissier* Jean-Antoine.

2093. Pintard Jean-Martin, off. mun., à Nimes. — *Nimes (Carmes)* : 1 avril 1791, maison sur les chemins de Beaucaire et d'Avignon, 6600 liv.

2094. Piolenc Mathieu, cult., à Valbonne. — *Saint-Paulet-de-Caisson (chartreux de Valbonne)* : 14 vend. an VII, domaine des Salettes 40 sal. terres et 90 sal. garrigues, 19040 fr. (3).

2095. Piquet Barthélemy, à Rochefort. — *Rochefort (Bénédictins de Villeneuve)* : 13 juillet 1791, aire 2 ém. 2 3/4 vest., 209 liv.

2096. Pistoris Jacques, adm. du dist. de Saint-Hippolyte. — *La Cadière (prieuré)* : 26 avril 1791, vigne 1 sel. 15 dext., 330 liv.

(1) Firent folle-enchère. — Voy. *Gourel* Jean.

(2) Il déclara avoir agi pour *Bouschet* André, de Besse, commune de Bonnevaux.

(3) Vente amiable. D'après une note, la métairie des Salettes comptait 132 sal. 1 ém. 4 boiss.

2097. Pitot Jean, ménag., à Meynes. — *Meynes* (*Chapitre de Montpellier*) : 2 avril 1791, terre 2 ém., 467 liv. 10 s.

2098. Planque François, à Sommières. — *Sommières* (*La Couronne*) : 1 août 1813, partie du sol et matériaux des remparts (14ᵉ lot) 95 fr.; (6ᵉ lot) 52 fr.

Plantier, à Alais. — Voy. *Bosanquet-Cardet.*

2099. Plantier François, nég., à Alais. — *Alais* (*Abbaye Saint-Bernard et Sainte-Claire*) : 1 juin 1791, rente foncière de 7 setiers blé de mouture et. droit de faire moudre 16 sal. de blé au moulin neuf d'Alais sans payer aucun droit de mouture, 2100 liv. — *Saint-Hilaire-de-Brethmas* (*Ordre de Malte*, Cʳⁱᵉ... ....) : 27 brum. an iii, terre et raysse 30 quartes, 4375 liv. ; terre et pâturage 22 quartes 1 boiss., 2275 liv.; herme et ravin 59 quartes 1 boiss., 6025 liv.

2100. Plantier François, à Nimes. — *Monoblet* (*prieuré*) : 6 fruct. an vi, jardin clos 1/2 quarte, 9600 liv. (1).

Plantier Jean-Pierre, à Monoblet. — Voy. *Plantier François.*

2101. Plantin Jean-Joseph. — *Saint-Étienne-des-Sorts* (*prieuré*) : 18 mars 1791, terre 2 sal. 3 ém. 4 boiss., 462 liv.

2102. Platon Victor-Constantin, prop., à Alais. — *Cendras* (*Abbaye de*) : 17 mai 1791, terrain circonscrit dans les murs de clôture où sont les ruines et les vestiges de la cidᵗ abbaye, et l'église qui y est attenante, 425 liv. — *Alais* (*Abbaye de Cendras*) : 28 mai 1791, rente foncière de 12 liv. sur une maison rue Blancharde, 200 liv.

(1) Il déclara avoir agi pour *Plantier* Jean-Pierre, son frère.

2103. Plauchut Pierre. — *Goudargues (prieur de)* 11 fév. 1791, vigne 1 sal. 3 ém. 2 boiss., 830 liv. ; maison, 1575 liv.

2104. Poise Pierre, ménag., à Aramon. — *Aramon (chapelle Saint-Pancrace Manerbe)* : 7 mai 1791, terre 3 ém. 2 poign., 1100 liv.

Polge Jean-Baptiste, off. de santé, à Génolhac. — Voy. *Roux* Pierre.

2105. Polge-le-blanc Jean-Baptiste, adm. du dist. d'Alais. — *Bonnevaux (Chapitre de Saint-Appollinaire de Valence-en-Dauphiné)* : 6 mai 1791, domaine de la grange, l'abbaye de Devezel ou de Bonnevaux, consistant en deux maisons, jardins, prés, champs, châtaigneraie, rouvière et pâturage, 9590 liv. (1). —Voy. en outre, *Silvain* Pierre-Charles et *Teissier* Pierre.

2106. Polge Pierre, à Uzès. — *Saint-Maximin (Les pauvres de la commune de)* : 30 therm. an iii, 2 rentes constituées, 200 liv. et 150 liv., 7000 liv. (2).

2107. Pomaret Jean, nég., à Roquedur. — *Roquedur (prieuré)* : 29 niv. an v, 4 pièces soit 4 sel. 3 quartes 3 dext. 17 pans, 506 fr. (3).

2108. Pommier Honoré, cordier, à Aiguesmortes. — *Aiguesmortes (La Couronne)* : 19 mars 1870, bâtiment dit « la Cantine », 235 fr.

Poncet Guillaume, cult., à Beaucaire. — Voy. *Blanc* Jean.

2109. Ponge Jean, cult., à Nimes. — *Nimes (Bru-*

---

(1) Il déclara avoir agi pour Michel *Allègre*, notaire, Pierre *Allègre*, prop., et Pierre *Teissier*, maire, tous de Bonnevaux.

(2) Il déclara avoir agi pour *Castillon* Paul-Antoine, de Saint-Gervasy.

(3) Vente amiable : Voy. *Combet* Claude-Michel-Etienne fils.

guier Louis, *relig. fug.*) : 22 frim. an v, olivette
10 ém., 748 fr. (1).

2110. Ponge Nicolas, à Euzet. — *Euzet* (*prieuré*) :
20 mai 1791, trois pièces soit 2 ém. 12 quartes 2
boiss., 2255 liv.

2111. Pongy Jacques, fab. de bas, à Mialet. —
Mialet (*Dominicature*) : 23 fruct. an III, deux terres
3 quartes 1 3/4 boiss. 4 3/4 dext., 1675 liv.

2112. Pongy Moïse-Gabriel, à Garrigues. — *Serviès*
(*Prieuré*) : 8 vend. an v, maison curiale avec cour
écurie et hangard 22 cannes de couvert, jardin et
enclos 6 vest., 24 cannes de cour, le tout 1746 fr. (1).

2113. Pons Chrétien, capit. de gend., à Nimes. —
Aspères (*prieuré*) : 23 mess an IV, maison curiale
22 t. 2 pieds, avec hangard 4 t. 1 p., et cour 21 t.
5 p., 864 fr. (1).

2114. Pons Elzéar, broquier, à Meynes. — *Meynes*
(*Chapitre de Montpellier*) : 28 mai 1791, terre 1 ém.
2 poign., 100 liv.

2115. Pons Jean, direct. de la poste aux lettres, à
Nimes. — *Nimes* (*la Couronne*) : 28 frim. an II,
4e partie du terrain qui environne la citadelle,
6100 liv. (2). — *Saint-Julien-les-Mines* (*prieuré*) :
15 frim. an v, jardin 1 quarte, 180 fr. (1).

Pons Pierre, à Uchaud. — Voy. *Mérignargues* Jacques et *Roux* François.

2116. Pontanel Henry, propr., à Alais. — *Alais*
(*Cordeliers*) : 17 mai 1791, rente foncière de 10 liv.,
155 liv.

2117. Portal Jacques, nég., à Uzès. — *Uzès* (*Sé-*

(1) Vente amiable.
(2) Il céda, le 11 prair. an III, à Suzanne Fontane, veuve de Jean
Randon (Novis, not.).

minaire) : 27 août 1793, maison et cour rue du plan de l'Orme, vis-à-vis le Séminaire, 1800 l.

Portal Pierre, à Saint-Gilles. — Voy. *Defferre* Isaac.

2118. Portalès François-Louis, au mas de Cun. — *Pommiers (prieuré)* : 3 mai 1792, jardin de 72 toises, 620 liv.

2119. Portalier Antoine, à Sommières. — *Sommières (la Couronne)* : 1ᵉʳ août 1813, partie du sol et matériaux des remparts (25ᵐᵉ lot), 110 fr.

2120. Portalier Pierre fils, nég., à Monoblet. — *Saint-Félix-de-Palières (la Commune)* : 15 pluv. an VI, maison confrontant du lev. le cimetière, 540 liv.

Portier-Brun Jean, à Saint-Gilles. — Voy. *Charamaule.*

Portier-Cadière Jean, à Saint-Gilles. —Voy. *Charamaule* et *Deffere* Isaac.

Portier-Méjanelle Jean, à Saint-Gilles. — Voy. *Defferre* Isaac.

Potavin Louis, à Saint-Gilles. — Voy. *Boyer* Claude.

2121. Pouget Abraham, cult., à Cassagnoles. — *Cassagnoles (Chapitre de Nîmes)* : 18 germ. an III, aire de 2 quartes 22 dext., 6400 liv.

2122. Pouget Joseph fils, perruquier, à Alais. — Voy. Leyris Antoinette-Marguerite.

Pougnadoresse (Jean-François Sorbier de), à Aramon. — Voy. *Brisse* Alexis.

2123. Poujol Étienne, cult., à Quissac. — *Quissac (la commune)* : 25 germ. an V, ancien cimetière 6 q , 726 fr. (1).

(1) Vente amiable.

Poujol François, à Pujaut. — Voy. *Bouvet* Marc, *Caulet* Étienne et *Pouzol*.

Poujol Louis, à Villeneuve. — Voyez *Caulet* Étienne.

Poujol Marc, à Pujaut. — Voyez *Caulet* Étienne.

Poujol Thomas, à Villeneuve. — Voy. *Caulet* Étienne.

2124. Pourat Isaac, nég., à Nîmes. — *Nîmes (Chapitre)* : 30 avril 1791, partie de maison à la Grand'-Rue, 25000 liv.

Pourcet de Sahune (Antoine-Thomas-Marie), à St-Paulet-de-Caisson. — Voy. *Flandin.*

2125. Pourpre Claude, nég., à Villeneuve. — *Villeneuve (Chartreux)* : 6 fév. 1791, maison, écurie et grenier à foin, 640 l.; maison, 655 l.; maison, 2000 l.; maison et grenier à foin, 2475 l.; maison appelée « la levée du Giffon », 780 l. ; — 19 sept. 1791, deux terres 9 salm. 3 picot., 2950 l. (1). — Voy. en outre *Vidal* Pierre.

2126-2140. Pourpre Claude, André Jean-Pierre, Gaillard Jean-Pierre, Barracan Joseph, Aillaud Jean-Marie, Freissinet Antoine, Sayne Joseph, Lhermite Barthélemy, Michel Jean, Lhermite Bertrand, Lijon Joseph, Négrel Antoine, Regnier Pierre, Freissinet Hyacinthe et Batailler Jean, de Villeneuve. — *Pujaut (Chartreux de Villeneuve)* : 18 mars 1791, terre de 16 sal., 3350 l.

2141. Pourpre Claude et Rochette Blaise, à Villeneuve. — *Pujaut (Chartreux de Villeneuve)* : 17 fruct. an III, terre 4 sal. 3 ém. 6 poign., 4200 liv.

2142. Pourquier Théodore, à Durfort. — *Durfort (prieuré)* : 5 fév. 1791, terre 1 quarte 2 boiss., 140 l.

(1) Déclara avoir agi pour *Oziol* Pierre, nég., à Villeneuve,

Pourtal, à Garons. — Voy. *Loche* Jean fils.

2143. Poussigue Jean. — *Sommières* (*la Couronne*) : 1 août 1813, partie du sol et matériaux des remparts (7ᵉ lot), 52 fr.

Poussigue (veuve), à Sommières. — Voy. *Ravier*.

Poute Pierre, à Aramon. — Voy. *Cadenet* Honoré.

Pouzol Joseph, à Pujaut. — Voy. *Bouvet* Marc.

Pouzol Marc, à Pujaut. — Voy. *Bouvet* Marc.

Pouzol Pierre, aux Angles. — Voy. *Augier* Pierre et *Poujol*.

Pouzol Pierre, à Villeneuve. — Voy. *Monier* Jacques.

2144-2145. Pouzon Guillaume et Evesque Jean, cult., à Sauveterre. — *Sauveterre* (*prieuré*) : 24 therm. an VI, maison curiale, 594 fr. (1).

2146. Prades Jean. — *Sérignac* (*prieuré*) : 14 mai 1791, aire-mûriers 2 quartes 14 dext., 1050 liv.

2147. Pradier, à Lédenon. — *Lédenon* (*prieuré*) : 4 germ. an II, terrain sur lequel il y a une église en ruines 58 ares, 50 fr.

2148. Pradier Claude. — *Uzès* (*Cordeliers*) : 13 janv. 1791, terre 5 sal., 7250 liv.

2149. Prat André, agr., à Villeneuve. — *Villeneuve* (*Chapitre*) : 17 germ. an III, partie de maison avec cour et deux petits jardins, 17600 liv.

Prat André fils aîné, à Villeneuve. — Voy. *Caulet* Étienne.

2150. Prat Esprit-Joseph-Appollinaire. — *Pont-Saint-Esprit* (*Hôpital*) : 18 vent. an III, maison, quartier du plan, 125 cannes, 45400 liv.

2151. Prat Étienne, cult., à Cabrières. — *Cabrières*

(1) Vente amiable.

(*chapelle Notre-Dame*) : 27 janv. 1791, champ 7 ém. 3 boiss., 313 liv. 7 s.

Prestrau Anne, à Alais. — Voy. *Trélis* Jean-Julien.

2152. Prilly Hippolyte, à Roquemaure. — *Roquemaure* (?) : 29 flor. an iii, église et ses chapelles 273 cannes carrées, 5575 liv.

2153. Privat Jean. — *St-Laurent-de-Carnols* (*chartreux de Valbonne*) : 12 mars 1791, 3 terres hermes 1 sal. 12 ém. 13 boiss., 1375 liv.

2154. Privat Jean-Louis. — *Montpezat (prieuré)* : 8 avril 1791, aire 1 quarte 5 dext., 165 liv.

2155. Privat Joseph, prop. et maire, à Beaucaire. — *Beaucaire (La Couronne)* : 4 mars 1813, francs bords inutiles du canal de Beaucaire à Aiguesmortes (23ᵉ lot) 121ᵐ 52, 188 fr. ; (24ᵉ lot) 110ᵐ 60, 171 fr. — Voy. en outre *commune de Beaucaire*.

2156. Privat Pierre, boucher, à Alais. — *Alais* (*chapelle St-Jean-Baptiste*) : 9 flor. an iii, pré 6 quartes 2 boiss. 11 arpents, 10375 liv.

Protestants d'Alais. — Voy. *Teissier* Jean-Antoine.

2157. Prouvèze Denis, à Mus. — *Mus (prieuré)* : 22 janv. 1791, vigne 159 dext., 800 liv. ; — 8 therm. an iv, maison presbytérale avec cour et jardin 30 dext., 2970 fr. (1).

Prouzet Antoine, à Aimargues. — Voy. *Rampon*.

2158. Prouzet Jean-Pierre jeune, ourdisseur, à Nimes. — *Nimes (La Couronne)* : 28 frim. an ii, la 3ᵉ partie du terrain qui environne la citadelle, confrontant au Levant la rue Porte-d'Alais, 4858 liv.

2159. Prunet Marguerite, femme de Joseph

(1) Vente amiable.

Buchet, à Nimes. — *Nimes (Chapitre)* : 22 mars 1792, droit de lods sur une maison faubourg de Richelieu 553 liv. 16 s. 11 d.

2160. Puech, tenancier, à Quissac. — *Quissac (Abbaye de Sauve* (1) et *prieuré de Quissac*) : 17 mars 1791, terre 6 set. 3 quartes 20 dext., 2400 liv.

2161. Puech cadet, à Sommières. - *Sommières (La Couronne)* : 22 fév. 1810, partie du terrain dit de la Regourdane, 5ᵐ 35 (2).

2162. Puech Auguste, nég., à Nimes. — *Nimes (Chapitre)* : 9 févr. 1793, le restant du bâtiment dit la maîtrise, 3800 liv. — Voy. ci-après 2164.

2163. Puech Étienne-Martin. — *Sommières (La Couronne)* : 1ᵉʳ août 1813, partie du sol et matériaux des remparts (12ᵉ lot), 200 fr.

2164. Puech François-Auguste, nég., à Nimes. — *Nimes (Chapitre)* : 30 avril 1791, partie de maison Grand'Rue, 26600 liv. ; 9 février 1793, restant du bâtiment de la maîtrise, confrontant au couchant la maison jouie par le prévôt du chapitre, 3800 liv. (3).

2165. Puech Jean, nég., à Alais. — *Alais (La Couronne)* : 7 mars 1812, matériaux et sol des remparts (7ᵉ lot), 154 fr. 53.

2166. Puech Jean, trav., à Aumessas. — *Aumessas (prieuré*; : 10 juin 1791, four banal, 205 liv.

2167. Puech Jules, prop., à Nimes. — *Générac, Nimes, Bouillargues* et *Saint-Gilles*. (*Bernardins, Chapitre de Nimes* et *Chapitre de Saint-Gilles*) : 12 déc. 1853, bois de Campagne (canton d'Estagel,

(1) Bénédictins.
(2) Cession gratuite.
(3) Doit faire double emploi avec le nᵒ 2162.

11ᵉ lot) 23 hectares 12 ares, 23500 fr. (1) ; (12ᵉ lot) 22 hect. 70 ares, 21700 fr. (1).

2168. Puech Pierre, à Mus. — *Mus (prieuré)* : 22 janv. 1791, vigne 123 dext., 490 liv. ; vigne 117 dext., 1000 liv.

Puech Pierre, fab. de bas, à Aimargues. — Voy. *Carbonnier* Charles et *Guillaume* Pierre.

Puech-Roux Salomon, à Uchaud. — Voy. *Charamaule*.

2169. Pujade Pierre, ménag., à Domazan. — *Domazan (chapelle Saint-Blaise et Saint-Sylvestre, dans l'église)* : 20 janv. 1791, 33 pièces 1 sal. 81 ém. 146 dext., 4359 liv. 17 s.

Pujolas François, boulanger, à Nîmes. — Voy. *Rouvière* Antoine.

2170. Pujolas Pierre. — *Saint-Laurent-Lavernède (prieuré)* : 17 janv. 1791, terre 4 ém. 9 vest., 264 liv.

2171. Puvet Philippe, à Roquemaure. — *Roquemaure (   )* : 4 juin 1792, maison servant d'audience au ci-devant juge de la ville, 370 liv. — Voy. en outre *Faure* Simon.

Puy (du), d'Aubignac. — Voy. *Du Puy d'Aubignac*.

2172. Quatrebard Antoine, à Beaucaire. — *Beaucaire (Province de Languedoc)* : 26 niv. an VI, deux moulins à farine montés sur bâteaux placés sur les bords du Rhône, au quartier de Limasson, à une lieue de Beaucaire, amarés sur une île ayant appartenu à l'émigré Forbin, une charrette et deux mules, 100000 fr.

(1) Voy. *Aptel* Jean-Louis, la note.

Quatrier Joseph, à Roquemaure. — Voy. *Faure* Simon.

Quet Henri, bourrelier, à Nîmes. — Voy. *Jullian* Étienne.

2173. Queyranne Guillaume. — *Lirac (Bénédictins de Rochefort)* : 5 avril 1791, biens divers (1), 12926 l.

2174-2175. Queyranne Jean et Queyranne Louis, à Villeneuve. — *Villeneuve (Chartreux)* : 1 therm. an II, la Chartreuse (11ᵉ lot), partie de bâtiments, 3767 liv.

2176. Queyranne Jean-François, à Villeneuve. — *Villeneuve (La commune)* : 21 therm. an IV, local appelé l'égorgeoir avec enclos d'une éminée, aire de la ville 6 ém. 2 cosses, 4246 fr. (2).

2177. Queyranne Jean-Louis-Marie, agr., à Villeneuve. — *Villeneuve (Chartreux)* 1 therm. an II, la Chartreuse (14ᵉ lot), partie de bâtiments, cuves et 7 ém. de l'enclos, ensemble 7797 liv.

2178. Queyranne Joseph, ménag., à Villeneuve. — *Villeneuve (Chapitre)* : 8 niv. an II, partie de maison, 4700 liv.

Queyranne Joseph-François, à Villeneuve. — Voy. *Mercurin* Claude-Benoît.

Queyranne Louis, à Villeneuve. — Voy. *Queyranne* Jean.

2179. Queyranne Pons, ménag., à Villeneuve. — *Villeneuve. (Pères de la Doctrine Chrétienne d'Avignon)* : 27 mai 1793, domaine de la Barthe-

---

(1) Ces religieux possédaient à Lirac : une maison avec cour et écurie, — 9 pièces d'un total de 13 sal. 5 ém. 4 poign. 3 1/2 lid. — un vieux château écroulé, — une montagne en bois.

(2) Vente amiable.

lasse, 30 sal., 53100 liv. — *Villeneuve (Chartreux)* :
1 therm. an II, la Chartreuse (1" lot), bâtiments et
4 ém. 10 cosses, 13600 liv.; 1 therm. an II, la Chartreuse (5° lot), bâtiments, mûriers, greniers, petit
jardin, 1 ém. 1/2 de terre, etc., 6075 liv.

2180. Queyras Jean-Nicolas, marchand, à Beaucaire. — *Montfrin (Chapelle Saint-Blaise)* : 21 septembre 1791, terre 7 ém., 1295 liv.

2181. Quiot Jean-Joseph, trav., à Aramon. —
Aramon (Ursulines) : 13 mai 1791, olivette 1 ém.
6 1/2 poign., 104 liv. — *Aramon (Chartreux de Villeneuve)* : 26 mai 1791, olivette 1 ém. 2 poign., 100 liv.

Quiot Joseph, à Aramon. — Voy. *Cadenet* Honoré.

2182. Quiot Pierre, traceur de pierres, à Beaucaire. — *Beaucaire (Doctrinaires)* : 8 niv. an II, petite
maison joignant le collége, 4525 liv.

2183-2186. Quiot Raymond, Villeron Claude, Hugues Jean et Milon Mathieu. — *Roquemaure (Chapelle Saint-Agricol)* : 12 avril 1792, chapelle au quartier de Bras-le-Puy et maison qui servait de logement au chapelain, 140 liv.

2187. Quittard Laurent, agr., à Beaucaire. —
Beaucaire (Ordre de Malte, Cie d'Astros) : 11 niv.
an III, domaine de Saint-Pierre (35° lot), 1 sal.,
2825 liv.

2188. Racanière Pierre, à Arrigas. — *Arrigas
(prieuré)* : 6 juin 1791, four banal, 255 l. ; 2 mai 1792,
jardin clos 170 !oises, 1775 liv.

2189. Rafin Rodolphe-Joseph, ex-conseiller honoraire au Parlement de Toulouse, à Uzès. — *Au-
rélhac (prieuré)* : 28 août 1793, maison, église sup-

(1) Contenance totale du domaine 441 carteirades de 150 dest.
de 18 pans. — *Truchaud* Jean-Louis et *Combes* Abraham.

primée, terres et autres propriétés, 9100 liv. — Voy.
en outre *Allemand* Antoine.

Rambaud Guillaume, à Roquemaure. — Voy.
Faure Simon.

2190. Rame Denis, recev. du district, à Nimes.
— *Saint - Laurent - d'Aigouze (Chapitre d'Alais)* :
24 janv. 1791, partie du domaine de Psalmody (1),
126000 liv. — *Saint-Laurent-d'Aigouze (ferme générale et gabelles)* : 23 therm. an iv, bâtiment qui servait de corps de garde aux employés des fermes
générales, 20 t. 4 pans carrés, jardin joignant 432 t.,
1500 fr. (2).

2191. Ramel Jacques, ménag., à Saint-Laurent-
Lavernède. — *Saint-Laurent-Lavernède (prieuré)* :
17 janv. 1791, terre 1 sal. 3 ém. 3 vest., aire et
terre joignant 5 ém. 5 vest., 682 liv.; 14 avril 1792,
jardin clos 1 ém. 4 vest., pré avec pavillon 2 ém.
1 vest., 1950 liv.

2192. Ramond, homme de loi, à Nimes. — *Roquemaure (la commune)* : 18 mess. an iv, terre 14 sal.
1 ém. 2 poign., 19062 fr. (2) ; 23 mess. an iv, emplacement des fossés et remparts (partie), 1444 cannes carrées, soit 7 ém. 1 poign. 3 lid., 3300 liv. (2).

2193. Rampon Barthélemy, cult., à Nimes. —
*Générac (Ordre de Malte, grand prieuré de Saint-
Gilles)* : 28 vent. an iii, domaine du château (21e lot),
3 sal., 8550 liv.

2194. Rampon Jean, cult., à Génolhac. — *Génolhac
(dominicature du lieu ou des ci - devants chapelles
Saint - Jacques, Sainte - Catherine, Notre - Dame de*

(1) Contenance totale du domaine : 441 carteir, de 150 dext, de
18 pans. — Voy. *Trouchaud* Jean-Louis et *Combes* Abraham.

(2) Vente amiable.

Pitié et chapelain de l'Obit) : 23 fruct. an III, vigne
4 quartes 4/5 de boiss., rochers 1 2/3 boiss., 1050 l.

2195. Rampon Pierre, homme de loi, à Aimargues.
— *Aimargues* (*Chapitre d'Alais*): 19 déc. 1790, partie
du domaine de Boulaine (1), 20443 liv. 5 s. —
Aimargues (*Séminaire de Nimes*) : 22 mars 1791,
fonds de l'aumônerie, 33575 liv. (2).

Rambucis Jean, à Saint-Étienne-de-Lolm. — Voy.
Froment Jean-Louis.

2196. Rance Jean, voiturier, à Beaucaire. — *Montfrin* (*chapelle Saint-Simon*) : 26 mai 1791, maison,
1400 liv.

Rancurel Joseph, à Villeneuve. — Voy. *Sagne*
Joseph.

2197. Randon (veuve), à Nimes. — *Nimes* (*Doctrinaires*) : 27 prair. an IV, maison et jardin borné « au
sud par le cours ou boulevard, à l'ouest la rue qui
va à la porte d'Alais... », 650 t. 4 p. 6 p. carrés, y
compris 479 t. 3 pieds de jardin et une cour de
54 t., 27000 fr. (3).

Randon Jean (veuve de), à Nimes. — Voy. *Fontane* Suzanne.

2198. Ranquet Étienne, à Bouillargues. — *Bouillargues* (*Chapitre de Nimes*) : 17 décembre 1790,
terre 9 ém., 425 l.

(1) Pour la contenance totale du domaine, voy. *Vincent-Plauchut.*

(2) Fonds cédés à Jean-Antoine *Lamy*, agent de change à Nimes,
Pierre Fontanes, Jean *Boissière*, bourgeois, Abel *Soulier*, André
Pélissier, Antoine *Prouzet*, Pierre *Bassaget*, Jean *Vals*, Charles
Bouscharain, Jean *Aubanel*, Franc *Fackel* et Augustin *Gaulier*,
d'Aimargues, et Simon *Issard*, de Montpellier, les 2, 4, 20 avril,
10 et 15 mai, 4, 12 et 15 oct. 1791, 22 janv. 11, 12 et 20 mars 1792
(Coissard et Carbonnier, not., à Aimargues).

(3) Vente amiable.

2199. Raoux Claude, homme de loi, à Nimes. — *Arrigas (prieuré)* : 17 flor. an v, maison curiale 59 t. de plat fond, avec pigeonnier 1 toise, et terre 16 toises, 2003 l. (1).

2200. Raoux François. — *Le Garn (prieuré)* : 21 janv. 1791, terre 66 cannes, 220 l.

2201. Raoux Jean époux Cavailler, épicier, à Gallargues. — *Gallargues (?)* : 26 mai 1874, tour carrée ayant servi de poste télégraphique, 650 fr.

2202. Raoux Joseph. — *Le Garn (prieuré)* : 16 nov. 1792, jardin du curé, 735 l.

2203. Raoux Joseph, maçon, à Pont-Saint-Esprit. — *Pont-Saint-Esprit (citadelle)* : 22 therm. an IV, terre 5435 cannes carrées, 2924 fr. 6 sols (1).

2204. Rastoux Joseph, traceur de pierres, à Beaucaire. — *Beaucaire (Ordre de Malte, Cte d'Astros)* : 3 vent. an III, terre (55° lot) 6 ém., 1200 l. — Voyez en outre *Michel* Raymond.

Ratier, traiteur, à Nimes. — Voy. Maury Louis.

2205. Ratyé-Renouard Jean-Étienne, propr., à Nimes. — *Nimes (Récollets ?)* : 6 sept. 1810, maison et jardin attenant derrière les Récollets, « occupée présentement par l'exécuteur des jugements de la Cour criminelle », conf. du L. la Calandre anglaise, du N. la rue des Chassaintes, 570° 25 (section 10, n° 122), 4400 fr.

Ravier Jeanne, à Saint-Gilles. — Voy. *Charamaule*.

2206. Ravier Louis, agr., à Uchaud. — *Bernis (chapelle de Blauzac)* : 28 janv. 1791, champ à Cornillon, 700 fr. — Voy. en outre *Mérignargues* Jacques.

(1) Vente amiable.

2207. Ravier, veuve Poussigue. — *Sommières (la Couronne)* : 1er août 1813, partie du sol et matériaux des remparts (9e lot), 52 fr.

Raymond Pierre, à Beaucaire. — Voy. *Peyras.*

2208-2210. Raynaud Etienne, patron sur le canal, Meysonnier Gabriel et Blancher Jean, à Beaucaire. — *Beaucaire (la commune)* : 24 therm. an III, maison appelée Jeu-de-Paume, 47000 l. — Voy. *Reynaud.*

2211. Raynaud Louis, fils d'autre, à Collorgues. — *Collorgues (prieuré)* : 23 mars 1791, neuf pièces soit 2 sal. 20 ém. 18 vest., 3275 l.

2212. Raynaud Pierre. — *Maruéjols*, dist. de Sommières *(prieuré)* : 17 mars 1791, cinq pièces soit 39 quartons 62 1/4 dext., 4650 l.

2213. Reboul Etienne, ménag., à Bosq. — *Bez-et-Esparron (prieuré d'Esparron)* : 12 mai 1791, trois chataign. estimées 660 l., emplacement de 3 t. 1 pied au hameau de Bosq, 1250 l.

Reboul Jean-Baptiste, à Villeneuve. — Voy. *Velay* Antoine.

2214. Reboul Joseph, à Saint-Michel-d'Euzet. — *Saint-Michel-d'Euzet (Chartreux de Valbonne)* : 16 mars 1791, terre 6 ém. 5 boiss. 1 lid. 1225 l.; — *St-Michel-d'Euzet (prieuré)* : 17 brum. an v, écurie et grenier et foin 10 cannes 5 pans de couvert, cour attenante 11 cannes au total, 702 fr. (1).

2215. Reboul Joseph, fils de Jean, ménag., à Théziers. — *Théziers* et *Vallabrègues (chapelle Saint-Grégoire, de Théziers)* : 13 fév. 1791, dix-huit articles de biens soit 2 sal. 39 ém. 59 1/4 poign., 7427 l. 10 s.

(1) Vente amiable.

2216. Reboul Joseph. — *Bagnols (Récollets)* : 30 avril 1791, couvent, jardin et ses dépendances, 10230 livres (1). Voy. aussi *Baumel* Honoré.

2217. Reboul Louis, à Serviers. — *Serviers (prieuré)*: 15 avril 1791, terre 2 ém. 5 vest., 175 liv.

2218. Reboul Mathieu, aubergiste, à Portes. — *Portes (La Couronne)*: 11 vent. an III, pré 16 quartes, 5600 liv.

2219. Reboul Pierre, à Saint-Jean-du-Pin. — *Alais (prieuré de St-Germain-de-Montaigut)* : 9 fév. 1791, terre herme, rocailles, chênes verts, pâturage 37 quartes 2 boiss., 220 liv. — *St Jean-du-Pin (Jacobins d'Alais)*: 10 fév. 1791, prés et mûriers, 4600 l. (2).

Rébuffat Jean, à Garons. — Voy. *Loche* Jean fils.

2220. Rédarès Louis. — *Sommières (Frères mineurs conventuels)* (3) : 22 oct. 1791, vigne-olivette 6 scl. 1 quarton, couvent, église et sacristie, 41000 liv.

Regnier Gabriel, à Villeneuve. — Voy. *Caulet* Étienne et *Pourpre* Claude.

Regnier Pierre, à Villeneuve. — Voy. *Caulet* Étienne et *Pourpre* Claude.

2221. Reidon André, propr., à Alais. — *St-Alban (prieuré)* : 22 mess. an IV, maison presbytérale 36 t. 5 pieds avec cour et demi arpent de terre, 1260 fr. (4).

2222. Reilhan, à Carnas. — *Carnas (prieuré)* : 9 nivôse an V, maison curiale avec cour et terrasse 15 dext., 450 fr. (4).

(1) Fit folle-enchère et le tout fut réadjugé le 3 nov. 1791 à Merle père et fils, de Bagnols, pour 15100 l.

(2) Il déclara avoir agi pour Antoine Veigalier, jardinier.

(3) Récollets.

(4) Vente amiable.

2223. Reinaud-Lascours Joseph-Jérôme-Annibal, à Alais. — *Uzès (Hôpital)* : 3 fruct. an III, rente constituée de 150 liv., 3000 liv. — Voy. aussi *Hostalier* Guillaume-François.

2224. Rémézy Charles. — *Sommières (La commune)* : 8 brum. an IV, écurie près les anciennes casernes, 25000 liv.

2225. Rémézy Philippe, à Sommières. — *Sommières (La Couronne)* : 1ᵉʳ août 1813, partie du sol et matériaux des remparts (15ᵉ lot), 141 fr. 50.

2226. Renel Joseph, à Masmolène. — *Masmolène (chapelainie de)* : 8 vend. an III, terre 1 sal. 9 ém., 2700 liv. ; terre 4 ém. 9 vest., 220 liv. ; terre 2 ém. 4 vest., 930 liv.

2227. Renoir François. — *Pont-Saint-Esprit (Congrégation des artisans)* : 20 nov. 1792, chapelle, 2300 liv.

Renouard André. — Voy. *Commune de Calvisson*.

2228. Renoyer Marie-Valérian-François, à Pont-Saint-Esprit. — *Vénéjean (La commune)* : 17 janv. 1811, pré et terre 1 arpent 18 perches 95 mèt., 2725 fr. — Voy. aussi *commune de Pont-Saint-Esprit*.

2229. Ressaire André, ménag., à Saint Dézéry. — *Saint-Dézéry (cure de)* : 16 avril 1792, enclos 1 ém., 2600 liv.

2230. Retourné Claude-Amable, à Aramon. — *Aramon (chapelle Saint-Pancrace Manerbe)* : 27 mai 1791, terre 3 sal. 1 picot., 2992 liv.

2231. Revis Baptiste, potier de terre, à Beaucaire. — *Beaucaire (Ordre de Malte, Cᵗᵉ d'Astros)* : 9 germ. an III, domaine des Perprèzes (27ᵉ lot), terre 1 sal., 3200 liv. ; (28ᵉ lot) terre 1 sal., 3250 liv.

Rey-Randon, à Nimes. — Voy. *Fabre* André.

Reymond Jean, à Garons. — Voy. *Loche* Jean fils.

2232. Reynard Lange, maçon, à Bellegarde. — *Bellegarde (Ordre de Malte, C^(ie) Saint-Jean)* : 3 prair. an II, partie du domaine de Saint-Jean, 1 sal. 17 ém., 2825 liv.

2233. Reynard Louis, ménag., à Bouillargues. — *Bouillargues (Chapitre de Nimes)* : 17 déc. 1790, champ 1 sal. 5 ém., 950 liv. (1).

Reynaud, nég., à Alais. — Voy. *Pellet* frères.

2234. Reynaud Antoine, agr., à Saint-Còmes. — *Saint-Còmes (prieuré)* : 14 fruct. an IV, maison curiale 6 1/2 dext., 1800 fr. (2).

2235. Reynaud François. — *Pont-Saint-Esprit (Ursulines)* : 8 fév. 1793, petit appartement, 55 liv.

2236. Reynaud Jean-Maurice, à Nimes. — *Marguerittes (Chapitre de Nimes)* : 10 sept. 1791, rachat de deux albergues, 940 liv. 10 s.

2237. Reynaud Joseph, notaire, à Uzès. — *Saint-Maximin (prieuré)* : 23 fruct. an IV, maison claustrale 103 cannes de bâtiments et cour, 3 vest. de jardin, 2025 fr. (3).

2238. Reynaud Louise (veuve Chapelle), à Saint-Gervasy. — *Saint-Gervasy (La commune)* : 3 prair. an V, terre 5 cannes 4 pans de long sur 3 cannes de large, 55 fr. (2).

2239. Reynaud Simon, ménag., à Saint-Maximin. — *Saint-Maximin (prieuré)* : 19 mai 1791, quatre pièces, soit 3 sal. 9 ém. 11 1/4 vest., 2100 liv.

2240. Reynaudin François, à Beaucaire. — *Beaucaire (Ursulines)* : 23 mars 1792, olivette 1 sal. 5 ém. 3 picot., 1300 liv.

---

(1) Le céda à Simon Comy, ménag., à Bouillargues, le 22 juillet 1791, (Bonnaud, notaire à Nimes).

(2) Vente amiable.

(3) Vente amiable. — Voy. *Castillon* Henri.

Reynaudin Jean, apothicaire à Beaucaire. — Voy.
Reynaudin François.

Ribayrol Aglaë, Dominique, Elisabeth, Françoise,
Justine, Louis-Xavier, Pauline et Théodore, à Alais.
— Voy. *Bérard* Jacques-Marcelin-Denis.

Ribes Pierre, au Cailar. — Voy. *Maurel* Louis et
Mathieu Jean.

2241. Ribière Etienne, à Saint-Alexandre. — *Saint-
Michel-d'Euzet (Chartreux de Valbonne)*: 1 oct. 1791,
domaine du Chapelas 16 sal., et cabaux, 20000 l. (1).

2242. Ribière Jean, maire de Sernhac. — *Lédenon
(Abbesse de Beaucaire)*: 13 mars 1791, bergerie 41
cannes, et 3 pièces soit 2 sal. 12 ém. 4 boiss., 3635 l.

2243. Ribot Claude, ménag., à Saint-Hippolyte. —
*Saint-Hippolyte-de-Caton (Prieuré de Saint-Etienne-
de-Lolm)*: 30 avril 1791, terre et prairie artificielle
18 quart. 2 boiss., 770 liv.

2244. Ribot Louis, nég., à Anduze. — *Anduze (Cordeliers)*: 9 avril 1791, maison servant de couvent,
église, enclos de 4 sal. 7 quartes 10 dext. ; rente foncière de 3 liv. servie par Delpuech ; rente foncière
de 7 liv. 10 sols servie par Nicol ; rente foncière de 23
quartes 1 boiss. de froment servie par Bros ; rente
foncière de 30 liv. servie par Blanc ; rente foncière de
3 barraux de vin et une canne huile servie par André
Roux, le tout 38100 liv.

Ricard Antoine, à Villeneuve. — Voy. *Allard*
Charles et *Caulet* Etienne.

2245. Ricard François, à Saint-Clément. — *Saint-
Clément (prieuré)*: 7 avril 1791, treize pièces soit 5 sct.
71 quartons 100 dext., 1844 liv.; —12 fruct. an vii, bâtiment 6 t. 4 p. 4 p. de surface, 3000 liv.; —12 fruct.
an vii, deux vacants 6 t. 4 p. 1 p., 37 fr.

(1) Voy. *Jourdan* Pierre.

Ricard Jean-Jacques, à Pujaut. — Voy. *Caulet* Etienne et *Soulier* Jean-Léon.

2246-2248. Ricard Jean-Jacques, Rouchette Blaise et Tournier Jean-Pons, à Pujaut.— *Pujaut (Chartreux de Villeneuve)* : 13 juillet 1791, terre 5 ém. 5 vest., 938 liv.

2249. Ricard Joseph, à Pujaut. — *Sernhac (chapelle Saint-Sébastien)* : 13 avril 1791, vigne 2 ém. 5 civad., 50 liv.

Ricard Louis, à Villeneuve.—Voy. *Caulet* Etienne.

Ricard Michel, à Pujaut. — Voy. *Bouvet* Marc.

Ricard Pierre, à Pujaut. — Voy. *Bouvet* Marc.

2250. Richard Joseph-Victor, maire de Portes. — *Portes (La Couronne)* : 11 vect. an III, pré 4 quartes 3 boiss., 1200 liv. ; jardin 1 quarte, 315 liv.

2251. Richard Paul, prop., à Ners.—*Martignargnes (prieuré)* : 14 avril 1792, église avec son clocher et jardin de 3 1/2 boiss. , maison avec cour, terre et aire 3 quartes 1 1/2 boiss., 2605 liv.

2252. Richard Pierre, prop., à Saint-Hippolyte.— *Saint-Hippolyte-de-Caton (dominicature)* : 5 niv. an II, église et cimetière de 2 boiss., 1400 liv.

2253. Richet Claude, agr., à Villeneuve.—*Villeneuve (chartreux)* : 1 therm. an II, la Chartreuse (15ᵉ lot) partie de bât. et 1/3 des terres de la fontaine, 925 liv.

Richet Henri, à Villeneuve.— Voy. *Caulet* Etienne et *Lhermite* Joseph.

Rieu Antoine, à Pujaut. — Voy. *Caulet* Etienne.

Rieu Jean-Baptiste, à Pujaut. — Voy. *Rochette* Blaise.

Rieuman Antoine, à Beaucaire. — Voy. *Michel* Raymond.

Rieusset André, à Pujaut. — Voy. *Bouvet* Marc.

Rieusset Firmin, à Pujaut. — Voy. *Bouvet* Marc et *Caulet* Etienne.

Rieusset Marianne, à Pujaut. — Voy. *Bouvet* Marc.

Rieusset Pierre, à Pujaut. — Voy. *Bouvet* Marc.

Rieusset Pierre vieux, à Pujaut. — Voy. *Bouvet* Marc.

2254. Riffard Jacques, à Nimes. — *Nimes (?..)* : 6 sept. 1810, maison derrière l'Enclos-Rey (section n° 4, n° 302) construite sur un terrain ayant fait partie d'un ancien cimetière, conf. du L. les Casernes, du C. la rue Enclos-Rey, 562 m. c., 8550 fr.

2255. Riffard Jacques, architecte, à Pont-Saint-Esprit. — *Pont-St-Esprit (prieuré)* : 19 fév. 1811, maison dite le Clermayer, adossée à la maison curiale, 1825 fr.

Rigal et C°, nég., à Montpellier. — Voy. *Ducros* Jean-Sébastien.

Rigal Jean-Antoine, du mas de la Rigalvarié. — Voy. *Bourrié* Etienne.

2256. Rigal Pierre dit le Grenadier, à Logrian.— *Comiac-de-Florian (prieuré)* : 27 avril 1791, terre 10 quartes 10 boiss., la vieille église de Comiac, et un autre coin de terre, 680 l.

Rigaud Blaise, à Roquemaure. — Voy. *Faure* Simon.

2257-2258. Rigaud Claude et Bonnaud (ou Bonnard Jean). — *Montfaucon (Bénédictins de Villeneuve)* : 9 avril 1791, 3 terres soit 6 salm. 11 ém. 12 poign., 7550 l.

2259. Rigot Etienne, à Montfrin.— *Montfrin (chapelle Saint-Blaise)* : 24 nov. 1791, écurie, 200 l.

2260. Ripert Joseph-Marie-André, propr., à Pont-Saint-Esprit. — *Pont-Saint-Esprit (?)* : 18 therm. an viii, rente de 60 fr. servie par Marie-Alphonse Bernard, 900 fr. (1).

Riquet Jacques, fils de Charles, à Beauvoisin. — Voy. *Bourely* Jean.

Rivat Pierre , à Saint-Michel-d'Euzet. — Voy. *Gouret* Jean.

Rivaud Bernard-Richard, à Roquemaure. — Voy. *Faure* Simon.

Rivet David, de Sabatier, commune de Saint-Jean-de-Roque. — Voy. *Mairan*.

Rivet Étienne, à Beaucaire. — Voy. *Michel* Raymond.

Rivet (Marie Rivet, veuve de David) à Nimes. — Voy. *Despuech* Barthélemy.

2261-2264. Rivière Jean-Antoine, Fournier Pierre, Crès Jacques et Fermaud Jacques, à Orthoux. — *Orthoux (prieuré)*: 2 fév. 1791, maison (20 cannes 4 pans de bat., 22 cannes 2 pans de cour), 8 pièces terres soit 33 set. 18 quart. 90 dext., le tout 11200 liv. (2).

2265. Rivière Jean-Louis, homme de loi, à Alais. *Génolhac (dominicature et chapelles Saint-Jacques, Sainte-Catherine, Notre-Dame-de-Pitié et chapelain de l'Obit)* : 23 fruct. an iii, pré et châtaign. 3 quartes 3 boiss., 12000 liv. ;—pré et châtaign. 1 sal. 15 quartes 1/2 boiss., 16800 liv. — *Génolhac (chapelle de Sadargues)* : 23 fruct. an iii, pré et châtaign. 12 quartes 1 boiss., 45000 liv. — Voy. en outre *Brahic* André.

2266. Rivoire Mathieu. — *Pont - Saint - Esprit (Ursulines)* : 5 fév. 1793, partie du monastère, 9705 liv.

(1) Vente amiable.

(2) *Rivière* 2500 l., *Crès* 3000 l., *Fermaud* 1500 l. et Fournier 4200 l.

2267. Robert Jacques, ménag., à Sernhac. — *Sernhac (chapelle Saint - Pierre)* : 23 janv. 1791, terre 6 ém. 5 civad., 910 liv.; —22 févr. 1791, terre 4 ém. 1 1/2 civad., 685 liv.

2268. Robert Joseph, commis marchand, à Nimes. — *Valcrose (prieuré)* : 7 mess. an iv, maison claustrale, 80 cannes couvert, 10 de cour, 1 boiss. jardin, 1206 fr. (1). — *Fons-sur-Lussan (prieuré)* : 7 mess. an iv, maison claustrale 22 cannes couvert 26 de cour, 1 2/3 boiss. jardin, 612 fr. (1).

2269. Robert Joseph, trav., à Belvezet. — *Belvezet (prieuré)* : 13 avril 1791, deux terres et une pépinière, en tout 6 ém. 11 vest., 462 liv.

2270. Robert Pierre, à Aimargues. — *Aimargues (Ordre de Malte, C^{rie} de Saint-Christol)* : 8 prair. an ii, domaine de la Mourade (20e lot) 6 carteirad. 2 quartons 17 1/2 dext., 2600 liv. (2).

2271. Robert Pons, jard., à Beaucaire. — *Beaucaire (Ordre de Malte, C^{rie} d'Astros)* : 9 frim. an iii, domaine de Saint-Pierre (22e lot) 1 sal. 6 picot., 2200 liv.

2272. Robert Pons et Serguier Joseph, à Beaucaire. — *Beaucaire (Ordre de Malte, C^{rie} d'Astros)* : 2 vent. an iii, terre (48e lot) 1 sal. 3 ém., 4000 liv.

2273. Robin André, à Avignon. — *Pujaut (Chartreux de Villeneuve)* : 29 mars 1791, vigne 1 sal. 4 ém., 2200 liv.

2274. Robin Antoine, homme de loi près de la Cour, à Uzès. — *Uzès et Saint-Firmin (Séminaire*

(1) Vente amiable.

(2) Il fit élection en faveur de André Pélissier, fils de Barthélemy, et François Pélissier, aîné, fils de Jean, pour moitié chacun. — François Pélissier céda sa part, le 5e jour compl. an iii, à Nicolas Grand, de Mus. (Carbonnier, not.)

d'Uzès) : 14 janv. 1791, terre dans ces terroirs appelée la Bernade, 9100 liv. (1).

2275. Roche Claude, à Uzès. — *Argilliers (chapelain de Collias de la chapelle Saint-Pierre-Saint-Paul et Chapitre d'Uzès)* : 18 mars 1791, devois 56 sal. 27 vest., deux vignes et cinq terres soit 2 sal. 36 ém. 1 quarte 29 3/4 vest., le tout 4000 liv.

Roche (femme), à Nimes. — Voy. *Arnaud.*

2276. Roche François-Casimir, prop., à Arles. — *Générac, Nimes, Bouillargues et Saint-Gilles (Bernardins, Chapitre de Nimes et Chapitre de St-Gilles)* : 16 fév. 1833, bois de Campagne, coupe n° 4 (Grand bois), 38 hect. 61 a. 60 c., 38000 fr. (2) ; — bois de Campagne, coupe n° 23 (Reyreplan), 32 hec. 87 ares 60 cent., 21000 liv. (3) ; — bois de Campagne, coupe n° 24 (Reyreplan et Grand bois), 31 hectares 18 ares 30 cent., 27000 liv. (3).

2277. Roche Jacques, p. d. l. c., à Saint-Félix. — *Saint-Félix-de-Palières (prieuré)* : 25 janv. 1791, cinq terres soit 17 set. 6 quartes, moins 3 quartes 12 dext. réservés pour le jardin du curé, 7250 l. (4).

Roche (de) Jacques, à Uzès. — Voy. *Deroche* Jacques.

2278. Roche Louis. — *Saint-Théodorit (prieuré)* : 27 avril 1791, vigne 4 set., 465 liv.

2279. Roche Martial, ménag., à Meynes. — *Meynes*

---

(1) Déclara avoir agi pour Marie *Dumas*, d'Uzès.

(2) Le 19, il fit élection en faveur de *Donzel* Jean-Antoine-Isidore-Ulysse, notaire à Nîmes. — Voy. *Aptel* Jean-Louis, la note.

(3) Voy. *Aptel* Jean-Louis, la note.

(4) Il déclara agir pour *Gros*, ci-devant présid. à la Cour des aides de Montpellier. Mais, le 6 mai, il dit s'être trompé et avoir agi pour Françoise-Mathurine de *Guignard de Saint-Priest*, veuve de Marc-Antoine-Marie *Théron d'Ax, marquis d'Axat,* de Montpellier.

(*chapelle N.-D*) : 2 avril 1791, terre 1 ém. 1 poign.,
280 liv.

2280. Roche Pierre, ménag., à la Bastide-d'Engras. — *Vallabrix (prieuré)*: 3 janv. 1791, neuf pièces,
soit 4 sal. 33 ém. 26 3/4 vest., 13700 liv. — *La Bastide d'Engras (prieuré)* : 13 mai 1791, terre close
3 ém., 205 liv. (1).

Rocheblave, à Alais. — Voy. *Pons* Jean.

Rocheblave fils, à Nimes. — Voy. *Fabre* André.

Rocheblave père, à Nimes. — Voy. *Fabre* André.

2281. Rocheblave Louis, nég., à Alais. — *Alais*
(*La commune*) : 26 fruct. an IV, terre herme où se
trouvent les fourches patibulaires 5 sal. 1 quarte, vacant 6 boiss., terre 33 toises, terre 1 quarte, le tout
526 fr. 18 s. (2). — *Branoux (chapelle de)* : 26 fruct.
an IV, herme où il y a une ancienne chapelle 2 quartes
1 1/2 boiss., 550 fr. (2). — *Saint-Christol (prieuré)* :
28 germ. an V, ancienne église de Vermeils (masure)
28 toises carrées, terrain 1 boiss., et passage pour
y arriver 6 toises, 77 fr. (2).

2282. Rocheblave Paul-Louis fils aîné, nég., à
Alais. — *St-Étienne-d'Alensac (prieuré)*: 27 fév. 1792,
maison, église et deux jardins, 4000 liv. (3).

Rocheblave (veuve) née Roussel Suzanne, à Nimes.
— Voy. *Fabre* André.

Rocheblave Victor, nég., à Alais. — Voy. *Rocheblave* Paul-Louis.

2283. Rocher Guillaume, ménag., à Saint-Victor.
— *St-Victor-Lacoste (Chapitre d'Uzès)* : 14 mai 1791,
quatorze pièces soit 18 sal. 52 ém. 31 boiss. 4 lid.,

(1) Dût faire folle-enchère : Voy. *Salles* Jeanne, épouse Vignole,

(2) Vente amiable.

(3) Il déclara avoir agi pour *Rocheblave* Victor, son frère, nég.
à Alais.

plus l'ancienne *chapelle de Saint-Martin*, le sol de l'ancienne clastre et la maison de la clastre avec jardin, 16444 liv.

2284-2302. — Rochette Blaise, Collet Etienne, Mansy Louis, Astay Jean-Michel, Bernard Jean-Michel, Teissier Jean-Louis, Bouissonnas André, Tamayou Blaise, Correnson Jean-Louis, Cambe Jacques, Astay Jean, Philibert Jacques, Grand André, Guillaumon Jean, Bertrand Jean-Baptiste, Philibert Jean-Baptiste, Rieu Jean-Baptiste, Bouissonnas Gabriel et Velay Jean-Baptiste, à Pujaut. — *Pujaut (Chartreux de Villeneuve)* : 18 juin 1791, terre 11 sal. 3 ém. 16 cosses, 6525 liv.

Rochette Blaise, à Pujaut. — Voy. *Bouvet* Marc, *Pourpre* Claude, *Rouchette* et *Vidal* Pierre.

Rode Jean, à Pujaut. — Voy. *Bouvet* Marc.

2303. Roger Antoine, ménag., à Bernis. — *Bernis (Vicaire perpétuel du ci-devant abbé de St-Gilles)* (1) : 1er mars 1791, champ en 2 corps, l'un quartier de l'aire, l'autre quartier des 13 termes, 1900 liv.

Roger des Granges (G.T.F.), à Avignon. — Voy. *Anthoine* Joseph-Anselme aîné.

2304. Rolland Antoine, à Rodilhan. — *Bouillargues (Chapitre de Nîmes)* : 27 déc. 1790, deux champs soit 21 ém., 1530 liv.

Rolland-Bousquet, à Saint-Gilles. — Voy. *Boucaud* Pierre.

Rolland-Coustan, à Saint-Gilles. — Voy. *Boucaud* Pierre.

2305. Rolland Jacques, nég., à Nîmes. — *St-Gilles (Chapitre)* : 18 août 1791, domaine d'Estagel (2e lot), ménagerie et 400 sal., 150300 liv.

(1) Bénédictins.

2306. Rolland Joseph, à Roquemaure. — *Montfau-con* (*Chapitre de Roquemaure*) : 20 août 1791, domaine dit la grande île et terre attenante à la Piboulette : bâtiments 70 cannes, terres 72 sal. 11 ém. 2 poign., 67700 liv.

2307-2308. Rolland Pierre et Martin Pierre, nég., à Nimes. — *Aubord* (*prieuré*) : 24 therm. an iv, maison presbytérale avec cour et jardin, en tout 226 cannes, 2160 fr. (1).

2309. Rolland Pierre, officier de santé, à St-Césaire. — *Saint-Césaire-les-Nimes* (*prieuré*) : 8 fruct. an ii, maison curiale (1er lot) 3 perches 3 t. 4 pieds couvert, 1 perche 12 t. 2 p. 4 p. cour, 16 perches 1 t. 5 p. 4 p. jardin, 4700 liv. ; — maison curiale (2e lot) 3 perches 6 t. 10 pans couvert, 14 perches 6 t. 3 p. 10 p. jardin, 2010 liv. (y compris l'église).

Roman Alexis, à Saint-Michel-d'Euzet. — Voy. Gouret Jean et Pignol Laurent.

2310. Roman Hercule. — *Pont-Saint-Esprit* (*Pères minimes*) : 9 déc. 1790, jardin et bâtiment pour le jardinier 14 ém., 17000 liv. ; — *Pont-Saint-Esprit* (*chartreux de Valbonne*) : 19 déc. 1790, maison dite hospice des chartreux, cour et écurie, 11000 liv.

2311. Roman Marie, veuve Dumas. — *Pont-Saint-Esprit* (*Dames de Saintes-Maries*) : 19 sep. 1791, deux vignes 6 ém., 530 liv.

2312. Romanet André. — *Aiguèze* (*prieuré*) : 10 mars 1791, vigne 17 ém., 800 liv.

2313. Romanet Joseph, à Saint-Julien (2). — *Saint-Julien-de-Peyrolas* (*Chartreux de Valbonne*) : 10 fé-

(1) Vente amiable.
(2) Au lieu et place de *Roux*, cédant.

vrier 1791, domaine de Monteil, bâtiments 165 cannes, terres prés et vignes 39 sal. 1 ém. 3 boiss. 2 lid.,
18300 liv.

2314. Romet Jean - Louis - Achille, à Nimes. —
Parignargues (Doctrinaires de Nimes) : 10 juin 1793,
maison 13 dext., avec cour de 12 dext., et trente-six
pièces terre, au total 254 quartes 5 boiss. 293 dext.,
24000 liv.

2315. Roque, fab. de bas, à Nimes. — *Nimes (la
Couronne)* : 15 sept. 1808, terrain provenant de l'ancien tour de ronde, 33ᵐ30, 442 fr. 75 c. (1).

2316. Roque Claude, salpétrier, à Beaucaire. —
Beaucaire (Ordre de Malte, Cᵈᵉ d'Astros) : 9 frim.
an III, domaine de Saint-Pierre (21ᵉ lot), 1 sal. 2 ém.
3 picot., 1900 liv. — Voy. aussi *Imbert* Pierre.

Roques Jean-Simon, fils d'Antoine, à Beauvoisin.
— Voy. *Bourély* Jean.

Roques Pierre, fils d'Antoine, à Beauvoisin. —
Voy. *Bourély* Jean.

2317. Roque Raymond, entrep. de travaux publics,
à Alais. — *Alais (la Couronne)* : 7 mars 1812, matériaux et sol des remparts (14ᵉ lot), 98 fr. 14; (20ᵉ lot),
156 fr. 22.

Roque (veuve), née Gardies, à Uzès. — Voy. *Gardies* Joseph.

2318. Rossel Jean-André-Maximilien fils, prop.,
à Saint-Jean-du-Gard. — *Saint-Jean-du-Gard (la
commune)* : 3 brum. an V, maison Grand'Rue 48 pans
de long sur 13 de large servant au bureau de charité,
540 fr. (1). — *Sainte-Croix-de-Caderles (prieuré)* :
3 brum. an V, maison presbytérale, terre de 5 quar-

tes, terre de 5 boiss., enclos 1 boiss., jardin 1 quarte, 2020 fr. (1). — *Corbès* (*prieuré*) : 3 brum. an v, maison presbytérale 13 dext. et terre 6 quart., 1062 fr. (1).

2319. Rossière François, prop., à Uzès. — *Saint-Marcel-de-Careiret* (*prieuré*) : 30 pluv. an v, enclos 4 ém., 558 fr. 16 s. (1). — *Fontarèche* (*prieuré*) : 23 fruct. an vɪ, maison avec écurie et hangar, 252 fr. (1). — *Belvezet* (*prieuré*) : 30 pluv. an v, jardin clos 8 1/2 vestisons grande mesure, 594 liv. (1).

Rossignol, à Saint-Privat-des-Vieux. — Voy. *Sorbière* Simon-Jude.

2320. Roubel Jean, cult., à Nimes. — *Beaucaire* (*Cordeliers*) : 16 therm. an ɪv, partie invendue des bâtiments du couvent ; *Beaucaire* (?) 16 therm. an ɪv, maison de la maîtrise, avec enclos ci-devant cimetière, et *Beaucaire* (*la Couronne*) 16 therm. an ɪv, bâtiment servant à la perception du Poids-du-Roi, établissement supprimé, le tout 20550 fr. (1).

2321. Roubel Jean aîné, nég., à Nimes. — *Bouillargues* (*Chapitre de Nimes*) : 16 nov. 1791, la métairie de Villary, 72100 liv. — *Saint-Gilles* (*Chapitre de*) : 8 germ. an vɪɪ, terrain près Estagel 6 ares 7 déc. 7 cent. ou 16 sal. 8 dext., 160 fr.

Rouchette Blaise, à Pujaut. — Voy. *Ricard* Jean-Jacques et *Rochette*.

2322-2324. Rouchette Blaise, Bouissonnas Gabriel et Tamayou Jacques, à Pujaut. — *Pujaut* (*Chartreux de Villeneuve*) : 14 mai 1791, terre 4 salmées 3 ém., 2625 liv. — Voy. aussi *Rochette*.

2325. Rouchette Blaise et Vidal Esprit, ménag., à Pujaut. — *Pujaut* (*Chartreux de Villeneuve*) : 27 avril 1791, terre 3 sal. 1 ém. 5 poign., 1825 liv.

(1) Vente amiable.

2326. Rouchette Guillaume. — *Saint-Alexandre* (*Chapelle Sainte-Magdeleine*) : 6 juillet 1792, cette chapelle, 80 liv.

Roudil Joseph, à Pujaut. — Voy. *Bouvet* Marc.

2327. Roudilhe Antoine, agr., à Beaucaire. — *Beaucaire* (*Ordre de Malte, Cte d'Astros*) : 21 niv. an III, vigne (1er lot) 7 ém. 7 picot., 1150 liv.

2328. Roudilhe Poncet, agr., à Beaucaire. — *Beaucaire* (*Bénédictines*) : 3 niv. an III, partie de maison (4e lot) 70 t. bâtiments et 579 toises 2 pieds 3 pouces jardin, 18400 liv.

Rougnon Gabriel fils, à Saint-Gilles. — Voy. *Gaissad* Moïse.

Roulle, mari de Patus, à Nimes. — Voy. *Franc* Pierre.

Roulle, mari de Silhol, à Nimes. — Voy. *Franc* Pierre.

Roulle Mathieu (femme de), à Nimes. — Voy. *Laurent*.

Roumestan Louis, à Bernis. — Voy. *Charamaule*.

2329. Rouquette Jacques, à Saint-Hippolyte. — *Saint-Hippolyte-de-Caton* (*dominicature*) : 5 niv. an II, maison curiale, 2025 liv.

2330. Rouquette Michel, ménag., à Sernhac. — *Sernhac* (*prieuré*) : 22 fév. 1791, terre 1 sal., 1450 l. — *Sernhac* (*chapelle St-Eustache*) : 12 mars 1791, terre 5 ém. 1 civad., 130 l. 8 s.

2331. Rouquette Pierre, à Cruviers-Lascours. — *Cruviers-Lascours* (*prieuré*) : 14 mars 1792, maison presbytérale, jardin et église, 4525 liv.

2332. Rouquier Jean, du mas de Laselle. — *Peyrolles* (*prieuré*) : 10 mai 1792, église supprimée, jardin et maison curiale 5 quart. 14 dext., cimetière 9 dext., le tout 5500 liv.

2333. Rouquier Jean, prop., à Caissargues. — *Générac, Nimes, Bouillargues* et *Saint-Gilles.* (*Bernardins, Chapitre de Nimes* et *Chapitre de Saint-Gilles*) : 12 déc. 1853, bois de Campagne (canton de Terres-oliviers, 10e lot), 23 hectares 70 ares, 30100 fr. (1) ; (canton de la Plaine, 15e lot), 21 hect. 40 ares, 26100 fr. (1).

Roure, nég., à Alais. — Voy. *Crespy* Léon.

Roure (Denis-Auguste de Beauvoir de Grimoard du), à Barjac. — Voy. *Guès* Jean.

2334. Roure Jacques, prop., à Saint-Ambroix. — *Saint-Brès (prieuré)* : 6 brum. an v, terre et aire 2016 cannes, et *Saint-Jean-de-Valeriscle (prieuré)* : 6 brum. an v, terre 657 cannes, le tout 2024 liv. (2).

Roussel Jacques, à Saint-Gilles. — Voy. *Boucaud* Pierre.

2335. Roussel Jacques, à Saint-Martin. — *Saint-Martin-de-Corconac (Hôpital d'Alais)* : 22 therm. an III, domaine de la Valmy haute et dépendances 299 set., 155000 liv.

2336. Roussel Jean-Louis, à Nimes. — *Nimes (Evêché)* : 8 mars 1791, maison rue du Chapitre, près le puits de la grande Table, 10350 liv.

2337. Roussel Louis, notaire à Saint-Jean. — *Saint-Jean-de-Maruéjols (Chapelle Légat pie du prieur)* : 12 avril 1792, maison dans le village et 4 terres dont une avec grange, ensemble 17 quartes 2 1/2 boiss., 2700 liv. (3).

(1) Voy. *Aptel* Jean-Louis, la note.

(2) Vente amiable.

(3) Il déclara avoir agi, savoir : Pour *Barry* Louis, maire de Saint-Jean, maison, 1600 liv. ; pour *Chapelier* Louis, terre de 9 quartes, 644 liv. ; pour le dit *Barry*, terre de 3 quartes 2 boiss., 104 liv. 10 s. ; pour *Roux* Henry, terre de 4 quartes 1/2 boiss., 215 liv. 10 s. ; pour *Sertlers* Louis, ad. du dist., terre et grange 136 liv.

Roussel Pierre, à Domazan. — Voy. *Gonard* Antoine.

Roussel Suzanne veuve Rocheblave, à Nimes. — Voy. *Fabre* André.

2338. Rousselier Guillaume, homme de loi, à Aimargues. — *Aimargues (Récollets)* : 26 mars 1791, maison (église et couvent) 142 cannes, jardin 1 carteir. 30 dext., chenevière 40 dext., terrasse 94 cannes, 11700 liv. (1) — Voy. en outre *Fontanés* Etienne.

Rousset Claude, à Roquemaure. — Voy. *Faure* Simon.

Rousset Jean, à Roquemaure.—Voy. *Faure* Simon. .

2339. Rousset Paul, nég. à Nimes. — *Beaucaire (Religieuses Hospitalières)* : 23 fruct. an IV, maison et four, 4320 liv. (2).

2340. Roussière Antoine, agr., à Villeneuve. — *Villeneuve (Chartreux)* : 1 therm. an II, La Chartreuse (12ᵉ lot) partie de batiments, 6350 liv. — Voy. en outre *Caulet* Etienne.

Roussière Joseph, à Aramon. — Voy. *Cadenet* Henri.

2341. Roustan, juge au tribunal civil de Nimes. — *Caissargues (prieuré)* : 8 fruct. an IV, maison curiale avec jardin, vacant de 131 cannes, 2132 fr. (2). — Voy. *Roustan* Jacques François.

Roustan André-Jean, à Beaucaire.—Voy. *Roustan* Antoine.

2342. Roustan Antoine, chapelier, à Beaucaire.— *Beaucaire (La Couronne)* : 4 mars 1813, francs bords

----

(1) Il céda ces biens, le 18 mess. an II (Carbonnier, not.) à Etienne *Soulier*, Louis *Soulier*, Jean *Boissière*, Sébastien *Daniel*, agr., et Pierre *Sabatier*, menuisier, d'Aimargues, lesquels cédèrent à leur tour, le 21 mess. an II (même not.) au citoyen Videl, de Paris.

(2) Vente amiable.

inutiles du canal de Beaucaire à Aiguesmories
(11e lot) 120m 36 c., 200 liv.

2343. Rouslan Jacques-François, juge au Trib.
du dist., à Nimes. — *Saint-Gilles (Chapitre)* :
18 août 1791, partie du domaine d'Estagel (partie
des garrigues du 1er lot) (1), 3929 liv. — Voy. *Roustan* (2341).

2344. Rouslan Joseph-Marie, maire, à Montdra-
gon. — *Pont-Saint-Esprit (Ursulines)* : 9 août 1791,
domaine appelé Saint-Sixte et cabaux, 63000 liv.

2345. Rouslan Pierre, ménag., à Sernhac. —
Sernhac (chapelle Saint-Céris) : 23 janv. 1791, terre
1 ém. 3 civad., 225 liv. — *Sernhac (chapelle Saint-
Eustache)* : 20 mars 1791, terre-olivette 1 ém. 2 civad.
et *Sernhac (Luminaire Notre-Dame)* : 20 mars 1791,
terre-olivette 4 1/4 civad., le tout 335 liv.

2346. Rouslan Pierre, charcutier, à Beaucaire. —
Beaucaire (Religieuses de la Providence): 19 flor. an III,
bâtiment de la Providence (3e lot), 8650 liv.

2347. Routon Louis, nég., à Nimes. — *Fons-outre-
Gardon (prieuré)* : 11 avril 1791, six pièces soit 28 ém.
3 boiss. 34 dext., 4100 liv. ; — 28 fruct. an IV, maison
curiale et cour 8 1/4 dext., 900 liv. (2).

2348. Rouveirol Jacques, ménag., à Nimes. —
Nimes (chapelle de la Magdeleine) : 3 mai 1791,
champ 7 1/2 ém., 1225 liv.

Rouvergat Pierre, à Valence. — Voy. *Souchon*
Jacques.

2349. Rouvérié le fils, à Nimes. — *Cabrières*
(prieuré) : 19 janv. 1791, terre 1 sal. 3 ém. 1 boiss.,
460 liv.

(1) Pour la contenance, voy. *Blanc* Anne née Ferry.
(2) Vente amiable.   21

2350-2352. Rouvier Joseph, Bagnols Jean et Bagnols Paul, à Vénéjean. — *Vénéjean (chapelles Saint-Sébastien et de Villelongue)*: 3 janv. 1791, sept pièces soit 29 ém. 19 boiss. 3 lid., 5573 liv. 12 s. 6 d. (1).

2353. Rouvière Antoine, boulanger, à Nimes. — *Nimes (chapelle des quatre chevaliers)* : 2 mai 1791, la chapelle et la maison attenante près la porte de la Magdeleine, 9150 liv. (2).

Rouvière (François-Joseph de la), à Foissac. — Voy. *Espérandieu* Jean.

Rouvière Jacques, à Aramon. — Voy. *Cadenet* Honoré.

2354. Rouvière Joseph, à Montagnac. — *Montagnac (prieuré)* : 17 mess. an III, église, presbytère et cimetière de 11 4/5 dext., 10000 liv.

2355. Rouvière Philibert, nég., à Nimes. — *Bouillargues (Chapitre)* : 17 déc. 1790, métairie du Mas-Neuf (1er lot), bâtiments et 8 pièces attenantes, non mesurées, 25200 liv.

2356. Rouvière Pierre, offic. de santé, à Lédignan. — *Maruéjols-lès-Gardon (prieuré)* : 19 fruct. an IV, maison presbytérale 5 dext., 1494 fr. (3).

Rouvin Isaac, à Beauvoisin. — Voy. *Peyron* Jacques.

Rouvin Isaac fils de Jean, à Beauvoisin. — Voy. *Bourely* Jean.

Rouvin Louis, fils d'autre, à Beauvoisin. — Voyez *Bourely* Jean.

---

(1) Répartition : *Rouvier* 1770 liv., *Bagnols* Jean 300 lir, *Bagnols* Paul 3503 liv. 12 s. 6 d.

(2) Céda le 9 juin 1791, à François *Pujolas*, boulanger. (Novy, not. à Nimes).

(3) Vente amiable.

Rouvin Pierre, fils de Louis, à Beauvoisin. — Voy. *Bourely* Jean.

Roux, à Saint-Julien-de-Peyrolas. — Voy. *Roma-net* Joseph.

2357. Roux. — *Sommières (prieuré de Saint-Amans) :* 15 fév. 1792, maison curiale 35 toises 1 pied, avec cour de 2 toises 8 pouces et jardin de 27 toises 4 pieds, église 23 toises 2 pieds 10 pouces, 8250 livres.

2358. Roux. — *Combas (prieuré) :* 7 mai 1791, maison de la dime avec cour et vacant 2 quartes, 1425 livres.

2359. Roux Bernard, à Villeneuve. — *Villeneuve (Chartreux) :* 1 therm. an II, la Chartreuse (4e lot) partie de l'enclos 3 ém. 15 cosses, 853 l. — Voy. en outre *Batailler* Paul.

Roux-Cagnac Étienne fils, à Générac. — Voy. André Jacques.

Roux David, secret.-greffier du j. d. p., à Générac. — Voy. *Chassefière* François.

2360. Roux Elzéard, ménag., à Meynes. — *Meynes (Chapitre de Montpellier) :* 1er avril 1791, terre 1 sal., 2425 l.

2361-2362. Roux Ernest, à Montpellier, et Vigne Aimé, à Beaucaire. — *Saint-Laurent-d'Aigouse (La Couronne) :* 24 mars 1872, ancien poste de douane dit la Tour Carbonnière, et terrain adjacent, 1500 fr.

Roux François, à Voiron. — Voy. *Blanc-Pascal* Pierre.

2363. Roux François. — La Roque *(Chartreux de Valbonne) :* 28 février 1791, vigne 5 ém. 1 boiss., 750 l.

2364-2365. Roux François, autre Roux François, et Pons Pierre, à Uchaud. — *Milhaud (Prieuré d'U-*

chaud) : 2 mai 1791, deux champs et une aire, 1900 livres.

Roux François (autre) à Milhaud. — Voyez *Blanc-Pascal*.

Roux Fulcrand-Etienne-Claude, trésorier de France à Montpellier. — Voy. *David* Claude.

Roux Henry, à Saint-Jean-de-Maruéjols. — Voy. *Roussel* Louis.

2367. Roux Jacques, boucher, à Uzès. — *Uzès (?)* 19 fév. 1811, maison, plan de l'Horloge, derrière l'église Saint-Etienne, 57 m. c. 14, conf. du Lev. la rue de la Triperie, du M. le plan de l'Horloge, 1700 fr.

2368. Roux Jacques. — *Calvisson (la commune)* : 20 fruct. an III, maison ou casal appelé vieux hôpital, cour, jardin et parran joignant 21 dext., 7500 liv.

Roux Jacques, à Tavel. — Voy. *Vissac* Vincent.

Roux Jean, à Voiron. — Voy. *Blanc-Pascal.*

2369-2374. Roux Jean, Foulquier Louis, Blaquière Pierre-Paul, Barral François, Foulquier Pierre et Trial Jacques. — *Saint-Laurent-le-Minier (prieuré)* : 4 mai 1792, sept pièces 40 dext. 17 pans, 1722 liv. (1).

2375. Roux Jean, jardinier, à Beaucaire. — *Beaucaire (Ordre de Malte, C*ⁱᵉ *d'Astros)* : 21 niv. an III, vigne (2ᵉ lot) 7 ém. 7 picot., 1600 liv. ; — 23 pluv. an III, terre (41ᵉ lot) 7 ém., 2550 liv. — Voy. en outre *Michel* Raymond.

2376. Roux Louis, à Aiguesvives. — *Aiguesvives (prieuré)* : 11 fruct. an III, maison appelée *vicairie*, jardin et cour attenants, 56000 liv.

2377. Roux Louis. — *Nages (chapelle Saint-Sébas-*

(1) Répartition : *Roux* 90 liv., *Foulquier* Louis 180 liv. *Blaquière* 117 liv., *Barral* 125 liv., *Foulquier* Pierre 565 liv., *Trial* 645 liv.

tien, dans l'église) : 18 mars 1791, quinze pièces, au total 1 1/2 set. 5 ém. 19 quartons 137 dext., 4250 liv.

2378. Roux Louis, ménag., à Vauvert. — *Vauvert (prieuré Notre-Dame de)* : 27 déc. 1790, champs et prés, 18600 liv.

Roux Louis, à Uchaud. — Voy. *Mérignargues* Jacques.

2379. Roux Mathieu, nég., à Uzès. — *Saint-Firmin (Chapitre d'Uzès)* : 16 mars 1791, terre et aire 1 sal. 7 ém. 8 1/2 vest., 1850 liv. — *Uzès (Évêque d')* : 21 mai 1791, le moulin à blé de Fontaine-d'Eurre, — jardin d'une émine devant le moulin, — pré de 5 ém. derrière le moulin, suivi d'une terre de 2 ém. 5 vest., 22000 liv.

Roux Pierre, à Bragassargues. — Voy. *Marchand* Jacques.

2380. Roux Pierre, prop., à Génolhac. — *Génolhac (chapelles Notre-Dame-de-Pitié, Saint-Jacques, Sainte-Catherine, chapelain de l'obit et dominicature)* : 23 fruct. an III, jardin 1 1/5 boiss., 4100 l. ; jardin 1 boiss. et 2 1/3 arpents, 4550 liv. ; jardin clos 1 quarte, 14000 liv. (1).

2381-2382. Roux Pierre fils, et Bertrand François, coutelier, à Génolhac. — *Alais (Évêché d'Uzès)* : 17 mars 1791, pré et chât. six journaux dont cinq en pré, — châtaign. d'un rev. de 8 liv., le tout 3261 l. (2).

Roux Romain, à Uchaud. — Voy. *Charamaule.*

Rozier Jean, à Aramon. — Voy. *Cadenet* Honoré.

2383. Rubis Jacques, agr., à Beaucaire. — *Beaucaire (Ordre de Malte, C^rie d'Astros)* : 23 niv. an III,

(1) Dont moitié pour Jean-Baptiste *Polge*, off. de santé à Génolhac.

(2) *Roux* eut le pré pour 3080 liv., et *Bertrand* la châtaigneraie pour 181 liv.

terre (11e lot) lot 6 ém., 3100 liv. — Voy. en outre *Michel* Raymond.

2384. Ruby Jean, agr., à Beaucaire. — *Beaucaire (Ordre de Malte, Cᵗⁱᵉ d'Astros)* : 3 vent. an III, terre (52e lot) 1 sal. 2 ém. 5 picot., 3000 liv.

2385. Ruel Jean. — *Quissac (abbaye de Sauve (1) et prieuré de)* : 17 mars 1791, maison 5 1/2 dext., avec jardin 5 dext. et cour 1 1/2 dext., 5050 liv.

Ruel Pierre, à Quissac. — Voy. *Granier* Honoré.

2386. Sabatier Antoine. — *Junas (prieuré)* : 2 avril 1791, terre 3 set. 51 dext., 3225 liv.

Sabatier Guillaume, demeurant à Paris, Saint-Gilles. — Voy. *Allut* Jean aîné.

2387. Sabatier Jean, ménag., à Bouillargues. — *Bouillargues (Chapitre de Nimes)* : 17 déc. 1790, champ 1 sal. 5 ém., 900 liv. (2).

2388. Sabatier Jean, ménag., à Saumane. — *Saumane (Chapelle Saint-Sébastien, dans l'église)* : 26 avril 1791, quatre terres soit 19 set. 6 quartes 3 boiss. 3 dext., 3300 fr.

2389. Sabatier Jean, à Vallabrègues. — *Vallabrègues (La commune)* : 2 nov. 1809, terre 34 ares 26 c. provenant de la commune et affectée à la dotation de la *Sénatorerie de Nimes* en exécution de l'arrêté du gouvernement du 18 fruct. an XI, 1425 fr. (3).

2390. Sabatier Jean, à Saint-Dionisy. — *Saint-Dionisy (prieuré)* : 14 fév. 1792, maison curiale 6 dext., jardin attenant 4 1/2 dext., église 32 t. 1 p. 6 p., 4025 liv.

(1) Bénédictins.

(2) *Sabatier* en céda la moitié, le 4 avril 1792 (Bonnaud, not. à Nimes), à Louis *Vier*, cult., à Bouillargues, au prix de 450 liv.

(3) Vendue par autorisation du chancelier du Sénat du 23 septembre 1809.

Sabatier Jean-Baptiste-Félix, prop., à Montpellier.
— Voy. *Fabrègues* Jean-Louis.

2391. Sabatier Pierre, à Saint-Hippolyte. — *Saint-Hippolyte-du-Fort (État-Major)* : 15 flor. an II, maison à la porte de Montpellier, 2275 liv.

Sabatier Pierre, au Cailar. — Voy. *Pélissier* François.

2392. Sabatier Pierre, menuisier, à Aimargues. — *Le Cailar (Ordre de Malte, C^{rie} de Saint-Christol)* : 8 prair. an II, domaine de la Mourade (22e lot) 4 cart. 1 quart. 2 dext., 3075 liv. (1). — Voy. en outre *Pélissier* Françoie et *Rousselier* Guillaume.

2393. Sabonadière, homme de loi, à Nimes. — — *Nimes (Chapelle de Robillard)* : 5 mess. an IV, maison au quartier de la Maison-Carrée, en face le monument, 3150 fr. (2).

Sac Antoine, journalier, à Alais. — Voy. *Gardies* François.

2394. Sagnier François, à Alais. — *Alais (La commune)* : 4 germ. an XI, chemin de traverse de Terrelongue 9 ares 12 cent., 130 fr. (3).

2395. Sagnier Jacques-François-Philippe, march. de soie, à Alais. — *Alais (chapelle Saintes-Sircie et Juliette)* : 5 fév. 1791, rente foncière de 72 liv., 1235 liv.

2396. Sagnier Pierre, prop., à Saint-Hilaire. — *Saint-Hilaire-de-Brethmas (Abbaye de Cendras)* : 28 avril 1791, aire 2 quartes 1 boiss., 280 liv.

Sahune (Antoine-Thomas-Marie Pourcet de), à Saint-Paulet et Carsan. — Voy. *Flandin*.

(1) Déclara avoir agi pour *Daniel* Sébastien, cult., à Aimargues.
(2) Vente amiable.
(3) Déclara agir tant pour lui que pour *Soustelle* Antoine, not., et veuve *Martin*, riverains.

2397. Saillier Pierre, à Sauve. — *Sauve (Abbaye de)* : 7 sept. 1791, couvent des *Capucins*, jardin et enclos, 4525 liv.

2398. Saint-Martin Étienne, à Moussac. —*Moussac (prieuré)* : 12 mars 1792, maison dite le vieux château, avec tour carrée en tout 2 ém. jouie par le curé, 2750 liv.

2399-2402. Saisse Jean-Pierre, Cadenet Amand, Gerbaud Claude et Lugagne Barthélemy, à Aramon. —*Vallabrègue (chapelle de Claude Boufils)* : 8 juin 91, terre 3 sal., 1829 liv.

2403. Saisse Jean-Pierre, ménag., à Aramon. — *Aramon (Ursulines)* : 21 juillet 1791, terre en deux corps 4 ém. 4 1/3 poign., 1200 liv. — Voy. en outre *Cadenet* Honoré.

2404. Salagé Jean-Louis-Antoine, prop., à Alais. — *Alais (la Couronne)* : 7 mars 1812, matériaux et sol des remparts (17ᵉ lot), 323 fr. 47 (1).

2405. Salaville-Laval François-Scipion, avocat, à Nimes. — *Sérignac (prieuré)* : 23 avril 1792, maison curiale 23 toises, une vanade 7 t. 3 p. 10 p., écurie 17 t., basse-cour 13 t. 2 p. 6 p., église 19 t. 5 pieds, 2200 l.(2). — *Sommières « Un relig. fugitif »*: 19 therm. an iv, maison rue du Marché 18 t. 1 p. 6 p., vigne 2 sel. 2 quartons 18 dext., 3077 l. (3). — *Villevielle (Pierre-Marc, relig. fugitif)* : 1ᵉʳ jour compl. an iv, champ 200 dext., autre champ 140 dext., et *Sommières (Pierre-Marc, relig. fugitif)* : 1ᵉʳ jour compl. an iv, terre 49 toises, 1071 liv. 8 s. (4). —

(1) Déclara avoir agi pour *Serres* Jean-Jacques.

(2) Déclara, le 7 mai, avoir agi pour *Daunant* Pierre, de Nimes.

(3) Vente amiable ; Voy. *Arch. dép.* 2. Q. 4. 1., n° 78.

(4) Vente amiable,

Saint-Ambroix (1er orig. ?) : 6 sept. 1809, terre 2 hect. 22 ares 54 (1er lot), 1000 fr. (1).

2406. Salins de Peccais (propriétaires des). — *Aiguesmortes (domaine engagé)* : 14 vent. an x, maintien en jouissance du Petit Peccais, comprenant 103 hect. herbages et 62 hect. terrain inondé, moyennant 13705 fr.

2407. Salla Pierre, agr., à Beaucaire. — *Beaucaire (Ordre de Malte, Crie d'Astros)* : 23 pluv. an III, terre (33e lot) 7 ém. 4 1/2 picot., 2400 liv. ; terre (39e lot) 7 ém. 4 1/2 picot., 2425 liv.

2408. Salles Claude, nég., à Beaucaire. — *Bellegarde (Chapitre de Nimes)* : 28 janv. 1791, métairie de Rond et ses dépendances 91 sal. 10 ém. 6 1/3 picot., 66100 liv.

2409-2411. Salles François et Jean Teulon, ménagers, à la Pieyre, et Salles Jean, de Valleraugue. — *Valleraugue (Chapelle Saint-Antoine*, fondée dans l'église) : 14 fév. 1791, trois terrés affermées 72 liv., 3100 l.

2412. Salles François, aubergiste, à Valleraugue. — *Valleraugue (chapelle Saint-Antoine)* : 14 mai 1791, vigne au quartier de Clarou, 3000 l.

2413. Salles François, menuisier à Nimes. — *Nimes (la Couronne)* : 11 mai 1809, terrain des remparts et chemin de ronde 72 m. c. 1/4, 421 fr. (2): — 18 mai 1809, terrain des remparts et chemin de ronde 206 m. c. 3/4, 421 f. 50 (2).

2414. Salles François neveu, bourgeois, à Nimes.

<hr/>

(1) Le 7, il fit élection en faveur de *Chalmeton* Antoine-Edouard, prop., à Laudun.

(2) Vente amiable.

— *Saint-Gilles (Chapitre de)* : 23 mars 1791, les vignes (46 carteirades 3/4) et les bâtiments vinaires du domaine d'Estagel, 72600 l.

Salles Jean, à Valleraugue. — Voy. *Salles* François.

2415. Salles Jean-Joseph fils, homme de loi, à Alais. — *Saint-Jean du-Pin (dominicature)* : 7 avril 1791, vigne 6 quartes et terre-mûriers 2 quartes 3 boiss., 1000 l. — 29 déc. 1791, église, sacristie, maison, basse-cour, cimetière et jardin, au total 894 toises ou 7 quartes 3 3/4 boiss., 4725 l.

2416. Salles Jeanne, épouse Vignole, à Uzès. — *La Bastide d'Engras (prieuré)* : 4 vent. an v, jardin 3 ém., 389 l. 8 s. (1).

2417. Salles Louis, à Valleraugue. — *Valleraugue (Chapelle Saint-Antoine)* : 14 févr. 1791, pièce vigne et mûriers, 1600 l.

2418. Sallet Louis, cabaretier, à Saint-Hippolyte. — *Saint-Jean-de-Crieulon (prieuré)* : 13 mai 1793, dix-sept sal. vignes, terres et prairies artificielles, dans lesquelles sont l'église et la maison presbytérale également vendues, 15300 l. — *Saint-Hippolyte-du-Fort (Etat-Major)* : 15 flor. an ii, maison à la porte du Vidourle, 2450 l.

2419. Salvat François, à Pont-Saint-Esprit. — *Saint-Michel-d'Euzet (Chartreuse de Valbonne)* : 2 mai 1791, domaine de Grange-Neuve, 71 salm., 28000 l.

Salze Jacques-Joseph-François, nég., à Lodève. — Voy. Vidal Jean-Baptiste.

2420. Salze Pierre. — *Alais (prieuré de Saint-Al-*

(1) Vente amiable.

ban) : 5 mai 1791, terre quartier de Puechedron 35 quartes. 1 boiss. 1525 l. (1).

2421. Saumade Marc, à Alais. — *Saint-Hilaire-de-Brethmas (Ordre de Malte, C^rie....)* 5 vend. an III, terre 31 quartes 1 boiss., 2925 l.

2422. Saussine, à Sommières. — *Sommières (la Couronne)* : 22 fév. 1810, partie du terrain dit de la Regourdane, dép. du château 6 m. 70 (2).

Saussine André, agr., à Caveirac. — Voy. *Nouis* François.

2423. Saussine Jean, entrep. de travaux publics, à Sommières. —, *Sommières (Ursulines)* : 27 vend. an v, deux caves et une petite maison 22 l. 4 p. 16 p., 720 fr. (3).

2424. Saussine Jean, prop., à Lédignan. — *Saint-Benoît-de-Cheiran (dominicature)* : 27 therm. an III, maison curiale, écurie, jardin, clapier, herme ou devois, 2 boiss. 8 11/12 dext., 9000 liv. (4).

Saul Pierre, prop., à Codolet. — Voy. *Od* Simon.

Sauvages, à Alais. — Voy. *Cabanis* Jean.

Sauvage Antoine, à Tavel. — Voy. *Vissac* Vincent.

2425. Sauvaire, ad. du dép., à Nimes. — *Aimargues (prieuré de St-Saturnin)* : 20 déc. 1790, champ 7 carteirad. 2 quartons 15 dext., 5200 liv.; *Aimargues (chapelle de Guillaume Novel)* : 2 mars 1791, champ 1 carteirad. 1 quarton 8 dext., 794 liv. 2 s. 9 d.

2426. Sauvan Jean-Pierre, à Aramon. — *Aramon (La commune)* : 12 mess. an III, pré 1 sal., 4700 l.;

---

(1) Il déclara avoir agi pour Charles-Philippe-Toussaint *Guiraudet*, fils aîné de feu Guiraudet, médecin.

(2) Cession gratuite.

(3) Vente amiable.

(4) Il déclara avoir agi pour Nicolas *Audoyer* père et Michel *Castelnau.* Voy, Georges *Béchard* n° 236

26 août 1811, partie de l'île de Moulin 7 hect., 1225 liv.

2427. Sauvebois, march. d'allumettes, à Sommières. — *Sommières (La Couronne)*: 1 avril 1813, partie du sol et matériaux des remparts (29° lot), 166 fr.

2428. Sauzède, à Bagnols. — *Bagnols (Cordeliers)*: 11 mars 1791, terre 1 sal. 2 ém., 1800 liv.—Voy. en outre *Baumel* Henri et *Jouine*.

Savoyan Thomas, à Aramon. — Voy. *Cadenet*.

2429. Savoye Etienne, cult., à Aimargues. — *Le Cailar (Ordre de Malte, C°ⁱᵉ de St-Christol)*: 8 prair. an II, domaine de la Mourade (25° lot) 6 carteirad. 2 quartons 2 dext., 11100 liv.

Savoye Pierre-Etienne, à *Aimargues*.—Voy. *Félines* Claude.

2430. Savy François, tanneur, à Sommières. — *Sommières (La Couronne)*: 1 août 1813, partie du sol et matériaux des remparts (3° lot), 69 fr.

2431. Sayerle Guillaume, ménag., à Garrigues. — *Garrigues (prieuré)*: 16 avril 1791, quatre terres et un pré, soit 22 ém. 24 vest., 1609 liv.

2432. Sayne Joseph, charron, à Villeneuve.—*Villeneuve (Récollets)*: 8 niv. an II, couvent, église, jardin 1 ém.,terrasse plantée en vigne et lopin de terre au levant de l'église, cour, 11150 liv.—*Villeneuve (Chapitre)*: 8 niv. an II, partie de maison, 1325 liv.— *Villeneuve (Chartreux)*: 1 therm. an II, La Chartreuse (13° lot) partie du batiment et petit terrain, 5400 liv. — Voy. en outre *Darboux* Antoine, *Pourpre* Claude et *Vidal* Pierre.

2433-2434. Sayne Joseph, Rancurel Joseph et Velepeinte Vital, à Villeneuve. — *Rochefort (Bénédictins)*: 18 juin 1791, terre 2 ém. 5 vest., 203 liv.

2435. Seguin Jacques, aubergiste, à Crespian.—

Crespian (prieuré) : 15 fruct. an iv, maison presbyté-rale et jardin 13 1/4 dext., 2424 fr. (1).

2436. Seignouret Louis, à Saint-Gilles. — *Saint-Gilles (abbé de)* (2) : 29 pluv. an vi, bâtiment ayant servi de prison et 3 t. 3 p. 4 p., et *St-Gilles (Diocèse)*: 29 pluv. an vi, partie du vieux chemir !u Mas-Blanc 1 set. 1 ém., le tout 696 fr. (1).

2437. Semelin Pierrette, veuve de Claude Mathieu, à Nimes. — *Nimes (Évêché)* : 2 mars 1791, droits féodaux sur une maison près le puits de l'Olivier, 92 liv.

Sénilhac Louis, médecin, à Saint-Gilles. — Voy. *Charamaule J.-F.*

Serenne François - Antoine - David, à Tavel, — Voy. *Clergeau-Lacroix* Pierre-Pascal.

Serenne David père, à Tavel. — Voy. *Clergeau-Lacroix.*

2438. Serguier Joseph, agr., à Beaucaire. — *Beaucaire (Ordre de Malte, C^rie d'Astros)* : 17 brum. an iii, domaine de Saint-Pierre (12' lot), terre 1 sal. 1' picot., 3900 liv. — Voy. en outre *Robert* Pons.

2439. Serpoul Jacques, à Saint-Bonnet. — *Saint-Bonnet (Chapelle Saint-Sépulcre)* : 2 juillet 1791, olivette 6 ém., 150 liv.

2440. Serres André, prop., à Sabran. — *Bagnols (Carmes)* : 18 therm. an viii, rachat d'une rente de 6 liv., 90 fr. (1).

Serres Jacques-Édouard, vérif. de la Régie nat., à Alais. — Voy. *Adam* Édouard.

2441. Serres Jacques-Léon, greffier du trib. du

(1) Vente amiable.
(2) Bénédictins.

dist., à Alais. — *Alais (chapelle St-Blaise)* : 25 août 1791, terres-mûriers 3 quartes, 550 liv.

2442. Serres Jacques-Stanislas, ingén. ord. du dép., à Alais. — *Portes (La Couronne)* : 12 vent. an III, bois de la Fenadou 44 sal., 24900 liv.

Serres Jean-Jacques, à Alais. — Voy. *Salagé* Jean-Louis-Antoine.

2443. Serres Léon, recev. des dom. nat., à Alais. — *Alais (Jacobins* ou *Dominicains)* : 12 pluv. an III, maison ou couvent rue Soubeirane (1re partie) 6,600 l.; (2e partie), 4400 l.

Serres Louis et Cie, à Montpellier. — Voy. *Ducros* Jean-Sébastien.

2444. Serres Pierre, tailleur d'habits, à Nimes. — *Uzès (prieuré de St-Julien d')* : 22 therm. an IV, maison de 23 cannes, 1950 francs (1). — *Collias (prieuré)* : 16 frim. an VI, cinq terres soit 27 ém. 15 3/4 vest., 968 fr. (1).

2445. Servant Jean, maréchal, à Bellegarde. — *Bellegarde (Ordre de Malte, Cie de Saint-Jean)* : 2 prair. an II, partie du domaine de Saint-Jean, pré 1 sal. 2 ém. 2 3/4 boiss., 1225 liv.

• 2446. Servel Honoré, ex-cordelier, à Beaucaire. — *Beaucaire (Cordeliers)* : 12 janv. 1791, terre 4 ém. 3 picot., 910 liv. — 19 mars 1791, maison nos 13 et 14, 1350 liv.

2447. Servel Joseph, menuisier, à Beaucaire. — *Beaucaire (Confrérie des Catherinettes)* : 17 vent. an III, maison avec chapelle 18 toises 1 pied de contenance, 6275 liv.

2448. Services publics (immeubles réservés à

(1) Vente amiable.

des). — *Aiguesmortes (la Couronne)* : (1811) 1° Les terres formant l'enceinte de la place, affectées aux magasins militaires et aux corps de garde ; 2° Un bâtiment aff. au logement de l'État-major de la place et aux magasins de la fortification ; 3° Les casernes aff. au logement de la garnison ; 4° Le corps de garde de la Porte vieille et le corps de garde de la Porte neuve, aff. à cette destination ; 5° L'arsenal, aff. au service de l'artillerie (1) ; 6° En l'an ix, « le château » était occupé par les agents du génie ; 7° Bâtiments du fort de Peccais, aff. au logement de la garnison et aux magasins de l'artillerie, du génie et autres effets militaires.

Aimargues (la Couronne) : (an vii), un très vieux bâtiment qui a servi autrefois de casernes, occupé par des familles pauvres : « Peut-être aliéné ».

Alais (la Couronne) : (1811) 1° Bâtiments que renferme le Fort, aff. au logement de la garnison (servait déjà à cet usage) ; 2° Casernes *de la ville*, aff. à la garnison et aux magasins militaires (servait déjà à cet usage) ; 3° Magasin à poudre, aff. à l'artillerie :« Doit être vendu ». « Un grand corps de bâtiment » (?) était occupé en l'an ix par le tribunal de première instance. En 1807, la maison curiale (*prieuré*) était occupé « par la gendarmerie, quoique destinée aux écoles primaires ». Les corps de garde près la Porte d'Auvergne, la Porte Saint-Vincent et la Porte de Fer, et une chambre au-dessus de la Porte du Pont - Vieux furent « jouis au profit du Trésor public » jusqu'au 27 germ. an xiii,

---

(1) Ancien couvent des *Cordeliers*, supprimé avant la Révolution. — Ce couvent avait été fondé par saint Louis ; il fut brûlé par les religionnaires le 12 janvier 1575.

époque à laquelle le capitaine de génie du département en fit la remise au maire d'Alais, en vertu du
décret du 26 brum. an XIII, supprimant les fort et
place militaires d'Alais.

Anduze (la commune) : (an IX), maison commune
occupée par « le maire et les membres du tribunal ».
Les casernes (1) (louées) « peut servir au log. des
troupes.» Biens communaux d'un revenu de 500 liv.,
« bon à salarier l'instruction publique ».

Aubais (prieuré) : 14 nov. 1306, arrêté préfectoral
appr. par le min. des fin. le 26 déc. 1809, portant
que la maison de la vicairie sera réunie au presbytère de cette commune.

Bagnols (Congrégation Saint-Joseph de Lyon) :
Collège communal, 7 juillet 1846, approbation par
le min. des fin. d'un arrêté préf. du 11 nov. 1845,
qui envoie l'Université en possession.

Beaucaire : (an VII), couvent des *Ursulines* (ayant
servi de casernes); — (an IX), salles et chambres près
la grande église, aff. aux trib. de paix et de police
correctionnelle ; église des *Cordeliers*, aff. au magasin des fourrages ; *église de Bonaventure,* aff. au
magasin de fourrages; *chapelle de Saint-Esprit,* aff. au
pesage des marchandises pendant la foire ; — (1811),
Maison de la Charité *(Capucins)* louée le 5 mess.
an VI, pour neuf ans. « On demande que ce bâtiment
soit affecté au service de la guerre. »

Bellegarde (prieuré) : (an IX), maison curiale aff.
à la maison commune.

Boisset-et-Gaujac (prieuré) : (an IX), vigne et oliviers à Boisset, d'un revenu de 9 liv. : « bon à salarier

(1) Appartenaient à la Couronne ; furent acquises par la commune le 8 mars 1809. — Voy. 946.

l'instruction publique ». Cette vigne était réclamée par Jean, de Boissel, qui était en instance devant le conseil de préfecture.

Le Cailar (la Couronne) : (an VII), casernes pouvant loger 200 h. et 300 chevaux. « Elles avaient été construites pour y envoyer des chevaux à refaire..... L'ad. mun. dispose de ce bâtiment.»

Cardet : (an IX), maison curiale *(prieuré)*, « occupée par le Maire. » — Herme 1 hectare (*Ordre de Malte*, Cᵗⁱᵉ   ), « bon à salarier l'instruction publique.»

Cassagnoles (prieuré) : (an IX), maison curiale, « occupée par le Maire.»

Comps (prieuré) : (an IX), maison curiale, « sert de Mairie. »

Cornillon : (an IX), une maison (?), « occupée par le Maire.»

Fourques (prieuré) : (an IX), maison curiale et jardin, « sert de Mairie.»

Générargues (prieuré) : (an IX), maison curiale, « occupée par le Maire.»

Jonquières (prieuré) : (an IX), maison curiale et jardin, affectés au logement du greffier.

Laudun (la commune) : (an IX), maison commune, « sert de prison et de logement au Maire.»

Lédignan (prieuré) : (an IX), maison curiale, « occupée par le Maire.»

Lézan (prieuré) : (an IX), maison curiale, « occupée par le maire.»

Meynes (prieuré) : 26 mars et 16 avril 1807, arrêté approuvé par le min. des fin. le 9 déc., portant que la commune sera remise en possession du four commun, caves et cuves vinaires de la maison presbytérale.

Mialet (prieuré) : (an IX), maison curiale, affectée à la mairie.

Nimes : (an IX), une salle dépendant de la cathédrale (*Chapitre*) affectée au Tribunal correctionnel; une salle du collège (*Jésuites*), aff. au trib. de première instance; le collège (*Jésuites*), aff. à l'Ecole centrale et au logement des professeurs; couvent des *Capucins*, aff. au magasin des fourrages; couvent des *dominicains*, aff. à la gendarmerie.—(1811) Casernes (*La Couronne*) aff. à la garnison. Bâtiments côtés AB jusqu'à C et AB jusqu'à I formant le tiers des bâtiments de la Citadelle (*La Couronne*), aff. à l'artillerie. Couvent des *dominicains* aff. à la gendarmerie. Couvent des *Capucins*, aff. aux vivres et fourrages « depuis l'an III ». Eglise des *dominicains* (on demande sa concession « pour servir au culte des protestants »).

Pont-Saint-Esprit : (an VII), la citadelle (*la Couronne*) occupée par la garnison et par la maison d'arrêt. (1811), casernes de la ville (*La Commune*) sert de log. à la garnison et de magasin militaire. Ancien hospice civil (?), occupé par la gendarmerie. On avait cédé en échange, aux administ. de l'hospice, l'ancien *monastère de Sainte-Marie*.

Ribaute (prieuré) : (an IX), maison curiale, occupée par le maire.

Saint-André-de-Majencoules (prieuré) : (an IX), maison curiale sert de mairie.

Saint-Hippolyte-du-Fort : (1811), casernes de *la Commune* aff. aux troupes de passage, à la garnison et aux magasins militaires. Bâtiments que renferme le fort, destinés aux prisons civiles, étaient alors occupés par le concierge des prisons et par plusieurs familles indigentes.

Saint-Jean-du-Gard (prieuré) : (an ix), maison curiale, occupée par la mairie.

Saint-Martial (prieuré) : (an ix), maison curiale, occupée par la mairie.

Saint-Martin-de-Corconac (prieuré) : 21 mars 1807, arrêté préf. approuvé par le min. des fin. le 9 déc. 1809, portant réunion au presbytère, d'un jardin et de deux triangles qui faisaient anciennement partie de ce presbytère.

Sauve : (an vii), corps de casernes, affecté par la mun. à la fabrication des fourches.

Saze (prieuré) : 10 Juillet 1809, arrêté préf. approuvé le 6 oct. qui remet le presbytère à la commune pour servir au logement du desservant.

Sommières (la Couronne) : (an vii), un vieux bâtiment délabré, a servi de casernes depuis la suppression du fort, prononcée par la loi du 10 juillet 1791. Le fort : occupé par des soldats invalides.

Sumène : (an vii), casernes : sert de casernes et aux assemblées primaires.

Sumène (prieuré) : (an ix), maison curiale : sert de Mairie.

Théziers (la commune) : (3 juillet 1807), arrêté préf. approuvé par le min. des fin., le 16 nov. 1810, portant que la commune conservera la possession d'un terrain acheté par elle, le 5 avril 1778, et qui sert de passage pour conduire au nouveau cimetière.

Tornac (prieuré) : (an ix), maison curiale : sert de Mairie.

Uzès (la commune) : (1811), casernes de la ville : affectées à la garnison, à la gendarmerie et aux magasins militaires.

Vallabrègues (prieuré) : an ix, maison curiale : sert de Mairie.

Vallabrègues (Pénitents blancs) : (20 juin 1809 et 8 fév. 1810), arrêtés préf. portant abandon gratuit à la fabrique de la chapelle de ces pénitents.

Valleraugue (prieuré) : (an ix), maison curiale ; sert de Mairie.

Vauvert : (an vii), les casernes ; à vendre « à moins que la commune ne justifie qu'elles lui appartiennent. »

Vigan (Capucins) : (an ix), partie du couvent ; aff. au tribunal de première instance ; — (1811), couvent des Capucins : sert à la garnison, aux magasins militaires, au tribunal civil et aux prisons.

Villeneuve : (1807), corps de logis servant de logement aux invalides : sert aux troupes de passage.

Villeneuve (Filles de la Providence) : (1811), couvent : sert à la gendarmerie.

Servier Louis, à Saint-Jean-de-Maruéjols. — Voy. *Roussel* Louis.

2449. Servier Louis, juge au trib. civil du Gard. — *Saint-Ambroix (prieuré)* : 1 pluv. an vi, jardin clos 1 quarte 2 boiss., 2400 fr.

2450. Servière Pierre, cultiv., à Caveirac. — *Caveirac (prieuré)* : 26 m.. 1791, maison et enclos, 10100 liv.

Sève Honoré, à Beaucaire. — Voy. *Faure* Jean.

2451. Seven Louis, ménag., à Montfrin. — *Théziers (Ursulines d'Aramon)* : 30 avril 1791, terre 1 sal., 1235 liv.

Sevenery, à Garons. — Voy. *Loche* Jean fils.

2452. Seveyrac Jean, ménag., à Estézargues. — *Estézargues)prieuré)* : 2 fév. 1791, casal au faubourg 12 cannes, et 12 pièces soit 4 sal. 39 ém. 20 1/2 civad., 1350 l. 12 s.

Seveyrac Marie, à Aramon. — Voy. *Guiraud*
Étienne.

2453. Seveyrac Pierre-Michel, agr., à Aramon. —
Théziers (prieuré) : 24ᵉ jour du 3ᵉ mois an II, maison
40 cannes, et 5 pièces au total 1 sal. 13 ém. 18 3/8 civ.
et *Vallabrègues (prieuré de Théziers)* : id., terre
1 ém. 7 picot. 16 cannes, le tout 3200 liv.

Seyne. — Voy. *Sayne*.

2454. Sicard Jean-Louis, à Montaren. — *Montaren*
(prieuré) : 16 mars 1792, terre 1 sal., 750 liv.

2455. Sicard Pierre. — *Aujargues (dominicature*
et *chapelle St-Martin)* : 5 mai 1791, dix-huit pièces
soit 30 sel. 1 ém. 1 quarte 74 quartons 84 dext.,
11000 liv.

2456. Signorel Benoît, à Montfrin. — *Meynes* (chapelain du lieu nommé Roumette) : 5 fruct. an IV,
terre 1 sal. 3 ém. 4 civad., 1754 fr. 50 (1).

Silhol (Roulle, mari de), à Nimes. — Voy. *Franc*
Pierre.

2457-2459. Silhol Anne-Élisabeth aînée, Élisabeth
jeune et Louise, à Nimes. — *Nimes (Chapitre)* :
4 mai 1791, droits féodaux sur une terre au quartier
du Plan, 52 l. 8 s. 7 d.

2460. Silhol Jacques, md-tanneur, à Saint-Ambroix. — *Saint-Ambroix (Sœurs régentes)* : 27 niv.
an V, maison au temple donnée aux Sœurs régentes
par l'évêque d'Uzès, 18 l. 3 p. 9 pouces, 2800 fr. (1).
— *Saint-Ambroix (la Commune)* : 27 niv. an V, maison dite du Four-Vieux, rue du Camp-du-Moulin,
22 t. carrées, 1000 fr. (1).

2461. Silhol Jacques, fils d'Antoine, nég., à St-Am-

(1) Vente amiable.

broix. — *St-Ambroix (Évêché d'Uzès)* : 18 mars 1791, pré clos de murs, arrosable, 18 quartes, 4000 liv. — 30 mai 1791, domaine appelé St-Germain-de-Cèze, 114 sal. de contenance dont un peu plus du 1/5 en terres lab., le reste en bois de chêne de haute futaie, hermes, patis et une maison avec cour, bergerie et étables, 14060 liv.

2462. Silhol Louis, nég., à Saint-Ambroix. — *Saint-Ambroix (Évêché d'Uzès)* : 28 déc. 1791, moulins à blé et à huile sur la rive droite de Cèze, avec 10 quartes de terrain, 34100 liv. — *Saint-Ambroix (?)* : 6 sept. 1809, rochers et terres vaines, 29 h. 96 a. 04 c. (2° lot), 8200 fr.

2463. Silvain Jean, prop., à Alais. — *Alais (chapelle Sainte-Cécile-de-Brouzen)* : 17 fév. 1791, domaine au quartier de Brouzen avec maison et petite chapelle, 23 quartes 1/2 boiss., 7050 liv. (1).

2464. Silvain Pierre-Charles, perruquier, à Alais. — *Alais (abbaye Saint-Bernard)* : 15 fév. 1791, rente fonc. de 12 liv. sur une maison, rue des Mourgues, 200 liv. (2).

2465. Silvestre Louis, prop., à Villeneuve. — *Pujaut (Chartreux de Villeneuve)* : 20 déc. 1809, herme 262 ares 72 c. (5° lot), 250 fr. ; — 20 déc. 1809, herme 227 ares 50 c. (6° lot). 345 fr.

2466. Simil Charles, aubergiste, à Alais. — *Alais (la Couronne)* : 7 mars 1812, sol et matériaux des remparts (4° lot), 435 fr. 52 c.

2467. Simon Pierre, à Saint-Césaire. — *Saint-*

---

(1) Il déclara avoir agi pour Jean-Antoine *Soustelle*, de Portes, hab. à Alais.

(2) Il déclara avoir agi pour *Polge le Blanc* Jean-Baptiste, membre du direct. du dist. d'Alais.

Césaire-de Gauzignan (prieuré) : 16 avril 1792, terré et aire 4 ém., 792 liv.

2468. Sipeyre Jean. — *Liouc (prieuré)* : 6 avril 1791, parran 4 sel. 1 quarte.5 dext., 820 liv.

2469. Sol Jacques, off. mun., à Aiguesmortes. — *Aiguesmortes (chapelle Saint-Jean)* : 4 mai 1791, maison dépendant de cette chapelle, 545 liv.

2470. Soleirol Jean-Augustin fils, adm. du dist. d'Alais. — *Saint-Martin-de-Valg. (prieuré)* : 27 avril 1791, olivette 7 quartes 2 boiss., 500 liv.

Solonieu André, à Villeneuve. — Voy. *Caület* Étienne.

2471. Sonnerat Jean-Charles, nég., à Nimes. — *Aiguesmortes (Ordre de Malte, Grand prieuré de Saint-Gilles)* : 20 vend. an v, maison et jardin rue des Sablons 49 t. carrées, 792 fr. (1).

Sorbier Jean-François, seigneur de Pougnadoresse. — Voy. *Brisse* Alexis.

Sorbier Laurent, à Aramon. — Voy. *Cadenet* Honoré.

2472-2476. Sorbière Simon - Jude , Rossignol, Jaussaud, et Aberlenc, de Saint-Privat, et Hours André, d'Alais. — *Saint-Privat-des-Vieux (dominicature)* : 16 fév. 1791, deux terres lab. 19 quartes 2 boiss. et deux prés 21 quartes 3 boiss., le tout 2545 liv.

2477. Soubour Antoine, maître en chirurgie, à Fourques. — *Fourques (chapelle du Rosaire)* : 1er juillet 1791, terre 1 sel. 15 dext., 715 liv.

2478. Souche Jacques, à Bagnols. — *Roquemaure (Chartreux de Villeneuve)* : 13 juin 1791, domaine de la Grande-Bastide, dans la Vallergue, 7e partie des

(1) Vente amiable,

bois et garrigues de la montagne du Four et partie du troupeau, 162200 liv. (1).

2479. Souche Jean. — *Logrian (prieuré)* : 19 janvier 1791, terre 1 sel. 2 quartes 1 boiss., 200 liv.

2480. Souchière Jean - François, à Bagnols. — *Roquemaure (Chartreux de Villeneuve)* : 15 juin 1791. domaine du Taleur 68 sal., 7ᵉ partie des bois et garrigues de la montagne du Four, cabaux, harnais, outils, 121500 liv. (2).

2481. Souchon Daniel, à Seynes. — *Seynes (prieuré)* : 14 avril 1792, aire de 5 boiss. et maison claustrale supprimée, 871 liv.

2482-2484. Souchon Jacques, Rouvergat Pierre et Aurivel Jean-Pierre, à Valence. — *Valence (prieuré)* : 24 janv. 1791, terre 1 sal. 2 ém., 1400 liv.

2485. Souchon Jacques, Rouvergat Pierre, Aurivel Jean-Pierre et Mazel André, à Valence. — *Valence (prieuré)* : terre 1 sal. 1 ém., 2775 liv.

Soulier Abel, à Aimargues. — Voy. *Bourely* Pierre, fils de Jacques, *Guillaume* Pierre et *Rampon* Pierre.

Soulier Dominique, à Pujaut. — Voy. *Bouvet* Marc, *Jouffret* Jean et *Jouffret* Jean père.

Soulier Étienne, à Aimargues. — Voy. *Félines* Claude et *Rousselier* Guillaume.

2486. Soulier Jean. — *Rauret (prieuré)* : 5 avril 1791, six pièces soit 8 sel. 5 quartons 46 dext., 1775 liv.

2487. Soulier Jean, à Roquedur. — *Saint-Bresson (prieuré)* : 25 therm. an iv, maison presbytérale, cour et jardin attenants, lopins de terre au-dessous de la maison, jardin et champ à la fontaine 2 2/3 quar-

(1) Fit folle-enchère. — Voy. *Genin* Michel.
(2) Fit folle-enchère. — Voy. *Baumel* Honoré.

les, et *Montdardier (prieuré)* : 25 therm. an IV, petit champ de 3 quartes, le tout 2617 l. 9 s. 4 d.

Soulier Jean, à Pujaut. —Voy. *Soulier* Jean-Léon.

Soulier Jean-François, à Pujaut. — Voy. *Bouvet* Marc.

2488-2499. Soulier Jean - Léon, ad. du dist. de Beaucaire, Ricard Jean-Jacques, Guillaumont Gabriel, Bouvet Joseph - Simon, Bouvet François, Soulier Jean, Coulet Gilles, Bouvet Martin, Velay Antoine, Aynaud Marie, Bernard Jean, de Pujaut, et Bouzon Jean-François, de Sauveterre. — *Pujaut (Bénédictins de Villeneuve)* : 16 avril 1791, le domaine de Sainte-Vérédème, 34 sal. 4 cm. et quelques cosses, 45000 liv.

Soulier Jean-Léon, à Pujaut. — Voy. *Jouffret* Jean et Jouffret Jean père.

2500. Soulier Jean-Louis, homme de loi, à Anduze. — *Alais (La Couronne)* : 7 mars 1812, sol et matériaux des remparts (8e lot), 638 fr. 67.

2501. Soulier Joseph, à Pujaut. — *Pujaut (Chartreux de Villeneuve)* : 27 prair. an V, terre gaste 2 sal., 215 fr.

2502. Soulier Laurent, à Lédenon. — *Beaucaire (abbesse de)* : 23 mai 1791, maison 12 cannes, et le batiment appelé le *pillage* 9 cannes, 696 liv. 6 s.

Soulier Louis, à Aimargues. — Voy. Rousselier Guillaume.

2503. Soulier Pierre, régisseur de la Grande-Cabane, à Fourques. — *Vauvert (La Couronne)* : 21 déc. 1868, tour de Sylvéréal et terrain autour de 98 ares 35 cent., 2000 fr.

2504. Souques Jean-Pierre cadet. — *Beaucaire (La Couronne)* : 4 mars 1813, francs bords inutiles du canal de Beaucaire à Aiguesmortes (1er lot), 475m72, 3000 fr. (1).

2505. Sourd Jacques, agr. à Beaucaire. — *Beaucaire* (*Ordre de Malte*, C^{rie} *d'Astros*) : 2 vent. an III, terre (47e lot) 2 sal., 5750 liv.

2506. Soustelle, à Margueritles. — *Bouillargues* (*Chapitre de Nimes*) : 17 déc. 1790, deux champs soit 6 sal. 2 ém., 1750 liv.

2507. Soustelle Antoine, notaire, p. d. l. c. à Alais. — *Alais* (*Capucins*) : 3 août 1791, maison, église, jardin potager, terre, petite place devant l'église, 7 set. 2 quartes 3 2/3 boiss., 26500 liv. — Voy. en outre *Sagnier* François.

Soustelle François-Mathieu, ex-député. — Voy. *Soustelle* Jean-Antoine.

2508. Soustelle Jean-Antoine, ad. du dist. d'Alais. — *Alais* (*Jacobins*) : 2 déc. 1791, pré et chataig. aux prairies basses, 7000 liv. (2). — *Alais* (*chapelle N.-D. Saint-Jean-Baptiste*) : 14 avril 1792, maison rue Soubeirane ou des Cazaux, 760 liv., — *Alais* (*Religieuses du couvent St-Charles*) : 13 oct. 1792, église, maison, cour et jardin, place du marché, 12650 liv. (3. — Voy. en outre *Silvain* Jean.

2509. Soustelle Jean-François-Auguste, à Portes. — *Portes* (*La Couronne*) : 11 vent. an III, pré 16 quartes 3 boiss., 4145 liv.; pré 3 quartes 1 1/2 boiss., 975 l.

Suel, veuve Espérandieu, à Uzès. — Voy. *Phéline* Adrien.

---

(1) Le 6, il fit élection en faveur de *Neyrand* frères et *Thiolières*, de Saint-Chamond (Loire).

(2) Il déclara avoir agi pour *Soustelle* François-Mathieu, prés. du trib. du dist., ex député à la Constituante.

(3) Id. pour *Caylet* Jean-Antoine, secrét. du dist.

Sufren Laurent, à Roquemaure. — Voy. Faure Simon.

2510. Sugier Jean-Jacques fils, vice-président du direct. du dist. d'Alais. — *Alais (Evéché)* : 27 fév. 1792, jardin potager 804 t. carrées, et maison du jardinier 26 t. 1 pied 6 pouces, 9025 liv. — *St-Martin-de-Valgalgue (prieuré)* : 12 avril 1792, partie de terre-muriers, 2 quartes, 269 liv.

Talade du Grail, médecin, à Roquemaure. — Voy. *Clergeau-Lacroix.*

2511. Talon André, jardinier, à Alais. — *Alais (Chapelle St-Blaise)* : 3 déc. 1791, pré et chataign. aux prairies basses, 4375 liv. — *Alais (La Couronne)* 7 mars 1812, sol et matériaux des remparts (1er lot), 132 fr. 74.

2512. Tamayou Antoine, ménag., à Aramon. — *Théziers (Ursulines d'Aramon)* : 6 mai 1791, deux terres soit 8 ém. 6 1/4 civad., 506 liv. — Voy. en outre *Cadenet* André.

Tamayou Blaise, à Pujaut. — Voy. *Caulet* Etienne et *Rochette* Blaise.

Tamayou Gabriel, à Pujaut. — Voy. *Bouvet* Marc.

Tamayou Jacques, à Pujaut. — Voy. *Bouvet* Marc, *Caulet* Etienne, *Rouchette* Blaise et *Vidal* Pierre.

Tamayou Philippe, à Pujaut. — Voy. *Bouvet* Marc.

Tardieu Blaise, à Villeneuve. — Voy. *Caulet* Etienne.

Tardieu François, à Villeneuve. — Voy. *Caulet* Etienne.

2513. Tarraud Antoine, ménag., à Gaujac. — *Gaujac (prieuré)* : 16 mars 1792, deux vignes et une terre, soit 2 sal. 12 ém. 5 bois., 6000 liv.

Taulier Blaise, à Tavel. — Voy. *Vissac* Vincent.

Taulier Jacques, à Tavel. — Voy. *Clet* Jacques.

Taulier Jean, à Tavel. — Voy. *Vissac* Vincent.

2514. Taulier Joseph, à St-Etienne-des-Sorts. — *St-Etienne-des-Sorts (prieuré)*: 22 mai 1793, maison avec jardin et cuve, 1800 liv. — *Bagnols (Chartreux de Valbonne)*: 22 mai 1793, chapelle de Saint-Martin, 500 liv.

Taulier Louis, à Pujaut. — Voy. *Caulet* Etienne.

Taulier Louis, à Tavel. — Voy. *Vissac* Vincent.

Taulier Simon, à Pujaut. — Voy. *Anastay* Antoine et *Bouvet* Marc.

2515. Tavernel Jean, prop., à Beaucaire. — *Beaucaire (La Couronne)*: 4 mars 1813, francs bords inutiles du canal de Beaucaire à Aiguemortes (6ᵉ lot) 254 m. 50 c., 650 f.

2516. Tavès Claude, agr., à Beaucaire. — *Bellegarde (Ordre de Malte, Cⁱᵉ Saint-Jean)* : 11 germ. an II, domaine de Saint-Jean (1ᵉʳ lot) comprenant métairie, jardin et 24 sal. 52 ém. 16 1/4 boiss. terres, 31600 liv.

2517. Tédenat Antoine, aubergiste, à Connaux. — *Baron (prieuré)* : 22 fruct. an III, plusieurs terres soit 7 sal. 3 ém. 5 vest., 50000 liv.

Teissier, officier de santé, à Bonnevaux. — Voy. *Teissier* Pierre.

Teissier André, fils de Pierre, à Beauvoisin. — Voy. *Bourely* Jean.

Teissier Jacques, prop., à Cardet. — Voy. *Guizot* Pierre.

Teissier Jean, à Bouillargues. — Voy. *Coste* Jean.

2518. Teissier Jean-Antoine, nég., à Alais. — *Génolhac (Jacobins)* : 12 sept. 1791, moulin à farine

avec jardin, 2400 liv (1), propriétés aff. 720 liv.,
17700 liv. (1). — *Alais (Pénitents blancs)* : 14 décembre 1792, église, sacristie, cour, maison et dépendances, rue de la Peyroularié et de la Gouge, 70861.
3 s. 4 d. (2).

Teyssier Jean-Louis, à Pujaut. — Voy. *Rochette*
Blaise.

Teyssier Jean Pierre, notaire, à Anduze. — Voy.
Fontane Victor.

2519. Teissier Louis. — *Saint - Michel - d'Euzet*
(*Chartreux de Valbonne*) : 3 mars 1791, deux terres
1 sal. 12 ém. 3 boiss. 3 lid., 1325 liv.

2520-2521. Teissier Pierre, maire de Bonnevaux,
et Polge le Blanc Jean-Baptiste, ad. du dist. —
Bonnevaux (chapelle fondée dans l'église) : 7 mai 1791,
rente foncière de 210 liv. sur un domaine, 3150 liv.

Teissier Pierre, maire de Bonnevaux. — Voy.
Polge le Blanc Jean-Baptiste.

2522. Teissier Pierre fils, cult., à Bonnevaux. —
Bonnevaux (prieuré) : 23 fruct. an III, châtaig. et mûriers 2 quartes, 145 liv. ; châtaig. et pré 2 quartes
3 1/2 boiss., 650 liv. ; châtaig. et mûriers 1 quarte
3 boiss., 1525 liv. (3).

2523. Teissonnier Jeanne, veuve Michel, à Saint-
Gilles. — *Saint-Gilles (prieuré de Trinquetaille-lès-*

(1) Il déclara avoir agi pour *Pin* Jean - Pierre, de Conchès,
paroisse de *Saint - Frézac*, juge de paix de Vialas, district de
Villefort.

(2) Déclara avoir agi pour « et au nom des citoyens non catholiques d'Alais, vulgairement connus sous la dénomination de protestants, pour exercer dans ladite église et dépendances, eux et
leurs descendants, leur culte religieux, avec liberté, sous la pro-
tection des lois de la République ».

(3) Acquis par *Teissier*, off. de santé, pour *Teissier* Pierre fils.

Arles) : 11 janvier 1791, terres, 6650 liv. (1).— *Saint-Gilles* (*abbaye de*) (2) : 21 janv. 1791, terres appelées le Versadou, 94100 liv.

2524. Teissonnière Antoine, à Colognac. — *Colognac* (*prieuré*): 11 oct. 1808, maison curiale 160 m. c., et jardin attenant 23 ares 10 c., ensemble 1075 fr.

2525. Teissonnière Louis, à Saint-Julien. — *Saint-Julien-de-Cassagnas* (*Bénéfice de*) : 13 avril 1792, pré 4 ém. et terre 7 ém., 1200 liv.

2526. Terme André, nég., à Nimes. — *Nimes* (*premier archidiacre*) : 20 août 1791, maison et jardin dit de l'archidiaconé, 30300 liv. — *Nimes* (*Chapitre*) : 22 pluv. an II, petit local contigu à la salle capitulaire, 3 cannes 3 pans, 225 liv. ; — 23 pluv. an II, remise conf du L. l'église des pénitents blancs, 11 c. 4 pans, 4050 liv.

2527. Teulon François, notaire, à Valleraugue. — *Saint-Sauveur* (*La Couronne*) : 12 prair. an V, la moitié du tènement de Tudonès, ou 1400 set. près et champs et 100 set. bois environ, 4201 liv. 5 s. (3).

Teulon Jean, ménager, à la Pieyre (Valleraugue). — Voy. *Salles* François.

2528-2529. Teulon-Latour Pierre et Chabal François, à Valleraugue. — *Valleraugue* (*Chapelle N.-D., fondée dans l'Église*): 15 fév. 1791, deux pièces terres, mûriers, châtaign. et vignes 7 set. 2 quartes ; rente foncière de 7 liv. 10 s. ; autre rente foncière de 3 liv., le tout 6025 liv.

---

(1) Fait probablement double emploi avec le n° 1861.

(2) Bénédictins.

(3) La rédaction défectueuse de l'acte ne permet pas d'assurer que cette contenance s'applique exclusivement à l'objet vendu. (Voy. 2ᵉ origine n° 1596). Vente amiable.

2530. Texte Claude, nég., à Nimes. — *Nimes
(Augustins)* : 11 janv. 1791, vigne-olivette à Courbessac 18 1/3 ém., 1825 liv.

Théaulon. — Voy. *Teulon*.

2531. Théaulon Antoine, prop., à Aiguesmortes.
— *Aiguesmortes (Pénitents gris)* : 20 vend. an v, chapelle 202 toises, 2070 fr. (1). — *Aiguesmortes (Pénitents blancs)* : 20 vend. an v, église et jardin attenant, 300 toises, 2430 fr. (1). — *Aiguesmortes (Chapelle de la Trinité)* : 20 vend. an v, maison rue de la
Marine, 100 toises, 630 fr. (1). — *Aiguesmortes (La
Couronne)* : 20 vend. an v, fours banaux 67 toises
3 pieds carrés, 1080 fr. (1).

2532. Théaulon Guillaume, homme de loi, à Aiguesmortes.— *Aiguesmortes (Chapelle Sainte-Lucie)*:
2 avril 1791, une maison, 225 liv.

2533. Théaulon Guillaume fils, nég., à Aiguesmortes. — *Aiguesmortes (Frères ignorantins)* :
12 brum. an v, maison et jardin 162 toises carrées,
terre 1 1/2 carteirade, 3327 fr. (1).

Théron d'Ax (veuve de), marquis d'Axat, à Montpellier. — Voy. *Roche* Jacques.

2534. Thérond François. — *Junas (prieuré)* :
2 avril 1791, terre 7 quartons, 1050 liv.

2535-2536. Thibaud Claude et Thibaud Pierre,
frères, trav. de terre, à Caissargues. — *Nimes (chapelle de Pierre Robillard ou Robilhar)* : 2 avril 1791,
champ près Caissargues 3 salm. 5 ém., 6050 l.

Thibaud Jean-Baptiste, nég., à Bagnols. — Voy.
Beaumel Honoré et *Ladroit*.

(1) Vente amiable.

Thibaud Pierre, à Caissargues. — Voy. *Thibaud*
Claude.

2537. Thibon Simon, cordonnier, à Saint-Ambroix. — *Saint-Ambroix (cure)* : 22 mars 1791, terre
mûriers close de murs, 10 quartes, 1300 l.

Théolières, à Saint-Chamond. — Voy. *Souques*
Jean-Pierre cadet.

2538. Thomas, trompette, à Nimes. — *Nimes* (Carmes) : 2 avril 1791, vigne olivette, à Saint-Césaire
22 août 1791, 425 l.; vigne à Courbessac 5 ém., 200 l.

2539. Thomas Alexis, ménag., à Sanilhac. — *Sanilhac (prieuré)* : 16 mai 1791, trois terres ou vignes
2 salm. 17 ém. 2 vest. et une olivette contenant 125
oliviers et 15 mûriers, 2800 l.; 21 fruct. an IV, maison presbytérale 32 cannes, avec cour ou jardin 9 1/2
vest., 4917 fr. (1).

2540. Thomas Jacques. — *Maruéjols, dist. de
Sommières (prieuré)* : 22 oct. 1792, ancienne église
35 l., et terrain attenant 4 1/2 dext., 1120 l.

2541. Thomas Jean. — *Junas (prieuré)* : 2 avril
1791, olivette et herme 133 dext., 260 l.

2542. Tieurne Michel, à Villeneuve. — *Villeneuve
(Bénédictins)* : 13 germ. an VI, maison des bénédictins avec jardin, 3 1/2 salm., 450000 fr.

2543. Tilloy Gabriel, maçon, à Beaucaire. —
Beaucaire (Ordre de Malte, C^ne d'Astros) : 3 vent.
an III, terre (58e lot), 3 ém., 400 l.

Toiras Jacques-Antoine, à Aimargues. — Voyez
Félines Claude.

2544. Tourgon Jacques - Étienne. — *Bagnols
(prieuré)* : 17 mai 1793, maison du prieur, 4650 l.

(1) Vente amiable.

Tournier Jean-Pons, à Pujaut. — Voy. Ricard Jean-Jacques.

2545. Touzelier, à Sommières. — *Sommières (La Couronne)* : 22 fév. 1810, partie du terrain dit de la Regourdane, dépend. du château, 8 m. 24 (1).

Touzellier Gabriel (Coulet Marie, veuve de) à Montagnac. — Voy. *Coulet* Marie.

2546. Trélis Jean-Julien, propr., à Alais. — *Alais (La commune)* : 5 fruct. an IV, tènement appelé Coste d'Alais, 52 salm., 8514 l. (2).

Trémond Raymond, à Aramon. — Voy. *Cadenet* Honoré.

2547-2548. Tresfon Antoine et Mercier Pierre, cult., à Baubiac (Brouzet). — *Brouzet (prieuré)* : 6 flor. an V, maison presbytérale 22 c. 5 pans, écurie 4 c., autre maison dite école 12 c., deux terrains joignant le presbytère 9 3/4 dext. et 1 quarte 2 boiss., jardin 1/2 quarte, 1238 fr. (3).

Tressand François, à Beaucaire. — Voy. *Michel* Raymoud.

2549. Triaire, à Nimes. — *Nimes (la commune)* : 29 fruct. an X, terrain des anciens fossés et tour de ronde, bᵈ de la nouvelle Salle de spectale, à la Madeleine, 246 ém., 1084 fr. 06 (3).

Trial Jacques, à Saint-Laurent-le-Minier. — Voy. *Roux* Jean.

2550. Trial Jean-Noël, agr., à Connaux. — *Connaux (Bénéfice et Chapelain Saint-Sébastien)* : 2 mai 1791, dix-sept pièces soit 13 sal. 41 ém. 27 boiss.

(1) Cession gratuite.
(2) Pour Anne Prestran, son épouse. Vente amiable.
(3) Vente amiable.

3 lid., vieille église de Saint-André, four, maison curiale, pavillon, 33000 liv. (1).

2551. Trinquelague Jean. — *Dions (prieuré)* : 13 mars 1792, aire 1 ém. 9 vest., 1725 liv. (2). — *Brueys (prieuré)* : 13 mars 1792, maison, cour, écurie, grenier à foin, église, sacristie, vigne 8 vest., aire 1 ém. 2 vest., terre 4 1/2 vest., jardin 1 ém., 2056 liv. 1 s. 2 d. (2).

2552. Trinquier Antoine, ménag., à Estézargues. *Estézargues (prieuré)* : 5 mars 1791, maison de six pièces, 644 liv. 12 s.

2553. Trinquier Simon, agr., à Beaucaire. — *Beaucaire (Ordre de Malte, Crie d'Astros)* : 25 vent. an III, domaine des Perprèzes (2e lot), terre 1 sal., 2500 liv.

Trintignan Louis, à Garons. — Voy. *Loche* Jean fils.

Trives Pierre, à Beauvoisin. — Voy. *Peyron* Jacques.

2554. Troucard Pierre, à Aramon. — *Aramon (Ursulines)* : 20 avril 1791, olivette 2 ém. 3 poign., 198 liv.

2555. Trouchaud Jean-Louis, cult., à Saint-Laurent. — *Saint - Laurent - d'Aigouze (Chapitre d'Alais)* : 24 janv. 1791, partie du domaine de Psalmodi, 57500 liv. (3). — *Saint-Laurent-d'Aigouze (Chapelle Saint - Sauveur)* : 27 janv. 1791, divers fonds, 15500 liv. (4). — *Saint-Laurent-d'Aigouze (Evêque d'Alais)* : 3 mars 1791, l'aire et le mazet de la dîme

---

(1) Probablement revente. — Voy. *Fougasse* Benoit, n° 1231.

(2) Il déclara agir pour *Meynier* Nicolas, son oncle.

(3) Pour la contenance totale, voy. *Rame* Denis.

(4) Ces biens avaient été affermés, le 29 août 1787, à Vissouze, pour 425 liv. par an.

1 1/2 carteirade, 2000 liv. — *Saint-Laurent-d'Ai-gouze (Chapelle de Morel et Barèze)* : 4 mars 1791, champ 1 carter. moins 13 dext., 913 liv. 6 s. 8 d.

2556. Trouchaud Joseph. — *Collias (Chapelle Saint-Pierre et Saint-Paul)* : 16 avril 1791, deux terres 1 ém. 13 vest., 112 liv. 16 s. 10 d.

2557. Trouchaud Pierre, fils aîné de Jean-Louis, à St-Laurent. — *St-Laurent-d'Aigouze et Aimargues (chapelle Ste-Lucie)* : 3 mars 1791, trois pièces soit 10 carteirad. 4 quartons 25 1/2 dext., 9802 liv.

2558. Trouchet Dominique, agr., à Beaucaire. — *Beaucaire (Ordre de Malte, C^{rie} d'Astros)* : 12 niv. an III, domaine de St-Pierre (38e lot) terre 1 sal., 3000 liv.

2559. Trouillas Pierre, agr., à Beaucaire. — *Beau-caire (Ordre de Malte, C^{rie} d'Astros)* : 23 niv. an III, terre (7e lot) 1 sal., 5400 liv.

2560. Troupel Antoine, cult. à Beaucaire. — *Beaucaire (Ordre de Malte, C^{rie} d'Astros)* : 12 niv. an III, domaine de St-Pierre (43e lot), terre 1 sal., 3000 liv.

2561. Troupel Jean, agr., à Beaucaire. — *Beaucaire (Ordre de Malte, C^{rie} d'Astros)* : 12 niv. an III, do-maine de St-Pierre (37e lot), terre 1 sal. 5 ém., 4030 l. Voy. en outre *Imbert* Pierre et *Michel* Raymond.

2562. Troupel Jean, nég., à Alais. — *Portes (La Couronne)* : 11 vent. an III, pré 8 quartes, 1445 liv.

2563. Truc Joseph-Marie. — *Pont-Saint-Esprit (Fondation de messe)* : rente de 5 liv. (23 therm. an VIII) 75 fr. (1).

2564. Tuech Antoine fils aîné, boucher, à Nîmes.

_____
(1) Vente amiable.

— *Nimes (Chapitre)* : 11 mars 1791, partie de maison adossée à la Cathédrale, rue du clocher, 9200 liv. — Voy. aussi Foulc-Griolet.

2565. Tuech Jean, cult., à Salindres. — *Servas (Ordre de Malte, C^rie de St-Christol)* : 24 flor. an III, terre 2 quartes, bois et devois 6 sal. 8 quartes 2 boiss., 18600 liv. (1).

2566. Tur Jacques, perruquier, à Beaucaire. — *Beaucaire (Ordre de Malte, C^rie d'Astros)* : 25 vent. an III, domaine des Perprèzes (7e lot) terre 1 sal., 2100 liv.; (8e lot) terre 1 sal., 1650 liv.; (9e lot), 1 sal., 2025 liv.

2567. Tur Jean, nég., à Nimes. — *Nimes (Pénitents Blancs)* : 11 mess. an IV, chapelle de ces pénitents, ensemble 4 pièces et un corridor en dépendant, conf. au N. la place Belle-Croix, 105 t. 4 p. 8 p. 5100 fr. (2). — *Nimes (Doctrinaires)* : 23 mess. an IV, maison en face de l'allée du Cours, conf. au L. la rue qui conduit à la porte d'Alais, principale façade au Midi, 13497 fr. 8 s. 8 d. (2). — *Vestric (prieuré)* : 28 term. an IV, sept pièces au total 3475 dext., 11967 fr. 12 s. 8 d. (2).

2568. Tur Jean fils, à Nimes. — *Nimes* et *Ste-Anastasie (Genovofins de St-Nicolas)* : 3 sept. 1832, bois de St-Nicolas (lots 1 à 27) 905 hect. 56 ares, 166000 f.

2569. Turquès Joseph, chapelier, à Beaucaire. — *Beaucaire (Ordre de Malte, C^rie d'Astros)* : 9 niv. an II, terre dite de la Morte, dép. du domaine de St-Pierre, 3000 liv. la salmée (à arpenter) ; — 23 niv. an III, terre (12e lot) 6 ém., 3250 liv.

(1) Il déclara avoir agi pour *Guiraudet* Pierre-Marc, prop. à Alais.

(2) Vente amiable.

Vaillen. — Voy. *Valhien.*

Vaillen Pierre , à Villeneuve. — Voy. *Caulet* Étienne.

2570. Valabrègue Léon, nég., à Tarascon.—*Générac, Nimes,Bouillargues* et *Saint-Gilles (Bernardins, Chapitre de Nimes* et *Chapitre de Saint-Gilles)* : 12 déc. 1853, Bois de Campagne (canton de terreoliviers, 8ᵉ lot) 21 hect., 23700 fr. (1) ; — 12 déc. 1853, Bois de Campagne (canton de Campagnole, 14ᵉ lot) 21 hect., 26400 fr. (1).

2571. Valadier Antoine, agr., à Beaucaire. — *Beaucaire (Ordre de Malte, Cⁱᵉ d'Astros)* : 22 pluv. an III, terre (35ᵉ lot) 1 sal., 3000 liv.

2572. Valadier François, à Uzès.—*Uzès(Chapitre)*: 14 fruct. an IV, maison avec jardin et basse-cour, 4896 fr. (2).

2573. Valadier Guillaume, agr., à Rochefort. — *Rochefort (Bénédictins)* : 25 fruct. an III, bâtiment et jardin avec basse-cour, 5050 liv.

Valadier Joseph, ménag., à Beaucaire. — Voy. *Michel* Pierre.

2574. Valdairon Jean, à Valleraugue. — *Valleraugue (Chapitre de Bonheur)* : 30 avril 1791, pré à l'Espérou 7 sel. 2 quartes, 3300 liv.

2575. Valentin Antoine, ménag., à Saint-Just. — *Saint-Just-et-Vacquière (prieuré)* : 12 avril 1792, terre et jardin 3 boiss. et 4 arpents carrés, 260 liv.

2576. Valescure Antoine aîné, à Saint-Hippolyte. *Pompignan (prieuré)* : 9 août 1791, jardin avec puits à roue 2 quartes 10 dext., 680 liv.

2577. Valescure Paul, nég., à Montpellier. →

(1) Voy. Aptel Jean-Louis, la note,
(2) Vente amiable.

Saint-Hippolyte-du-Fort (prieuré) : 17 brum. an VI, maison presbytérale avec jardin attenant, 14800 fr. (1).

2578. Valette Jean, à la Boissière. — *Saint-Sauveur (curé de)* : 26 mars 1791, cinq pièces formant un seul corps appelé le travers de Vessercles, 46 set. 9 quartes 7 boiss. 6 1/4 dext., 2370 liv.

2579. Valhien Louis, à Saint-Géniès. — *Saint-Géniès-de-Comolas (cure)* : 14 fruct. an III, jardin du curé 1/2 arpent, 15000 liv.

2580. Vallat aîné, à Vallabrègues. — *Vallabrègues (Chapelle Notre-Dame d'Anglardy)* : 30 déc. 1791, terre 2 ém. 4 picot., 340 liv.

2581. Vallat Claude, à Bagnols. — *Bagnols (Carmes)* : 4 janv. 1791, quatre pièces terre et vigne 4 sal. 15 ém. 9 boiss., 5850 liv. ; — 16 fév. 1791, vigne 2 ém. 5 boiss., 360 liv.

2582. Vallat Jacques, trav. — *Saint-Bonnet (Chapelle Sainte-Catherine)* : 25 fév. 1791, terre 7 ém., olivette et herme 1 sal. 1 ém. 1 civad., 135 liv.

Vallon Joseph, à Beaucaire. — Voy. *Michel* Raymond.

Vallongue (Mᵗˢ de), Maire de Nimes. — Voy. *Commune de Nimes.*

Vally Jacques, à Saint-Gilles. — Voy. *Boucaud* Pierre, *Defferre* Isaac et *Fabrègue* Jean-Louis.

Valz Jacques, à Saint-Gilles. — Voy. *Charamaule.*

2583. Valz Jean, ad. du dist., à Nimes. — *Vauvert* et *Le Cailar (les quatre prêtres chapelains)* : 28 janv. 1791, le moulin dit des Quatre-Prêtres, et les champs en dépendant 6 carteirad. 9 1/2 quartons 56 1/2 dext. en six pièces, 14000 liv.

(1) Vente amiable

Valz Jean, à Aimargues. — Voy. *Félines* Claude et *Rampon* Pierre.

2584. Valz Vincent, nég., à Nimes. — *Nimes (Ursulines du 1er Monastère)* : 5 fév. 1793, quatrième corps de maison, 22611 l. 18 s. 9 d. (1).

Vanel, à Nimes. — Voy. *Fabre* André.

Vanel (Mme de), à Saint-Alexandre. — Voy. *André* Claude.

Vanel Guillaume, à Beaucaire. — Voy. *Faure* Jean.

Vanel Jacques, à Saint-Gilles. — Voy. *Charamaule.*

2585. Vanel Louis, ménag., à Beaucaire. — *Beaucaire (chapelle de Laurent Pise*, fondée dans l'église des Cordeliers) : 7 fév. 1791, terre 4 ém., 1350 liv. — Voy. en outre *Faure* Jean.

2586. Vaute Étienne, cordonnier, à Villeneuve. — *Villeneuve (Chapitre)* : 8 niv. an II, partie de maison, 5275 liv.

2587. Veau la Nouvelle Jean-Michel, à Saint-Ambroix. — *Saint-Florent (prieuré)* : 28 vend. an V, jardin clos 120 cannes, terre et vigne 407 cannes, 374 fr. (2).

2588. Veau la Nouvelle Michel, notaire à Saint-Ambroix. — *Saint-Ambroix* (?) : 6 sept. 1809, rochers et terres vaines 22 hect. 10 ares 48 cent., 2050 fr.

Veigalier Antoine, jardinier, à Saint-Jean-du-Pin. — Voy. *Reboul* Pierre.

2589. Veirac Pierre, à Pont-de-Rastel. — *Génolhac (Dominicature, Chapelles Saint-Jacques, Sainte-*

---

(1) Compris dans le n° 1203.
(2) Vente amiable.

Catherine, Notre-Dame-de-Pitié et *Chapelain de l'obit*) : 23 fruct. an III, jardin et mûriers 44 1/4 arpents carrés, 6300 liv.

Veirel Étienne, à Beaucaire. — Voy. *Michel* Raymond.

Veirun. — Voy. *Veyrun.*

2590. Veirun Pierre, prop. à Générargues. — *Générargues (prieuré)* : 6 janv. 1791, biens aff. 625 l., magnannerie et bois de 21 scl. 1 quarte 2 boiss., 23500 liv. — 23 fruct. an III, terre près la maison commune, 5 quartes 2 boiss., 2100 liv. (1).

2591-2592. Velay Antoine et Reboul Jean-Joseph, à Villeneuve. — *Pujaut (chartreux de Villeneuve)* : 12 juillet 1791, terre 8 salm. 5 ém., 5950 l.

Velay Antoine, à Pujaut. — Voy. *Soulier* Jean-Léon.

Velay Blaise, à Pujaut. — Voy. *Bouvet* Marc.

Velay Jean-Baptiste, à Pujaut. — Voy. *Anastay* Antoine, *Bouvet* Marc, *Caulet* Etienne et *Rochette* Blaise.

Velay Marc, à Pujaut. — Voy. *Bouvet* Marc.

Velay Michel, à Villeneuve. — Voy. *Anastay* Gabriel.

Vilepinte Vital, à Villeneuve. — Voy. *Sayne* Joseph.

Velleron Claude, à Roquemaure. — Voy. *Quiot* Raymond.

Ventujol David, à Saint-Gilles. — Voy. *Charanaule* et *Defferre* Isaac.

2593. Verdaguès Antoine aîné, entrep., à Aigues-

_____

(1) Il déclara avoir agi, pour cette terre, tant pour lui que pour Louis *Boissel*, de Générargues.

mortes. — *Aiguesmortes (Capucins)* : 19 nov. 1791, maison conventuelle et jardin, 3900 l.

2594. Verdier Antoine, à Foussargues. — *Galligues (prieuré)* : 8 vend. an v, maison curiale avec jardin 1 ém. 8 1/2 vest., 1854 fr. (1).

2595. Verdier François, fab. de bas, à Uzès. — *Uzès (Prieuré de Saint-Etienne d')* : 30 octob. 1792, maison presbytérale près l'église, 10200 l.

2596. Verdier Jean, notaire, à Uzès.— *Saint-Hippolyte-de-Montagu (prieuré)* : 16 mai 1791, six pièces soit 1 salm. 18 1/2 ém., 8 vest., 4900 l. (2).

2597. Verdier Jean-Pierre, nég., à Flaux.—*Flaux (prieuré)* : 4 janv. 1791, huit pièces soit 1 salm. 45 ém. 34 1/2 vest., 6300 l.; — *Saint-Siffret (Chapitre d'Uzès)* : 11 fév. 1791, domaine et petit bois, 27 salm. 3 vest., 56500 l.; *Saint-Siffret (chapelle Saint-Barthélémy)* : 14 avril 1792, biens, 5100 l.

2598. Verdier Louis, ménag., à Alais. — *Alais (chapelle Sainte-Anne)* : 3 déc. 1791, terre-mûriers au Tempéras, 3250 l.; — *Alais (abbaye Saint-Bernard et Sainte-Claire)* : 30 oct. 1792, maison, église, cour et jardin, rue des Casernes et des Mourgues, 1854 toises, 34400 l.

Verdier Louis, à Uzès. — Voy. *Gardies* Joseph.

2599. Verdier Philippe, à Nimes. — *Saint-Vincent (prieuré)* : 15 fruct. an ix, maison presbytérale 24 toises, avec cure vinaire 1 t. 5 pieds, écurie 4 t., et deux petites cours 20 t. 2 pieds, 1800 l. (1).

2600. Verdier Simon, nég., à Uzès. — *Serviers*

(1) Vente amiable.
(2) Il déclara avoir agi pour *Baragnon* Jean-Antoine, membre du direct. du dép.

(prieuré) : 17 mars 1791, terre près l'église 2 sal. 2 ém. 1 vest., 2216 liv. 10 s.

2601. Verdier Simon (dame) née Martin, à Uzès. — *La Capelle-et-Masmolène (Evéché d'Uzès)* : 29 oct. 1792, domaine composé d'un château, basse-cour, aire, prés, terres, mûriers, étang, petit bois chênes-verts, vignes, jardin, 80000 liv. (1).

Verdier Vincent, fabric. de bas, à Uzès. — Voy. *Gardies* Joseph.

2602. Vermale André-Dominique, à Bagnols. — *Bagnols (Ursulines)* : 1 mess. an VI, couvent 287 cannes, jardin attenant avec logement du jardinier 2 ém. 4 boiss. 2 lid., 150000 liv.

Vernassal Joseph, à Saint-Jean-de-Serres. — Voy. *Duverdier* Henri.

2603. Vernassaud Guillaume, à Sernhac. — *Sernhac (Chapelle Saint Pierre)* : 23 janv. 1791, deux terres soit 6 ém. 7 1/4 civad., 247 liv. 10 s.

2604. Vernet Pierre, maçon, à Saint-Bonnet. — *Saint-Bonnet (Chapelle Saint-Sépulcre)* : 26 sept. 1791, olivette et herme 1 sal. 1 ém. 4 civad., 270 liv. (2). — *Saint-Bonnet (Chapelles Sainte-Catherine et Saint-Sépulcre et Carmes de Nimes)* : 24 nov. 1791, sept pièces soit 22 ém. 11 1/2 civad., 341 liv.

Vernin Marcellin, à Saint-Gervais. — Voy. *Gache* André.

2605. Vessière Jacques, tenancier, à Cannes. — *Cannes (prieuré)* : 18 janv. 1791, terre 1 sel. 3 quartes, 440 liv.

Vesson Pierre, à Aimargues. — Voy. *Félines* Claude.

(1) Elle déclara avoir agi pour *Astruc* Elisabeth, sa mère.
(2) A la folle-enchère de *Bergougnoux* Pierre.

2606. Veuf Claude, agr., à Rochefort. — *Rochefort* (*Bénédictins*) : 25 flor. an III, vigne 12 ém., 130 liv.

2607. Veyrun Henri, à Nimes. — *Saint-Bauzély* (*prieuré*) : 16 mars 1791, quinze pièces soit 125 quartes 23 boiss. 8 dext., 5520 liv. ; — 29 prair. an III, presbytère et jardin 55 2/5 dext., 19800 liv.

2608. Vialla Alexandre, à Saint-Hippolyte-du-Fort. — *Saint-Hippolyte-du-Fort* (*La Commune*) : 6 mess. an III, terre (ancien cimetière) 2 quartes 12 dext., 3000 liv.

2609. Viala Claude, à Nimes. — *Nimes* (*La Couronne*) : 29 nov. 1828, terrain faisant autrefois partie de la citadelle, à l'est, entre la citadelle et la rue Porte-d'Alais, divisée en quatre lots séparés par des rues projetées, savoir : 1er lot 1794 m. 1/2, 2e lot 1548 m., 3e lot 1018 m., 4e lot 1792 m., le tout 14800 fr.

2610. Viala Jacques, bourgeois, à Lasalle. — *St-Martin-de-Corconac* (*prieuré*) : 6 avril 1791, deux terres, environ 20 quartes, moins la réserve pour le jardin du curé, et *Saint-Martin-de-Corconac* (*chapelle Notre-Dame*, dans l'église) : 6 avril 1791, petite maison et terre, le tout 7100 liv.

Vialars, à Montpellier. — Voy. *Ducros* Jean-Sébastien.

2611. Viale Jean-Baptiste, à Saint-Alexandre. — *Saint - Alexandre* (*Bénédictins de Saint - Pierre*) : 21 niv. an VI, garrigue 3 1/2 sal., 616 fr. (1).

2612. Viaud Gaspard, ménag., à Aramon. — *Aramon* (*Récollets*) : 15 juillet 1791, couvent et ses dépendances 223 cannes, 7525 liv. — Voy. en outre *Cadenet* Honoré.

_____

(1) Vente amiable.

Viaud Pierre, à Aramon. — Voy. *Cadenet* Honoré et *Menjaud* Jean-Antoine.

2613. Vidal Auguste jeune, à Beaucaire. — *Beaucaire (La Couronne)* : 4 mars 1813, francs bords inutiles du Canal de Beaucaire à Aiguesmortes (2ᵉ lot) 233ᵐ08 c., 600 fr.

Vidal Bruno, à Pujaut. — Voy. *Bouvet* Marc.

2614. Vidal-Cay, neveu, à Nimes. — *Générac, Nimes, Bouillargues* et *Saint-Gilles (Bernardins, Chapitre de Nimes* et *Chapitre de Saint-Gilles)* : 16 fév. 1833, Bois de Campagne, coupe n° 13, Grande-Bohémienne, 43 hect. 31 ares 60 cent., 31000 fr. (1) ; Bois de Campagne, coupe n° 8, Bois de l'Estagel, 36 hect. 65 ares 60 cent., 34100 fr. (1) ; Bois de Campagne, coupe n° 15, Grande-Bohémienne, 39 hect. 71 ares 60 cent., 28100 fr. (1).

2615. Vidal Claude, à Pujaut. — *Pujaut (Chartreux de Villeneuve)* : 12 flor. an v, herme 8 sal., 1408 fr. (2). — Voy. en outre *Anastay* Antoine, *Bouvet* Marc et *Caulet* Étienne.

2616-2619. Vidal Esprit, de Pujaut, Jouffret Jean, Anastay Gabriel et Lautier Joseph, de Villeneuve. — *Pujaut (Chartreux de Villeneuve)* : 16 mai 1791, terre 10 sal. 12 cosses, 3209 liv.

Vidal Esprit, à Pujaut. — Voy. *Bouvet* Marc, *Rouchette* Blaise et *Vidal* Pierre.

2620. Vidal François-Joseph fils. — *St-Paulet-de-Caisson (Chapelle de l'Assomption)* : 13 mars 1791, terre 150 liv. (3).

2621. Vidal Gededeya, nég., à Nimes. — *Nimes*

(1) Voy. *Aptel* Jean-Louis, la note.
(2) Vente amiable.
(3) Voy. *Achard* Vincent.

(*Abbesse St-Sauveur de Beaucaire*) : 10 niv. an II, terrain vacant entre les chemins de Beaucaire et d'Avignon, 1 1/2 sal., 320 liv. ; — *Nimes* (*Hôtel-Dieu*) : 15 pluv. an III, vigne olivette en deux parties, 2 sal. 14 ém. 2/3, 30000 liv.

Vidal Henri, à Ners. — Voy. *Perrier* Etienne.

2622. Vidal Jacques, ménag., à Sernhac.—*Sernhac* (*chapelle Ste-Croix*) : 3 mars 1791, terre 6 ém. et *Sernhac* (*chapelle St-Pierre*) : 3 mars 1791, terre 4 ém., le tout 2050 liv.; — (*chapelle St-Pierre*) 22 nov. 1791, terre et vigne, 1 sal. 5 ém. 3 civad., 400 liv. (1)

2623. Vidal Jacques, commis au magasin de couperose, à Alais. — *Alais* (*confrérie de Ste-Marie*) : 26 therm. an II, maison rue d'Auvergne, 6150 liv., et église attenante, 5775 liv.

2624. Vidal Jean-Baptiste, à Lodève. — *Le Luc* (*Ordre de Malte, Comm. de Ste-Eulalie*) : 16 fév. 1793, domaine du Luc (maisons, paillers, bois, devois t. res cultes et incultes, etc.) 105000 liv. (2).

Vidal Jean-Pierre, nég., à Montpellier. — Voy. *Gautier* Jean.

2625. Vidal Joseph, père. — *St-Paulet-de-Caisson* (*Chapelle de l'Assomption*) : 13 mars 1791, terre 396 liv. (3).

Vidal Joseph-Bruno, à Pujaut. — Voy. *Caulet* Etienne.

Vidal Joseph, fils de Claude, à Pujaut. — Voy. *Bouvet* Marc.

Vidal Laurent, à Pujaut. — Voy. *Bouvet* Marc.

---

(1) Revente par suite de la folle enchère de Barthélemy *Boyer*.

(2) Il déclare agir pour Jacques-Joseph-François *Salze*, nég., de Lodève.

(3) Voy. *Achard* Vincent.

Vidal Marc, à Pujaut. — Voy. *Bouvet* Marc.

2626. Vidal Mardochée, à Nimes. — *Nimes (Carmes)* : 15 janv. 1791, vigne - olivette 22 3/4 ém., 4400 liv.

2627-2630. Vidal Michel, Dupoux Jacques, Michel Jean-Antoine, de St-Paulet-de-Caisson et Lyautier Guillaume, prop., à Pont-Saint-Esprit. —*St-Paulet-de Caisson (Chartreux de Valbonne)* : 19 therm. an vIII, rente de 7 fr. 85, 117 fr. 75 (1).

2631. Vidal Pierre, nég. à Beaucaire. — *Beaucaire (La Couronne)* : 4 mars 1813, francs bords inutiles du canal de Beaucaire à Aiguesmortes (3e lot) 236 m. c., 540 fr.

2632-2652. Vidal Pierre, Gaillard Jacques, Gaillard Marc, Coullomb Antoine, Bouvet Jean, Rochette Blaise, Bouvet Marc-Antoine, Pourpre Claude, Tamayou Jacques, Boujon Jean-Baptiste., Philibert Jacques, Astay Michel, Vidal Esprit, Coullomb Étienne, Deville Joseph, Coulet Etienne, Bouissonnas Gabriel, Seyne Joseph, Mansy Louis, Lyon Antoine et Goubert Joseph, à Pujaut.— *Pujaut (Chartreux de Villeneuve)* : 3 juillet 1791, terre 10 s. 4 ém. 6 poign. 1791 l.

Vidal Pierre, à Pujaut. — Voy. *Anastay* Antoine et *Bouvet* Marc.

Videl, à Paris. — Voy. *Rousselier* Guillaume.

2653. Vié Etienne, tanneur, à Nimes. — *Nimes (Carmes)* : 26 janv. 1791, vigne-olivette 8 3/4 ém., 1875 l.

Vier Louis, cult., à Bouillargues. — Voy. *Sabatier* Jean.

(1) Vente amiable.

Vigier. — Voy. *Département du Gard.*

2654. Vignal Baptiste. — *Goudargues (des Bru-*
yères, religieux de l'ordre de Cluny, prieur de la
Bastide d'Orniol) : 16 mars 1791, maison dans le
village, rue de la Ruège, 535 l.

2655. Vignal Simon, à Saint-André. — *Saint-An-*
dré-de-Roqueperlais (prieuré) : 15 oct. 1792, terre
1 quarte, écurie et grenier à foin 6 cannes, 357 l.

2656. Vignaud Jean, aubergiste, à Beaucaire. —
Beaucaire (Ordre de Malte, C^rie d'Astros) : 9 frim.
an III, domaine de Saint-Pierre (19e lot) terre 7 ém.
1000 l.; (20e lot) terre, 7 ém. 1300 l. — *Beaucaire*
(la commune) : 2 mess. an III, bâtiment ou maison
du cordage, 41000 l.

Vigne Aimé, à Beaucaire. — Voy. *Roux* Ernest.

Vigne André, à Beaucaire. — Voy. *Roux* Ernest.

2657. Vigne Antoine aîné, ménag., à Montfrin. —
Montfrin (Chapelle Saint-Simon) : 4 mai 1791, huit
pièces soit 21 ém. 27 3/8 civad. 8 dext., dont 1 de
5 ém. 2 civad. sise à *Vallabrègues*, plus une maison
à la seconde faïsse, 4385 l.

2658. Vigne Antoine jeune, ménag., à Montfrin. —
Montfrin (Chapelle Saint-Simon) : 29 avril 1791, olivette 10 ém. 6 1/2 civad., 1200 l.

2659-2660. Vigne Barthélemy et Vigne Pierre, frères, commissionnaires, à Nimes — *Nimes(Ursulinesdu*
2e monastère) : 4 fév. 1793, premier corps de maison
comprenant un corps de bâtiment et une portion de
la cour et un jardin, 46268 liv. (1). — Voy. en outre
Maury Louis.

2661. Vigne Dominique, marchand, à Avignon. —

(1) Compris dans le n° 1810.

Pujaut (Chartreux de Villeneuve) : 18 mars 1791, vigne 3 sal. 2 ém. 5 poign., 5100 liv.

Vigne Philippe, à Aiguesmortes. — Voy. *Ducros* Jean-Sébastien.

Vigne Pierre, à Nimes. — Voy. *Vigne* Barthélemy.

Vignole (Salle Jeanne, épouse) à la Bastide d'Engras. — Voy. *Salle* Jeanne.

Vignon Joseph, à Aramon. — Voy. *Cadenet* Honoré.

2662. Vigouroux Antoine-Léonard, huissier, à Nimes. — *Courry (Vicairie)* : 28 vend. an v, maison du vicaire 6 cannes, aire 75 cannes, terres 147 cannes, 407 liv. 10 s. (1). — *Robiac (prieuré)* : 28 vend. an v, terre-mûriers 100 cannes, 270 fr. 10 s. (1). — *Saint-Brès (prieuré)* : 28 vend. an v, maison presbytérale 2 ½ cannes, avec cour de 26 cannes, 720 fr. (1).

2663. Villardy-Montlaur Gabriel-Joseph-Raymond, à Roquemaure. — *Roquemaure (chapelle Saint-Joseph)* : 6 brum. an v, chapelle rurale 40 cannes de couvert et terrain vague 1 sal. 5 poign. 3 lid., 304 fr. (1).

2664. Villaret François. — *Saint-Hippolyte-du-Fort (État-Major)* : 15 flor. an II, maison à la Porte du Peyrou, 1500 liv.

Villaret (Jean-Antoine Deleuze de), à Alais. — Voy. *Agnel* Jérémie.

Villaret Louis, fils d'Etienne, à Beauvoisin. — Voy. *Bourely* Jean.

Villaret Pierre, fils d'autre, à Beauvoisin. — Voy. *Bourely* Jean.

2665-2666. Villaret Pierre, fabr. d'eau-de-vie, et

(1) Vente amiable.

Héraud Adrien, à Saint-Gilles. — *Saint-Gilles (Ordre de Malte C^{rie} Sainte-Anne)* : 28 frim. an III, domaine des Auriasses (14° lot) 3 sal. 24 dext., 13500 l.

Villaret Pierre, à Saint-Gilles. — Voy. *Charamaule* et *Defferre* Isaac.

Ville Louis, à Villeneuve. — Voy. *Lhermite* Barthélemy.

Villeron Claude, à Roquemaure. — Voy. *Quiot* Raymond.

Villiers Jean, nég., à Tavel. — Voy. *Chas* Jean.

Vincens Alexandre-Louis, banquier, à Nimes. — Voy. *Ducros* Jean-Sébastien.

Vincens-Valz Alexandre, nég., à Nimes. — Voy. *Espérandieu*, et *Vincens* Jean-Alexandre, ci-après.

2667. Vincent aîné, à Sommières. — *Sommières (la Couronne)* : 22 fév. 1810, partie du terrain dit de la Regourdane, dép. du château, 6^m 13 (1).

2668. Vincent Antoine, à Vallérargues. — *Vallérargues (prieuré)* : 18 avril 1791, trois terres soit 11 ém. 4 1/2 boiss., 1575 liv.

2669. Vincent Charles, à Sommières. — *Sommières (la Couronne)* : 22 fév. 1810, partie du terrain dit de la Regourdane, dépend. du château, $39^m 60$ (1).

2670. Vincent François, à Sommières. — *Sommières (la Couronne)* : 22 fév. 1810, partie de terrain dit de la Regourdane, dépend. du château, $11^m 58$ (1).

2671. Vincens Jean-Alexandre, nég., à Nimes. — *Saint Gilles (Ordre de Malte, C^{rie} du Plan de la Peyre)* : 23 therm. an III, commanderie (bâtiments et terrains affermés à Jean Aurillon par bail du 13 oct. 1789, Me Rocquelain, notaire), 261 carteirades terres cultes

(1) Cession gratuite.

et droit de dépaissance sur 119 carteirades de la Sylve Godesque, 1006000 liv.

Vincent Jean-Louis, à Villeneuve. — Voy. *Caulet Etienne*.

2672. Vincent-Plauchut, vice-président du dist. de Nimes. — *Aimargues (Chapitre d'Alais)* : 19 décembre 1790, partie du domaine de Boulaine comprenant la métairie et 12 pièces, 47479 l. 3 s. (1). — *Aimargues (Chapelle de Guillaume Novel)* : 2 mars 1791, deux champs soit 2 carteirad. 4 quart. 2 dext., 1605 l. 17 s. 3 d. — *Aimargues (Chapelle de Jean Audouin)* : 2 mars 1791, terres 2 quartons 1/2 et 11 dext., 866 l. 10 s. — *Aimargues (Aumônerie)* : 2 mars 1791, terre à Fontfroide, 1625 liv. — *St-Laurent-d'Aigouze (Chapelle Ste-Lucie)* : 3 mars 1791, terre 1 quarton 6 dext., 193 liv.

2673. Vincent Saint-Laurent-Jacques, à Nimes. — *Aimargues (Chapitre d'Alais)* : 19 décemb. 1790, un champ du domaine de Boulaine, 4087 l. 12 s. (1). — *Aimargues (Chapelle la Captive)* : 3 mars 1791, terre 7 carteirad., 2100 liv. — *Vauvert (Ordre de Malte, grand prieuré de Saint-Gilles)* : 11 therm. an vi, étang de Coulte 7 sal., 340000 liv.

2674. Vincent Scipion, à Boisson. — *Rivière (Chapelle Saint-Thomas, patronage laïque de Rivière)* : 19 mars 1792, maison au levant de l'église paroissiale, 1875 liv.

2675. Vincent Simon. — *Valérargues (prieuré)* : 12 mars 1792, maison de deux pièces, avec plat-fond de 3 cannes, 275 liv.

(1) Le domaine de Boulaine avait 200 carteirades 1 1/2 quarton et 10 dext (la carteirade de 150 dext. et le dextre de 17 pans carrés). — Voy. *Vincent Saint-Laurent* et *Rampon* Pierre.

2676. Violet Étienne, ménag., à Aramon. — *Ara-mon (Chapelle St-Pancrace-Manerbe)* : 14 mars 1791, vigne 1 sal. 2 ém. 5 poign., 510 liv.

Vissac Jean, à Tavel. — Voy. *Vissac* Vincent.

2677-2689. Vissac Vincent, Odoyer Jean-Baptiste, Gaillard Guillaume, Sauvage Antoine, Chambon Jac-ques, Chambon Pierre, Roux Jacques, Chambon Jean, Vissac Jean, Taulier Jean, Taulier Blaise, Ferréol Jacques et Léotard Joseph, de Tavel. — *Pujaut (Chartreux de Villeneuve)* : 14 mai 1791, terre 9 sal. 5 ém., 6025 liv.

2690-2692. Vissac Vincent, Odoyer Jean-Baptiste, Gaillard Guillaume , Sauvage Antoine , Chambon Jean, Ferréol Jacques, Roux Jacques, Léotard Jo-seph, Vissac Jean, Taulier Jean, Chambon Jacques, Chambon Pierre, Taulier Blaise, Calmen Antoine, Taulier Louis et Orfan Antoine, de Tavel. — *Ville-neuve (Abbé commandataire de St-André de Ville-neuve)* : 15 mai 1791, le domaine de l'abbaye, 77 sal. 4 ém. 169001 liv.

Vissec-Ganges Louis-Alexandre, à St-Bonnet. — Voy. *Ginestoux*.

Vissec Louis-Alexandre, à St Bonnet. — Voy. *Dadre*.

2693. Vitou Paul fils, nég., à Sommières. — *Fon-tanès (prieuré)* : 23 janv. 1791, maison 3 dext. de couvert, avec enclos 6 dext., autre maison 4 dext., avec cour 4 dext., et 2 parans 3 quartons, deux terres et une aire 10 1/2 set. 10 dext. 3 quartons, 4375 liv.

2694. Viviers Jacques, bourgeois, à Nîmes. — *Nîmes (Chapitre)* : 23 déc. 1790, domaine de la Bas-tide 213 sal. 12 1/4 dext., 176000 liv.; 19 août 1791, le moulin Vedel 83 cannes 3 pans, avec hap-

gard et vacant 128 cannes, et prés 14 ém. moins 1 dext.,
19100 liv. — *Nimes (Bénédictins)* : 25 janv. 1791, maison et jardin quartier de la Lampèzè et enclos vis à
vis la maison appelée la Véronique de 6 ém. 3/4
de dext., 32500 liv.

Volpelière Guillaume, à Beaucaire. — Voy. Bialès
Gédéon.

2695. Volpelière Jean, du mas de Pagès, C.e de
Thoiras — *St-Martin-de-Corconac, Soudorgues et
Peyroles (Hôpital d'Alais)* : 21 therm. an III, domaine
de Bussas, ci-devant Château, 748 set., 501000 liv.

2696-2697. Voulland Jean-Henri, député à l'ass.
nat., et d'Arnaud, de Vallabrix. — *St-Quentin (chapelle St-Jean)* : 18 mai 1791, quatre terres soit 12 sal.
25 ém. 6 vest., plus une aire : Voulland 6200 liv.,
d'Arnaud 8200 liv, le tout 14400 liv.

2698. Voulland Mathieu, à Uzès. — *Uzès (Cordeliers)* : 14 mars 1791, partie de maison du côté de la
Dougue, autre partie attenante, autre partie au couchant des précédentes et autre partie avec petit jardin, près l'église des Cordeliers, 6600 liv.

2699. Vut Joseph, à Roquemaure. — *Roquemaure
(Chapitre)* : 2 août 1791, terre 1 poign. 2 lid., 210 liv.

TABLE

PAR ORDRE ALPHABÉTIQUE

DES NOMS DES COMMUNES

———

(1) Établis à Aiguesmortes depuis 1622 et chargés de l'aumônerie de la garnison et des prédications ordinaires de l'église Notre-Dame. Goiffon, *Dict.* du diocèse de Nimes, 1881, p. 4.

(2) Services publics.

(3) La Couronne avait à Aiguesmortes des droits de septaine sur les salins particuliers, droits estimés 1,200,000 fr. dans un état des biens invendus au 23 frim. an XIII (*Arch. dép.* 2. Q. 4, 53).

(4) Les chevaliers de Malte possédaient à Aiguesmortes, depuis 1362, une maison de station pour les membres de l'ordre qui venaient s'embarquer dans le port. Goiffon (op. cit.). Voy. aussi 1159, *prieur de Saint-Gilles*.

— *Pénitents blancs*, 20 vend. an V, 2531. — *Pénitents gris*, 20 vend. an V, 2531. — *Prieur de Saint-Gilles*, 18 juillet 1835, 1159. — Voy. CAILAR (LE).

Abbé (salins de l') 1159, Arsenal 2418, Bains (établ. de) 1188, Cantine (la) 2408, Casernes 2418, Château (le) 2418, Enceinte de la place 2418, Fort de Peccais 2418, Peccais (petit) 2406, Porte neuve 2418, Porte vieille 2418, Repau (pêcherie du) 2073, Sablons (rue des) 2171, Saint-Jean (salins de) 1159.

AIGUESVIVES. — *Bernardins de Franquevaux*, 21 janv. 1791, 800. — *Chapitre de Nimes*, 22 janvier 1791, 1992. — *Prieuré*, 22 janvier 1791, 2018; 13 mars, 4 ; 11 fruct. an III, 2376 (1). — *Prieuré de Mus*, 22 janvier 1791, 1027.

Dolozargues (métairie de) 1992, Reculan (domaine de) 809, Vicairie (maison dite) 2376.

AIGUÈZE. — *Prieuré*, 10 mars 1791, 2312 ; 13 mai 1807, 1606.

AIMARGUES. — *Aumônerie*, 2 mars 1791, 2672. — *Chapelle d'Agnès Guiraude*, 24 janvier 1791, 1763-1764. — *Chapelle de Guillaume Novel*, 2 mars 1791, 2425, 2672. — *Chapelle de Jean Audouin*, 2 mars 1791, 1291, 2672. — *Chapelle de Montolieu*, au Cailar, 30 déc. 1790, 1770-1780. — *Chapelle de Philippe Ricard*, 2 mars 1791, 420. — *Chapelle de Pierre Thomas*, 2 mars 1791, 1199. — *Chapelle la Captive*, 3 mars 1791, 2673. — *Chapelle Saint-Sébastien* (2), 18 janv. 1791, 671. — *Chapelle Sainte-Lucie*, 3 mars 1791, 2557. — *Chapitre d'Alais*, 19 déc. 1790, 2195, 2672 et 2673. — *Couronne*, S. P. 2118. — *Ordre de Malte*, Cie de Saint-Christol, 8 prair. an II, 2270. — *Pénitents gris*, 23 fruct. an IV, 315. — *Prieuré de Saint-Saturnin* (3), 16 déc. 1790, 1643 ; 19 déc., 320 ; 20 déc., 2425 ; 23 déc., 321 et 1916 ; 17 janv. 1791, 1703 ; 22 janv., 1229 ; 24 janv., 2029 ; 29 janv., 1459 et 1636. — *Récollets*,

(1) L'église d'Aiguesvives fut cédée aux protestants par décret du 8 germ. an x.

(2) « En la paroisse de Sainte-Croix ».

(3) « Saint-Saturnin-de-Nodels, église nommée dans une charte de 788, probablement l'église paroissiale primitive ». Goiffon (*op. cit.*).

26 mars 1791, 2338. — *Séminaire de Nimes*, 23 mars 1791, 2195.

Boulaine (domaine de) 2195, 2672 et 2673. Casernes 2448. Font-froide 2672. Peyre (la) 2029. Saint-Ruf (domaine des Condamines de) 1643.

ALAIS. — *Bénédictins (de l'abbaye de Cendras)* (1), 28 mai 1791, 2102. — *Cisterciennes (de l'abbaye St-Bernard et Ste-Claire)*, 10 fév. 1791, 1121; 11 fév., 1391; 12 fév., 1002; 14 fév., 1281; 15 fév., 2461; 17 mars, 123; 1 juin, 2099; 30 oct. 1792, 2598. Voy. S.-JULIEN-DE-VALG. 898 (2). — *Capucins*, 3 août 1791, 2507. — *Chapelle des cinq plaies*, 22 août 1791, 1393. — *Chapelle Ste-Anne*, 3 déc. 1791, 2598. — *Chapelle St-Blaise*, 26 avril 1791, 1678; 25 août, 2111; 3 déc., 2511. — *Chapelle St-Cécile-de-Brouzenc* (3), 17 fév. 1791, 2163. — *Chapelle St-Crépin et St-Crépinien*, 2 déc. 1791, 1100. — *Chapelle St-Georges*, 31 mai 1791, 1391. — *Chapelle St-Jacques*, 4 avril 1791, 1190. — *Chapelle N.-D. St-Jean-Baptiste*, 14 avril 1792, 2508; 9 flor. an III, 2156. — *Chapelle St-Michel*, 2 avril 1791, 3. — *Chapelle St-Michel et St-Jean*, 5 avril 1791, 1316. — *Chapelle Ste-Sircie et Juliette*, 5 fév. 1791, 2395. — *Chapitre*, 9 fév. 1791, 352. — *Commune (la)*, 16 therm. an IV, 806; 25 therm., 1061; 5 fruct., 2546; 26 fruct., 2281; 6 vent. an VI, 806; 4 germ. an XI, 2394; S. P. 2418. — *Confrérie de Ste-Marie*, 26 therm. an II, 2623. — *Cordeliers*, 17 mai 1791, 2116; 3 août, 579; 25 août, 806. — *Couronne (la)*, 20 déc. 1810, 352; 7 mars 1812, 121, 171, 192, 324, 352, 945, 1024, 1155, 1182, 1307, 1350, 1528, 1726, 2165, 2317, 2404, 2466, 2500 et 2511; 17 mars 1812, 605 (4);

---

(1) L'église St-Jean avait été, jusqu'aux xv° siècle, un simple prieuré relevant de l'abbaye de Cendras.

(2) Une rente de 150 liv. établie sur un domaine à Salindres fut mise en adjudication le 26 niv. an II, mais on ajourna la vente.

(3) Voy. Goiffon, *op. cit.* p. 64.

(4) Le 17 mars 1812, on vendit, en outre, des matériaux de démolition des remparts, savoir: à Pierre Goiraud, aubergiste, 603 fr., à Roque Raymond, entrep., 356 fr., à Flandry Antoine, maçon, 518 fr., et à Francezon Jean-André, nég., 78 fr.; total 1555 francs.

S. P. 2118. — *Dominicains* ou *Jacobins*, 6 fév. 1791, 1608 ;
7 fév., 1111 ; 12 fév., 1597 ; 6 avril, 2005 ; 12 juil., 806 ; 2 déc.,
2508 ; 28 fév. 1792, 1601 ; 22 mai, 2013-2011 ; 12 pluv.
an III, 2036 et 2113 ; 13 pluv., 1618. — *Ermitage* (1), 23
frim. an VI, 1762. — *Evéché*, 27 fév. 1792, 2510 ; 19 mess.
an IV, 10-12 ; 17 pluv. an VI, 333 (2). — *Evéché d'Uzès*. 17
mars 1791, 2381-2382. — *Frères des écoles chrétiennes*, 23
frim. an VI, 1762. — *Frères Mineurs*, 8 fév. 1791, 1733. —
Hôpital, 5 germ. an III, 216 ; 19 germ., 1110 ; 5 therm.,
1532 ; 1 fruct., 173. — *N.-D. du Refuge* (*Ordre de*), couvent
St-Charles, 13 oct. 1792, 2508. — *Pénitents blancs*, 11 déc.
1792, 2518. — *Prieuré*, S. P. 2118. — *Prieuré de St-Alban*,
5 mai 1791, 2120. — *Prieuré de St-Germain-de-Montaigu* (3),
9 fév. 1791, 2210. — *Ursulines*, 21 juin 1791, 1680 ; 16 nov.
1792, 2012 ; 11 fév. 1793, 2012. — Voy. en outre S. ETIENNE
D'ALENSAC.

Auvergne (rue d') 352, 2623. — Blancharde (rue) 1762, 2102. —
Boucherie 806. — Brouzen (quartier de) 2163. — Bruèges (domaine
à) 1003. — Calades (les) 123. — Casernes 1661, 2118. — Casernes (rue
des) 2598. — Cazaux (rue des) 2508. — Clavières (domaine de) 1394. —
Commandeurs (pré des) 1628. — Coste d'Alais 2516. — Évéché (bat.
de l') 10-12, 333. — Fenoudeilhe (quartier de) 3. — Fort (le) 352,
1680, 2118. — Fourches patibulaires 2281. — Gardelle (quartier)
1601. — Gouge (rue de la) 2518. — Maréchale 806. Monière (rue)
1393. — Moulin neuf 2099. — Mourgues (rue des) 1281, 2161, 2598.
— Pénitents (chapelle des) 2005. — Peyroularié (rue de la) 2518. —
Porte d'Auvergne 2118. — Porte de fer 2118. — Porte du Pont
vieux 2118. — Porte Saint-Vincent 2118. — Prairies basses 1100,
2508, 2511. — Puechredon (quartier de) 2120. — Remparts 121,
171, 192, 324, 352, 605, 945, 1024, 1155, 1182, 1307, 1350, 1528,
1726, 2165, 2317, 2401, 2466, 2500 et 2511. — Soubeiran (rue)
1680, 2036, 2042, 2413 et 2508. — Saint-Jean (place) 1678. —
Tirrelongue (chemin de) 2391. — Valaurie (rue) 1190.

(1) Ermitage de St-Julien-des-Causses, dépendance et infer-
merie du prieuré de St-Germain-de-Montaigu.

(2) V. en outre ROUSSON et S.-LAURENT-D'AIGOUZE.

(3) Sur une montagne au S. O. d'Alais ; remontait au moins à
l'époque carlovingienne, Goiffon, *op. cit.* p. 13.

ALLÈGRE. — *Ordre de Malte, C^{rie} de Jalais*, 21 août 1793, 1394. — *Prieuré d'Arlende*, 19 avril 1791, 585 ; 13 avril 1792, 585.

Auzonnet (moulin sur l') 1394. — Peyrolle (domaine de) 1394.

ALZON. — *Chapitre Saint-Victor, de Marseille*, 2 mai 1791, 114 (1).

ANDUZE. — *Commune (la)*, 6 vend. an V, 1749 ; S. P. 2148. — *Cordeliers*, 9 avril 1791, 2244. — *Couronne (la)*, 8 mars 1809, 946. — *Verbe incarné (religieuses du)*, 29 oct. 1792, 1301 ; 29 prair. an III, 2037 ; 6 therm., 1532 (2).

Bouquerie (rue de la) 1301. — Casernes 916 et 2448.

ANGLES (LES). — *Bénédictins de Villeneuve*, 5 fév. 1791, 2011. — *Chapelle Saint-Sébastien et des âmes du Purgatoire*, 15 mai 1791, 1945 et 1954. — *Chapitre de Villeneuve*, 4 therm. an IV, 163. — *Chartreux de Villeneuve*, 16 avril 1791, 146-149 ; 28 août, 122. — *Origine indéterminée*, 22 avril 1808, 80.

ARAMON. — *Chapelle de l'Annonciation*, 9 mars 1791, 1239. — *Chapelle N.-D. du Chapelet*, 9 juin 1791, 1718. — *Chapelle Sainte-Marthe*, 8 mai 1791, 1748 ; 25 mai, 378. — *Chapelle Saint-Jacques*, 25 mai 1791, 378. — *Chapelle Saint-Jaume*, 25 mai 1791, 378. — *Chapelle Saint-Joseph*, autrement dite *Saint-Esprit*, 19 fév. 1791, 1602. — *Chapelle Saint-Pancrace*, 23 déc. 1790, 319. — *Chapelle Saint-Pancrace-Jonglaresse*, 16 janv. 1791, 1225 ; 19 fév., 1748 ; 13 mars, 915 ; 14 mars, 1748, 1825 ; 30 avril, 1423, 1626 ; 7 mai, 1506, 1567 ; 23 mai, 1825. — *Chapelle Saint-Pancrace-Manerbe*, 19 fév. 1791, 1425, 1825 ; 14 mars, 2676 ; 7 mai, 2101 ; 23 mai, 308 ; 24 mai, 653 ; 27 mai, 2230. Voy. aussi THÉZIERS. — *Chartreux de Villeneuve*, 16 janv. 1791, 569, 1583 ; 7 mai, 805 ; 9 mai, 1213-1214 ; 26 mai, 2181 ; 11 juin, 1212 ; 28 août, 122. — *Commune (la)*, 12 mess. an III, 914, 2126 ; 9 vend. an IV, 1977 ; 30 avril 1811, 1607 ; 26 août, 1314, 2126. — *Minimes*,

(1) Le *prieuré* d'Alzon dépendait de l'abbaye de Saint-Victor, de Marseille.

(2) Monastère établi en 1696, par le premier évêque d'Alais, Mgr de Saulx.

d'Avignon, 14 déc. 1702, 1230. — *Pénitents blancs*, 22 prair.
an III, 1635. — *Prieuré*, 16 janv. 1791, 287 ; 28 déc., 2012 ;
3 vend. an III, 2013. — *Prieuré de Saint-Pierre-du-Terme*,
15 fév. 1792, 1230. — *Récollets*, 15 juill. 1791, 2612. — *Ursulines*, 14 avril 1791, 1423 ; 15 avril, 310, 1826 ; 18 avril, 374,
377, 1611 ; 20 avril, 1717, 2554 ; 30 avril, 1626 ; 7 mai, 374,
377, 1584 ; 9 mai, 1138, 2026 ; 11 mai, 1506, 1626 ; 13 mai,
2181 ; 30 mai, 1422 ; 6 juin, 1292 ; 8 juin, 1700 ; 2 juill., 1475 ;
24 juill., 2403 ; 7 sept., 289 ; 21 janv. 1793, 613-651. Voy.
aussi Théziers.

Château 1748. Moulin (île du) 2126. Mouton (métairie du) 1311.
Saint-Martin (chapelle) 1977. Vernède (dom. de la) 122.

Arènes. — *Prieuré*, voy. Saint-Christol, 1089.

Argilliers. — *Chapelle Saint-Pierre et Saint-Paul*, de
Collias, 18 mars 1791, 2275. — *Chapitre d'Uzès*, 18 mars 1791,
2275. — *Prieuré*, 30 flor. an V, 1358.

Arlende. — Voy. Allègre, 19 avril 1791 et 13 avril 1792.

Arpaillargues. — *Prieuré*, 4 janv. 1791, 177 ; 6 vend.
an III, 310. — Voy. aureilhac.

Arre. — *Prieuré*, 3 mai 1792, 1988, 1989.

Arrigas. — *Prieuré*, 6 juin 1791, 100-101, 380, 482, 2188 ;
3 mai 1792, 917, 2188 ; 17 flor. an V, 2199.

Aspères. — *Prieuré*, 23 mess. an V, 2113.

Aubais. — *Ordre de Malte, Cie de Saint-Christol*, 3 juill.
1793, 1599. — *Prieuré*, 13 mars 1791, 1670 ; S. P. 2148. —
Voy. Gavernes.

Aubarne. — *Évêché d'Uzès*, 12 avril 1791, 1030 ; 16 mess.
an IV, 1397.

Aubord. — *Chapelle de Coulorgues* (1), 18 janv. 1791, 594 ;
14 fév., 1514-1515. — *Prieuré*, 18 janv. 1791, 687, 1381,
1514-1515 ; 24 therm. an IV, 2307-2308.

Aubussargues. — *Prieuré*, 2 fruct. an IV, 1362-1363.

Aujargues. — *Chapelle Saint-Martin et Prieuré*, 5 mai
1791, 2455. — *Prieuré*, 26 fruct. an IV, 1509.

Aumessas. — *Prieuré*, 10 juin 1791, 1603, 1648, 2166 ;
16 juin, 1488 ; 6 prair. an VI, 1327.

(1) Jouie par le curé de Maruéjols-en-Vaunage.

BEAUCAIRE. —*Archevêque d'Arles* (1), 4 fév. 1791, 892-894.
— *Bénédictines* (abbaye Saint-Sauveur de la Fontaine de Nîmes), 11 mars 1791, 660 ; 14 avril, 1302 ; 23 mai, 2502 ; 3 niv. an III, 1151, 1474, 1665, 2328 ; voy. en outre LÉDENON et NIMES. — *Capucins*, 10 nov. 1792, 1529 ; 2 juin 1808, 1530 ; S. P. 2443. — *Chapelle de Laurent Pise*, 7 fév. 1791, 2585.— *Chapelle Saint-Louis* (2), 23 mess. an IV, 673.—*Chapelle Saint-Esprit*, S. P. 2443. — *Chartreux de Bompas*, 15 déc. 1792, 1249-1254.—*Commune (la)*, 18 vent. an III, 1963 ; 2 mess., 2656 ; 24 therm., 2208-2210 ; 9 vend. an IV, 8, 162 ; 2 mess. an V, 8.—*Confrérie des Catherinettes*, 17 vent. an III, 2447.—*Confrérie des maçons et tailleurs de pierre*, 17 vent. an III, 1526.—*Confrérie des Marins*, 16 vent. an III, 1983.—*Cordeliers*, 20 déc. 1790, 265, 1789 ; 12 janv. 1791, 277, 2146 ; 13 janv., 138, 499 ; 27 janv., 1344, 1579, 1975 ; 30 janv., 304 ; 21 mai, 1287 ; 11 juillet, 180 ; 7e jour 2e déc. 2e mois an II, 124 ; 21 prair. an III, 1975 ; 9 vend. an IV, 263 ; 16 therm., 2320 ; S. P. 2448. — *Couronne (la)*, 8 niv. an II, 1541 ; 16 therm. an IV, 2320, 17 avril 1811, 947 ; 25 oct., 1531 ; 11 nov., 1491 ; 4 mars 1813, 112, 125, 479, 180, 182, 260, 266, 275, 391, 656, 661, 897, 964, 1016, 1179, 1210, 1288, 1449, 1489, 1656, 1670, 1737, 1790, 2090, 2155, 2342, 2504, 2515, 2613, 2631 ; 15 oct. 1819, 947. — *Doctrinaires d'Avignon*, 12 déc. 1792, 1866-1869.— *Doctrinaires de Beaucaire*, 12 nov. 1792, 968 ; 15 déc., 219 ; 8 niv. an II, 2182 ; 12 vend. an V, 678. — *Doyenné*, 24 therm. an III, 1013. — *Église de Bonaventure*, S. P. 2448. — *Ermitage*, voy. *prieur de Saint-Sixte*. —*N.-D. du Refuge* (*Providence*) 19 flor. an III, 895, 1305, 2346.—*Ordre de Malte* (*Commanderie d'Astros*), 9 niv. an II, 1702, 1854, 2569 ; 25 vent., 1702, 1746 ; 21 vend. an III, 258-259, 2068 ; 17 brum., 194, 195, 249, 373, 1242, 1243, 1412, 1457, 1474, 1787, 2438 ; 9 frim., 91, 1209,

---

(1) Jusqu'à Saint-Louis, la souveraineté de la ville de Beaucaire avait appartenu aux archevêques d'Arles.

(2) Au château, — aujourd'hui monument historique.

2271, 2316, 2656 ; 9 niv., 2569; 11 niv., 110, 194, 195, 566, 1386, 1540, 1544, 1945, 2187 ; 12 niv., 288, 290-291, 977, 1103, 1413, 1550, 1636, 1787, 1961, 2066, 2558, 2560, 2561; 15 niv., 1103; 21 niv., 2327, 2375 ; 23 niv., 21, 206, 561, 1256, 1316, 1502, 1651, 1688, 1756, 2383, 2559, 2569 ; 26 niv., 109 ; 5 pluv., 237, 299, 824, 1957, 2023 ; 6 pluv., 1788, 2016, 2023 ; 17 pluv., 179, 272, 1959, 1979 ; 18 pluv., 1623, 1651 ; 22 pluv., 103, 1550, 2371 ; 23 pluv., 689, 1649, 2375, 2407 ; 2 vent., 91, 110, 922, 1449, 1623, 2272, 2505 ; 3 vent., 22, 224, 1405, 2066, 2204, 2384, 2543; 24 vent., 181 ; 25 vent., 690, 1256, 1642, 1972, 2553, 2566; 26 vent., 91, 236, 690, 1256, 1306, 1651 ; 8 germ., 325, 690, 2035; 9 germ., 253, 830, 831, 1971, 2231; 27 germ., 180, 1665, 28 germ., 1404, 1667; 29 germ., 1740, 2022 ; 26 fruct. an IV, 573 (1).— *Pénitents gris*, 7ᵉ jour 2ᵉ déc. 2ᵉ mois an II, 124. — *Prieur de Saint-Sixte*, 4 mars 1791, 1958. — *Province de Languedoc*

(1) Toutes les ventes faites jusqu'au 12 niv. an III inclusivement sont indiquées comme ayant pour objet des biens appartenant à la *Commanderie de St-Pierre de Camp public*. A partir de cette date, il y a confusion dans les actes ; certains portent que *le domaine de St-Pierre de Camp public* appartient à la *commanderie d'Astros*; pour le *domaine des Perprèzes*, les actes sont unanimes à l'attribuer à la *Commanderie d'Astros*.

« La Commanderie de Saint-Pierre de Campublic ne paraît avoir existé isolément qu'à une époque assez ancienne : je trouve, en effet, en 1412, Pierre Dufès, appelé commandeur de Saint-Pierre de Campublic. En 1420 et à plusieurs reprises jusque dans le courant du XVIᵉ siècle, elle paraît unie à la commanderie chef du prieuré de Saint-Gilles. En 1456, toutefois, nous trouvons mentionné le commandeur de *Grézán* et Saint-Pierre de Campublic. Un acte de 1657 établit d'une manière certaine que le même domaine est uni à la commanderie d'Astros. Jean de Blacas y est qualifié commandeur d'Astros et de Saint-Pierre de Campublic. D'après M. de Grasset, la Commanderie d'Astros a été démembrée de celle de Marseille en 1631. C'est probablement à cette date qu'a été opérée l'union à la nouvelle commanderie de l'ancienne commanderie de Saint-Pierre-de-Campublic.

« La terre d'Astros est située dans le département du Var, sur le côté méridional du territoire de Lorgues.

« La liste des commanderies dépendant du grand prieuré de St-Gilles et l'énumération détaillée de leurs membres se trouve dans l'essai sur le grand prieuré de Saint-Gilles, publié par M. de Grasset en 1873... » Extrait d'une lettre de M. l'archiviste départ. des Bouches-du-Rhône, du 31 mars 1892.

26 niv. an VI, 2172. — *Sainte-Elisabeth* (religieuses hospitalières de), 23 fruct. an IV, 2339. — *Ursulines*, 28 mars 1791,
1200; 2 avril, 222; 14 avril, 1983; 21 mai, 274; 29 mai, 1515-
1549; 1er juillet, 1441-1442; 23 mars 1792, 2240; 15 déc.,
261-264; 26 niv. an VI, 1853; 6 pluv. an VII, 1870-1939; S.
P. 2448. — *Indéterminé*, 16 therm. an IV, 2320.

Beauregard (porte) 162, 1963. — Bosc (mas de) 1866-1869. —
Casernes 1870-1939, 2448. — Cordage (maison du) 2656. —
Corderie (terrain dit la) 947. — Evêché (maison dite l) 892-894. —
Ferme générale (corps de garde de la) 1541. — Grenouillère (dom.
de la) 573. — Grès (dom. du) 1200. — Jeu de mail 947. — Jeu de paume
1853, 2208-2210. — Limas son (quartier) 2172. — Maison de la Charité 2448. — Maîtrise 2320. — Morte (terre de la) 2569. — Panafin 277.
Perprèzes (domaine des 180, 181, 236, 253, 288, 325, 690, 830, 831,
1256, 1306, 1401, 1651, 1665, 1667, 1740, 1971, 1972, 2022, 2035, 2231,
2553, 2566. — Pètres (quartier des) 222. — Pillage (batiment appelé
le) 2502. — Plaine (dom. de la) 222. — Poids-du-roi 2320. —
Prairie (la) 947. — Providence (la) 895. — Remparts 947. —
Saint-Marc 1526. — Saint-Nicolas 1983. — Saint-Paul (dom. de)
660. — Saint-Pierre (dom. de) 191, 249, 258-259, 288, 290-291,
373, 566, 977, 1108, 1208, 1209, 1242, 1243, 1356, 1412, 1413,
1457, 1474, 1540, 1544, 1550, 1636, 1702, 1787, 1854, 1945, 1961,
2066, 2068, 2187, 2271, 2316, 2438, 2558, 2560, 2561, 2569.
2656. — Saint-Pierre (église) 1933. — Saint-Sixte (ermitage) 1958.
— Teinture (rue de la) 1249-1254. — Valescure (métairie de) 1302-

BEAUVOISIN. — *Bernardins de Franquevaux*, 30 janv. 1815,
1192. — *Chapelle Saint-Pierre*, 26 janv. 1791, 2075-2077. —
Chapitre de Nimes (précentorie du), 23 mars 1791, 396-
401 (1).

BELLEGARDE. — *Abbaye de St-Gilles*, 30 janv. 1791, 1556.
— *Chapelle St-Jean-Baptiste*, 13 janv. 1791, 1186. — *Chapitre de Nimes*, 28 janv. 1791, 2108. — *Commune* (la), 26 fruct.
an III, 187, 302, 1505, 1647, 1859. — *Ordre de Malte*, C°

_____

(1) Le prieuré simple et séculier de Saint-Thomas de Beauvoisin était annexé au capitolat ou précentorie du Chapitre de la
Cathédrale de Nimes. Goiffon, *op. cit.*, p. 46

St-Jean (1), 11 germ. an II, 2516 ; 2 prair., 187, 191, 578, 1021, 1390, 1458, 1859, 2020, 2232, 2445 ; 7 prair., 1505 ; 29 fruct. an III, 2021. — *Prieuré*, S. P. 2148.

Bioms (métairie de) 1556. — Labbadie (terres de) 1556. — Rond (métairie de) 2408. — St-Jean (dom. de) 187, 191, 578, 1021, 1390, 1458, 1505, 1859, 2020, 2232, 2445, 2516.

Belvezet. — *Prieuré*, 13 avril 1791, 2269 ; 30 pluv. an V, 2319.

Bernis. — *Bénédictins* (abbaye de St Gilles) (2), 1 mars 1791, 1136, 2303. — *Chapelle de Blauzac*, 28 janv. 1791, 591, 1136, 1381, 1479, 1480, 1671, 2206,

Aire (quartier de l') 2303. — Aubes (quartier des) 1381. — Calvisson (chemin de) 591, 1136. — Chapelle basse 1479. — Chapelle haute 1480. — Coustonne (la) 1671. — Millas (quartier) 1381. — Pradas (quartier) 1381. — Treize termes (quartier) 2303.

Bez. — Voy. Esparron.

Bezouce. — *Chapelle St-Sébastien*, 18 janv. 1791, 1695.

Bizac. — Voy. Calvisson.

Blandas. — *Prieuré*, 7 juin 1791, 433.

Blannaves. — *Prieuré*, 7 oct. 1808, 1033.

Blauzac. — *Génovéfins de St-Nicolas de-Campagnac*, 18 mess. an IV, 828. — *Prieuré*, 14 avril 1791, 1973 ; 17 avril, 1198.

Boisset. — *Prieuré*, 1 frim. an V, 96.

Boisset-et-Gaujac. — *Prieuré*, 17 mess. an IV, 1320 ; S. P. 2148.

Boissières. — *Prieuré*, 15 fév. 1792, 683. — *Relig. fug.* (*Cauzit et Suzanne Ducasse*), 23 therm. an VIII, 313.

Boisson. — *Prieuré*, 21 mars 1791, 381 ; 29 pluv. an V, 586.

(1) Les premiers actes portent simplement «domaine de St-Jean», mais le dernier dit « commanderie appelée St-Jean », *Arch. dép.* 2. Q. 3. 12, n° 537). Cette « commanderie » ne figure pas dans la liste de celles dépendant du grand prieuré de St-Gilles publiée par M. Goiffon.

(2) Le curé prenait le quart des fruits décimaux et possédait une petite terre. Les restes des revenus du prieuré appartenaient à l'abbé de St Gilles (Goiffon).

Bonheur (N.-D. de). — Voy. Vallebaugue.

Bonnevaux. — *Chapelle*, 7 mai 1791, 2520-2521. — *Cha-pitre de St-Appolinaire de Valence en Dauphiné*, 6 mai 1791, 2105. — *Prieuré*, 23 fruct. an III, 1685, 2091, 2522.

Abbaye de Devezel 2105. — Grange (dom. de la) 2105.

Boucoiran. — *Prieuré*, 22 janv. 1791, 1365.

Bouillargues. — *Chapitre de Nimes*, 17 déc. 1790, 354, 567, 898, 971, 973, 976, 1029, 1303, 1342, 1392, 1521, 1691, 1967, 1932, 2198, 2233, 2355, 2387, 2506 ; 27 déc., 1855, 2304 ; 16 nov. 1791, 2321 ; 20 mars 1792, 903, 1398 ; 8 fév. 1793, 1303 ; 22 brum. an V, 1339 ; 16 fév. 1833 et 12 déc. 1853, voy. Nimes, à ces dates. — *Evêché de Nimes*, 21 déc. 1790, 1692. — *Prieuré*, 2 fruct. an IV, 960.

Bouillargues (bois de) p. 72, la note. — Campagne (domaine de) 903, 1398. — Campagnole (bois de) 1818. — Campagnole (canton de) 1818, 2570. — Codes (les) 339. — Estagel (bois d') 102, 1917, 2614. — Cafarel (plaine de) 1727. — Gargaraille (la) 1228. — Garons (château de) 1692. — Grande Bohémienne 672, 2614. — Lozère 1727. — Mas-Neuf (dom. du) 3 4, 2355. — Plaine (canton de la) 2333. — Renard (cave du) 1821. — Reyreplan 2276. — Rodilhan 898. — Russes (plaines des) 1728. — Signan (dom. de) 903, 1398. — Signan (val de) 1227. — Terres-Oliviers (canton de) 1121, 1141, 2333, 2570. — Tuilerie 910, 1727. Villary (métairie de) 2321.

Bouquet. — *Prieuré*, 14 mars 1792, 1693.

Bourdic. — *Chapelle Saint-Marc*, 26 fruct. an III, 1646. — *Prieuré*, 23 mars 1791, 1029 ; 8 fruct. an IV, 1029.

Bragassargues. — *Prieuré*, 27 avril 1791, 1409 ; 28 avril, 1721-1725 ; 7 fruct. an III, 967.

Branoux. — *Chapelle*, 26 fruct. an IV, 2281.

Brignon. — *Ordre de Malte, Cie de Saint-Christol*, 27 août 1793, 201. — *Prieuré*, 10 mai 1791, 1832. — Voy. Cruviers, Castelnau et Nozières.

Brouzet (dist. de Sommières). — *Prieuré*, 6 avril 1791, 2084.

Brouzet-lès-Alais. — *Prieuré*, 6 flor. an V, 2547-2548.

Brueys. — *Prieuré*, 13 mars 1792, 2551.

Bruguière (La). — *Prieuré*, 25 germ. an V, 587.

CABRIÈRES. — *Chapelle N.-D.*, 22 janv. 1791, 1374 ; 27 janv., 669, 1373, 1582, 2151. — *Chapelle de Thomas et Maurezon*, 15 mars 1791, 359. — *Prieuré*, 19 janv. 1791, 803, 978, 1373, 2349.

CADIÈRE (LA). — *Prieuré*, 26 avril 1791, 2096 ; 27 avril, 1132 ; 18 juin, 1127.

CAILAR (LE). — *Chapelle d'Agnès Guiraude*, 21 janv. 1791, 1763-1764. — *Chapelle Saint-Jean et Castant* (dans l'église de Vauvert), 17 janv. 1791, 1795-1805. — *Chapelle des quatre prêtres*, 28 janv. 1791, 2583. — *Chapitre de Nimes*, 22 janv. 1791, 1992. — *Chapitre Saint-Pierre, de Montpellier*, 21 janv. 1791, 1813. — *Commune (la)*, 20 frim. an V, 1769 ; 7 niv., 813. — *Couronne (la)*, S. P. 2448. — *Ordre de Malte, C^rie de Saint-Christol*, 7 prair. an II, 267, 1000, 1551, 1637, 1769, 2030-2031 ; 8 prair., 193, 255, 603, 1014-1015, 1321, 2079, 2392, 2429.

Canal (place du) 813. — Casernes 2418. — Dolozargues (métairie de) 1992. — Mourade (dom. de la) 193, 255, 267, 608, 1000, 1014-1015, 1321, 1551, 1637, 1769, 2030-2031, 2079, 2392, 2429 (même domaine à Aimargues, 2270). — Quatre prêtres (moulin des) 2583.

CAISSARGUES. — *Prieuré*, 1 mars 1791, 1534 ; 8 fruct. an IV, 2341. — Voy. NIMES.

Cafarel (moulin de) 1531.

CALMETTE (LA). — *Chapitre de Nimes*, 24 janv. 1791, 338.

CALVISSON. — *Chapitre de Nimes*, 15 déc. 1791, 918 ; 20 fruct. an III, 2050. — *Commune (la)*, 4 juill. 1793, 141 ; 20 fruct. an III, 2368 ; 7 vend. an V, 1357, 1759 ; 25 vent. an VI, 1036 ; 27 germ., 1137 ; 8 germ an VII, 1330. — *Prieuré*, 25 vent. an VI, 1036.

Bizac 1357. — Cinsens (temple de) 1357. — Courent (le) 918, 2050. — Hôpital (vieux) 2368.

CAMBO. — *Prieuré*, 12 nov. 1791, 1410.

CAMPAGNAC. — Voy. SAINTE-ANASTASIE.

CAMPESTRE. — *Chapelle de Grailles*, 15 mai 1792, 1990. — *Prieuré*, 15 mai 1792, 953, 1742.

Canaules. — *Hôpital d'Alais*, 21 therm. an III, 1112.

Cannes. — *Prieuré*, 18 janv. 1791, 329, 383,925,1161,1669, 2005 ; 8 vend. an IV, 1012.

Capelle (La)-et-Massolène. — *Évéché d'Uzès*, 29 oct. 1792, 2001. — Voy. Massolène.

Cardet. — *Commune (la)*, 9 vend. an V, 1516 ; 22 nov. 1809, 896. — *Ordre de Malte, C^le de Saint-Christol*, 16 vent. an III, 117 ; 18 vent., 116, 140, 670, 1285, 1856 ; S. P. 2448. — *Prieuré*, 16 fév. 1791, 352 ; 24 déc., 115 ; 8 fruct. an IV, 1749 ; S. P. 2448.

Carnas. — *Prieuré*, 8 avril 1791, 1377 ; 25 vend. an IV, 936 ; 9 niv. an V, 2222.

Carsan. — *Bénédictins de Rochefort*, 14 mai 1791, 327-328. — *Chartreux de Valbonne*, 9 avril 1791, 923, 1779 ; 10 mars 1791, 1309-1310.

Canet (dom. du) 1309-1310. — Grangeneure (dom. de) 1791.

Cassagnoles. — *Chapitre de Nimes*, 13 germ. an III, 680, 2121. — *Prieuré*, S. P. 2448.

Castelnau. — *Bernardines de Bagnols*, 12 avril 1792, 833, 1194. — *Prieuré*, 21 août 1793, 1194. — *Prieuré de Brignon*, 7 mai 1791, 834. — *Incertain*, 7 mai 1791, 834.

Castillon-du-Gard. — *Chapelle N.-D. et de Saint-Jean*, 11 mai 1791, 1558. — *Chapitre d'Uzès*, 3 vend. an IV, 307.

Caveirac. — *Chapelle de la Courtine*, 15 mars 1791, 1993-1994. — *Prieuré*, 26 mars 1791, 2450 ; 20 août, 1146.

Cavillargues. — *Prieuré*, 17 mai 1791, 276.

Cendras. — *Bénédictins* (1), 17 mai 1791, 2102. — Voy. Alais et St-Hilaire-de-Brethmas.

Ceyrac. — *Prieuré*, 10 mai 1792, 1126.

Cézas. — *Prieuré*, 9 vend. an V, 18.

Chusclan. — *Prieuré*, 7 mars 1791, 1833-1834 ; 11 fruct. an III, 1710.

Cinceus. — *Chapitre de Nimes*, 9 avril 1791, 1806. —

(1) L'abbaye de Cendras avait été supprimée par ordonnance de l'évêque d'Alais du 5 juin 1749, qui réunit les revenus de la mense au séminaire et collège d'Alais.

Commune (la), 4 juil. 1793, 144 ; 13 vend. an V, 604. — *Prieuré*, 14 fév. 1792, 1357.

CLAIRAN. — *Prieuré*, 18 janv. 1791, 974 ; 10 germ. an V, 975.

CLARENSAC. — *Chapelle St-Jean-Baptiste*, 15 fév. 1791, 127. — *Chapelle St-Mathieu*, 15 fév. 1791, 127.

CODOGNAN. — *Chapitre de Nîmes*, 22 janv. 1791, 1992. — *Prieuré*, 27 janv. 1791, 2080 ; 24 therm. an IV, 923.

Dolozargues (métairie de) 1992 (1).

CODOLET. — *Chapelainie*, 11 avril 1791, 1807. — *Chapelain de Laudun*, 19 therm. an VIII, 1997-2001. — *Prieuré*, 21 déc. 1792, 273 ; 30 nov. 1827, 1038.

COLLIAS. — *Chapelles St-Pierre* et *St-Paul*, 13 avril 1791, 1313 ; 16 avril, 2350. Voy. ARGILLIERS. — *Chapelles St-Pierre, St-Paul* et *St-Claude*, 10 mai 1791, 1376. — *Prieuré*, 11 fruct. an IV, 836 ; 16 frim. an VI, 2444.

COLOGNAC. — *Prieuré*, 25 mars 1791, 197 ; 11 oct. 1803, 1157, 2524.

COLLORGUES. — *Prieuré*, 23 mars 1791, 2211 ; 15 mars 1792, 39.

COMBAS. — *Prieuré*, 7 mai 1791, 394, 2358.

COMIAC-DE-FLORIAN. — *Prieuré*, 27 avril 1791, 2256.

COMPS. — *Chapelle St-Etienne*, 29 janv. 1791, 9 ; 25 mai 1819, 1489. — *Cure de Vallabrègues*, 10 juin 1791, 1004-1005. — *Prieuré*, 10 juin 1791, 981-985 ; S. P. 2118.

CONCOULES. — *Chapelle N.-D. de Pitié*, 26 mai 1791, 1329 ; 25 juil., 1195. — *Obit (fondation André)*, 25 juil. 1793, 196.— *Prieuré*, 7 mai 1791, 1976 ; 25 mai, 1851 ; 9 brum. an IV, 1025.

Bise-basse (mét. de la) 1329. — Ribes (mét. des) 1195.

CONGÉNIES. — *Chapelles N.-D.* et *St-Sébastien*, 13 avril 1791, 1145. — *Chapitre de Nîmes*, 14 mars 1791, 1281. — *Ordre de Malte*, Cᵈⁱ de *St-Christol*, 3 juil. 1793, 203.— *Prieuré* 14 mars 1791, 1281. — *Prieuré de Poulx*, 14 mars 1791, 1281.

(1) La métairie de Dolozargues s'étendait sur les territoires de CODOGNAN, VERGÈZE, AIGUESVIVES et LA CAILAR.

CONNAUX. — *Chapelle St-Sébastien*, 22 déc. 1790, 1331-1332.— *Chapelle St-Sébastien* et *prieuré*, 2 mai 1791, 2550 (1). Voy. LAUDUN.

St-André (anc. église) 1331-1332, la note.

CONQUEIRAC. — *Prieuré*, 12 sept. 1791, 999 ; 19 vend. an VII, 557. — Voy. AGUZAN et CÉYRAC.

CORBÈS. — *Prieuré*, 10 avril 1792, 427 ; 3 brum. an V, 2318.

CORNILLON. — *Chartreux de Valbonne*, 14 mars 1791, 385-387. — *Prieuré*, 22 therm. an V, 346 ; 26 fruct., 340. — *Prieur de Goudargues*, 2 fév. 1791, 347. — S. P. 2448.

Orvalier (dom. d') 385-387. — Rhodière (dom. de) 385-387.

COURRY. — *Vicairie*, 28 vend. an V, 2062.

CRESPIAN. — *Prieuré*, 15 mars 1791, 1026 ; 15 fruct. an IV, 2435.

CROS. — *Prieuré*, 9 août 1791, 807, 921 ; 6 avril 1800, 19.

CRUVIERS-LASCOURS.— *Ordre de Malte*, C^{rie} *de Saint-Christol*, 27 août 1793, 204 (2). — *Prieuré*, 7 fév. 1791, 989 ; 14 mars 1792, 2331.

DEAUX. — *Prieuré*, 10 avril 1792, 909 (3) ; 7 niv. an II, 909.

DIONS. — *Chapelainie*, 8 vend. an V, 227. — *Ordre de Malte*, C^{rie} *de Saint-Christol*, 22 avril 1793, 1586.— *Prieuré*, 13 mars 1792, 2551 ; 11 therm. an IV, 1354.

Luc (dom. du) 1586.

DOMAZAN. — *Chapelle Saint-Blaise et Saint-Sylvestre*, 20 janv. 1791, 2109. — *Chapitre de Villeneuve*, 15 juillet 1791, 1430, 1447-1448. — *Ursulines d'Aramon*, 24 mars 1791, 1238 ; 11 juin, 1427. — *Orig. incertaine*, 6 sept. 1810, 1223.

DOMESSARGUES. — *Prieuré*, 22 janv. 1791, 337.

DURFORT. — *Prieuré*, 5 fév. 1791, 207, 1784, 2142 ; 9 août, 1781 ; 6 fruct. an VI, 1781.

(1) Apparemment il s'agit ici d'une revente ; cet article et le précédent se ressemblent étrangement.

(2) Biens situés à Cruviers-Lascours et à BRIGNON.

(3) Biens situés à Deaux et à SAINT-ÉTIENNE-DE LOLM.

Esparron. — *Prieuré*, 12 mai 1791, 2213 ; 7 juin, 100-101.

Estézargues. — *Chapelle de Fournès*, 7 nov. 1791, 1102. — *Chapelle Saint-Gérard*, 9 mai 1791, 1036. — *Prieuré*, 2 fév. 1791, 2452 ; 5 mars, 1481, 2552.

Euzet. — *Prieuré*, 20 mai 1791, 2110 ; 7 mess an IV, 1135.

Flaux. — *Prieuré*, 4 janv. 1791, 2597 ; 21 fruct. an IV, 608. — Voy. Saint-Siffret.

Foissac. — *Prieuré*, 18 mars 1791, 1204 ; 16 avril 1792, 1204 ; 21 brum. an V.1174.

Fons-outre-Gardon. — *Prieuré*, 11 avril 1791, 2347 ; 8 brum. an IV, 1144 ; 28 fruct., 2347.

Fons-sur-Lussan. — *Prieuré*, 7 mess. an IV, 2268. Voy. Valcrose.

Fontanès. — *Ermitage de Prime-Combe*, 10 juin 1793, 657. — *Ordre de Malte, Cie de Saint-Christol*, 4 juillet 1793, 1599. — *Prieuré*, 23 janv. 1791, 2693 ; 5 brum. an V, 1819.

Fontarèche. — *Prieuré*, 12 avril 1791, 675 ; 23 fruct. an VI, 2319.

Fournès. — *Chapelle*, voy. Estézargues 1102. — *Chapelle d'Imbert Reynaud*, 18 mai 1791, 1436. — *Chapitre de Villeneuve*, 18 mai 1791, 1436.

Fourques. — *Chapelle du Rosaire*, 1er juill. 1791, 2477.— *Ordre de Malte, Cie..*, 17 fruct. an III, 389, 838-839; 29 vend. an IV, 389. — *Prieuré*, 26 mars 1791, 1626 ; S. P. 2448.

Argence (le grand mas d') 389. — Argence (le petit mas d') 838-839. — Cabane (dom. de la grande) 389.

Franquevaux — *Bernardins*, voy. Aiguesvives, Beauvoisin, Générac, Vauvert.

Gailhan. — *Doctrinaires de Nimes*, 11 juin 1793, 1130. — *Pères de Lorette de Saint-Jean*, 1 frim. an VII, 1129. — *Prieuré*, 23 therm. an IV, 1129 ; 15 fruct., 1129.

Gajan. — *Prieuré*, 8 brum. an IV, 98 ; 19 fruct., 1452.

Gallargues. — *Chapitre de Nimes*, 9 avril 1791, 1554. — Commune (la), 8 brum. an IV, 127. — *Commune de Lunel,*

26 therm. an III, 1783. — *Orig. indét.*, 26 mai 1874. 2201, la tour carrée (1).

GANGES. — Voy. SUMÈNE.

GARN (LE). — *Prieuré*, 21 janv. 1791, 674, 2200 ; 16 nov. 1792, 2202.

GARONS. — Voy. BOUILLARGUES.

GARRIGUES. — *Chapelle Saint-Bernard*, 19 mess. an IV, 1553. — *Prieuré*, 16 avril 1791, 2431 ; 2 fruct. an IV, 1362-1363. — Voy. SAINTE-EULALIE.

GATTIGUES. — *Prieuré*, 8 vend. an V, 2594. — Voy. AIGA-LIERS 575.

GAUJAC (canton de Bagnols). — *Prieuré*, 21 déc. 1790, 1786 ; 21 mars 1791, 1196 ; 16 mars 1792, 2513.

GAUJAC (près Anduze). — *Prieuré*, 17 mess. an IV, 1320. — Voy. BOISSET-ET-GAUJAC.

GAVERNES. — *Prieuré*, 16 fév. 1792, 1560.

GÉNÉRAC. — *Bernardins de Franquevaux*, 15 nov. 1791, 402-424 ; 22 mars 1792, 1137 ; 16 févr. 1833, 102, 235, 282, 283, 672-673, 940, 1228, 1727, 1947, 2276, 2614 ; 12 déc. 1853, 280, 336, 339, 572, 1121, 1141, 1227, 1723, 1824, 1848, 2078, 2167, 2333, 2570. — *Chapitre de Nimes*, 17 janv. 1791, 2019. — *Ordre de Malte, grand prieuré de Saint-Gilles*, 26 vent. an III, 141 ; 28 vent., 14-16, 47-48, 49, 86-87, 88 90, 92-91, 142-143, 151, 153, 317-318, 382, 901, 905-907, 1694, 1823, 1970, 2193.

Bouquets (bois des), p. 72, la note. Campagne (val de) 1824, 2078. Campagnole (bois de) p. 72, la note, et 1848. Campagnole (dom. de) 1137. Campagnole (canton de) 1848, 2570. Château (dom. du) 44-46, 86-87, 88-90, 92-91, 141, 142-143, 151, 153, 154, 317-318, 382, 901, 905-907, 1694, 1823, 1970, 2193. Codes (les) 339. Franquevaux (dom. de) 402-421. Gafarel 1727. Gargaraille (la) 1228. Grande bohémienne 672, 2611. Lozère 1727. Plaine (canton de la) 2333. Rapatélie 572. Renard (cave du) 1824. Reyreplan

_____

(1) « La tour attenante aux remparts » fut démolie en 1811 ; le 7 oct., la démolition et les matériaux en furent adjugés à 180 fr. 20 à François Rey.

2276. Russes (plaines des) 1728. Signan (val de) 1227. Terres-Olli-
viers (canton de) 1121, 1141, 2333, 2570. Tuilerie 910, 1727.

GÉNÉRARGUES. — *Prieuré*, 6 janv. 1791, 2590 ; 23 fruct. an
III, 311-312, 2590 ; 5 nov. 1811, 949 ; S. P. 2448.

GÉNOLHAC. — *Chapelle de Sadargues*, 23 fruct. an III,
2265. — *Chapelles de Sadargues et de Sainte-Catherine*,
27 fruct. an IV, 269. — *Chapelles Saint-Jacques, Sainte-
Catherine, N.-D. de Pitié, Chapelain de l'Obit et Prieuré*,
23 fruct. an III, 1318, 1518, 2014, 2194, 2265, 2380, 2589.
— *Évêché d'Uzès*, 27 fruct. an IV, 269. — *Dominicains*,
12 sept. 1791, 2092, 2518 ; 1er mars 1810, 242-243.

GOUDARGUES. — *Prieur*, 11 fév. 1791, 2103 ; 15 fév., 213 ;
16 mars, 209 ; 4 juin, 1811 ; 14 oct., 1941. — *Prieur de La
Bastide d'Orniols* (des Bruyères, religieux de l'ordre de
Cluny), 16 mars 1791, 2654. — *Prêtres desservants du hameau
de La Bastide*, 16 nov. 1792, 285.

Brès (vieux château de) 1941. Ruège (rue de la) 2654.

ISSIRAC. — *Prieuré*, 28 janv. 1791, 609.

JONQUIÈRES. — S.-P. 2448. — Voy. SAINT-VINCENT.

JONQUIÈRES-ET-ST-VINCENT. — *Jésuites de Nimes* (collège),
29 mai 1793, 1538, mas de Fabre.

JUNAS. — *Prieuré*, 2 avril 1791, 30, 198, 238, 239, 564,
1093, 1140, 1142, 1341, 1559, 1560, 1960, 2059, 2064, 2386,
2534, 2541.

LAMELOUZE. — *Prieuré*, 5 mars 1791, 994 ; 16 therm. an III,
223.

LANGLADE. — *Prieuré*, 22 mars 1791, 1729 ; 26 fruct. an V,
1164.

LANUÉJOLS. — *Ordre de Malte, Cie de Milhau*, 15 fév. 1793,
1562, dom. de Servilières.

LASALLE. — *Prieuré*, 27 avril 1791, 1504 ; 16 mai, 1184,
1719 ; 6 août 1792, 1719.

LASCOURS. — Voy. CRUVIERS.

LAUDUN. — *Célestins d'Avignon*, 23 nov. 1811, 1143. —

Chapelains, 7 mars 1791, 1431 ; roy. CODOLET. — *Chapelle de la Croix*, 2 fév. 1791, 2039 — *Commune (la)*, S. P. 2448. — *Couronne (la)*, 22 therm. an IV, 1918. — *Prieuré*, 13 fév. 1791, 95 ; 8 vend. an V, 1750.

Lardoise (port de) 1918. — Prison 2448.

LAVAL. — *Prieuré*, 21 mai 1791, 1426 ; 18 frim. an II, 1794.

LÉDENON. — *Bénédictines de Beaucaire*, 13 mars 1791, 2242. — *Prieuré*, 1er juillet 1791, 1139 ; 4 germ. an II, 2147, église en ruine.

LÉPIGNAN. — *Prieuré*, 2 prair. an VI, 1388 ; S. P. 2448.

LÈQUES. — *Prieuré*, 7 avril 1791, 1224 ; 12 vend. an V, 503.

LÉZAN. — *Chapelle de la Magdeleine*, 29 avril 1791, 808. — *Prieuré*, 23 fruct. an III, 607 ; S. P. 2448.

LIOUC. — *Hôpital d'Alais*, 8 therm. an III, 1599. — *Prieuré*, 6 avril 1791, 1003, 2468 ; 1 fruct. an IV, 1598.

LIRAC. — *Bénédictins de Rochefort* (1), 5 avril 1791, 2173 ; 22 germ. an V, 1657.

Château écroulé, 2173, note 1.

LOGRIAN. — *Prieuré*, 19 janv. 1791, 1180, 1592, 2479 ; 16 therm. an IV, 1172. — Voy. COMIAC.

LUC (LE). — *Ordre de Malte, Cté de Sainte-Eulalie*, 16 fév. 1793, 2624, dom. du Luc. — *Prieuré*, 21 germ. an VI, 1730.

LUNEL (Hérault). — Voy. GALLARGUES 1783.

LUSSAN. — *Prieuré*, 13 mars 1792, 908, église de Valcrose. — Voy. VALCROSE.

MADIÈRES. — *Prieuré*, 9 juin 1791, 100-101.

MANDUEL. — *Chapelle Saint-Blaise*, 17 nov. 1791, 172. — *Prieuré*, 17 nov. 1791, 172 ; 24 brum. an VIII, 664.

MAXNAS (commune de Rochegude). — *Prieuré*, 15 vend. an V, 1802.

MARGUERITTES. — *Archidiaconé* (1er) *de Nîmes*, 18 mars

(1) Ils étaient prieurs de Lirac.

1791, 1660. — *Chapelle N.-D.*, 22 janv. 1791, 1123 ; 27 janv.;
1153, 1968. — *Chapitre de Nimes*, 17 déc. 1790, 335 ;
10 sept. 1791. 2236. — *FF. Prêcheurs de Nimes*, voy. NIMES.
— *Légat pie* fondé par Antoine Saurin, 2 mai 1791, 1234. —
Prieuré, 14 therm. an VII, 982.

Couloure (chapelle de) 982. Mas-Neuf (dom. du) 355. — Tannisson (quartier de) 355.

MARTIGNARGUES. — *Prieuré*, 29 avril 1791, 1510 ; 8 juill.,
571 ; 14 avril 1792, 2251.

MARUÉJOLS-EN-VAUNAGE. — *Prieuré*, 17 mars 1791. 2212 ;
22 oct. 1792, 2540 ; 5 juill. 1793,1720. — Voy. AUBORD 2514.
2515.

MARUÉJOLS-LÈS-GARDON. — *Prieuré*, 27 avril 1791, 1323 ;
23 fruct. an III, 1323, 1698 ; 19 fruct. an IV, 2356 ; 5 vend.
an V, 1323.

MASMOLÈNE. — *Chapelainie*, 8 vend. an III, 36, 37, 205,
1189, 1645, 2236.

MAURESSARGUES. — *Prieuré*, 7 mai 1791, 1365 ; 8 fruct.
an IV, 1743.

MÉJANNES-LÈS-ALAIS. — *Prieuré*, 11 fruct. an II, 41, 1094,
1323, 1325.

MELOUSE (LA). — Voy. LAMELOUZE.

MEYNES. — *Chapelain du lieu*, 5 fruct. an IV, 2456. —
Chapelle N.-D., 1er fév. 1791, 1211 ; 1er avril, 1828 ; 2 avril,
2279 ; 28 mai, 1361 ; 17 juin, 961. — *Chapelle St-Sébastien*,
18 mai 1791. 1291. — *Chapelle St-Sébastien, de Bezouce*,
18 janv. 1791, 1695. — *Chapitre de Montpellier* (1), 1er fév.
1791, 1211. 1588 ; 1er avril, 214-215, 988, 1828, 2360 ; 2 avril,
2007 ; 28 avril, 78 ; 18 mai, 961, 1293 ; 20 mai, 1658, 1744 ;
27 mai, 43 ; 28 mai, 2114 ; 17 juin, 356 ; 11 juill., 962-963. —
Prieuré, S. P. 2448.

MEYRANES. — *Prieuré*, 5 vend. an V, 1621.

MIALET. — *Prieuré*, 9 mai 1791, 688 ; 23 fruct. an III, 2111 ;
S. P. 2448.

(1) Le bénéfice de Meynes appartenait au chapitre de St-Pierre,
de Montpellier.

25·

(1) Le prieuré était uni à la mense épiscopale de Nimes.

MONTIGNARGUES. — *Prieuré*, 2 nov. 1793, 1508 ; 22 therm. an IV, 1181.

MONTMIRAT. — *Prieuré*, 15 mars 1791, 1170 ; 17 fév. 1792, 1176.

MONTPÉZAT. — *Commune (la)*, 8 brum. an IV, 1513. — *Prieuré*, 8 avril 1791, 2151 ; 19 therm. an IV, 1144.

MONTREDON. — *Prieuré*, 18 mars 1791, 800. — Voy. SALI-NELLES.

MOUSSAC. — *Évêché d'Uzès*, 8 fév. 1791, 1815. — *Prieuré*, 12 mars 1792, 1668, 2398.

Château (le vieux) 2398. — Tour 1815, 2398.

MUS. — *Commune (la)*, 11 pluv. an VI, 665. — *Prieuré*, 22 janv. 1791, 563, 1023, 1388, 1472, 1782, 2002, 2082, 2157, 2168 ; 8 therm. an IV, 2157. — Voy. AIGUESVIVES 1027.

NAGES. — *Chapelle Saint-Sébastien*, 18 mars 1791, 2377.

NAVACELLES. — *Prieuré*, 22 mars 1791, 1511 ; 17 mars 1792, 332, 1587 ; 18 flor. an VI, 1511.

NERS. — *Prieuré*, 19 mars 1792, 2056 ; 12 fruct. an IV, 2037-2058, 2061-2063.

NIMES. — *Académie*, 3 mess. an IV, 1107. — *Archidiacre (premier)*, 20 août 1791, 2526. — *Augustins*, 18 déc. 1790, 1521 ; 8 janv. 1791, 1816 ; 11 janv., 2530 ; 30 avril, 1106 ; 7 fév. 1793, 155 ; 10 fruct. an IV, 603. — *Bénédictins*, 25 janv. 1791, 2094 ; 2 mai, 2069-2071. Voy. *Monastère de Saint-Bausile*. — *Bénédictines de Beaucaire* (religieuses de la Fontaine), 31 janv. 1791, 135 ; 22 août, 809 ; 10 niv. an II, 2621. — *Bernardins de Générac*, 16 févr. 1833, 102, 235, 282-283, 672-673, 940, 1228, 1727, 1947, 2276, 2614 ; 12 déc. 1853, 280, 336, 339, 572, 1121, 1141, 1227, 1728, 1824, 1848, 2078, 2167, 2333, 2570. — *Capucins*, 8 fruct. an II, 1985-1987 ; 16 janv. 1815, 950. — *Carmes*, 15 janv. 1791, 2626 ; 26 janv., 2653 ; 31 mars, 1165 ; 1 avril, 1589, 2093 ; 2 avril, 2538 ; 3 mai, 1664 ; 9 mai, 809 ; 7 fév. 1793, 802 ; 9 niv. an II, 185. — *Chapelle de Daumezon*, 10 janv. 1791, 670. — *Chapelle de la Madeleine*, 11 mars 1791, 1536 ; 3 mai, 2348.

— *Chapelle de Pierre Bourguignon*, 24 mars 1791, 2024. — *Chapelle de Robillard* (1), 2 avril 1791, 2535-2536 ; 5 mess. an IV, 2393. — *Chapelle des quatre chevaliers* (2), 2 mai 1791, 2353. — *Chapelle N.-D. de la Vergne*, 12 mars 1791, 1340. — *Chapelle Saint-Blaise* (3), 22 déc. 1790, 1655. — *Chapelle du Saint-Esprit* (4), 10 janv. 1791, 1534. — *Chapelle rectorerie Sainte-Eugénie*, 21 mars 1792, 1152. — *Chapelle Sainte-Catherine* (5), 11 mars 1791, 1128. — *Chapelle Saint-Pierre* (6), 16 mars 1791, 814. — *Chapelle Saint-Simon et Saint-Jude* (7), 26 déc. 1790, 1509 ; 10 janv. 1791, 1300. — *Chapitre*, 2 déc. 1790, 189 ; 4 déc., 1162 ; 23 déc., 2604 ; 12 janv. 1791, 816, (*Prieuré de Sainte-Perpétue*) ; 9 mars, 895, 1672 ; 11 mars, 996, 2564 ; 31 mars, 1517 ; 2 avril, 79 ; 30 avril, 2124, 2164 ; 4 mai, 392, 2457-2459 ; 19 août, 2694 ; 10 nov., 1517 ; 20 mars 1792, 809 ; 22 mars, 2159 ; 9 fév. 1793, 2162, 2164 ; 22 pluv. an II, 2526 ; 23 pluv., 2526 ; 26 prair. an IV, 183 ; 11 germ. an VI, 1087 ; 23 juin 1815, 1333-1335 ; 25 juin, 1104. — *Collège*, voy. *Doctrinaires*. — *Commune* (la), 27 fruct. an IV, 1215 ; 21 brum. an V, 1735 ; 26 brum., 33 ; 25 flor., 1399 ; 3 fruct. an IX, 1216 ; 29 fruct. an X, 2549. — *Couronne* (la), 21 mars 1792, 926 ; 28 frim. an II, 2115, 2158 ; 9 germ., 903 ; 15 pluv. an III, 1290, 2080 ; 29 pluv. an VIII, 1115 ; 22 flor. an XII, 959 ; 15 sept. 1808, 2315 ; 11 mai 1809, 2413 ; 18 mai, 2413 ; 15 juin, 1290 ; 28 juin 1810, 1115 ; 15 avril 1812, 20, 81, 118, 130, 157, 388, 1653 ; 8 juil. 1816, 156 ; 29 nov. 1828, 2609 (8) ; voy. *État-major*. — *Doctrinai-*

(1) Ou *Robilhac*.

(2) Rue de la Madeleine.

(3) Fondée dans la cathédrale et jouie par le curé de Marguerittes.

(4) Chapelle de Saint-Etienne-de-Capduel.

(5) Rue Caguensol.

(6) Fondée dans la cathédrale.

(7) Dans la rectorerie de Sainte-Eugénie. — Voy. RODILHAX.

(8) Voy. arch. dép. 2. Q. 4, 9, un rapport de Meunier sur les terrains des remparts et du tour de ronde.

naires, 9 fév. 1793, 1633 ; 27 prair. an IV, 2197 ; 23 mess., 2567. — *Dominicains* (frères prêcheurs), 24 déc. 1790, 130 ; 19 janv. 1791, 103 ; 22 janv., 161 ; 20 mars, 234 ; 12 avril, 1679. — *État-major de la Citadelle*, 17 mess. an IV, 1838 ; voy. *Couronne*. — *Évêché*, 19 nov. 1790, 592-593 ; 2 mars 1791, 2437 ; 8 mars, 250, 2336 ; 9 mars, 379 ; 12 mars, 1536, 1944 ; 24 mars, 1557 ; 2 mai, 1764 ; 6 fév. 1793, 809. — *Franciscains*, voy. *Récollets*. — *Frères ignorantins*, 24 mess. an IV, 1022. — *Frères prêcheurs*, voy. *Dominicains*. — *Génovéfins de Saint-Nicolas*, 18 juin 1832, 1421 ; 3 sept., 2568. — *Hôtel-Dieu* (1), 15 pluv. an III, 2621. — *Jésuites*, S. P. 2448 ; voy. *Collège*. — *Monastère de Saint-Bauzile* (bénédictins), 17 fév. 1791, 120 ; 3 mai, 1095-1097 ; 21 mars 1792, 600 ; voy. *Bénédictins*. — *Ordre de Malte*, Cⁱᵉ *de Montfrin*, 7 vent. an II, 113, 1328 (2), 12 vent., 817-823 (3) ; 15 pluv an III, 281, *Pères de Saint-Jean* (4). — *Ordre de Malte*, Cⁱᵉ *de Saint-Antoine-de-Viennois*, 10 juin 1791, 13. — *Pénitents blancs*, 11 mess. an IV, 2567. — *Récollets*, 28 prair. an IV, 1765 ; 16 mess., 1765 ; 19 mess., 1202 ; 26 pluv. an VI, 1955. — *Rectorerie de Saint-Étienne-de-Capduel*, voy. *Chapelle Saint-Esprit*, la note, et RODILHAN. — *Relig. fug.* (Louis Bruguière) 22 frim. an V, 2109. — *Séminaire*, 17 fruct an III, 588. — *Sœurs des écoles royales et de l'instruction chrétienne*, dites de la Calade, 10 niv. an II, 972. — *Ursulines* (premier monastère), 12 mars 1791, 810, 1509, 2074 ; 5 fév. 1793, 1203, 1631, 2584; 25 mess. an IV, 271; 3 brum. an V, 1853. — *Ursulines* (second monastère), 24 mars 1791, 132 ; 4 fév. 1793, 932, 1810, 2659-2660. — *Visitandines* (ou des *Saintes-Maries*), 1 niv. an II, 1349 ; 21 germ. an VI, 1338. — *Orig. incertaine :* 6 sept. 1810, 2205, 2254 ; 31 janv. 1817, 950. — Pour tous les articles concernant Nimes, voy. en outre, S. P. 2448.

(1) Les îles de Lussan et de Matago furent cédées aux hospices en remplacement de leurs biens vendus.

(2) Fait double emploi avec le nᵒ 113.

(3) Compris dans le nᵒ 817.

(4) Cette maison pourrait bien être la Collégiale de Saint-Jean-de-Malte, dépendant du grand prieuré de Saint-Gilles.

lants (lieu de culte des) 2143. Puech-Ferrier (moulin à vent à) 1664. Puech-Haut 1535. Puech-Méjean (bois de) 1313-1335. Puech-Mazel (bois de) 1333-1335. Puget (rue du clos de) 1338. Puits de la Grande-Table 2336. Puits de l'Olivier 592-593, 2137. Raagueil (rue) 156. Rapatelie 572; Récollets (enclos des) 1703. Remparts (fossés, murs et tour de ronde) 20, 81, 118, 136, 156, 157, 388, 959, 1115, 1216, 1515, 1653, 2315, 2413, 2549. Renard (cave du) 1825. Richelieu (faub. de, 2159. Roussy (traverse de) 1985-1987. Russes (plaine des) 1728. Sabaterie (rue de la) 79. Saint-Antoine (rue) 13. Saint-Césaire 1536, 2538. Saint-Jean (mas de) près Caissargues 817-823. Saint-Nicolas (bois de) 1421, 2568. Salamandre (rue et place de la) 1761. Salle capitulaire 2526. Salle de spectacle 33, 950, 2549. Saure (chemin de) 1765, 1955. Séguier (rue) 1107. Sigoan (bois de) p. 72, la note. Siguan (val de) 1227. Temple de Diane 809. Temple (Grand) 959. Taeat (quartier de) 1095-1097. Terraube (quartier) 132. Terres-Olivières (canton de) 1131, 1141, 2333, 2570. Tribunal 2448. Tuilerie 940, 1727. Yedel (Moulin) 2691, Véronique (la) 2691.

NOTRE-DAME-DE-BONHEUR. — Voy. VALLERAUGUE.

NOZIÈRES. — *Prieuré*, 10 mai 1791, 1832; 23 août 1793, 1814; voy. BRIGNON

OLSAN. — *Chapelain de Bagnols*, 18 therm. an VIII, 208. — *Prieuré*, 18 mars 1791, 1816.

ORTHOUX. — *Prieuré*, 2 fév. 1791, 2261-2261; 11 fruct. an III, 1012; voy. QUILHAN, RAURET et SÉRIGNAC.

PARIGNARGUES. — *Doctrinaires de Nimes*, 10 juin 1793, 2314. — *Prieuré*, 14 therm. an IV, 1401.

PEYREMALE.—*Prieuré*, 26 juil. 1791. 2045; 28 therm. an III, 1032. Voy. PORTES.

PEYROLES. — *Hopital d'Alais*, 21 therm. an III, 2695; 23 therm., 1663; voy. *St-Martin-de-Corconac*. — *Prieuré*, 27 mars 1791, 1028; 10 mai 1792, 2332.

Bussas (dom. de) 2695. Gariaou (claie de) 1663.

PIN (LE). — *Prieuré*, 21 mai 1791, 278, Le Cougnac; 26 août 1793, 2009.

PLANS (LES). — *Prieuré*, 29 oct. 1792, 1482.

PONNIÈRES. — *Prieuré*, 14 mai 1791, 100-101 ; 3 mai 1792, 1603, 2118 ; 7 fév. 1808, 804.

POMPIGNAN. — *Couronne (la)*, 10 mai 1791, 601. — *Ermitage du Mounier* ou *Moinier*, 20 fruct. an V, 269. — *Prieuré*, 28 janv. 1791, 919 ; 9 août, 2576. — *Orig. incertaine*, 6 oct. 1792, 981, pré de l'œuvre.

PONT-ST.-ESPRIT. — *Bénédictins*, 14 déc. 1790, 439 ; 12 avril 1791, 951 ; 15 déc., 929 ; 2 nov. 1792, 1847 ; 9 fév. 1793, 1114 ; 22 mai, 145 ; 8 germ. an III, 232 ; 30 frim. an V, 1600. — *Capucins*, 24 oct. 1792, 435. — *Congrégation des artisans*, 20 nov. 1792, 2227. — *Congrégation des messieurs*, 17 nov. 1792, 1390. — *Chapelle St-André*, 6 juil. 1792, 145. — *Chartreux de Valbonne*, 10 déc. 1790, 2310. — *Commune (la)*, 13 pluv. an XII, 270 (1) ; S. P. 2448. — *Couronne (la)*, 22 therm. an IV, 2203 ; 14 pluv. an VII, 935 ; 26 avril 1810, 951 ; 4 oct. 1813, 951 ; S. P. 2448. — *Dominicains*, 11 mai 1791, 1315. — *Fondation de messe*, 23 therm. an VIII, 2563. — *Hopital* 18 vent. an III, 2150 ; 16 prair., 2051. — *Minimes*, 9 déc. 1790, 2310 ; 7 mars 1791, 436 ; 9 mai, 1596 ; 9 prair. an III, 576. — *Noines du Plan (2)*, 18 therm. an VIII, 2038. — *Pénitents blancs*, 15 nov. 1792, 651 ; 22 mai 1793, 145. — *Prieuré*, 4 fév. 1791, 930-931 ; 31 mai, 240 ; 19 fév. 1811, 2255. — *Ursulines*, 9 août 1791, 2344 ; 4 fév. 1793, 145, 1255 ; 5 fév., 2260 ; 6 fév., 145, 1255 ; 8 fév., 2235. — *Visitation Stes-Maries* 10 janv. 1791, 1581 ; 12 janv., 577 ; 23 oct. 1792, 1450 ; S.P. 2448. — *Orig. incertaine*, 19 oct. 1792, 1852 ; 18 therm. an VIII, 2260.

Barruel (maison) 1114. Capucins *(chemin longeant le couvent des)* 270. Casernes 2448. Citadelle 935, 951, 2448. Clermayer (le) 2255. Gendarmerie 2448. Hospice 2448. Hospice civil (ancien) 2448. Hospice des Chartreux 2310. Hospice des dominicains 1315.

(1) La démolition des *remparts* fut adjugée à Chaillou Alexis, aubergiste, le 3 oct. 1811, moyennant 3298 f., les anciennes prisons à Marc Merle au prix de 2424 fr.

(2) Confrérie de l'œuvre du Pont-St-Esprit.

Montrerel (fort) 931. Prisons (anciennes) 1853. Plan (quartier du) 2150. St-Pancrace (maison) 930-931. St-Pierre (église) 237. St-Pierre (quartier) 1600. St-Siste (dom. de) 2314. Villebounet (quartier) 576.

PORTES. — *Couronne (la)*, 11 vent. an III, 1033, 1103, 1283, 1416, 1628, 2036, 2218, 2250, 2509, 2562; 12 vent., 1173, 2442; 15 mai 1809, 1650. — Voy. PEYREMALE.

Barrière (pré de la) 1416. Château 1105, 1650. Combecherbousse (pré de) 1628. Penadou (bois de la) 2447. Fort (le) 1173. Peyremale 1173.

POTELIÈRES. — *Prieuré*, 27 trim. an V, 220.

POULX. — *Prieuré*, 4ᵉ jour compl. an IV, 357.

POUZILHAC. — *Orig. indét.*, 14 sept. 1813, 1177.

PRIME-COMBE. — Voy. FONTANÈS.

PUECHREDON. — *Prieuré*, 14 pluv. an II, 570.

PUJAUT. — *Bénédictins de Villeneuve*, 16 avril 1791, 2188, 2499; 21 therm. an IV, 1432. — *Chapitre de Roquemaure*, 19 sept. 1791, 1683-1684. — *Chartreux de Villeneuve*, 12 mars 1791, 695-798; 16 mars, 50-65, 992, 1830-1831, 2126-2140; 18 mars, 2661; 29 mars, 2373; 30 mars, 413-546, 1034; 27 avril, 2325; 14 mai, 1035, 2322-2324, 2677-2689; 16 mai, 2016-2019; 28 mai, 200-202; 18 juin, 2284-2302; 3 juill., 2632-2652; 12 juill., 2591-2592; 13 juill., 2246-2248; 19 sept., 1683-1684; 31 déc., 25-27; 17 fruct. an III, 2141; 22 vent. an V, 1568-1574; 12 flor., 928, 1471, 2615; 16 flor., 559; 19 flor., 293, 654, 1101, 1066; 27 prair., 2501; 9 therm., 927; 8 brum. an VI, 928; 17 germ., 1575; 27 germ., 1714; 8 flor., 918; 28 flor., 927, 928; 22 avril 1808, 1480, 1523; 20 déc. 1809, 99, 139, 547, 1413, 1445, 1523, 2465; 10 déc. 1811, 1378 (1). — *Commune (la)*, 23 pluv. an VI, 1206.

Conques (quartier des) 1683-1684. St-Anthelme (dom. de) 413-546. St-Bruno (métairie de) 695-798. St-Hugues (métairie de) 1034. St-Vérédème (dom. de) 2488-2499.

(1) Les Chartreux de Villeneuve possédaient à Pujaut : Etang desséché, y compris les tènements de St-Anthelme, St-Hugues et St-Bruno, 747 sal. 1 ém. 3 pougn., — plus 111 sal. 7 pougn. de terres gastes ou en friches autour de l'étang, 404 sal. 1 ém. 2 pougn. lid. de montagnes et garrigues, etc.....

QUILHAN. — *Prieuré*, 5 avril 1791, 1476-1478 ; 14 mai, 353 ; 16 fév. 1793, 1073. — *Prieuré d'Orthoux*, 11 fruct. an III, 1012 ; voy. ORTHOUX.

QUISSAC. — *Bénédictins* (abbaye de Sauve), 17 mars 1791, 966, 1705, 2160, 2385. — *Commune (la)*, 25 germ. an V, 2133. — *Hôpital d'Alais*, 8 therm. an III, 1599. — *Prieuré*, 17 mars 1791, 966, 1705, 2160, 2385.

RAURET. — *Prieuré*, 5 avril 1791, 2488 ; 23 avril 1792, 1711

REDESSAN. — *Prieuré*, 26 janv. 1791, 816 ; 15 pluv. an III, 837, 1205 ; 16 therm. an IV, 2054.

REMOULINS. — *Chapelainie N.-D. de Bethléem*, 20 déc. 1790, 1147. — *Prieuré*, 20 déc. 1790, 1147.

REVENS. — *Prieuré*, 10 mars 1791, 1561.

RIBAUTE. — *Prieuré*, S. P. 2448.

RIVIÈRES-DE-THEYRARGUES. — *Chapelle St-Thomas* (patronage laïque de Rivière), 19 mars 1792, 2074. — *Prieuré*, 17 janv. 1791, 1484, 1723 ; 27 sept., 1169 ; 15 germ. an VI, 220.

ROBIAC. — *Prieuré*, 28 vend. an V, 2662 ; 3 mars 1808, 14.

ROCHEFORT. — *Bénédictins*, 14 mars 1791, 2040 ; 24 mars, 1019-1020 ; 12 avril, 1298, 1473 ; 27 avril, 2010 ; 18 juin, 2433-2434 ; 13 juil., 2095 ; 25 flor. an II, 1590 ; 25 vent. an III, 920 ; 25 flor., 829, 2011, 2600 ; 25 fruct., 2573 ; voy. LIRAC et SABRAN. — *Confrérie de St-Bertrand*, 19 pluv. an V, 1149. — *Prieuré*, 13 pluv. an XII, 1007.

Berlatières (métairie des) 1298. Eglise abandonnée (vieille) 1007.

ROCHEGUDE. — *Chapelle St-Thomas*, 27 sept. 1791, 1439. — *Orig. indét.*, 15 mai 1791, 2065. — Voy. MANNAS 1862.

RODILHAN. — *Chapelle et Prieuré de St-Etienne-de-Capduel ou du Capitole*, à Nîmes, 11 juin 1791, 932. — *Chapitre de Nîmes*, 22 août 1791, 1991.

Pont-des-iles 932. Colognac (métairie de) 932.

ROGUES. — *Prieuré*, 9 juin 1791, 980.

ROQUE (LA). — *Chartreux de Valbonne*, 12 avril 1791, 1791.

ROQUEDUR. — *Prieuré*, 13-14 mai 1791, 942 ; 29 niv. an V, 1702.

ROQUEMAURE. — *Bénédictins de Villeneuve*, 9 avril 1791, 1500; 23 janv. 1793, 1980. — *Chapelle St-Agricol*, 12 avril 1793, 2183-2186. — *Chapelle St-Joseph*, 6 brum. an V, 2663. — *Chapitre*, 17 mars 1791, 970, 1433; 9 avril, 1443; 1701, 1942 1943; 20 avril, 562, 1435; 16 mai, 226, 1752; 2 août, 159, 2699; 4 juin 1792, 233; voy. MONTFAUCON, PUJAUT et St-GÉNIÈS-DE-COMOLAS. — *Chartreux de Villeneuve* (1), 3 juin 1791, 226; 6 juin, 1017; 9 juin, 231; 13 juin, 2478; 15 juin, 2480; 21 juin, 1416; 24 juin, 1088, 1166; 10 oct., 979; 11 oct., 211-212; 12 oct., 1417-1418; 13 oct., 1434. — *Commune* (la) 2 mess. an IV, 158; 17 mess., 1490; 18 mess., 2192; 23 mess., 2192; 28 mess., 927; 1 therm., 1022; 21 fruct., 1490. — *Couronne* (la), 27 flor. an III, 1419; 5 pluv. an X, 1444; 3 oct. 1843, 1689. — *Récollets*, 20 avril 1791, 562. — *Verbe incarné*, 16 mai 1791, 1501; 18 mai 1793, 666, 1245; 9 fruct. an II, 248, 393, 1241, 1245. — *Orig. indét.* 4 juin 1792, 2171; 29 flor. an III, 2152.

Audience (maison de l') 2171. Aumônerie (dom. de l') 1400, Bastide (dom. de la) 1017. Bastide (la grande) 1088, 1417-1418, 2478. Bastide neuve (dom. de la) 1434. Bras-le-Puy (quartier) 2183-2186. Château-Fort 1419. Club 1211. Four (dom. de) 221. Four (montagne du) 211-212, 221, 226, 1017, 1088, 1417-1418, 1434, 2478, 2480. Four (tènement du) 1088. Fouret (dom. de) 1088. Mimart (île) 1022. Montmarès (dom. de) 970. Motte (île de la) 1166. Oiselet (dom. dans l'île d') 979, 1166. Petite île (dom. de la) 1435. Planonge 1443. Remparts 2192. Simonette (dom. de la) 226, 1416. Taleur (dom. du) 211-212, 1416, 2480. Urban (crément ou îlon d') 159, 233· Vallergue (la) 1417-1418, 2478.

ROUSSON. — *Chapitre d'Alais*, 28 fruct. an IV, 269. — *Prieuré*, 28 fruct. an IV, 269.

ROUVIÈRE (LA)-EN-MALGOIRÈS — *Chapitre de Nîmes*, 2 vend. an V, 810.

(1) Les Chartreux possédaient à Roquemaure : le domaine du Four, 321 salm. 1 ém., dont 231 salm. en bois et 90 salm. 1 ém. en terres; la grande Bastide 213 salm. 6 pougn.; la Bastide neuve 88 sal. 7 ém. 5 p. 2 lid.; le Taleur 77 salm. 1 ém. 6 pougn. 2 lid.; la Simonette, 195 salm.; l'île de Dragonet, 60 salm. 5 ém. 12 pougn. (*Arch. dép.* 1. Q. 1,35).

ROUVIÈRE (LA), district du Vigan. — *Prieuré*, 31 mars 1792, 1857.

RUSSAN. — *Génovéfins de l'abbaye de Saint-Nicolas de Campagnac*, 18 mess. an IV, 823. — *Chapelle Saint-Blaise*, 25 fruct. an III, 229. — *Prieuré*, 12 avril 1791, 811.

SABRAN. — *Bénédictins de Rochefort*, 21 déc. 1790, 209.— *Prieuré*, 7 fév. 1791, 991. — *Prieuré de Saint-Julien-des-Pistrins*, 19 fruct. an IV, 927.

Imbres (dom. des) 209.

SAGRIÈS. — *Prieuré*, 2 nov. 1792, 1507.

SAINT-ALBAN. — *Prieuré*, 6 avril 1791, 692; 22 mess. an IV, 2221; voy. ALAIS.

SAINT-ALEXANDRE.— *Bénédictins de Saint-Pierre* (de Pont-Saint-Esprit), 21 niv. an VI, 2611. — *Chapelle de la Magdeleine*, 6 juill. 1792, 2326. — *Chapelle Sainte-Barbe*, 31 déc. 1791, 83-85. — *Chartreux de Villeneuve*, 30 déc. 1790, 209.— *Prieuré*, 31 déc. 1791, 82-85; 19 déc. 1792, 1996.

Costabelle (bois de) 82-85. Paillasse (dom. de la) 209.

SAINT-AMANS. — Voy. SOMMIÈRES.

SAINT-AMBROIX. — *Commune* (la), 27 niv. an V, 812, 2460 30 août 1806, 558. — *Évêché d'Uzès*, 18 mars 1791, 2461; 28 déc. 2462; 18 frim. an V, 1620.— *Prieuré*, 22 mars 1791, 2537; 1er pluv. an VI, 2449. — *Sœurs régentes*, 27 niv. an V, 2460. — *Orig. indét.*, 6 sep. 1809, 1199, 1185, 2405, 2462, 2588.

Auditoire (l'ancien) 1620. Camp-du-Moulin (rue) 2460. Fourrieux 2460. Moulin sur la Cèze 2462. Porte-d'Alais (rue) 558. Saint-Germain-de-Cèze (dom. de) 2461. Temple 2460.

SAINT-ANDÉOL-DE-TROUILLAS. — *Prieuré*, 7 mars 1792, 2015.

SAINT-ANDRÉ-DE-MAJENCOULES. — *Prieuré*, S. P. 2148.

SAINT-ANDRÉ-DE-ROQUEPERTUIS. — *Prieuré*, 22 déc. 1790, 900; 15 oct. 1792, 2655.

SAINT-BAUZÉLY. — *Prieuré*, 16 mars 1791, 2607; 30 oct. 1792, 1183; 29 prair. an III, 2607.

SAINT-DÉZÉRY. *Prieuré*, 5 janv. 1791, 1753 ; 16 avril 1792, 2229.

SAINT-DIONISY. — *Chapitre de Nimes*, 28 avril 1791, 430. — *Commune (la)*, 4 flor. an VII, 1337 ; 2 mess., 430 ; 28 vent. an IX, 995. — *Prieuré*, 14 fév. 1792, 2390.

SAINTE-ANASTASIE. — *Chapelle Saint-Blaise*, 19 avril 1791, 1535. — *Evêque d'Uzès*, 19 avril 1791, 1535 ; 28 sept., 918. —*Génovéfins de Saint-Nicolas*, 18 juin 1832, 1421 ; 3 sept., 2568 ; voy. NIMES. — *Prieuré*, 19 avril 1791, 1535. — Voy. RUSSAN.

Gournier (dom. de) 918. Saint-Nicolas (bois de) 1421.

SAINTE-CÉCILE-D'ANDORGE. — *Prieuré*, 23 fruct. an III, 1031, 2031.

SAINTE-CROIX-DE-CADERLE.—*Prieuré*, 2 août 1791, 38, 1236, 2318.

SAINTE-EULALIE. — *Chapelle Saint-Bernard*, 22 août 1793, 1154. — *Prieuré*, 22 août 1793, 1154.

SAINT-ÉTIENNE-D'ALENSAC. — *Prieuré*, 27 fév. 1792, 2282.

SAINT-ÉTIENNE-DE-LOLM. — *Prieuré*, 26 avril 1791, 1364; 20 avril, 2243 ; 10 avril 1792, 009 ; 10 brum. an V, 2048 ; 4 flor. an VII, 1359, 2048.

Château (ruines de l'ancien) 2048.

SAINT-ÉTIENNE-D'ESCATTE. — *Prieuré*, 21 janv. 1791, 178; 23 therm. an IV, 1158 ; 15 fruct., 1158.

SAINT-ÉTIENNE-DE-MALCAP OU DE SERMENTIN. — *Prieuré*, 16 fruct. an IV, 1862.

SAINT-ÉTIENNE-DES-SORTS. — *Chapelle Saint-Étienne*, 18 mars 1791, 150. — *Confrérie du Saint-Sacrement*, 22 mai 1793, 1699. — *Confrérie du Saint-Rosaire*, 22 mai 1793, 1699. — *Prieuré*, 18 mars 1791, 2101 ; 22 mai 1793, 2514.

SAINT-FÉLIX-DE-PALIÈRES. — *Commune (la)*, 15 pluv. an VI, 2120. — *Prieuré*, 25 janv. 1791, 2277; 24 mess. an IV, 598.

SAINT-FIRMIN. — *Chapitre d'Uzès*, 15 mars 1791, 29 ; 16 mars, 2379. — *Evêché d'Uzès*, 12 fév. 1791, 1512. — *Séminaire d'Uzès*, 14 janv. 1791, 2274. — Voy. Uzès.

Fouze (métairie du) 1512. Malhac (dom. de) 29.

Saint-Florent. — *Prieuré*, 5 sept. 1791, 560 ; 28 vend. an V, 2587.

Saint-Géniès-de-Comolas. — *Chapelle Sainte-Césarie*, 4 mess. an IV, 1420. — *Chapitre de Roquemaure*, 10 mai 1791, 1352. — *Prieuré*, 14 fruct. an III, 2579.

Saint-Géniès-de-Malgoirès. — *Prieuré*, 19 juill. 1791, 590.

Saint-Gervais-lès-Bagnols. — *Bernardines de Bagnols*, 22 janv. 1791, 214. — *Chartreux de Valbonne*, 18 mars 1791, 1231. — *Prieuré*, 27 janv. 1791, 1370-1372 ; 11 mars, 1296-1297 ; 12 vend. an V, 209 ; 5 vend. an VI. 209.

Rouveiran (dom. de) 214. Réalle (terre de la) 1231.

Saint-Gervasy. — *Chapelle St-Esprit*, 7 janv. 1791, 840. — *Chapelle St-Sébastien*, de Bezouce, 18 janv. 1791, 1695. — *Commune (la)*, 3 prair. an V, 2238. — *Prieuré*, 7 janv. 1791, 810 ; 23 therm. an IV, 693.

Saint-Gilles. — *Aumônerie*, 19 mars 1791, 437 ; 16 vend. an XIII, 225. — *Bénédictins* (abbaye de Saint-Gilles), 9 janv. 1791, 1556 ; 20 janv., 360-372 ; 21 janv., 2523 ; 3 mai, 1232 ; 23 mars 1792, 952 ; 29 pluv. an VI, 2436 ; 30 janv. 1815, 1233. — *Bernardins*, voy. Nîmes. — *Chapitre*, 18 mars 1791, 437 ; 19 mars, 1503 ; 23 mars, 2414 ; 17 août, 1410 ; 18 août, 286, 1555, 1817, 2305, 2343 ; 23 mars 1792, 1591 ; 13 flor. an II, 910 ; 8 germ. an VII, 2321 ; 16 fév. 1833, 102, 235, 282-283, 672-673, 940, 1228, 1727, 1947, 2276, 2614 ; 12 déc. 1853, 280, 336, 339, 572, 1121, 1141, 1227, 1728, 1824, 1848, 2078, 2167, 2333, 2570 ; voy. Nîmes. — *Couronne (la)*, 18 mess. an IV, 1858. — *Diocèse*, 29 pluv. an VI, 2436. — *Ordre de Malte*, C^{rie}....?, 17 therm. an IV, 1022 ; 18 brum. an V, 1750, 1978. — *Ordre de Malte*, C^{rie} de Barbentane, 23 therm. an III, 2063. — *Ordre de Malte*, C^{rie} de Capette, 23 fruct. an III, 293-296. — *Ordre de Malte*, C^{rie} de Cavalès, 23 therm. an III, 2072. — *Ordre de Malte*, C^{rie} du Plan de la Peyre, 23 therm. an III, 2671. — *Ordre de Malte*, C^{rie} Sainte-Anne, 23 frim. an III, 440-441 ; 27 frim., 152, 555-556, 568, 581-582, 583,

990, 1522, 1525, 1527, 1731, 1732, 1758 ; 28 frim., 583, 916,
924, 1380, 1708, 1863, 2008, 2665-2666. — *Ordre de Malte,
grand Prieuré*, 4 fruct. an III, 1041-1081, 1082 ; 1er vend.
an IV, 1233 ; 1er brum., 842-891. — *Ouvreries* (bénéfice des),
18 déc. 1790, 437. — *Pénitents blancs*, 17 therm. an IV, 1818.
— *Prieuré de Saint-Martin*, 18 mars 1791, 2007 ; 5 mars 1811,
944. — *Prieuré de Saint-Pierre, in via sacra*, 17 août 1791,
1470. — *Prieuré de Trinquetaille - lès - Arles*, 11 janv. 1791,
2523 ; 19 janv., 1861.

Aumôneries (dom. des) 437. Auriasses (dom. des) 152, 440-441,
555-556, 568, 581-582, 583, 916, 921, 990, 1380, 1522, 1525, 1527,
1708, 1731, 1732, 1758, 1863, 2008, 2665-2666. Bac à traille 360-
372, 1232. Barjac (dom. de) 1556. Bosquets (les) 280. Campagne
(val de) 1824, 2078. Campagnole (bois de) 1818. Canavère (dom. de)
842-881. Capelle (dom. de) 293-296, 1730, 1978. Cavalès (dom. de)
2072. Château (le) 952. Chœur (vieux) 1410. Claire-Farine (dom.
de) 1233. Cloître (ancien) 1410. Codes (les) 339. Escale (bois de l')
1730. Espeiran (dom. d') 34-35, 1233. Estagel (bois d') 102, 1947,
2614. Estagel (dom. d') 286, 1555, 1817, 2305, 2321, 2343, 2414.
Fosse (dom. de la) 842-891. Gafarel (plaine de) 1727. Gargavaille
(la) 1228. Glacière 1410. Grande bohémienne 672, 2614. « Je
m'en repends » (bat. appelé) 1503. Labadié (faub. de) 225. Lamotte (dom. de) 1858. Liviès (mas et tènement de) 2063. Lozère
1727. Maison Collégiale 1011-1081. Mas blanc (vieux chemin du)
2436. Mourade verte (dom. de la) 1591. Plaine (canton de la) 2333.
Port (terres du) 360-372. Prison 2436. Rapatelie 572. Renard (cave
du) 1824. Russes (plaine des) 1728. Signan (val de) 1227. Saint-Jean
(cour) 1041-1081. Saint-Martin (église) 911. Saint-Nicolas (chapelle)
225. Sylve godesque 2671. Terres oliviers (canton de) 1121, 1141,
2333, 2570. Tuilerie 910, 1727. Versadou (le) 2523.

SAINT-HILAIRE-DE-BRÉTHMAS. — *Bénédictins de Cendras*,
28 avril 1791, 2390 (1). — *Ordre de Malte, Cie...?*, 17 fruct.
an II, 254, 1283 ; 5 vend. III, 254, 2421 ; 8 vend., 1428,
2036 ; 9 vend., 40, 1446, 2036 ; 11 vend., 126, 190, 1812 ;
13 vend., 1446, 2036 ; 27 brum., 2039 ; 28 brum., 1282,

(1) Ces biens faisaient alors partie de la dominicature de Saint-
Hilaire.

1628 ; 29 brum., 1628 ; 1er frim., 126, 1628 ; 2 frim., 42, 1628 ; 3 frim., 1628, 1745. — *Prieuré*, (1), 7 oct. 1808, 1369.

SAINT-HILAIRE-D'OZILHAN.—*Chapelainie N.-D. de Bethléem*, à Remoulins, voy. REMOULINS 1147. — *Chapelles Sainte-Anne et Saint-Barnabé*, 24 fruct. an III, 1827.

SAINT-HIPPOLYTE-DE-CATON. — *Prieuré*, 30 avril 1791, 662 ; 5 niv. an II, 1240, 2252, 2329 ; 5 niv. an V, 1785. — *Prieuré de Saint-Étienne-de-Lolm*, 30 avril 1791, 2243.

SAINT-HIPPOLYTE-DE-MONTAIGU. — *Prieuré*, 16 mai 1791, 2596.

SAINT-HIPPOLYTE-DU-FORT. — *Commune (la)*, 6 mess. an III, 2608 ; S. P. 2448. — *Couronne (la)*, 15 flor. an II, 2391, 2418, 2604 ; 6 mess. an III, 1355 ; 29 prair. an IV, 1858 ; 7 fév. 1814, 953 ; 20 sept. 1820, 2017 ; 11 avril 1822, 341. — *Hôpital d'Alais*, 23 therm. an III, 1356. — *Prieuré*, 18 juin 1791, 1101 ; 17 brum. an VI, 2577.

Casernes 953, 2418. Corps de garde 1355. Fort (le) 2017, 2448. Montpellier (porte de) 2391. Peyrou (porte du) 2664. Plan (place du) 1355. Prisons 2418. Saint-Jean (tour) 341. Vallongue (dom. de) 1356. Vidourle (porte du) 2418.

SAINT-JEAN DE-CEYRARGUES. — *Prieuré*, 16 avril 1792, 1220 ; 15 vend. an V, 1217-1218.

SAINT-JEAN-DE-CRIEULON. — *Prieuré*, 13 mai 1793, 2418.

SAINT-JEAN-DE-MARUÉJOLS.— *Chapelle Légatpie du Prieur*, 12 avril 1792, 2337. — *Prieuré*, 15 germ. an VI, 188. — Voy. AVEJAN et MANNAS.

SAINT-JEAN-DE-ROQUE. — *Prieuré*, 11 juin 1793, 1112 ; 5 juil., 1112.

SAINT-JEAN-DE-SERRES. — *Prieuré*, 5 fruct. an III, 1197 ; 18 therm. an IV, 1662.

SAINT-JEAN-DE-VALÉRISCLE. — *Prieuré*, 10 fév. 1793, 16 ; 6 brum. an V, 2334.

SAINT-JEAN-DU-GARD. — *Commune (la)*, 3 brum. an V, 2318 ; S. P. 2448.

(1) Voy. la note précédente.

(1) Voy., en outre, Aiguesmortes. — Les terres dites régalées, les grandes tourades et les petites tourades, estimées 24060 fr., furent cédées à l'hospice d'Alais le 8 fruct. an XIII.

mody (dom. de) 937, 2190. Saint-Jean (Salins de) 1159. Saint-Jean-de la Pinède (dom. de) 1604. Tour Carbonnière 2361-2362.

SAINT-LAURENT-DE-CARNOLS. — *Chapelle*... 6 fév. 1791, 1451. — *Chartreux de Valbonne*, 12 mars 1791, 344-345, 2153; 12 mai, 342-343; 4 oct., 1246-1248; 11 avril 1792, 1117-1118. —*Commune (la)*, 22 frim. an V, 1451.

Cadenet (dom. de) 342-343. Gubernail (dom. de) 1246-1248. Gubernail (moulin de) 344-345.

SAINT-LAURENT-DES-ARBBES. — *Archevêque d'Avignon*, prieur du lieu, 22 mai 1793, 610.— *Chapelle N.-D. de Thézan*, 13 avril 1792, 1498. — *Chapelle Sainte-Agnès*, 23 mess. an IV, 1252. — *Origin. indét.*, 10 mai 1791, 247.

SAINT-LAURENT-LA-VERNÈDE. — *Prieuré*, 17 janv. 1791, 1367, 2170, 2191; 14 avril 1792, 2191.

SAINT-LAURENT-LE-MINIER. — *Prieuré*, 4 mai 1792, 2369-2374; 15 frim. an V, 2046; 14 fév. 1808, 184.

SAINT-MAMERT. — *Prieuré*, 16 mars 1791, 1171.

SAINT-MARCEL-DE-CARREIRET. — *Prieuré*, 17 janv. 1791, 1497; 30 pluv. an V, 2319.

SAINT-MARTIAL. — *Prieuré*, S. P. 2448.

SAINT-MARTIN-D'AGUZAN. — *Prieuré*, 12 nov. 1791, 316.

SAINT-MARTIN-DE-CORCONAC. — *Chapelle N.-D.*, 6 avril 1791, 2610. — *Chapelle Sainte-Marie*, 26 avril 1791, 1178. — *Hôpital d'Alais*, 21 therm. an III, 2695; 22 therm., 1235, 2335; 23 therm., 1663. — *Prieuré*, 6 avril 1791, 2610; S. P. 2448. —Voy. SAUMANE.

Bussas (dom. de) 2695. Carrière (dom. de) 1235 Valeil (dom. de) 1663. Valmy haute (dom. de la) 2335.

SAINT-MARTIN-DE-SOSSENAC. — *Prieuré*, 8 mars 1791, 257; 12 sept., 428.

SAINT-MARTIN-DE-VALGALGUES. — *Prieuré*, 27 avril 1791, 2470; 28 avril, 15; 16 juin, 231, 1595; 8 juill., 241, 1150; 12 avril 1792, 2510.

---

(1) Voy., en outre, AIGUESMORTES. — Les terres dites rigolées, les grandes tourades et les petites tourades, estimées 24.060 fr., furent cédées à l'hospice d'Alais le 8 fruct. an XIII.

Saint-Maurice-de-Cazevieille. — *Ordre de Malte, C^de de Saint-Christol,* 27 août 1793, 1400. — *Prieuré,* 9 fév. 1791, 1322.

Saint-Maximin. — *Pauvres de la commune,* 30 therm. an III, 2106. — *Prieuré,* 19 mai 1791, 2239 ; 22 fruct. an IV, 2237 ; 12 brum. an V, 691.

Saint-Médiers. — Voy. **Montaren** 1351.

Saint-Michel-d'Euzet. — *Chapelle de la Couronade,* 8 juill. 1791, 2088-2089 ; 14 avril 1792, 1462-1467. — *Chartreux de Valbonne,* 29 janv. 1791, 1563 ; 3 mars, 2519 ; 16 mars, 2214 ; 10 avril, 1495 ; 2 mai, 2419 ; 1er oct., 2241 ; 25 janv. 1792, 659 ; 12 frim. an VII, 1580 ; 25 mai 1846, 658. — *Prieuré,* 27 déc. 1790, 168-169 ; 17 fruct. an III, 1468 ; 17 brum. an V, 2214.

Chapelas (dom. du) 1580, 2141. Dame Guise (dom. de) 1495. Grange neuve (dom. de) 2519. Pierre blanche (terre) 1495.

Saint-Nazaire-lès-Bagnols. — *Prieuré,* 9 fruct. an IV, 902.

Saint-Nazaire-des-Gardies. — *Hôpital d'Alais,* 21 therm. an III, 1102. — *Prieuré,* 17 mai 1791, 1716 ; 17 therm. an II, 1172.

Saint-Pastour. — Voy. **Codognan** et **Vergèze.**

Saint-Paulet-de-Caisson. — *Chapelle de l'Assomption,* 17 fév. 1791, 1460 ; 13 mars, 1368, 1384-1385, 1461, 1591, 1835-1836, 2620, 2625 ; 2 mai, 6 ; 11 mai, 1387, 1767-1768 (1). — *Chartreux de Valbonne,* 10 mars 1791, 1309-1310 ; 5 avril, 1791 ; 2 mai, 1386 ; 7 juin, 1313 ; 14 vend. an VII, 2094 ; 19 therm. an VIII, 2627-2630 ; 23 therm., 1389. — *Confrérie du lieu,* 26 fruct. an III, 1040. — *Prieuré,* 23 janv. 1791, 1383 ; 26 avril, 1120 ; 6 août, 1098 ; 17 fruct. an III, 5.

Canet (dom. de) 1309-1310. Gubernail (dom. de) 1313. Saint-Hugues (dom. de) 1791. Salettes (dom. des) 2094. Vachères (dom. de) 1386.

(1) D'après un état (*Arch. dép.,* I, Q. I, 35), les biens de cette chapelle comprenaient treize pièces d'une contenance totale de 6 sal. 41 ém. 4 boisseaux.

SAINT-PAUL-LACOSTE. — *Prieuré*, 7 oct. 1808. 2087.

SAINT-PIERRE-DE-SÉVIGNAC. — *Prieuré*, voy. TORNAC 986, 1119.

SAINT-PIERRE-DU-TERME. — *Prieuré*, 15 fév. 1792, 1230 ; voy. ARAMON.

SAINT-PONS-LA-CALM. — *Chapelle N.-D. la Neuve*, 9 mai 1791, 918.

SAINT-PRIVAT DE-CHAMPCLOS. — *Prieuré*, 9 fév. 1791, 1168.

SAINT-PRIVAT-DES-VIEUX. — *Prieuré*, 16 fév. 1791, 2472, 2476 ; 13 nov. 1792, 1533.

SAINT-QUENTIN. — *Chapelle Saint-Jean*, 18 mai 1791, 2696-2697 — *Prieuré*, 21 fruct. an IV, 611. — *Prieuré de Vallabrix*, 21 fruct. an IV, 611.

SAINT-SAUVEUR-DES-POURCILS. — *Couronne (la)*, 12 prair. an V, 2527. — *Prieuré*, 26 mars 1791, 2578 ; 16 vend. an VII, 557. — *Orig. indét.*, 12 déc. 1853, 1632.

Lagre (bois de) 1632. Tudonès (tènement de) 2527. Vessercles (travers de) 2578.

SAINT-SIFFRET. — *Chapelle Saint-Barthélémy*, 14 avril 1792, 2597. — *Chapitre d'Uzès*, 11 fév. 1791, 2597 ; — *Prieuré*, 21 fruct. an IV, 668. — *Prieuré de Saint-Julien d'Uzès*, 13 mai 1791, 1701.

SAINT-THÉODORIT. — *Prieuré*, 27 avril 1791, 1193, 1962, 2278 ; 23 fruct. an IV, 1391.

SAINT-VICTOR-DE-MALCAP. — *Prieuré*, 15 mars 1792, 1009 ; 15 fruct. an IV, 1862.

SAINT-VICTOR-LA-COSTE. — *Chapelle Saint-Martin*, 14 mai 1791, 2283. — *Chapitre d'Uzès*, 14 mai 1791, 2283.

SAINT-VINCENT. — *Jésuites de Nimes*, voy. JONQUIÈRES. — *Prieuré*, 15 fruct. an IX, 2599.

SALAZAC. — *Chartreux de Valbonne*, 5 mars 1791, 1766. — *Prieuré*, 5 mars 1791, 390.

SALINELLES. — *Prieuré*, 18 mars 1791, 800 ; 8 brum. an IV, 1599.

SANILHAC. — *Prieuré*, 16 mai 1791, 2539 ; 21 fruct an IV, 2539.

Sardan. — *Doctrinaires de Nîmes*, 11 juin 1793, 1130.

Saumane. — *Chapelle Saint-Antoine*, 26 avril 1791, 1690.
— *Chapelle Saint-Sébastien*, 26 avril 1791, 2388 ; 14 pluv.
an II, 1289. — *Prieuré*, 8 fruct. an IV, 1749.

Sauve. — *Bénédictins (abbaye)*, 18 juin 1791, 1379, 1965 ;
9 août, 1861 ; 7 sept., 2397 ; 10 déc., 207. — *Capucins*,
2397. — *Chapelle Mage*, 16 mai 1791, 24. — *Commune (la)*,
2448. — *Relig. fug. (Roux Antoine)*, 23 therm. an VIII, 1808.
— *Orig. indét.*, 23 therm. an VI, 1379.

Sauveterre. — *Prieuré*, 24 therm. an VI, 2144-2145.

Sauzet. — *Prieuré*, 11 mai 1791, 1029 ; 17 therm. an IV,
1708.

Savignargues. — *Prieuré*, 28 mai 1793, 1326.

Saze. — *Décimateurs du lieu*, 4 mars 1813, 954 ; *Prieuré*,
S. P. 2448.

Sénéchas. — *Prieuré*, 6 mars 1792, 326.

Sérignac. — *Prieuré*, 14 mai 1791, 2146 ; 23 avril 1792,
2405.

Sernhac. — *Bassin des âmes*, 29 mars 1791, 1510 ; 2 mai,
349. — *Chapelle N.-D. de Bethléem*, voy. Remoulins 1147. —
Chapelle Saint-Céris, 23 janv. 1791, 2345 ; 3 mars, 1148,
2622. — *Chapelle Saint-Eustache*, 21 fév. 1791, 911 ;
12 mars 2330 ; 20 mars, 2345. — *Chapelle Saint-Pierre*,
23 janv. 1791, 104, 305, 676, 912, 2267, 2603 ; 22 fév., 2267 ;
23 fév., 676 ; 3 mars, 652, 2622 ; 7 mars, 349, 676 ; 12 mars,
1624-1625 ; 15 mars, 1092 ; 21 mars, 228, 553, 1626 ; 2 mai,
122 ; 22 nov., 1037, 2053, 2622. — *Chapelle Saint-Sébastien*,
21 fév. 1791, 911 ; 13 avril, 2249 ; 2 mai, 349. — *Luminaire
N.-D.*, 20 mars 1791, 2345 ; 2 mai, 349. — *Prieuré*, 3 janv.
1791, 1092 ; 22 fév., 2330 ; 3 mars, 652 ; 18 juin, 349.

Servas. — *Chapelle Saint-Claude*, 28 fruct. an IV, 269. —
Chapelle Saint-Georges, 27 fruct. an IV, 269. — *Ordre de
Malte, Cᵗᵉ de Saint-Christol*, 24 flor. an III, 1593, 1686,
2505. — *Prieuré*, 6 vend. an V, 269.

Serviers. — *Prieuré*, 17 mars 1791, 1622, 2600 ; 15 avril,
1175, 2217 ; 8 vend. an V, 2112.

SEYNES. — *Prieuré*, 14 avril 1792, 1585, 2481.

SOMMIÈRES. — *Chapelle Saint-Lazare*, 18 janv. 1791, 1599. — *Chapitre de Saint-Gilles*, 14 mai 1791, 127. — *Commune (la)*, 11 therm. an III, 1599 ; 26 therm., 1402 ; 8 brum. an IV, 2224 ; 28 mess., 1760 ; 8 therm., 682.— *Couronne (la)*, 6 juil. 1809, 129, 334 ; 8 juil., 612 ; 18 juil., 606, 612, 1634 ; 22 fév. 1810, 612, 943, 1125, 1134, 1156, 1187, 1483, 1552, 2055, 2161, 2422, 2543, 2667, 2669, 2670 ; 1er août 1813, 28, 128, 322, 351, 685, 686, 800, 1001, 1090, 1091, 1187, 1201, 1207, 1286, 1638, 1757, 1981, 2025, 2098, 2119, 2143, 2163, 2207, 2225, 2427, 2430 ; 24 oct. 1813, 1347 ; S. P. 2448.— *Prieuré*, 13 germ. an VII, 801. — *Prieuré de Saint-Amans*, 15 fév. 1792, 2357. — *Récollets*, 22 oct. 1791, 2220. — *Relig. fug.*, 19 therm. an IV, 2405 ; 1er compl., 2405 ; 18 brum. an V, 1681 ; 9 frim., 1348 ; 23 therm. an VIII, 2049. — *Ursulines*, 23 janv. 1791, 1599 ; 27 vend. an V, 2423 ; 5 brum., 128 ; 15 flor. an VI, 682. — *Vicairie*, 5 brum. an V, 129. — Voy. VILLEVIELLE.

Auditoire (salle d'), 1760. Casernes 2224, 2448. Château 129, 334, 606, 612, 1634. Ecoles 682. Ecorcheries 1599. Fort (le) 2448. Glacière 1402. Grande église (rue de la) 129. Marché (rue du) 2405. Marque des étoffes (maison du bureau de la) 682. Pont (faub. du) 1348, 1599. Quart (rue du) 801. Régourdanne (terrain dép. du château, 612, 943, 1125, 1134, 1156, 1187, 1483, 1552, 2055, 2161, 2422, 2545, 2667, 2669, 2670. Remparts 28, 128, 322, 351, 685, 686, 800, 1001, 1090, 1091, 1187, 1201, 1207, 1286, 1347, 1638, 1757, 1981, 2025, 2098, 2119, 2143, 2163, 2207, 2225, 2427, 2430. Taillade (rue de la) 682, 1681.

SOUDORGUES. — *Hopital d'Alais*, 21 therm. an III, 2695, dom. de Bussas. — *Prieuré*, 9 mars 1791, 1345.

SOUSTELLE. — *Commune (la)*, 22 niv. an V, 269.

SOUVIGNARGUES. — *Commune (la)*, 11 pluv. an V, 987. — *Prieuré*, 20 janv. 1791, 31, 1531. — Voy. SAINT-ETIENNE-D'ESCATTE.

SUMÈNE. — *Chapelle Ste-Hostie*, de Ganges, 2 mai 1701, 1160. — *Commune (la)*, 16 brum. an VII, 1131 ; 20 déc. 1810, 2067. — *Pénitents*, 26 brum. an V, 269. — *Prieuré*, S. P. 2448.

Casernes 2448. Rieutord (moulin sur le) 1131.

TALETRAC. — Voy VALLERAUGUE.

TAVEL. — *Confrérie de St-Ferréol,* 8 flor. an VI, 927. — *Commune (la),* 21 fruct. an IV, 1490.—*Prieuré,* 29 mai 1791, 1820 ; 17 déc., 955 ; 12 vend. an V, 902. — *Séminaire de Montpellier,* 25 fév. 1791, 2052. dom. de Montezargues

THARAUX. — *Commune (la),* 15 germ. an VI, 220. — *Prieuré,* 13 avril 1792, 1311 ; 27 frim. an V, 220.

THÉZIERS. — *Chapelle St-Grégoire,* 13 fév. 1791, 2215. — *Chapelle St-Jacques,* d'Aramon, 25 mai 1791, 378. — *Chapelle Ste-Marthe,* 25 mai 1791, 378. — *Chapelle St-Pancrace Manerbe,* d'Aramon, 27 mai 1791, 287. — *Chapelle St-Pierre et St-Paul,* 24 déc. 1790, 1639 1640. — *Commune (la),* S. P. 2448. — *Prieuré,* 24e jour du 3e mois an II, 2453. — *Ursulines* d'Aramon, 30 avril 1791, 2451 ; 6 mai, 2512 ; 28 mai, 663. — *Orig. indét.,* 14 sept. 1809, 1222, maison appelée la Forge.

THOIRAS. — *Prieuré,* 26 mars 1791, 284 ; 11 oct. 1808, 1109.

TORNAC. — *Commune (la),* 13 vend. an V, 986. —*Prieuré,* 12 mai 1791, 1627 ; offices claustraux, 12 avril 1792, 938 ; S. P. 2448.— *Prieuré de St Baudile de Tornac,* 24 mess. an IV, 1406. — *Prieuré de St-Pierre de Sivignac,* 13 avril 1792, 1119. St-Pierre-de-Sivignac (église de) 986.

TRESQUES. — *Chapelains,* 12 mai 1791, 1211, 1654 ; 26 sept.,550, 1609 ; 21 therm. an IV, 32. — *Chartreux de Villeneuve,* 16 mars 1791, 1211.

TRINQUETAILLE-LÈS-ARLES. —*Prieuré,* voy. St-GILLES 1861.

UCHAUD. — *Prieuré,* voy. MILHAUD,

UZÈS. — *Capucins,* 27 germ. an III, 2, 358, 832, 1391, 2080. — *Chapelainie d'Ancre,* 17 mai 1791, 1382. — *Chapitre,* 14 fév. 1791, 1167 ; 14 mars, 1539 ; 21 mai, 584 ; 17 mars, 1792, 218 ; 17 avril, 1429 ; 26 août 1793, 584 ; 19 mess. an IV, 1219 ; 14 fruct., 2572 ; 11 vent. an VI, 1687 ; voy. SAINT-FIRMIN, SAINT-SIFFRET, SAINT-VICTOR-LACOSTE et ARGILLIERS. — *Commune (la),* 12 vend. an V, 300 ; 4 brum., 913 ; 20 juill. 1813, 1034 ; S. P. 2448.—*Cordeliers,* 13 janv. 1791, 2148 ; 14 janv., 1 ; 14 mars, 2698 ; 18 juill., 1512. —

Diocèse, 16 flór. an VI, 103. — *Évéché*, 21 mai 1791, 2379 ; 11 mess. au IV, 668 ; 5 frim. an VI, 431 ; 16 flor., 103. — *Hôpital*, 3 fruct. an III, 2223. — *Prieuré de Saint-Étienne*, 30 oct. 1792, 2595 ; 5 niv. an VI, 176. — *Prieuré de Saint-Julien*, 25 flor. an II, 1539 ; 22 mess. au IV, 2444. — *Séminaire*, 12 janv. 1791, 815 ; 14 janv., 2274 ; 19 août 1793, 23 ; 27 août, 2117. — *Visitation* (*Relig. N.-D. ou de la*), 19 août 1793, 23. — *Orig. indét.*, 13 mai 1791, 2028 ; 30 oct. 1792, 1116 ; 19 févr. 1811, 2367.

Archidiaconal (rue de l') 1539. Bureau de la Subvention 913, 1084. Casernes 2448. Clocher 1687. Dougue 2698. Écorchoirs 300. Esplanade 1, 23, 1512. Évéché (bât. et parc) 431, 668, 1429. Fontaine d'Eurre (moulin de la) 2379. Horloge (plan de l') 2367. Mas Bourguet (rue du) 832. Monnaie (rue de la) 103. Prévôté 1219. Portalet (jardin du) 1167. Saint-Ambroix (rue de) 1394. Saint-Étienne (église) 2367. Saint-Ferréol (aire de) 218. Saint-Julien (rue) 23. Séminaire (bât.) 815. Tour carrée 585. Tour (moulin de la) 584. Triperie (rue) 176, 2367.

Vabres. — *Prieuré*, 1er fév. 1791, 1133 ; 7 sept., 1133.

Vallabrègues. — *Chapelle de Claude Bernard*, 8 juin 1791, 1626. — *Chapelle de Claude Bonfils*, 8 juin 1791, 2399-2402 ; 15 juin, 2027 ; 24 sept., 7. — *Chapelle N.-D. d'Anglardy*, 30 déc. 1791, 2580. — *Chapelle Saint-Étienne*, 29 janv. 1791, 9. — *Chapelle Saint-Grégoire*, de Théziers, 13 fév. 1791, 2215. — *Chapelle Saint-Michel*, 15 mars 1791, 841 ; 13 fév. 1792, 1176. — *Chapelle Saint-Pierre-Saint-Paul*, 21 juill. 1791, 1257-1280. — *Chapelle Saint-Simon*, de Montfrin, 4 mai 1791, 2657. — *Chapelle Vilatelle*, 8 juin 1791, 1626. — *Commune* (*la*), 2 nov. 1809, 174, 2389. — *Couronne* (*la*), 27 nov. 1807, 599. — *Fabrique* (*la*), 18 germ. an III, 330, 684, 1403, 1619, 1731 ; 19 germ., 175, 548, 1308. — *Jésuites* (Économats de Montpellier), 5 déc. 1792, 1610-1618. — *Pénitents blancs*, S. P. 2448. — *Prieuré*, 28 déc. 1790, 137 ; 29 déc., 1974 ; 12 mars 1791, 574 ; 23 mars, 1496 ; 23 mai, 1492-1494 ; 10 juin, 956, 1004 1005 ; 17 juin, 998 ; S. P. 2448. — *Prieuré de Comps*, 10 juin 1791, 984-985. — *Prieuré de Théziers*, 24e j. 3e m. an II, 2453.

Corps de garde 599. Jésuites (dom. des) 1610-1618. Sénatorerie de Nîmes (biens de la) 2389.

VALLABRIX.—*Prieuré*, 3 janv. 1791, 2280 ; 21 fruct. an IV, 611, 668 ; voy. SAINT-QUENTIN et SAINT-SIFFRET.

VALBONNE. — *Chartreux*, voy. PONT SAINT-ESPRIT, (LA) ROQUE, SAINT-GERVAIS-LÈS-BAGNOLS, SAINT-JULIEN-DE-PEYROLAS, SAINT-LAURENT-DE-CARNOLS, SAINT-MICHEL-D'EUZET, SAINT-PAULET-DE-CAISSON et SALAZAC. — Forêt de Valbonne, p. 72, la note.

VALCROSE. — *Prieuré*, 7 mess. an IV, 2268. — Voy. LUSSAN.

VALENCE. — *Ordre de Malte, C^le de Saint-Christol*, 27 août 1793, 1400. — *Prieuré*, 24 janv. 1791, 384, 2482 - 2484 ; 28 août 1793, 384. — 24 janv. 1791, 2485.

VALÉRARGUES. — *Prieuré*, 18 avril 1791, 2668; 12 mars 1792, 1513, 2675.

VALLERAUGUE. — *Chapelle N.-D.*, 15 fév. 1791, 2528-2529. — *Chapelle Saint-Antoine*, 14 fév. 1791, 2409-2411, 2417; 20 avril, 1860; 14 mai, 2412. — *Chapitre de Bonheur*, 6 avril 1791, 1644; 30 avril, 2574 ; 26 fruct. an IV, 1614. — *Couronne (la)*, 8 juin 1791, 1644. — *Prieuré*, 15 fév. 1793, 655 ; S. P. 2448.

Aigoual (devois et bois) 1644. Bonheur (dom. de) 1644. Clarou (quartier) 2412. Espérou (l') 2574. Espérou (dom. sur l') 1644. Espérou (devois et bois) 1644. Taleyrac (église de) 655.

VALIGUIÈRES. — *Prieuré*, 16 mars 1792, 1226.

VALSAUVE. — Voy. VERFEUIL.

VAUVERT. — *Bernardins de Franquevaux*, 20 août 1791, 2085 ; 1 vend. an IV, 589. — *Chapelle des Quatre-Prêtres*, 28 janv. 1791, 2583. — *Chapelle Saint-Sébastien*, 23 décemb. 1790, 131. — *Couronne (la)*, 21 déc. 1868, 2503. — *Ordre de Malte, grand prieuré de Saint-Gilles*, 11 therm. an VI, 2673. — *Prieuré*, 23 mars 1791, 595-597 ; 2 avril, 1721-1722. — *Prieuré N.-D.*, 27 déc. 1790, 2378. — *Prieuré de Villeneuve*, 20 août 1791. 314 — Voy. LE CAILAR.

Casernes 2448. Coulte (étang de) 2673. Iscles (dom. des) 589.
Quatre-Prêtres (moulin des) 2583. Sylvéréal (tour de) 2503.

VÉNÉJEAN. — *Chapelle d'Andéol Vedel*, 19 mars 1791, 681;
1411. — *Chapelles Saint-Sébastien et de Villelongue*, 3 janv.
1791, 2350-2352. — *Commune (la)*, 17 janv. 1811, 323, 2228;
23 juin 1815, 1333-1335. — *Prieuré*, 19 mars 1791, 1629,
1713; 9 mai, 165-166; 18 mai 1793, 997.

Aiguillon (bois de l') 1333-1335.

VERFEUIL. — *Bernardins*, de Bagnols, 20 mai 1791, 111.
dom. de Valsauve.

VERGÈZE. — *Bureau des pauvres*, 21 therm. an III, 677.—
Chapelle Saint-Eustache, 17 mars 1791, 1237. — *Chapelle
Saint-Pastour*, 15 fév. 1791, 1566. — *Chapitre de Nimes*, 22
janv. 1791, 1992. — *Prieuré*, 29 janv. 1791, 119.

Dolozargues (métairie) 1992. Saint-Pastour (métairie) 1566.

VERMEILS. — *Prieuré*, voy. SAINT-CHRISTOL 2281.

VERS. — *Chapelle N.-D. de Bethléem*, voy. REMOULINS
1147. — *Chapelle N.-D. de Pitié Saint-Barthélémy*, 23 déc.
1790, 1696.

VESTRIC. — *Chapelle N.-D.*, 2 mai 1791, 1837-1843. —
Chapelle N.-D des Portes, 22 mars 1791, 1221. — *Prieuré*, 28
therm. an IV, 2567.

VÉZÉNOBRES. — *Prieuré*, 17 fév. 1791, 1605.

VIC-LE-FESCQ. — *Prieuré*, 1er jour compl. an IV, 580.

VIGAN (LE). — *Capucins*, 4 flor. an VII, 1360; S. P. 2448.
— *Prieuré*, 19 janv. 1791, 17; 20 janv., 1809.

Prisons et tribunaux 2448.

VILLENEUVE. — *Bénédictins*, 5 fév. 1791, 186, 965; 14 fév.,
957; 16 fév., 303; 15 mai, 2690-2692; 17 juin, 939; 21 sept.,
799; 23 sept., 1675; 8 niv. an II, 1432; 3 vend. an III, 1652;
13 germ. an VI, 2512; 23 juin 1815, 1333-335; voy. MONT-
FAUCON, PUJAUT, ROQUEMAURE et SAINT-ALEXANDRE. — *Chapelle Saint-Blaise*, 6 mars 1791, 1865. — *Chapelle Saint-Esprit*, 22 prair. an III, 1675. — *Chapitre*, 24 mars 1791, 66-
75; 16 mai, 1453-1456; 8 niv. an II, 1630, 2178, 2432, 2586;
11 germ., 138, 1445; 3 vend. an III, 134, 268, 431, 1741; 4

niv., 552; 17 germ., 899, 2149; 18 therm. an IV, 1432 ; 14 fruct. an VI, 1445; 4 flor. an VII, 928. — *Chapitre métropolitain*, d'Avignon, 5 prair. an III, 1414. — *Chartreux*, 6 fév. 1791, 1682, 2125 ; 6 mars, 1682; 18 mars, 939 ; 13 avril, 133, 965 ; 16 mai, 2004; 19 sept., 2125 ; 27 mai 1793, 1106; 1 therm. an II, 340, 667, 1018, 1299, 1578, 1755, 1822, 1995, 2174-2175, 2177, 2179, 2253, 2340, 2359, 2432 ; voy. PUJAUT, ROQUEMAURE, SAINT-ALEXANDRE et TRESQUES. — *Commune* (la), 12 mess. an III, 1715; 1 therm. an IV, 76-77 ; 21 therm., 2176 ; 5 fruct., 1124. — *Couronne* (la), 22 avril 1808, 1829. — *Doctrinaires*, d'Avignon, 27 mai 1793, 2179. — *Ordre de Malte*, C^rie..., 17 therm., an III, 2060. — *Pénitents gris*, 3 brum. an V, 1524. — *Pénitents noirs*, 18 therm. an IV, 1432. — *Prieuré*, 8 niv. an II, 350. — *Providence* (*Filles de la*), 21 mess. an III, 163 ; 19 avril 1810, 957 ; S. P. 2448. — *Récollets*, 8 niv. an II, 2432. — *Dominicaines* (*Religieuses de Sainte-Praxède*, d'Avignon), 27 mai 1793, 911.

Abbaye (dom. de l') 2690-2692. Auditoire 1424. Baccarat (dom. de) 163. Barthelasse (dom. de la) 1414, 2179. Couronne (maison de la) 1829. Egorgeoir 2176. Ermitage (dom. de l') 1822. Fontaine (terres de la) 2253. Fort-St-André 939. Gendarmerie 2448. Glacière (la) 186. Grand'rue 957. Invalides (log. des) 2448. Levée du Giffon 2125. Montagné (bois de) 1333-1335. Montaud (dom. de) 957, 1715. Motte (île de la) 2060. Ors (quartier) 76-77. Patiras (île de) 911. Pouzéraque (rue) 303. Sacristie (terre de la) 965. St-Jean (enclos de) 340. St-Pons (église) 350. Tour (faub. de la) 1652.

VILLEVIEILLE. — *Prieuré*, 28 therm. an IV, 1304. — *Relig. fug.* (Pierre Marc), 1er j. compl. an IV, 2405.

TABLE

PAR ORDRES RELIGIEUX

ET ÉTABLISSEMENTS

DONT LES BIENS ÉTAIENT CLASSÉS

DE PREMIÈRE ORIGINE

(1) Les noms en italiques indiquent la situation des biens.

BÉNÉDICTINS de Rochefort. — *Carsan*, 327-328 ; *Lirac*, 1675, 2173 ; *Rochefort*, 829, 920, 1019-1020, 1298, 1473, 1590, 2010, 2011, 2005, 2433-2434, 2573, 2606 ; *Sabran*, 209.

BÉNÉDICTINS de Saint-Gilles. — *Bellegarde*, 1556 ; *Bernis*, 1136, 2303 ; *Saint-Gilles*, 34-35, 360-372, 952, 1232, 1233, 1556, 2436, 2523.

BÉNÉDICTINS de Sauve. — *Sauve*, 297, 1379, 1864, 1905, 2397 ; *Quissac*, 966, 1705, 2160, 2385.

BÉNÉDICTINS de Villeneuve. — *Les Angles*, 2011 ; *Montfaucon*, 2257-2258 ; *Pujaut*, 1432, 2488-2499 ; *Roquemaure*, 1500, 1980 ; *Villeneuve*, 186, 303, 799, 939, 957, 965, 1333-1335, 1432, 1652, 1675, 2542, 2690-2692.

BERNARDINES de Bagnols. — *Bagnols*, 214, 1699, 1739 ; *Castelnau*, 833, 1194 ; *Saint-Gervais*, 214 ; *Verfeuil*, 111.

BERNARDINS de Franquevaux. — *Aiguesvives*, 809 ; *Beauvoisin*, 1192 ; *Générac*, 402-424, 1137 ; *Générac, Bouillargues, Nimes et Saint-Gilles*, 102, 235, 280, 282-283, 336, 339, 572, 672-673, 910, 1121, 1141, 1227, 1228, 1727, 1728, 1824, 1848, 1947, 2078, 2167, 2276, 2333, 2570, 2614 ; *Vauvert*, 589, 2095.

CAPUCINS d'Aiguesmortes : *Aiguesmortes*, 2593 ; — d'Alais : *Alais*, 2507 ; — de Barjac : *Barjac*, 1487 ; — de Beaucaire : *Beaucaire*, 1529, 1530, 2448 ; — de Nimes : *Nimes*, 950, 1985-1987, 2448 ; — de Pont-Saint-Esprit : *Pont-Saint-Esprit*, 435 ; — de Sauve : *Sauve*, 2397 ; — d'Uzès : *Uzès*, 2, 358, 832, 1394, 2080 ; — du Vigan : *Le Vigan*, 1360, 2448.

CARMES de Bagnols : *Bagnols*, 209, 210, 215-216, 969, 1576-1577, 2440, 2581 ; — de Nimes : *Nimes*, 185, 309, 802, 1165, 1589, 1664, 2093, 2538, 2626 ; *Saint-Bonnet*, 2604.

CÉLESTINS d'Avignon : *Laudun*, 1143.

CHAPITRES, ÉVÊCHÉS, ARCHEVÊCHÉS, ET ŒUVRES EN DÉPENDANT :

ALAIS (CHAPITRE D') : *Aimargues*, 2195, 2672, 2673 ; *Alais*, 352 ; *Rousson*, 269 ; *Saint-Laurent-d'Aigouze*, 442, 937, 2190, 2555.

ALAIS (ÉVÊCHÉ D') : *Aiguesmortes*, 1159 ; *Alais*, 10-12, 333,

(1) Voy., en outre, *supra* BERNARDINS DE FRANQUEVAUX tous les n°s sous la rubrique *Générac*, *Bouillargues*, *Nîmes* et *Saint-Gilles* qui sont communs au CHAPITRE DE NÎMES, ventes des 16 fév. 1833 et 12 déc. 1853.

1830-1831, 2126-2140, 2141, 2246-2248, 2273, 2281-2302, 2322-2324, 2325, 2465, 2501, 2591-2592, 2615, 2616-2619, 2632-2652, 2661, 2677-2689 ; *Roquemaure*, 211-212, 221, 226, 979, 1017, 1088, 1166, 1416, 1417-1418, 1431, 2478, 2480 ; *Saint-Alexandre*, 209 ; *Tresques*, 1200 ; *Villeneuve*, 133, 186, 340, 667, 939, 965, 1018, 1166, 1299, 1578, 1682, 1755, 1822, 1995, 2001, 2125, 2174-2175, 2177, 2179, 2253, 2340, 2359, 2432.

CISTERCIENNES de l'abbaye des Chambons (Ardèche). — *Bagnols*, 1022. — Voy. BÉNÉDICTINES.

CISTERCIENNES de l'abbaye Saint-Bernard et Sainte-Claire d'Alais. — *Alais*, 123, 1002, 1124, 1284, 1394, 2009, 2464, 2598 ; *Saint-Julien-de-Valgalgue*, 898. — Voy. BÉNÉDICTINES.

CONFRÉRIES : de l'Œuvre du Pont-Saint-Esprit (ou moines du Plan) (1), *Pont-Saint-Esprit*, 2038 ; — de Saint-Bertrand, *Rochefort*, 1149 ; — de Saint-Ferréol, *Tavel*, 927 ; — de Sainte-Marie, *Alais*, 2623 ; des Catherinettes, *Beaucaire*, 2447 ; — des maçons et traceurs, *Beaucaire*, 1526 ; — des marins, *Beaucaire*, 1983 ; — du Saint-Sacrement, *Saint-Étienne-des-*

(1) Les moines du Plan étaient plus connus, à la veille de la Révolution, sous le nom de « Chanoines du Plan » ; plus anciennement, sous celui de « prêtres blancs », à cause de leur costume. Bien que plusieurs ordres ou confréries religieuses aient prétendu leur avoir donné naissance et aient voulu même s'introduire dans leurs *bénéfices*, ils n'appartenaient à aucun d'entre eux. Pas davantage à la confrérie du pont d'Avignon érigée par saint Bénézet, quoi qu'en ait dit certain auteur du siècle dernier. Aux XVIe, XVIIe et XVIIIe siècles, ils relevaient du Bureau de l'*Œuvre du Pont-Saint-Esprit* et du Parlement de Toulouse, encore plus que de l'évêque d'Uzès, qui leur accorda tardivement l'usage de l'aumusse et le titre honorifique de *chanoines*, en échange de leur soumission à l'ordinaire diocésain, soumission résultant peut-être de l'article 29 de l'Édit de Versailles, par lequel Louis XIV soumit les hôpitaux du royaume à la juridiction des évêques. — Les chanoines du Plan, ainsi appelés parce que l'église du Saint-Esprit (l'église de l'Œuvre du Pont), était au quartier du Plan (du Saint-Esprit), auraient pu se réclamer des « Frères du Pont », qu'on appelait « Frères blancs ». Eux, on les nommait encore « Frères prêtres » au XVIe siècle ; ils étaient les continuateurs immédiats des chapelains établis par l'ordonnance de Guillaume de Plazian (*Cart. de l'Œuvre*, n° XVI). En un mot, les « Moines du Plan » étaient de la confrérie de l'Œuvre du Pont-Saint-Esprit. (Note de M. Bruguier-Roure, du 28 novembre 1892).

(1) Les religieuses de Sainte-Praxède d'Avignon étaient des dominicaines dont le couvent se trouvait à Avignon dans la rue qui porte encore leur nom. Elles jouèrent au XVIIIe siècle un assez triste rôle et la règle observée par elles était tellement relachée au point de vue des mœurs qu'à un moment donné l'autorité ecclésiastique se vit forcée de supprimer le couvent et de disséminer ses membres dans les autres maisons religieuses de la ville. L'histoire de Sainte-Praxède est à ce point de vue peu édifiante. (Lettre de M. Duhamel, archiviste de Vaucluse, 28 nov, 1892).

GÉNOVÉFINS, de Saint-Nicolas-de-Campagnae. —*Blauzac*, 828; *Nimes*, 1191, 2568 ; *Russan*, 828; *Sainte-Anastasie*, 1191, 2568.

HOPITAL D'ALAIS, —*Alais*, 173, 216, 1110, 1532; *Cavanles*, 1112 ; *Lioux*, 1599 ; *Peyroles*, 1663, 2695; *Quissac*, 1599 ; *St-Hippolyte-du-Fort*, 1356 ; *Saint-Martin-de-Corconac*, 1935, 1663, 2335, 2695; *Saint-Nazaire-des-Gardies*, 1112; *Soudorgues*, 2695.

HOPITAL DE PONT-SAINT-ESPRIT. — *Pont-Saint-Esprit*, 2051, 2150.

HOPITAL D'UZÈS. — *Uzès*, 2223.

HÔTEL-DIEU DE NIMES. — *Nimes*, 2621.

JACOBINS. — Voy. DOMINICAINS.

JÉSUITES des économats de Montpellier, *Vallabrègues*, 1610-1618; — du collège de Nimes, *Jonquières et Saint-Vincent* 1538; *Nimes*, 2118.

JOSÉPHISTES de Bagnols. — *Bagno's*, 1205, 2118.

LORETTE (CHEVALIERS DE N.-D. DE) (1). — *Gailhan*, 1129.

MINIMES, d'Avignon, *Aramon*, 1230 ; — de Pont-Saint-Esprit, *Pont-Saint-Esprit*, 436, 576, 1596, 2310.

N.-D. DU REFUGE. — Alais (religieuses du couvent Saint-Charle d'). *Alais*, 2508;—Beaucaire (religieuses de la Providence de), *Beaucaire*, 895, 1305, 2316.

ORDRE DE MALTE. — COMMANDERIE D'ASTROS : *Beaucaire*, 21, 22, 91, 108, 109, 110, 179, 180, 181, 191, 195, 206, 224, 236, 237, 240, 253, 258-259, 272, 283, 290-291, 299, 325, 373, 561, 566, 573, 689, 690, 824, 830, 831, 922, 977, 1108, 1208, 1209, 1212, 1243, 1256, 1306, 1316, 1366, 1404, 1405, 1412, 1413, 1449, 1457, 1474, 1502, 1540, 1544, 1550, 1623, 1642, 1619, 1656, 1665, 1667, 1688, 1702, 1740, 1746, 1756, 1787, 1788, 1854, 1945, 1957, 1959, 1961, 1971, 1972, 1979, 2016, 2022, 2023, 2035, 2066, 2068, 2187, 2204, 2231, 2271, 2272, 2316, 2327, 2375, 2384, 2386, 2407, 2438, 2505, 2543, 2553, 2558,

(1) Ordre de chevalerie institué par Sixte-Quint au XVIᵉ siècle, milice chargée de garder la ville de Lorette (Italie).

2559, 2560, 2561, 2566, 2569, 2571, 2656. — Commanderie de Barbentane, *Saint-Gilles*, 2063. — Commanderie de Capette, *Saint-Gilles*, 293-296. — Commanderie de Cavalès, *Saint-Gilles*, 2072. — Commanderie de Jalès, *Allègre*, 1394. — Commanderie de Nilhac, *Lanuéjols*, 1562. — Commanderie de Montfrin, *Montfrin*, 1853; *Nîmes*, 113, 281 (Pères de Saint-Jean), 817-823, 1328. — Commanderie de Saint-Christol, *Aimargues*, 2270; *Aubais*, 1599; *Brignon*, 204; *Cailar (Le)*, 193, 255, 267, 603, 1000, 1014-1015, 1321, 1551, 1637, 1769, 2030-2034, 2079, 2392, 2429; *Cardet*, 116, 117, 140, 679, 1285, 1856, 2448; *Congénies*, 203; *Ceuviers - Lascours*, 204; *Dions*, 1586; *Fontanès*, 1599; *Montaren*, 1083; *Saint-Césaire - de - Gauzignan*, 1400; *Saint - Chaptes*, 1586; *Saint - Maurice - de - Cazevieille*, 1400; *Sercas*, 1593, 1686, 2565; *Valence*, 1400. — Commanderie de Sainte - Anne, *Saint - Gilles*, 152, 440-441, 555-556, 568, 581-582, 583, 916, 924, 990, 1380, 1522, 1525, 1527, 1703, 1731, 1732, 1758, 1863, 2008, 2665-2666. — Commanderie de Sainte-Eulalie, *Luc (Le)*, 2624. — Commanderie de Saint-Jean, *Belle-garde*, 187, 191, 578, 1021, 1390, 1458, 1505, 1859, 2020, 2021, 2232, 2445, 2516. — Commanderie du Plan de la Petre, *Saint-Gilles*, 2671. — Grand prieuré de Saint-Gilles, *Aiguesmortes*, 1159, 2471; *Générac*, 44-46, 47-48, 49, 86-87, 88-90, 92-94, 141, 142-143, 151, 153, 317-318, 382, 904, 905-907, 1694, 1823, 1970, 2193; *Saint-Gilles*, 842-891, 1041-1081, 1082, 1233; *Saint-Laurent-d'Aigouze*, 1159; *Vausert*, 2673. — Commanderie non indiquée : *Bagnols*, 1699; *Fourques*, 389, 838-839; *Saint-Gilles*, 1022, 1730, 1978; *Saint-Hilaire-de-Brethmas*, 40, 43, 126, 190, 254, 1282, 1283, 1428, 1446, 1628, 1745, 1812, 2036, 2099, 2421; *Saint-Laurent-d'Aigouze*, 1604; *Villeneuve*, 2060.

Ordre de Saint-Antoine-de-Viennois, commanderie de Saint-Antoine de Nimes, *Nîmes*, 13.

Pénitents blancs d'Aiguesmortes, *Aiguesmortes* 2531; — d'Alais, *Alais*, 2518; — d'Aramon, *Aramon*, 1635; — de Nimes,

RELEVÉ ALPHABÉTIQUE

DES ACQUÉREURS

DES

BIENS DE SECONDE ORIGINE

AVEC

Indication et Prix de Vente de ces Biens

---

1. Abrieu André, à Pujaut. — *Pujaut (Raousset-Boulbon)* : 1 fruct. an II, terre 2 sal., 1625 liv.

2. Accariés Philippe, à Saint-André-de-Majencoules. — *Saint-André-de-Majencoules (Daudé Louis)* : 7 germ. an III, anglade de 2 cartes 20 dext., 8625 liv.

3. Achard Jean-Baptiste, à Aramon. — *Aramon (Sauvan P.P. A.)* : 14 mess. an II, terre 2 ém., 565 liv.; autre terre de 2 ém., 560 liv. (1).

4. Affre André, à Villevieille. — *Sommières (Gaudy J.)* : 2 frim. an II, maison et jardin au faubourg du

(1) Ces terres furent rétrocédées à Sauvan le 18 février 1812 (Mᵉ Douan, not. à Aramon).

Pont (maison 38 toises 5 pieds de surface, jardin 15 dext.), 9050 liv.

5. Agnel Jean-Pierre, propriétaire, à Alais. — *Alais (Rauquil Louis)* : 7 germ. an II, maison à la Grand'rue, au coin de la rue de la Galère, 9200 liv.

6. Aguier Alexis-François, à Saint-Gilles. — *Saint-Gilles (Aguier)* : 25 vend. an XIV, terre de 2 h. 96 a. 54 c., 100 fr.; terre de 237 a. 23 c., 80 fr.

7. Aguze François-Louis, commissaire national au tribunal du Vigan. — *Le Vigan (Saubert-Larcy)* : 1ᵉʳ niv. an II, jardin de 19 dext., 1460 liv.; *id. (Latour Dupin)*, 10 niv. an II, maison et jardin 6 set. 8 dext., 38200 liv. — Voy. en outre, Brouilhet François et Rousset Jacques-François.

8. Aguze Jacques-Louis, au Vigan. — *Le Vigan (d'Assas F. C.)* : 9 niv. an 2, jardin rue des Baris, 11 dext., 3050 liv., pour Aguze Madeleine-Delphine, sa fille. — Voy. en outre, Aguze Madeleine-Delphine, Rame Denis et Sauveplane Jean.

9. Aguze Madeleine-Delphine, épouse de François-Clément d'Assas, du Vigan.—*Montdardier (d'Assas F. C.)* : 7 vent. an II, pré 67 dext., 1050 liv.; pré 3 cartes, 1170 liv.; pré 1 set. 1 dext., 1510 liv. (1); — pré 1 set. 3 boiss., 2000 liv.; pré 3 cartes 1/2 boiss., 1900 liv. (2); — pré 3 cartes 2 1/2 boiss., 1755 liv.; pré 3 cart., 1520 l. (3); — pré 3 cart. 1 3/4 boiss., 1720 l. (4); — pré 3 cart. 1 1/2 boiss., 1675 liv. (5); — pré 3 cart. 1 1/2 boiss., 1340 l. (6); — pré 1 set. 3 boiss., 1730 l. (7);

(1) Acquis par Aguze Jacques-Louis, son père, agissant pour elle.
(2) id. par Guibal Pierre-David, du Vigan, id.
(3) id. par Argelier Jean, du Vigan, id.
(4) id. par Guibert David fils, du Vigan, id.
(5) id. par Martin Pierre, du Vigan, id.
(6) id. par Baumier André fils, du Vigan. id.
(7) id. par Guibal Pierre-David fils, du Vigan, id.

voy. en outre Aguze Jacques-Louis, Dumas Pierre et Germain Jean dit Saint Pré (1).

10. Aigoin Pierre, à la Cadière. — *La Cadière (Vissec L. A. M.)* : 7 germ. an II, tènement de 3 set. 1 cart. 18 dext., 700 liv. ; tènement de 3 set. 1 cart. 11 1/4 dext., 580 liv. ; 8 germ. an II, devois de 3 set. 3 cart. 8 1/4 dext., 1300 liv. ; devois de 2 set. 2 cart. 3 dext., 1150 liv. ; 9 germ. an II, devois de 2 set. 9 3/4 dext., 1050 liv. — *La Cadière (Lacombe P.)* : 13 fruct. an II, jardin de 4 dext., 165 liv. ; maison et cour 6 dext., 700 liv.

11. Alais Jean-Pierre, dit le bayle, propriétaire, à Branoux. — *Laval (Garnier-Lamelouze P. P.)* : 3 prair. an II, bois, herme et « garussière » 2 set. 34 cart., 600 liv.

12. Albignac (Philippine d'), à Mandagout. — *Mandagout (d'Albignac J. C.)* : 1er frim. an III, châtaigneraie 1 set., 680 liv. ; châtaigneraie 3 cartes 5 dext., 680 liv. ; vigne et châtaigneraie 1 set. 2 cart., 745 liv. ; châtaigneraie 1 set. 3 cart., 730 liv. ; châtaigneraie 1 set. 2 cartes, 725 liv. ; châtaigneraie 3 quart. 10 dext., 825 liv. ; châtaigneraie 2 cartes 15 dext., 835 liv. ; châtaigneraie et jardin 3 cartes 10 dext., 865 liv. ; jardin 22 dext., 600 liv. ; jardin 21 dext., 825 liv. ; jardin 18 dext., 855 liv. ; jardin 18 dext., 755 liv. ; châtaigneraie et paturage 3 set. 3 cart. 10 dext., 510 liv. ; total 9660 liv. — Voy. en outre Salles Pierre, fils.

13. Alexandre Jean, à Lussan. — *Lussan (Melfort)* : 29 vend. an III, métairie des aires avec cinq pièces, au total 2 sal. 14 ém. 22 boiss., 15100 liv. ; herme 1 sal. 2 ém. 4 boiss., 310 liv.

(1) Le trésor ne toucha aucune somme de cette femme du propriétaire dépossédé.

14. Alhias Joseph, travailleur de terre, à Montfrin.
— *Montfrin (Monteynard)* : 10 niv. an II, écurie et
cour, 600 liv. ; 11 niv., terre, deux lots de 4 ém.,
soit 8 émin. à 115 liv. l'émine, 920 liv.

15. Allard Baptiste, à Villeneuve. — *Les Angles
(Forbin J. J.)* : 21 fruct. an II, terre 2 sal., 1225 liv. ;
terre 2 sal., 3725 liv.

16. Allemand Jean-Joachim, à Cavillargues. —
Sabran (Nicolay L. S. G.) : 8 mess. an II, 28 sàl.
vignes, hermes, etc., 41150 liv. (1).

17. Allemand Joseph, à Cavillargues.— *Cavillargues (Nicolay L. S. G.)* : 18 frim. an III, herme 1
ém. 2 lid., 40 liv.

18. Allemand Louis, agriculteur, à Montfrin. —
Montfrin (Monteynard F.) : 15 therm. an II, terre
5 ém. 7 2/3 civad., 2125 liv.

19. Allemand Louis-Guillaume, notaire, à Cavillargues. — *Cavillargues (Nicolay L. S. G.) :* 8 frim.
an III, terre 1 ém. 2 boiss. 3 1/2 lid., 360 liv.;
terre 2 salm. 4 boiss., 1075 liv. ; — 10 frim. an III,
pré 2 ém. 2 lid., 435 liv.; — 17 frim. an III, terre
14 ém. 2 1/2 lid., 4000 liv.

20. Allemand Simon, à Cavillargues. — *Cavillargues (Nicolay L. S. G.)* : 9 frim. an III, terre 11 ém.
6 boiss. 2 lid., 1125 liv. ; 18 frim. an III, terre 9 ém.,
5 boiss. 3 lid., 2700 liv.; 21 frim. an III, terre 5
ém. 1 boiss., 630 liv.

Allen Charles, à Vergèze. — Voy. Bélrine Pierre
fils.

20 *bis*. Alliaud Jacques, cult., à Beaucaire. —
Voy. Figuière Poncet.

---

(1) Allemand fut déchu de son adjudication dont il n'avait pas
rempli les conditions, et les biens furent cédés à M. Nicolay en
vertu d'un arrêté du 1er floréal an III.

Allier Étienne, à Mus. — Voy. Carrière Jacques.

21. Allier Jean, cult., à Fons.—*Montagnac (Narbonne-Pelet)* : 28 germ. an II, maison servant d'auberge, écuries et remises, en tout 38 dext., 9225 liv.; bois 99 sel., 2000 liv. ; bois 99 sel., 1500 liv. ; le tout 12725 liv. (1).

21 *bis*. Allier Jean, à Vauvert. — Voy. Gavanon Jean et Méjanelle Jean.

22. Allier Jean, boul., à Saint-Gilles. — *Saint-Gilles (Eymini)* : 8 germ. an II, terre 1 1/2 salm., 2625 liv.

Allier Jean-François, nég. , à Nimes. — Voy. Blanc-Pascal Pierre.

23. Allier Louis, agriculteur, à Sommières. — *Sommières (Laroque J. J.)* : 7 niv. an III, bois 1 sal., 425 liv.

24. Alméras Jean, à Lasalle. — *Saint - Bonnet (Vissec L. A. M.)* : 23 pluv. an II, châtaig. 2 sel. 2 cart. 14 dext., 1475 liv. —*Saint-Bonnet* et *Thoiras (Vissec L. A. M.)* : 11 germ. an II, châtaig. 12 sel. 12 dext., 2000 liv.

25. Alméras Jean, agriculteur, à Lédignan. — *Aigremont (Rochemore J. B. L.)* : 11 therm. an II, herme 2 sal. 13 cart. 1 boiss., 360 liv.

25 *bis*. Alméras Jean-Baptiste, cult., à Beaucaire. — Voy. Figuière-Poncet.

26. Alméras Louis, à Lasalle. — *Saint-Bonnet (Vissec L. A. M.)* : 26 niv. an II, pré et châtaigneraie 4 sel. 2 cartes 6 dext., y compris partie de grenier à foin de 19 cannes, 10750 liv. ; 23 pluv. an II, pré et herme 2 cartes 3 dext., 1275 liv. ; 24 pluv.

(1) Rétrocéda à Narbonne-Pelet le 17 février 1815.

an II (pour Viala Jacques, de Lasalle), prés, terres
et châtaigneraies 13 set. 3 cartes 19 dext. et partie
de maisonnage de l'ancien château, 24400 liv.

27. Alméras Pierre, à Salinelles. — *Salinelles*
(*Alméras Joseph, cond.*) : 9 vend. an III, vigne
olivette 2 set. 10 dext., 4300 liv. ; paran et casal
2 dext., 760 liv.

Alphandéry Abraham, à Nimes. — Voy. Roubel
Jean, aîné.

28. Altairac Guillaume, aubergiste, à Alais. —
Alais (enfants *Guiraudet*) : 28 germ. an II, pré châtaigneraie 24 cartes, 7900 liv.

29. Amalric. — *Saint-Laurent-d'Aigouze* (*Lanchrist*) : 30 pluv. an II, terre 3 cartes 3 quartons
12 dext., 8250 liv.

30. Amalric Antoine, à Fourques. — *Fourques*
(*Courtois*) : 1er niv. an II, clos de 35 set. 9 dext.,
15200 liv.

Almaric Jean, à Aimargues. — Voy. Daniel Sébastien.

31. Amarine Louis, fab. de bas à Saint-Hippolyte-
du-Fort. — *La Cadière* (*Vissec L. A. M.*) : 7 germ.
an II, tènement de 3 set. 10 dext., 715 liv.

32. Amblard Joseph, cultivateur, à Cavillargues.
— *Cavillargues(Nicolay)* : 7 frim. an III, jardin 4 bois.
2 1/2 lid., 320 liv. (1).

33. Amiel Marc, à Roquemaure. — *Roquemaure*
(*Régis C. J.*) : 22 vend. an III, maison de 14 1/2 toises
de couvert avec cour et jardin de 30 perches, 2050 l.

34. Anastay Pierre, à Pujaut. — *Pujaut* (*Raousset-
Boulbon*) : 1 fruct. an II, terre de 2 sal., 1550 liv.

(1) Rétrocéda à Nicolay le 29 germ. an 10 (Allemand, not. à
Cavillargues).

35. Ancelin Jean, agriculteur, à Meynes. — *Mey-nes (Monteynard)*: 17 sept. 1812, terre de 54 a. 02 (1), 1325 fr.

36. André Jean, à Villeneuve. — *Les Angles (For-bin J. J.)*: 21 fruct. an II, terre de 2 sal., 2425 liv.

37. André Pierre, à Remoulins. — *Remoulins (Bastet-Crussol)*: 5 pluv. an II, terre 2 ém. 5 vest., 615 liv.

38. Angelier André, agriculteur, à Montfrin. — *Montfrin (Monteynard F.)* : 15 therm. an II, terre 3 ém. 6 1/2 civad., 925 liv.

39. Angelier Etienne, agriculteur, à Montfrin. — *Montfrin (Monteynard F.)* : 15 therm. an II, olivette 4 ém., 950 liv.

40. Angelier Joseph, ménager, à Montfrin. — *Montfrin (Monteynard F.)*: 28 pluv. an II, terre herme « quand qu'elle contienne ou qu'elle puisse conte-nir » (2 sal.), 170 liv.

41. Angelras François, agriculteur, à Gajan. — *Gajan (Bastet-Crussol)*: 5 vent. an III, terre 9 set. 12 dext., 6000 liv.

42. Angevin Jean, à Saint-Laurent-d'Aigouze. — *Saint-Laurent-d'Aigouze (Moynier Claude)*: 18 germ. an II, (pour Chapel Jean, cultivateur, à Saint-Lau-rent-d'Aigouze), terre 3 quartons 35 dext., 1000 liv.

43-44. Arcay Simon, agriculteur, et Gabriel Jean, agent national, à Cendras. — *Cendras (Lafare-La-tour L. P.)* : 27 vend. an III, jardin-chenevière 2 quartes, 415 liv. ; terre labourable 3 quartes 3 boiss., 1300 liv.

45. Arcouteau Jean, traceur de pierres, Beaucaire.

(1) Cette vente eut lieu par suite de la déchéance prononcée contre Jean Blayrac, Louis Guigue, meunier, ou Jacques Doulaud,

—*Beaucaire (Chaumont-Guitry)* : 23 messid. an VII,
terre 6 ém. 3 picot., 285 fr.

46. Argaud Jean, charron, à Vestric. — *Vestric
(Montmorency-Robecq)* : 21 flor. an II, terre 263 dext.,
1200 liv.

47. Argaud Pierre, cultivateur, à Vestric.— *Vestric
(Montmorency - Robecq)* : 18 flor. an II, paran de
82 dext., 550 liv. ; 21 flor. an II (pour Bonifassy Jean,
cultivateur, à Vestric), terre 395 dext., 2100 liv. —
Voy. en outre, Montfajon Henry.

48-49. Argeliers Jean et Salles Jean, négociants,
au Vigan. — *Le Vigan (d'Assas F. C.)* : 11 niv. an II,
maison et enclos rue des Baris, partie de 3 quart.
6 dext., 4600 liv. — Voy. en outre Aguze Madeleine-
Delphine.

50. Argeliers Jean-David, prop., au Vigan. —
Montdardier (d'Assas F. C.) : 25 niv. an II, champ et
devois 1 set. 3 quart. 2 boiss., 850 liv. ; champ et
devois 2 sèt. 1 quart., 770 liv. ; 26 pluv. an II, champ
2 set. 1 quart. 3 boiss., 2075 liv. ; champ 2 set.
2 quart. 1 boiss., 2050 liv. ; champ 2 set. 1 quart.
2 1/2 boiss., 1900 liv. ; 27 pluv. an II, bois de Regnas
26 set., 1100 liv. ; 29 germ. an II, métairie de Balmarié comprenant : bâtiments 151 cannes 20 pans,
ancien château 170 cannes, four 18 cannes, casal
3 cartes 7 cannes 4 pans, glacière 2 boiss., bois et
champs 343 set. 15 quart., 2 1/2 journaux 14 1/2 boiss.
15 dext. 239 cannes 4 pans, cabaux, le tout 31000 liv.;
— 26 pluv. an II, champ 2 set. 2 cart. 2 boiss., 1800
liv. ; champ 2 set. 3 cart. 2 boiss., 1800 l., le tout
3600 liv. (1). .

_____

(1) Fit élection d'ami, pour cette partie, le 7 ventôse, en faveur de
Brouilhet François, de Montdardier. — Argilliers-Jean David et Jean-
Pierre, père et fils, rétrocédèrent à l'ancien propriétaire par per-

51. Arlbac Baptiste, à Vallabrègues. — *Vallabrègues (Bruges M. J. L.)* : 18 fruct. an II, terre 1 sal. 6 picot., 2000 liv.

52. Armand Jacques, agriculteur, à Aigremont. — *Saint-Jean-de-Serres (Rochemaure-Aigremont)* : 1ᵉʳ fruct. an II, domaine 31 sal. 14 cartes 2 boiss., y compris les bâtiments, 15300 liv. ; 5 fruct. an II, moulin de Bérias et terrain 25 quartes, 14500 liv. ; — *Savignargues (Rochemaure-Aigremont)* : 27 fruct. an II, terre 2 set. 3 quartes 19 dext., 470 liv. ; herme 1 set. 1 quarte 1 dext., 140 liv.

53. Arnal François, à Aulas. – *Aulas (Mercier J. F.)* : 26 niv. an II, châtaigneraie 11 set. 2 quartes, 4650 liv.

54. Arnal François fils, dit l'apôtre, à Aulas. — *Aulas (Mercier J. F.)* : 26 niv. an II, terre-mûriers 142 dext., 1825 liv.

55. Arnal Jean-François, maire, à Alzon. — *Alzon* et *Campestre (Saubert-Larcy)* : 5 pluv. an II, pré 1 set. 1 boiss., 2210 liv. (1) ; pré pommiers 1 set. 1 boiss., 2400 liv. (2).

56. Arnal Raymond fils, à Aulas. — *Aulas (Mercier J.F.)* : 26 niv. an II, terre 9 set. 2 quartons, 1360 liv.

57. Arnaud François, cultivateur, à Cavillargues. — *Cavillargues (Nicolay)* : 17 frim. an III, terre 7 boiss.

sonne interposée (Aguze) les 25, 26, 27 nivôse et 29 germinal an II, au prix de 15116 fr. 25 (actes reçus Mᵉ Gendre, notaire, au Vigan, le 17 floréal an II, et Mᵉ Capion, notaire, au Vigan, le 16 messidor an III).

(1) Cette pièce fut rétrocédée par Guillaume Dufour (aux droits d'Arnal) à Saubert, le 30 mess. an II (Mᵉ Lassale, not., à Arrigas.)

(2) Fit élection d'ami, pour cette dernière pièce, le 6 pluviose, en faveur de Bonnet Joseph, tonnelier, à Alzon, lequel rétrocéda à Saubert, le 8 mess. an II (Mᵉ Arnal, not. à Alzon).

2 civad., 40 liv.; terre 5 ém. 1 boiss., 1000 liv. ; 21 frim. an III, grenier, hangard et morceau de terrain, 4700 liv. (1).

58. Arnaud Jacques, cultivateur, à Marsillargues. — *Aimargues* (*Moynier C.*) : 14 prair. an II, champ 12 carterad. 3 quartons 18 dext., 11100 liv.

59. Arnaud Joseph, à Saint-Géniès-de-Comolas. —*Saint-Géniès-de-Comolas* (*Sicard J. A.*): 12 therm. an II, trois terres 6 ém. 4 poug., 915 liv.

60. Arnaud Joseph, à Rochefort. — *Montfrin* (*Monteynard F*) : 11 pluv. an III, le grand moulin à vent avec terre herme de 6 ém. 3 civad., 8550 liv.

61. Arnavon Guillaume, à Roquemaure. — *Roquemaure* (*Régis C. J.*) : 23 vend. an III, vigne 1 arp., 920 liv.

62. Arnoux Pierre, à Villeneuve. — *Les Angles* (*Forbin J.J.*) : 26 fruct. an II, terre 2 sal., 2625 liv.

62 *bis.* Artaud Antoine, cultivateur à Beaucaire. — Voy. Figuière Poncet.

Artigues André, aux Plantiers. — Voy. Artigues François.

63. Artigues Antoine, agriculteur, à Lavebreilles (?) — *Saint-Martin-de-Valg.* (*Lafare-Latour L.P.*): 25 prair. an II, terre 3 sal., 10400 liv.

64-66. Artigues François, Artigues Louis et Artigues André, frères. agriculteurs, aux Plantiers. — *Cendras* (*Lafare-Latour L. P.*) : 25 vend. an III, domaine des Plantiers, maisonnage et 51 sal. terres, 87600 liv.

Artigues Louis, agriculteur, aux Plantiers.—Voy. Artigues François.

(1) Rétrocéda en partie à Nicolay le 29 avril 1806 (M° Allemand, not. à Cavillargues).

Assas (Aguze Madeleine-Delphine, femme de François-Clément d'), du Vigan. — Voy. Dumas Pierre et Aguze Madeleine-Delphine.

Assas (Jean-Charles-Marie d'), du Vigan. — Voy. Carrière Jacques.

67. Astay Jean-Joseph, à Pujaut. — *Pujaut (Raousset-Boulbon)* : 1 fruct. an II, ménag. et 1 salm. du parc clos, 9450 liv.

68. Astay Michel, à Pujaut. — *Pujaut (Raousset-Boulbon)* : 1 fruct. an II, terre 2 salm., 1625 liv.

69. Astay Noël, maç., à Pujaut. — *Pujaut (Raousset-Boulbon)* : 28 prair. an III, terre 5 ém. 4 poug., 1110 liv.

70. Astier Jean-Baptiste, à Cavillargues. — *Cavillargues (Nicolay)* : 21 frim. an III, terre 3 ém. 2 boiss. 1 1/2 civad., 725 liv.

71. Atgier Antoine aîné, nég., à Alais. — *Alais (Lafare-Latour L. P.)* : 11 flor. an II, terre-mûriers 12 cart. 11 bois., 3400 liv.

72. Aubanel Etienne, maître de postes, à Sommières. — *Sommières (Duchol)* : 23 frim. an II, partie de maison rue de l'Eglise, 8500 liv.; — *Junas (Panetier-Montgrenier)* : 12 therm. an II, pré 8 séter., 8500 liv.

73. Aubanel Jean, cult., à Aimargues. — *Aimargues (Fabrot R.)* : 5 pluv. an II, partie de maison 4 boiss. 1 1/3 perche, 5000 liv. — Voy. en outre Mauméjean Jean.

74. Aubergier Christophe, aux Angles. — *Les Angles (Forbin J. J.)* : 24 fruct. an II, terre 1 salm. 7 ém., 2125 liv.

75. Aubert Joseph, à Roquemaure.. — *Roquemaure (Bellon Gabriel)* : 17 fruct. an II, terre 5 ém., 5 pougnad. 1 ltd., 13000 liv.

76. Aubert Simon, trac. de pierres, à Beaucaire.—
Beaucaire (Coëtlogon): 27 fruct. an VI, terre 3 ém.
8 picol., 1000 fr. — Voy. en outre Figuière-Poncet.

77. Audemard Jean, cult., à Combas. — *Combas
(Narbonne-Pelet)* : 21 germ. an II, olivette 1 set. 2
quartons 1 dext., herme 4 set., le tout 920 liv.

78. Audibert Gabriel, à Pujaut. — *Pujaut (Raousset-Boulbon)* : 1 fruct. an II, terre 2 sal., 1625 liv.

79. Audry Jean. — *Combas (Narbonne-Pelet)* :
9 mess. an III , domaine d'Aubac, en tout 360 séterées, 263000 liv.

80. Aufan Joseph, à Uzès. — *Saint-Siffret (Bastet-
Crussol)* : 26 pluv. an II, jardin potager 3 sal. 1 ém.,
maison de jardinier et cour 1 ém. 9 vest., 12600 liv.;
— *Saint-Firmin (Bastet-Crussol)* : 27 pluv. an II,
pré 1 sal. 8 1/2 ém., 5700 liv.

81. Augier Baptiste, à Vallabrègues. — *Vallabrègues (Bruges M. J. L.)* : 18 fruct. an II, terre 1 sal. 1/4
de picot., 2900 liv.

82. Augier Jean. — *Vallabrègues (Bruges M. J. L.)*:
18 fruct. an II, terre 3 ém. 1 picot., 377 liv.

83. Augier Jean, à Pont-Saint-Esprit. — *Saint-
Julien-de-Peyrolas (Vogüé)* : 11 prair. an II, terre
3 sal. 3 ém. 2 boiss., 1270 liv.

84. Augier Pierre, à Vallabrègues. — *Vallabrègues (Bruges M. J. L.)* : 18 fruct. an II, terre 1 sal. 1/4
de picot., 2875 liv.

85. Auquier Jean, négociant, à Clarensac. —
Saint-Côme (Rochemore L.) : 3 vent. an II, pré et
vigne 1275 dext., 16500 liv. ; pré et vigne 1275 dext.,
16700 liv.

86. Auquier Jean-Louis, négociant, à Clarensac.
— *Saint-Côme (Rochemore L.)* : 1ᵉʳ vent. an II, terre

olivelle 378 dext., 2400 liv. ; 3 vent. an II, vigné 350 dext., 12000 liv. ; 4 vent. an II, terre 1268 dext., 16000 liv.

87. Auquier Paul, ménager, à Clarensac. — Saint-Côme (*Rochemore L.*) : 3 vent. an II, vigne 640 dext., 12000 liv. ; 4 vent. an II, terre 428 dext., 3300 liv.

88. Auzière Jean, maire, à St-Laurent-d'Aigouze. — *St-Laurent-d'Aigouze* (*Lanchrist*) : 30 pluv. an II, terre 1 cart. 3 quart. 31 dext., 5000 liv.; — *Le Cailar* (*Baschy F.*) : 21 vent. an III, pré 6 cart. 1 quart. 3 dext. (par Mathieu Jacques, cultiv., du Cailar), 7000 liv. ; pré 6 cart. (par Berrus Paul, cult., du Cailar), 7700 liv. ; pré 4 cart. 2 quart. 11 dext. (par Berrus Paul, cult., du Cailar), 3700 liv.; pré 5 cart. (par Émin Isaac, cult., à Vergèze), 5050 liv. ; pré 5 cart. (par Mathieu, sus-nommé), 4250 liv. ; pré 5 cart. (par Chabrier, du Cailar), 4050 liv.; pré 5 cart. (par Puech Antoine, du Cailar), 4175 liv.; pré 5 cart. (par Berrus, sus-nommé), 4025 liv. — Il acheta aussi, *Saint-Laurent-d'Aigouze* (*Lanchrist*) : 1er vent. an II, (pour Roux Pierre, de Saint-Laurent-d'Aigouze), onzepièces terres, hermes et salans, en tout 21 cart. 1 1/2 quart., 1100 liv. ; pour Trouchaud Jean-Louis, de St-Laurent-d'Aigouze, terre de 5 cart., 1200 liv. — Voy. en outre Bourry Jacques, Mathieu Jacques, Puech Jacques fils et Valette Jean.

89. Auzillon Louis, travailleur, à Saint-Hippolyte-du-Fort. — *La Cadière* (*Vissec* (*L. A. M.*) : 7 germ. an II, tènement 2 set. 3 quartes 11 1/4 dext., 1350 liv. ; devois 3 set. 3 quartes 8 3/4 dext., 1175 liv.

90. Ayme Étienne. — *Cavillargues* (*Nicolay*) : 17 frim. an III, terre 2 ém. 5 boiss., 40 liv.

91. Ayme Jacques, cultivateur, à Aramon. — *Aramon (Sauvan P. P. A.)* : 21 prair. an II, terre 3 ém., 1000 liv.

92. Balard Alexis-Jean-Thomas, vérificateur du droit d'enregistrement du Gard. — *Le Vigan (Saubert F. L.)* : 11 niv. an II, vigne 2 set. 3 cartes, 5625 liv. (1). — *Aigremont (Rochemaure J. B. L.)* : 26 mess. an II, domaine de Fosset 76 sal. 2 boiss. 20 dext., 22100 liv.

93-94. Barafort Antoine, propr., à Lézan, et Cabanis Antoine, prop., à Mialet. — *Lézan (Cambis C. F.)* : 11 fruct. an II, jardin 2 quartes 1 boiss., avec petite maison 6 cannes, 3050 liv.

95-103. Barafort Antoine, Laporte Pierre, Serret Jacques, Cazenove Isaac, Robert Jacques père, Combe Louis, Teissier Étienne-Daniel, Crouzet François et Bresson Jean, de Lézan. — *Lézan (Cambis C. F.)* : 3 vend. an III, terre 8 quartes 2 boiss., 1575 liv.

104-108. Barafort Antoine, Laporte Pierre, Combes Louis, maréchal-ferrant, Massip Louis, Maurin Jean, Saumiac Claude, Martel Jean et Bastide Pierre, de Lézan. — *Lézan (Cambis C. F.)* : 5 vend. an III, terre 4 quartes 1 boiss. appelée Valaurie, 715 liv.

Barafort Antoine, prop., à Lézan. — Voy. en outre, Bresson Jean, Robert Jacques, Serret Jacques, Serrière Antoine et Teissier Étienne-David.

109. Barafort David, à Colognac. — *Colognac* et *Monoblet (Manoël E.)* : 8 vend. an III, pré 2 set. 3 quartes 5 dext., 1900 liv.

110. Barafort François, meunier, à Saint-Hippo-

<hr>

(1) Agissait pour Saubert Rose-Pauline, Marianne-Pauline et Elisabeth-Adélaïde, sœurs, qui ne payèrent rien à l'Etat.

Iyle-du-Fort. — *Saint-Bonnet* et *Thoiras* (*Vissec
L. A. M.*) : 11 germ. an II, lot de 4 set. 18 dext.
terres, mûriers et rancarèdes, y compris un moulin
avec maisonnage de 15 cannes, un couvert de
5 cannes, une écurie de 4 cannes 5 3/4 pans, un
poussier de 3 cannes 4 pans et l'écluse de 35 cannes,
9050 liv.

111. Barafort Simon, tailleur d'habits, à Saint-
Hippolyte-du-Fort. — *La Cadière* (*Vissec L. A. M.*) :
6 prair. an II, devois 2 set. 2 quartes 10 1/2 dext.,
550 liv. ; devois 4 set. 7 dext., 650 liv.

112. Barandon Antoine, cultiv., à Orthoux. —
Quilhan (*Cambis C. F.*) : 16 flor. an II, terre, jardin
et devois 15 set. 1 quarton, 5400 liv.

113. Barascut Pierre, négociant, à Lodève. —
Aimargues (*Bastet-Crussol*) : 5 frim. an III, champ
8 carteir. 1 quarton 32 dext., 8000 liv. ; champ
8 carteir. 1 quarton 32 dext., 7100 liv. (1). — Voy.
en outre : Carbonnier Jean, Daniel Sébastien,
Grand Jean-Antoine, Jourdan Antoine, Pelissier
François, Prouzet Antoine, Robert....., Soulier
Abel, Soulier Louis, Viel André.

Barascut Pierre, directeur de l'Hôpital de la Montagne. — Voy. Roussel Antoine.

114. Barbe Jean, à Beaucaire. —*Beaucaire* (*Chaumont-Guitry*) : 23 mess. an VII, terre 6 ém. 6 picot.,
320 fr.

115. Barbier Charles, à Vallabrègues. — *Vallabrègues* (*Bruges M.-J.-L.*) : 18 fruct. an II, terre
2 sal. 9 picot., 3500 liv.

116. Barbusse Simon, agriculteur, à Lézan. —

(1) Fit cette dernière acquisition pour Robert Pierre, d'Aimargues.

Lézan (*Cambis C. F.*) : 15 fruct. an II, vigne 18 quart.
1 boiss., 670 liv. — Voy., en outre, Bourdarier Jacques et Roux Jean.

117. Barbut Jacques , agriculteur, à Campagne (Générac). — *Fontanès* (*Narbonne-Pelet*) : 8 fruct. an II, bergerie dite Bizour 8 1/2 dext., 2100 liv. — Voy., en outre, Gautier Jean.

118. Barlaguet Jean, cultiv., à Combas. — *Combas Narbonne-Pelet*) : 6 germ. an II, bergerie à Cougoussac 11 dext., 525 liv.

119. Barlaguet Jean-Pierre. — *Combas* (*Narbonne-Pelet*) : 5 prair. an III, terre 2 quartes 20 dext., 175 l.

120. Baron Jean-Jacques, à Nimes. — *Saint-Gilles* (*Baron J.-J.*) : 30 flor. an XIII, vigne en deux parties 3 h. 75 a. 62 c., 605 fr. (1).

121. Baron Louis, vérif. de l'enreg. et des dom., à Douai (Nord). —*Fourques* (*Baron J.J.*) : 18 prair. an VI, mas de Marsanne, en trois corps, 516 cannes de bâtiment et 289 1/2 sel. 1 quart. 1 cart. 263 dext. terres, 47253 liv. (2).

Barral Jean, notaire au Vigan. — Voy. Teissier François.

121 *bis*. Barre Madeleine, à Nimes. — *Brignon, Moussac* et *Nozières* (*Barre Jean*) : 5 mess. an IV, biens divers à *Brignon*, maison, cour et jardin 35 dext., autre maison, terre et jardin 1 ém. 3 boiss., à *Moussac*, bergerie et terre attenante 9 ém. (3).

(1) L'acquéreur était lui-même le dépossédé.
(2) L'acquéreur était le frère du dépossédé, auquel il passa un acte de cession le 10 germ. an X, devant Mᵉ Marignan, not. à Nimes.
(3) « Ces biens, sans plus ample désignation, ont été soumissionnés par Mlle de Barre, qui les a rétrocédés volontairement et verbalement à M. de Barre, son frère », dit le bordereau d'indemnité, lequel ajoute qu'elle a payé, en deux fois, 7300 liv. en mandats, soit 541 fr. 50 cent.

122. Barre Pierre, à Nimes. — *Brignon* et *Castelnau* (*Caboux J.*) : 27 fruct. an III, maison, cour, jardin, terres, hermes et vignes, savoir : 1 sal. 18 ém. 57 boiss. 4 dext. à Castelnau, en douze pièces, et 68 sal. à Brignon, le tout 78000 liv.

123. Barriaud Jean, à Pujaut. — *Pujaut* (*Raousset — Boulbon*) : 1er fruct. an II, terre 2 sal., 1525 liv.

124. Barriol Jean, à Villeneuve. — *Les Angles* (*Forbin J. J.*) : 26 fruct. an II, jardin, bâtiment et terre 2 sal. 1 ém. 14 cosses, 4275 liv.

125-126. Barry François, ménager, et Giraud Antoine, maçon, à Beaucaire. — *Beaucaire* (*Desroys Saint-Michel*) : 13 fruct. an II, olivette 7 ém. 5 picot., 3550 liv.

Barry François (le même). — Voy. Testedor Jacques.

126 *bis*. Barry Jean, fils aîné, à Vauvert. — Voy. Berrus Jacques.

127. Barry Pierre, à Nimes. — *Saint-Géniès-de-Malgoirès* (*Bastet - Crussol*) : 19 fruct. an III, le domaine dit du Château 29 sal. 52 ém. 32 3/4 boiss. 36 1/2 dext.. 380000 liv. ; — *Montignargues* (*Bastet-Crussol*) : 26 brum. an IV, bois 46 sal. 9 ém., 340000 l.; — *Nimes* (*Baschy F.*) : 21 fruct. an V, maison, cour et jardin, rue Ste-Élisabeth, 186 cannes de bâtiment, 368 cannes cour et jardin, 13700 liv.

128. Barthélemy Jacques, agriculteur, à Montfrin. — *Montfrin* (*Monteynard F.*) : 14therm. an II, la glacière à la porte de Montagna 20 cannes, 290 liv.

129. Baschy Marthe, à Montpellier. — *Beauvoisin* (*Baschy II. P.*) : 1 flor. an II, moulin à huile et 178 b. 42 a. 17 c. terres, 15018 fr.

130. Basclet Jean-Pierre, à Uzès, — *Saint-Firmin*

(*Bastet-Crussol*) : 27 pluv. an II, pré 2 sal. 6 ém.
4 vest., 8000 liv.

Bassaget Antoine, à Marsillargues.—Voy. Bassaget
Pierre.

131. Bassaget Pierre, cultivateur, au Cailar. — *Le
Cailar* (*Bastet-Crussol*) : 5 flor. an II, champ et pré
9 cart., 5425 liv. ; champ 15 cart. 2 dext., 9083 liv.
— *Aimargues* (*Moynier Claude*) : 14 prair. an II,
champ 6 cart. 2 quart. 35 dext.,7025 liv. ; champ
6 cart. 2 quart. 35 dext., 7225 l. — 15 prair. an II,
terre 4 cart. 3 quart. 16 dext., 2775 liv. — Voy.
en outre, Crémieu Saül, Féline Claude, Gervais
Jean-François, Mathieu Jacques.

132. Bastardy Joseph, à Saint-Géniès-de-Comolas.
—*Saint-Géniès-de-Comolas* (*Sicard J. A.*) : 11 therm.
an 2, deux vignes 7 ém. 7 pougn. 2 lid., 860 liv. ;
trois vignes 11 ém. 7 pougn. 2 lid., 1125 liv.

133. Bastide Antoine, agriculteur, à Souvignargues. — *Fontanès* (*Narbonne-Pelet*) : 8 fruct. an II,
terre 2 sal., 2000 liv.; terre 1 sal. 2 quart., 650 liv. ;
terre-muriers 3 quart. 22 dext., 525 liv. (1).

134. Bastide David, négociant. — *Saint-Firmin*
(*Champloix La Baume*) : 9 germ. an II, terre 2 sal.
6 ém. 5 1/4 vest., 8000 liv.

135. Bastide Jacques, propriétaire, à Lézan. —
Lézan (*Cambis C. F.*) : 11 fruct. an II, maison, écurie
et cour 9 dext., 2300 liv.

136. Bastide Jacques-David. — *Saint-Quentin*
(*Bastet-Crussol*) : 27 pluv. an II, pré et terre 1 sal.
9 ém. 8 vest., 5000 liv.

(1) Déclara avoir acquis cette dernière terre pour Coulomb Jean-
Pierre, de Fontanès.

Bastide Pierre, négociant, à Lézan. — Voy. Barafort Antoine et Laporte Jean-Pierre.

137. Batifort Pons, notaire, à Gallargues. — *Gallargues* (*Rochemore*): 13 vent. an II, deux vignes et un herme 3455 1/4 dext. 13000 liv.; vigne 797 dext., 1350 liv.

138. Bauclard Laurent, à Roquemaure. — *Roquemaure* (*Régis C. J.*): 22 vend. an III, maison 21 toises de couvert et enclos de 20 perches, 1325 liv.

Baumassière Nicolas, boulanger, à Alais. — Voy. Rauzier Jean-Louis.

139. Baume Henry, à Bagnols. — *Bagnols* (*Bourbon L. S. X.*): 21 germ. an II, four banal dit de Canillac, 915 liv.

140. Baume Jean, agriculteur, à Sénéchas. — *Sénéchas* (*Lafare-Latour L. P.*): 18 mess. an II, pré 9 quartes, 1100 liv.

141. Baumet Jean, secrétaire-commis du district. — *Montfrin* (*Monteynard F.*): 11 niv. an II, terre 5 ém. à 320 liv. l'ém., 1600 liv.

Baumier André fils, au Vigan. — Voy. Aguze Madeleine-Delphine.

142. Baumier Louis, au Vigan. — *Montdardier* et *Rogues* (*d'Assas F. C.*): 24 frim. an II, métairie de Flouirac 384 sét., 31100 liv.

143-146. Bautias Jean, ménager, Faucher Jean, ménager, Sévénery Jean Louis, maréchal-ferrant, et Brémond Jean, ménager, de Garons. — *Garons* et *Bouillargues* (*Cortois-Balore P. M. M.*): 6 brum. an IV, deux maisons à Bouillargues 45 cannes de couvert, et champ à Garons 1 ém. 16 dext., 28000 liv.

Baux Jean, à Lasalle. — Voy. Bruguier Jean.

147-149. Beaux David, Portal Antoine, propriétai-

res, à Mialet, et Boisset Louis, de Générargues. —
Lézan (*Cambis C. F.*) : 13 fruct. an II, un domaine
de 27 sal. 12 quartes 2 boiss, avec les maisonnages,
meubles, effets et cabaux, 65500 liv. (1).

150. Bécas Pierre, bourrelier, à Remoulins. —
Remoulins (*Bastet-Crussol*) : 5 pluv. an II, terre
6 ém. 3 vest., 189 liv.; terre 1 sal. 7 1/2 vest.,3450 liv.

Béchard Catherine, femme Lombard, de Nimes. —
Voy. Brunel Barthélemy.

151. Béchard Jean, agriculteur à Lédignan. — *Aigremont* (*Rochemore J.B.L.*) : 23 therm. an II, terre
8 quartes, 620 liv.

Béchard Louis, cultivateur, à Vestric. — Voy.
Emin Isaac, Gabian Louis et Montfajon Henry.

152. Béchard Pierre, agriculteur, à Sommières.—
Sommières (*Gautier J. J. fils*) : 22 frim. an II, olivette 1 sét. 3 quartons 17 dext., 1835 liv. ; vigne
1 sal., 860 liv. —*Sommières* (*Duchol*) : 23 frim. an II,
terre-olivette 3 sal. 16 dext., 3700 liv. — *Fontanès*
(*Narbonne-Pelet A.*) : moulin à farine sur le Vidourle
dit « vieux » 26 toises 3 pieds, autre moulin dit « de
la Figuière » 19 toises 5 pieds, maison de meunier
26 toises 4 pieds 5 pouces, champ attenant 275 dext.,
et vigne 200 dext., 20100 liv. (2).

153. Béchard Pierre, agriculteur, à Aigremont.—
Aigremont (*Rochemore J. B. L.*) : 28 mess. an II, terre
1 quart. 3 dext., 450 liv.

(1) Le 11 octobre 1807 (MM. Pérès et Teissier, not. à Anduze)
Boissier Louis céda à l'ancien propriétaire, directement ou par
personnes interposées, la moitié de ce domaine, distraction faite
d'une terre de 140 ares. Le 5 mars 1807 (Pérès not. à Anduze).
Beaus Jean-David avait cédé au même émigré les maisonnages
et aire de 9 dextres.

(2) Déclara avoir acquis ce dernier article pour Portalier Antoine fils, négociant.

154. Béchard Pierre, agriculteur, à Lédignan. — *Aigremont* (*Rochemore J. B. L.*) : 17 therm. an II, pré 21 quart. 3 boiss., 4600 liv. ; pré 35 quart., 4700 liv.

155. Bedos Jean, négociant, à Uzès. — *Saint-Firmin* (*Bastet-Crussol*) : 27 pluv. an II, pré 2 sal. 7 ém. 6 vest., 10300 liv. ; pré 2 sal. 2 ém. 7 vest., 7400 l.

156. Bedos Jean, cordonnier, à Alais. — *Alais* (*enfants Guiraudet*) : 12 germ. an II, maison rue de la Peyroularié 72 cannes de superficie, 11600 liv.

157. Bellile Marie-Fulcrand, à Pont-Saint-Esprit. — *Roquemaure* (*Serguier Joseph*) : 21 fruct. an II, jardin 3 lid. et pavillon 3 cannes de couvert, 2400 l.

157 *bis*. Belly Joseph, cultivateur, à Beaucaire. — Voy. Figuière Poncet.

158. Benet Antoine, ménager, à Fourques. — *Fourques* (*Courtois*) : 1er niv. an II, terre 3 sél. 44 dext., 1550 liv. (1).

159. Benet Honoré. — *Fourques* (*Courtois*) : 1er niv. an II, deux terres 8 sél. 78 dext., 4050 liv.

160 Bénézet Jean, fabricant d'eau-de-vie, à Vauvert. — *Le Cailar* (*Baschy F.*) : 2 vent. an III, pré 5 cart., 7750 liv. ; pré 5 cart., 10500 liv. ; pré 5 cart., 6000 liv. (2) ; pré 4 cart., 3 quart. 20 dext., 5200 liv. (3) ; pré 5 cart. 5750 liv. (4). — Voy. en outre Gavanon Jean.

161. Benoît Isaac, jardinier-fleuriste, à Nimes. — Voy. Pascal Jean-Antoine.

(1) Céda cette terre à l'émigré Cortois, le 23 brumaire an XIII, (Me Roche, notaire, à Fourques).

(2) Déclara voir acquis cet article pour Gavanon François père, de Vauvert.

(3) Déclara avoir acquis cet article pour Nissard Jean, de Vauvert.

(4) Déclara avoir acquis cet article pour Burgala Jean fils, de Vauvert.

162. Benoît Joseph, à Cavillargues. — *Cavillargues* (*Nicolay*) : 18 frim. an III, pré 3 ém. 1 boiss. 2 lid., 2575 liv.

163. Bérard Jean, négociant, à Gallargues. — *Gallargues* (*Rochemore*) : 12 vent. an II, terre 497 1/2 dext., 3200 liv.

164. Bérard Jean, cordonnier, à Montfrin. — *Montfrin* (*Monteynard F.*) : 10 niv. an II, terre 4 ém., 820 liv. ; 11 niv. an II, deux terres 8 ém. à 155 liv. l'ém., 920 liv.

165. Béraud Jean, à Cavillargues. — *Cavillargues* (*Nicolay*) : 17 frim. an III, terre 2 ém. 6 boiss., 660 l.

166. Béraud Jean, à Roquemaure. — *Roquemaure* (*Bourbon* et *Rohan - Montbason*) : 27 therm. an II terre 5 sal. 6 ém. et herme 2 sal. 1 ém. 6 poug., 9833 l. — *Roquemaure* (*Ebray Mathieu fils*) : 6 fruct. an II, grange 30 cannes, terre et vigne 8 ém. 5 poug. 2 lid., 2710 liv. — *Roquemaure* (*Régis C. J.*) : 22 vend. an III, terre 45 perches, 855 liv.

167. Berger, à Nimes. — *Nimes* (*Fabrot R.*) : 27 vent. an II, maison rue des Marchands 11 1/2 t., 8000 liv.

168. Berger Jean-Jacques, à Vestric. — *Vestric* (*Montmorency-Robecq*) : 10 flor. an II, terre 443 dext., 1100 liv. ; 21 flor. an II, terre 143 dext., 750 liv.

169. Berger Louis, à Aulas. — *Aulas* (*Mercier J. F.*) : 26 niv. an II, terre 9 dext., 210 liv. (1).

Bergeron Étienne, cultivateur, à Codognan. — Voy. Dumas Jean fils.

170. Bérignargues Antoine, à Vestric. — Voy. Roulle Jean.

_____

(1) Déclara avoir acquis cet article pour Nogarède Étienne fils, dit Campone, fab. de bas, à Aulas.

171. **Berlandier Louis**, à Montfrin. — *Montfrin* (*Monteynard F.*) : 15 therm. an II, herme 2 sal., 101 liv.

Berlen Jacques, cultivateur, à Aimargues. — Voy. Mauméjean Guillaume et Viel André.

172. **Berlen Pierre aîné**, cult., à Aimargues. — *Aimargues* (*Bastet-Crussol*) : 5 frim. an III, champ 3 quart., 2000 liv. (1). — *Le Cailar* (*Baschy F.*) : 16 niv. an III, pré 6 cart., 3675 liv. — Voy. en outre Mauméjean Guillaume et Viel André.

Bernard père, maçon à Beaucaire. — Voy. Teste-dor Jacques.

173. **Bernard André**, meunier, à Aramon. — *Ara-mon* (*Sauvan P. P. A.*) : 18 mess. an II, terre 2 ém., 625 liv. (2).

174. **Bernard Henry**, cultivateur, à Aimargues. — *Aimargues* (*Moynier Claude*) : 14 prair. an II, champ 3 cart. 1 1/2 quart., 3525 liv. (3) ; 15 prair. an II, terre 5 cart. 2 1/2 quart., 3400 liv. (4). — Voy., en outre, Chay Jean.

Bernard Jean, cultivateur, à Aimargues. — Voy. Mauméjean Guillaume.

175. **Bernard Jean**, agriculteur, à Aramon. — *Aramon* (*Taxis Clément*) : 12 mess. an II, olivette 2 sal. 1 ém., 1200 liv. ; — *Aramon* (*Sauvan P. P. A.*) : 14 mess. an II, terre 2 sal. et un bâtiment, 4725 liv.

(1) Déclara avoir acquis cet article pour Langlade Jean et Prouzet Antoine, d'Aimargues.

(2) Cette terre fut rétrocédée à Sauvan le 5 nivose an XIII (M⁰ Sévelrac, not. à Aramon).

(3) Déclara avoir acquis cet article pour Besson Louis-Etienne, d'Aimargues.

(4) Déclara avoir acquis cet article pour Grégoire Jacques et Chay Jean, d'Aimargues.

176. Bernard Jean-Marie-Jacques, à Aimargues.—
Voy. Mauméjean Guillaume.

177. Bernard Jean-Pierre. — *Pujaut (Raousset-Boulbon)* : 1 fruct. an II, terre 2 sal., 1525 liv.

178. Bernard Louis, à Aramon. — *Aramon (Sauvan P.P.A.)* : 14 mess. an II, terre 2 ém., 420 liv.

179. Bernard Paul, à Lussan. —*Lussan (Melfort)* : 6 brum. an III, écurie et grenier à foin 8 cannes, casal 8 cannes, 555 liv.

180. Bernard Pierre, à Pujaut. — *Pujaut (Raousset-Boulbon)*: 1 fruct. an II, terre 2 sal., 1525 liv.

181. Bernard Pierre, à Massillargues-Atuech. — *Massillargues (Beauvoir Roure Brison F.D.A.)* : 29 prair. an II, pré 44 quartes 8 1/4 dext., 9000 liv. ; — *Lézan (Beauvoir Roure Brison F. D. A.)* : 1 vend. an IV, terre 12 quartes 2 boiss., 7600 liv.

182. Berrus. — *Aimargues (Fabrot R.)* : 5 pluv. an II, terre 3 arpents 3/4, 5450 liv. ; terre 3 1/2 arpents 3 boiss., 4625 liv.

183. Berrus Jacques, cultivateur au Cailar. — *Le Cailar (Baschy F)* : 1 vent. an III, pré 5 cart., 5400 l. ; 9 vent. an III, champ 5 cart. 2 quart., 36000 liv. ; 21 vent. an III, mesure de l'ancien château et fossés 1 cart. 1 quart. 18 dext., 1175 liv. —*Le Cailar (Baschy Caroline)*: 19 fruct. an IV, marais 400 cart., 11033 l.(1); 8 therm. an V, terre 10 cart., 755 liv. ; 24 pluv. an VI, pré 6 cart., 18000 liv. ; 21 fruct. an VI, diverses pièces 77 cart. 558 dext., 50000 liv. (2) — Voy. en outre

(1) Rétrocéda à Pierre Mathieu, du Cailar, personne interposée au profit de l'ancien propriétaire, par acte reçu Me Sausse, not. au Cailar, le 24 brum. an II.

(2) Déclara, le lendemain, avoir acquis ce dernier article pour Roux Antoine et Barry Jean fils aîné, de Vauvert.

Berrus Paul, Mathieu Jacques, Pascal Antoine, Pascal Jean-Antoine, Roux François.

Berrus Paul, cultivateur, au Cailar. — Voy. Auzière Jean, Chabrier Antoine, Mathieu Jacques, mari de Berrus.

184-185. Berrus Paul et Berrus Pierre, frères, cultivateurs, au Cailar. — *Le Cailar (Baschy F.)* : 27 et 28 niv. an III, domaine de la Tour d'Anglas (17 lots), au total 49 cart. 20 quart. 310 1/4 dext. y compris 32 1/4 dext. de bâtiments, 43173 liv. (1).

Berrus Pierre, cultivateur, au Cailar. — Voy. Berrus Paul.

186. Bertony Bernard, négociant, à Aiguesmortes. — Voy. Pascal Jean-Antoine.

187. Bertrand Alexis, notaire, à Cavillargues. — *Cavillargues (Nicolay)* : 7 frim. an III, jardin 6 boiss. 2 lid., 325 liv. ; — maison et écurie 38 cannes, cour 24 cannes, 2005 l. (2) ; 9 frim. an III, pré 1 ém. 4 boiss. 1/2 lid., 800 liv.

188. Bertrand Jean, cultivateur, à Pujant. — *Pujaut (Raousset-Boulbon)* : 28 prair. an II, vigne et verger 3 sal. 6 ém. 4 poug. 1 lid., 3225 liv.

189. Bertrand Jean, de Nîmes. — *Beaucaire (Coëtlogon)* : 27 fruct. an VI, terres 3 sal. 10 ém. 7 picot., 80000 fr.

190. Bertrand Jean, propriétaire, à Bordezac. — *Portes (Lafare-Latour L. P.)* : 21 mess. an II, châtaigneraie 1 sal., terre et herme 18 quart., 1975 liv.

191. Bertrand Joseph, maire, à Cavillargues. —

(1) Les 2e, 3e, 5e, 6e, et 7e lots furent acquis, pour eux par Berrus Jacques, leur frère aîné.

(2) Rétrocéda cette partie à Nicolay, le 10 frim. an XIII (M° Borelly, notaire).

Cavillargues (Nicolay) : 8 frim. an III, terre 4 1/2 ém.,
1165 liv. ; 17 frim. an III, terre 14 ém. 3 boiss.,
4000 liv.

192. Bertrand Pierre père, agriculteur, à Tarabias
(Chambon). — *Sénéchas (Lafare-Latour • L. P.)* :
16 mess. an II, domaine de Tarabias comprenant :
bâtiments et chapelle 2 sal., jardin 2 1/2 boiss.,
terres et près 3 sal. 26 quart., châtaigneraie 15 sal.,
17200 liv. (1).

Besson Louis-Étienne, à Aimargues. — Voy. Bernard Henry.

193. Besson Pierre, ménager, à Aimargues. —
Le Cailar (Fabrot Raymond) : 15 vent. an II, terre
3 cart. 2 1/2 quart. 12 1/2 dext., 3025 liv. ; terre
7 cart., 3700 liv. (2).

194. Bétrine Jean, menuisier, à Uchaud. — *Uchaud
(Fabrot Raymond)* : 3 germ. an II, herme 46 dext.,
60 liv.

195-197. Bétrine Pierre fils, Peyron Jean, Allen
Charles, Grive Jean et Montfajon Charles, cultivateurs, à Vergèze. — *Le Cailar (Baschy F.)* : 6 germ.
an III, pré 5 cart., 5050 liv.; pré 5 cart., 6000 liv.;
pré 4 cart. 2 quart. 17 dext., 5750 liv.

200. Bialès Baptiste, à Cavillargues. — *Cavillargues (Nicolay)* : 7 frim. an III, jardin 2 ém., 1350 liv.;
16 frim. an III, pré 3 ém., 525 liv. ; 18 frim. an III,
terre 7 ém. 2 boiss. 1/2 lid., 2700 liv. ; 21 frim.
an III, terre 9 ém. 2 boiss., 925 liv.

201. Bialès Joseph, à Cavillargues. — *Cavillar-*

(1) Encourut la déchéance, et Lafare-Latour rentra en possession.

(2) Déclara avoir acquis ces deux articles pour Grand Jean-
Antoine, cult., à Aimargues.

gues (*Nicolay*) : 17 frim. an III, terre 3 ém. 4 boiss.
3 1/2 lid., 45 liv.

202. Bialès Pierre, à Cavillargues. — *Cavillargues* (*Nicolay*) : 18 frim. an III, terre 13 ém. 6 boiss.
1 lid., 3625 liv.

203. Biaulès Joseph, à Pujaut. — *Pujaut* (*Raousset-Boulbon*) : 1er fruct. an II, terre 2 sal., 1625 liv.

204. Biz Esprit, à Saint-Géniès-de-Comolas. — *Saint-Géniès-de-Comolas* (*Sicard J. A.*) : 11 therm.
an II, vigne 3 ém. 6 poug., 476 liv.

Blanc Antoine, à Bouillargues. — Voy. Roubel
Jean aîné.

205. Blanc Chrisostôme, à Vallabrègues. — *Vallabrègues* (*Bruges M. J. L.*) : 18 fruct. an II, terre
2 sal. 4 ém. 3 picot., 6050 liv.

Blanc François, à Bouillargues. — Voy. Roubel
Jean aîné.

206. Blanc Gabriel, à Pujaut. — *Pujaut* (*Raousset-Boulbon*) : 1er fruct. an II, terre 2 sal., 1525 liv.

206 *bis*. Blanc Jean, cultivateur, à Beaucaire. —
Voy. Figuière Poncet.

207. Blanc-Pascal Pierre, homme de loi, à Nimes.
— *Aubord* et *Générac* (*Montmorency - Robecq*) :
11 brum. an IV, domaine de la Cagueraule ou Valbournès comprenant maison, moulin à eau, bergerie,
écurie, paillier, jardin, prés, vignes et champ, ensemble un tiers du moulin de Pignet, terres et possessions dans le terroir de Générac, contenant 24 sal.,
vignes, 34 sal. champs, 2 sal. prés, 2 sal. jardin et
6 1/2 sal. vacants, le tout 1250000 liv. (1).

(1) Fit élection d'ami, le 12, en faveur d'Allier Jean-François,
négt. à Nimes. — Cette vente doit être nulle, puisqu'il en existe
une autre sous la date du 26 prair. an IV dûment enregistrée. —
Voy. Mourgue, n° 1097.

208. Blanc Pierre, à Pont-Saint-Esprit. — *Pont-Saint-Esprit* (*Broche·Descombes cadet C. J. R.*) : 21 fruct. an II, terre 5 ém. 5 boiss., 4000 liv.

209. Blanc Pierre, agric., à Combas. — *Combas* (*Narbonne-Pelet*) : 6 germ. an II, terre 3 sét. 3 quart. 17 dext., 1900 l.; 17 germ. an II, terre 4 sét. 3 quart. 5 dext., 610 liv.; olivette 3 sét., 1800 liv.; terre 8 set. 3 quart. 16 dext., et herme 9 sét. 2 quart. 4300 liv.; 21 germ. an II, terre 1 sét. 3 quart. 20 dext., 2275 liv.

210. Blanchet Claude, agric., à Montfrin. — *Montfrin* (*Monteynard F.*) : 11 niv. an II, terre 5 ém. à 240 liv. l'ém., 1200 liv.; 14 therm. an II, terre 1 salm., 1725 liv.; terre 4 ém., 1000 liv.

211. Blanchet Jacques, cordon., à Saint-Ambroix. — *Saint-Ambroix* (*Pérochon F.*) : 1 brum. an III, vigne olivette 6 quart. 3 boiss., 1900 liv.

212. Blanchet Jean, ménag., à Montfrin. — *Montfrin* (*Monteynard F.*) : 10 niv. an II, maison à la 3ᵐᵉ faïsse, 4000 liv.

213. Blanquet Pierre, à Lasalle. — *Saint-Bonnet* (*Vissec L. A. M.*) : 22 pluv. an II, pré 2 sét. 1 quart., 4075 l.; 23 pluv. an II, pré et herme 1 quart. 17 dext., 1100 liv.; pré et herme 1 quart. 1 dext., 850 liv.; pré et herme 1 quart. 11 dext., 900 liv.; pré et herme 2 quart. 3 dext., 1050 liv.; châtaig. mûriers 11 sét. 20 dext., 6250 liv.

214-116. Blaquière Jacques, Brun Jean et Jourdan Théodore, à Montdardier. — *Montdardier* (*d'Assas F. C.*) : 27 pluv. an II, partie du bois de Regnas 25 sét., 825 liv.

217. Blaquière Jacques fils, à Montdardier. — *Montdardier* (*d'Assas F. C.*) : 29 germ. an II, châtaign. et pâture 3 sét. 1 quart., 150 liv.

Blatière Jacques, cultiv., au Cailar. — Voy. Pascal Jean-Antoine.

218. Blaud Jacques-Louis fils. — *Saint Siffret* (*Champloix La Baume*) : 9 germ. an II, herme 1 sal. 2 ém. 7 vest., 317 liv.

219. Bleyrac Jean, ménag., à Montfrin. — *Montfrin* (*Monteynard F.*): 11 niv. an II, terre 5 ém., à 225 liv. l'ém., 1125 liv.; 15 therm. an II, terre 4 ém., 1000 liv. — Voy. en outre Ancelin Jean, Goirand Étienne et Fabre Jean.

220. Bleyrac Joseph, ménag., à Pujaut. — *Pujaut* (*Raousset-Boulbon*) : 1 fruct. an II, terre 2 salm., 1625 liv.

Boisset Louis, à Générargues. — Voy. Beaux David.

221. Boisset Joseph, cultiv., à Clarensac. — *St-Côme* (*Rochemore L.*) : 4 vent. an II, terre 1140 1/2 dext., 7000 liv.

222. Boissier, maire, à Lèques. — *Lèques* (*Chaumont-Guitry J. G. H.*) : 22 vend. an III, terre 23 sét. 1 quart., 2225 liv. ; terre 2 sét. 2 dext., 550 l.

223. Boissier Étienne, à Lèques. — *Lèques* (*Chaumont-Guitry J. G. H.*) : 22 vend. an III, terre 2 sét. 1 dext., 1025 liv. ; olivette 2 quart. 14 dext., 140 liv.

224. Boissier Henry, adjudant-général des armées, à Saint-Côme. — *Saint-Côme* (*Rochemaure L.*) : 1 vent. an II, jardin clos 528 dext., 600 liv.

Boissier Jacques, ménager, à Nages. — Voy. Boissier Jean.

225. Boissier Jean, agriculteur, à Lèques. — *Lèques* (*Chaumont-Guitry J. G. H.*) : 21 vend. an III, terre 3 sét. 20 dext., 525 liv. ; terre 2 sét. 1 quart. 7 dext., 355 liv.

Boissier Jean, à Lézan. — Voy. Roux Jean.

226. Boissier Jean, cultivateur, à Vauvert. — *Le Cailar* (*Baschy F.*) : 16 niv. an III, pré 6 cart., 3550 l. ; 17 niv. an III, pré 6 cart., 1525 liv. ; pré 6 cart., 1250 liv. ; pré 6 cart., 1250 liv. ; pré 6 cart., 1225 l. ; pré 6 cart., 1225 liv. — Voy. en outre, Sabatier Jacques.

227-230. Boissier Jean, Boissier Jacques, Itier Jean et Paul Jacques, ménagers, à Nages. — *Le Cailar* (*Braschy F.*) : 16 vent. an III, pré 6 cart., 11000 l. ; pré 6 cart., 7100 liv.

231. Boissier Paul, cultivateur, à Vauvert. — *Le Cailar* (*Baschy F.*) : 16 niv. an III, pré 6 cart., 3400 l. ; 17 niv. an III, pré 6 cart., 1825 liv. ; pré 6 cart., 1225 liv. ; pré 6 cart., 2000 liv.

232. Boissière Jean. — *Le Cailar* (*Baschy F.*) : 30 brum. an XII, pré 22 ares, 319 fr. (1).

233. Boisson Claude, trésorier du district de Sommières. — *Saint-Côme* (*Rochemaure L.*) : 4 pluv. an II, terre 951 1/2 dext., 7000 liv. ; 4 vent. an II, terre 951 1/2 dext., 7000 liv.

234. Boisson Louis fils, meunier, à Uchaud. — *Uchaud* (*Fabrot R.*) : 3 germ. an II, vigne 489 dext., 5600 liv.

235. Boissonnas Pierre, à Saint-Géniès-de-Comolas. — *Saint-Géniès-de-Comolas.* — (*Sicard J. A.*) : 11 therm. an II, trois vignes 6 ém. 4 pougn. 5 lid., 1018 liv.

236. Boissu. — *Saint-Laurent-d'Aigouze* (*Lanchrist*) : 30 pluv. an II, terre 2 cart. 2 quart. 26 dext., 6025 liv. (2).

(1) Revente par suite de la déchéance de Chabrier et autres, Boissière déclara avoir acquis pour Paul Roulle, de Vestric.

(2) Déclara avoir agi pour Peyret Jean-François (ou Louis), d'Aiguesmortes.

Bonfort fils, au Cailar. — Voy. Mathieu Jacques.

237-239. Bonfort Mathieu, Sabatier Jacques et Chabrier Antoine, cultivateurs, au Cailar. — *Le Cailar (Baschy F.)* : 23 flor. an III, pré au moulin de la Levade 2 1/2 quart., 2000 liv. (1).

240. Bonhomme Louis, cultivateur, à Cavillargues. — *Cavillargues (Nicolay)* : 7 frim. an III, jardin 4 boiss. 3 lid., 425 liv. (2) : 17 frim. an III, terre 14 ém. 3 boiss. 2 lid., 4400 liv.

241. Bonifassy André, tourneur, à Vestric. — *Vestric (Montmorency-Robecq)* : 21 flor. an II, terre 372 dext., 1300 liv.

242. Bonifassy Jean, agriculteur, à Vestric. — *Vestric (Montmorency-Robecq)* : 18 flor. an II, herme 43 dext., 100 liv. ; terre 196 dext., 152 liv. — Voy. en outre, Argaud Pierre.

243. Bonnal Alexandre, cultivateur, à Uchaud. — *Uchaud (Fabrot R.)* : 3 germ. an II, terre 857 dext., 3825 liv. ; 16 flor. an II, vigne 167 dext., 130 liv.

244. Bonnard Esprit, armurier, à Uzès. — *Uzès (Bastet F. F.)* : 29 vent. an II, 1ᵉʳ lot du bâtiment dit le Sénéchal 20 cannes de plat-fond, 4550 liv.

245. Bonnaud André, à Saint-Géniès-de-Comolas. — *Saint-Géniès-de-Comolas (Sicard J.A.)* : 11 therm. an II, trois vignes 11 ém. 19 poug. 2 lid., 1104 liv.

246. Bonnaud Clément, à Cavillargues. — *Cavillargues (Nicolay)* : 8 frim. an III, terre 1 1/2 ém., 600 liv. ; 16 frim. an III, pré 3 ém. 5 boiss. 1 lid., 630 liv.

---

(1) Furent déchus, et la revente eut lieu le 30 brum. an XII.

(2) Céda ce jardin à Nicolay le 22 fruct. an XII (Mᵉ Borelly, not. à Cavillargues) et la terre le 18 mess. an II (Mᵉ Allemand, not. à Cavillargues).

247. Bonnaud Jean, à Cavillargues. —*Cavillargues* (*Nicolay*) : 7 frim. an III, vigne 1 ém. 7 boiss. 2 1/2 lid., 870 liv. ; 8 frim. an III, muriers 1 ém. 1 boiss. 1 lid., 180 liv. ; 17 frim. an III, vigne et terre 2 sal. 6 ém. 3 boiss., 1025 liv.

248. Bonnaud Joseph, à Cavillargues. — *Cavillargues* (*Nicolay*) : 9 frim. an III, terre 1 ém. 4 boiss. 2 lid., 175 liv. ; 17 frim. an III, terre 9 ém. 5 boiss. 1 1/2 lid., 2350 liv. ; 18 frim. an III, pré 4 ém. 5 boiss. 1 lid., 3050 liv. (1).

249. Bonnaud Noé, à Roquemaure. —*Roquemaure* (*Bellon Gabriel*) : 17 fruct. an II, vigne 1 sal. 5 ém. 1 poug., 1338 liv. — *Roquemaure* (*Régis C. J.*) : 23 vend. an III, vigne 92 perches, 1600 liv.

250. Bonnaud Pierre, à Cavillargues. — *Cavillargues* (*Nicolay*) : 7 frim. an III, jardin 4 boiss. 3 1/2 lid., 550 liv. ; 8 frim. an III, terre 4 ém. 2 boiss., 1450 liv. ; terre 14 ém. 4 boiss., 1350 liv. ; 9 frim. an III, pré 2 ém. 5 boiss. 3 lid., 1075 liv. ; pré 1 ém. 5 boiss., 1375 liv. ; 17 frim. an III, terre 2 ém. 3 boiss., 310 liv.

251. Bonnaud Pierre, agr., à Combas. — *Combas* (*Narbonne-Pelet*) : 6 germ. an II, terre 3 sét. 1 quart., 1040 liv. ; 22 germ. an II, moitié du bois des Pinèdes 15 sét., 1225 liv.

252. Bonnaud Privat, à Cavillargues. — *Cavillargues* (*Nicolay*) : 16 frim. an III, pré 2 ém. 3 lid., 430 liv. ; 18 frim. an III, terre 2 sal. 3 boiss. 1/2 lid., 5525 liv.

253. Bonnefoy Jean, agr., à Montfrin. — *Montfrin*

(1) Rétrocéda partie de ces biens à Nicolay le 13 juin 1808 (M⁰ Allemand, not. à Cavillargues).

(*Monteynard F.*) : 11 niv. an II, deux terres 8 ém. à 120 liv. l'ém., 960 liv. ; 28 pluv. an II, grand moulin à huile, cour, bâtiment et écurie, 3880 liv. ; 15 therm. an II, terre 4 ém., 1100 liv.

254. Bonnet Antoine, boulanger, à Lédignan. — *Lédignan* (*Rochemore L.*) : 1er mess. an II, terre 11 quart. 3 dext., 1995 liv.

255. Bonnet David, à la Cadière. — *La Cadière* (*Vissec L. A. M.*) : 7 germ. an II, devois 3 sét. 4 dext., 1000 liv.

·256. Bonnet Joseph, tonnelier, à Alzon. — Voy. Arnal Jean-François.

257. Borie Jean, à Barjac. — *Barjac* (*Merle C., dit Lagorce*) : 18 fruct. an II, terre 1340 arpents, 2200 l.

258. Borne Jean, ménager, à Saint-Gilles. — *Saint-Gilles* (*Eymini*) : 8 germ. an II, maison et parans au faubourg Notre-Dame 181 cannes 7 pans, 6200 liv. ; terre 15 1/2 sét. 1 quart. 16 dext., 9825 l.; terre 3 sét. 1 quart. 12 dext., 2125 liv.

Borelly. — Voy. Bourelly.

259. Borelly, notaire, à Cavillargues. — *Cavillargues* (*Nicolay*) : 9 frim. an III, pré 1 ém. 6 boiss. 3 lid., 1400 liv. ; 16 frim. an III, pré 1 ém. 5 boiss. 3 lid., 935 liv.

260. Borelly Joseph, à Cavillargues. — *Cavillargues* (*Nicolay*) : 19 frim. an III, terre 11 ém. 1 boiss. 2500 liv. ; aire 4 ém., 850 liv. ; écurie, grenier à foin, pigeonnier 59 cannes, cour, terre et aire 9 ém. 5 boiss. 4 lid., 3000 liv.

261. Bosc Antoine, cultivateur, à Bouillargues. — *Bouillargues* (*Larguier Vincent*) : 5 frim. an III, maison 29 cannes 4 pans de couvert, avec jardin 20 cannes 2 pans, 5150 liv.

261. Bosc Pierre, agr., à Sérignac. — *Quilhan* (*Cambis*) : 16 flor. an II, olivette, bois et devois 7 sét. 3 quart. 16 dext.; 2275 liv. ; terre-mûriers 19 sét. 3 quart. 6 dext., 2150 liv.

262 *bis*. Bouche Clément, traceur de pierre, à Beaucaire. — Voy. Figuière Poncet.

262 *ter*. Bouche Jean, traceur de pierres, à Beau-caire. — Voy. Figuière Poncet.

263. Boudes Jean, à Arrigas. — *Arrigas* (*d'As-sas F. C.*) : 3 pluv. an II, châtaigneraie 3 sét., 700 l.

264. Boudon André, agriculteur, à Lédignan. — *Saint-Jean de-Serres* (*Rochemore J. B. L.*) : 3 fruct. an II, domaine d'Angène 75 sal. 12 quart. 2 boiss. 10 dext., y compris les bâtiments, 42000 liv.

265. Bouillard Antoine, à Salazac. — *Salazac* (*Voguë*, acquéreur de *Rochemore*) : 3 prair. an II, terre 3 ém. 5 boiss., 280 liv. ; herme 1 sal. 5 ém. 4 boiss., 410 liv.

266. Bouillard Michel, à Salazac. — *Salazac* (*Voguë*, acquéreur de *Rochemore*) : 3 prair. an II, granges 52 cannes de couvert, cour 24 cannes de couvert, hermes 12 sal. 1 ém. 2 boiss. 3 lid., bois 6 sal. 3 ém., herme 2 ém. 5 boiss., 18000 liv. ; herme 2 ém. 7 boiss. 1 lid., 290 liv.

267. Bouillard Simon, à Salazac. — *Salazac* (*Voguë*, acquéreur de *Rochemore*) : 3 prair. an II, terre 4 ém. 7 boiss. 3 lid., 2150 liv.

268. Bouissonnas Gabriel, à Pujaut. — *Pujaut* (*Raousset-Boulbon*) : 1er fruct. an II, terre 2 sal, 1525 liv. ; terre 2 sal., 1550 liv.

269-273. Bourdarier Jacques, Roux Jean, Bar-busse Simon, Fermaud Antoine et Crouzet François, à Lézan. — *Lézan* (*Cambis C. F.*) : 23 vend. an III, terre 13 quart. et herme 6 quart., 320 liv.

274-275. Bourdarier Jacques, Pierredon Jacques, Roux Jean et Jalaguier Henri, à Lézan. — *Lézan* (*Cambis C. F.*) : 23 vend. an III, vigne 6 quartes et herme 22 quart., 410 liv.

Bourdarier Jacques, à Lézan. — Voy. Roux Jean.

Bourrelly. — Voy. Borelly.

276. —Bourely......, — *Aimargues* (*Fabrot R.*) : 5 pluv. an II, terre 1 1/2 arpent 3 boiss. 3 3/4 perches, 2225 liv.

277. Bourely Claude, à Roquemaure. — *Roquemaure* (*Hébray Mathieu fils*) : 6 fruct. an II, terre 6 ém. 6 poug. 2 lid., 1800 liv.; — *Roquemaure* (*Bellon Gabriel*) : 17 fruct. an II, jardin 2 ém., pavillon et maison au faubourg 17 cannes 4 pans couvert, avec cour 13 cannes, 3025 liv.

278. Bourely Jacques, agr., à Quilhan. — *Quilhan* (*Cambis Lézan*) : 16 flor. an II, herme et bois 14 sét., 775 liv.

279. Bourely Joseph, à Roquemaure. — *Roquemaure* (*Régis C. J.*) : 22 vend. an III, vigne 3 arpents 73 perches, 960 liv.

280. Bourely Laurent, ménag., à Aimargues. — *Le Cailar* (*Fabrot R.*) : 15 vent. an II, pré 1 cart. 1 1/2 quart., 2025 liv.

281. Bourely Martin, agr., à Montfrin. — *Montfrin* (*Monteynard F.*) : 14 therm. an II, terre 3 ém. 6 civad., 437 liv.

282. Bourg Claude, nég. — *Montfrin* (*Monteynard F.*) : 15 therm. an II, herme 1 sal., 175 liv.

283. Bourguet Jean, prop., à Saint-Martin-de-Sossenac. — *Tornac* (*Beauvoir-Brison F. D. A.*) : 11 fruct. an III, moulin à huile au Trial 14 dext., 75100 liv.

284. **Bourguet Louis**, à Saint-Nazaire. — *Saint-Nazaire (Beauvoir-Brison F. D. A.)* : 11 therm. an II, herme et devois 35 sét. 3 cartes 18 dext., 3200 liv.

285. **Bourillon Jean-Baptiste**, à Cavillargues. — *Cavillargues (Nicolay)* : 9 frim. an III, terre 7 boiss. 2 1/2 lid., 140 liv. (1).

286. **Bourret Claude fils**, à Villeneuve. — *Les Angles (Forbin J. J.)* : 26 fruct. an II, terre 2 sal. 4 ém. 4 cosses, 3050 liv.

287. **Bourret Louis**, à Saint-Géniès-de-Comolas. — *Saint-Géniès-de-Comolas (Sicard J. A.)* : 12 therm. an II, maison 15 cannes de couvert, 1146 liv.

288. **Bourret Mathieu**, à Saint-Géniès-de-Comolas. — *Saint-Géniès-de-Comolas (Sicard J. A.)* : 11 therm. an II, trois vignes 6 ém. 4 poug. 2 lid., 1361 liv.

289-290. **Bourrié Paul et Cavalier Antoine**, à Arrigas. — *Arrigas (d'Assas F. C.)* : 3 pluv. an II, pré 1 sét. 1 quart. 2 boiss., 7800 liv. (2).

Bourrié (ou Bouvier) Pierre, cult., au Cailar. — Voy. Mathieu Jacques.

291. **Bourry Jacques**, aubergiste, à Codognan. — *Le Cailar (Baschy F.)* : 6 germ. an III, pré 6 cart., 6250 liv. ; pré 6 cart., 6200 liv. (3).

292. **Bouscharain Charles**, agr., à Marsillargues. — *Aimargues (Moynier Claude)* : 11 prair. an II,

---

(1) Ses fils rétrocédèrent cette terre à Nicolay, le 22 sept. 1807 (Me Allemand, not. à Cavillargues).

(2) Cavalier Antoine renonça à sa moitié, le même jour, en faveur de Bourrié Paul.

(3) Déclara avoir acquis ces deux articles pour Auzière Jean, de Saint-Laurent-d'Aigouze. Bourrier Paul vendit, le 30 avril 1817, au propriétaire dépossédé, 11 séterées du domaine de Boussiac (Me Gendre, not. au Vigan).

champ 6 cart. 2 quart. 15 dext., 9200 liv. ; champ
6 cart. 2 quart. 15 dext., 9000 liv. ; champ 6 cart.
2 quart. 15 dext., 10000 liv. ; terres 46 cart. 4 dext.,
100000 liv. ; champ 5 cart. 2 quart. 18 dext., 4000 liv.
— Voy. en outre Bassaget Pierre, Cabanon Charles,
Mourgue Claude et Soulier Louis.

292 bis. Bousquet Pierre, revendeur, à Beaucaire.
— Voy. Figuière Poncet.

293-295. Bousquier Louis-David, d'Aulas, Deltruel Jean, du Mas de la Coste, et Poujol Louis, fils
d'autre, de Précoustals. — Bréau (Béranger J. F.) :
15 pluv. an II, métairie de Rouveyrol comprenant
bâtiments 20 cannes de plat-fond, pré 7 sét. « outre
l'immensurable », terre 2 sét., châtaig. 8 sét. 3 quart.
10 dext., herme 3 sét., 12750 liv.

296. Bouvet François, cultivateur, à Pujaut. —
Pujaut (Raousset-Boulbon) : 28 prair. an II, terre et
pré 1 sal. 7 ém., 1825 liv. ;—1 fruct. an II, le ci-devant
château avec cour 100 cannes, partie du parc 2 sal.
2 ém. 6 pougn., jardin fleuriste 2 ém., vigne 2 sal.
6 ém. 5 pougn., ensemble 17600 liv.

297. Bouvet Marc-Antoine, à Pujaut. — Pujaut
(Raousset-Boulbon) : 1 fruct. an II, terre 2 sal., 1625l.

298. Bouvet Martin, à Pujaut. — Pujaut (Raousset-
Boulbon) : 1 fruct. an II, terre 2 sal., 1625 liv.

Bouvier (ou Bourrié) Pierre, cultivateur, au Cailar. — Voy. Mathieu Jacques.

299. Bouzanquet François, sabotier, à Vauvert. —
Vauvert (Baschy F. et Baschy Caroline) : 1 brum.
an IV, champ et pré 1 cart. 2 quart. 13 dext., champ
et pré 2 cart. 21 dext., 30000 liv. (1).

(1) Fit. le 2, élection en faveurde : Roux Louis, Combe Jean,
Pattus Abraham, Combe François et Hébrard dit pupille, d'Aiguesvives.

300. Bouzanquet Jean, cultivateur, à Vauvert. — *Vauvert (Beau Philippe)* : 2 vend. an V, six vignes et deux olivettes 2 cart. 17 1/2 quart. 25 dext., 1320 f.

301. Rouzige Antoine, à Bagnols. — *Bagnols (Bourbon L. S. X.)* : 21 germ. an II, maison dite les anciennes prisons, 2325 liv.

302. Bouzon Jean, à Roquemaure. — *Roquemaure (Régis C. J.)* : 22 vend. an III, vigne 1 arp. 20 per., 1115 liv.

303. Royer Jacques, à Saint-Gilles. — *Saint-Gilles (Eymini)* : 8 germ. an II, terre 3 1/2 sét. 23 dext., 2354 liv. (1). — Voy. Eymini.

304. Royer Jean-Baptiste, à Aramon. — *Aramon (Sausan P. P. A.)* : 14 mess. an II, terre 2 ém., 560 liv.

Royer Louis, cultivateur, à Laudun. — Voy. Prévol Jean.

305. Branche Antoine, broquier, à Montfrin. — *Montfrin (Monteynard F.)* : 10 niv. an II, terre 4 ém. à 165 liv. l'ém., 660 liv. ; 28 pluv. an II, olivette 4 ém., 970 liv.

Brémond Jean, ménager, à Garons. — Voy. Baulias Jean.

306. Brès Louis aîné, prop., à Lédignan. — *Lédignan (Rochemore L.)* : 28 prair. an II, maisonnage servant d'auberge 158 cannes, terres, aire, jardin, pré et herme (5 pièces) 170 cartes 16 dext., 36100 livres.

307. Bresson Jean, propr., à Lézan. — *Lézan Cambis (C. F.)* : 3 vend. an III, terre 7 quartes, 1 boiss., 330 liv. — Voyez en outre Barafort Antoine.

(1) Déchu par arrêté du 5 vend. an XII.

308-310. Bresson Jean, Barafort Antoino, Jala-guier Jean et Laporto Pierre, agricul., à Lézan. — *Lézan (Cambis C. F.)* : 5 vend. an III, herme 62 quart., terre 16 quart. 3 boiss., 710 liv.

311. Bresson Jean, à Sommières. — *Lèques (Chaumont-Guitry J. G. H.)* : 22 vend. an III, terre 6 sét. 2 quart. 19 dext., 2050 liv.; terre 6 sét., 1050 liv.; terre 3 sét., 325 liv.; terre 7 sét. 2 quart. 13 dext., 1025 liv.

312. Breton Abraham, cult. à Bagard. — *Tornac (Beauvoir-Brison F. D. A.)*: 11 frim. an III, métairie du Mas-Neuf 161 sét. 2 quart., 900000 liv.

313. Breton Pierre, tanneur, à Alais. — *Alais (Guiraudet, les enfants)*: 16 germ. an II, maison rue Fabrerie angle de la rue Porte d'Aude 36 toises carrées de sol, 5750 liv.

314. Briole Jean-Baptiste, à Pujaut. — *Pujaut (Raoussel-Boulbon)*: 1 fruct. an II, terre 2 salm., 1625 liv.

315. Broche Antoine, à Cavillargues. — *Cavillargues (Nicolay)* : 7 frim. an III, écurie 20 cannes couvert, cour 29 cannes et jardin 1 ém. 2 lid., 3525 liv.; 9 frim. an III, pré 1 ém. 7 boiss. 1 lid., 1000 liv.; 17 frim. an III, terre 1 salm. 2 boiss., 2000 liv.; terre 15 ém. 4 boiss. 3 1/2 lid., 2750 liv.

Broche-Devaulx, à Bagnols. — Voy. Rocher Jacques.

316. Bros Jean, fermier. — *Montaren (Bastel-Crussol)*: 14 flor. an II, domaine de Ferminargues, bâtiments, terres et aire 74 salm., près 2 salm. 9 ém., vignes 3 salm., bois 38 salm. 2 ém., 106000 liv.

317. Brouilhet François, à Montdardier. — *Montdardier (d'Assas F. C.)* : 26 pluv. an II, champ 2

sel. 2 quart. 1 boiss., 1900 liv.; 27 pluviose an II, partie du bois de Régnas 25 sét. 2 quart., 1070 l. (1) — Voy. en outre Argeliers Jean - David et Martin Pierre.

318. Brouve Isaac, cult., à Combas. — *Combas* (*Narbonne-Pelet*) : 22 germ. an II, moitié du bois des Pinèdes 15 sét., 1225 liv.

319. Brouzet Jean, à Larboux. — *Saint-Sauveur* (*Bragouze Antoine*) : 8 niv. an II, château, moulin, bâtiments d'exploitation, cabaux et 336 sét. bois, terres, devois, prés et jardin, 69000 liv.

320. Bruel François, négociant, à Nimes. — *Bernis* (*Montmorency-Robecq*) : 16 mess. an IV, domaine consistant en vieux château, parterre, ménagerie, terres, prés, vignes, maisonnage 11 ém. 92 1/4 dext., terres vignes, jardin 147 sal. 18 ém. 79 dext., bois 115 sal., 219367 fr. ; — *Bellegarde (Bastet Crussol)* : 4 therm. an IV, domaine de Broussan, comprenant le haut et le bas Broussan 879 sal., la cabane de Barreau 339 sal., 681400 fr. (2). — *Beaucaire* (*Coëtlogon*) : 27 fruct. an VI, 3ᵉ division du Mas de Moulet 4 sal. 1 ém. 6 picot. 7 cannes, 71000 l. (3).

321. Bruguier André, à Cavillargues. — *Cavillargues* (*Nicolay*) : 9 frim. an III, terre 1 sal. 5 ém. 1 boiss. 2 lid., 1175 liv. ; 10 frim. an III, pré

1 ém. 1 boiss. 310 liv. ; 19 frim. an III, herme 5 boiss., 50 liv.

322. Bruguier André, à La Cadière. — *La Cadière (Vissec L. A. M.)* : 8 germ. an II, devois 2 sél. 2 quart. 23 dext., 1175 liv. ; tènement 2 sél. 1 quart. 92 1/2 dext., 1200 liv. ; devois 2 sél. 2 quart. 5 dext., 1225 liv. ; devois 2 sél 1 quart. 19 dext., 1050 liv.

323. Bruguier François, à Cavillargues. — *Cavillargues (Nicolay)* : 9 frim. an III, pré 2 ém. 1 boiss., 735 liv.

324-325. Bruguier Jean et Baux Jean, à Lasalle. — *Saint Bonnet (Vissec L. A. M.)* : 24 pluv. an II, partie du maisonnage de l'ancien château et 25 sél. 1 quart. 2 dext. prés, hermes, terres et châtaigneraie, 21100 liv.

326. Bruguier Pierre. — *Lussan (Melfort)* : 1ᵉʳ brum. an III, herme 1 sal. 1 ém. 6 boiss., 300 l.

327-328. — Bruguière Jean fils et Lauron Jean, propriétaires, à Lézan. — *Lézan (Cambis C. F.)* : 3 vend. an III, deux terres 22 quart., 3225 liv.

329-330. Bruguière Jean fils, Robert Jacques père, et Cazenove Isaac, à Lézan. — *Lézan (Cambis C. F.)* : 7 vend. an III, terre 7 quart., 5225 liv.

331. Bruguière Jean fils aîné, propriétaire, à Vallonnex (Hérault). — *Lézan (Cambis C. F.)* : 7 fruct. an II, château et son domaine 12 sal. 1 quart. 3 boiss., 43000 liv.

332. Brun Gabriel, cult., à Gallargues. — *Gallargues (Rochemore)* : 11 vent. an II, terre 194 1/2 dext., 2400 liv. ; vigne 3487 dext., 27400 liv.

333. Brun Guillaume, à Alzon. — *Alzon et Campestre (Saubert-Larcy A. F. L.)* : 5 pluv. an II, jardin 9 cannes et terrain 28 dext., 450 liv.

334. Brun Jacques, cult., à Gallargues. — *Gallargues* (*Rochemore*) : 11 vent. an II, terre 70 1/4 dext. et vigne 289 dext., 700 liv.

Brun Jean, à Montdardier. — Voy. Blaquière Jacques.

335. Brun Jean, cult., à Gallargues. — Voy. Espion Pierre.

336. Brun Jean, à Saint-Gilles. — *Saint-Gilles* (*Eymini*) : 8 germ. an II, terre 1 1/2 sét. 17 dext., 1080 liv.

337. Brun Jean-Baptiste, charron, à Remoulins. — *Remoulins* (*Bastet-Crussol*) : 5 pluv. an II, terre 1 sal. 6 3/4 vest., 3200 liv.

338. Brun Louis, cult., à Cavillargues. — *Cavillargues* (*Nicolay*) : 9 frim. an III, pré 1 ém. 3 3/4 boiss., 310 liv. ; pré 7 boiss., 210 liv.

339. Brun Pierre, à Boisson. — *Auzon, C° d'Allègre* (*Delbos L. A.*) : 29 pluv. an V, terre et aire, trois pièces 1 sal. 32 quart. 5 boiss., 1804 fr.

340. Brun Pierre, à Cavillargues. — *Cavillargues* (*Nicolay*) : 16 frim. an III, terre 1 sal. 2 ém. 1 boiss., 725 liv. ; 18 frim. an III, pré 2 ém. 6 boiss. 2 lid., 1300 liv. ; terre 10 ém. 2 1/2 lid., 2400 liv. ; terre 2 sal. 4 ém. 1 boiss. 3 lid., 7400 liv. ; 21 frim. an III, maison 18 cannes de couvert, 1600 liv.

341. Brun Pierre, d'Avèze. — *Pommiers* (*d'Assas F. C.*) : 1er pluv. an II, pré et pâturage 1 sét. 2 quart. 3 boiss., 4000 liv. (1).

342. Brunel Barthélemy, à Aimargues. — *Le*

(1) Déclara avoir agi pour Saunier Jean-Baptiste, Treilles Pierre et Nissolle Louis, d'Avèze.

Cailar (Chaumont - Guitry) : 2 flor. an II, pré 3 cart., 1 1/2 quart., 1740 liv.

343. Brunel Barthélemy, apothicaire, à Celle. — *Aimargues (Bastet-Crussol)* : 5 frim. an III, champ 4 cart. 3 quart. 4 dext., 8300 liv. ; champ 3 cart. 1 quart. 22 dext., 6100 liv. ; champ 2 cart. 1 quart. 8 dext., 3100 liv. — *Aimargues (Prieuret J.)* : 6 frim. an III, maison de 38 cannes couvert avec jardin de 59 cannes 3 pans 6 menus au chemin de Saint-Gilles, 6100 liv. (1).

344. Brunel Daniel, à Clarensac. — *Saint-Côme (Rochemore L.)* : 1er vent. an II, terre-olivette 350 dext., 1500 liv. ; 3 vent. an II, vigne 316 dext., 1600 liv.

345. Brunel François, à Cornillon. — *Cornillon (Carme J. C.)* : 4 therm. an II, terre 5 ém. 4 boiss., 520 liv.

346. Brunel Jacques, à Nimes. — *Nimes (Ferrier)* : 2 flor. an II, terre et vigne 1 salm. 10 ém. 26 dext., 725 liv. ; — *Poulx (Entraigues)* : 2 flor. an II, terre 2 salm. 7 ém. 1 1/2 boiss., 1800 liv. (2).

347. Brunel Jean, cult., à Aimargues. — Voyez Dumas Étienne et Peyronnet Jacques.

348. Brunel Jean, cult., à Vauvert. — *Le Cailar (Baschy F.)* : 16 niv. an III, pré 6 cart., 3300 liv. (3).

349. Brunel Jean (de Fedon), à Vauvert. — Voy. Brunel Jean.

350. Brunel Jean, à la Cadière. — *La Cadière*

(1) Déclara avoir acquis ce dernier article pour Béchard Catherine, femme de François Lombard neveu, fab. d'eau-de-vie à Nimes.

(2) Déclara avoir acquis ce dernier article pour Vidal Gédédeya, de Nimes.

(3) Déclara avoir agi pour Brunel Jean, de Fedon (Vauvert).

(*Vissec L. A. M.*) : 7 germ. an II, tènement 1 sét. 2 quart. 22 1/2 dext., 475 liv.

351. Brunel Louis, propr., à Lézan. — *Lézan* (*Cambis C. F.*) : 11 fruct. an II, un pigeonnier de 3 cannes, 92 liv. — Voy. en outre Roux Jean.

352. Brunel Michel, cult., à Clarensac. — *Saint-Côme* (*Rochemore L.*) : 1 vent. an II, vigne 632 dext., 5000 liv. ; 3 ventôse an II, pré 457 1/2 dext., 6000 liv. ; 4 vent. an II, terre 1140 1/2 dext., 6000 liv.

353. Brunel Paul, à La Cadière. — *La Cadière* (*Vissec L. A. M.*) : 8 germ. an II, devois 4 sét. 3 quart. 3 1/2 dext., 1950 liv.

354. Brunel Pierre, travailleur, à Aimargues. — *Aimargues* (*Moynier C.*) : 15 prair. an II, terre 5 cart. 1/2 quart. 9 dext., 3550 liv. (1).

355. Brunel Pierre, ménag., à Vauvert. — Voyez Lauzière Pierre.

356. Brunet Antoine, à Saint-Laurent-la-Vernède. — *Cavillargues* (*Nicolay*) : 9 frim. an III, pré 1 ém. 6 boiss. 1/2 lid., 1500 liv.

357. Brunet Étienne, à Pujaut. — *Pujaut* (*Raousset-Boulbon*) : 1 fruct. an II, terre 2 salm., 1525 liv.

Bruneton Simon, à Vergèze. — Voy. Chapel Mathieu.

358. Bureau Étienne, à Pujaut. — *Pujaut* (*Raousset-Boulbon*) : 1 fruct. an II, terre 2 salm., 1550 liv.

359. Burgala Jean, agricult., à Vauvert. — *Le Cailar* (*Baschy François*) : 1 vent. an III, pré 7 cart. 7 dext., 4800 liv. (2).

360. Burgala Jean, fils. — Voy. Bénézet Jean, Gavanon Jean et Villard Louis.

(1) Déclara avoir agi pour Marguerit Antoine, sabotier, à Aimargues.

(2) Déclara avoir agi pour Soulier Adrien, de Vauvert.

361. Burnet Thomas, ex-nég., à Montpellier. — *Gallargues* (*Rochemore Gallargues*) : 11 vent. an II, vigne 963 dext., 8400 liv. ; 12 vent. an II, vigne 233 dext., 775 liv. — Voy. en outre Espion Jacques.

362. Busquet Esprit, maçon, à Remoulins. — *Remoulins* (*Bastet F. E.*) 5 pluv. an II, terre 9 ém. 5 vest., 2900 liv. ; terre 1 salm. 9 1/2 vest., 4000 liv.; moulin à huile, 83 cannes couvert, 3500 liv.

363. Busquet Jean, à Remoulins. — *Remoulins* (*Bastet F. E.*) : 5 pluv. au II, terre 1 sal. 5 ém. 4 1/2 vest., 3150 liv.; vigne 1 sal. 9 ém. et terre 1 sal. 7 ém. 6 vest., 532 liv.

364. Cabanel Étienne, prop., à Alais. — *Alais* (*Guiraudet S. C. F. P. E. et M. H.*) : 28 germ. au II, terre, vigne, olivette et pré 4 sal., 7500 liv. (1).

Cabanis Antoine, prop., à Mialet. — Voy. Barafort Antoine.

Cabanis Antoine, cult., à Vauvert. — Voy. Sabatier Jacques.

365 - 371. Cabanis Antoine, facturier, Favant Étienne fils aîné, Goirand Jean et Goirand Pierre père et fils, Jumas Claude, Pélissier Guillaume et Monteil Louis, tous d'Alais. — *Alais* (*Gaussen D. A.*) : 1er flor. an II, moulin de Berthole et ses dépendances 150 l. c. sol et pré 18 quart., 50000 liv.

372. Cabanis François, à Avèze. — *Lanuéjols* (*d'Albignac C. F.*) : 8 niv. an II, château de Roger, casal, cour, habitation de fermier 200 cannes plafond, jardin et chènevière 3 quart. 1 boiss., pré 1 sét., terres 707 sét., 129.500 liv.

---

(1) Devint la propriété de Gibert François, prop., à Alais, qui, le 2 therm. an II, vendit à son tour aux propriéres dépossédés (Me Deleuze, not. à Alais).

373. Cabanis Jean, cult., à Gallargues. — *Gallar-gues* (*Rochemore Gallargues*) : 12 vent. an II, vigne 255 3/4 dext., 2700 liv.

Cabanis Jean, cult., à Mus. — Voy. Picheral Jean.

374. Cabanis Louis, trav., à Saint-Hippolyte-du-Fort. — *Saint-Bonnet* (*Vissec L. A. M.*) : 9 niv. an II, châtaig. 3 sét. 2 quart. 20 dext., 550 liv. ; dougat 4 sét., 470 liv. ; châtaig. 6 sét. 1 quart., 900 liv. ; cerclières 4 sét. 3 quart. 5 dext., 890 liv. — *La Cadière* (*Vissec L. A. M.*) : 8 germ. an II, devois 2 sét. 1 quart. 7 1/2 dext., 760 liv.

375. Cabanis Pierre, à Avèze. — *Pommiers* (*d'Assas F. C.*) : 1er pluv. an II, châtaig. 5 sét. 2 quart. et pré-pommiers 2 quart. 1 1/2 boiss., 3350 liv.

376. Cabanis Pierre-Antoine, prop., à Mialet. — *Lézan* (*Cambis C. F.*) : 11 fruct. an II, terre 28 quart. et herme 12 quart., 1075 liv.

Cabanne (Trinquelague Charlotte, femme divorcée de), à Uzès. — Voy. Trinquelague Charlotte.

377. Cabanon Charles, cult., au Cailar. — *Aimargues* (*Fabrot R.*) : 5 pluv. an II, terre 4 arpents, 8725 liv. (1). — *Le Cailar* (*Baschy F.*) : 24 flor. an III, pré 5 cart., 11000 liv. (2).

378. Cabanon Charles, cult., à Aimargues. — *Aimargues* (*Moynier Claude*) : 11 prair. an II, champ 5 cart. 1 quart. 80 dext., 3800 liv. (3); champ 9 cart. 2 1/2 quart. 10 1/4 dext., 10500 liv.; 14 prair. an II, champ 12 cart., 16050 liv. (4); 15 prair. an II, terre

(1) Déclara avoir agi pour Pélissier André.
(2) Déclara avoir agi pour Laroque Moïse, nég., à Nîmes.
(3) Déclara avoir agi pour Pélissier François, d'Aimargues.
(4) Déclara avoir agi pour Bouscharrin Charles, de Marsillargues.

5 carl. 1 quart. 11 dext., 3325 liv. (1). — *Aimar-gues (Bastet-Crussol)* : 5 frim. an III, chénevière 27 dext., 1400 liv. (2). — *Le Cailar (Baschy F.)* : 23 flor. an III, pré 5 carl. 2 quart., 9600 liv. ; 24 flor. an III, pré 4 carl. 1 quart. 8 dext., 11000 liv. — Voy. en outre Camp Timothée, Fontanès Pierre, Langlade François et Peyronnet Jacques.

379. Cabanon Étienne. — *Aimargues (Fabrot R.)*: 5 pluv. an II, chénevière 2 boiss. 4 perches, 350 livres (3).

380. Cabissolle Jean, à Pujaut. — *Pujaut (Raous-set-Boulbon)* : 1 fruct. an II, terre 4 ém., 400 liv.

381. Cadenet Amand, à Aramon.—*Aramon (Sau-van P. P. A.)*: 18 mess. an II, terre 2 ém., 600 livres (4).

382. Cadenet Honoré fils, à Aramon. — *Aramon (Sauvan P. P. A.)*: 18 mess. an II, terre 3 ém., 505 livres ; terre 6 ém. 2 1/4 poug. et moulin à vent de 64 cannes, 3650 liv.

383. Cambe Antoine, à Pujaut. — *Pujaut (Raous-set-Boulbon)*: 1 fruct. an II, terre 2 salm., 1625 liv.

384. Cambe Jacques, à Pujaut.—*Pujaut (Raousset-Boulbon)* : 1 fruct. an 2, terre 2 salm., 1625 liv.

385. Cambessédès Daniel, à Avèze. — *Pommiers (d'Assas F. C.)*: 1 pluv. an 2, châtaign. 3 sét. 2 quart., 950 liv.

386. Cambessédès Pierre et Salles Jean, nég., au

(1) Déclara avoir agi pour Camp Timothée et Peyronnet Pierre, d'Aimargues.

(2) Fut déchu, et la pièce fut revendue le 22 brum. an XII. — Voy. Roulle Paul.

(3) Déclara avoir agi pour Soulier Étienne, d'Aimargues.

(4) Cette terre fut rétrocédée à Sauvan, le 21 vendém. an XIII (Me Sereirac, not.).

Vigan. — *Le Vigan (d'Assas F. C.)* : 11 nivôse an II, maison et enclos rue des Baris, 2ᵉ partie, 1 1/3 quarte, 2600 liv.

387. Camp Pierre, agricult., à Sérignac. — *Quilhan (Cambis C. F.)* : 16 floréal an II, terre 10 sét., 1320 liv.; terre et herme 31 sét. 2 quart., 5050 liv.; herme 6 sét., 280 liv.

388. Camp Thimothée, cult., à Aimargues. — *Aimargues (Fabrot R.)* : 5 pluv. an II, terre 3 3/4 arpents 2 boiss. 1 3/4 perche, 4325 liv. (1). — *Aimargues (Moynier Claude)* : 15 prair. an II, terre 4 cart. 3 quartons, 16 dext., 2850 liv. (2). — Voy. en outre Cabanon Charles.

389. Camroux François, à Lussan. — *Lussan (Drummond-Melfort)* : 28 vend. an III, pré 2 ém. 7 boiss., 2500 liv.

390. Camroux Louis, à Lussan. — *Lussan (Drummond-Melfort)* : 6 brum. an III, terre 1 sal. 6 boiss., 272 liv. ; terre 6 ém. 2 boiss., 350 liv. ; terre 1 sal. 5 ém. 7 boiss., devois 2 sal., cour 7 boiss., bergerie 55 cannes de couvert, le tout 2500 liv.

391. Canaguier Antoine, à La Cadière. — *La Cadière (Vissec L. A. M.)* : 6 prair. an II, devois 3 sét. 3 quart. 6 dext., 625 liv.

392. Cannier Jacques, à Villeneuve. — *Les Angles (Forbin J. J.)* : 24 fruct. an II, terre 2 sal., 2500 liv.

393. Canonge Benoît, à Villeneuve. — *Les Angles (Forbin J. J.)* : 24 fruct. an II, terre 2 sal., 2425 liv.

394. Canonge Jean-Louis, à Manduel. — *Belle-*

(1) Déclara avoir agi pour Pélissier François, cultiv., à Aimargues.

(2) Déclara avoir agi pour Cabanon Charles, d'Aimargues.

garde (*Chaumont-Guitry*) : 22 therm. an IV, pré
4 sal. 3 ém. 5 1/2 boiss., 3300 fr. (1).

395. Capeau Jean - Antoine, à Roquemaure. —
Roquemaure (*Bourbon* et *Rohan - Montbrison*) :
27 therm. an II, terre 20 sal. 3 ém. 5 pougnad.,
herm. 1 sal. 3 ém., 29385 liv.

396. Capeau Joseph, à Villeneuve. — *Les Angles*
(*Forbin J. J.*) : 26 fruct. an II, terre 2 sal., 845 liv.

397. Capeau Thomas, à Villeneuve. — *Les Angles*
(*Forbin J. J.*) : 26 fruct. an II, terre 2 sal., 2425 liv.;
terre 2 sal., 1675 liv.

398. Capion Étienne, not., au Vigan. — *Le Vigan*
(*d'Assas F. C.*) : 11 niv. an II, partie de maison et
enclos rue des Baris, 1 quart. 16 dext., 1300 liv. (2).
— *Vissec* (*Latour-Dupin A. C.*) : 8 germ. an III,
1er lot d'une maison 27 cannes de sol, champ 1 sét.
2 1/2 boiss., 2200 liv. ; 2e lot de la même maison
23 cannes 4 pans, champ 1 sét. 1 quart. 3 1/2 boiss.,
3450 liv.; champ 2 sét. 3 boiss., aire 74 cannes, paillier et terrain 41 cannes, 1575 liv. — Voy. en outre
Germain Jean et Guibal Pierre-David fils.

399-400. Capion Jean et Revel Antoine, à Montdardier. — *Montdardier* (*d'Assas F. C.*) : 27 pluv.
an II, pré 39 dext. et jardin 52 cannes 2 pans, 900 liv.

401. Carbonnier Jean, cult., à Aimargues. —
Aimargues (*Bastet-Crussol*) : 6 frim. an III, champ
12 cart. 3 quart. 24 dext., 5175 liv. (3).

402. Carcassonne Jassé, à Nîmes. — *Le Cailar*

1) Vente de gré à gré.

(2) Le 24 février 1810 (Me Gendre, not. au Vigan). Aguze, personne interposée au profit du propriétaire dépossédé, acquit de
Capion, par adjudication, cette partie d'enclos.

(3) Déclara avoir agi pour Barascut Pierre, nég., à Lodève.

Chaumont-Guitry) : 2 flor. an II, pré 7 cart. 1 quart.
2 dext., 6100 liv. (1).

403. Carle Jean, à Montclus. — *Saint-Privat-de-Champclos* (*Dumas Alexis*) : 21 fruct. an II, vigne-olivette 458 arpents, terre 1357 arpents, 3600 liv.

404. Carme François-Scipion, à Cornillon. — *Cornillon* (*Carme J. C.*) : 4 therm. an II, terre 5 ém., 600 liv. (2).

405. Carrière Jacques, avoué au tribunal de Nîmes. — *Montdardier* et *Le Vigan* (*d'Assas F. C.*) : 14 déc. 1809, domaine de Campallion 28 sét. en 18 pièces et maison au Vigan, quartier du plan d'Auvergne, 22826 fr. (3).

Carrière Jacques, cultivateur, à Vergèze. — Voy. Foulquerand Jacques.

406-413. Carrière Jacques, fabricant d'eau-de-vie, à Vergèze, Puech Pierre, Allier Etienne et Picheral Jean, de Mus, Emin Jean aîné, Nouguier Jean, Lajasse Antoine et Foulquerand Jacques, de Vergèze. — *Le Cailar* (*Baschy F*) : 17 vent. an III, pré 5 cart. 2 quart., 5000 liv. ; pré 5 cart. 2 quart., 5100 liv ; pré 5 cart. 2 quart., 5100 liv. ; pré 5 cart. 2 quart., 5000 liv. ; pré 5 cart. 2 quart. 32 dext., 5065 liv. ; pré 5 cart. 2 quart. 28 dext., 2925 liv. ; pré 5 cart., 2525 liv. ; pré 5 cart., 2525 liv. ; pré 5 cart., 2525 liv.; pré 5 cart., 2550 liv. ; pré 5 cart., 2550 liv. ; pré 5 cart., 2525 liv.

(1) Déclara avoir agi pour Crémieu Saül, nég., à Nîmes.
(2) La propriété fut accordée gratuitement à l'adjudicataire, frère du déporté.
(3) Vente amiable. Carrière agissait pour Poujade Antonin-François-Pierre, prop., au Vigan, lequel fit élection, le 15, en faveur de Jean-Charles-Marie d'Assas, du Vigan.

414. Carrieu François, à Villeneuve. — *Les Angles* (*Forbin J.J.*): 24 fruct. an II, terre 2 sal., 2450 liv.

415. Cartalier Raynaud, maçon, à Beaucaire. — Voy. Testedor Jacques.

416. Castan Etienne, à Vallabrègue. — *Vallabrègue*(*Bruges M.J.L.*) : 18 fruct. an II, terre 3 ém. 7 1/2 picot., 1250 liv.

417. Castagnier Antoine, agriculteur, à Sénéchas. — *Sénéchas* (*Lafare-Latour L.P.*) : 18 mess. an II, pré 3 sal. 13 cart., bergerie 19 can. 5 pans, 11800 liv.

418. Castel Jean, cultivateur, à Beaucaire. — Voy. Figuière Poncet.

419. Catillon dit Gévaudan, voiturier de Nimes. — *Remoulins* (*Bastet F.E.*) :) 5 pluv. an II, écurie, remise et grenier à foin servant à la poste aux chevaux, logement du premier postillon, boutique de maréchal et deux hermes de 5 ém. 1 vest., 7200 liv. ; maison servant d'auberge dite Lafoux, ses dépendances et jardin de 3 ém., 36000 liv.

420. Caulet Louis, à Saint-Hippolyte-du-Fort. — *La Cadière* (*Vissec L. A. M.*): 8 germ. an II, devois 3 sét. 3 quart. 1 dext., 1125 liv. ; tènement 2 sét. 1 quart. 19 3/4 dext., 840 liv. ; 9 germ. an II, devois 2 sét. 1 quart. 13 dext., 1125 liv.

421. Caulet Pierre, fabricant de bas, à Saint-Hippolyte-du-Fort. — *La Cadière* (*Vissec L.A.M.*) : 8 germ. an II, devois 2 sét. 2 quart., 850 liv. ; 9 germ. an II, devois 2 sét. 2 quart. 6 dext., 930 liv.

422. Causse Claude le jeune, directeur de poste, à Sommières. — *Lèques* (*Chaumont-Guitry*): 21 vend. an III, château incendié 66 cannes, écurie, bergerie et remises 126 1/2 can., cour 80 can., autre bergerie 10 can. 6 pans, autre cour 54 can. 4 pans, bois

86 sal., terres vignes, prés et oliviers 128 sét. 31 quart. 164 dext., le tout 79000 liv.; 22 vend. an III, terre et jardin 3 sét. 17 dext., 3600 liv.

423. Causse Pierre, à La Cadière. — *La Cadière* (*Vissec L. A. M.*): 6 prair. an II, devois 3 sét. 2 quart. 12 dext., 625 liv.

Cavalier Antoine, à Arrigas. — Voy. Bourrié Paul.

424. Cavalier Antoine, serrurier, à Lédignan. — *Lédignan (Rochemore L.)*: 28 prair. an II, vigne 23 quartes, terre 1 quart. 2 boiss., 2450 liv.

425. Cavalier Claude, à Massillargues. — *Massillargues-Atuech (Beauvoir-Brison-Roure)*: 27 prair. an II, terre 33 quart. 4 dext., pré 10 quart. 22 dext., 3900 liv.

426. Cavalier Louis, à Massillargues. — *Massillargues-Atuech (Beauvoir-Brison-Roure F.D.A)*: 27 prair. an II, terre 2 quart. 13 1/2 dext., et pré 5 cart. 10 dext., 2025 liv.; 29 prair. an II, pré 6 quart. 9 dext., 2200 liv. — *Lézan (Beauvoir-Roure-Brison F.D.A.)*: 1er vend. an IV, terre et chataign .29 cart., 28500 liv.

427. Cavalier Pierre, à Massillargues. — *Massillargues-Atuech (Beauvoir-Roure-Brison F. D. A.)*: 27 prair. an II, herme 11 quartes 3 dext., pré 5 quartes 10 dext., 3000 liv.

428. Cavard Antoine, à Cavillargues. — *Cavillargues (Nicolay)*: 9 frim. an III, pré 1 ém. 4 boiss. 1/2 lid., 446 liv.; 18 frim. an III, terre 10 ém. 5 boiss. 1 lid., 3300 liv.; terre 10 ém., 3850 liv.; terre 3 ém. 7 boiss., 850 liv.; 21 frim. an III, maison, écurie et remise 31 cannes 4 pans de couvert, 4300 liv.

429. Cavène Antoine, agricult., à Aramon. — *Aramon (Sauvan P. P. A.)*: 21 prair. an II, pré 2 salm.

5 ém. 4 pougn., 2350 liv.; domaine du Moulin, bâtiments 175 cannes, terre 30 salm. 2 ém. 4 poug., 15300 liv.

430. Cavène Joseph, à Aramon. — *Aramon (Sauvan P. P. A.):* 14 mess. an II, terre 2 ém., 525 liv.; terre 2 ém., 525 liv.

431. Caylet Jean-Antoine, prop., à Alais. — *Tornac (Beauvoir-Brison F. D. A.):* 11 fruct. an II, la métairie et domaine de la Mule 355 sét., 400100 liv.

432. Cazalis Louis, meunier, à Gallargues. — *Vestric (Montmorency Robecq):* 21 flor. an II, pré 414 dext., 3125 liv.; terre 249 dext., 1000 l.

Cazenove Isaac, à Lézan. — Voy. Barafort Antoine et Bruguier Jean fils.

433. Chabaud Jacques, fils. — *Aiguesmortes (Conseil):* 23 flor. an V, enclos rue de la Marine 1 cart., 164 f. 5 s. 4 d. (1).

434. Chabert Benoît, aux Angles. — *Les Angles (Forbin J. J.):* 21 fruct. an II, terre 2 sal., 2850 liv.

435. Chabrel Baptiste, à Villeneuve. — *Les Angles (Forbin J. J.):* 21 fruct. an II, terre 2 sal., 2425 liv.

436. Chabrier Antoine, cultivateur, au Cailar. — *Le Cailar (Bastet-Crussol):* 5 flor. an II, champ 15 cart. 2 dext., 9033 liv. — *Le Cailar (Baschy F.):* 6 germ. an III, pré 5 cart., 4550 liv. (2). — Voy. en outre Auzière Jean, Bonfort Mathieu, Boissière Jean et Mathieu Jacques.

437. Chaix Jean-Louis, à Villeneuve. — *Les Angles (Forbin J. J.):* 21 fruct. an II, terre 2 sal., 2875 liv.

438. Challier Pierre, cordonnier, à Combas. —

(1) Vente amiable. Agissait pour Planque Marie, d'Aiguesmortes.

(2) Déclara avoir agi pour Berrus Paul, cultivateur, au Cailar.

Combas (*Narbonne-Pelet*) : 7 germ. an II, olivette
1 sét. 2 quart., 1025 liv.

439. Chamand Baptiste, à Remoulins. — *Remou-lins* (*Bastet F. E.*) : 5 pluv. an II, terre 9 ém., 310 l.

440. Chambon Joseph-Marie et Chambon Louis
frères, de Bagnols. — *Villeneuve* (*Brémond Saint-Christol*) : 12 fruct. an II, domaine à la Barthelasse
20 sal. 5 ém. 12 cosses, 33100 liv.

441. Chambon Louis, à Bagnols. — Voy. Chambon
Joseph-Marie.

442. Chamboredon Louis, boucher, à Alais. —
Alais (*Guiraudet S. C.*, *F. P. E.* et *M. H.*) : 12 germ.
an II, remise, écurie et grenier à foin, rue Saint-Jean, 8 toises carrées de sol, 1600 liv.

443. Champel Pierre, menuisier, à Saint-Laurent-d'Aigouze. — *Saint-Laurent-d'Aigouze* (*Lancrist*) :
1 vent. an II, terre 7 cart. 5 dext., 16000 liv. (1).

444. Chancel Étienne, travailleur, à Montfrin. —
Montfrin (*Monteynard*) : 11 niv. an II, trois terres
12 ém. à 120 liv. l'ém., 2640 liv. ; 15 therm. an II,
terre 4 ém., 1275 liv. ; terre 4 ém., 1025 liv.

445. Chapel Antoine, agriculteur. — *Nîmes* (*Ma-thieu Jean*) : 21 fruct. an II, vigne-olivette 8 ém.
31 dext., 3600 liv. (2).

446. Chapel François. — *Saint-Laurent-d'Aigouze*
(*Lancrist*) : 30 pluv. an II, terre 4 cart. 1 quart.
27 dext., 9500 liv. (3).

---

(1) Déclara avoir agi pour Plane Issac fils, de Saint-Laurent-d'Aigouze.

(2) Déclara avoir agi pour Robert Jean-Antoine fils, de Nîmes.
Ses héritiers la vendirent 4.900 fr., le 28 déc. 1817, à Louis-Antoine Euzéby, agriculteur, à Nîmes (Me Floret, not. à Nîmes).

(3) Déclara avoir agi pour Guillermet Jacques, de Saint-Laurent-d'Aigouze.

447. Chapel Jean, cultivateur, à Saint-Laurent-d'Aigouze. — *Saint-Laurent-d'Aigouze* (*Lancrist*) : 1 vent. an II, vigne 4 cart. 1 quart. 4 dext., 8000 l. — Voy. en outre Angevin Jean.

448. Chapel Jean aîné, agriculteur, à Saint-Laurent-d'Aigouze. — *Le Cailar* (*Baschy F.*) : 25 flor. an III, pré 4 cart., 3400 liv. ; pré 5 cart., 4800 liv. ; pré 5 cart., 5000 liv. ; pré 5 cart., 5250 liv. ; pré 3 cart. 3 quart. 16 1/2 dext., 4100 liv. ; pré 5 cart., 5100 liv. ; pré 5 cart., 5200 liv. ; pré 5 cart., 5100 l. ; pré 5 cart., 5400 liv. ; pré 5 cart., 5250 liv. ; pré 6 cart. 2 quart., 6200 liv.

449-451. Chapel Mathieu, Bruneton Simon et Fontayne Louis, ménager, de Vergèze. — *Le Cailar* (*Baschy F.*) : 3 vent. an III, pré 5 cart., 5325 liv. ; pré 5 cart., 5225 liv. ; pré 5 cart., 5100 liv. ; pré 4 cart. 2 quart. 20 1/2 dext., 5500 liv. (1).

452. Chapel Pierre, menuisier, à Saint-Laurent-d'Aigouze. — *Saint-Laurent-d'Aigouze* (*Lancrist*) : 1er vent. an II, terre 2 cart. 2 quart. 18 dext., 6400 l. — *Aimargues* (*Moynier Claude*) : 14 prair. an II, champ 6 cart. 1 quart. 6 dext., 6100 liv. ; champ 15 cart., 15200 liv. ; champ 1 cart. 3 1/2 quart. 10 dext., 2300 liv. ; 15 prair. an II, terre 3 cart. 1 quart., 1625 liv. — Voy. en outre Vigouroux Antoine.

453. Chapus Louis, à Cornillon. — *Cornillon* (*Carme J. C.*) : 4 therm. an II, terre 2 sal. 4 ém., 1540 liv.

Chastanier Gabriel-Théophile, à Lussan. — Voy. Chastanier Jean-Baptiste.

(1) Ce dernier fut acquis pour eux par Rampon Barthélemy, de Nîmes.

454. Chastanier Jacques, à Lussan. — *Lussan* (*Drummond-Melfort*) : 1 brum. an III, terre 1 sal. 1 ém. 2 boiss., 1050 liv. ; 3 brum. an III, devois 2 sal. 4 ém., 300 liv. ; terres 7 ém. 10 boiss., 700 liv.

455-456. Chastanier Jean-Baptiste et Chastanier Gabriel - Théophile, frères, de Lussan. — *Lussan* (*Drummond-Melfort*) : 28 vend. an III, terre et pré 2 ém. 7 1/4 boiss., 1400 liv. ; pré 2 ém. 5 1/2 boiss., 2005 liv. ; pré 2 ém. 7 1/4 boiss., 2925 liv. ; pré 2 ém. 7 1/4 boiss., 4650 liv. ; 29 vend. an III, mé- tairie aux Espalices 31 cannes de couvert, 3/4 boiss. de cour, terre 1 sal. 7 ém. 6 boiss., pré 4 ém. 1/4 boiss., 9600 liv. ; pré 2 ém. 7 boiss., 1225 liv. ; pré 5 ém. 5 boiss., 1525 liv. ; terre 3 ém. 5 boiss., 1200 liv. ; terre 4 ém. 5 1/4 boiss., 1125 liv. ; terre 4 ém. 1 boiss., 825 liv. ; 3 brum. an III, devois 3 sal., 1025 liv. ; terre 1 sal. 7 ém. 1/2 boiss., 3125 liv.

457. Châtelier (Marie-Constance Pascal-Lareiran- glade, veuve). — *Fourques* (*Pascal Lareiranglade*) : 26 prair. an V, métairie de Lareiranglade : maison- nage 199 cannes, terres 484 sét. 17 dext., herbages 223 sét., autres terres 113 sét. 25 dext. avec bergerie, draille 7 sét., le tout 45500 liv. (1).

458. Chaulet Barthélemy, ménager, à Fourques.— *Fourques* (*Courtois*) : 1 niv. an II, terre 8 sét. 86 dext., 3600 liv. (2).

459. Chauliac Louis, à Ribaute. — *Tornac* (*Beau- voir-Brison F.D.A.*) : 11 fruct. an III, métairie et domaine du mas de Rey 356 sét. 3 quart., 590000 liv.

---

(1) C'était un bien engagé. — Voy. table des émigrés, Lareiran- glade.

(2) Céda cette pièce à l'émigré Courtois, le 16 déc. 1808. (Mᵉ Roche, not. à Fourques).

Chaumont Jean, à Saint‑Laurent‑d'Aigouze. — Voy. Florentin Jean.

460. Chaussiergues‑Dubord Antoine‑Sauveur, à Pont‑Saint‑Esprit. — *Pont‑Saint‑Esprit (Chaussiergues)* : 2 nov. 1809, maison, 1022 liv. ; — *Saint‑Alexandre (Chaussiergues)* : 2 nov. 1809, domaine 253 a. 76 c. (4 sal.) 4050 liv. (1).

461. Chautard Pierre, agriculteur, à Gallargues. — *Gallargues (Rochemore‑Gall.)* : 11 vent. an II, vigne 146 dext., 390 liv.

462. Chauvard Claude, à Vauvert. — Voy. Gavanon Antoine fils et Soulier Adrien.

463. Chauvet Antoine, maréchal‑ferrant, à Remoulins. — *Remoulins (Bastet‑Crussol)* : 5 pluv. an II, terre 1 sal 7 ém., 1825 liv. ; terre 7 ém. 6 vest., 600 liv.

464. Chauvin Jacques cadet, cultivateur, à Beaucaire. — Voy. Figuière Poncet.

465. Chay Jean, cultivateur, à Aimargues. — *Aimargues (Moynier Claude)* : 15 prair. an II, terre 5 carl. 1 quart. 11 dext., 3400 liv. (2). — Voy. en outre Bernard Henry.

466. Chaylan Antoine, à Pont‑Saint‑Esprit. — *Chusclan (Louis Crottat frères)* : 3 therm. an II, vi‑

---

(1) Maison et domaine ayant appartenu à Pierre‑Louis Chaussiergues‑Dubord, échus en partage à la Nation suivant arrêté de l'administration centrale du Gard du 11 brumaire an VII et affectés à la dotation de la Sénatorerie de Nîmes en exécution de l'arrêté du Gouvernement du 18 fruct. an XI, jouis par le sénateur titulaire et vendus par autorisation du Chancelier du Sénat du 23 septembre 1809. Voy. Table des émigrés, Chaussiergues, la note.

(2) Déclara avoir agi pour Bernard Henry et Soulier Louis, d'Aimargues. — La déchéance fut prononcée et la terre remise en vente le 30 brum. an XII ; mais ce jour là on prononça le renvoi, et l'émigré dut entrer en possession.

gne 1 sal. 1 ém. 6 boiss. 2 lid., 840 liv. — *Cornillon* (*Carme J. C.*) : 4 therm. an II, terre 4 sal., 2850 liv.— *Cornillon* (*Rafin Pierre* et *Denis*) : 8 therm. an II, maison 4 boiss. y compris la cour, et quatre terres 11 sal. 20 ém. 4 boiss., 26000 liv.— *Cornillon (Pagèse J. F. U.)* : 9 therm. an II, domaine de Cabrol 22 sal. 6 ém. 2 boiss. y compris les bâtiments, 40050 liv.— *Goudargues* (*Drummond-Melfort*) : 10 prair. an II, bois 251 sal., garrigues 99 sal., terres 40 sal. y compris les bâtiments, 19050 liv. — *Saint-Julien-de-Peyrolas* (*Loubat Joseph*) : 5 prair. an II, grange 20 cannes et terre 1 sal. 3 ém. 6 boiss., 2700 liv. — *Saint-Julien-de-Peyrolas* (*Vogüé*) : 12 prair. an II, terre 7 ém., 1615 l.; terre 3 sal. 2 ém., 8300 liv. — *Pont-Saint-Esprit* (*Broche-Descombes C. J. R.*) : 21 fruct. an II, terre 2 sal., 5050 liv.

467. Chazal Pierre, à Pont-Saint-Esprit. — *Pont-Saint-Esprit* (*Broche-Descombes C.-J.-R.*) : 21 fruct. an II, bâtiment, clos et terre de 1 sal. 7 ém. 1 boiss. 1 lid., 25800 liv.

468. Chazel Simon, à Lussan. — *Lussan* (*Drummond-Melfort*) : 29 vend. an III, terre 1 sal. 3 ém., 1575 liv.; terre 5 ém., 150 liv.; 1er brum. an III, pré 6 ém. 3 boiss., 4225 liv.; devois 3 sal. 6 ém., 625 liv.; terre 1 sal. 4 ém. 5 boiss., 2400 liv.; terre 6 ém. 6 boiss., 910 liv.; 6 brum. an III, terre 1 sal. 3 ém. 5 boiss., 3000 liv. ; écurie et grenier à foin, 20 cannes de couvert, 1200 liv.

469. Chazel Théophile, à Lussan. — *Lussan* (*Drummond-Melfort*) : 1er brum. an II, pré 6 ém. 2 boiss., 3300 liv.

470. Cheiron Joseph, cordonnier, à Pujaut. — *Pujaut* (*Raousset-Boulbon*) : 28 prairial an II, moulin à vent et terrain en dépendant, 1825 liv.

471. Chirouze Gabriel, à Bourg-sur-Rhône. — *Saint-Julien-de-Peyrolas (Vogué)* : 11 prair. an II, terre 1 sal. 3 boiss., 450 liv.

472. Chirouze Jean, agricult., à Beaucaire. — *Beaucaire (Virgile, veuve Forton)* : 27 niv. an III, terre 4 ém. 5 picot., 4000 liv.

473. Chrestien André, cult., à Saint-Gilles. — *Saint-Gilles (Eymini)* : 8 germ. an II, terre 7 sét. 17 dext., 5450 liv. (1).

474. Clarel Benoît, traceur de pierres, à Beaucaire. —*Beaucaire (Virgile, veuve Forton)* : 27 niv. an III, terre 5 ém., 4400 liv. (2) ; terre 4 ém. 5 picot., 4000 liv. (2).

475. Clarel Pierre, à Saint Julien-de-Peyrolas. — *Saint-Julien de-Peyrolas (Vogué)* : 11 prair. an II, terre 5 boiss., 70 liv.

Claris (femme), d'Aulas. — Voy. Mercier Louis.

476. Clavel Antoine, cult., à Beaucaire. — Voy. Figuière Poncet.

477. Clavel Jacques, sabotier, à Saint-Gilles. — *Saint-Gilles (Eymini)* : 8 germ. an II, vigne 3 1/2 cart., 7075 liv.

Clavel Jean, cult., à Codognan. — Voy. Daumas Jean fils et Fanguin Louis.

478. Clavel Louis, cult., à Beaucaire. — Voy. Figuière Poncet.

479. Clavel Jacques. — *Pujaut (Raousset-Boulbon)* : 1er fruct. an II, terre 2 sal., 1625 liv.

480. Clerc Jean-Siffren (cadet), à Roquemaure. —

(1) Déclara avoir agi tant pour lui que pour Michel Laurent, de Saint-Gilles.

(2) Rétrocéda à Virgile (Forton fils), le 6 niv. an II (Me Guichet, not. à Beaucaire).

Roquemaure (BellonGabriel : 17 fruct. an II, deux vignes 5 sal. 5 ém. 7 pougn., 3450 liv.

481. Colin Jean-François, à Pujaut. — *Pujaut (Raousset Boulbon)* : 1er fruct. an II, terre 2 sal., 1525 liv.

482. Colomb Jean, à Massillargues-Atuech. — *Saint-Nazaire (Beauvoir-Roure-Brison F. D. A.)* : 11 therm. an II, bois et devois 85 sét. 5 dext., 4500 l.; bois et herme 90 sét. 1 quart., 2525 liv. — *Massillargues-Atuech (Beauvoir-Roure-Brison F. D. A.)* : 8 niv. an V, pré 3 quart. 8 dext., 132 fr. (1).

483. Combe François, à Aramon. — *Aramon (Sauvan P. P. A.)* : 14 mess. an II, terre 2 ém., 410 l. ; 18 mess. an II, six olivettes 22 ém. 18 1/2 pougn. et terre 2 sal. 6 ém., 3550 liv. ; terre 2 ém., 625 liv. •

Combe François, fabricant d'eau-de-vie, à Aiguesvives. — Voy. Bouzanquel François et Combe Jean.

484-488. Combe Jean, Combe François, Patus Abraham, Roux Louis et Hébrard Paul dit pupille, cultivateurs, à Aiguesvives. — *Le Cailar (Baschy F.)* : 23 flor. an III. pré, bois et champ 8 cart. 1 quart. 1/2 et 4 dext., 27400 liv. ; pré 5 cart., 10200 liv. ; pré 5 cart., 9000 liv. ; pré 5 cart., 12000 liv. ; pré 4 cart., 12100 liv. — *Le Cailar (Baschy F. et Baschy Caroline)* : 1er vend. an IV, moulin à eau dit d'Etienne, sur le Vistre, 64000 liv.

Combe Jean, à Aiguesvives. — Voy. Bouzanquel François.

Combes Louis, maréchal, à Lézan. — Voy. Barafort Antoine.

489. Combe Pierre, négociant, à Sommières. —

(1) Cette dernière pièce fut acquise de gré à gré.

Fontanès (Narbonne-Pelet A.) : 6 therm. an II, le mas de Barret, maisonnage et douze pièces terres, bois, prés etc., en tout 51 sal. 65 quart., 43500 l. (1) ; pré 7 sal. 14 quart., 8360 liv. (2) ; terre et bois 2 sal. 10 quart., 1250 liv. (3) ; terre 12 quart., 410 liv. (4).

Combet Étienne, père, notaire, au **Vigan.** — Voy. Navas Étienne.

490. Combet Michel-Étienne, négociant, au **Vigan.** — *Vissec Lato· ·Dupin A. C.)* : 26 germ. an VI, deux vignes 20 1/2 journées 2 1/2 boiss., et clapier 1 1/2 boiss., 594 fr. (5).

491. Comert Pierre, fabricant de molletons, à Sommières. — *Montagnac (Narbonne-Pellet)* : 1ᵉʳ mess. an II, bois 99 sét., 1225 liv. ; bois 99 sét., seconde partie, 1225 liv. (6).

492. Compan François, propriétaire, à Campestre. — Voy. Villas Pierre-Mathieu fils.

493. Compan Jean, à Alzon. — *Alzon et Campestre (Saubert-Larcy A. F. L.)* : 5 pluv. an II, pré 1 sét. 1 boiss., plus « un esclafidou », 2350 liv. ; pré 1 sét. 2 boiss., 2510 liv. (7).

(1) Déclara avoir agi pour Monnat Pierre, propriétaire, à Calvisson.

(2) Déclara avoir agi pour Monnat Pierre, propriétaire, à Calvisson.

(3) Déclara avoir agi pour Monnat Pierre, propriétaire, à Calvisson.

(4) Déclara avoir agi pour Majoller Louis-Antoine, agr., à Congénies.

(5) Vente de gré à gré.

(6) Déclara avoir agi pour Nègre Pierre fils, agr., à St-Mamert, lequel rétrocéda à Narbonne-Pelet, le 17 février 1815.

(7) Fut déchu, et ses biens furent attribués à Mesd. de Larcy, par le partage du 27 germ. an VII.

Conilhères Antoine, à Lézan. — Voy. Roux Jean.

494. Conilhères Claude-Antoine, prop., à Lézan. — *Lézan (Cambis C. F.)* : 15 fruct. an II, terre 26 quart., 3150 liv. — Voy. en outre Robert Jacques.

495. Correnson Pierre, à Pujaut. — *Pujaut (Raousset-Boulbon)* : 1 fruct. an II, terre 2 sal., 1625 liv.

496. Coste Alexis, à Cavillargues. — *Cavillargues (Nicolay)* : 17 frim. an III, terre 15 ém. 4 boiss. 2 lid., 4950 liv.

497. Coste Baptiste, à Cavillargues. — *Cavillargues (Nicolay)* : 18 frim. an III, terre 1 ém. 6 boiss., 460 liv. ; terre 17 ém. 2 boiss., 2600 liv.

498. Coste Baptiste, à Saint-Laurent-de-Carnols. *Saint-Laurent-de-Carnols (Vachier André)* : 29 fruc. an II, terre 5 ém. 7 boiss., 325 liv.

499. Coste Élie, cult., à Gallargues. — *Gallargues (Rochemore - Gall.)* : 12 vent. an II, vigne 559 dext., 3025 liv.

500. Coste frères (1), nég., à Nîmes. — *Nîmes (Fabrot R.)* : 27 vent. an II, maison rue des Marchands 8 toises 1 pouce, 3550 liv.

501. Coste Jean, cult., à Gallargues. — *Gallargues (Rochemore - Gall.)* : 11 vent. an II, vigne 240 dext., 400 liv. ; vigne 262 dext., 520 liv.

502. Coste Pierre, à Cavillargues. — *Cavillargues (Nicolay)* : 9 frim. an III, terre 10 ém. 2 boiss. 1 lid., 900 liv.

503. Coulet Étienne, agr., à Pujaut. — *Pujaut (Raousset-Boulbon)* : 28 prair. an II, terre et vigne 2 sal 5 ém. 4 poug., 3300 liv.

(1) Antoine et Étienne. — Voy. Mourgue Simon.

504. Coulet Gilles, à Pujaut. — *Pujaut (Raousset-Boulbon) :* 1 fruct. an II, terre 2 sal., 1625 liv.

505. Coulet Jean - François, de Fontanilles, — *Sénéchas (Lafare-Latour L. P.)* : 18 mess. an II, masure de maison et terre 1 quart., châtaig. et terre 8 quart., 600 liv.

506. Coulomb Antoine, à Pujaut. — *Pujaut (Raousset-Boulbon)* : 28 prair. an II, olivette 2 sal., 3725 liv.

507. Coulomb Étienne, à Pujaut. — *Pujaut (Raousset-Boulbon)* : 1 fruct. an II, jardin 2 poug., 155 liv.

508. Coulomb Jacques-Joseph, agr., à Souvignargues. — *Souvignargues (Richard J. A.)* : 27 mess. an II, terre et enclos 70 dext., 270 liv. — *Fontanès (Narbonne-Pelet)* : 8 fruct. an II, pinède et herme 16 sal. 11 quart., 6050 liv. ; terre 1 sal. 6 quart. 15 dext., 900 liv. ; terre 3 sal. 5 quart., 3400 liv.

509. Coulomb Jean-Baptiste, à Pujaut. — *Pujaut (Raousset-Boulbon)* : 1 fruct. an II, terre 2 salm., 1625 liv.

510. Coulomb Jean-Pierre, agr., à Fontanès. — *Fontanès (Narbonne-Pelet)* : 8 fruct. an II, bergerie, olivette et herme 6 sal., 10500 liv. ; terre 2 sal. 2 quart. 10 1/2 dext., 2300 liv. — Voy. en outre Bastide Antoine.

Coulondre Abraham, à Aiguesvives. — Voy. Coulondre Antoine.

511-514. Coulondre Antoine, nég., Coulondre Abraham, son fils aîné, Hébrard Paul père, Hébrard Paul fils, fab. d'eau-de-vie, d'Aiguesvives. — *Aiguesmortes (Pierre Bernis P. S. F.)* : 1 vent. an IV, le mas de Peyrel, bâtiments et champs 180 cart., 73.000 liv.

515. Coulondre Pierre, fab. d'eau-de-vie, à Aiguesvives. — Voy. Montfajon Henry.

516. Coulorgues Antoine, cult., à Saint-Côme. — Saint - Côme (Rochemore L.) : 1 vent. an II, terre 520 dext., 5000 liv. ; terre 520 dext., 5500 liv. ; 3 vent. an II, terre et aire 360 dext., 2360 liv. ; 5 vent. an II, maison, cuves et caves 9 dext., 2650 liv.

517. Coumoul Jean, à Saint - Gilles. — Voy. Vincent Jean-César.

518. Courtial Pierre, menuisier, à Aimargues. — Aimargues (Lancrist) : 24 germ. an II, terre 1 1/2 quart., 335 liv. ; 15 prair. an II, terre 5 carteir. 1/2 quart. 9 dext., 3425 liv. (1).; — Voy. en outre Daniel Sébastien.

519-520. Coustier, de Bréau, et Pagès Pierre fils, de l'Espérou. — Salagosse (Béranger J. F.) : 4 pluv. an II, métairie de Béranger : bâtiments 5 cannes de plat-fond, jardin 1 quart. et quatorze autres pièces, au total 46 sét. 12 quart. 30 dext., 5750 liv.

521. Coutel Henry, à Mus. — Le Cailar (Baschy F.) : 9 vent. an III, champ 4 cart., 35200 liv.

522. Couvin Joseph, à Roquemaure. — Roquemaure (Raousset-Boulbon) : 21 mess. an II, vigne 3 ém. 3 lid., 401 liv.

523. Couvin Joseph, à Aramon. — Aramon (Sauvan P. P. A.) : 14 mess. an II, terre 2 ém., 410 liv.

Crémieu Benjamin, nég., à Nimes. — Voy. Milhaud Mardochée.

524. Crémieu Isaac, à Nimes. — Nimes (Prieuret

(1) Il déclara avoir acquis cette pièce pour Sabatier Pierre et Yarlet Jacques, d'Aimargues.

Jean) : 5 frim. an III, champ. 2 sal. 11 1/2 ém.,
20000 liv. (1).

525. Crémieu Saül, marchand, à Nimes.—*Le Cailar*
(*Rochemore A. J. A.*) : 6 flor. an II, pré 4 cart., 6300 l. ;
pré 4 cart., 7000 liv. ; pré 4 cart., 7000 liv. ; pré
4 cart., 7000 liv. ; pré 4 cart., 7150 liv. ; pré 4 cart.,
8000 liv. — *Aimargues* (*Chaumont-Guitry*) : 1er prair.
an II, terres 39 3/4 arpents, un moulin sur le Vidourle et maisonnage d'exploitation, 130000 liv. —
Le Cailar (*Baschy F.*) : 1er vent. an III, pré 5 cart.,
6200 liv. ; pré 5 cart., 6300 liv. ; 2 vent. an III,
pré 5 cart. 2 quart. 13 dext., 3400 liv. ; pré 5 cart.,
4000 liv. ; 16 vent. an III, pré 5 cart., 21500 liv. ;
pré 5 cart., 20500 liv. ; pré 4 cart. 3 quart. 3 dext.,
18000 liv. ; 22 flor. an III, champ 6 cart., 21000 l. (2).;
champ 5 cart., 19500 liv. ; champ 5 cart., 22500 liv.;
champ 5 cart., 15300 liv. ; champ 5 cart. 2 quart.
13 dext., 8200 liv. — Voy. en outre : Carcassoune
Jassé, Mathieu Jacques et Pascal Antoine.

526. Crès Jacques, agriculteur, à Orthoux. —
Quilhan (*Cambis Lézan*) : 16 flor. an II, terre, bois et
devois 7 sét. 13 dext., 1775 liv.

Crespin. — Voy. Droits réunis.

527. Crottat Jeanne, femme de Girard Monfoi, de
Chusclan.—*Chusclan* (*Crottat frères*) : 5 flor. an VI,
les 2/9 revenant aux deux frères Crottat, émigrés,
sur les biens laissés par leur père, consistant en la
métairie de la Tourette avec 7 sal. 1 ém. de terre,
6 sal. 1 ém. vigne, 15 sal. autres biens, 15000 l. (3).

(1) Revendit à Murjas, de Nimes, qui rétrocéda verbalement à
Prieuret.

(2) Déclara avoir acquis cette pièce pour Mathieu Jacques et
Bassaget Pierre, du Cailar.

(3) Vente de gré à gré.

528. Crouzet, agriculteur, à Liouc. — *Liouc (Cambis C. F.)* : 7 brum. an III, garrigues 12 sét., 1300 l.

Crouzet François, à Lézan. — Voy. Barafort Antoine, Bourdarier Jacques et Roux Jean.

529. Crouzet Jacques, agriculteur, à Salinelles. — *Salinelles (Alméras Joseph)* : 9 vend. an III, maison et cour 12 dext., 6700 liv. ; terre 1 sét. 3 quart. 14 dext., 2650 liv.

530. Crouzet Louis, à Lussan. — *Lussan (Drummond-Melfort)* : 1er brum. an III, herme 3 ém. 1 1/4 boiss., 305 liv. ; terre 1 sal. 1 boiss, herme 3 ém. 4 boiss., 700 liv.

531. Crouzet Théophile, à Lussan. — *Lussan (Drummond-Melfort)* : 6 brum. an III, terre 2 sal., 1650 liv.

532. Dadre Jean, oncle, juge au trib. de dist. de Saint-Hippolyte. — *Pompignan (Peyridier Antoine)* : 13 flor. an II, terre-mûriers 4 quart. 17 dext., 2100 l.; vigne-olivette 6 journaux, 900 liv. ; olivette 8 quart., 1200 liv.

533. Daire Étienne, cult., à Beaucaire. — Voy. Testedor Jacques.

534. Damian Guillaume, à Pujaut. — *Pujaut (Raousset-Boulbon)* : 1er fruct. an II, terre 2 sal., 1525 liv.

535. Daniel Jean, cultivateur, à Aimargues. — *Aimargues (Moynier Claude)* : 11 prair. an II, champ 4 cart. 2 quart. 18 dext., 3000 liv. ; 15 prair. an II, terre 5 cart. 1/2 quart. 9 dext., 3400 liv.

536. Daniel Sébastien, cultivateur, à Aimargues.— *Aimargues (Fabrot R.)* : 5 pluv. an II, terre 3 3/4 arpents, 4700 liv. (1). — *Aimargues (Lancrisi)* : 24 germ.

(1) Déclara avoir agi pour Soulier Louis.

an II, cour, remise, hangard à l'île des Pénitents 172 cannes, 3225 liv. — *Aimargues (Moynier Claude)* : 11 prair. an II, terre 6 cart. 1 quart. 15 dext., 8600 l. (1). ; 15 prair. an II, terre 5 cart. 1 quart 11 dext., 3125 liv. (2). — *Aimargues (Baslet-Crussol)* : 6 frim. an III, terre 7 cart. 3 quart. 18 dext., 3561 liv. (3). — Voy. en outre : Grand, Grégoire Jacques, Langlade Jean, Pélissier François, Soulier Étienne, de Brune, et Viel André.

537. Darlhac Marc-Antoine, notaire, à Nimes. — *Saint-Andéol-de-Trouillas (Lacroix-Castries)* : 22 mess. an IV, le domaine de la Pénarier avec ses dépendances, 49 cannes de bât. 37 sal. 3 quart. 1 boiss. jardin, vignes, mûriers, châtaig. et bois, 8118 fr. ; le domaine de la Marine et ses dépendances 49 can. bât., 16 sal. jardin et châtaign., 4411 fr. ; le domaine de Masurier ou Massolier et ses dépendances, 44 cannes bât., 31 sal. 3 quart. 2 boiss. jardin, terres et châtaign., 11154 fr. ; le domaine de Leyrole ou Peyrolle et ses dépendances, 49 cannes bât., 20 sal. 6 quart. jardin, terres et châtaigneraie, 11396 fr. ; le Mas Delouze ou Canton-Redon, 53 can. bât., 8 sal. jardin, vignes, mûriers, châtaign. et bois, 11506 fr. ; la métairie de Calle-Berger et ses dépendances, 12 cannes bât., 50 sal. vignes, terres, jardin, mûriers et bois, 2662 fr., ; la métairie du Mazet et ses dépendances, 8 cannes bât., 9 sal. terres, vignes et bois, 1760 fr. ; le domaine dit le château de Trouillas, 150 cannes bât., 1 boiss. jardin, 32 sal.

(1) Déclara avoir agi pour Amalric Jean, d'Aimargues.

(2) Déclara avoir agi pour Soulier François et Courtiol Pierre, d'Aimargues.

(3) Déclara avoir agi pour Barascut Pierre, négociant, à Lodève,

11 quartes 2 boiss. jardin arrosable, terres, prés, mûriers, châtaign. et bois, 12298 fr. (1).

538-539. Daudé et Marazel. — *Aiguesvives (Moynier Claude)* : 6 vend. an IV, trois vignes 512 dext., 4000 liv.

540. Daudé Antoine, à Mus. — *Le Cailar (Baschy F.)* : 9 vend. an III, champ. 4 cart., 34400 liv.

541. Daudé Jean, de la Coste, près Saint-André. — *Saint-André-de-Majencoules (Daudé Louis)* : 7 germ. an II, partie de maison 5 cannes, 4 pans, anglade 1 quarte, 4775 liv. (2). — Voy. en outre Sauzet Jean-Louis fils.

542. Daudé Jean, cultivateur, à Combas. — *Combas (Narbonne-Pelet)* : 6 germ. an II, terre 7 sét. 14 dext. 5325 liv.; 7 germ. an II, bois 59 sét. 5 quart. 33 dext., 650 liv.; 21 germ. an II, terre 6 sét. 4 quart. 33 dext., 2075 liv.

Daudé Paul, fabricant d'eau de vie, au Cailar. — Voy. Mathieu Jacques, du pont.

Daufès Pierre (Fédon Marie veuve) à Vauvert. — Voy. Méjanelle Jean.

543. Daulaud François, salpêtrier, à Aimargues. — *Aimargues (Bastet-Crussol)* : 12 mess. an II, lot de 11 cart. 2 quart. 10 dext., 7100 liv.; lot de 10 cart. 24 dext., 7450 liv.

544. Daulaud Pierre, à Aimargues. — *Aimargues (Fabrot R.)* : 5 pluv. an II, chènevière 1 boiss. 1 1/4 perche, 180 liv. — Voy. en outre Soulier Etienne.

545. Daumas Jean, agriculteur, à Gallargues. — *Gallargues (Montspuy, juge)* : 26 niv. an III, terre 3375 dext., 50000 liv.

(1) Toutes ces rentes furent faites de gré à gré. — Elles furent sans doute annulées puisque ces domaines furent cédés par l'Etat aux hospices du Gard, le 27 pluviose an XII.

(2) L'acquéreur était le neveu et l'héritier institué de l'émigré.

546-549. Daumas Jean fils, Clavel Jean, Rouger Louis et Bergeron Etienne, cultivateurs, à Codognan. — *Le Cailar (Baschy F.)* : 9 vent. an III, pré 7 cart. 3 quart. 30 1/2 dext., 7200 liv. ; pré 6 cart., 8100 liv. ; pré 6 cart., 6800 liv.

Daumas Jean fils, cultivateur, à Codognan. — Voy. Puech Antoine père.

550. Daumas Marc Antoine. — *Gallargues (Rochemore-Gall.)* : 12 vent. an II, terre et aire 1671 3/4 dext., 24000 liv.

551. Dauvergne Louis, à Barjac. — *Barjac (Merle C. dit Lagorce)* : 18 fruct. an II, terre 5488 arpents, 2850 liv. ; terre 4350 arpents, 1525 liv.

552. Defferre Isaac, tonnelier, à Saint-Gilles. — *Saint-Gilles (Eymini)* : 8 germ. an II, vigne 3 1/2 cart. 1 quart., 8700 liv.

553. Deisson Jean, agriculteur, à Villeneuve. — *Les Angles (Forbin J. J.)* : 24 fruct. an II, terre 2 sal., 2450 liv.

Déjardin Claude, à Aiguesvives. — Voy. Déjardin Claude fils aîné.

554. Déjardin Claude fils aîné, fabricant d'eau-de-vie, à Aiguesvives. — *Le Cailar (Baschy F.)* : 6 germ. an III, pré 5 cart., 6025 liv. (1). — Voy. en outre Déjardin Claude père.

555. Déjardin Claude père, fabricant d'eau-de-vie, à Aiguesvives. — *Le Cailar (Baschy F.)* : 23 flor. an III, pré 5 cart. 1 quart. 12 dext., 8100 liv. ; champ 2 cart. 3 1/2 cart. 13 dext., 4100 liv. ; champ 2 cart. 1 1/2 quart. 15 dext., 1650 liv. (2).

---

(1) Acquis, pour lui, par autre Déjardin Claude.

(2) Déclara avoir acquis ces trois pièces pour Déjardin Claude son fils aîné.

556. Delaage-Villeneuve-Vence (Marie-Clémen-
tine-Thérèse). — *Saint-Étienne-des-Sorts* (*Villeneuve-Vence*) : 1er therm. an IV, le domaine de Brou-
leiron composé de quatre granges, ensemble 4 ém.
3 boiss. bât. et 330 sal. terres, plus l'îlon des Caillets
10 sal., « brouteau » de 15 sal., autre « brouteau » de
20 sal., deux garrigues 10 sal., 292930 liv. 10 s. (1).

557. Delbos Pierre, travailleur, à Uzès. — *Saint-
Siffret* (*Champloix la Baume*) : 9 germ. an II, herme
2 sal. 1 ém. 8 vest., 650 liv.

558. Deleuze Antoine, à Saint-Martin-de-Valga-
gue. — *Saint-Martin-de-Valgalgue* (*Lafare-Latour
L. P.*) : 25 prair. an II, terrain graveleux 2 quart.,
300 liv. (2).

559. Deleuze Antoine-Jean-Firmin, notaire, à Roquemaure. — *Roquemaure* (*Deleuze*) : 21 brum. an VIII,
une maison, 8000 fr. — *Roquemaure* (*Deleuze C. et
J. L. P. G. frères*) : 30 juin 1809, vigne 1 arpent 3
perches, 105 fr. ; vigne 57 perches 9 mèt., 125 fr. ;
maison de 11 mèt. 88 c., 209 fr. (3). — *Roquemaure
et Montfaucon* (*les mêmes*) : 30 juin 1809, vigne 56
perches 59 mèt., 65 fr. ; vigne 42 perches 14 mèt.,
155 fr. ; terre 60 perches 76 mèt. (à Montfaucon),
205 fr.

560. Deleuze François, perruquier, à Pont-Saint-
Esprit. — *Bagnols* (*Labaume-Champloix*) : 9 vent.
an II, domaine de Bercon 74 sal. 1 ém. 7 boiss. 2 lid.
et les cabaux, 192000 liv.

561. Deleuze Louis, à Tornac. — *Massillargues-*

(1) Vente de gré à gré.

(2) Déclara avoir agi pour Soustelle Jean-François-Mathieu,
président du Tribunal d'Alais.

(3) L'acquéreur était le frère des deux émigrés.

Aluech (Beauvoir-Roure-Brison F. D. A) : 27 prair. an II, herme 4 quart. 21 dext. et pré 8 quart. 23 1/4 dext., 2950 liv.

562. Delmas François. — *Aulas (Béranger F.)* : 26 niv. an II, tènem al de 35 dext., 190 liv. (1).

563. Delon François, maçon, à Sommières. — *Fontanès (Narbonne-Pelet)* : 8 fruct. an II, tuilerie et pièce attenante 1 quart. 2 dext., 900 liv.

564. Delon Jacques, agr., à Aigremont. — *Aigremont (Rochemore J. B. L.)* : 3 therm. an II, terre en deux faïssas 24 cartes, 405 liv.

565. Delours François, ménag., à Saint-Laurent-d'Aigouze. — *Saint-Laurent-d'Aigouze (Lancrist)* : 1 vent. an II, terre 1/2 carteirad., 1300 liv.; 30 pluv. an II, terre 2 cart. 1 carton 19 dext., 5600 liv. — *Saint-Laurent-d'Aigouze (Moynier Claude)* : 18 germ. an II, terre 1 cart. 3 quart. 28 dext., 2400 liv.

Deltruel Jean, du mas de La Coste. — Voy. Bousquier Louis-David.

566. Desaifres, juge, à Pont-Saint-Esprit. — *Barjac (Hugonet, prêtre)* : 4 prair. an II, vigne 452 cannes, 520 liv.; herme 2050 cannes, 445 liv.; vigne 1600 cannes, 1505 liv.; maison 5 cannes, 170 liv.

567. Deshons Antoine, à Colognac. — *Colognac et Monoblet (Manoël Étienne)* : 8 vend. an III, pré et châtaign. 1 sét. 1 quart. 4 dext., 1550 liv.

568. Deshours, à Lasalle. — *Saint-Bonnet (Vissec, de Ganges)* : 7 octobre 1807, trois terres 2 hect. 6 ar., 800 fr.

569. Despuech Barthélemy, notaire, à Saint-Hippolyte. — *Pompignan (Peyridier Antoine)* : 2 prair.

(1) Déclara avoir agi pour Fabrègue Jean, de Bez.

an II, adjudication pour 9 ans du dépôt des registres et papiers de ce notaire émigré, 200 liv.; 12 floréal an II, pré 1 sét. 1 quart. 8 dext., 3100 liv. (1) ; jardin clos 1 quart. avec petit pavillon, 405 liv. (2).

570. Despuech Jeanne, à Saint-Hippolyte. — Voy. Despuech Barthélemy.

571. Devés Joseph, à Saint-Marcel. — *Cavillargues (Nicolay)* : 21 frim. an III, terre 3 boiss., 115 l. — Voy. en outre Igon Simon.

572. Devèze Guillaume, à Roquemaure. — *Roquemaure (Bourbon et Rohan-Montbrison)* : 27 thermidor an II, terre 11 salm. 2 ém. 2 pougn., herme 5 salm. 5 ém. 1 pougn., 17458 liv. — *Roquemaure (Régis C. J.)* : 22 vend. an III, terre 1 arp. 23 perc., 2475 liv.

573. — Devèze Joseph, à Beaucaire. — *Beaucaire (Coëtlogon)* : 16 therm. an VI, 2 terres 13 salm. 13 ém., 215000 liv.

574. Dhombre François, à Branoux. — *Branoux (Granier-Lamelouze P. P.)* : 6 flor. an II, olivette 3 quart., 2050 liv. (3).

575. Dhombres Louis, agr., à Aigremont. — *Aigremont (Rochemore J. B. L.)* : 28 mess. an II, rouvière 20 sal. 11 quart. 4 dext., terre 32 quart. 6 dext., herme 10 sal., 10100 liv. ; terre 18 quart. 2 boiss., 925 liv. ; terre 19 quart., 1450 liv. ; 25 therm. an II, domaine du Château 33 sal. 1 quart., 36000 liv. : 27 therm. an II, pré 17 quart., 960 liv.

576. Dide père, cult., à Combas. — *Combas (Nar-*

(1) Déclara avoir agi pour Jeanne Despuech, sa sœur.

(2) Id.

(3) Pièce cédée à l'hospice d'Alais par arrêté préfectoral du 8 fruct. an XIII.

bonne-Pelet) : 21 germ. an II, terre 6 sét. 2 quart.
6 dext., 3700 liv.

577. Dide Louis, nég., à Combas. — *Combas (Narbonne-Pelet)* : 6 germ. an II, terre, pré et herme 6 sét. 9 dext., 6500 liv. ; 7 germ. an II, deux vignes 16 sét. 1 quart. 1 dext., 2700 liv.

578. Dieu Joseph, à Pujaut. — *Pujaut (Raousset-Boulbon)* : 1 fruct. an II, terre 2 sal., 1550 liv.

579. Dijol Jean, bourrelier, à Uchaud. — *Uchaud (Fabrot R.)* : 3 germ. an II, terre 857 dext., 3600 liv.

580. Dizier Jean, à Lussan. — *Lussan (Drummond-Melfort)* : 29 vend. an III, terre et herme 9 ém., 200 liv. ; terre 1 sal. 6 boiss., 350 liv. ; 1 brum. an III, terre 1 ém. 6 1/2 boiss., 250 liv. ; terre 1 sal. 4 1/3 boiss., 1500 liv. ; mas de Chazel, bâtiments 12 cannes, canal 2/3 de boiss., aire 1 2/3 boiss., terre 1 1/3 boiss., terre 2 2/3 boiss., 380 liv. ; 3 brum. an III, devois 3 sal., 400 liv. ; terre 4 ém. 7 1/4 boiss., 625 liv.

581. Dizier Jean fils aîné, à Lussan. — *Lussan (Drummond-Melfort)* : 1 brum. an III, maison au mas de Chazel avec écurie, poulailler, aire, jardin, terres, pré et herme 1 sal. 12 ém. 15 boiss., et bergerie au Travers 40 cannes de couvert, avec terre, devois et cour 2 sal. 11 ém. 1 1/2 boiss., 18100 liv.

582. Dizier Jean oncle, à Lussan. — *Lussan (Drummond-Melfort)* : 1 brum. an III, pré 6 ém. 3 1/2 boiss., 3900 liv.

583. Dizier Jean oncle (autre), à Lussan. — *Lussan (Drummond-Melfort)* : 1 brum. an III, terre 2 ém. 3 boiss., 1500 liv.

584. Domergue-Duroset André, à Domazan. — *Domazan (Gilbert E.)* : 7 niv. an III, jardin 8 vest.

avec bâtiment 12 toises, 800 liv. ; vigne 5 1/2 ém.,
200 liv.

585. Domergue Joseph, agr., à Montfrin. — *Mont-frin* (*Monteynard F.*) : 15 therm. an II, terre 4 ém.,
1225 liv.

586. Donnadieu Jean, à Lasalle. — *Saint-Bonnet*
(*Vissec L. A. M.*) : 26 niv. an II, devois et bruyère
4 1/2 sét. 14 dext., 1060 liv.

587. Dorte Isaac, à Sommières. — *Junas* (*Panelier-Montgrenier*) : 12 therm. an II, terre 6 sét., 1700 liv.

588. Dorte Louis, à Junas. — *Junas* (*Panelier-Montgrenier*) : 12 therm. an II, terre 2 sét. 3 dext.,
550 liv. ; vigne 19 sét., 3400 liv.

589. Doulaud Jacques, à Montfrin. — *Montfrin*
(*Monteynard F.*) : 14 therm. an II, olivette 1 sal.,
1700 liv. — Voy. en outre Ancelin Jean, Fabre Jean
et Goirand Étienne.

590. Doulaud Jean, trav., à Montfrin. — *Montfrin*
(*Monteyard F.*) : 11 niv. an II, quatre terres de 4 ém.
égale 16 ém. à 125 liv. l'ém., 2000 liv.

591. Douyon Jacques. — *Montfrin* (*Monteynard F.*) :
11 niv. an II, terre 4 lots de 4 ém. soit 16 ém. à
120 liv. l'ém., 1920 liv.

592. Droits réunis (administration des) représentée
par Rome, directeur - receveur - général du Gard. —
Beaucaire (*veuve Pégat*) : 25 juin 1812, maison bâtie
par Crespin sur un terrain national à l'entrée du pont,
5200 fr. (1).

593. Duclaux Claude, à Castelnau-Calcenier. — *Ro-quemaure* (*Bourbon* et *Rohan-Montbason*) : 27 therm.
an II, portion de la grange du grand Lhers, savoir :

(1) Vente de gré à gré.

couvert 256 cannes, cour 100 cannes, terre 35 sal.
3 ém. 2 poug., hermes 7 sal. 2 poug., broutières
13 sal. 3 ém., vignes 14 sal., le tout 78400 liv.

594. Duclaux Pierre. — *Saint-Géniès-de-Comolas*
(*Sicard J. A.*) : 11 therm. an II, deux vignes 8 ém.
1 poug., 864 liv. ; deux vignes 8 ém. 2 poug. 2 lid.,
689 liv.

595. Ducros-Durand, cult., à Clarensac. — *Saint-
Côme* (*Rochemore L.*) : 3 vent. an II, pré 321 dext.,
6300 liv.

596. Ducros François, fab., à Sommières. — Voy.
Ducros Jean.

597. Ducros Jean. — *Junas* (*Panelier-Montgrenier*):
12 therm. an II, métairie, cour et paran 75 dext.,
pré 10 1/2 sét., pré-terre 10 sét. 1 quart. 3 dext.,
terre-aire 10 sét. 1 quart. 8 dext., terres 85 sét.,
48.000 liv. (1).

598. Ducros Jean-Louis. — Voy. Ducros Jean.

599. Ducros Louis, négoc., à Calvisson. — *Vestric* (*Montmorency-Robecq*) : 21 flor. an II, terre 1146
dext., 8100 liv.

600. Ducros Pierre, trav. à Vabres. — *Saint-Bonnet* (*Vissec L. A. M.*): 9 niv. an II, cerelière et chataig. 1 sét. 1 quart. 9 dext., 1100 liv.; dougal et chataig. 8 sét., 3 quart. 5 dext., 860 liv.

Duffés Barthélemy, juge de paix, à Alais. — Voy.
Mazaudier François.

601. Dufour François, de La Coste, près Saint-
André. — *Saint-André-de-Majencoules* (*Daudé L.*) :
7 germ. an III, partie de maison 19 cannes, jardin
clos 8 dext. et angle 16 dext., 5125 liv.

(1) Déclara avoir agi pour Ducros Jean-Louis, son fils, et
Ducros François, fab., à Sommières, son frère.

602. Dufour Simon, cult., à Saint-Côme. — *Saint-Côme (Rochemore L.)* : 1 vent. an II, terre-mûriers 600 dext., 3800 liv.; 2 vent. an II, terre-olivette 517 dext., 6850 l.

603. Dufour Simon, à Salinelles. — *Lèques (Chaumont Guitry J. G. II.)* : 21 vend. an III, maison 25 cannes 4 pans 950 liv.; 22 vend. an III, olivette et herme, 11 sét. 1 quart. 24 dext., 2035 liv.

604. Dujas ou Duzas Joseph, charcut., à Aramon. — *Aramon (veuve Forton)* : 21 prair. an II, terre 4 ém. 4 3/4 pougn., 1550 liv.

605. Dumas Antoine, à Colognac. — *Colognac et Monoblet (Manoël E.)* : 8 vend. an III, pré et chataig. 2 sét. 2 quart. 2 dext., 2000 liv.

606. Dumas Étienne, sabotier, à Aimargues. — *Le Cailar (Fabrot R.)* : 15 vent. an II, pré 1 carteir. 8 dext., 1500 liv. (1); pré 2 carteir. 2 1/2 quart. 2 dext., 4100 liv.

607. Dumas François, agr., à Lédignan. — *Lédignan (Rochemore J. B. L.)* : 3 mess. an II, pré 12 quart., 2070 liv.

608. Dumas François et Iluc François, agric., à Lédignan. — *Lédignan (Rochemore J. B. L.)* : 23 therm. an II, terre 20 quart., 1400 liv.

609. Dumas Jean, maire, à Saint-Côme. — *Saint-Côme (Rochemore L.)* : 5 vent. an II, moulin à huile et ses attraits 9 dext., 3750 liv.

610. Dumas Jean, propr., à Lédignan. — *Lédignan (Rochemore J. B. L.)* : 1 mess. an II, terre 17 quart. 2400 liv. — *Aigremont (Rochemore J. B. L.)* : 17 therm. an II, pré 10 quart., 800 liv.; 25 therm. an II, moulin sur le valat de Courme et terre de 2 quart., meubles

(1) Déclara avoir agi pour Brunel Jean, d'Aimargues.

et outils, 4450 liv.; 29 therm. an II, terre 28 quart., 1450 liv. — *Savignargues (Rochemore L.) : 27* fruct. an II, pré 2 sét. 3 quart. 23 dext., 725 liv.; pré 2 sét. 3 quart., 900 liv.

611. Dumas Louis, à Aimargues. — Voy. Robert. Dumas Louis, à Lézan. — Voy. Roux Jean.

612. Dumas Michel, fabr. d'étoffes, à Aramon. — *Aramon (de Rois) :* 21 prair. an II, maison et moulin à huile, 4350 liv.

613. Dumas Pierre fils, propr., au Vigan. — *Lanuéjol(Thomassy,* de Meyrueis) *:* 9 nivôse an II, domaine de Latour, maison, cour, jardin, cabaux, terres 426 sét., friches 400 sét., 63100 liv. — *Le Vigan (d'Assas F. C.):* 10 nivôse an II, vigne 1 sét. 2 2/3 quart. (1re partie), 2825 liv. (1) ; vigne 1 sét. 2 quart. (2me partie), 3115 liv. (2). — *Montdardier (d'Assas F. C.) :* 25 nivôse an II, pré 1 sét. 1 1/2 boiss., 3350 liv. (3).

614. Dumond Jean, cordonnier, à Uchaud. — *Uchaud (Fabrot R.):* 3 germ. an II, vigne-olivette 623 dext., 1850 liv. — *Vestric (Montmorency-Robecq) :* 16 floréal an II, vigne 825 dext., 2850 liv. — Voy. en outre Granaud Jean.

615. Dumond Pierre fils aîné, ménag., à Uchaud. — *Vestric (Montmorency-Robecq) :* 16 flor. an II, terre 369 dext., 3000 liv.

616. Dunan Pierre, à Aramon. — *Aramon (Sauvan P. P. A.) :* 14 mess. an II, terre 2 ém., 560 liv.

617. Dupoux André, à Lussan. — *Lussan (Drummond-Melfort) :* 6 brum. an III, terre 6 ém. 3 1/2 boiss., 225 liv.; terre 1 sal. 2 ém. 3 boiss., 600 liv.

(1) Déclara avoir agi pour Aguze Madeleine-Delphine, femme d'Assas François-Clément, du Vigan.

(2) Id.

(3) Id.

618. Dupoux François, à Saint-Michel-d'Euzet. — *Saint-Michel-d'Euzet* (*Pluviers fils*) : 14 vend. an III, terre 1 sal. 4 ém., 2070 liv., terre 1 salm. 6 ém. 4 boiss. 3 lid., 2550 liv.

619. Dupré Jean, à Gallargues. — *Gallargues* (*Rochemore-Gall.*) : 12 ventôse an II, vigne et terre 600 dext., 1050 liv.

620. Durand Claude, maçon, à Saint-Gilles. — *Saint Gilles* (*Eymini*) : 8 germ. an II, terre 2 sét. 16 dext., 1350 liv.; vigne 1 carteirad, 2100 liv. (1).

Durand François, à Aimargues. — Voy. Maumé-jean Guillaume.

621-622. Durand Jacques, tailleur d'habits, à Saint-Martial et Martin Louis père, de Salagosse. — *Dour-bies* et *Valleraugue* (*Bérenger J. F.*) : 11 niv. an II, métairie dite de Béranger, 48 cannes 8 pans de bâtiment, 47 cannes 4 pans de cour, 469 sét. 8 1/3 quartes champs et bois, autre maison dans la montagne d'Aulas 6 cannes, 49000 liv.

623. Durand Jacques, agr., à Lézan. — *Lézan* (*Cambis C. F.*) : 15 fruct. an II, terre 27 quart., 4065 liv. — Voy. en outre Teissier Etienne-Daniel.

624. Durant la Roque, à Saint-Hippolyte-du-Fort. — *Saint-Hippolyte-du-Fort* (*Durant*) : 27 nov. 1807, vigne 40 perches 20 m. c., 365 fr.; vigne 2 h. 28 a. 50 c., 3025 fr.; maison rue de la Gal 90 m. c. 50, 310 fr.

625. Durand Maurice, à Saint-Géniès-de-Comolas. — *Saint-Géniès-de-Comolas* (*Sicard J. A.*) : 11 therm. an II, deux vignes 6 ém. 2 pougn. 3 lid., 1282 liv.; quatre vignes 9 ém. 16 pougn. 3 lid., 1376 liv.

(1) Déclara avoir acquis cette vigne pour Tassy Marie qui fut déchue par arrêté du 5 vend. an XII.

626. Durand Raymond, à Saint-Géniès-de-Comolas.
— *Saint-Géniès-de-Comolas* (*Sicard J. A.*) : 11 therm.
an II, deux vignes 8 ém. 4 pougn., 1003 liv.

627. Durand Simon, marchand, à Saint-Hippolyte.
— *Saint-Bonnet* (*Vissec L. A. M.*) : 21 pluv. an II,
terre et devois 5 sét. 1 quart. 20 dext., 4000 liv. ;
22 pluv. an II, pré 2 quart., 1525 liv.

628. Durel Jean, cultivateur, à Vauvert. — *Le Cailar*
(*Baschy F.*) : 16 niv. an III, pré 6 cart., 2575 liv. ;
17 niv. an III, pré 6 cart., 2050 liv.

629. Dussaud François, cultivateur, à Nîmes. —
Aimargues (*Bastet-Crussol*) : 5 frim. an III, champ
3 quart., 2000 liv.

630. Dussaud Guillaume, à Beaucaire. — *Beaucaire* (*Chaumont-Guitry*) : 23 niv. an VII, herme
7 ém., 50 fr.

631. Dusserre Pierre, à Cavillargues. — *Cavillargues* (*Nicolay*) : 16 frim. an III, pré 3 ém. 3 boiss.,
590 liv. ; 18 frim. an III, terre 8 ém. 5 boiss. 1/2 lid.,
2900 liv. ; 22 frim. an III, partie de vieux château
délabré, 1575 liv.

632. Eldin Jean. — *Lussan* (*Drummond-Melfort*):
3 brum. an III, terre 2 sal. 5 boiss., 2500 liv.

633. Emin Isaac, cultivateur, à Vergèze. — *Vestric*
(*Montmorency-Robecq*) : 18 flor. an II, terre 834 dext.,
6000 liv. (1). — Voy. en outre : Auzière Jean, Lacombe Étienne et Valette Jean.

Emin Jean aîné, à Vergèze. — Voy. Carrière Jacques.

634. Eschirat Guillaume, à Roquemaure. — *Roquemaure* (*Régis C. J.*): 22 vend. an III, vigne 1 arpent
30 perches, 705 liv.

_____

(1) Déclara avoir agi pour Béchard Louis, cultivateur, à Vestric·

635. **Espagnac Simon**, à Lussan. — *Lussan (Drum-mond-Melfort)* : 28 vend. an III, terre 5 ém. 1 boiss., 2225 liv. ; 6 brum. an III, herme 5 ém. 4 boiss., 105 l.

636. **Espanet François**, cultivateur, à Combas. — *Combas (Narbonne-Pelet)* : 21 germ. an II, deux terres 9 sét. 1 quart. 8 dext., 950 liv.

637. **Espaze Paul**, travailleur, à Vabres. — *Saint-Bonnet (Vissec L. A. M.)* : 9 niv. an II, cerclière et châtaign. 7 sét. 2 quart. 18 dext., 940 liv.

638. **Espaze Pierre**, à Vabres. — *Saint-Bonnet (Vissec L. A. M.)* : 26 niv. an II, devois et bruyère 4 sét. 3 quart. 1 dext., 665 liv.

639. **Espion François**, à Gallargues. — *Gallar-gues (Rochemore-Gall.)* : 12 vent. an II, moulin dit de Liquier, jardin et terrain 40 dext., 27735 liv. (1).

640. **Espion Jacques**, fabricant d'eau-de-vie, à Gallargues. — *Gallargues (Rochemore-Gall.)* : 11 vent. an II, terre 356 dext., 4710 liv. ; vigne 1283 dext., 161110 liv. ; vigne 525 dext., 5600 liv. (2).

641. **Espion Pierre**, cultivateur, à Gallargues. — *Gallargues (Rochemore Gall.)* : 12 vent. an II, vigne 141 1/4 dext., 2000 liv. (3).

642. **Establet André**, à Pujaut. — *Pujaut (Raousset-Boulbon)* : 1er fruct. an II, terre 2 sal., 1525 liv.

643. **Establet Jean-Baptiste**, à Castelnau-Calcenier. — *Roquemaure (Bourbon et Rohan-Montbason)* : 27 therm. an II, terres 18 sal. 4 pougn., 6000 liv.

644. **Esterhasy Auguste-Valsin**, à Nîmes. — *Le Vi-*

(1) Déclara avoir agi pour Runel Etienne, de Gallargues.

(2) Déclara avoir agi pour Burnet Thomas, ex-négociant, à Montpellier, pour cette dernière vigne seulement.

(3) Déclara avoir agi pour Brun Jean, cultivateur, à Gallargues.

gan (*Esterhasy V. L.*) : 21 brum. an VIII, le 1/6 d'une maison rue du four, 2300 fr. (1).

645. Estournel Jean-François, à Pujaut. — *Pujaut (Raousset-Boulbon)* : 1 fruct. an II, terre 2 sal., 1525 liv.

Evesque Claude, meunier, à Alais. — Voy. Savin Jean-Pierre.

646. Eymini, à Saint-Gilles. — *Saint-Gilles (Eymini)* : 16 vend. an XIII, vigne 69 a. 19 c., 220 fr. ; herme 73 a. 73 c., 130 fr. (2).

647. Fabre Antoine, à Aramon. — *Aramon (Marie-Virgile, veuve Forton)* : 21 prair. an II, terre 3 ém. 4 1/2 pougn., 1200 liv. — *Aramon (Sauvan P. P. A)* : 18 mess. an II, terre 6 ém. 3/4 pougn., 2000 liv.

648. Fabre Etienne, aux Angles. — *Les Angles (Forbin J. J.)* : 21 fruct. an II, terre 2 sal., 3500 liv.

649. Fabre François, à Roquemaure. — *Roquemaure (Raousset-Boulbon)* : 21 mess. an II, vigne 3 ém. 3 lid., 411 liv.

Fabre François (les héritiers de), à Aulas. — Voy. Mercier Louis.

650. Fabre Jean. — *Le Cailar (Fabrot R.)* : 15 vent. an II, terre 11 cart. 15 1/2 dext., 11100 liv. (3).

651. Fabre Jean, huissier, à Nîmes. — *Montfrin (Monteynard)* : 17 sept. 1812, petit moulin, 1325 fr. (4).

---

(1) Jean-Marie-Auguste Esthérasy, acquéreur, se prétendait l'ancien propriétaire, par représentation de sa mère, de l'objet par lui acquis.

(2) Ces deux pièces furent revendues par suite de la déchéance de Tassy Marie et de Boyer Jacques.

(3) Déclara avoir agi pour Vesson Pierre, agriculteur, au Cailar.

(4) Revente par suite de la déchéance de Blayrac Jean, Guigue Louis, meunier, Doulaud Jacques (l'un des trois).

—*Aigremont (Rochemore)*: 18 fév. 1813, terre 12 quart., pré 13 quart., 1000 fr. (1).

Fabre Jean, cordonnier, à Nimes. — Voy. Roulle Claude.

652. Fabre Joseph, à Remoulins. — *Remoulins (Bastet-Crussol)* : 5 pluv. an II, terre 1 sal. 6 1/2 vest., 3250 liv.

Fabre Laurent, à Aulas. — Voy. Martin Louis fils ainé.

653. Fabre Paul, juge de paix, à Aramon. —*Aramon (Taxis Clément)* : 12 mess. an II, jardin et petit bâtiment 1 ém., 2650 liv.

654. Fabrégas Jean. — *Aramon (Sauvan P.P.A.)* : 14 mess. an II, terre 2 ém., 520 liv.

Fabrègue Jean, à Bez. — Voy. Delmas François.

655. Fage ou Sage Benoit, traceur de pierres, à Beaucaire. — *Beaucaire (Marie Virgile, veuve Forton)* : 9 niv. an II, jardin, métairie et chapelle du domaine de Beauvoir 5 sal. 1 ém. 6 picot., 6600 liv. (2) ; 27 niv. an III, terre 4 ém. 5 picot., 4100 liv. —Voy. en outre Testedor Jacques.

656. Fanguin Louis, brûleur d'eau-de-vie, à Codognan. — *Le Cailar (Baschy F.)* : 1 vent. an III, pré 5 cart., 7300 liv. (3).

657. Farde Joseph, à Aramon. —*Aramon (Sauvan P.P.A.)* : 14 mess. an II, terre 2 ém., 510 liv.

Faucher Jean, ménager, à Garons. — Voy. Bautias Jean.

---

(1) Le pré était revendu par suite de la déchéance de Floutier Jean.

(2) Rétrocéda à Virgile Forton fils, le 20 vent. an XI (Me Guinchez, not. à Beaucaire).

(3) Déclara avoir agi pour Clavel Jean, agr., à Codognan.

Faucher Louis, négociant, à Alais. — Voy. Rauzier Jean-Louis.

658. Faucher Pierre, à Roquemaure.—*Roquemaure* (*Bellon G.*) : 17 fruct. an II, trois vignes 2 ém. 13 pougn. 2 lid., 835 liv.

659. Fauquier François, tonnelier, à Uchaud. — *Vestric* (*Montmorency-Robecq*) ; 16 flor. an II, olivette 986 dext., 1100 liv. ; olivette 986 dext., 1200 liv.

660. Fauquier Jean-François, cultivateur, à Vestric. — *Vestric* (*Montmorency-Robecq*) : 21 flor. an II, pré 414 dext., 3125 liv.

661. Faure Antoine, à Roquemaure.—*Roquemaure* (*Raousset-Boulbon*) : 21 mess. an II, vigne 3 ém. 1 pougn. 1 lid., 483 liv. ; terre 3 ém., 390 liv. — *Roquemaure* (*Roux Hippolyte*) : 19 vend. an III, maison à Sauveterre 5 2/3 toises couvert, 616 liv. — *Roquemaure* (*Bellegarde Louis*) : 21 vend. an III, maison 12 toises couvert, 1550 liv. — *Roquemaure* (*Régis C. J.*) : 22 vend. an III, partie de maison 43 toises couvert et 13 toises cour, 1600 liv.

662. Faure Claude, à Roquemaure. — *Roquemaure* (*Raousset-Boulbon*) : 21 mess. an II, vigne 3 ém. 3 lid., 487 liv. 16 s. 3 d. — *Roquemaure* (*Bourbon et Rohan-Montbason*) : 27 therm. an II, terres 19 sal. 1 ém. 1 pougn. et hermes 2 sal. 6 ém. 6 pougn., 27677 liv. — *Roquemaure* (*Ebray Mathieu fils*) : 6 fruct. an II, terre 1 sal. 2 ém. 5 pougn., 2650 liv. — *Roquemaure* (*Bellon Gabriel*) : 17 fruct. an II, terre 2 sal. 2 ém. 3 pougn. 2 lid., 4913 liv. — *Roquemaure* (*Régis C. J.*) : 22 vend. an III, terre 51 perches, 1400 liv.

663. Faure Jacques. — *Montfrin* (*Monteynard*) : 11 niv. an II, quatre lots de 4 ém. = 16 ém. à 115 liv. l'ém. = 1840 liv.

664. **Faure Jacques**, cordonnier, à Beaucaire. —
Voy. Figuière Poncet.

665. **Faure Jean-Pierre**, à Roquemaure. — *Roque-*
maure (*Raousset-Boulbon*) : 21 mess. an II, vigne
3 ém. 1 pougn., 487 liv. ; vigne 2 ém. 7 pougn.
2 lid., 408 liv.

666. **Faure Simon**, à Roquemaure. — *Roquemaure*
(*Bourbon* et (*Rohan-Montbason*) : 27 therm. an II,
tènement de la Grange contenant 217 cannes couvert,
40 sal. 4 ém. terres, 1 sal. 4 ém. vignes, 4 sal.
broutières, 16 sal. 4 pougn. hermes, 60300 liv. —
Roquemaure (*Régis C. J.*) : 22 vend. an III, terre
41 perches, 905 liv.

667. **Favant Étienne**, fils aîné, à Alais. — *Alais*
(*Reynolt C. M. S.*) : 30 vent. an II, terre-mûriers
2 1/2 boiss., 810 liv. — Voy. en outre Cabanis Antoine.

668. **Favery Julien**, à Gallàrgues. — *Gallargues*
(*Rochemore-Gall.*) : 12 vent. an II, château, garenne,
fossés et dépendances, en tout 400 dext., 18000 liv.

669. **Favier Jean**, gendarme, à Saint-Ambroix. —
Saint-Ambroix (*Perochon F.*) : 1er brum. an III,
terre-mûriers 3 quart. 3 boiss., 2150 liv.

Fedon Marie, veuve Daufès, à Vauvert. — Voy.
Méjanelle Jean.

670. **Féline Claude**, ménager, à Marsillargues. —
Aimargues (*Moynier Claude*) : 11 prair. an II, champ
6 cart. 1 quart. 15 dext., 8900 liv. (1) ; bâtiments de
Malherbe, jardins et champs, en tout 45 carteirad.,
81000 liv. (2).

---

(1) Déclara avoir agi pour Bassaget Pierre, cultivateur au Cailar.
(2) Déclara avoir agi pour Bassaget Pierre, cultivateur au Cailar.

671. Félines Étienne, receveur de l'Enregistrement, à Alais. — *Méjanes* (*Guiraudet S. C. F. P. E. et M. H.*) : 2 germ. an II, vigne 29 quart., 1200 liv. ; vigne 18 1/2 quart., 800 liv. (1). — Voy. en outre Laupies Antoine.

672. Félines François, ménager, à Aimargues. — *Aimargues* (*Moynier Claude*) : 14 prair. an II, champ 2 cart. 1 1/2 quart. 1 1/4 dext., 3525 liv. (2).

673. Féline Pierre, à Aramon. — *Aramon* (*Sauvan P. P. A.*) : 14 mess. an II, terre 2 ém., 600 liv. ; terre 2 ém. 600 liv. ; 18 mess. an II, terre 2 ém., 600 liv.; terre 2 ém. 600 liv.

674. Féraud Joseph, à Aramon. — *Aramon* (*Sauvan P. P. A.*) : 18 mess. an II, terre 5 ém. 2 pougn. avec poulailler, 2500 liv.

Fermaud Antoine, à Lézan. — Voy. Bourdarier Jacques.

675. Fermaud Jacques, agriculteur, à Orthoux. — *Quilhan* (*Cambis*) : 16 flor. an II, terre et pré 2 sél. 2 quart. 14 dext., 1625 liv. ; bois et devois 6 sél. 17 dext., 1225 liv. ; vigne, bois, herme 13 sél. 2 quart., 1225 liv.

676. Ferrat Pierre, à Villeneuve. — *Les Angles* (*Forbin J. J.*) : 26 fruct. an II, terre 2 sal., 2475 liv.

677. Ferrière Blaise, à Roquemaure. — *Roquemaure* (*Raousset-Boulbon*) : 21 mess. an II, vigne 3 ém. 1 lid., 408 liv. — *Roquemaure* (*Régis C. J.*) : 22 vend. an III, partie de maison vingt-six toises de couvert 4 toises de cour, 1700 liv.

---

(1) Ces deux vignes devinrent la propriété de Fontanieu Pierre, propriétaire, à Monteil, qui, le 20 therm. an XI, fit une subrogation aux propriétaires dépossédés (M⁰ Deleuze, notaire à Alais).

(2) Déclara avoir agi pour Isnard Simon, négociant, à Montpellier.

678. Ferrière Moïse, à Roquemaure. — *Roque-maure (Raousset-Boulbon)* : 21 mess. an II, vigne 3 ém. 2 poug., 492 l. 10 s.

Ferrière Pierre, à Arrigas. — Voy. Giniès Pierre.

679. Ferriol Vincent, à Pujaut. — *Pujaut (Raousset-Boulbon)* : 1 fruct. an II, terre 2 sal., 1525 liv.

680. Feuillat Jean, agr., à Fourques. — *Fourques (Bourret Louis)* : 23 flor. an II, terre 5 sél. 46 dext., 2250 liv. ; 24 flor. an II, terre 6 sél. 42 dext., 2250 liv.

681. Figuière Poncet, à Beaucaire. — *Beaucaire (Coëtlogon)* : 16 brum. an VII, carcasse du château de Coëtlogon et 28 sal. 1 ém. 2 picot. 2 cannes 5 pans de terres, 260000 liv. (1).

682. Fillon Pierre aîné, à Alais. — *Alais (Gaussen D. A.)* : 3 flor. an II, moulin de Paradis et ses dépendances, pré contigu et deux jardins 28 quart., 66000 l.; 8 florial an II, terre 1/2 boiss., 130 liv.

683. Fize Louis, à Sauve. — *Sardan (Cambis F.)* : 21 pluv. an II, terre et herme 7 sél. 3 quart. 16 dext., 490 liv.

684. Fize Louis, meunier, à Orthoux. — *Sardan (Cambis F.)* : 16 flor. an II, quatre pièces terre, vigne, herme et bois, 23 sél. 2 quart. 34 dext., 1735 liv.

(1) Il fit élection, le même jour, en faveur de Jullian Jean, traceur; Jullian Simon, traceur; Nicolas P.-Jacques, cult.; Mège Jean, cult.; Rastoux Joseph, traceur ; Clavel Antoine, cult. ; Castet Jean, cult.; Perret Pierre, cult. ; Artaud Antoine, cult. ; Clavel Louis, cult. ; Blanc Jean, cult. ; Tressaud François, cult. ; Chauvin Jacques cadet, cult. ; Aubert Simon, traceur Bousquet Pierre, revendeur; Jacquet François, serrurier ; Rubis Jacques, cult. ; Sablet Pierre ; Gébelin Jean, meunier; Michel Simon, cult. ; Faure Jacques, cordonnier ; Alméras Jean-Baptiste, cult. ; Noël Antoine, cult. ; Alliaud Jacques, cult.; Belly Joseph, cult. ; Laurent Jean, ménager; Bouche Jean, traceur; Bouche Clément, traceur, tous de Beaucaire, pour 1/29 chacun.

Flaissière Françoise, à Aulas. — Voy. Nougarède Jean.

685. Flandin François, à Barjac. — *Barjac (Merle C. dit Lagorce)* : 18 fruct. an II, herbages 6300 arp., 4975 liv. ; terre 3400 arp., 2400 liv. (1).

686. Flandin Jean, à Barjac. — *Saint-Privat-de-Champclos (Dumas Alexis)* : 21 fruct. an II, herme 7858 arp. et jardin 48 arp., 2175 liv. ; vigne 2662 arp., 3700 liv.

687. Flandin Jean, à Orgnac (dist. de Tanargues). — *Saint-Privat-de-Champclos (Dumas Alexis)* : 21 fruct. an II, terre 739 arp., 2125 liv.

Flaviel Jean, à Aulas. — Voy. Mercier Louis.

688. Flayol Vincent, à Saint-Gilles. — Voy. Michel Laurent.

689. Fléchier Antoine, agriculteur, à Montfrin. — *Montfrin (Monteynard)* : 15 therm. an II, herme « quelle que soit la contenance » (2 sal.), 105 liv. ; herme 5 ém., 21 liv.

690. Florentin Jean, ménager, à Saint-Laurent-d'Aigouze. — *Saint-Laurent-d'Aigouze (Moynier Claude)* : 18 germ. an II, terre 2 quart. 18 dext., 725 liv. (2) ; terre 1 cart., 3 quart. 28 dext., 1825 liv.

691. Floutier Antoine, cultivateur, à Gallargues. — *Gallargues (Rochemore-Gall.)* : 11 vent. an II, terre et vigne 234 dext., 700 liv.

692-693. Floutier Antoine, agriculteur, à Lédignan,

<hr>

(1) Revendit en partie à Scipion Bonhomme, propriétaire à Saint-Privat, les 22 juillet 1810 (Me Roux, notaire, à Saint-Jean-de-Maruéjols) et 18 août 1811 (Me Bruneau, notaire, à Barjac), et à Jean-Baptiste Malartre, propriétaire, à Barjac (Me Roux, notaire, « à sa date). »

(2) Déclara avoir agi pour Chaumont Jean, de Saint-Laurent-d'Aigouze.

F.) : 25 flor. an III, bois et champ 1 cart. 1/3 quart.
3 dext., 1500 liv.

699. Foule Jean, cultivateur, à Saint-Côme. —
Saint Côme (*Rochemore Saint-Côme L.*) : 1 vent. an II,
et Huc Antoine, à Aigremont. — *Lédignan (Roche-*
more L.) : 1er mess. an II, terre 7 quart., 400 liv.

694. Floutier Jean, propriétaire, à Lédignan. —
Aigremont (Rochemore J. B. L.) : 17 therm. an II,
terre 13 quart., 3700 liv. (1).

695. Floutier Pierre, agriculteur à Fontanès. —
Lèques (Chaumont-Guitry J. G. H.) : 23 vend. an III,
terre 5 sét. 1 quart., 3750 liv.

696. Floutier Pierre fils, agriculteur, à Fontanès.
— *Fontanès (Narbonne-Pelet A.*) : 6 therm. an II,
olivette et herme 1 sal. 8 quart., 1650 liv.

697. Fontanès Pierre, maire, cultivateur, à Aimargues. — *Aimargues (Moynier Claude*) : 15 prair.
an II, terre 5 cart. 1/2 quart. 9 dext., 3525 liv. (2).
— *Aimargues (Bastet-Crussol*) : 5 frim. an III, champ
2 quart. 15 dext., 1600 liv. — Voy. en outre Soulier
Pierre et Soulier Étienne.

Fontanieu Daniel, boulanger, à Alais. — Voy.
Rauzier Jean-Louis.

Fontanieu Pierre, propriétaire, à Monteil. —Voy.
Félines Etienne et Sylvain Alexandre aîné.

Fontayne Louis, ménager, à Vergèze. — Voy.
Chapel Mathieu.

Fosse Jean, à Calvisson. — Voy. Gilly Antoine.

698. Fosse Pierre, à Nîmes. — *Le Cailar (Baschy*

(1) Fut déchu et la terre fut revendue le 18 février 1813. — Voy.
Fabre Jean.

(2) Déclara avoir agi pour Cabanon Charles et Soulier Pierre,
cultivateurs, à Aimargues.

terre-olivette 850 dext., 2300 liv.; terre-olivette 513 1/2 dext., 2025 liv.; terre-olivette 512 dext., 2025 liv.; 4 vent. an II, terre 171 dext., 800 liv.

700. Foulc Jean fils, aubergiste, à Saint-Côme. — Saint-Côme (Rochemore Saint-Côme L.): 4 vent. an II, olivette 500 dext., 1500 liv.

701. Foulc Mathieu, négociant, à Nimes. — Le Cailar (Baschy Françoise-Caroline): 5 mess. an IV, moulin du Cailar, bâtiments en dépendant, et 5 pièces 1 cart. 6 1/2 quart. 21 dext., 31539 fr. 15 s. (1).

702. Foulc Pierre, cultivateur, à Clarensac. — Saint-Côme (Rochemore Saint-Côme L.) : 3 vent. an II, pré 321 dext., 8100 liv.

703-704. Foulquerand Jacques et Carrière Jacques, cultivateurs, à Vergèze. — Le Cailar (Baschy F.) : 23 flor. an III, champ 1 cart. 1 1/2 quart. 2 dext., 2050 liv.; champ 2 carl. 1/2 quart. 5 dext., 5600 liv.

Foulquerand Jacques, cultivateur, à Vergèze. — Voy. Carrière Jacques.

705. Foulquier Pierre fils, à Saint-Laurent-le-Minier. — Montdardier (d'Assas F. C.) : 29 germ. an II, métairie de Campollon : bâtiments 29 cannes 2 pans, champs divers 316 sét. 2 quart. et cabaux, 34275 liv.

706. Fouque Joseph, agriculteur, à Fontanès. — Fontanès (Narbonne-Pelet): 8 fruct. an II, deux hermes 1 sal. 13 quart. et olivette 15 quart. 14 dext., 950 liv.

707. Four Jacques, cultivateur, à Beaucaire. —. Voy. Testedor Jacques.

708. Four Jean, tuilier, à Bouillargues. — Bouillargues (Larguier V.): 5 frim. an III, vigne-olivette 1 sal., 2700 liv. — Voy. en outre Roubel Jean aîné.

709. Four Jean, tuilier, et Sabatier Louis, cultivateur, à Bouillargues. — *Bouillargues (Larguier V.)*: 5 frim. an III, vigne 1 sal., 2000 liv.

710. Fourmaud. — *Saint-Laurent-d'Aigouze (Lancrisi)*: 30 pluv. an II, terre 4 cart. 1 quart. 11 dext., 9200 liv.

Fournès Antoine, cultivateur, à Aimargues. — Voy. Mauméjean Guillaume.

711. Fournier François, travailleur, à Saint-Côme. — *Saint-Côme (Rochemore Saint-Côme L.)*: 4 vent. an II, terre-olivette 525 dext., 1650 liv.

712. Fournier Pierre, cultivateur, à Orthoux. — *Quilhan (Cambis)*: 16 flor. an II, terre 8 sét., 1265 l.

713. Franc Jacques fils, aubergiste, à Sommières. — *Junas (Panetier-Montgrenier)*: 12 therm. an II, pré 14 sét. et herme 1 sét., 16500 liv.

714. Franc Jean-Pierre, à Canaule. — *Canaule (Baudouin J. B.)* : 3 vend. an III, maison en ruine 3 dext. 3/4 et 1/8 dans laquelle se trouve « un membre servant ci-devant d'Église », « érigé » par arrêté de Borie du 8 vent. en temple de la Raison, 2300 liv.

715. Franquebalme Claude. — *Saint-Géniès-de-Comolas (Sicard J. A.)* : 12 therm. an II, trois vignes 4 ém. 4 pougn., 1225 liv.

716. Frat Alexis, cultivateur, à Cavillargues. — *Cavillargues (Nicolay)* : 7 frim. an III, jardin 1 ém. 1 boiss. 3 lid., 1000 liv. ; 16 frim. an III, pré 1 ém. 7 boiss. 1 1/2 lid., 380 liv. ; 17 frim. an III, vigne 6 ém. 6 boiss. 1 1/2 lid. et herme 3 ém. 2 boiss. 2 lid., 600 liv. ; 18 frim. an III, terre 10 ém. 7 boiss. 1/3 lid., 2400 liv.

717. Frégère Guillaume, à Roquemaure. — *Roquemaure (Régis C. J.)* : 22 vend. an III, terre 32 perches, 645 liv.

718. Frigoulier François, agriculteur, à Alais. — Alais (*Lacroix-Castries P. E. G.*) : 27 flor. an II, pré de la Padèle 96 quartes, 33600 liv.

719. Frion Antoine, cultivateur, à Vergèze. — Voy. Lacombe Étienne.

720. Froment Salomon, ancien capitaine d'artillerie, à Uzès. — *Sagriès* et *Saint-Maximin* (*Bastet-Crussol*) : 4 brum. an V, domaine de Perel : 231 arp. 38 perches 28 pieds en bois, 3 sal. 6 3/4 vest. en terres, 5559 fr. (1).

721. Fromental Pierre, à Tornac. — *Massillargues-Atuech* (*Beauvoir-Roure-Brison F. D. A.*) : 29 prair. an II, pré 13 sét. 2 quart. 23 1/4 dext., 12200 liv.

Gabalda Louis-Antoine, à Alzon. — Voy. Germain Jean dit Saint-Pré, et Guibert fils.

722. Gabian Louis, cultivateur, à Vestric. — *Vestric* (*Montmorency-Robecq*) : 16 flor. an II, château, cour, écurie, cellier 100 cannes, jardin 76 dext.; 5400 liv. ; 18 flor. an II, terre 1461 dext, 10000 l. (2).

Gabriel Antoine, agriculteur, à Cendras. — Voy. Rouveirol André.

Gabriel Jean, agent national, à Cendras. — Voy. Arcay Simon.

723. Gabrielot Louis. — *Vallabrègues* (*Bruges M. J. L.*) : 18 fruct. an II, terre 1 ém., 500 liv.

724. Gachon Thomas, agriculteur, à Fourques. — *Fourques* (*Bourret Louis*) : 23 flor. an II, terre 10 sét. 82 dext., 8100 liv.

725. Gaillard, du mas de Gourgoul. — *Uzès* (de

Croy F. P. M.) : 11 vend. an III terre 3 sal. 2 ém.
2 vest., 5875 liv. ; pièce close 3 sal. 3 ém. 4 vest.,
5325 liv.

726. Gaillard Antoine, cordonnier, à Saint-Côme.
— *Saint-Côme (Rochemore Saint-Côme L.)* : 1 vent.
an II, terre-olivette 1459 dext., 1330 liv.

727. Gaillard Jean, cultivateur, Gallargues. —
Gallargues (Rochemore-Gall.) : 12 vent. an II, cave,
cuves et basse-cour, 100 cannes de couvert, 58 dext.
cour, 13000 liv.

728. Galibert, à Lèques. — *Lèques (Chaumont-
Guitry J. G. H.)* : 22 vend. an III, terre 2 quart.
22 dext., 59 liv.

729. Gallet Jean-Baptiste, à Remoulins. — *Remoulins (Bastet-Crussol)* : 5 pluv. an II, terre 9 ém. 5 vest.,
2900 liv.

730. Gallier Pierre, à Sauve. — *Combas (Narbonne-Pelet)* : 6 germ. an II, jardin, paillère et cour
1 quart. 10 dext., 1200 liv.

Galoffre André, à Bouillargues. — Voy. Roubel
Jean aîné.

731. Galoffre Pierre, agr., à Aigremont. — *Aigremont (Rochemore J. B. L.)* : 23 therm. an II, terre
33 quart. 2 boiss., 950 liv. ; terre 4 quart., 63 liv.

732. Gardel Antoine, à Roquemaure. — *Roquemaure (Lafont C. J.)* : 18 vend. an III, vigne 55 perches, 3025 liv.

733. Gardeton Jean, agr., à Sommières. — *Sommières (Laroque J. J.)* : 7 niv. an III, terre 25 dext.,
95 liv.

Garente Félicité (veuve Nicolay), à Cavaillargues.
— Voy. Ladverseil et Allemand Jean-Joachim.

734. Gargoy Pierre, trav., à Montfrin. — *Mont-frin (Monteynard)* : 11 niv. an II, deux terres de 4 ém., soit 8 ém. à 120 liv. l'ém., 960 liv.

735. Garidel Joseph, à Roquemaure. — *Roque-maure (Raousset-Boulbon)* : 21 mess. an II, vigne 3 ém. 4 poug. 1 lid., 437 liv.

736. Gauffre Lin, à Saint-Géniès-de-Comolas. — *Saint-Géniès-de-Comolas (Sicard J. A.)* : 12 therm an II, trois vignes 3 ém. 12 poug., 915 liv.

737. Gaussaud Joseph, maire, à Remoulins. — *Remoulins (Bastet-Crussol)* : 24 niv. an II, les mou-lins de Lafoux et leurs dépendances avec jardin de 2 ém., 126000 liv. ; 5 pluv. an II, terre 1 sal. 1 vest., 1750 liv. — *Remoulins, Saint-Hilaire-d'Ozilhan* et *Castillon (Bastet-Crussol)* : 15 flor. an II, domaine de Breton 34 1/2 sal. 23 ém. 22 1/4 vest. terres et hermes et bois, 51100 liv.

738. Gaussen Antoine. — *Junas (Panelier-Mont-grenier)* : 12 therm. an II, vigne 6 sét. 1 quarton, 3500 liv.

Gaussen Paul, cult., à Aimargues. — Voy. Mau-méjean Guillaume.

739. Gaussen Pierre fils, à Lussan. — *Lussan (Drummond-Melfort)* : 3 brum. an III, terre 6 ém., 1000 liv. ; terre 1 sal. 6 ém. 3 1/2 boiss., 2100 liv.

740. Gautier Antoine, à Vallabrègues. — *Valla-brègues (Bruges M. J. L.)* : 18 fruct. an II, terre 4 ém. 6 picot., 1300 liv.

741. Gautier Jean, notaire, à St-Gilles. — *Aigués-mortes (Tamisier D. G.)* : 28 brum. an IV, maison et cour 45 toises 4 pieds 5 pouces, 36100 liv. (1).

_____

(1) Déclara avoir agi pour Barbut Jacques, cult., à Générac.

742. Gautier Jean, à Aspères, C° de Tornac. —
Tornac (*Beauvoir-Roure-Brison F. D. A.*) : 11 fruct.
an III, châtaig., terre et vigne 32 sét., 51100 liv.

743. Gautier Jean-Joseph père, à Fontanès. —
Fontanès (Gautier Jean-Joseph fils) : 24 germ.
an III, vigne 5 sét., 1025 liv. (1).

744. Gautier Joseph, à Saint-Julien-de-Peyrolas.
— *Saint-Julien-de-Peyrolas (Voguë)* : 12 prair. an II,
quatre terres 13 ém. 11 boiss., 650 liv.

745. Gavanon Antoine fils, fab. d'eau-de-vie, à
Vauvert. — *Le Cailar (Baschy F.)* : 2 vent. an III,
champ 5 cart., 5900 liv. (2); pré 5 cart., 15900 liv. (3);
champ 5 cart., 6000 liv. (4); champ 7 cart. 2 quart.
30 dext., 8600 liv. ; champ 5 cart., 5700 liv. ; champ
5 cart., 5700 liv. — Voy. en outre Méjanelle Jean.

Gavanon François père, à Vauvert. — Voy. Bénézet Jean, Gavanon Antoine fils et Méjanelle Jean.

746. Gavanon Jean, fab. d'eau-de-vie, à Vauvert.
— *Le Cailar (Baschy F.)* : 2 vent. an III, champ
5 cart., 6100 liv. (5) ; champ 7 cart. 2 quart. 10 dext.,
9400 liv. (6) ; champ 5 cart., 8100 liv. (7) ; champ
7 cart. 1 quart. 34 dext., 7700 (8) ; pré 5 cart.,
20000 liv. — Voy. en outre Maroger Barthélemy et
Méjanelle Jean.

747. Gazagne Alexandre, à Remoulins. — *Remoulins (Bastet-Crussol)* : 5 pluv. an II, terre 16 ém.
245 liv. ; terre 1 sal., 1700 liv.

(1) Acquis pour lui par Liotard Charles.
(2) Déclara avoir agi pour Gavanon François père, de Vauvert.
(3) Déclara avoir agi pour Chaurard Claude, de Vauvert.
(4) Déclara avoir agi pour Gavanon François père, de Vauvert.
(5) Déclara avoir agi pour Allier Jean, de Vauvert.
(6) Déclara avoir agi pour Soulier Adrien, de Vauvert.
(7) Déclara avoir agi pour Bénézet Jean, de Vauvert.
(8) Déclara avoir agi pour Burgata Jean fils, de Vauvert.

748. Gébelin Jean, meunier, à Beaucaire. — Voy. Figuière Poncet.

749. Gelly Jean, maçon, à Nimes. — *Nimes (Rossel Fontarèche cadet)* : 4 frim. an III, partie de maison à la descente de la Citadelle 60 toises couvert, 13 t. 3 p. 3 p. en bât., 31000 liv.

750. Genin Michel, à Roquemaure. — *Roquemaure (Bourbon et Rohan-Montbason)* : 27 therm. an II, terre 19 sal. et herme 7 sal. 7 pougn., 21897 l. 10 s.; terre 14 sal. 3 ém. 2 pougn. et hermes 32 sal. 2 ém. 2 pougn., 28795 liv. — *Roquemaure (Ebray M. fils)* : 6 fruct. an II, terre 4 ém. 2 pougn., 860 liv. — *Roquemaure (Bellon Gabriel)* : 17 fruct. an II, partie de maison 19 cannes, cour 31 cannes, 1675 liv. — *Roquemaure (Régis C. J.)* : 23 vend. an III, terre 9 arpents 96 perches, 10400 liv.

751. Genon Jean-Baptiste, aubergiste, à Anduze. — *Anduze (Beauvoir-Roure-Brison F.D.A.)* : 16 fruct. an III, métairie de Malhivet ou Malivert 202 quart. 29 cannes 6 pans 6 1/2 dext., 671000 liv.

752. Genoyer François, au Vigan. — *Le Vigan (d'Assas F. C.)* : 6 niv. an II, maison rue du billiard et jardin de 21 dext., 5700 liv. (1).

753. Gent Joseph, à Saint-Géniès-de-Comolas. — *Saint-Géniès-de-Comolas (Sicard J. A.)* : 12 therm. an II, trois terres 3 ém., 1035 liv.

754. Germain Jean, négociant, au Vigan. — *Montdardier (d'Assas F. C.)* : 25 niv. an II, pré 70 dext., 3025 liv. — *Le Vigan (d'Assas F. C.)* : 11 niv. an II, partie de maison et enclos rue des Baris 1 quart.

(1) Déclara avoir agi pour Sicard Jean, du Vigan.

21 dext., 1725 liv. (1). — *Vissec (Latour-Dupin A. C)* :
8 germ. an III, champ 2 1/2 sét. et vigne 3 sét. 2 quart.,
2300 liv. (2).

755. Germain Jean dit Saint-Pré, négociant, au
Vigan. — *Le Vigan (d'Assas F. C.)* : 10 niv. an II,
vigne 3 sét. 1 quart., 2400 liv. (3). — *Alzon et Campestre (Saubert-Larcy A. F. L.)* : 5 pluv. an II, pré
1 sét. 1 boiss. plus un « esclafidou », 2475 liv. (4).

756. Gervais David, tailleur d'habits, à Alais. —
Alais (Guiraudet S. C., F. P. E., M. H.) : 16 germ.
an II, maison rue Fabrerie 70 t. e. de sol., 11100 liv.

757. Gervais Jean-François, adjudant-général de
la légion du district de Nimes, à Aimargues. —
Aimargues (Moynier Claude) : 14 prair. an II, champ
5 cart. 2 quart. 15 dext., 5600 liv.; 15 prair. an II,
terre 5 cart. 15 dext., 4000 liv. — *Aimargues (Bastet-
Crussol)* : 13 mess. an II, partie du domaine du Bosquet 62 cart. 1 quart. 6 dext., 45000 liv. (5). — Voy.
en outre Soulier François.

758. Gervais Louis, fabricant de bas, à Saint-Hippolyte. — *La Cadière (Vissec L. A. M.)* : 6 prair.
an II, devois 2 sét. 16 dext., 435 liv.

759. Gibert Jean-François, cultivateur, à Alais. —
Voy. Plantier François et Cabanel Etienne.

760. Gide Jean-Pierre, à Lussan. — *Lussan (Drum-*

---

(1) Ce Germain est le même que le suivant. Le 4 prairial an X,
il rétrocéda ce bien à Aguze (pour l'ancien propriétaire) par acte
reçu Me Gendre, not. au Vigan.

(2) Déclara avoir agi pour Capion Etienne, notaire au Vigan.

(3) Déclara avoir agi pour Aguze Delphine-Madeleine.

(4) Déclara avoir agi pour Gabalda Louis-Antoine, d'Alzon, lequel rétrocéda à Saubert le 25 flor. an X (Me Gendre, not. au
Vigan).

(5) Déclara avoir agi pour Bassaget Pierre, du Cailar.

mond-Melfort): 29 vend. an III, muriers 4 ém. 2 boiss.
127 liv. 10 s. ; 1 brum. an III, pré 3 ém. 1/2 boiss.,
1525 liv.; 3 brum. an III, terre 2 sal. 4 boiss., 2600 l.;
6 brum. an III, terre 2 sal. 6 ém. 4 boiss., 1625 liv.

761. Gilbert Jean, à Aramon. — *Aramon* (*Sauvan*
P.P.A.): 18 mess. an II, terre 4 ém., 1275 liv.

762. Gille Gabriel, cultivateur, à Vestric. — *Ves-*
tric (*Montmorency-Robecq*) : 18 flor. an II, paran
18 dext., 300 liv.

763. Gilles Jean, à Junas. — *Junas* (*Panetier Mont-*
grenier) : 12 therm. an II, terre 12 sél., 5500 liv.

764. Gilles Pierre, agriculteur, à Sénéchas. —
Sénéchas (*Lafare-Latour L. P.*) : 16 mess. an II,
terre 2 quart., 400 liv. (1). — Voy. en outre Pontet
Joseph.

765-767. Gilly Antoine, fabricant d'eau-de-vie,
Renouard Guillaume et Fosse Jean, de Calvisson.—
Le Cailar (*Baschy F. et Baschy C.*) : 1 brum. an IV,
pré 1 cart. 1 quart. et bois 1 cart. 1 quart., 40200 liv. ;
bois 3 cart., 45200 liv.

Gilly Antoine, fabricant d'eau-de-vie, à Calvisson.
— Voy. Maroger Pierre-Barthélemy.

Gilly Jean, agriculteur, à Junas. — Voy. Meinadier.

768. Gilly Joseph, à Fournès.— *Uzès* (*Gide J. E.T.*) :
8 g··· an II, jardin et pavillon 1 ém. 6 1/2 vesl.,
5050 l··. (2). — *Remoulins* (*Bastet-Crussol*) : 5 pluv.
an II, terre 1 sal. 1 vesl., 3300 liv.

769. Gilly Louis, à Remoulins. — *Remoulins* (*Bas-*
tet-Crussol) : 5 pluv. an II, terre 1 sal. 8 vesl.,

(1) Déclara avoir agi pour Silhol Jean, négociant à St-Ambrois.
(2) Gide l'avait acquis de la nation.— Voy. *Supra* p. 221, n° 1139.

2200 liv. ; terre 1 sal. 6 vest., 3000 liv. ; terre 1 sal.
1 ém. 1 vest., 2300 liv. ; terre 1 sal. 7 1/2 vest., 2200 l. ;
terre 9 ém. 5 vest., 2960 liv. ; terre 1 sal. 4 ém.,
280 liv.

770. Giniès Pierre, à Arrigas. — *Arrigas (d'Assas
F.C.)* : 3 pluv. an II, partie de la métairie de Bouiffiac, maison claie 110 cannes, châtaign. 13 sét. 2 quart.,
3130 liv. (1).

Girard-Monfoi (femme de), à Chusclan. — Voy.
Crottat Jeanne.

771. Girard Paul, à Pont-Saint-Esprit. — *Aiguèze
(Voguë)* : 9 mess. an II, bâtiment 22 cannes, luzerne
5 sal. 4 ém. 5 lid. et olivette 1 sal. 5 ém. 3 lid., 16850 l.

Giraud Antoine, maçon, à Beaucaire. — Voy.
Barry François et Testedor Jacques.

772. Giraud Jean, à Villeneuve. — *Les Angles
(Forbin J. J.)* : 26 fruct. an II, terre 1 sal. 7 ém.
12 cosses, 1525 liv.

773. Giraud Pierre, potier de terre, à Beaucaire.
— Voy. Testedor Jacques.

774. Giraudy Grégoire, à Roquemaure. — *Roquemaure (Régis C. J.)* : 22 vend. an III, vigne-olivette
1 arp. 41 perches, 1375 liv. ; vigne-olivette 1 arp.
41 perches, 1150 liv.

775. Goirand Etienne. — *Montfrin (Monteynard)* :
17 sept. 1812, terre-olivette 36 a. 71 c., 280 fr. (2).

Goirand Jean, père de Pierre, à Alais. — Voy.
Cabanis Antoine.

Goirand Pierre, fils à Jean, à Alais. — Voy. Cabanis Antoine.

(1) Fit élection d'ami, le 10, pour la moitié, en faveur de Ferrière
Pierre, son gendre.

(2) Revente par suite de la déchéance de Jean Blayrac, Louis
uigue, meunier, et Jacques Doulaud (l'un des trois).

776. Goubert fils, agriculteur, à Salinelles. — *Salinelles* (*Alméras J.*) : 9 vend. an III, terre 1 quart. 22 dext., 625 liv.

777. Goubier Guillaume, à Beaucaire. — *Beaucaire* (*Coëtlogon*) : 27 fruct. an VI, partie du Mas de Moutet, bâtiments 126 cannes de couvert, terres 35 sal. 4 ém. 3 picot., 683000 fr.

778. Goujon Jacques, bourrelier, à Aimargues. — *Le Cailar* (*Fabrot R.*) : 15 vent. an II, terre 8 cart., 12700 liv.

779. Gouret Jean, cultivateur, à Saint-Micheld'Euzet. — *Saint-Michel-d'Euzet* (*Pluviers fils*) : 14 vend. an III, maison dite la Grange 51 cannes 4 pans de couvert et cour de 4 boiss., 2000 liv. ; terre 4 sal. 4 ém., 1605 liv.; terre, vigne, pré et garrigues 19 sal. 5 ém. 4 boiss. 3 lid., 22100 liv.; terre 3 sal. 5 ém., 11000 liv. (1). — *Saint-Michel-d'Euzet* (*Pluviers J. M.*) : 18 vent. an VII, maison et cour 20 caunes, pré et jardin 3 sal. 3 ém. 6 boiss., 8625 fr. (2).

780. Gout Louis, à Thoiras. — *Saint-Bonnet* (*Vissec L. A. M.*) : 3 pluv. an III, pré, terre, châtaign. et herme 13 sét. 1 quart. 22 dext. y compris la moitié du Castelas au couchant, 11375 liv.

781 Gouverne François, à Vallabrègue. — *Vallabrègue* (*Bruges M. J. L.*) : 18 fruct. an II, terre 2 sal. 2 ém. 8 2/5 picot., 3515 liv.; terre 1 sal. 1/4 picot., 2900 liv.

782. Graille Pierre-Jacques, médecin, à Vauvert. — Voy. Pascal Jean-Antoine.

783. Granaud Jean, cultivateur, à Uchaud. — *Ves*

(1) Rever-lit au propriétaire dépossédé les 10 et 21 prairial an XII (M⁰ Teste, notaire, à Bagnols).

(2) Vente de gré à gré.

Iric (*Montmorency-Robecq*) : 16 flor. an II, olivette
et herme 534 dext., 1600 liv.; 18 flor. an II, terre
649 dext., 2750 liv. ; vigne 1516 1/2 dext., 2300 liv.;
vigne 1516 1/2 dext., 2300 liv. (1).

784. Granaud Jean, à Saint-Gilles. — *Saint-Gilles*
(*Eymini*) : 8 germ. an II, chènevière 3 ém. 2 dext.,
2500 liv.

785. Granaud Pierre, faiseur de bas, à Uchaud.—
Uchaud (Fabrot R.) : 3 germ. an II, terre 148 dext.,
1175 liv.

786. Grand. — *Aimargues (Fabrot R.)* : 5 pluv.
an II, terre 1 arpent 5 3/4 perches, 705 liv. (2) ; terre
3/4 arpent 2 boiss., 625 liv. (3).

787. Grand Antoine, à Pujaut. — *Pujaut(Raousset-*
Boulbon) : 1 fruct. an II, terre 2 sal., 1525 liv.

788. Grand Jean, à Aimargues. — *Aimargues (Bas-*
tet-Crussol) : 5 frim. an III, vigne 4 cart. 2 quart.
22 dext., 5050 liv.

789. Grand Jean-Antoine, cultivateur, à Aimargues. — *Aimargues (Bastet-Crussol)* : 6 frim. an III,
terre 7 cart. 3 quart. 18 dext., 3580 liv. (4). — Voy.
en outre Besson Pierre.

790. Grandel Jean, agriculteur, à Lèques. — *Lèques*
(*Chaumond-Guitry J. G. H.*) : 22 vend. an III, jardin et terre 1 sét. 1 quart. 22 dext., 765 liv.

791. Granet Jean, à Roquemaure. — *Roquemaure*
(*Raousset-Boulbon*) : 21 mess. an II, vigne 4 ém.
1 pougn., 314 liv.

(1) Déclara avoir acquis cette dernière pour Damond Jean,
cordonnier à Uchaud.

(2) Déclara avoir agi pour Soulier Louis.

(3) Déclara avoir agi pour Daniel Sébastien.

(4) Déclara avoir agi pour Barascut Pierre, négociant, à Lodère.

Granier et fils, à Montpellier. — Voy. Pomier J.

792. Granier Jean, à Aramon. — *Aramon (Sauvan P. P. A.)*: 18 mess. an II, terre 2 ém., 600 liv. (1).

793. Granier Louis, à Roquemaure. — *Roquemaure (Raousset-Boulbon)* : 21 mess. an II, vigne 2 ém. 7 pougn., 367 liv.

794. Gras Antoine fils, maçon, à Saint-Côme. — *Saint-Côme (Rochemore Saint-Côme)* : 3 vent. an II, pré 457 1/2 dext., 5300 liv. ; 5 vent. an II, maison cour, écurie et paran, 6000 liv. ; 3 vend. an III, vigne 740 dext., 625 liv.

Gras Jean, à Vauvert. — Voy. Méjanelle Jean.

795. Gravier David, maréchal, à Saint-Côme. — *Saint-Côme (Rochemore Saint-Côme)* : 1 vent. an II, bergerie et terre 189 dext., 1300 liv.; 3 vent. an II, pré 123 dext., 2800 liv.; 4 vent. an II, vigne 350 dext., 3150 liv. — *Saint-Côme (Richard Louis)* : 1 therm. an II, vigne 166 dext., 3000 liv.

796. Gravier Jacques, à Clarensac. — *Saint-Côme (Rochemore Saint-Côme)* : 3 vent. an II, pré et vigne 1081 dext., 12200 liv.

797. Grégoire Froment, cultivateur, à Combas. — *Combas (Narbonne-Pelet)* : 22 germ. an II, bois 65 sét. 805 liv.

798. Grégoire Guillaume, à Fourques. — *Fourques (Courtois)* : 1 niv. an II, terre 6 sét. 3 dext., 2400 l. (2).

799. Grégoire Jacques, cultivateur, à Aimargues. — *Le Cailar (Fabrot R)* : 15 vent. an II, terre 7 cart. 2 quart. 7 1/2 dext., 12125 l. ; 16 vent. an II, terre 2 cart. 1/2 quart. 15 dext., 3600 liv. — *Le Cailar (Moynier*

---

(1) Cette terre fut rétrocédée à Sauvan le 18 vend. an XIII (Me Dunan, not. à Aramon)

(2) Céda cette pièce à l'émigré Courtois, le 17 mars 1802.

Claude) : 30 germ. an II, terre 1 cart., 210 liv. — *Aimargues (Moynier Claude)* : 15 prair. an II, terre 4 cart. 3 quart. 16 3/4 dext., 2900 liv. (1). — Voy. en outre Bernard Henri.

800-802. Grégoire Jacques et Daniel Sébastien, cultivateurs, à Aimargues, Lombard Guillaume et Lambon Louis, du Cailar. — *Le Cailar (Moynier Claude)* : 30 germ. an II, pré 8 cart. 3 1/2 quart. 3/4 dext., 5360 liv.

803. Grèze Pierre, à Aramon. — *Aramon (Sauvan P. P. A.)* : 14 mess. an II, terre 2 ém., 550 liv. ; terre 2 ém. 560 liv. ; 18 mess. an II, vigne 6 ém. 4 picot., 1050 liv.

Grive Jean, cult., à Vergèze. — Voy. Bétrine Pierre fils.

804. Grivoulet Pierre, cult., à Gallargues. — *Gallargues (Rochemore-Gall.)* : 12 vent. an II, herme 8 dext., glacière et aire 25 3/4 dext., 800 liv.

805. Gros Pierre, à Fourques. — *Fourques (Courtois)* : 1 niv. an II, deux terres 8 sét. 73 dext., 2850 liv.

806. Gueidan Louis, cult., à Lussan. — *Lussan (Drummond-Melfort)* : 28 vend. an III, pré 3 ém. 1/4 boiss., 5225 liv. ; pré 2 ém. 7 3/4 boiss., 3825 l.; pré 2 ém. 3 3/4 boiss., 1950 liv. ; 29 vend. an III, terre 2 ém. 2 boiss., 600 liv. ; pré 4 ém., 1500 liv. ; 6 brum. an III, terre 1 sal. 1 ém. 4 1/2 boiss., 1800 liv. ; terre 2 sal. 3 ém., 2000 liv.

Guibal Pierre-David, au Vigan. — Voy. Aguze Madeleine-Delphine.

---

(1) Déclara avoir agi pour Soulier Etienne (de Brune), cult. à Aimargues,

807. Guibal Pierre-David fils, au Vigan. — *Le Vigan (d'Assas P. C.)* : 11 niv. an II, partie de maison et enclos rue des Baris 1 quart. 18 dext., 2000 liv. (1).

808. Guibert David fils, vitrier, au Vigan. — *Alzon* et *Campestre (Saubert-Larcy A. F. L.)* : 5 pluv. an II, pré 1 sét. 1 boiss. plus • un esclafidou • 2400 liv. (2). — *Le Vigan (d'Assas Franc. C.)* : 11 niv. an II, partie de maison et enclos rue des Baris 1 1/2 quart., 3175 liv. (3). — Voy. en outre Aguze Delphine-Madeleine.

Guichard la Linière Antoine-François, à Saint-André-de-Majencoules. — Voy. Raoux Claude.

Guigou Antoine, cult., à Vauvert.—Voy. Sabatier Jacques.

809. Guigue Jean, à Saint-Géniès-de-Comolas. — *Saint-Géniès-de-Comolas (Sicard J. A.)* : 12 therm. an II, deux terres 6 ém. 4 poug., 1240 liv.

810. Guigue Louis, meunier, à Montfrin. — *Montfrin (Monteynard)* : 28 pluv. an II, moulin à huile, écurie, grenier à foin, ensemble 7 cannes de cour, 3000 liv. — Voy. en outre Ancelin Jean, Fabre Jean et Goirand Étienne (l'un des trois).

811. Guigue Simon, à Roquemaure. — *Roquemaure (Régis C. J.)* : 22 vend. an III, maison 14 toises couvert 18 toises cour, 925 liv. ; 23 vend. an III, vigne 60 perches, 515 liv.

812. Guillard André, à Roquemaure. — *Roque-*

---

(1) Déclara avoir agi pour Capion Étienne, notaire au Vigan.

(2) Déclara avoir agi pour Gabalda Louis-Antoine, d'Alzon, lequel rétrocéda à Saubert le 6 vent. an XII (M° Arnal, not. à Alzon).

(3) Déclara avoir agi pour Raisin Jacques, nég., au Vigan, lequel rétrocéda ce bien à Aguze, personne interposée au profit de l'émigré, le 8 prair. an X (M° Gendre, not. au Vigan).

maure *(Régis C. J.)* : 23 vend. an III, vigne 60 perches, 525 liv.

813. Guilliard Jacques, à Saint-Géniès-de-Comolas. — *Saint-Géniès-de-Comolas (Sicard J. A.)* : 12 therm. an II, trois terres 3 ém., 920 liv.

814. Guillard Joseph, à Saint-Géniès-de-Comolas. — *Saint-Géniès-de-Comolas (Sicard J. A.)* : 12 therm. an II, trois terres 3 ém. 9 poug., 1309 liv.

815. Guillaumond Étienne, cult., à Beaucaire. — Voy. Testedor Jacques.

816. Guillemon Jean-Baptiste, à Pujaut. — *Pujaut (Raousset-Boulbon)* : 1 fruct. an II, terre 2 sal., 1625 liv.

Guillermet Jacques, à Saint-Laurent-d'Aigouze. — Voy. Chapel François.

817. Guillermet Jean, à Saint-Laurent-d'Aigouze. — Voy. Vigouroux Jean.

818. Guiot Gaspard, menuisier, à Beaucaire. — *Beaucaire (Chaumont-Guitry)* : 23 mess. an VII, terre 3 ém. 4 picot., 200 fr. ; vigne 1 sal. 3 ém., 270 fr. — Voy. en outre Testedor Jacques.

819. Guiot Gaspard oncle, traceur de pierres, à Beaucaire. — *Beaucaire (Virgile, veuve Forton)* : 9 niv. an II, partie du domaine de Beauvoir, métairie, pavillon et 9 sal. terre, 27000 liv. (1).

820. Guirard Pierre, agr., à Lèques. — *Lèques (Chaumont-Guitry J. G. H.)* : 22 vend. an III, deux terre 6 sét. 6 dext., 460 liv.

821. Guiraud Pierre, à Colognac. — *Colognac et Monoblet (Manoël Étienne)* : 7 vend. an III, cerclière 5 sét., 2050 liv.

(1) Rétrocéda à Virgile (Forton fils), le 16 frim. an XI (M° Novis, not. à Nîmes).

822. Guiraud Pierre-Théophile, receveur du district. — *Saint-Siffret (Bastet-Crussol)* : 26 pluv. an II, terre 3 quart., 275 liv.

823. Hébrard dit pupille, à Aiguesvives. — Voy. Bousanquet François.

Hébrard Paul, cultivateur, à Aiguesvives. — Voy. Combe Jean.

824. Hébrard Paul fils, fabricant d'eau-de-vie, à Aiguesvives. — *Le Cailar (Baschy F.)* : 24 flor. an III, pré 5 carl., 10600 liv. — Voy. en outre Coulondre Antoine.

Hébrard Paul père, fabricant-d'eau-de-vie, à Aiguesvives. — Voy. Coulondre Antoine.

825. Héraud Gabriel, à Villeneuve. — *Les Angles (Forbin J. J.)* : 21 fruct. an II, terre 2 sal., 2850 liv.

826. Héraud Géniès, à Saint-Géniès-de-Comolas. — *Saint-Géniès-de-Comolas (Sicard J. A.)* : 12 therm. an II, trois terres 3 ém., 920 liv. ; partie de maison 56 cannes 6 pans couvert et jardin 4 pougn. 1 lid., 1855 liv.

827. Héraud Jacques, ménager, à Uchaud. — *Uchaud (Fabrot R.)* : 3 germ. an II, terre 1205 dext., 10000 liv. ; terre 115 dext., 1200 liv.

828. Héritier Pierre fils, cultivateur, à Nimes. — *Redessan (Paysac Joseph)* : 5 frim. an III, mazet et vigne 7 sal. 4 ém. 5 1/4 dext., 8300 liv. — *Le Cailar (Baschy F.)* : 17 niv an III, pré 6 carl., 2400 liv.

829. Hitier Augustin, entrepreneur de chemins, à Saint-Gilles. — *Saint-Gilles (Eymini)* : 8 germ. an II, vigne 1 1/2 carl., 1850 liv.

830. Buc Antoine, propriétaire, à Aigremont. — *Aigremont (Rochemore J. B. L.)* : 11 therm. an II,

terre 7 quart., 400 liv. — Voy. en outre Floutier Antoine.

Huc François, agriculteur, à Lédignan. — Voy. Dumas François.

831. Hugon Jean, travailleur, à Uchaud. —*Uchaud* (*Fabrot R.*) : 3 germ. an II, vigne 250 dext., 400 l. (1).

832. Hugon Pierre, cultivateur, à Saint-Laurent-d'Aigouze. — *...margues* (*Moynier Claude*) : 11 prair. an II, champ 1 carl. 3 quart. 12 dext., 1300 liv. ; champ 8 carl. 15 dext., 4650 liv. ; 15 prair. an II, terre 3 1/2 quart. 15 3/4 dext., 1675 liv. (2).

833. Hugues Antoine, à Roquemaure. — *Roquemaure* (*Régis C. J.*) : 22 vend. an III, vigne 69 perches, 390 liv.

834. Hugues Guillaume, à Roquemaure. — *Aramon* (*Sauvan P. P. A.*) : 14 mess. an II, terre 2 ém., 570 liv. (3). — *Roquemaure* (*Bellon Gabriel*) : 17 fruct. an II, olivette 5 ém. 2 pougn. 2 lid. et pré 1 ém., 994 liv. — *Roquemaure* (*Régis C. J.*) : 23 vend. an III, vigne 1 arp. 18 perches, 1200 liv.

835. Hugues Jacques. — *Roquemaure* (*Raousset-Boulbon*) : 21 mess. an II, vigne 2 ém. 7 pougn. 3 boiss., 401 liv.

836. Hugues Jean, à Roquemaure. — *Roquemaure* (*Raousset-Boulbon*) : 21 mess. an II, vigne 5 ém. 6 pougn. 2 lid., 649 liv.

837. Hugues Pierre, à Aramon. — *Aramon* (*Sauvan P. P. A.*) : 14 mess. an II, terre 2 ém., 530 liv.

---

(1) Fut déchu et la revente eut lieu le 30 brum. an XII.— Voy. Ravier Pierre.

(2) Déclara avoir acquis cette terre pour Isnard Simon, négociant à Montpellier.

(3) Cette terre fut rétrocédée à Sauvan, le 29 août 1813 (M. Garric, notaire, à Aramon).

Huguet Étienne, boulanger, à Alais. — Voy. Rauzier Jean-Louis.

838. Huron Julien. — *Bagnols (Bourbon-Capet L. S. X.)* : 21 germ. an II, devois et bois 24 sal. 2 ém. 7 boiss. 2 lid., 2705 liv.

839. Icard Jean-Baptiste, aux Angles. — *Les Angles For in J. J.)* : 24 fruct. an II, terre 2 sal., 2525 liv.

840. Igon Simon, négociant, à Uzès. — *Saint-Firmin (Bastet-Crussol)* : 26 pluv. an II, terre 9 ém. 8 1/2 vest., 6500 liv. ; pré 1 sal. 6 ém., 7100 liv. ; pré 1 sal. 7 ém. 5 1/2 vest., 7400 liv. — *Cavillargues (Nicolay)*: 16 frim. an III, domaine de la Gasconnière, bât. et 21 sal. 21 ém. 4 boiss. champs, 45400 liv.

841. Illaire Etienne fils, au Vigan. — *Le Vigan (Saubert-Larcy A. F. L.)* : 1 niv. an II, châtaign. 4 sét., 1670 liv.

842. Imbert Antoine. — *Les Angles (Forbin J.J.)*: 24 fruct. an II, terre 2 sal. 5 ém. 7 cosses, 525 liv.

843. Imbert Jacques, ménager, à Fourques. — *Fourques (Courtois)* : 1 niv. an II, terre 4 sét. 22 dext., 1200 liv. — *Fourques (Bourret Louis)* : 23 flor. an II, terre et vigne 11 sét. 18 dext., 7000 liv.

844. Imbert Jean, cultivateur, à Combas. — *Combas (Narbonne-Pelet)* : 21 germ. an II, olivette 3 sét. 23 dext., 520 liv.

845. Imbert Pierre, à Beaucaire. — *Beaucaire (Chaumont-Guitry)*: 15 vend. an V, jardin potager avec bâtiment 1 sal., 7172 fr. (1).

846. Isnard Simon, négociant, à Montpellier. — *Aimargues (Moynier Claude)*: 11 prair. an II, champ

(1) Vente de gré à gré. Déclara avoir agi pour Mourgue Théodore.

3 cart. 2 quart. 18 dext., 6300 liv.; champ 3 cart. 2 cart. 18 dext., 7100 liv.; champ 4 cart. 1 quart. 11 dext., 8300 liv.; champ 4 cart. 1 quart. 18 dext., 9000 liv. — Voy. en outre Féline François et Hugon Pierre.

847. **Issoire Antoine**, faiseur de bas, à Saint-Côme. — *Saint-Côme (Rochemore Saint-Côme)* : 1 vent. an II, terre-olivette 150 dext., 385 liv.

848. **Issoire David**, à Saint-Côme. — *Saint-Côme (Rochemore Saint-Côme)* : 1 vent. an II, terre-olivette 125 dext., 510 liv.

849. **Issoire Pierre**, à Saint-Côme. — *Saint-Côme (Rochemore Saint-Côme)* : 1 vent. an II, terre-olivette 750 dext., 875 liv.

Itier Jean, ménager, à Nages. — Voy. Boissier Jean.

850. **Jac Jacques**, agriculteur, à Fontanès. — *Fontanès (Narbonne-Pelet)* : 8 fruct. an II, terre 1 sal. 8 quart., 1250 liv.; vigne 13 quart. 8 dext., 410 liv.; terre 4 sal., 3600 liv.; olivette 1 sal. 14 quart., 2250 liv.; terre 2 sal. 7 quart. 10 dext., 3300 liv.; trois pièces 1 sal. 14 quart. 1 quarton (et une glacière) 2000 liv.; terre 2 sal. 7 quart. 10 dext. 2800 liv.; terre et olivette 6 quart., 675 liv.

851. **Jacquet François**, serrurier, à Beaucaire. — Voy. Figuière Poncet.

Jalaguier Henri, à Lézan. — Voy. Bourdarier Jacques et Roux Jean.

852. **Jalaguier Jacques**, à Sommières. — *Sommières (Gautier J. J. fils)* : 9 niv. an II, partie de maison rue de la Sabaterie, 2950 liv.

Jalaguier Jean, agriculteur, à Lézan. — Voy. Bresson Jean, Serret Jacques et Serrières Antoine.

853. Jalaguier Jean, agriculteur, à Lédignañ. — *Aigremont* (*Rochemore J. B. L.*) : 7 therm. an II, le mas de Ranquet 89 sal. 10 quart. 2 boiss. 2 dext., 60000 liv.

Jalaguier Pierre, à Lézan. — Voy. Roux Jean.

854. Janel Antoine, à Montdardier. — *Montdardier* (*d'Assas F. C.*) : 26 pluv. an II, champ 2 sét. 3 quart. 1 boiss., 2475 liv. ; 29 germ. an II, bois et herme 37 sét., 1160 liv. — Voy. en outre Lèques Jean.

855. Janel Pierre, à Montdardier. — *Montdardier* (*d'Assas F. C.*) : 26 pluv. an II, pré 2 sét. 2 quart. 1 boiss., 1100 liv.

856. Jardin Simon, agriculteur, à Orthoux. — *Quilhan* (*Cambis-Lézan*) : 16 flor. an II, terre 5 sét. 3 quart., 1950 liv.

857. Jaume Jean, à Remoulins. — *Remoulins* (*Bastet-Crussol*) : 5 pluv. an II, terre 2 ém. 8 vest., 805 liv.

858. Jaume Joseph, courrier postulant, à Remoulins. — *Remoulins* (*Bastet-Crussol*) : 5 pluv. an II, terre 1 sal., 2125 liv. ; terre 1 sal. 3 vest., 1770 liv.; terre 1 ém., 315 liv. ; aire 1 vest. 2 ém., 535 liv.

859. Jaume Thomas, à Saint-Hilaire-d'Ozilhan. — *Remoulins* (*Bastet-Crussol*) : 5 pluv. an II, terre 15 ém., 4800 liv.

860. Jean Guillaume, à Pompignan. — *Pompignan* (*Peyridier Antoine*) : 12 flor. an II, terre 14 quart. 20 dext., 3600 liv. ; terre 2 sét. 2 quart. 22 dext., 3150 liv.

861. Jean Joseph, à Vallabrègues. — *Vallabrègues* (*Bruges M. J. L.*) : 18 fruct. an II, terre 7 ém. 5 picot., 1700 liv.

862. Jeanjean Antoine, notaire, à Saint-Hippolyte.

—*Pompigncn* (*Peyridier A.*) : 12 flor. an II, maison à moitié démolie avec cour 9 1/2 dext., 1000 liv.; jardin clos 9 dext., 670 liv. (1). — *La Cadière* (*Vissec L. A. M.*) : 6 prair. an II, restant du domaine d'Hubac, déduction faite des huit premiers lots, maisonnages, écuries, aire, bois, etc..., en tout 663 sét. 1 quart. 13 dext., 46150 liv. — *La Cadière* (*Lacombe Pierre*) : 13 fruct. an II, terre, vigne et herme 3 sét. 2 quart. 18 dext., 1025 liv. ; terre, vigne-olivette et herme 6 sét. 3 quart. 9 dext., 1650 liv.

863. Jeanjean Éléazard, fab. de bas, à Saint-Hippolyte. — *La Cadière* (*Vissec L. A. M.*) : 9 germ. an II, parties du tènement de la Rouvière 416 sét. 1 quart. 10 3/4 dext., 20000 liv.

864. Jeanjean Jean-Pierre aîné, march.-tanneur, à Saint-Hippolyte. — *La Cadière* (*Vissec L. A. M.*) : 4e jour 3e mois an II, terre 11 quart. 10 dext., 820 liv.; 1 niv. an II, partie de maisonnage de la Baraque, avec terre autour, en tout 1 quart. 3 1/2 dext., terre et jardin 7 sét. 2 quart, 19 dext., 6100 liv.

865. Joubert Baptiste, meunier, à Montfrin. — *Montfrin* (*Monteynard*) : 15 therm. an II, terre 4 ém., 1325 liv.

866. Joubert François, à Aramon. — *Aramon Sauoan* (*P. P. A.*) : 14 mess. an II, terre 2 ém., 510 liv.

867. Joubert Joseph, à Chusclan. — *Chusclan* (*Vigier F.*) : 2 therm. an II, terre 3 ém. 1 boiss., 740 liv.

868. Jouffret Jean, à Pujaut. — *Pujaut* (*Raousset-Boulbon*) : 1 fruct. an II, terre 2 sal., 1550 liv.

(1) Vendit le tout à Pierre Sérane, le 27 prair. an II (Me Audibert, not.)

869. Jourdan Antoine, cult., à Aimargues. — Aimargues (*Bastet-Crussol*) : 6 frim. an III, terre 8 cart. 3 quart. 22 dext., 3825 liv. (1).

870. Jourdan Barthélemy, cult., à Gallargues. — Aubais (*Rochemore-Gall.*) : 12 vent. an II, les 5/6 d'un moulin dit Carrière, remise et terrains, en tout 75 dext., près du Vidourle, 32050 liv. (2).

871. Jourdan Théodore, à Montdardier. — *Montdardier* (*d'Assas F. C.*) : 27 pluv. an II, champ 3 quart., 530 liv. — Voy. en outre Blaquière Jacques.

872. Jouve Jean-Joseph, à Aramon. — *Aramon* (*Sauvan P. P. A.*) : 21 prair. an II, terre 1 ém. 6 poug., 650 liv. (3).

873. Julien François, à Canaules. — *Savignargues* (*Rochemore L.*) : 27 fruct. an II, herme rouvière 3 sét. 1 quart. 4 dext., 900 liv. ; 3 sét. 1 quart. 11 dext., 1200 liv.

874. Julien François, agr., à Alais. — *Lézan* (*Beauvoir-Brison F. D. A.*) : 1 vend. an IV, terremûriers 29 quart., 30000 liv.

875. Julien Jean-Jacques, secrét.-greffier de la municipalité d'Uzès. — *Saint-Siffret* (*Bastet-Crussol*) : 26 pluv. an II, terre 1 sal. 6 ém. 8 vest., 3200 liv. — *Saint-Quentin* (*Bastet-Crussol*) : 27 pluv. an II, terre et pré 4 ém. 8 vest., 1000 liv.

876. Jullian Jean, traceur de pierres, à Beaucaire. — Voy. Figuière Poncet.

_____

(1) Déclara avoir agi pour Barascut Pierre, nég. à Lodève.

(1) Jourdan céda, peu après, son acquisition à Pattos Élisabeth, fille du maire d'Aiguesvives.

(2) Cette terre fut rétrocédée à Sauvan, le 24 juillet 1810 (M° Dunan, not. à Aramon).

877. Jullian Simon, traceur de pierres, à Beaucaire. — Voy. Figuière Poncel.

Jumas Claude, à Alais. — Voy. Cabanis Antoine.

878. Jumas Mathieu, à Alais. — *Alais (Firmas C. A. D.)* : 13 niv. an III, deux maisons, l'une de 15 toises, l'autre de 20, jardin à roue, pré, vigne, oliviers 39 quart., 25100 liv. — Voy. en outre Cabanis Antoine.

879. Lablache Jean-Louis, à Sommières. — *Sommières (Gautier)* : 8 therm. an II, cave rue du Pont et place du Marché 18 toises carrées, 270 fr. (1).

880. Laboureau Joseph, à Pujaut. — *Pujaut (Raousset-Boulbon)* : 1 fruct. an II, terre 2 sal., 1625 liv.

881. Labrousse Jean-Joseph, à Aramon. — *Vallabrègues (Bruges M. J. L.)* : 18 fruct. an II, terre 2 sal. 4 ém. 9 1/2 picot., 2025 liv.; terre 5 sal. 2 ém. 5 picot., 7000 liv.

882. Lacharrière Étienne, nég., à Avèze. — *Lanuéjols (d'Albignac C. F.)* : 8 niv. an II, 2ᵉ lot de métairie de la Claparouze, 24000 liv.

Lacharrière Étienne fils ainé, prop., à Avèze. — Voy. Teissier Pierre.

883. Lacharrière Jean, à Avèze. — *Pommiers (d'Assas F. C.)* : 1 pluv. an II, jasse et pailler 9 cannes 2 pans de sol, châtaign. 4 sét., mûriers 1 sét., 2200 liv.

884. Lacombe Étienne, boucher, à Vergèze. — *Vestric (Montmorency-Robecq)* : 16 flor. an II, terre 844 dext., 4225 liv.; vigne 430 dext., 1550 liv. (2);

(1) Vente de gré à gré.

(2) Déclara avoir agi pour Marieuge Henry, de Mus.

18 flor. an II, terre 1062 dext., 5500 liv. (1) ; terre
857 dext., 5150 liv. (2) ; 21 flor. an II, vigne
992 dext., 4700 liv. (3) ; vigne 992 dext., 5100 l. (4).

885. Lacombe Etienne, march., à Marsillargues.
— *Aiguesmortes (Pierre Bernis P. S. F.)* : 1 vend.
an IV, six champs 67 cart., 18000 liv.

886. Lacombe Louis, agr., à Fontanès. — *Fontanès (Narbonne-Pelet)* : 8 fruct. an II, jardin et
herme 5 quart. 19 dext. et vigne 1 sal. 9 quart.
3 dext., 1050 liv. ; terre 3 sal. 9 quart. 19 dext.,
15000 liv.

887. Lacroix Alexandre, à Aramon. — *Aramon
(Sauvan P. P. A.)* : 14 mess. an II, terre 2 ém.,
600 liv.; terre 2 ém. 600 liv.

888. Lacroix Jean, à Vallabrègues. — *Vallabrègues (Bruges M. J. L.)* : 18 fruct. an II, terre 6 ém.,
1600 liv.

889. Lacroix Jean fils. — *Vallabrègues (Bruges
M. J. L.)* : 18 fruct. an II, terre 1 sal. 1 ém.
5 1/2 picot., 3250 liv.

890. Lacroix Joseph, à Vallabrègues. — *Vallabrègues (Bruges M. J. L.)* : 18 fruct. an II, terre 1 sal.
1 ém. 3 1/2 picot., 2500 liv.; terre 9 sal. 2 ém. 2 picot.,
12000 liv.

891. Lacroix Joseph, fils de Charles, à Vallabrègues. — *Vallabrègues (Bruges M. J. L.)* : 18 fruct.
an II, terre 3 sal. 2 ém. 2 picot., 5265 liv.

892. Lacroix Thomas, fils d'Alexandre, à Aramon.
— *Aramon.(Sauvan P. P. A.)*: 18 mess. an II, terre
4 ém. (43e lot), 1300 liv.

---

(1) Déclara avoir agi pour Frion Antoine, cult., à Vergèze.
(2) Déclara avoir agi pour Frion Antoine, cult., à Vergèze.
(3) Déclara avoir agi pour Emin Isaac, cult., à Vergèze.
(4) Déclara avoir agi pour Valette Honoré, cult., à Vergèze.

893. Ladet Jean-Baptiste, à Aulas. — *Aulas (Mer-cier J. F.)* : 26 niv. an II, terre 230 dext., 400 liv.

894. Ladverseil Pierre-Richaud. — *Cavillargues (Nicolay)* : 18 frim. an III, pré 4 ém. 2 boiss., 3150 l.; 19 frim. an III, grange à Puech 62 cannes couvert, bergerie 27 cannes 3 pans, cour 80 cannes, champ 16 sal. 30 ém. 25 boiss. 11 lid., 30100 liv. ; 21 frim. an III, four à pain 20 cannes 4 pans couvert, 1600 l.; 29 pluv. an II, pré 3 ém. 6 boiss. 1 lid., moulin à farine et moulin à huile 38 cannes, cour 6 cannes, 13600 liv.; vieux corps de bâtisse et moulin à farine 10 cannes 5 pans de couvert, pré et terre 7 ém. 9 boiss. 2 lid., 11900 liv. ; maison et moulin à farine 41 cannes 4 pans de couvert, cour 5 cannes, pré 9 ém. 2 lid., 3850 liv. (1).

895. Lafont Jacques, billardier, à Uzès. — *Uzès (Champloix-la-Baume)* : 9 germ. an II, maison au Marché des Bœufs 35 cannes de plat-fond, 7000 liv.

896. Laforet Pierre, ménager, à Fourques. — *Fourques (Courtois)* : 1 niv. an II, terre 7 sét. 18 dext., 1200 liv. (2). — *Fourques (Bourret Louis)* : 24 flor. an II, trois terres 7 sét. 125 dext., 3000 liv. ; terre 6 sét. 42 dext., 3000 liv.

897. Lafoux Jacques, à Colognac. — *Colognac* et *Monoblet (Manoël Étienne)* : 8 vend. an III, jardin, mûriers, devois et châtaign. 2 sét. 3 quart. 10 dext., 1425 liv.

898. Lagier Joseph, à Villeneuve. — *Les Angles (Forbin J. J.)* : 21 fruct. an II, terre 2 sal., 2875 liv.

(1) Déclara avoir fait toutes ces acquisitions pour Gérante Féli-cité, veuve de Nicolay Scipion.

(2) Céda cette pièce à l'émigré Courtois, le 23 sept. 1811 (Mᵉ Ro-che, not. à Fourques).

Lajasse Antoine, à Vergèze. — Voy. Carrière Jacques.

La Linière (Antoine-François Guichard de), à Saint-André-de-Majencoules. — Voy. Raoux Claude.

Lambon Antoine, agriculteur, au Cailar. — Voy. Lambon Louis.

899. Lambon Jean, cultivateur, à Combas. — Combas (Narbonne-Pelet) : 6 germ. an II, le « château réduit en cendres », cellier, écurie, terrain contigu, en tout 1 quart. 13 dext., pré et terres 46 sét., 40000 liv. ; logement de fermier 10 1/2 dext., 2000 l. ; 21 germ. an II, ferré 2 quart., 400 liv. ; 22 germ. an II, bois 65 sét., 790 liv.

900. Lambon Louis, cultivateur, au Cailar. — Le Cailar (Moynier Claude) : 30 germ. an II, pré 5 cart., 4025 liv. ; pré 5 cart., 4025 liv. ; pré 5 cart., 4025 liv. ; pré 6 cart. 3 quart., 5425 liv. — Le Cailar (Bastet-Crussol) : 5 flor. an II, champ et pré 10 cart. 2 1/2 quart. 6 dext., 6440 liv. — Le Cailar (Rochemore-Gall.) : 6 flor. an II, pré 4 cart., 9000 liv. — Le Cailar (Baschy F.) : 26 vent. an III, champ 5 cart. 2 quart. 5 dext., 5030 liv. ; champ. 1 cart. 3 quart. 2 dext., 2000 liv. ; 27 vent. an III, pré 3 cart. 3050 liv. (1) ; 22 flor. an III, champ 5 cart., 19200 liv. — Voy. en outre Grégoire Jacques et Puech Antoine père.

901. Lamoureux Claude, à Vallabrègues. — Vallabrègues (Bruges Marie J. L.) : 18 fruct. an II, terre 2 ém. 6/7 picot.., 345 liv.

902. Lamoureux Jean-Baptiste, notaire, à Valla-

(1) Déclara avoir acquis ce pré pour Lambon Antoine, son père, agriculteur au Cailar.

brègues. — *Vallabrègues (Bruges M. J. L.)* : 18 fruct. an II, maison, cour et jardin, 56 dext., 4500 liv.

903. Lamoureux Joseph, à Vallabrègues. — *Vallabrègues (Bruges M. J. L.)* : 18 fruct. an II, terre 4 ém. 8 picot. et bois 1 ém. 1 1/4 picot., 1221 liv.

904. Lamouroux Louis fils, traiteur, à Saint-Hippolyte. — *La Cadière (Vissec L. A. M.)* : 9 germ. an II, terre 6 sét. 12 1/2 dext., 2700 liv. ; terre 10 sét., 6 dext., 5450 liv. ; terre 3 sét. 1 quart. 23 dext., 2150 liv. ; terre 9 sét. 3 quart. 5 1/4 dext., 2150 liv. ; 6 prair. an II, devois 4 sét. 2 quart. 2 dext., 525 liv.

905. Lamouroux Pierre, à Beaucaire. — *Beaucaire (Chaumont-Guitry)* : 23 mess. an VII, herme 6 ém. 7 picot., 85 fr.

906. Lanave Henri, boulanger, au Vigan. — *Le Vigan (d'Assas F. C.)* : 7 niv. an II, maison appelée les Casernes, rue Supérieure, avec cour et jardin, 20100 liv.

907. Langlade François. — *Aimargues (Fabrot R.)* : 5 pluv. an II, terre 3 3/4 arp., 4700 liv. (1) ; terre 2 arp. 3 boiss. 3 1/2 perches, 3625 liv. (2).

908. Langlade Jean, cultivateur, à Aimargues. — *Aimargues (Bastet-Crussol)* : 5 frim. an III, champ 3 quart. 4 dext., 1350 liv. (3). — Voy. en outre Berlen Pierre.

909. Langlès Abraham, à Clarensac. — *Saint-Côme (Rochemore Saint-Côme)* : 3 vent. an II, terre 247 dext., 2125 liv.

910. Langlès Antoine, faiseur de bas, à Clarensac.

(1) Déclara avoir agi pour Soulier Etienne.
(2) Déclara avoir agi pour Cabanon Charles.
(3) Déclara avoir agi pour Daniel Sébastien, d'Aimargues.

— *Saint-Côme (Rochemore Saint-Côme)* : 4 vent.
an II, vigne 625 dext., 4325 liv.

911-914. Laporte Jean-Pierre, Saumiac Claude,
Massip Louis et Bastide Pierre, nég., à Lézan. —
Lézan (Cambis C. F.) : 7 vend. an III, terre 2 quart.,
405 liv.

Laporte Pierre, à Lézan. — Voy. Barafort Antoine,
Bresson Jean et Serret Jacques.

Lareiranglade (Marie-Constance Pascal de). —
Voy. Chatelier, veuve.

915. Larguier Louis, fabricant de bas, à Alais. —
Alais (Rauquil L.) : 7 germ. an II, la salle dite des
spectacles rue Orbe, près le pont vieux, 33 toises
carrées de fonds, (indivise avec les autres co-proprié-
taires qui auront à réclamer leur part du prix),
3025 liv.

916. Larmet Jacques, cultivateur, à Clarensac. —
Vestric (Montmorency-Robecq) : 21 flor. an II, terre
1196 dext., 4400 liv. ; 16 flor. an II, maison 76 cannes,
2100 liv. ; 18 flor. an II, vigne 953 dext., 1200 liv.

Larmet Jean, cultivateur, à Vestric. — Voy. Puget
Antoine et Roulle Jean.

917. La Roche Ponciès (de), à Alais. — *Alais
(les enfants Guiraudet)* : 17 prair. an XII, maison petite traverse Saint-Jean 19 m. 17 c. c., 250 fr. (1).

918. Laroque J. Félix, à Sommières. — *Sommières
(les deux frères Laroque)* : 26 germ. an VII, 2/5 du
3e lot d'une maison quartier rue Droite, 1700 fr.

919. Laroque Moyse, négociant, à Nimes. — *Aimargues (Bastet-Crussol)* : 5 frim. an III, champ
4 cart. 1 quart. 4 dext., 8000 liv.; champ 6 cart.

(1) Revente par suite de la déchéance de Teissonnière Pierre,

2 quart. 6 dext., 13000 liv. — *Le Cailar* (*Baschy F.*) :
23 flor. an III, champ 5 cart. 22 1/2 dext., 6500 l. (1);
pré 5 cart.. 11000 liv. ; pré 5 cart. 11900 liv.; pré
5 cart., 12300 liv. ; pré 5 cart., 10100 liv. ; 24 flor.
an III, pré 5 cart., 11800 liv. ; pré 5 cart., 11000 liv. ;
pré 5 cart., 12500 liv. ; vigne 5 cart., 5000 liv. (2) ;
vigne 4 cart., 14000 (3). — Voy. en outre Cabanon
Charles et Roubel Jean aîné.

920. Laroque Moyse, négociant, à Nimes, et Roque-
Martine Rachel, son épouse. — *Aimargues* (*Journel*) :
4 frim. an III, domaine du Rieutor ou Boulaine (en
17 lots) métairie 25 1/2 perches de sol, terres 82 cart.
16 quart. 463 dext., 127700 liv.

921. Laroque Moyse, négociant, à Nimes, et Roque-
Martine Daniel, négociant, à Montpellier. — *Aimar-*
gues (*Bastet-Crussol*) : 5 frim. an III, champ 3 cart.
1 quart. 32 dext., 5500 liv. ; vigne 8 cart. 3 quart.,
15500 liv. ; champ 4 cart. 3 quart. 10 dext., 10500 liv.;
6 frim. an III, champ 3 cart., 3500 liv. ; champ 3 cart.
2 quart. 15 dext., 5000 liv.

922. Laroque Pierre fils, à Pompignan. — *Pompi-*
gnan (*Peyridier A*) : 13 flor. an II, vigne 2 sét. 2 quart.
2600 liv.

923. Latour-Dupin Jean-Marie. — *Vissec* (*Latour-*
Dupin) : 6 prair. an VI, domaine de Lesperelle, jardin 3 1/2 boiss. champs 90 sét., devois, bois, pâturages 180 sét., 268000 liv.

924. Laugier Jean, à Villeneuve. — *Les Angles*
(*Forbin J. J.*) : 24 fruct. an II, terre 1 sal. 4 ém. 8
cosses, 1325 liv.

(1) Déclara avoir agi pour Mathieu Jacques, du Cailar.
(2) Déclara avoir agi pour Mathieu Jacques, du Cailar.
(3) Déclara avoir agi pour Mathieu Jacques, du Cailar.

925-926. Laupies Antoine et Félines Etienne, agriculteurs, à Alais. — *Saint-Hilaire-de-Brethmas (enfants Guiraudet)* : 8 prair. an II, domaine du mas de la Lèque, ycompris 11 terres, bâtiments 170 toises et terres 35 sal., 6120G liv. ; pré 16 quart., 4150 liv. ; pré 51 quart., 8800 liv.

927. Laurent Etienne, agriculteur, à Montfrin. — *Montfrin (Monteynard F.)* : 15 therm. an II, herme environ 2 sal., 105 liv.

928. Laurent Jacques, à Savignargues. — *Savignargues (Rochemore L.)* : 27 fruct. an II, herme 1 sét. 3 quart. 23 dext., 210 liv.

929. Laurent Jean, ménager, à Beaucaire. — Voy. Figuière Poncet.

930. Laurent Louis, à Savignargues. — *Savignargues (Rochemore L.)* : 27 fruct. an II, pré 1 sét. 2 quart. 4 dext., 300 liv.

931. Laurel François, boulanger, à Alais. — *Alais (enfants Guiraudet)* : 28 germ. an II, vigne-olivelle 9 quart., 3325 liv. (1).

Lauriol Antoine, boulanger, à Alais. — Voy. Rauzier Jean-Louis.

Lauron Jean, propriétaire, à Lézan. — Voy. Bruguières Jean fils.

932. Lauzière Pierre, négociant, à Aubais. — *Le Cailar (Baschy F.)* : 17 niv. an III, pré 6 cart., 1900 liv. ; pré 6 cart., 1900 liv. (2).

933. Laval Antoine, à Aulas. — *Aulas (Mercier J. F.)* : 26 niv. an II, terre-muriers 118 3/4 dext., 3800 liv.

(1) Vendit le 16 vent. an XII, aux propriétaires dépossédés (M⁵ Deleuze, notaire, à Alais.)

(2) Déclara avoir acquis ce dernier pré pour Brunel Pierre, ménager, à Vauvert.

934. Laval Jean, cultivateur, à Combas. — *Combas* (*Narbonne-Pelet*): 21 germ. an II, vigne 5 sét. 1 quart., 1200 liv.

935. Lavie Bazile, à Cavillargues. — *Cavillargues* (*Nicolay*) : 8 frim. an III, pépinière de muriers 1 ém., 220 liv.; 10 frim. an III, pré 1 ém. 6 boiss. 2 lid., 400 liv. ; 18 frim. an III, terre 11 ém. 5 boiss. 1 1/2 lid., 2125 liv.

936. Lavie Jacques, à Vallabrègues. — *Vallabrègues* (*Bruges M. J. L.*) : 18 fruct. an II, terre 4 sal. 1 picot., 2950 liv.

937. Lazare Pierre, boulanger, à Uchaud. — Voy. Lazare Pierre fils.

938. Lazare Pierre fils, cultivateur, à Uchaud. — *Uchaud* (*Fabrot R.*) : 3 germ. an II, terre 1062 dext., 12800 liv. ; olivette 49 dext., 600 liv. (1) ; vigne 84 dext., 500 liv. (2) ; herme 1128 dext., 800 liv. (3) ; vigne-olivette 636 dext., 5000 liv. — *Vestric* (*Montmorency-Robecq*) : 16 flor. an II, herme 1384 dext., 350 liv. ; vigne 686 dext., 3800 liv. — Voy. en outre Roubel Jean ainé.

939. Léger Jacques, pécheur, à Montfrin. — *Montfrin* (*Monteynard*) : 28 pluv. an II, terre 1 sal., 1150 liv.

940. Levra Jean dit Vivarais, à Branoux. — *Branoux* (*Garnier-Lamelouze P. P.*) : 6 flor. an II, terre-muriers 12 quart. 2 boiss., 5000 liv.

941. Lèques Jean, du Vigan. — *Mohtdardier*

(1) Déclara avoir acquis cette pièce pour autre Lazare Pierre, boulanger, à Uchaud.

(2) Déclara avoir acquis pour Sarrière Antoine, d'Uchaud.

(3) Déclara avoir acquis pour Mériguargue Pierre, travailleur, à Uchaud.

(*d'Assas F. C.*) : 29 germ. an II, bois et herme 24 sét.
860 liv. ; bois et herme 23 dext., 870 liv.

942. Leydier Pierre, à Roquemaure. — *Roque-maure* (*Régis C. J.*) : 23 vend. an III, vigne 19 perch.,
100 liv.

Leyris-Descombes Jean, négociant, à Nimes. —
Voy. Roubel Jean aîné.

943. Lhermite Etienne, à Remoulins. — *Remou-lins* (*Bastet-Crussol*) : 5 pluv. an II, terre 6 ém. 3 vest.,
189 liv. ; terre 1 sal. 3 ém. 9 vest., 3400 liv. ; terre
3 ém. 3 vest., 180 liv.

944. Lichère François, à Villeneuve. —*Les Angles*
(*Forbin J.J.*) : 26 fruct. an II, terre 2 sal., 2525 liv.

945. Liénard Louis, négociant, à Nimes. — *Uzès*
(*Bastet-Crussol*) : 25 pluv. an VI, maison dite le
Duché et ses dépendances, avec cour en entrant de
15 t. de long sur 12 1/2 t. de large et parterre ga-
zonné de 16 t., 160000 fr.

946. Linsolas Jean, à Cavillargues. — *Cavillar-gues* (*Nicolay*) : 21 frim. an III, terre 2 sal. 6 ém.,
4000 liv.

Liotard Charles, à Fontanès. — Voy. Gautier Jean-
Joseph père.

Loche Jean, cult., à Nimes. — Voy. Paulet François.

947. Lombard Antoine jeune, agr., à Fourques.
— *Fourques* (*Bourret Louis*) : 24 flor. an II, deux
terres 6 sét. 96 dext., 2475 liv.

948. Lombard Claude, cult., à Fourques. — *Four-ques* (*Bourret Louis*) : 23 flor. an II, pré 10 sét.
47 dext., 3000 liv. ; trois terres 5 sét. 12 dext.,
3055 liv.

Lombard François (femme de), à Nimes. — Voy.
Brunel Barthélemy.

949. Lombard Guillaume, cult., au Cailar. — *Le Cailar* (*Moynier Claude*) : 30 germ. an II, vigne 4 carl., 1225 liv. ; terre 1 carl. 2 quart. 16 dext., 1000 liv. — *Le Cailar* (*Baschy F.*) : 23 flor. an III, champ 1 carl. 2 quart. 13 dext., 1600 liv. ; champ 2 quart. 16 dext., 300 liv. — Voy. en outre Grégoire Jacques.

Lombard Joseph, maçon, à Nimes. — Voy. Paulet François.

950. Longuet Baptiste, à Remoulins. — *Remoulins* (*Bastet-Crussol*) : 5 pluv. an II, terre 8 ém. 2 1/2 vest., 410 liv. ; terre 1 sal. 6 1/2 vest., 1720 liv.

951. Loubatière Pierre, agr., à Aigremont. — *Aigremont* (*Rochemore J. B. L.*) : 1 therm. an II, herme 8 quart., 215 liv. ; terre-olivette 4 quart., 230 liv.

952. Lussan Antoine, cult., à Combas. — *Combas* (*Narbonne-Pelet*) : 7 germ. an II, olivette 2 sét. 2 quart. 17 dext., 1200 liv.

953. Lussan Jean, cult., à Combas. — *Combas* (*Narbonne-Pelet*) : 22 germ. an II, herme et terre 2 sét. 4 quart. 5 dext., 200 liv. ; bois 65 sét., 795 liv.

954. Machard Gabriel, à Roquemaure. — *Roquemaure* (*Bourbon* et *Rohan-Montbason*) : 27 therm. an II, terre 11 sal. 4 ém. 5 pougn. et hermes 2 sal. 5 ém. 2 pougn., 15338 liv.

955. Machard Georges, à Roquemaure. — *Roquemaure* (*Régis C. J.*) : 22 vend. an III, maison 16 2/3 t. couvert, avec cour 18 2/3 t., 890 liv.

956. Machard Jean, à Roquemaure. — *Roquemaure* ((*Bourbon* et *Rohan-Montbason*) : 27 therm. an II, terre 11 sal. 5 ém. et hermes 2 sal. 3 ém. 5 pougn., 15333 liv. — *Roquemaure* (*Lafont C. J.*) :

18 vend. an III, partie de vigne, 105 liv. — *Roque-maure* (*Régis C. J.*) : 21 vend. an III, maison 17 2/3 t. couvert et cour 18 2/3 t., 865 liv.

957. Machard Joseph, à Roquemaure. — *Roque-maure* (*Raqussel-Boulbon*) : 21 mess. an II, vigne 3 ém. 1 pougn. 3 lid., 487 l. 16 s. — *Roquemaure* (*Lafont C. J.*) : 18 vend. an III, vigne 25 perches, 950 liv.

958. Magnan André, à Roquemaure. — *Roque-maure* (*Régis C. J.*) : 22 vend. an III, pré 1 arpent 69 perches, 2575 liv.

959. Mailhan Barthélemy, agr., à Montfrin. — *Montfrin* (*Monteynard*) : 10 niv. an II, terre 8 ém. à 175 liv. l'ém., 1400 liv. ; 11 niv. an II, cinq terres 20 ém. à 125 liv. l'ém., 2500 liv. ; 15 therm. an II, olivette 4 ém., 1000 liv.

960. Majolier Louis-Antoine, agr., à Congéniés. — *Fontanès* (*Narbonne-Pelet*) : 8 fruct. an II, bois 6 quart., 245 liv. — Voy. en outre Combe Pierre.

961. Malandran Étienne, à Roquemaure. — *Roque-maure* (*Bourbon* et *Rohan-Montbason*) : 27 therm. an II, terre 20 sal. 5 pougn. et herme 4 sal. 4 ém. 5 pougn., 28100 liv.

962. Malarte Baptiste, à Remoulins. — *Remou-lins* (*Bastet-Crussol*) : 5 pluv. an II, terre 5 ém. 8 vest., 2000 liv.

963. Mallet Joseph. — *Saint-Géniès-de-Comolas* (*Sicard J. A.*) : 11 therm. an II, vigne 3 ém. 6 pougn., 471 liv.

964. Manoël Pierre, à Monoblet. — *Monoblet* et *Colognac* (*Manoël Étienne*) : 7 vend. an III, châtaig. et cerclière 10 sét., 1600 liv. ; châtaig. et cerclière 11 sét. 10 quart., 1750 liv. ; châtaig. cerclière,

anglade, terre, pré et jardin, 42 sét. 3 quart. 14 dext., 19100 liv. (1) ; cerclière et blacande 11 sét. 1 quart. 9 dext., 1550 liv.

965. Manset Jacques, tonnelier, à Gallargues. — *Gallargues (Rochemore-Gall.)* : 12 vent. an II, ménagerie, cave, écurie, grenier à foin et cour, en tout 55 cannes, 8050 liv.

966. Manset Pierre, cult., à Gallargues. — *Gallargues (Rochemore-Gall.)* : 12 vent. an II, vigne 233 dext., 3325 liv.

967. Maraval Maurice, cult., à Combas. — *Combas (Narbonne-Pelet)* : 7 germ. an II, olivette 5 sét. 3 quart. 16 dext., 2210 liv.

Marazel, à Aiguesvives. — Voy. Daudé.

968. Marbat Noé, agr., à Fourques. — *Fourques (Bourret Louis)* : 24 flor. an II, deux terres 4 sét. 108 dext., 1875 liv.

Margarot Jacques fils aîné, nég., à Nimes. — Voy. Roubel Jean aîné.

969. Margerid Jean-Joseph, à Roquemaure. — *Roquemaure (Raousset-Boulbon)* : 21 mess. an II, terre 3 ém. 1 pougn. 3 lid., 487 l. 16 s. ; 22 mess. an II, sept vignes 29 ém. 21 pougn., dix pièces terres, garrigues et bois 40 sal. 17 ém. 22 pougn., le tout 6050 liv.

Marguerit Antoine, sabotier, à Aimargues. — Voy. Brunel Pierre.

Marieuge Henry, à Mus. — Voy. Lacombe Étienne.

970. Marignan Pierre, cult., à Saint-Gilles. — *Saint-Gilles (Eymini)* : 8 germinal an II, vigne 1/2 cart., 1310 liv.

(1) C'était le frère du dépossédé.

971. Marin Guillaume, à Roquemaure. — *Roque-maure (Lafont C. J.)* : 18 vend. an III, vigne 44 per-ches., 3225 liv.

972. Marin Jean, à Masmolène. — *Roquemaure (Raoussel-Boulbon)* : 21 mess. an II, vigne 2 ém. 7 pougn. 3 lid., 395 liv. — *La Capelle (Bastel-Crussol)* : 30 fruct. an III. le domaine appelé la Forêt Saint-Martin, 60 sal. terres et 30 sal. bois, 462000 liv.

973. Marin Robert, à Vallabrègues. — *Valla-brègues (Bruges M. J. L.)* : 18 fruct. an II, terre 1 ém. 7 1/2 picot., 425 liv.

974. Maroger Barthélemy, au Cailar. — *Le Cailar (Baschy F.)* : 26 vent. an III, champ 4 carteirad., 3700 liv. (1) ; 1 vent. an III, pré 5 cart., 6600 liv. (2); 2 vent. an III, pré 5 cart., 14200 liv. (3) ; 10 vent. an III, champ 4 cart., 24000 liv. ; 26 vent. an III, champ 4 cart., 3800 liv. ; champ 4 cart., 3700 liv.

975. Maroger Pierre-Barthélemy, au Cailar. — *Le Cailar (Baschy F.)* : 9 vent. an III, pré 5 cart., 26200 liv. (4) ; 10 vent. an III, champ 5 cart., 27100 l.; 16 vent. an III, champ 4 cart. 3 1/2 quart. 12 dext., 12800 liv.

976. Marsaud Jacques, cult., au Cailar. — *Le Cailar (Baschy F.)* : 26 vent. an III, champ 5 cart. 2 quart. 16 dext., 5800 liv.

977. Marseille Antoine fils, à Bagnols. — *Bagnols (2e origine ?)* : 10 mars 1806, terrain à l'entrée de la

(1) Déclara avoir agi pour Maurel Louis, cult., au Cailar.

(2) Déclara avoir agi pour Gavanon Jean, de Vauvert.

(3) Déclara avoir agi pour Tempié Pierre, de Vauvert.

(4) Déclara avoir agi pour Gilly Antoine, fab. d'ean-de-vie, à Calvisson.

ville sur lequel il existait jadis deux petites maisons servant de logement au portier de la ville 40 1/2 centiares, 250 fr.

Martel Jean, à Lézan. — Voy. Barafort Antoine.

978. Martin Antoine, ménager, à Uchaud. — *Uchaud (Fabrot R.)* : 3 germ. an II, olivette 518 dext., 4000 liv.

979. Martin Charles, agriculteur, à Aramon. — *Aramon (Marie Virgile, veuve Forton)* : 21 prair. an II, olivette 2 sal. 3 ém. 6 pougn., 2325 liv. ; 14 mess. an II, terre 2 ém., 580 liv. ; terre 2 ém., 620 liv.

Martin-Delgas, à Nimes. — Voy. Roubel Jean aîné.

Martin Etienne, cultivateur, à Aimargues. — Voy. Mauméjean Guillaume.

980. Martin Jacques, agriculteur, à Montfrin. — *Montfrin (Monteynard)* : 15 therm. an II, olivette 4 ém., 1225 liv. ; terre 4 ém., 1000 liv.

981. Martin Jacques, à Saint-Martin-de-Valgalgue. — *Saint-Martin-de-Valgalgue (Lafare-Latour L.P.)* : 23 prair. an II, deux maisons et un domaine, en tout 104 toises de bât., 17 sal. 10 quart. de terrain, 22000 liv.

982. Martin Jacques, agriculteur, à Tarabias. — *Sénéchas (Lafare-Latour L. P.)* : 18 mess. an II, chataign. 1 1/2 sal., 625 liv.

983. Martin Joseph, à Roquemaure. — *Roquemaure (Bourbon et Rohan-Montbason)* : 27 therm. an II, terre 3 sal. 6 ém. 6 pougn. et herme 3 ém., 6358 liv. — *Roquemaure (Régis C. J.)* : 22 vend. an III, vigne et herme 2 arpents 27 perches, 1500 liv. ; vigne 2 arpents 15 perches, 1175 liv.

984. Martin Louis, négociant, à Anduze. —*Tornac* (*Beauvoir-Roure-Brison*) : 17 mess. an IV, domaine du pont : bât. 17 dext. 2/4 et 1/9, terres, hermes et devois 366 quart. 9 boiss. 4 dext., plus les 2/5 de la dépaissance d'un devois de 130 sét. 1 quart., 17109 liv. 7 s. (1).

985-987. Martin Louis fils aîné, à Salagosse, Reilhan André, fermier, à Bréau, et Fabre Laurent, d'Aulas. —*Dourbies* (*d'Assas F. C.*) : 11 niv. an II, métairie de la Ressensonne : bât. 14 can. 4 pans, cour 1 quart., aire 3 boiss., terrain 130 sét. 7 quart. 20 dext, « outre l'immesurable » confronté à l'acte, 20800 liv.

Martin Louis père, à Salagosse. — Voy. Durand Jacques.

988. Martin Marie, à Aimargues. — *Aimargues* (*Carbonnier Charles*) : 27 vend. an V, 2 terres 6 1/2 quart. 38 dext., 667 fr. (2).

989. Martin Paul, travailleur, à Aimargues. — *Aimargues* (*Fabrot R.*) : 16 vent. an II, terre 3 1/2 quart., 350 liv. (3).

990. Martin Pierre, au Vigan. — *Montdardier* (*d'Assas F. C.*) : 26 pluv. an II, champ 2 sét. 3 1/2 boiss., 1150 liv. (4) ; 27 pluv. an II, chènevière 52 can., 170 liv. — Voy. en outre Aguze Madeleine-Delphine.

991. Martin Pierre, chirurgien, à Lézan. — *Lézan*

(1) Vente de gré à gré.

(2) Vente de gré à gré. L'acquéreur était l'épouse de l'émigré dépossédé.

(3) Déclara avoir agi pour Mauméjean Barthélemy.

(4) Fit élection le 7 vent. en faveur de Brouilhet François et Sanguinède Philippe, de Montdardier.

(*Cambis C. F.*) : 15 fruct. an II, terre 23 quart., 2050 liv.

992. Maruéjol André, fabricant, à Nimes. — *Nimes (Lareiranglade Pascal)* : 7 frim. an III, terre-olivette 11 ém., 1100 liv. ; métairie de Bellot 54 can. couvert, 54 can. cour, 4 sal. 3 1/3 vigne-olivette, 1 sal 7 1/4 vigne, 10200 liv.

993. Maruéjols François, agriculteur, à Aigremont. — *Aigremont (Rochemore J. B. L.)* : 1 therm. an II, terre 31 quart. 5 dext., 1225 liv. ; 15 therm. an II, domaine de Villespaces 34 sal. 3 quart 1 boiss. 11 dext., 17700 liv.

994. Masse Gabriel, à Villeneuve. — *Les Angles (Forbin J. J.)* : 26 fruct. an II, terre 4 ém., 425 liv.

995. Massip André, cultivateur, à Saint-Côme. — *Saint-Côme (Rochemore Saint-Côme)* : 4 vent. an II, terre 750 dext., 9000 liv.

996. Massip Antoine, cultivateur, à Clarensac. — *Saint-Côme (Rochemore Saint-Côme)* : 3 vent. an II, pré 308 dext., 6750 liv.

997. Massip Jean, cultivateur, à Saint-Gilles. — *Saint-Gilles (Eymini)* : 8 germ. an II, vigne 7 quart., 4025 liv.

998. Massip Louis, négociant. — *Gallargues (Rochemore-Gall.)* : 11 vent. an II, vigne 775 dext., 10100 liv.

Massip Louis, à Lézan. — Voy. Barafort Antoine et Laporte Jean-Pierre.

999. Massot Jean, agent de change, à Nimes. — *Sommières (Martignac)* : 28 mess. an IV, maison confrontant au sud la place du Bourguet 51 toises 5 p. 2 p. couvert et 5 p. 4 p. cour, 10800 fr. (1).

(1) Vente de gré à gré.

1000. Matau (1) Jean-Louis, agriculteur. — *Junas* (*Panetier-Montgrenier*) : 12 therm. an II, vigne 3 sét. 7 dext. et herme 4 sét., 2000 liv.

1001. Matheron Pierre, agriculteur, à Fourques. — *Fourques* (*Bourret Louis*) : 24 flor. an II, terre 11 sét. 18 dext., 5050 liv.

1002. Mathieu Jacques, cultivateur, au Cailar. — *Le Cailar* (*Bastet-Crussol*) : 5 flor. an II, champ et pré 9 cart., 6000 liv. ; champ et pré 9 cart., 5600 liv. ; champ et pré 9 cart., 5425 liv. (2). — *Le Cailar* (*Baschy F.*) : 1 vent. an III, pré 5 cart., 4500 liv. ; pré 7 cart. 7 dext., 3100 ; 2 vent. an III, pré 5 cart., 4200 liv. ; 9 vent. an III, champ 4 cart. 1/2 quart. 3 dext. 26000 liv. (3) ; pré 5 cart., 31000 liv. (4) ; champ 4 cart., 24000 liv. ; 10 vent. an III, champ 4 cart., 23000 liv. ; champ 4 cart., 24000 liv. ; 16 vent. an III, champ 5 cart., 11200 liv. ; champ 5 cart. 1/2 quart. 6 dext., 14100 liv. ; 6 germ. an III, pré 5 cart., 5750 liv. (5) ; 22 flor. an III, champ 3 cart. 8 5/17 dext., 2800 liv. (6) ; champ 3 cart. 2 quart. 23 3/4 dext., 3325 liv. (7) ; champ 5 cart., 23000 liv. (8) ; champ 5 cart., 16000 liv. (9) ; champ 5 cart., 21800 liv. ;

---

(1) Ou plutôt Mathon.
(2) Mathieu Jacques vendit ces trois pièces à M. de Crussol fils, le 7 brum. an XIV (Me Darlhac, notaire, à Nîmes) au prix de 12150 fr. en numéraire, lequel les revendit à son père le 9 janvier 1818 (Me Gide, notaire, à Nîmes.)
(3) Déclara avoir acquis ce champ pour Bourrié (ou Bouvier) Pierre, cult., au Cailar.
(4) Déclara avoir agi pour Mingaud Jean, agr., au Cailar.
(5) Déclara avoir agi pour Aurière Jean, de Saint-Laurent-d'Aigouze.
(6) Déclara avoir agi pour Chabrier Antoine, du Cailar.
(7) Déclara avoir agi pour Chabrier Antoine, du Cailar.
(8) Déclara avoir agi pour Maurel Louis et Segond Étienne, du Cailar.
(9) Déclara avoir agi pour Crémieu Saül, de Nîmes.

23 flor. an III, terre 6 cart., 9500 liv. (1) ; pré 1 cart. 2 quart. 6 dext., 2500 liv. ; champ 4 cart. 2 quart. 2 dext., 5000 liv. ; 20 frim. an V, pré 4 cart. et trois terres 27 cart., 1980 liv. (2) — *Le Cailar (Baschy Caroline)* : 25 frim. an V, bergerie 48 can., écurie 10, remise 42 1/2 (dans laquelle il y a une fabrique de salpêtre), vacant 125 can., 2214 fr. (2). — Voy. en outre Auzière Jean, Crémieu Saül et Laroque Moïse.

1003-1008. Mathieu Jacques, cult., Berrus Jacques, Morel Louis, Bonfort fils, Bassaget Pierre, Sabatier Jacques et Chabrier Antoine, du Cailar. — *Le Cailar (Baschy F.)* : 22 flor. an III, bois 8 cart., 18500 liv.

1009-1010. Mathieu Jacques, mari de Berrus, et Berrus Paul, agr., au Cailar. — *Le Cailar (Baschy F. et Baschy Caroline)* : 28 brum. an IV, maison, deux basses - cours, paillère (rue Supérieure), en tout 1 quart. 14 1/2 dext., et paillère, bergerie, écurie le long du Barry, 2 quart. 1 dext., 32500 liv.

1011. Mathieu Jacques (du pont), cult., au Cailar. — *Le Cailar (Baschy F.)* : 9 vent. an III, pré 5 cart., 30700 liv. ; champ 4 cart., 23700 (3).

Mathieu Jacques oncle, cult., au Cailar. — Voy. Pascal Jean-Antoine.

Mathieu Jean, cult., à Mus. — Voy. Picheral Jean.

1012. Mathieu Michel, cult., au Cailar. — *Le Cailar (Baschy F.)* : 9 vent. an III, champ 5 cart. 3 1/2 quart. 15 dext., 33000 liv.

Mathieu Paul, nég., à Nîmes. — Voy. Pascal Jean-Antoine.

(1) Déclara avoir agi pour Puech Antoine, ménag., à Codognan.
(2) Vente de gré à gré.
(3) Déclara avoir acquis ce champ pour Daudé Paul, fab. d'eau-de-vie, au Cailar.

1013. Mathieu Pierre, ag. nat. de la comm., à Uzès.
— Saint-Quentin (Bastet-Crussol) : 26 pluv. an II,
terre 6 ém. 1 quart. 2 vest., 2000 liv. — Uzès (Bastet-Crussol) : 29 vent. an II, partie du Sénéchal :
bât. 28 cann. couvert, jardin clos 54 cann., 6200 liv.

1014. Mathieu Pierre, ménager, au Cailar. — Le
Cailar (Fabrot R.) : 15 vent. an II, terre 2 cart.
3 1/2 quart. 16 dext., 4800 liv. (1). — Le Cailar
(Baschy F.) : 9 vent. an III, champ 5 carteir.
2 1/2 quart. 10 dext., 38000 liv. ; champ 6 cart.
2 1/2 quart., 32000 liv. ; 27 vent. an III, champ
3 cart. 3 1/2 quart. 3 dext., 4200 liv. — Voy. en
outre Pascal Jean-Antoine et Roux François.

Mathon, à Junas. — Voy. Persin Étienne et Matau.

Mauméjean Barthélemy. — Voy. Martin Paul.

Mauméjean Charles, cult., à Aimargues. — Voy.
Mauméjean Guillaume et Viel André.

Mauméjean Guillaume, cult., à Aimargues. — Voy.
Viel André.

1015-1021. Mauméjean Guillaume, Gaussen Paul,
Fournès Antoine, Bernard Jean, Durand François,
Martin Étienne et Bernard Jean-Marie-Jacques, agr., à
Aimargues. — Aimargues (Bastet-Crussol) : 27 mess.
an II, champ 8 cart. 3 quart. 10 dext., 4017 liv. ;
champ 9 cart. 30 dext., 4475 liv.

1022-1025. Mauméjean Guillaume, Viel André,
Berlen Jacques, Berlen Pierre aîné et Mauméjean
Charles, agr., à Aimargues. — Aimargues (Bastet-
Crussol) : 5 frim. an III, champ 8 cart. 1 quart.
32 dext., 10100 liv.

1026. Mauméjean Jean, bourrelier, à Aimargues.

(1) Déclara avoir agi pour Mingaud Jean, du Cailar.

— *Aimargues* (*Bastet-Crussol*) : 12 mess. an II, terre 11 cart. 2 quart. 21 dext., 6000 liv. (1).

1027. Maurel Antoine, fab. d'eau-de-vie, au Cailar. — *Le Cailar* (*Baschy F.*) : 16 vent. an III, pré 6 cart., 12000 liv. ; 26 vent. an III, champ 4 cart., 5050 liv.; champ 3 cart. 1 1/2 quart. 2 dext., 3525 liv.

1028. Maurel Louis, cult., au Cailar. — *Le Cailar* (*Baschy F.*) : 26 vent. an III, champ 4 cart., 3950 liv.; champ 3 cart. 1 1/2 quart. 14 dext., 3400 liv. ; 23 flor. an III, champ 4 cart. 3 quart. 8 dext., 11600 liv. — Voy. en outre Maroger Barthélemy et Mathieu Jacques.

1029. Maurel Louis fils aîné, cult., au Cailar. — *Le Cailar* (*Baschy F.*) : 26 vent. an III, champ 4 cart., 3800 liv. ; champ 5 cart. 1 1/2 quart. 2 dext., 4975 liv. — Voy. en outre Mazauric François-Marthe.

1030. Maurel Étienne, à Saint-Bonnet. — *Saint-Bonnet* (*Vissec L. A. M.*) : 21 pluv. an II, châtaig. et hermo 5 sét. 2 quart. 20 dext., 925 liv.

1031. Maurin Jean, tourneur, au Vigan. — *Aulas* (*Mercier J. F.*) : 26 niv. an II, terre 216 dext., 3275 liv.

1032. Maurin Jean, à Lasalle. — *Saint-Bonnet* (*Vissec L. A. M.*) : 23 pluv. an II, pré et hermo 1 quart. 13 dext., 635 liv.

Maurin Jean, à Lézan. — Voy. Barafort Antoine.

1033. Maurin Pierre, fab. d'eau-de-vie, à Vergèze. — *Le Cailar* (*Baschy F.*) : 6 germ. an III, pré 5 cart., 6050 liv. ; pré 5 cart., 5900 liv.

1034. Maury Joseph, à Remoulins. — *Remoulins* (*Bastet - Crussol*) : 5 pluv. an II, terre 6 ém., 4 1/4 vest., 200 liv.

1035. Mavit Anne-Suzanne, à Nimes. — Voy. Rolland François.

1036. Maystre Louis, au Vigan. — *Bes (Béranger
J. F.)* : 26 niv. an II, vigne 9 journaux, 1040 liv.

1037. Mazade David, à Anduze. — *Massillargues-
Atuech (Beauvoir-Roure-Brison F. D. A.)* : 27 prair.
an II, maisonnage à Boussso 1 quart, 6 1/4 dext., terres, jardin et pré 22 sét. 65 quart. 15 3/4 dext.,
13500 liv. ; terre châtaig. et pré 23 quart. 9 1/4 dext.,
3400 liv. ; terre et pré 9 quart. 35 dext., 1275 liv. ;
terre et pré 19 quart. 19 1/2 dext., 5050 liv.; 29 prair.
an II, terre et pré 4 sét. 10 quart. 15 dext., 6750 liv.;
terre et pré 22 quart. 20 1/4 dext., 6150 liv. ; terre
et pré 26 quart. 40 1/4 dext., 6700 liv. ; pré 16 quart.
3 dext., 5800 liv.

1038. Mazaudier François, artiste, à Alais. —
Alais (Lafare-Latour L. P.) : 11 flor. an II, maison
rue du puits banal 10 t. de sol, 1625 liv.

1039 - 1040. Mazaudier François, artiste, Duffès
Barthélemy, juge de paix, et Monteil Louis, prop.,
à Alais. — *Alais (Lafare-Latour L. P.)* : 8 floréal
an II, maison rue du puits banal 6 t. de sol, 1900 l.;
maison, écurie et jardin à la Grand'-Rue, 160 t. de
sol, 13300 liv.

1041. Mazauric François-Marthe, présid. du tribunal du dist. — *Le Cailar (Baschy F.)* : 26 vent.
an III, champ 4 cart., 6050 liv. (1).

1042. Mazel Paul, à Lascours. — *(Cruviers-Lascours, Brignon, Castelnau et Boucoiran (Surville J.
J. E.)* : 28 fruct. an III, maison, cour, jardin et 120 ar-
cles de terre, savoir : *Brignon*, 13 articles 10 sal.

(1) Déclara avoir agir pour Maurel Louis fils aîné, cult., au
Cailar.

28 ém. 36 boiss. 5 dext. ; *Cruviers*, 72 articles 38 sal. 218 ém. 258 1/2 boiss. 19 1/2 dext. et deux maisons ; *Castelnau*, 5 ém. 4 boiss. 5 1/4 dext. et une bergerie ; *Boucoiran....*, ensemble 750000 liv.

1043. Mazel Pierre, trav., à Aimargues. — *Le Cailar (Fabrot R.)* : 15 vent. an II, terre 4 cart., 2500 liv.

1044. Mazer Jacques, nég., à Saint-Ambroix. — *Saint-Ambroix (Perochon F.)* : 1 brum. an III, maison rue de la Boucherie, n° 318, 33 cannes c., 4000 liv.

1045. Mège Jean, cult., à Beaucaire. — Voy. Figuière Poncet.

1046. Meinadier, à Sommières. — *Junas (Panelier-Montgrenier)* : 12 therm. an II, pré 10 sét. 3 quart. 22 dext. et terre 3 sét., 13000 liv. (1).

1047. Méjanelle Jean, fab. d'eau-de-vie, à Vauvert. — *Le Cailar (Baschy F.)* : 16 niv. an III, pré 6 cart., 3200 liv. (2) ; 1 vent. an III, pré 5 cart., 8500 liv. (3); pré 5 cart. 3 quart. 11 dext., 10000 l. (4); pré 5 cart., 2350 liv. (4) ; pré 5 cart., 2350 liv. (4) ; pré 5 cart. 1 quart. 28 dext., 2550 liv. (5) ; 2 vent. an III, pré 6 cart., 23400 liv. (5) ; pré 5 cart., 10200 liv. (6) ; pré 5 cart., 10900 liv. (6) ; pré 6 cart. 3 quart. 27 dext., 19950 liv. (7) ; pré

(1) Déclara avoir agi pour Gilly Jean, agr., à Junas.

(2) Déclara avoir agi pour Fedon Marie, veuve de Duffés Pierre, de Vauvert.

(3) Déclara avoir agi pour Gavanon François père, de Vauvert.

(4) Déclara avoir agi pour Tempié Pierre, de Vauvert.

(5) Déclara avoir agi pour Gras Jean, de Vauvert.

(6) Déclara avoir agi pour Nissard Jean, de Vauvert.

(7) Déclara avoir agir pour Allier Jean, de Vauvert.

5 cart., 6500 liv. (1) ; 9 vent. an III, pré 6 cart.
3 1/2 quart. 12 dext., 41100 liv. (2).

1048. Melchior Laurent, à Saint - Gervais - lès -
Bagnols. — *Saint-Gervais-lès-Bagnols* (*Serviers A.
et J., frères*) : 17 vend. an III, une ferme : couvert
134 arpents, cour 51, jardin 800, sol de tuilerie 137,
vignes 12175, terres 67200, gravier 9800, hermes
7000, le tout 71700 liv.

1049. Melon Louis, fab. d'eau-de-vie, à Aiguesvives. — *Le Cailar* (*Baschy F.*) : 24 floréal an III,
pré 5 cart., 12000 liv. ; pré 5 cart., 10500 liv.

1050. Ménard Jean-Antoine, à Vabres. — *Saint-
Bonnet* (*Vissec L. A. M.*) : 9 niv. an II, châtaig. et
broussailles 12 sét. 1 quart. 13 dext., y compris
une masure de 12 cannes, 1265 liv. ; châtaig. 8 sét.
3 quart. 12 dext., y compris une claie de 4 cannes,
1300 liv. ; 20 niv. an II, pré et châtaig. 4 sét.
7 1/2 dext., y compris partie de grenier à foin,
11100 liv. ; pré et châtaig. 2 sét. 1 quart. 12 dext.,
6325 liv.

1051. Mendre Louis, à Cavillargues. — *Cavillargues* (*Nicolay*) : 21 fruct. an III, terre 1 sal. 6 ém.
6 boiss. 3 lid., 2300 liv.

1052. Menouret Jean, à Castillon. — *Remoulins*
(*Bastet-Crussol*) : 5 pluv. an II, terre 9 ém. 5 vest.,
2910 liv.

1053. Menouret Joseph, à Remoulins. — *Remoulins* (*Bastet-Crussol*) : 5 pluv. an II, terre 7 ém.
7 vest., 310 liv. ; terre 7 ém. 7 1/2 vest., 310 liv.;
terre 1 sal. 3 ém. 8 vest., 3485 liv.

(1) Déclara avoi agi pour Garanon Antoine fils, de Vauvert.
(2) Déclara avoir agi pour Garanon François père, Garanon
Jean neveu et Tempié Pierre, de Vauvert,

1054. Menouret Pierre, agr., à Montfrin. — Mont-frin (Monteynard F.) : 15 therm. an II, olivette 4 ém., 1075 liv.

1055. Mercier Louis, à Aulas. — Aulas (Mercier Jean-François) : 19 therm. an IX, rente foncière de 2 fr. 40 due par Jean Vidal, de Mandagout, 36 fr. ; 23 therm. an IX, rente foncière de 7 l. 17 s. 1/2 due par Roussel et Seguier, d'Aulas, 118 fr. 50 ; rente foncière de 9 l. 15 s. due par Flaviel et Roussel, d'Aulas, 146 fr. 50 ; rente foncière de 25 fr. due par les héritiers de François Fabre, 375 fr. ; 19 therm. an IX, rente foncière de 4 fr. 50 due par les héri-tiers de Pierre Servel, de Bréau, 67 fr. 50 ; rente foncière de 7 fr. 50 due par Marie Monna, femme Claris, d'Aulas, 112 fr. 50 ; rente foncière de 19 fr. 50 due par Flavier Jean, d'Aulas, 292 fr. 50 ; rente fon-cière de 126 fr. due par Jean Salze et autres, 1890 fr.

1056. Mérignargues Jacques, cult., à Uchaud. — Vestric (Montmorency-Robecq) : 18 flor. an II, terre 409 dext., 1800 liv. ; 21 flor. an II, terre 463 dext., 2100 liv.

Mérignargues Pierre, trav., à Uchaud. — Voy. Lazare Pierre fils.

1057. Merle Jacques, à Aramon. — Aramon (Sau-van P. P. A.) : 18 mess. an II, terre 2 ém., 615 liv.; terre 2 sal. 2 ém. 3/4 poug., 1250 liv.

1058. Merle Marc, à Pont-Saint-Esprit. — Chus-clan (Vigier F.) : 2 therm. an II, terre 1 sal. 1 lid., 1940 liv.

1059. Mermet Joseph. — Saint-Julien-de-Pey-rolas (Vogüé) : 11 prair. an II, moulin 30 cannes couvert, pré et terre 8 sal. 6 ém., 44000 liv.

1060. Mestre Bernard, à Roquemaure. — Roque-

maure (*Ébray Mathieu fils*) : 6 fruct. an II, vigne
1 sal. 6 ém. 4 poug. 2 lid., 1507 liv. — *Roque-*
maure (Bellon Gabriel) : 17 fruct. an II, maison
6 cannes de couvert, 525 liv.

1061. Mestre Robert, cult., à Saint-Gilles — *Saint-*
Gilles (Eymini) : 8 germ. an II, olivette 7 sét.
2 dext., 2600 liv.

1062. Michel André, cult., à Beaucaire. — Voy.
Testedor Jacques.

1063. Michel Claude, cult., à Corıbas. — *Combas*
(Narbonne-Pelet) : 7 germ. an II, olivette 1 sét.
2 quart., 1900 liv.

1064. Michel Denis, à Aramon. — *Aramon (Sau-*
van P. P. A.) : 21 prair. an II, terre 2 ém., 550 liv. (1).

1065. Michel Jacques. — *Calvisson (Joubert Phi-*
lippe-Laurent) : 7 mess. an III, bâtiments et fabrique d'eau - de - vie provenant des successeurs de
Joubert Philippe-Laurent, cessionnaire envers la
Nation, 248000 liv.

1066. Michel Jean, à Roquemaure. — *Roquemaure*
(Raousset-Boulbon) : 21 mess. an II, vigne 3 ém.,
380 liv.

1067. Michel Laurent, maréchal, à Saint-Gilles.
— *Saint-Gilles (Eymini)* : 8 germ. an II, vigne
3 cart., 7800 liv. (2). — Voy. en outre Chrestien
André.

Michel Pierre, à Lézan. — Voy. Robert Jacques
et Teissier Étienne-Daniel.

1068. Michel Pierre, à Villeneuve. — *Les Angles*

(1) Rétrocéda à Sauvan, le 24 juillet 1806 (Mᵉ Dunan, notaire, à
Aramon).

(2) Déclara avoir agi pour Flayol Vincent, de Saint-Gilles.

(*Forbin J. J.*) : 26 fruct. an II, terre 7 ém. 8 cosses, 1125 liv.

1069. Michel Pierre, à Nimes. — *Beaucaire* (*Narbonne-Pelet*) : 19 mess. an IV, terre aux Arves, 15840 fr. (1).

1070. Michel Pierre fils. — *Le Vigan* et *Rogues* (*Villeméjane*) : 28 therm. an IV, *Le Vigan* , maison à la rue du Temple, avec maison et cour derrière la première, autre maison même rue, pré 16 sét., et *Rogues*, 12 pièces, 22 sét. 2 quart., 20794 l. 10 s. (2).

1071. Michel Simon, cult., à Beaucaire. — Voy. Figuière Poncet.

1072-73. Milhaud Mardochée, dit Berbès, et Crémieu Benjamin, nég., à Nimes. — *Uchaud* (*Fabrot R.*) : 7 vend. an V, bâtiments 1106 dext., ménagerie à côté 68 dext., olivette, vigne et jardin 1038 dext., 12206 liv. 13 s. 4 d. (3).

1074. Milhaud Mardochée - Isaac aîné, nég., à Nimes. — *Nimes* (*Surville J. J. E.*) : 6 brum. an IV. maison 40 cannes, et jardin 60 dext., 37000 liv. — Voy. en outre Roubel Jean aîné.

1075. Milhe Jean, ménag., à Fourques. — *Fourques* (*Courtois*) : 1 niv. an II, terre et vigne 4 sét. 57 dext., 2510 liv.

1076. Milhe Jean, maréchal, à Fourques. — *Fourques* (*Bourret Louis*) : 24 flor. an II, deux terres 1 sét. 72 dext., 1200 liv.

1077. Mingaud Jean, agr., au Cailar. — *Le Cailar* (*Baschy F.*) : 22 flor. an III, champ 3 cart. 3 1/2 quart.

(1) Vente de gré à gré.

(2) Déclara avoir agi pour Villeméjane (Julie Michel, épouse de), femme de l'émigré ; vente de gré à gré.

(3) Vente de gré à gré.

12 dext., 9100 liv.; 23 flor. an III, pré 2 carl. 1 quart., 8750 liv. — *Le Cailar (Baschy F. et Baschy Caroline)*: 1 brum. an IV, champ 1 carl. 3 quartons 10 dext., 13050 liv. — Voy. en outre Mathieu Jacques et Mathieu Pierre.

1078. Minvielle Jean, fab. d'eau-de-vie, à Gallargues. — *Gallargues (Rochemore - Gall.)* : 11 vent. an II, terre 245 3/4 dext. et vigne 64 dext., 6000 liv.

1079. Moine Noé, cult., à Beaucaire. — Voy. Testedor Jacques.

1080. Moinier Jacques, aux Angles. — *Les Angles (Forbin J. J.)* : 21 fruct. an II, terre 2 sal., 2850 liv.

Monfoi Girard (femme de). — Voy. Croltal Jeanne.

1081. Monlaud Vincent, à Vallabrègues. — *Vallabrègues (Bruges M. J. L.)* : 18 fruct. an II, terre 1 ém. 9 1/3 picot., 400 liv. ; terre 1 sal. 1 ém. 5 1/2 picot., 3175 liv.

Monna Marie (femme Claris), à Aulas. — Voy. Mercier Louis.

1082. Monnat Pierre, prop., à Calvisson. — *Fontanès (Narbonne-Pelet)* : 8 fruct. an II, bois 58 sal., 15300 liv. ; terre et herme 6 sét., 700 liv. — Voy. en outre Combe Pierre.

1083. Montbel Pierre, agr., à Bezouce. — Voy. Roussel Antoine.

1084. Monteil Louis, prop., à Alais. — *Saint-Christol (Lafare-Latour L. P.)* : 5 germ. an II, terre-châtaig. 15 quart. 3 3/8 boiss., 6100 liv. ; terre-mûriers 15 quart. 3 3/8 boiss., 7450 liv. — Voy. en outre Cabanis Antoine et Mazaudier François.

1085. Montel Jean, au Vigan. — *Le Vigan (Latour-Dupin A. C.)* : 10 niv. an II, jardin et maison rue des Baris 2 sét. 30 dext., 23500 liv.

Montfajon Charles, cult., à Vergèze. — Voy.
Bétrine Pierre fils.

1086. Montfajon Henri, à Vergèze. — *Vestric*
(*Montmorency - Robecq*) : 16 flor. an II, vigne
142 dext., 700 liv. (1) ; terre 644 dext., 3350 liv. ;
terre 1298 1/2 dext., 7500 liv. ; 21 florial an II, terre
1478 dext., 4100 liv. (2) ; pré 206 dext., 850 liv. (3).
— *Le Cailar* (*Baschy F.*) : 6 germ. an III, pré 5 cart.,
5700 liv. (4). — Voy. en outre Roulle Jean.

1087. Mouchon Georges-Louis, pharm., à Montpellier. — *Saint-Roman* (*Massanne fils*, de Sumène) :
28 vent. an IX, domaine de Puech-Guyma, 10000 f. (5).

1088. Moulery Charles, agr., à Montfrin. — *Montfrin* (*Monteynard F.*) : 15 therm. an II, terre 4 ém.,
1000 liv.

1089. Moulinard Jean, à Aimargues. — *Le Cailar*
(*Fabrot R.*) : 16 vent. an II, terre 2 cart. 9 dext.,
3625 liv. — *Aimargues* (*Bastet-Crussol*) : 21 brum.
an V, terre 2 1/2 cart., 1650 fr. (6).

1090. Moullias Jean, ménag., à Beaucaire. — Voy.
Testedor Jacques.

1091. Mounier Imbert, à Beaucaire. — Voy. Testedor Jacques.

1092. Mouraille Étienne, cult., à Uchaud. — *Vestric* (*Montmorency - Robecq*) : 21 flor. an II, terre
461 dext., 2000 liv. ; vigne 787 dext., 4250 liv.

(1) Déclara avoir agi pour Argaud Pierre, de Vestric.

(2) Déclara avoir agi pour Béchard Louis, cult., à Vestric.

(3) Déclara avoir agi pour Argaud Pierre, agr., à Vestric.

(4) Déclara avoir agi pour Coulondre Pierre, fab. d'eau-de-vie,
à Aiguesvives.

(5) Céda au propriétaire dépossédé, le 5 flor. an IX (M° Carrière,
not., à Nimes).

(6) Vente de gré à gré.

1093. Mouret Jacques, ent. de chemins, à Saint-Gilles. — *Saint-Gilles* (*Eymini*) : 8 germ. an II, vigne 1 cart. 3 quart., 3100 liv.

1094. Mouret Joseph, à Fourques. — *Fourques* (*Courtois*) : 1 niv. an II, terre 18 sét. 62 dext., 2400 liv. ; 23 flor. an II, une vigne et deux terres 4 sét. 185 dext., 2500 liv. ; 24 flor. an II, terre 10 sét. 57 dext., 5800 liv.

1095. Mourgue Claude, ménag., à Saint-Laurent-d'Aigouze. — *Aimargues* (*Moynier Claude*) : 14 prair. an II, champ 2 cart. 32 dext., 2150 liv.; champ 5 cart. 1 quart. 31 dext., 5325 liv. ; champ 6 cart. 2 quart. 35 dext., 7325 liv. (1).

1096. Mourgue Jean, traiteur, à Saint-Hippolyte. *La Cadière* (*Vissec L. A. M.*) : 1 niv. an II, olivette 8 quart. 21 dext., 4150 liv.

1097. Mourgue Siméon, nég., à Nimes. — *Aubord* et *Générac* ((*Montmorency-Robecq*) : 26 prair. an IV, métairie de la Cagueraule ou Valbournès, consistant en maison, moulin à eau, bergerie, écurie, paillier, jardins, prés et terres, ensemble 1/3 du moulin à eau appelé Pignet, dans le terroir de Générac, 54296 fr. (2) (72 sal. 6 ém. 6 dext. à *Aubord*, 3 sét. 1 quart. 3 dext. à *Générac*).

(1) Déclara avoir acquis cette pièce pour Boucharin Charles, de Marsillargues.

(2) Vente de gré à gré. — Mourgue Siméon déclara, le 24 fruct., qu'il avait agi tant pour lui que pour Mourgue Théodore, son frère, Mathieu Foule, Coste Antoine et Étienne frères, nég., Barnier Barthélemy aîné, vitrier, et Barnier Jacques, son frère, commissaire des guerres. Il existait entre eux une société indivise pour l'acquisition de biens nationaux. Le 20 niv. an VI (Espérandieu, not., à Nimes), ils partagèrent les nos 701, 1097, 1098 et 1099, et la Cagueraule fut attribuée aux frères Coste. — Ferdinand Coste l'a léguée, en 1867, au Consistoire de Nimes, qui l'a vendue, le 1er juin 1891, à M. Élie Peyron, avocat. — Voy. Blanc-Pascal, no 207.

1098. Mourgue Simon, nég., à Nimes (1). — *Vau-*
vert (Baschy Françoise-Caroline) : 1ᵉʳ jour complémentaire an IV, moulin de la Levade, sur le Vistre,
5 prés un jardin et une chènevière 4 cart. 13 1/2 quart.
66 dext.(dans un pré est une fontaine), 24046 f. 5 s.(2).

1099. Mourgue Théodore, nég., à Nimes. —*Beau-*
caire (Chaumont-Guitry) : 7 brum. an V, terre 1 sal.,
2310 fr. ; terre 3 sal. 3 ém., 6050 liv. ; terre 3 sal.
3 ém., 7744 fr.; terre 15 ém., 3149 fr. 3 s. 4 d.; terre
1 sal., 2310 fr. (3). — Voy. en outre Imbert Pierre.

1100. Moulet Jean, agr., à Saint-Bauzély. — *Gajan*
(Bastet-Crussol) : 5 vent. an III, terre 35 sét. 15 dext.,
23000 liv.

1101. Moyne Mathieu, à Aramon. — *Aramon (Sau-*
van P. P. A.) : 14 mess. an II, terre 2 ém., 560 liv. ;
terre 2 ém., 565 liv.

1102. Moynier Pierre, à Aimargues. — *Saint-*
Laurent-d'Aigouze (Lancrist) : 30 pluv. an II, terre
30 cart. 1 quart. 9 dext., 55000 liv.

1103. Moynier Timothée. — *Aimargues (Fabrot*
R.): 5 pluv. an II, terre et aire 1/4 arpent 2 boiss.
5 perches, 1000 liv. ; 16 vent. an II, terre 2 cart.
2 quart. 6 dext., 1000 liv. — Voy. en outre Soulier
Louis.

1104. Muscat Abraham, nég., à Nimes. — *Nimes*
(Lavondès-Brun Louis) : 12 mess. an II, les deux lots
d'un domaine, bâtiments, champs 7 sal. 15 ém.
45 1/2 dext., vignes 4 sal. 7 ém. 58 dext., 37000 liv.

1105. Nadal Jacques, à Pompignan. — *Pompignan*

(1) C'est probablement le même que le précédent.
(2) Vente de gré à gré.
(3) Toutes ces ventes furent faites de gré à gré.

(*Peyridier Antoine*) : 13 flor. an II, vigne 2 quart.,
230 liv. ; vigne-olivette 7.1/2 quart., 810 liv. ; terre-
mûriers 3 quart. 15 dext., 305 liv.

1106. Naval Guillaume, agr., à Montfrin. — *Montfrin* (*Monteynard F.*) : 15 therm. an II, herme 12 ém.,
113 liv. ; terre 4 ém., 800 liv. ; terre 4 ém., 1450 l.

1107. Navas Etienne, à Avèze. — *Le Vigan* (*d'Assas F. C.*) : 9 niv. an II, pré 300 dext., 12000 liv. (1);
24 frim. an II, le jardin de Courlat 22 dext. et terre
1 boiss., 210 liv.

1108. Navelle Jean, auberg., à Beaucaire. — Voy.
Testedor Jacques.

1109. Nébla Antoine, à Villeneuve. — *Les Angles*
(*Forbin J. J.*) : 26 fruct. an II, terre 2 sal., 1225 liv.

1110. Nègre Louis, prop., à Massillargues-Atuech.
— *Lézan* (*Cambis C. F.*) : 1 vend. an III, domaine
du mas de Peloti 29 sal. 2 quart., 49700 liv.

1111. Nègre Pierre, agr., à Saint-Mamert. —
Gajan (*Bastet - Crussol*) : 5 vent. an III, herme
5 sét. 3 quart. 16 dext., 2300 liv.

1112. Nègre Pierre fils, agr., à Saint-Mamert. —
Voy. Comert Pierre.

1113. Nicol Daniel, à Sommières. — *Lèques* (*Chau-
-mont-Guitry J. G. H.*) : 21 vend. an III, terre 1 sét.
2 quart. 18 dext., 185 liv. ; terre 2 sét. 2 quart.
22 dext., 1300 liv. ; terre 1 sét. 1 quart. 2 dext.,
1100 liv.

1114. Nicolas Jean-Antoine, agr., à Yverne. —
Yverne (*Lafare - Latour L. P.*) : 21 mess. an II,
domaine, bâtiments, plus en prés, terres, jardin,

(1) Fit élection d'ami, le 10 niv., en faveur de Combet Etienne
père, not., au Vigan.

châtaig., elzière et mûriers 3 sal. 194 quart, 7 boiss, 112 cannes, 50090 liv.

1115. Nicolas P.-Jacques, cult., à Beaucaire. — Voy. Figuière Poncet.

Nicolay Scipion (veuve de). — Voy. Ladverseil et Allemand Jean-Joachim.

Nissard Jean, à Vauvert. — Voy. Bénézet Jean et Méjanelle Jean.

Nissolle Louis, à Avèze. — Voy. Brun Pierre.

1116. Noble Jean, à Aramon. — *Aramon (Sauvan P. P. A.)* : 14 mess. an II, terre 2 ém., 410 liv.

1117. Noël Antoine, cult., à Beaucaire. — Voy. Figuière Poncet.

Nogarède. — Voy. Nougarède.

1118. Nogarède Étienne fils, dit Campone, fab. de bas, à Aulas. — Voy. Berger Louis.

Noguier. — Voy. Nouguier.

1119. Noguier Bonaventure, agr., à Fontanès. — *Fontanès (Narbonne - Pelet)* : 8 fruct. an II, terre 13 quart., 2100 liv.

1120. Noguier Étienne père, nég., à Nimes. — *Le Cailar (Fabrot R.)* : 16 vent. an II, terre 4 cart. 3 1/2 quart. 14 dext., 2025 liv.

1121. Nougarède François fils, dit Ganjol, à Aulas. — *Aulas (Mercier J. F.)* : 26 niv. an II, vigne-olivette 348 dext., 3000 liv.

1122. Nougarède François (femme de), à Aulas. — Voy. Nougarède Jean.

1123. Nougarède Jean, à Aulas. — *Aulas (Mercier J. F.)* : 26 niv. an II, terre-mûriers 180 dext., 3100 liv. (1).

(1) Déclara avoir agi pour Françoise Flaissière, femme de François Nougarède.

1124. Nouguier Jean, à Vergèze. — Voy. Carrière Jacques.

1125. Nourry Jacques, agr., à Villeneuve. — *Les Angles (Forbin J. J.)* : 24 fruct. an II, terre 2 sal., 2425 liv.

1126. Nourry Joseph, cult., à Villeneuve. — *Les Angles (Forbin J. J.)* : 21 fruct. an II, partie du domaine de Saint - Jullian, bâtiments et 30 sal. terres, 25150 liv. ; terre 2 sal., 2250 liv.

1127. Novis André, à Thoiras. — *Saint-Bonnet (Vissec L. A. M.)* : 26 niv. an II, terre et herme 1 sét. 2 quart. 10 dext., 1800 liv. ; 21 pluv. an II, prés, mûriers, châtaig., devois, hermes, terres et aire 31 sét. 1 quart. 4 dext., y compris deux greniers à foin, 24350 liv. ; prés, mûriers, châtaig., terres, devois et rouvière 27 sét. 2 quart. 11 dext., y compris une plâtrière et un grenier à foin, 21125 liv. ; 22 pluv. an II, pré 1 sét. 3 quart. 13 dext., 2950 liv.

1128. Novis François, cult., à Massillargues-Atuech. — *Lézan (Beauvoir-Roure-Brison F. D. A.)* : 1 vend. an IV, terre 7 quart., 6600 liv.

1129. Odoyer Pierre, à Saint-Géniès-de-Comolas. — *Saint-Géniès-de-Comolas (Sicard J. A.)* : 11 therm. an II, deux vignes 8 ém. 12 poug. 2 lid., 967 liv.

1130. Ollivier Antoine, au Vigan. — *Alzon et Campestre (Saubert-Lurcy A. F. L.)* : 5 pluv. an II, terre, pré, bois et pât., 7 sét. 3 1/2 boiss., 2647 liv. (1).

1131. Ollivier Antoine, meunier, à Villevielle. — *Fontanès (Narbonne-Pelet)* : 8 fruct. an II, terre 1 sal. 12 quart., 2700 liv.

1132. Olivier Jean, agr., à Fontanès. — *Fontanès*

(1) Déclara avoir agi pour Villas Jean, hôte, d'Alzon.

(*Narbonne-Pelet*) : 8 fruct. an II, terre 2 sal. 2 quart.
10 1/2 dext., 2800 liv.

Pagès Pierre fils, de l'Espérou. — Voy. Coustier.

1133. Paillon André, à Saint-Michel-d'Euzet. —
Saint-Michel-d'Euzet (*Pluviers fils*) : 14 vend. an III,
terre 1 boiss., 475 liv.

1134. Paillon Jean, à Saint-Michel-d'Euzet. —
Saint-Michel-d'Euzet (*Pluviers fils*) : 14 vend. an III,
jardin clos 1 ém., 110 liv.

1135. Palisse Jean, au Pin. — *Le Pin* (*Nicolay*) :
22 vent. an III, bergerie 12 cannes de couvert,
terre 1 sal., vigne 6 ém. 4 vest. et herme 1 sal. 2 ém.,
2900 liv.

1136. Pallier Jean-Pierre, cult., à Orthoux. —
Quilhan (*Cambis - Lézan*) : 16 flor. an II, maison,
bergerie, terre et devois, en tout 14 sét. 1 quart.
23 dext., 4675 liv. ; aire 6 sét. 17 dext., 1200 liv. ;
olivette, terre et devois 2 sét. 2 quart. 7 dext., 800 l.;
16 prair. an II, terre hermie 11 sét. 12 dext., 2500 liv.;
terre 13 sét. 2 quart., 5500 liv.; terre 13 sét. 2 quart.,
5800 liv. ; vigne 12 sét. 3 quart. 15 dext., 2400 liv.

1137. Palus Jean, aux Angles. — *Les Angles* (*Forbin J. J.*) : 21 fruct. an II, terre 2 sal., 2825 liv.; terre
2 sal., 2425 liv. ; 26 fruct. an II, pré 1 sal. 1 ém.
14 cosses, 860 liv.

1138. Palus Joseph, aux Angles. — *Les Angles*
(*Forbin J. J.*) : 24 fruct. an II, terre 2 sal., 2500 liv.

1139. Parlongue Pierre, blancher, au Vigan. —
Montdardier (*d'Assas F. C.*) : 25 niv. an II, champ et
devois 1 sét. 1 quart., 925 liv.

1140. Pascal Jacques, à Thoiras. — *Saint-Bonnet* (*Vissec L. A. M.*) : 26 niv. an II, terre et herme
2 1/2 sét. 10 dext., 860 liv.

1141. Pascal Jacques-Philippe, à Cavillargues. — *Cavillargues* (*Nicolay*) : 8 frim. an III, pépinière de mûriers 1 ém. 1 boiss. 1 lid., 255 liv. ; 16 frim. an III, terre 4 ém. 1 boiss. 3 1/2 lid., 400 liv. ; 18 frim. an III, terre 1 sal. 3 boiss. 2 1/2 lid., 2300 liv.

1142. Pascal Jean, cult., aux Angles. — *Les Angles* (*Forbin J. J.*) : 21 fruct. an II, terre 2 sal., 3600 liv.

1143. Pascal Jean - Antoine, faiseur de bas, concierge du district, à Nimes. — *Nimes* (*Mathieu Jean*) : 21 fruct. an II, vigne 1 sal. 1 ém. 6 1/2 dext., 6300 liv. (1). — *Nimes* (*Froment fils aîné*) : 24 germ. an II, maison aux Bourgades 16 cannes 6 p. 6 p., 2395 liv. — *Le Cailar* (*Baschy F.*) : 17 niv. an III, pré 6 cart., 2000 liv. (2) ; 23 flor. an III, pré 6 cart. 2 quart., 8300 liv. (3) ; 25 flor. an III, champ 3 cart. 2 1/2 quart., 7000 liv. (4) ; champ 1 cart. 3 1/2 quart. 3 dext., 3150 liv. (5). — *Le Cailar* (*Baschy F.* et *Baschy Caroline*) : 1 ..... m. an IV, four à pain 3 1/2 dext., jardin 2 1/2 quart. 4 dext., 65000 liv. (6). — *Saint-Gervasy* (*Fléchier E. B.*) : 1 vend. an IV,

---

(1) Déclara avoir agi pour Benoit Isaac, jardinier-fleuriste, à Nimes, lequel la vendit, le 6 flor. an V (M⁰ Novy, not., à Nimes), à Jean Lafont, dont la fille, Louise Lafont, mariée au sieur Fosse, eut quatre fils, Louis, Firmin, Joachim et Eugène Fosse, qui vendirent la vigne à François Espérandieu, boulanger, à Nimes, le 13 janvier 1819 (M⁰ Gide, not., à Nimes).

(2) Déclara avoir agi pour Graille Pierre - Jacques, médecin, à Vauvert.

(3) Déclara avoir agi pour Crémieu Saül, de Nimes.

(4) Déclara avoir agi pour Berrus Jacques, du Cailar.

(5) Déclara avoir agi pour Crémieu Saül, nég., à Nimes.

(6) Fit élection d'amis, le 4, en faveur de Mathieu Jacques oncle, Mathieu Pierre neveu, Blatière Jacques et Berrus Jacques, cult., au Cailar.

métairie de Bellon 7 sal. 4 civad. 1 dext. et treize
pièces olivettes, hermes, terres, vignes et cour
34 1/2 sal. 51 ém. 28 civad. 33 3/4 dext., 700000 l. (1).
— *Aiguesmortes* (*Conte P. C.* et *Conte Marie*) :
11 brum. an IV, maison, écurie et jardin 127 toises,
301000 liv. (2). — Voy. en outre Roubel Jean aîné
et Roussel Antoine.

1144. Pascal Martin, à Villeneuve. — *Les Angles*
(*Forbin J. J.*) : 26 fruct. an II, terre 2 sal., 1275 liv.

1145. Pascal Pierre, ménag., à Beaucaire. — Voy.
Testedor Jacques.

1146. Pascaly Louis, horloger, à Nimes. — *Saint-
Quentin* (*Bastet-Crussol*) : 27 pluv. an II, terre 2 sal.
3 ém. 2 vest., 7700 liv. ; terre 18 ém. 2 vest., 6200 l.
— *Saint-Siffret* (*Bastet-Crussol*) : trois pièces terre
et pré 2 sal. 9 ém. 12 vest., 12100 liv.

1147. Passe Louis, à Bagnols. — *Bagnols* (*Bourbon L. S. X.*) : 21 germ. an II, four banal dit du Roi,
1530 liv.

1148. Pattus Abraham, à Aiguesvives. — Voy.
Bousanquet François et Combe Jean.

Pattus Élisabeth, à Aiguesvives. — Voy. Jourdan
Barthélemy.

1149. Pattus Henry, fabricant d'eau - de - vie, à
Aiguesvives. — *Le Cailar* (*Baschy F.*) : 23 flor.
an III, pré 5 cart. 2 quart., 7800 liv.

1150. Pattus Jean, à Aiguesvives. — *Le Cailar*
(*Baschy F.*) : 10 vent. an III, champ 2 cart.
3 1/2 quart. 6 dext., 9700 liv.

1151. Paul Jacques, cult., au Cailar. — *Le Cailar*

(1) Déclara avoir agi pour Mathieu Paul, nég., de Nimes.
(2) Déclara avoir agi pour Bertony Bernard, nég., à Aiguesmortes (élection du 12).

Baschy F.) : 10 vent. an III, champ 3 cart. 3 quart., 2 dext., 18000 liv.

Paul Jacques, ménager, à Nages. — Voy. Boissier Jean.

1152. Paulet André, à Roquemaure. — *Roquemaure (Raousset-Boulbon)* : 21 mess. an II, vigne 4 ém. 1 pougn. 1 lid., 641 liv.

1153-1154. Paulet Antoine, faiseur de bas, et Paulet Jean, son frère, jardinier, à Nimes. — *Nimes (Mathieu Jean)* : 21 fruct. an II, vigne-olivette et champ 1 sal. 7 1/4 ém., 5700 liv.

1155. Paulet François, cult., à Nimes. — *Nimes (Blanc-Pascal Pierre)* : 21 fruct. an II, champ 5 sal., 20200 liv. (1).

1156. Paulet François, cult., et Paulet Jean, jardinier, à Nimes. — *Nimes (Mathieu Jean)* : 21 fruct. an II, terre 2 sal., 10600 liv.

Paulet Jean, jardinier, à Nimes. — Voy.. Paulet Antoine et Paulet François.

1157. Paulet Marc-Antoine, à Nimes. — *Nimes (Prieuret Jean)* : 5 frim. an III, champ 1 sal. 10 ém., 10000 liv. (2).

1158. Payan Joseph, à Castillon. — *Remoulins (Bastet - Crussol)* : 5 pluv. an II, terre 1 ém. 8 3/4 vest., 560 liv.

1159. Pélegrin Joseph, à Cavillargues. — *Cavillargues (Nicolay)* : 21 frim. an III, terre 2 ém., 65 l.

1160. Pélegrin Raymond, à Roquemaure. — *Roquemaure (Lafont C. J.)* : 18 vend. an III, vigne 26 perches, 825 liv.

_____

(1) Déclara avoir agi pour Lombard Joseph, maçon, et Loche Jean, cult., à Nimes.

(2) Déclara avoir agi pour Teissier Louis, droguiste, à Nimes.

1161. Pélissier André, cult., à Aimargues. — *Aimargues (Fabrot R.)* : 5 pluv. an II, terre 1 arpent 1/4 de perche, 750 l. (1); terre 5 1/2 arp. 3/4 de perche, 3600 liv. — *Le Cailar (Fabrot R.)* : 16 vent. an II, terre 7 carl. 3 quart. 1/2 dext., 3100 liv. — *Aimargues (Lancrist)* : 24 germ. an II, maison et jardin à l'île de Montredon 175 cannes, 6275 liv. — *Aimargues (Bastet-Crussol)* : 12 vend. an II, partie du domaine du Bosquet, 14 carl. 1 quart. 10 dext., 7075 liv. — Voy. en outre Cabanon Charles.

1162. Pélissier Antoine, meunier, à Nimes. — *Nimes (Ferrier)* : 2 flor. an II, vigne-olivette 1 sal., 3525 liv.

1163. Pélissier François, cult., à Aimargues. — *Aimargues (Moynier Claude)* : 15 prair. an II, terre 4 carl. 3 quart. 16 dext., 2750 liv. (2) ; 12 mess. an II, partie du domaine du Bosquet, 12 carl. 3 quart. 13 dext., 7025 liv. (3). — *Aimargues (Bastet-Crussol)* : 6 frim. an III, terre 6 carl. 1 quart., 2725 l. (4). — Voy. en outre Cabanon Charles, Camp Thimothée et Soulier François.

1164. Pélissier François, à Beaucaire. — *Beaucaire (Chaumont-Guitry, de Nimes)* : 13 fruct. an II, terre 4 ém. 9 picot., 2200 liv.

1165. Pélissier Guillaume, nég., à Alais. — *Alais (enfants Guiraudet)* : 1 flor. an II, pré-châtaig. avec bergerie 52 quart., 20400 liv. — Voy. en outre Cabanis Antoine.

1166. Pélissier Jean, agr., à Aimargues. — *Ai-*

(1) Déclara avoir agi pour Varlet Jacques.
(2) Déclara avoir agi pour Daniel Sébastien, cult., à Aimargues.
(3) Déclara avoir agi pour Soulier Étienne, cult., à Aimargues.
(4) Déclara avoir agi pour Barascut Pierre., nég., à Lodève.

margues (*Bastet-Crussol*) : 27 mess. an II, champ 7 cart. 1 quart., 3575 liv. — Voy. en outre Doulaud François.

1167. Pélissier Pierre. — *Le Cailar* (*Fabrot R.*) : 15 vent. an II, terre 2 cart. 1 1/2 quart. 3 dext., 2975 liv.

1168. Peloux Jean, cult., à Saint-Laurent-d'Aigouze. — *Aimargues* (*Moynier Claude*) : 14 prair. an II, champ 5 cart. 2 quart. 15 dext., 5000 liv. ; champ 7 cart. 1 quart. 13 dext., 7525 liv. ; champ 7 cart. 1 quart. 13 dext., 7525 liv.

1169. Périllier Castor, à Nîmes. — Voy. Bruel François, Rolland François et Serres Louis.

1170. Perret Jean, cult., à Combas. — *Combas* (*Narbonne-Pelet*) : 21 germ. an II, olivette 4 sét. 3 quart. 12 dext., 2625 liv.

1171. Perret Pierre, cult., à Beaucaire. — Voy. Figuière Poncet.

1172. Perrier Antoine, agr., à Lédignan. — *Lédignan* (*Rochemore-Aigremont*) : 3 mess. an II, moulin à vent et herme ? quart. 2 boiss., 3350 liv.

1173. Perrier Jacques, cult., à Sérignac. — *Quilhan* (*Cambis-Lézan*) : 16 flor. an II, terre 10 sét., 2100 liv. ; terre 3 sét. 2 quart., 950 liv.

1174. Perrier Jean, maréchal, à Combas. — *Combas* (*Narbonne-Pelet*) : 7 germ. an II, pré et terre 6 sét. 2 quart. 22 dext., 4300 liv. ; vigne 7 sét., 3050 liv.

1175. Perrier Pierre, à Massillargues-Atuech. — *Massillargues-Atuech* (*Beauvoir-Roure-Brison F. D. A.*) : 29 prair. an II, pré et terre 18 quart. 21 1/2 dext., 5400 liv.

1176. Persin, mangonnier, à Sommières. — *Junas*

(Panetier-Montgrenier) : 12 therm. an II, terre 6 sét. et vigne-olivette 6 sét. 1 dext., 2600 liv.

1177. Persin Étienne, prop., à Sommières. — *Junas (Panetier-Montgrenier)* : 14 juillet 1811, vigne 70 ares, 760 fr. (1).

1178. Persin Pierre, cult., à Combas. — *Combas (Narbonne-Pelet)* : 22 germ. an II, olivette 3 quart. 5 dext., 460 liv.

1179. Peyrargues Vincent, aux Angles. — *Les Angles (Forbin J. J.)* : 24 fruct. an II, terre 2 sal., 2450 liv. ; terre 2 sal., 2450 liv.

1180. Peyre Pierre, agr., à Fontanès. — *Fontanès (Narbonne-Pelet)* : 8 fruct. an II, terre 3 quart., terre et herme 12 quart., 1000 liv.

1181. Peyret Jean François (ou Louis), à Aigues-mortes. — *Saint-Laurent-d'Aigouze (Lancrist)* : 1 vent. an II, terre 15 cart. 3 quart. 14 dext., 32150 l. — Voy. en outre Boissu.

1182. Peyron Antoine, à Roquemaure. — *Roquemaure (Bourbon et Rohan-Montbason)* : 27 therm. an II, terres 19 sal. 2 ém. 3 pougn., hermes 2 sal. 1 ém. 5 pougn., 26000 liv. — *Roquemaure (Ebray Mathieu fils)* : 6 fruct. an II, vigne 1 ém. 3 pougn. 2 lid., 298 l. — *Roquemaure (Régis C. J.)* : 22 vend. an III, terre 47 perches, 750 liv.

1183. Peyron Bernard, cult., à Nimes. — *Nimes (Rossel-Fontarèche cadet)* : 4 frim. an III, partie de maison à la descente de la Citadelle 67 cannes 2 p. 8 p. couvert, 4 cannes 6 p. cour, 32200 liv.

Peyron Jean, cult., à Vergèze. — Voy. Bétrine Pierre fils.

(1) Revente par suite de la déchéance de Soucal et Mathon.

1184. Peyron Pierre , cult. , à Saint - Côme. — *Saint-Côme (Rochemore Saint-Côme):* 4 vent. an II, terre 744 1/2 dext., 7500 liv. ; terre 744 1/2 dext., 7500 liv.

1185. Peyronnet Jacques, cult., à Aimargues. — *Aimargues (Fabrot R.)* : 5 pluv. an II, terre 4 arp. 4 boiss. 5 1/2 perches, 5600 liv. (1). — *Aimargues (Moynier Claude)* : 15 prair. an II, terre 5 cart. 1 quart. 11 dext. , 3300 liv. (2) ; terre 5 cart. 2 1/2 quart., 3600 liv. ; terre 5 cart. 13 1/2 dext., 4000 liv.

1186. Peyronnet Pierre, à Aimargues. — Voy. Cabanon Charles.

1187. Philibert Bruno, à Pujaut. — *Pujaut (Raoussel-Boulbon)* : 1 fruct. an II, terre 2 sal., 1625 liv.

1188. Philibert Jean-Baptiste, à Pujaut. — *Pujaut (Raoussel-Boulbon)* : 1 fruct. an II, terre 2 sal., 1525 l.

1189. Philibert Jean-Vérédème, à Pujaut. — *Pujaut (Raoussel-Boulbon)* : 1 fruct. an II, terre 2 sal., 1625 l.

1190. Philibert Joseph, à Castelnau-Calanier. — *Roquemaure (Bourbon* et *Rohan - Montbason)* : 27 therm. an II, terre 21 sal. 4 ém. 6 pougn., 20100 liv.

1191. Philibert Joseph, à Pujaut. — *Pujaut (Raoussel-Boulbon)* : 1 fruct. an II, vigne 2 sal. 1 ém. 3 poug., 555 liv.

1192. Pialat Jean, à Roquemaure. — *Roquemaure (Régis C. J.)* : 22 vend. an III, maison 16 toises couvert et cour 18 toises, 900 liv.

1193-1194. Piaut Jean et Piaut Paul, frères, cult.,

_____

(1) Déclara avoir agi pour Cabanon Charles.
(2) Déclara avoir agi pour Brunel Jean, cult. , à Aimargues.

à Aimargues. — *Aimargues (Bastet-Crussol)* : 5 frim. an III, maison 33 cannes, 7300 liv.

Piaut Paul, cult., à Aimargues. — Voy. Piaut Jean.

1195-1197. Picheral Jean, cult., Cabanis Jean et Mathieu Jean, à Mus. — *Le Cailar (Baschy F.)* : 6 germ. an III, pré 5 cart., 5000 liv.

Picheral Jean, cult., à Mus. — Voy. Carrière Jacques.

Pierredon Jacques, à Lézan. — Voy. Bourdarier Jacques.

1198. Pignière Jacques, à Cavillargues. — *Cavillargues (Nicolay)* : 17 frim. an III, champ 1 sal., 1425 liv.

1199. Planchon Louis-David, march.-tanneur, à Saint-Hippolyte. — *La Cadière (Vissec L. A. M.)* : 4° jour 3° mois an II, terre 13 quart. 15 dext., 1500 liv. ; terre 12 quart., 760 liv. ; terre 17 quart. 17 dext., 1925 liv.

Plane Isaac fils, à Saint-Laurent-d'Aigouze. — Voy. Champel Pierre et Vigouroux Antoine.

Planque Marie, à Aiguesmortes. — Voy. Chabaud Jacques fils.

1200. Plantier François, nég., à Alais. — *Alais (Firmas C. A. D.)* : 13 niv. an III, pré, vigne et gravier 5 quart., 2500 liv. (1).

1201. Platon Jean, à Saint-Géniès-de-Comolas. — *Saint-Géniès-de-Comolas (Sicard J. A.)* : 11 thermidor an II, deux vignes 4 ém. 9 pougn. 6 lid., 821 liv. ; trois vignes 7 ém. 5 pougn., 1286 liv.

1202. Poirotte Louis, à Pujaut. — *Pujaut (Raousset-Boulbon)* : 1 fruct. an II, terre 2 sal., 1625 liv.

(1) Déclara avoir agi pour Gibert Jean-François, cult., à Alais.

Pomier et fils, à Montpellier. — Voy. Pomier J. fils.

1203. Pomier J. fils.. — *Tresques (Lacroix-Meyrargues fils)* : 28 vent. an IX, domaine de 40 sal., 49000 fr. (1).

1204. Pomier Jacques, nég., à Montpellier. — *Aimargues (Chaumont-Guitry)* : 1 prair. an II, partie du domaine de Saint-Michel (1ᵉʳ lot), terres 53 1/4 arpents 11 3/4 perches, couvert 8 3/4 perches, cour 12 1/2 perches, 80000 liv. ; 2ᵉ lot du même domaine terres 57 1/2 arpents 14 1/2 perches, couvert 7 1/2 perches, cour 8 perches, 107000 liv. ; 3ᵉ lot du même domaine terres 50 1/2 arpents 7 perches, couvert 9 3/4 perches, cour 12 1/4 perches, 140000 liv.

Pomier Jean-Pierre, nég., à Montpellier. — Voy. Vincent Jean-César.

1205. Pomier Pierre, agr., à Fontanès. — *Fontanès (Narbonne-Pelet)* : 8 fruct. an II, terre 2 sal. 2 quart., 4175 liv. ; deux terres 16 quart., 1300 liv.; bois et terre 10 quart., 1500 liv.

1206. Ponge Jean-Loûis, à Remoulins. — *Remoulins (Bastet-Crussol)* : 5 pluv. an II, terre 8 ém. 2 1/2 vest., 630 liv ; terre 15 ém. 8 1/2 vest., 237 liv.

1207. Pons Étienne. fab. d'étoffes, à Nimes. — *Nimes (Blanc-Pascal Pierre)* : 21 fruct. an II, jardin potager 2 sal., avec bâtiment d'exploitation 49 cannes 4 pâns, 16200 liv.

1208. Pons Louis, agr., à Aigremont. — *Aigre-*

(1) Déclara avoir agi au nom des entrepreneurs généraux des lits militaires du Midi et de l'intérieur, MM. Sabatier frères, Granier et fils, Puech Jean-Jacques et Pomier et fils, de Montpellier.

mont *(Rochemore J. B. L.)* : 21 therm. an II, maison
18 toises 2 pans, 1800 liv.

1209. Pons Pierre, charron, à Uchaud. — *Vestric*
(Montmorency-Robecq) : 18 flor. an II, « Jonquasse »
400 dext., 2200 liv.

1210-1212. Pontet Joseph, agr., à Tarabias, Silhol
Jean, nég., à Saint-Ambroix, et Gilles Pierre, agr.,
à Sénéchas. — *Castillon - de - Gagnières (Lafare -*
Latour L. P.) : 14 mess. an II, maison à Tarabias,
écurie, claies, jardin, châtaig. 11 sal. 2 boiss., 7000 l.;
maison, cour et cave 45 cannes, aire et rochers
2 boiss., pré 12 quart., trois terres 14 quart., 2 châtaig. 8 sal. 14 quart., le tout 9550 liv.

Pontet Joseph, agr., à Tarabias. — *Sénéchas*
(Lafare-Latour L. P.) : 18 mess. an II, 2 châtaig.
3 1/2 sal., 405 liv.

Portal Antoine, prop., à Mialet. — Voy. Beaux
David.

1213. Portalier Antoine, nég., à Sommières. —
Fontanès (Narbonne-Pelet) : 8 fruct. an II, vigne
40 sét., 3200 liv. — Voy. en outre Béchard Pierre.

1214. Ponderoux Pierre, nég., à Beaucaire. —
Beaucaire (Chaumont-Guitry, de Nimes) : 13 fruct.
an II, terre 6 ém., 2900 liv.

1215. Pouget Charles, prop., à Alais. — *Lédignan*
(Rochemore-Aigremont) : 28 prair. an II, terre 8 quart.,
1530 liv. — *Aigremont (Rochemore - Aigremont)* :
1 therm. an II, terre-mûriers 14 quart. 1 boiss.,
270 liv.; 27 therm. an II, écurie et cour 18 1/2 cannes, terrain 72 cannes, 1675 liv.

Poujade Antoine-François-Pierre, prop., au Vigan.
— Voy. Carrière Jacques.

1216. Poujade François - Pierre, au Vigan. —

Rogues (Saubert-Larcy A. F. L.) : 24 frim. an II, métairie de Laborie d'Arre 115 sét., 52700 liv. (I).

1217. Poujol André, à Villeneuve. — *Les Angles* (*Forbin J. J.*) : 24 fruct. an II, terre 2 sal., 2500 liv.

Poujol Louis, fils d'autre, à Précoustals. — Voy. Bousquier Louis-David.

1218. Poulon Antoine, à Remoulins. — *Remoulins (Bastet-Crussol)* : 5 pluv. an II, terre 1 sal. 6 ém. 9 1/2 vest., 253 liv. ; terre 9 ém. 1 vest. ; 2750 liv. ; terre 1 sal. 4 vest., 185 liv.; terre 2 sal., 405 liv.

Poulon Jean fils, agr., à Cendras. — Voy. Rouveirol André.

1219-1220. Poulon Jean fils, agr., à Cendras, et Rouveirol André, agr., aux Plantiers. — *Cendras (Lafare-Latour L. P.*) : 27 vend. an III, bois, herme et pâturage 3 sal. 6 quart. 2 boiss., 1850 liv.

1221. Prade Xavier, à Lussan. — *Lussan (Drummond-Melfort)* : 28 vend. an III, terre 5 ém. 7 boiss., 2425 liv. : 1 brum. an III, terre 2 ém. 7 boiss., 525 liv. ; 6 brum. an III, vigne 1 sal. 3 ém. 2 boiss., herme 1 1/2 ém., 1275 liv. ; vigne 7 ém. 2 boiss., 1225 liv.

1222. Pradier Pierre, agr., à Vestric. — *Vestric (Montmorency - Robecq)* : 16 flor. an II, herme 127 dext., 36 liv. ; 21 flor. an II, terre 500 dext., 2125 liv.

1223. Prat Jean, cordonnier, à Sommières. — *Lèques (Chaumont - Guitry J. G. H.)* : 21 vend. an III, terre 3 sét. 2 quart. 7 dext., 280 liv.

1224-1225. Prévot Jean et Boyer Louis, cult., à

(I) Fit élection de command pour MMmes Saubert, mère et fille, qui ne payèrent rien à l'État.

Laudun. — *Laudun (Ode)* : 15 flor. an V, maison 31 cannes, 810 liv, (1).

1226. Privat Pierre, boucher, à Alais. — *Alais* (*Firmas C. A. D.*) : 13 niv. an III, pré 12 quart., 9000 liv.

1227. Prouvèze Jean-Baptiste. — *Saint-Laurent-d'Aigouze (Lancrist)* : 30 pluv. an II, terre 4 cart. 1 quart. 24 dext., 9450 liv.

1228. Prouzet Antoine, apothicaire, à Aimargues. — *Aimargues (Bastet - Crussol)* : 5 frim. an III, champ 3 quart., 2000 liv. ; 6 frim. an III, terre 7 cart. 3 quart. 18 dext., 3566 liv. (2). — Voy. en outre Berlen Pierre aîné.

Puech Antoine, ménag., à Codognan. — Voy Mathieu Jacques.

Puech Antoine, au Cailar. — Voy. Auzière Jean.

1229. Puech Antoine fils, au Cailar. — *Le Cailar* (*Baschy F.*) : 9 vent. an III, pré 5 cart., 30000 liv. ; pré 5 cart., 33600 liv. ; pré 5 cart., 33600 liv.

1230. Puech Antoine père, cult., au Cailar. — *Le Cailar (Baschy F.)* : 10 vent. an III, champ 1 cart. 2 1/2 quart. 16 dext., 6400 liv. ; champ 1 cart. 2 quart., 3400 liv. ; 16 vent. an III, champ 1 cart. 6 dext., 1550 liv. ; 26 vent. an III, champ 5 cart., 4800 liv. (3) ; 23 flor. an III, terre 6 cart. 1/2 quart. 1 3/4 dext., 9300 liv. (4).

1231. Puech François, à Cavillargues. — *Cavillar-*

---

(1) Vente de gré à gré.
(2) Déclara avoir acquis cette terre pour Barascut Pierre, nég., à Lodève.
(3) Déclara avoir agi pour Lambon Louis, cult., au Cailar.
(4) Déclara avoir agi pour Daumas Jean fils, agr., à Codognan.

gues (*Nicolay*) : 17 frim. an III, terre 11 ém. 7 boiss. 3 1/2 lid., 2150 liv.

1232. Puech Jacques fils, fab. d'eau-de-vie, à Codognan. — *Le Cailar* (*Baschy F.*) : 6 germ. an III, pré 5 cart., 5300 liv. (1).

1233. Puech Jean, boucher, à Vestric. — *Vestric* (*Montmorency - Robecq*) : 16 flor. an II, bergerie 36 cannes, 1560 liv. ; 18 flor. an II, terre 698 dext., 4850 liv. ; paran 72 dext., 1075 liv.

Puech Jean - Jacques, à Montpellier. — Voy. Pomier J. fils.

Puech Pierre, à Mus. — Voy. Carrière Jacques.

1234. Puech Pierre, à Thoiras. — *Saint-Bonnet* (*Vissec L. A. M.*) : 26 niv. an III, terre et devois 1 sét. 3 quart. 8 dext., 1575 liv.

1235. Puech Salomon, à Uchaud. — *Uchaud* (*Fabrot R.*): 3 germ. an II, terre 267 dext., 3400 liv.

1236. Puget Antoine, à Nimes. — *Vestric* (*Montmorency-Robecq*) : 16 flor. an II, terre 489 dext., 4200 liv. (2). — Voy. en outre Roulle Paul.

1237. Puget Pierre, agr., à Saint-Côme. — *Saint-Côme* (*Rochemoré-Saint-Côme*) : 5 vent. an II, petite pièce où se trouvent 7 pilles (auges) pour l'huile, 2 dext., 600 liv.

1238. Pujade Firmin, au Pin. — *Le Pin* (*Nicolay*) : 22 vent. an III, terre 1 ém. 1 vest.; 30 liv. ; terre 6 ém. 8 vest., 60 liv.

1239. Quatrefages David, à Aulas. — *Aulas* (*Mercier J. F.*) : 26 niv. an II, terre-mûriers 61 3/4 dext., 400 liv.

(1) Déclara avoir agi pour Auzière Jean, de Saint-Laurent-d'Aigouze.

(2) Déclara avoir agi pour Larmet Jean, cult., à Vestric.

1240. Quet Jean, à Lussan. — *Lussan (Drum-mont-Melfort)* : 3 brum. an III, terre 1 sal. 2 boiss., 1000 liv.

1241. Queyranne Pons, à Villeneuve. — *Les Angles (Forbin J. J.)* : 24 fruct. an II, terre 2 sal., 2475 liv. ; terre 2 sal., 2535 liv.

1242. Quiot Jean, à Roquemaure. — *Roquemaure (Bellon Gabriel)* : 17 fruct. an II, terre 3 sal., 6625 l.

1243. Quiot Jean-Joseph, cult., à Aramon. — *Aramon (Sauvan P. P. A.)* : 21 prair. an II, pré 5 sal. 3 ém. 7 poug., 3800 liv. — *Aramon (Marie Virgile, veuve Forton)* : 21 prair. an II, vigne 6 ém., 1550 liv.

1244. Quiot Raymond, à Roquemaure. — *Roquemaure (Régis C. J.)* : 22 vend. an III, maison 14 t. couvert et cour 17 toises, 925 liv.

1245. Quittard Jacques, agr., à Montfrin. — *Montfrin (Monteynard F.)* : 15 therm. an II, terre « quelle que soit la contenance » (5 ém.), 1800 liv.

1246. Raisin Jacques, nég., au Vigan. — Voy. Guibert David fils.

1247. Rambert Pierre, maçon, à Cavillargues. — *Cavillargues (Nicolay)* : 17 frim. an III, terre 11 ém. 5 boiss., 2325 liv.

1248. Rame Denis, à Nimes. — *Le Vigan (d'Assas F. C.)* : 8 fruct. an IV, maison et partie de jardin, 15 dext., 30179 fr. (1).

1249. Rampon Barthélemy, à Nimes. — *Le Cailar (Baschy F.)* : 3 vent. an III, pré 5 cart., 4450 liv. ; pré 5 cart., 4025 liv. — Voy. en outre Chapel Mathieu et Roubel Jean aîné.

(1) Déclara avoir agi pour Agaze Jacques-Louis, du Vigan.

1250. Rance Jean, à Montfrin. — *Montfrin (Monteynard F.)* : 11 pluv. an III, moulin à vent et terre 5 ém. 2 civad., 6000 liv.

1251. Raoul François, agr., à Lédignan. — *Saint-Jean-de-Serres (Rochemore-Aigremont)* : 5 fruct. an II, terre et herme 12 quart., 251 liv. — *Savignargues (Rochemore L.)* : 27 fruct. an II, terre 2 sét. 2 quart. 2 dext., 300 liv.

1252. Raousset Alexis, à Aramon. — *Aramon (Sauvan P. P. A.)* : 14 mess. an II, terre 2 ém., 560 liv.

1253. Raoux Claude, homme de loi, à Nimes. — *Saint-André-de-Majencoules (Guichard-la-Linière J. L. fils)* : 15 fruct. an IV, 36 2/5 sét. d'une terre ayant 42 sét., 2482 fr. (1).

1254. Rastoux Joseph, traceur de pierres, à Beaucaire. — Voy. Figuière Poncet.

1255. Rauguis Jean, à Aramon. — *Aramon (Sauvan P. P. A.)* : 21 prair. an II, jardin et terre 9 sal. 1 ém. 2 pougn., 6550 liv.

1256. Rauzier Jean-Louis, maçon, à Alais. — *Alais (Lacroix-Castries P. E. G.)* : 27 flor. an II, châtaig. rocaille 10 quart., 240 liv.

1257-1262. Rauzier Jean-Louis, maçon, Lauriol Antoine, Fontanieu Daniel, Baumassière Nicolas, Huguet Etienne, Ribot Pierre fils, boulangers, et Faucher Louis, nég., d'Alais. — *Alais (Gaussen David-Augustin)* : 6 flor. an II, moulin de Boujac et ses dépendances, vigne-olivette, pré, jardin contigu 36 quart., pré-mûriers 162 quart., 121500 l.

1263. Ravachol Augustin, moulinier de soie, à

(1) Déclara agir pour Guichard-la-Linière Antoine-François, de Saint-André-de-Majencoules. Vente de gré à gré.

Alais. — *Alais (enfants Guiraudet)*: 26 germ. an II,
domaine au quartier des Bruèges comprenant : maison, ménag. et tènement de 16 sal., terre 2 sal.
10 quart., cabaux, 18500 liv. (1).

1264. Ravier Alexis, aubergiste, à Uchaud. —
Uchaud (Fabrot R.) : 3 germ. an II, terre 67 dext.,
700 liv. ; 6 sept. 1810, terre 34 a. 37 c., 50 fr.

1265. Ravier Barthélemy, à Uchaud. — *Uchaud
(Fabrot R.)* : 3 germ. an II, terre 483 dext., 3050 liv.

1266. Ravier Jean, ménag., à Uchaud. — *Uchaud
(Fabrot R.)* : 3 germ. an II, terre 728 dext., 5200 liv.

1267. Ravier Pierre, à Uchaud. — *Uchaud (Fabrot
R.)* : 30 brum. an XII, vigne 1 h. 62 a., 117 fr. (2).

Ravier Pierre-Alexis, à Uchaud. — Voy. Roubel
Jean aîné.

1268. Raynaud Antoine, à Saint-Côme. — *Saint-
Côme (Rochemore-Saint-Côme)* : 1 vent. an II, pré
305 dext., 4800 liv. ; 5 vent. an II, maison, cour et
écurie 2 dext., 1050 liv.

1269. Raynaud Jacques, agr., à Orthoux. — *Quilhan
(Cambis-Lézan)* : 16 flor. an II, terre 8 sét. 3 quart.
11 dext., 1850 liv.

1270. Raynaud Pierre, cult., à Saint - Côme. —
Saint-Côme (Rochemore-Saint-Côme) : 2 vent. an II,
le château avec ses écuries, greniers à foin, remise et
parterre, 16800 liv. ; 4 vent. an II, terre 232 dext.,
2200 liv. ; terre 350 dext., 4600 liv. ; 5 vent. an II,
moulin à huile et ses dépendances, 4000 liv. ;
23 vend. an III, terre-olivette 725 dext., 1100 liv.

(1) Ce domaine devint la propriété de Salles Jean-Joseph,
homme de loi, à Alais, qui fit, le 5 mess. an II, une subrogation en faveur des propriétaires dépossédés (M⁰ Deleuze,
not., à Alais).

(2) Revente par suite de la déchéance de Hugon Jean.

Raynaud. — Voy. Reinaud.

1271. Reboul François, à Villeneuve. — *Les An-*
gles (*Forbin J. J.*) : 26 fruct. an II, terre 2 sal., 2125 l.

1272. Reboul Jean, cult., à Clarensac. — *Saint-*
Côme (*Rochemore-Saint-Côme*) : 3 vent. an II, terre
248 dext., 3400 liv.

1273. Reboul Joseph, à Saint-Michel-d'Euzet. —
Saint-Michel-d'Euzet (*Pluviers fils*) : 14 vend. an III,
terre au-dessous de la fontaine 6 boiss., 250 liv.

1274. Reboul Joseph, agr., à Tarabias. — *Castil-*
lon-de-Gagnières (*Lafare-Latour L. P.*) : 14 prair.
an II, domaine de Tarabias contenant maisonnage
65 cannes, pré 7 quart. 1 boiss., terres 38 quart.,
châtaig. 16 quart., 5775 liv.

1275. Reboulet Simon, à Cavillargues. — *Cavil-*
largues (*Nicolay*) : 21 frim. an III, terre 2 ém.
1 boiss., 930 liv. ; bergerie 14 cannes couvert, cour
33 cannes, terre 4 ém. 3 boiss. 2 lid., 700 liv.

1276. Rédarès Jean-Julien, nég., à Alais. — Voy.
Régis Joseph.

1277. Régis Joseph et Rédarès Jean-Julien, nég.,
à Alais. — *Alais* (*Lacroix-Castries*) : 19 fruct. an IV,
partie de maison rue Souteranne 22 1/2 toises carrées, 792 fr. (1). — *Alais* (*Firmas*) : 2 brum. an VI,
moitié de maison, section Saint-Germain, 2 boiss.,
moitié d'une châtaig. 48 quart. 2 boiss., pièce à
l'Hermitage avec partie de maison 5 toises et jardin
de 12 quart., trois moitiés de vignes 41 quart., moitié de châtaig. 3 quart., moitié d'une maison rue de
la Bouquerie 7 1/2 dext., 2686 fr. 8 s. (2).

(1) Vente de gré à gré.
(2) Vente de gré à gré.

Reilhan André, fermier, à Bréau. — Voy. Martin Louis fils aîné.

1278. Rellian Antoine, agr., à Lédignan. — *Aigremont (Rochemore-Aigremont)* : 29 therm. an II, terre 21 quart., 1050 liv.

1279. Reinaud Mathieu, cult., à Vauvert. — *Le Cailar (Baschy F.)* : 16 niv. an III, pré 6 carteirad., 3325 liv. ; 17 niv. an III, pré 6 carteirad., 2000 liv.

Reinaud. — Voy. Raynaud.

Renouard Guillaume, à Calvisson. — Voy. Gilly Antoine.

1280. Restaurand-Lirac Alexis-François-Prosper fils aîné, à Pont-Saint-Esprit. — *Pont-Saint-Esprit (Restaurand Pierre-Gabriel fils cadet)* : 4 germ. an XI, domaine du petit Malatras 17 sal. ou 8 hect. 32 a., domaine du château 1 hect. 92 a., 4903 fr. (1).

Revel Antoine, à Montdardier. — Voy. Capion Jean et Sanguinède Louis.

1281. Revire Pierre, à Saint-Géniès-de-Comolas. — *Saint-Géniès-de-Comolas (Sicard J. A.)* : 12 therm. an II, six vignes 4 ém. 12 pougn. 7 lid., 1293 liv.

1282. Rey Mathieu, à Saint-Géniès-de-Comolas. — *Saint-Géniès-de-Comolas (Sicard J. A.)* : 12 therm. an II, trois terres 6 ém. 12 pougn., 1315 liv. ; maison 31 cannes 7 pans, aire 1 pougn. 2 lid., 1540 liv.; maison 20 cannes 4 pans, aire 1 pougn. 3 lid., maison 21 cannes 3 pans, aire 1 pougn. 3 lid., 2053 liv.

1283. Ribard David, à La Cadière. — *La Cadière (Vissec L. A. M.)* : 7 germ. an II, tènement 3 sét. 15 dext., 750 liv. ; 8 germinal an II, devois 3 sét. 20 dext., 1275 liv.

(1) Déclara avoir agi comme fondé de pouvoir de Jean-Joseph-Marie, son père, frère de l'émigré.

1284. Ribière Jacques, cult., à Aramon. — *Aramon* (*Marie Virgile, veuve Forton*) : 21 prair. an II, terre 5 ém. 2 pougn., 1600 liv. — *Aramon* (*Sauvan P. P. A.*) : 21 prair. an II, four à pain, 800 liv.

1285. Ribot Jean, agr., à Cendras. — *Cendras* (*Lafare-Latour L. P.*) : 27 vend. an III, bois et hermo 21 quart., 655 liv.

1286. Ribot Jean, cult., à Branoux. — *Blannaves* (*Garnier-Lamelouze P. P.*) : 22 prair. an II, châtaign. 10 sal. 4 quart., 6325 liv.

Ribot Pierre fils, boulanger, à Alais. — Voy. Rauzier Jean-Louis.

1287. Ribot Thomas, à Uzès. — *St-Firmin* (*Bastet-Crussol*) : 27 prair. an II, pré 2 sal. 5 vest., 6700 liv.

1288. Ricard Pierre, à Pujaut. — *Pujaut* (*Raousset-Boulbon*) : 1 fruct. an II, terre 2 sal., 1525 liv.

1289. Rieu André, à Barjac. — *Barjac* (*Merle C., dit Lagorce*) : 18 fruct. an II, terre 1600 arpents, 735 liv.

1290. Rieu Blaise aîné, à Beaucaire. — *Beaucaire* (*Chaumont-Guitry*) : 6 pluv. an VII, terre 7 ém., 335 fr.

1291. Rieu Jean - Baptiste, tailleur d'habits, à Pujaut. — *Pujaut* (*Raousset-Boulbon*) : 28 prair. an II, vigne 1 sal. 1 ém. 4 pougn., 2375 liv. ; 1 fruct. an II, terre 2 sal., 1525 liv.

1292. Rieusset Firmin, à Pujaut. — *Pujaut* (*Raousset - Boulbon*) : 1 fruct. an II, terre 2 sal., 1625 liv.

1293. Rieusset Louis, à Pujaut. — *Pujaut* (*Raousset-Boulbon*) : 1 fruct. an II, terre 2 sal., 1550 liv.

1294. Rieusset Pierre, à Pujaut. — *Pujaut* (*Raousset-Boulbon*) : 1 fruct. an II, terre 2 sal., 1625 liv.

1295. Rigal Jean fils, agr., à Aujac. — *Aujac (La-fare-Latour L. P.)* : 7 mess. an II, domaine du Cheylard comprenant : maison et terres 14 sal , pré, jardin, champ, vigne, elzière, rouvière 2 sal. 102 quart. 10 1/2 boiss, 48 cannes, 20000 liv.

1296. Rigaud Pierre, à Roquemaure. — *Roquemaure (Bourbon* et *Rohan-Montbason)* : 27 therm. an II, terres 14 sal, 6 ém. 4 pougn. et hermes 6 ém. 6 pougn., 21029 liv.

1297. Riquet Jacques, tonnelier, à Gallargues. — *Gallargues (Rochemore-Gall.)* : 12 vent. an II, vigne 200 dext., 1100 liv.

1298. Rivet Étienne, tisseur, à Beaucaire. — *Beaucaire (Chaumont-Guitry*, de Nimes) : 13 fruct. an II, terre 6 ém., 2875 liv. — Voy. en outre Testedor Jacques.

1299. Robert, cult., à Aimargues. — *Aimargues (Bastet-Crussol)* : 6 frim. an III, champ 15 cart. 3 quart. 25 dext., 6480 liv. (1) ; champ 13 cart. 4 dext., 5592 liv. (1). — *Aimargues (Fabrot R.)* : 5 pluv. an II, partie de maison 31 cannes, 3400 l. (2).

1300. Robert Baptiste, maréchal, à Beaucaire. — Voy. Testedor Jacques.

1301 - 1304. Robert Jacques, Conillère Claude-Antoine, Michel Pierre et Barafort Antoine, à Lézan. — *Boisset-et-Gaujac (Cambis C. F.)* : 16 fruct. an III, trois prés : les Planasses, la pépinière, la Fenasse, 50000 liv.

Robert Jacques, agr., à Lézan. — *Lézan (Cambis C. F.)* : 18 fruct. an II, terre 7 quart., 270 liv.

(1) Déclara avoir agi pour Barascut Pierre, nég., à Lodève.
(2) Déclara avoir agi pour Damas Louis,

Robert Jacques père, à Lézan. — Voy. Barafort Antoine et Bruguière Jean fils.

Robert Jean-Antoine fils, à Nimes. — Voy. Chapel Antoine.

1305. Robert Joseph, commis-marchand, à Nimes. — *Lussan (Drummond - Melfort)* : 7 mess. an IV, le château : 3 boiss. couvert, 3 boiss. cour, 1 ém. jardin, — domaine, moulin et cabaret de Fan 35 sal. 3 ém. 2 boiss., — bois et devois de Ruf 285 arpents, — moulin à blé de Prade et terre attenante, le tout 41965 fr. 15 s. 8 d. (1); 11 fruct. an IV, devois de Couguioulet 147 arpents 64 perches, 4500 fr. (1).

1306. Robert Pierre, nég., à Aimargues. — *Aimargues* (*Bastet - Crussol*) : 25 pluv. an V, terre 8 cart. 1 quart., 4736 fr. 17 s. 4 d. (1). — Voy. en outre Barascut Pierre.

1307. Robin André, nég., à Pujaut. — *Pujaut* (*Raousset - Boulbon*) : 28 prair. an II, terre 5 ém. 4 pougn., 1100 liv.

1308. Rocheblave Louis, à Alais. — *Laval* (*Lacroix*) : 21 therm. an V, terre châtaig. 9 sal., 1114 f. 6 s. (1).

1309. Rocher André, à La Cadière. — *La Cadière* (*Vissec L. A. M.*) : 7 germ. an II, tènement 3 sét. 3 quartes 16 1/2 dext., 550 l.

1310. Rocher Jacques, à La Cadière. — *La Cadière* (*Vissec L. A. M.*) : 9 germ. an II, terre 1 quarte, 125 l.

1311. Rocher Jacques, à Bagnols. — *Bagnols* (*Bourbon-Capet L. S. X.*): 21 germ. an II, maison rue Canillac ayant appartenu à Broche-Devaulx, 8500 l.; autre maison rue Canillac, 1235 liv.

(1) Vente de gré à gré.

1312. **Rochette Blaise, à Pujaut.**—*Pujaut (Raousset-Boulbon)* : 28 prair. an II, terre 3 salm. 2 ém. 2 lid., 8025 l.; 1 fruct. an II, terre 2 salm., 1525 liv.

1313. **Rolland François, de Nimes.** — *Beaucaire (Coëllogon) :* 11 fruct. an VI, domaine de la font du roi, comprenant : bâtiments 126 cannes de couvert, jardin 1 salm., champs 35 salm. 7 ém., bois 25 sal., 521000 l. (1).

1314. **Rolland Joseph, à Roquemaure.** — *Roquemaure (Ebray Mathieu fils)* : 6 fruct. an II, vigne 2 ém., 2 pougn. 1 lid., 505 liv.

1315. **Rolland Louis, à Saint-Géniès-de-Comolas.** — *Saint-Géniès-de-Comolas (Sicard J. A.)* : 11 therm. an II, cinq vignes 26 ém. 8 pougn., 1185 l.; 12 therm. an II, trois terres 3 ém., 920 liv.

1316. **Rolland Robert, à Vallabrègues.** — *Vallabrègues (Bruges M. J. L.)* : 18 fruct. an II, terre 5 ém. 2 picot., 1000 liv.

Rome, directeur-receveur général des droits réunis du Gard. — Voy. Droits réunis.

1317. **Roque Pierre, à Colognac.** — *Colognac* et *Monoblet (Manoël Etienne)* : 8 vend. an III, terre, devois et chataign. 2 sét. 1 quart. 19 dext., 1250 l.; terre et chataign. 3 sét. 2 quart. 10 dext., 1600 l.

Roque-Martine jeune. — Voy. Roubel Jean aîné.

Roque-Martine Daniel, nég., à Montpellier.—Voy. Laroque Moyse.

Roque-Martine Rachel, femme Laroque. — Voy. Laroque Moyse.

(1) Déclara avoir agi pour Mavit Anna-Suzanne, son épouse, qui fit, le 12 fructidor, élection d'ami en faveur de Périllier Castor, de Nimes.

1318. Rossière Jean dit Cava, à Lussan. — *Lussan (Drummond-Melfort)* : 6 brumaire an III, terre 3 ém. 6 boiss., 75 liv.

1319-39. Roubel Jean aîné, propr.; Pascal Jean-Antoine, faiseur de bas ; Roussel Antoine, faiseur de peignes ; Margarot Jacques fils aîné, nég.; Vidal Gédédeya, Laroque Moyse, nég.; Roque-Martine jeune, Alphandéry Abraham, Milhaud aîné, Verdier-Chabanel Antoine-Maurice, Rampon Barthélémy, tous de Nimes ; Leyris-Descombes Jean, nég., à Nimes ; Lazare Pierre fils et Ravier Pierre-Alexis, d'Uchaud ; Roumestan Louis, de Bernis; Serres François fils, d'Aubord ; Four Jean, Galoffre André et Blanc François, de Bouillargues ; Martin Delgas, de Nimes, et Blanc Antoine, de Bouillargues. — *Bouillargues (Rochemore Saint-Côme)* : 11 brum. an IV, métairie, champ et vignes 100 salm. environ, 200000 l.

1340. Roubert Claude, juge de paix, à Montfrin. — *Montfrin (Monteynard F.)* : 15 therm. an II, terre 4 ém., 1025 liv.

Rouger Louis, cult., à Codognan. — Voy. Daumas Jean fils.

1341. Rouger Pierre, ménager, à Uchaud. — *Uchaud (Fabrot R.)* : 3 germ. an II, terre 169 dext., 2050 liv.

1342. Roulé Pierre, agr., à Fontanès —. *Fontanès (Narbonne-Pelet)* : 8 fruct. an II, maison dite la cave 4 1/2 dext., 1200 liv.

1343. Roulle Claude, maçon, à Nimes. — *Nimes (Fabrot R.)* : 27 ventôse an II, maison rue de l'Aspic 2 perches 5 toises 5 pieds 7 pouces, 13000 liv. (1).

---

(1) Déclara avoir agi pour Fabre Jean, cordonnier, à Nimes.

1344. Roulle Jean, maçon, à Nimes. — *Vestric* (*Montmorency-Robecq*) : 16 flor. an II, terre 1298 1/2 dext., 7222 l. (1) ; 21 flor. an II, pré 414 dext., 2650 l. (2) ; terre 753 dext., 2950 l. (3).

1345. Roulle Paul, cult., à Vestric. — *Vestric* (*Montmorency-Robecq*) : 18 flor. an II, terre 1461 dext., 1075 liv. (4); 16 flor. an II, vigne 600 dext., 850 liv. (4) ; 18 flor. an II, vigne 328 dext., 333 liv. (4). — *Aimargues* (*Bastel-Crussol*) : 22 brum. an XII, chènevière 18 ares, 180 fr. (5). — Voy. en outre Boissière Jean,

1346. Roumestan Louis, nég., à Bernis. — *Uchaud* et *Bernis* (*Montmorency-Robecq*) : 23 therm. an III, deux moulins à vent, deux moulins à eau, terres, prés et vignes en dépendant 5833 dext. à Uchaud, et 10 dext. à Bernis, 315000 liv. — Voy. en outre Roubel Jean aîné.

1347. Rouquette Mathieu, à Remoulins. — *Remoulins* (*Bastel-Crussol*) : 5 pluv. an II, terre 1 sal. 4 3/4 vest., 3200 liv.

Roussel, à Aulas. — Voy. Mercier Louis.

1348. Roussel Antoine, faiseur de peignes, à Nimes. — *Aimargues* (*Bastel-Crussol*) : 5 frim. an III, champ 2 quart. 4 dext., 2000 liv.; champ 3 quart., 2000 l. (6). — *Nimes* (*Larguier Vincent*) : 5 frim. an III, maison faisant coin aux rues des Lombards et des Tondeurs 118 cannes 4 pans, 28200 liv. — *Bezouce* (*Bérard*

(1) Déclara avoir agi pour Montfajon Henry, cult., à Vergèze.

(2) Déclara avoir agi pour Larmet Jean, de Vestric.

(3) Déclara avoir agi pour Bérignargues Antoine, de Vestric.

(4) Déclara avoir agi pour Paget Antoine, de Nimes.

(5) Revente par suite de la déchéance de Cabanon Charles.

(6) Déclara avoir acquis cette pièce pour Barascut Pierre, directeur de l'Hôpital de la Montagne.

Marie-Thérèse) : 6 frim. an IV, une ferme, bâtiments 61 cannes 6 pans, jardin 31 cannes, aire 194, terres, olivettes, etc. 18 sal. 19 ém. 8 quart., 53400 liv. (1). — *Marguerittes (Fléchier Esprit-Balt.)* : 6 brum. an IV, olivette 2 sal. 4 ém., 14200 liv. (2). — Voy. en outre Roubel Jean aîné.

1349. Roussel Jacques, ménager, à Saint-Gilles. — *Saint-Gilles (Eymini)* : 8 germ. an II, terre 1/2 sét. 1 quart. 3 dext., 535 liv. ; terre 1/2 sét. 1 quart., 1125 liv.

1350. Rousset Antoine, agr., à Montfrin. — *Montfrin (Monteynard F.)* : 15 therm. an II, olivette et herme 1 sal. 1 ém. 4 1/2 civad., 105 liv.

1351. Rousset Jacques - François, au Vigan. — *Montdardier (d'Assas F. C.)* : 29 germ. an II, châtaign. et herme 3 quart., 120 liv. (3).

1352. Rouston Jean, à Saint-Gilles. — *Saint-Gilles (Boisset François père* et *Boisset Jean fils)* : 3 avril 1810, vigne 1 h. 38 a., 400 fr.

1353. Rouveirol André, agr., aux Plantiers. — *Saint-Martin-de-Valgalgues (Lafare-Latour L. P.)* : 25 prair. an II, rouvière et herme 5 quart., terre et bois 24 quart., 2000 liv. — Voy. en outre Poulon Jean fils.

1354-1356. Rouveirol André, Gabriel Antoine et Poulon Jean fils, agr., à Cendras. — *Cendras (Lafare-Latour L. P.)* : 27 vend. an III, terre 1 sal., 5600 liv.

(1) Fit élection d'ami, le 7, en faveur de Montbel Pierre, agr., à Bezouce, moyennant une gratification de 70.000 fr. (arrêté du 21 mess. an VII, 1 Q. 1.50).

(2) Fit élection en faveur de Pascal Jean-Antoine, faiseur de bas, à Nîmes.

(3) Déclara avoir agi pour Aguze François-Louis (le jeune), du Vigan.

1357. Rouvergat Jacques, à Lussan. — *Lussan*
(*Drummond-Melfort*) : 1 brum. an III, pré 6 ém.
3 1/3 boiss., 4200 liv.

1358. Rouvière Antoine, ex-chirurgien, à Combas.
— *Combas (Narbonne-Pelet)*: 22 germ. an II, olivette
4 sét., vigne 6 sét. 1 quart. 2 dext., 1500 liv.

1359. Rouvière Claude, à Villeneuve. — *Les Angles (Forbin J. J.)* : 24 fruct. an II, terre 2 sal., 2475 l.

1360. Rouvière Guillaume, agr., à Lédignan. —
Aigremont (Rochemore-Aigremont) : 11 therm. an II,
herme 2 quart., deux terres 15 quart., 300 liv.

1361. Rouvière Jean, cafetier, à Saint-Hippolyte.
— *La Cadière (Vissec L. A. M.)* : 1 niv. an II, partie
du maisonnage appelé la Baraque et terre 8 sét.
2 quart. 5 dext., 5150 liv. ; terre 5 quart. 9 dext.,
1675 liv. ; terre 1 sét. 1 quart. 14 dext., 1475 liv. ;
7 germ. an II, tènement 4 sét. 2 quart. 21 3/4 dext.
avec bergerie, 1575 liv.

1362. Rouvière Simon, cult., à Blannaves. —
Laval (Garnier-Lamelouze P. P.) : 3 prair. an II,
terre, pré, mûriers, chàtaig., vigne 11 sal. 14 quart.,
14000 liv.

1363. Rouvière Simon, agr., à Branoux. — *Branoux (Garnier-Lamelouze P. P.)*: 4 prair. an II, grenier à foin et écurie 7 1/2 cannes, pré joignant
4 quart. 3 boiss., 4525 liv.

1364. Roux Abraham, cult., à Vauvert. — *Le Cailar*
(*Baschy F.*) : 16 niv. an III, pré 6 cart., 3300 liv. —
Le Cailar (Baschy Caroline) : 24 pluv. an VI, pré
20 cart., 50500 fr. ; palus 66 cart., 23000 liv.

1365. Roux Alexis, à Pont-Saint-Esprit. — *Chusclan (Crottat Louis frères)* : 3 therm. an II, terre et
vigne 1 sal. 7 ém. 5 boiss., 1780 liv.

1366. Roux Antoine, à Lussan. — *Lussan (Drum-mond-Melfort)* : 1 brum. an III, terre 4 ém. 1/4 boiss., 500 liv.

Roux Antoine, à Vauvert. — Voy. Berrus Jacques.

1367. Roux François père, maître de poste, à Uchaud. — *Uchaud (Fabrot R.)* : 3 germ. an II, terre 313 dext., 5125 liv. — *Le Cailar (Baschy F.)* : 3 vent. an III, pré 6 cart. 1 quart. 1/6 dext., 5675 l.; pré 5 cart., 4675 liv. (1) ; pré 5 cart., 4725 liv.; pré 5 cart., 4725 liv. ; pré 5 cart., 4700 liv. ; pré 5 cart., 6050 liv. (2) ; pré 5 cart., 4600 liv. ; pré 5 cart., 6875 liv.

1368-1373. Roux Jean, Crouzet François, Jala-guier Pierre, Jalaguier Henri, Barbusse Simon et Boissier Jean, de Lézan. — *Lézan (Cambis C. F.)* : 23 vend. an III, olivette et herme 5 quart., 350 liv.

1374-1378. Roux Jean, Bourdarier Jacques, Conil-hère Antoine, Dumas Louis, Brunel Louis et Teis-sier Daniel, à Lézan. — *Lézan (Cambis C. F.)* : 18 fruct. an II, terre 3 quart. et herme 36 quart., 430 liv.

Roux Jean, à Lézan. — Voy. Bourdarier Jacques.

1379. Roux Jean, à Remoulins. — *Remoulins (Bas-tet-Crussol)* : 5 pluv. an II, terre 1 sal. 6 ém. 6 1/2 vest., 175 liv.

1380. Roux Louis, cult., à Aiguesvives. — Voy. Bousanquet François et Combe Jean.

1381. Roux Louis, ménag., à Uchaud. — *Uchaud (Fabrot R.)* : 3 germ. an II, vigne-olivette 400 dext., 4400 liv. ; vigne-olivette 623 dext., 1575 liv.

(1) Acquis pour lui par Berrus Jacques, cult., au Cailar.
(2) Ce lot et les deux suivants furent acquis pour lui par Mathieu Pierre, du Cailar.

1382. Roux Pierre, à Lussan. — *Lussan (Drum-mond - Melfort)* : 29 vend. an III, pré 3 ém. 4 3/4 boiss., 1000 liv. ; terre 1 sal. 1 ém. 1 boiss., 360 liv. ; 3 brum. an III, terre 5 ém. 4 boiss., 1200 liv. ; terre 1 sal. 4 ém. 4 boiss., 370 liv. ; 6 brum. an III, terre 6 boiss., 75 liv.

1383. Roux Pierre, meunier, à Vic - le - Fesq. — *Vic-le-Fesq (Narbonne-Pelet)* : 1 flor. an II, moulin à blé sur le Vidourle, maison et bosquet, en tout 2 sal. 2 quart., herme 3 sét. 16 dext., 18200 liv.

1384. Roux Pierre, à Saint-Laurent-d'Aigouze. — *Saint-Laurent-d'Aigouze (Lancrist)* : 30 pluv. an II, terre 2 cart. 1 quart. 19 dext., 5200 liv. — Voy. en outre Auzière Jean et Trouchaud Jean-Louis.

1385. Roux Pierre, cult., à Uchaud. — *Uchaud (Fabrot R.)* : 3 germ. an II, terre et olivette 41 dext., 500 liv.

1386. Roux Pierre, à Aramon. — *Aramon (Sauvan P. P. A.)* : 14 mess. an II, terre 2 ém., 420 liv.

1387. Ruas Jacques, agr., à Lédignan. — *Lédignan (Rochemore-Aigremont)* : 3 mess. an II, terre 3 quart., 475 liv.

1388. Rubeaule Jean, agr., à Lédignan. — *Lédi-gnan (Rochemore-Aig.)* : 1er mess. an II, terre 5 quart. 2 boiss., 1700 liv.

1389. Rubis Jacques, cult., à Beaucaire. — Voy. Figuière Poncet.

1390. Runel Étienne, à Gallargues. — Voy. Espion François.

1391. Sabatier. — *Aimargues (Fabrot R.)* : 5 pluv. an II, terre 2 1/2 arpents 2 3/4 perc., 2125 liv.

Sabatier frères, nég., à Montpellier. — Voy. Pomier J. fils.

1392. Sabatier Henri, sabotier, à Aimarguès. — *Le Cailar (Fabrot R.)* : 15 vent. an II, terre 7 cart., 2150 liv.

1393. Sabatier Jacques, tonnelier, au Cailar. — *Le Cailar (Baschy F.)* : 3 ventôse an III, pré 5 carteir., 5250 l.(1); pré, 5 cart., 4025 l. — Voy. en outre Bonfort Mathieu, Mathieu Jacques et Simon Charles.

1394. — Sabatier Louis, aubergiste, à Nimes. — *Le Cailar (Baschy F.)* : 21 vent. an III, une glacière 1 cart. 2 quart. 29 dext., 1525 l. — *Le Cailar (Baschy Caroline)* : 7 mess. an VI, marais 5 cart., 440 fr. (2).

Sabatier Louis, cult., à Bouillargues. — Voy. Four Jean.

1395. Sabatier Michel, agr., à Saint-Côme. — *Saint-Côme (Rochemore Saint-Côme)* : 3 vent. an II, terre 314 dext., 6700 liv.

1396. Sabatier Pierre, à Aimargues. — *Aimargues (Fabrot R.)* : 5 pluv. an II, aire 3 boiss. 6 perches, 510 liv. — Voy. en outre Courtiol Pierre et Varlet Jacques.

1397. Sablet Pierre, à Beaucaire. — Voy. Figuière Poncet.

1398. Sabran Jean, cult., à Alais. — *Saint-Alban (enfants Guiraudet)* : 1er germ. an II, pré 7 quart., 710 liv.

Sage. — Voy. Fage.

1399. Saint-Martin Louis, agr., à Aigremont. —

---

(1) Déclara avoir agi pour Simon Charles, agr., à Vaurert; Boissier Jean, Guigou Antoine et Cabanis Antoine, cultivateurs, à Vauvert.

(2) Vente de gré à gré.

Aigremont (Rochemore-Aig.) : 3 therm. an II, terre et herme 14 quart., 194 liv.

1400. **Saïsse** Jean-Pierre, à Aramon. — *Aramon (Sauvan (P. P. A.)* : 18 mess. an II, terre 2 ém., 600 liv. (1).

1401. **Salanson** Louis, cult., à Uchaud. — *Uchaud (Fabrot R.)* : 3 germ. an II, terre 68 dext., 550 liv.; olivette 103 dext., 300 liv.

1402. **Salles** Antoine, à Lussan. — *Lussan (Drummond-Melfort)* : 1er brumaire an III, terre 1 salm. 3 boiss., 850 liv.; 6 brum. an III, terre 1 salm. 2 ém. 3 boiss., 1525 liv.; corps de bâtisse 20 cannes couvert avec passage 1 1/2 boiss., 1250 liv.

Salles Jean, nég., au Vigan. — Voy. Argeliès Jean et Cambessèdes Pierre.

1403. **Salles** Jean-Joseph, arbitre et prop., à Alais. — *Branoux (Garnier-Lamelouze P. P.)* : 4 prair. an II, maison 21 cannes, pré 10 quartes, terre 4 quart. 2 1/2 boiss., 10820 liv. — Voy. Ravachol Augustin. — *Laval (Garnier-Lamelouze P. P.)* : 11 prair. an II, maison 68 1/2 cannes, chataign. et bois 29 salm., jardin, pré, terre 40 quart. 1 boiss., herme 16 quart., terre-mûriers 20 quart. y compris un moulin, 39700 liv. — *Branoux (Garnier-Lamelouze P. P.)* : 22 prair. an II, maison 272 cannes, jardin, pré, chataign., mûriers, terres, vigne-olivette, maison-réservoir et canal, 30 salm. 34 quartes 11 1/4 boiss. et cabaux, 20700 liv. — *Laval (Garnier-Lamelouze P. P.)* : 28 brum. an III, bois, elzière, rouvière et herme 8 sal. 4 quartes, 1700 liv.

(1) Cette terre fut rétrocédée à Sauvan le 24 frimaire an XIII (M° Séreirac, not., à Aramon).

1404. Salles Pierre fils. — *Mandagout (d'Albignac J. C.)* : 15 brum. an III, moulin à huile 4 cannes 4 pans, pré 2 quart., 7050 liv. (1).

Salze Jean, à Aulas. — Voy. Mercier Louis.

1405-1406. Sanguinède Louis, à Montdardier, et Revel Antoine, son beau - frère. — *Montdardier (d'Assas F. C.)* : 26 pluv. an II, châtaig. et herme 10 sét., 1250 liv. (2).

1407. Sanguinède Philippe, à Montdardier. — *Montdardier (d'Assas F. C.)* : 26 pluv. an II, champ 2 sét. 1 1/2 boiss., 1050 liv. — Voy. en outre Martin Pierre.

1408. Sarnègue Joseph, maçon, à Fourques. — *Fourques (Courtois)* : 1 niv. an II, terre 12 sét. 67 dext., 5000 liv. ; vigne et bois 1 sét. 58 dext., 500 liv. ; terre 4 sét. 82 dext., 4000 liv. (3). — *Fourques (Bourret Louis)* : 23 flor. an II, bâtiment et cinq terres 7 sét. 245 dext., 17000 liv.

1409. Sarrière Antoine, auberg., à Uchaud. — *Uchaud (Fabrot R.)* : 3 germ. an II, vigne-olivette 235 dext., 600 liv.

Saubert Élisabeth-Adélaïde. — Voy. Balard Alexis-Jean-Thomas.

Saubert Marianne-Pauline. — Voy. Balard Alexis-Jean-Thomas.

Saubert Rose - Pauline. — Voy. Balard Alexis-Jean-Thomas.

---

(1) Déclara avoir agi pour Philippine d'Albignac. Le prix fut réduit à 4112 liv. 6 sous par arrêté départemental du 8 vendémaire an VIII.

(2) Revel abandonna séance tenante sa moitié au profit de Sanguinède.

(3) Céda ces trois pièces à l'émigré Courtois, le 9 niv. an XII (M* Roche, not., à Fourques).

1410. Saumade Jacques, agricult., à Quilhan. — *Quilhan (Cambis-Lézan)* : 16 flor. an II, terre 2 sét. 2 quart., 600 liv.

Saumiac Claude, à Lézan. — Voy. Barafort Antoine, Laporte Jean-Pierre et Serret Jacques.

1411. Saunier Jean - Baptiste fils, menuisier, à Avèze. — *Pommiers (d'Assas F. C.)* : 1 pluv. an II, jasse 7 cannes 2 pans de sol, châtaig. et pàtur. 6 sét. 1/2 boiss., 2475 liv. — Voy. en outre Brun Pierre.

1412. Saussir Jean, prop., à Lédignan. — *Aigremont (Rochemore-Aigremont)* : 27 therm. an II, pré 5 quart. 2 dext., 700 liv.

1413. Saussine Jean fils, prop., à Lédignan. — *Aigremont (Rochemore-Aigremont)* : 11 therm. an II, herme 2 sal. 3 quart., 220 liv. ; 13 therm. an II, herme 12 quart., 52 liv. ; herme 14 quart. 3 boiss., 75 liv.; herme 13 quart. 1/4 boiss., 52 liv.; 23 therm. an II, terre 35 quart. 3 dext., 1500 liv.

1414. Sautel Simon, à Salazac. — *Salazac (Voguë)* : 3 prair. an II, herme 2 ém., 50 liv.

1415. Sautet Jean, tailleur d'habits, au Cailar. — *Le Cailar (Baschy F.)* : 16 vent. an III, pré 1 cart. 1 quart. 1 1/2 dext., 2200 liv. ; pré 6 cart., 10200 l.; pré 4 cart. 3 quart. 8 1/2 dext., 6100 liv.

Sauveplane Guillaume, à Aumessas. — Voy. Sauveplane Jean.

1416. Sauveplane Jean, au Vigan. — *Montdardier (d'Assas F. C.)* : 29 germ. an II, maison rue del Cabanis 35 cannes 5 pans de sol avec jardin de 40 cannes, 2010 liv. (1).

_____

(1) Déclara avoir agi pour Aguze Jacques-Louis, du Vigan.

1417. Sauveplane Jean et Sauveplane Guillaume, son frère, à Aumessas. — *Arrigas (d'Assas F. C.)* : 3 pluv. an II, partie de la métairie de Bouiffiac : bâtiments, châtaig. 14 sét. 1 quart., pré-châtaig. 6 sét. 3 quart., 16400 liv.

1418. Sauzet Jean-Louis, à Saint-André-de-Majen-coules. — *Saint - André - de - Majencoules (Daudé Louis)* : 7 germ. an III, partie de maison 21 cannes et jardin 8 dext., 6000 liv. (1) ; anglade 2 quartes, 4100 liv. (1).

1419-1420. Savin Jean-Pierre, agr., et Évesque Claude, meunier, à Alais. — *Alais (Lacroix·Cas tries)* : 12 flor. an II, moulin neuf sur le Gardon 1 boiss. de sol, le surplus du bâtiment où sont pressoirs à huile, moulin à gruau, écurie 1 quart. 2 boiss. de sol, 61000 liv.

1421. Sayne Joseph, à Villeneuve. — *Les Angles (Forbin J. J.)* : 26 fruct. an II, terre 2 sal., 2100 liv.; petit bâtiment et terres 5 sal. 3 ém., 9250 liv.

1422. Sébille Jean - Baptiste, à Saint-Julien-de-Peyrolas. — *Saint - Julien - de - Peyrolas (Voguë)* : 11 prair. an II, grange appelée la Grande - Jasse 90 cannes, cour 30, une fontaine, et quatorze piè-ces terres 35 sal. 51 ém. 26 boiss., 32000 liv. ; grange appelée le Pigeonnier 63 cannes couvert, cour 18, et terres 47 sal. 27 ém. 12 boiss., 21000 liv.; grange des Bigourdonnes 41 cannes couvert, cour 40, une fontaine et 52 sal. 9 ém. 6 boiss. terres, 20300 liv. ; 12 prair. an II, terre 2 sal. 4 boiss., 340 liv. ; herme 2 sal., 155 liv.

1423. Sébille Joseph, à Saint-Julien-de Peyrolas.

(1) Déclara avoir agi pour Daudé Jean, de Saint-André-de-Majencoules.

— *Saint-Julien-de-Peyrolas (Voguë)* : 11 prair. an II, terre 3 sal., 1600 liv.

Segond Étienne, au Cailar. — Voy. Mathieu Jacques.

Séguier, à Aulas. — Voy. Mercier Louis.

1424. Seguin Jean, faiseur de bas, à Saint-Côme. — *Saint - Côme (Richard Louis)* : 1 therm. an II, terre-olivette 235 dext., 2650 liv.

1425. Seguin Jean-Louis, not., à Clarensac. — *Saint-Côme (Rochemore-Saint-Côme)* : 1 vent. an II, terre - olivette 66 dext., 525 liv. ; terre - olivette 86 dext., 575 liv. ; terre-olivette 1130 dext., 9200 l.

1426. Seguin Martin aîné, nég., à Nimes. — *Beaucaire (Chaumont - Guitry)* : 19 mess. an IV, deux maisons près la porte de la Couronne, en tout 212 cannes, 19260 fr. (1).

1427. Seren Benoît, à Beaucaire. — *Beaucaire (Chaumont-Guitry)* : 23 mess. an VII, vigne 10 ém., 300 fr. (1).

1428. Serre Baptiste, à Cavillargues. — *Cavillargues (Nicolay)* : 16 frim. an III, terre 6 ém. 5 boiss., 605 liv. (2).

Serres François fils, à Aubord. — Voy. Roubel Jean aîné.

1429. Serres Jacques-Léon, receveur des dom. nat., à Alais. — *Tornac (Beauvoir-Brison F. D. A.)* : 11 fruct. an III, château et domaine de Bellefond 454 sét. 1 quart., 1050000 liv. ; le logis de la Madeleine et terres 55 sét. 2 quart., 272000 liv.

1430. Serre Joseph, à Cavillargues. — *Cavillar-*

---

(1) Vente de gré à gré.
(2) Serre Jean-Baptiste rétrocéda à Nicolay, le 25 fruct. an XII (M⁰ Allemand, not., à Cavillargues).

gues (*Nicolay*) : 21 frim. an III, terre 2 ém. 2 lid., 130 liv.

1431. Serre Joseph (fils), à Saint-Géniès-de-Comolas. — *Saint - Géniès - de - Comolas* (*Sicard J. A.*) : 12 therm. an II, deux terres 5 ém. 7 pougn., 1154 l.

1432. Serres Louis, à Nimes. — *Beaucaire* (*Coët-logon*) : 27 fruct. an VI, partie du mas de Moutet 4 sal. 6 picot. 12 cannes, 76000 fr. (1) ; partie du mas de Moutet 2 sal. 2 picot. 12 cannes, 40000 fr. (1); partie du mas de Moutet 5 sal., 73000 fr. (1); 6 brum. an VII, pré 19 sal. 1 ém. 4 picot., 115000 fr. (1).

1433-36. Serret Jacques, Barafort Antoine, Jala-guier Jean et Laporte Pierre, à Lézan. — *Lézan* (*Cambis C. F.*) : 5 vend. an III, terre et herme 15 quart.,188 liv.

1437. Serret Jacques, Barafort Antoine, Laporte Pierre, Jalaguier Jean et Saumiac Claude, à Lézan.— *Lézan* (*Cambis C. F.*) : 5 vend. an III,terre 6 quart., 905 liv.

Serret Jacques, à Lézan. — Voy. Barafort Antoine.

1438. Serrière Antoine, tailleur, Jalaguier Jean et Barafort Antoine, agr., à Lézan. — *Lézan* (*Cambis C. F.*) : 18 fruct. an II, terre 24 quart., 2025 liv.

Servel Pierre (les héritiers de) à Bréau. — Voy. Mercier Louis.

Sévenery Jean-Louis, mén., à Garons. — Voy. Bautias Jean.

1439. Siboul Etienne, agr., à Montfrin. — *Mont-frin* (*Monteynard F.*) : 15 therm. an II, herme 12 ém., 77 liv.; olivette 4 ém., 1200 liv.

1440. Sicard François,à Sommières. —*Sommières*

(1) Il fit élection d'ami, le lendemain, en faveur de Périllier Castor, de Nimes.

(*Duchol*) : 23 frimaire an II, partie de maison à la traverse de Brun, 2000 liv.

1441. Sicard Jean, au Vigan. — Voy. Genoyer François.

1442. Silhol Jean, nég., à Saint-Ambroix. — *Sénéchas* (*Lafare-Latour L.P.*) : 21 prair. an II, domaine de l'Harboux, bâtiments, terres, chataig., jardin, sagnas, elzière, pré, couderc, etc., 5 salm. 36 quart. 3 boiss. 4242 cannes, 7825 liv. — *Aujac* (*Lafare-Latour L. P.*) : 12 mess. an II, pré 23 quart. 2 boiss., 10000 liv. — *Yvernes* (*Lafare-Latour L. P.*) : 23 mess. an II, dom. de Pluveisset, bâtiments, terres, sagnas, chataig., vignes, pré et elzière, 5 salm. 105 quart. 7 boiss., 34500 liv. — Voy. en outre Gilles Pierre et Pontel Joseph.

1443. Silhol Joseph, off. mun., à Saint-Ambroix. — *Saint-Ambroix* (*Perochon F.*) : 1 brum. an III, jardin clos 9 quart. 1 1/2 boiss., 10300 liv.

1444. Silvain Alexandre aîné, propr., à Alais. — *Méjanes* (*enfants Guiraudet*) : 2 germ. an II, vigne 17 quart. 2/3 boiss., 700 l. (1) — *Alais* (*Rauquil Louis*) : 7 germ. an II, vigne-oliv., mûriers et jardin y compris une maison incendiée 43 quart. 5 boiss., 7025 l.

1445. Silvain André, propr., à Alais. — *Sénéchas* (*Lafare-Latour L.P.*) : 16 mess. an II, pré 5 quartes, 2000 liv. (2).

1446. Silvestre Louis, à Villeneuve. — *Les Angles* (*Forbin J. J.*) : 24 fruct. an II, terre 2 sal., 2105 liv.

1447. Simon Charles, agr., à Vauvert. — *Le Cailar*

(1) Cette vigne devint la propriété de Fontanieu Pierre, propr., à Monteil, qui, le 29 termidor an XI fit une subrogation aux propriétaires dépossédés (Me Deleuze, not., à Alais).

(2) Déclara avoir agi pour Trial Pierre.

(Baschy F.) : 3 vent. an III, pré 5 cartérad. 24
1/2 dext., 4200 liv. (1). — Voy. en outre Sabatier
Jacques.

1448. Simon Jean , à Vauvert. — *Le Cailar
(Baschy Caroline)* : 24 pluv. an VI, pré 90 cart.,
70000 fr.

1449. Solier Jean-Victor.—*Lasalle (Solier J. L.)* : 3
pluv. an XII, maison 140 m. c. et cour 120 1/2 m.c.,
690 liv.

. 1450. Soubeyran Henri, à Roquemaure. — *Roquemaure (Raousset-Boulbon)* : 21 mess. an III, vigne 3
ém. 3 pougn., 520 l. 5 s.; vigne 3 ém. 1 lid., 380 l.

1451. Soubeiran Louis, faiseur de bas, à Saint-
Côme. — *Saint-Côme (Rochemore Saint-Côme)* : 4
ventôse an II, olivette 450 dext., 1225 l.

1452. Soubour Antoine, chirurgien, maire, à Fourques. — *Fourques (Courtois)* : 1 niv. an II, bâtiment
et trois terres 33 sét. 156 dext., 16100 liv. ; terre
1 sét. 32 dext., 650 liv.; terre 8 sét. 23 dext., 4075 l.
— *Fourques (Bourret Louis)* : 23 flor. an II, deux
terres 7 sét. 14 dext., 3000 liv.; 24 flor. an II, terre
7 sét. 70 dext., 1650 liv.;terre 6 sét. 28 dext., 2000 l.;
deux terres 8 sét. 120 dext., 3325 liv.

Soucal, à Junas. — Voy. Persin Etienne.

1453. Souchon Alexis, off. de santé, à Cavillargues. — *Cavillargues (Nicolay)* : 7 frim. an III, jardin 1 ém. 3 boiss. 2 1/2 lid., 1000 liv.; 17 frim. an III,
terre 12 ém. 3 1/2 lid., 3600 liv.

1454. Soulier Abel, cult., à Aimargues. — *Aimargues (Bastet-Crussol)* : 6 frim. an III, terre 6 cart.
1 quart., 2725 liv. (2).

---

(1) Déclara avoir agi pour Sabatier Jacques, tonnelier, au
Cailar.

(2) Déclara avoir agi pour Barascut Pierre, nég., à Lodève.

1455. Soulier Adrien, à Vauvert. — *Le Cailar* (*Baschy F.*) : 1 vent. an III, pré 5 cart. 2 quart. 12 1/2 dext., 12200 liv. ; 2 vent. an III, pré 5 cart. 2 quart. 12 1/2 dext., 10700 liv. (1) ; — Voy. en outre Burgala Jean et Gavanon Jean.

1456. Soulier Antoine, fab. de bas, à Saint-Hippolyte. — *La Cadière* (*Vissec L. A. M.*) : 1 niv. an II, vigne 4 quart. 10 dext., 350 liv. ; 7 germ. an II, tènement 3 sét. 3 quart. 21 3/4 dext., 575 liv. ; 6 prair. an II, devois 4 sét. 1 dext., 660 liv. ; devois 4 sét. 1 quart. 2 dext., 710 liv.

1457. Soulier Antoine, agr., à Lèques. — *Lèques* (*Chaumont-Guitry J. G. H.*) : 23 vend. an III, vigne 1 sét. 5 dext., 110 liv.

1458. Soulier Étienne, agr., à Combas. — *Combas* (*Narbonne-Pelet*) : 7 germ. an II, terre 6 sét., 1300 l.; 21 germ. an II, terre 1 sét. 2 quart., 900 liv. ; terre 5 sét. 2 quart. 1 dext., 745 liv. ; 23 germ. an II, terre 1 sét. 3 quart. 2 dext., 500 liv.

1459. Soulier Étienne, à Aimargues. — *Aimargues* (*Fabrot R.*) : 5 pluv. an II, terre 1/2 arpent 2 1/2 perches, 305 liv. (2) ; 2 flor. an II, pré 6 cart., 5450 liv. — Voy. en outre Cabanon Étienne, Langlade François et Pélissier François.

1460. Soulier Étienne, mari de Brune, ménag., à Aimargues. — *Aimargues* (*Moynier Claude*) : 11 prair. an II, terre 6 cart. 1 quart. 15 dext., 8200 liv. (3) ; champ 1 cart. 2 dext., 700 liv. (4). — Voy. en outre Grégoire Jacques.

(1) Déclara avoir agi pour Chauvard Claude, de Vauvert.
(2) Déclara avoir agi pour Daulaud Pierre.
(3) Déclara avoir agi pour Varlet Jacques, cult., à Aimargues.
(4) Déclara avoir agi pour Fontanès Pierre, maire d'Aimargues.

1461-1464. Soulier Étienne (de Brune), Soulier Étienne (de Vermenone), Daniel Sébastien, Soulier François jeune et Soulier Louis, à Aimargues. — *Aimargues (Bastet-Crussol)* : 12 mess. an II, partie du domaine du Bosquet 14 cart. 3 quart. 31 dext., 7050 liv.

Soulier Étienne (de Vermenone). — Voy. Soulier Etienne (de Brune).

1465. Soulier François, tisserand, à Aimargues. — *Saint-Laurent-d'Aigouze (Lancrist)* : 30 pluv. an II, terre 6 cart. 3 quart. 30 dext., 164000 liv. (1); terre 5 cart. 15 dext., 10700 liv. (1). — *Le Cailar (Fabrot R.)* : 15 vent. an II, terre 8 cart., 12400 liv. — Voy. en outre Daniel Sébastien.

1466. Soulier François, tisserand, et Pélissier François, à Aimargues. — *Aimargues (Moynier Claude)* : 15 prair. an II, vigne 1 cart. 1/2 quart., 350 liv.

Soulier François jeune, à Aimargues. — Voy. Soulier Étienne (de Brune).

Soulier Henry, à Aimargues. — Voy. Soulier Pierre.

1467. Soulier Jean, à Saint-Bonnet. — *Saint-Bonnet (Vissec L. A. M.)* : 3 pluv. an II, pré, terres, hermes et blancarède 17 sét. 2 quart. 19 dext. y compris la moitié du Castelas ou vieux château, 14200 liv.; 22 pluv. an II, pré 3 cartes 20 dext. y compris un grenier à foin, 2575 liv.

1468. Soulier Jean, à Aimargues. — *Aimargues (Fabrot R.)* : 5 pluv. an II, terre 4 arpents, 5000 liv.

1469. Soulier Louis, cult., à Aimargues. — *Aimar-*

(1) Déclara avoir agi pour Gervais Jean-François, d'Aimargues,

gues (*Fabrot R.*): 5 pluv. an II, terre 2 1/2 arpents, 3 boiss. 2 perches, 2325 liv.; terre 2 arpents 1 boiss. 4 1/4 perc., 1550 l. (1). — *Le Cailar* (*Fabrot R.*): 15 vent. an II, terre 7 cart., 3725 l. — *Aimargues* (*Moynier Claude*): 14 prair. an II, champ 6 cart. 2 quart. 35 dext., 7275 l. (2); champ 6 cart. 2 quart. 35 dext., 6900 l. (2); 15 prair. an II, vigne-oliv. 4 cart. 1 quart. 18 dext., 900 l.—*Aimargues* (*Bastet-Crussol*): 6 frim. an III, champ 9 cart., 3875 l. (3). — Voy. en outre Chay Jean, Daniel Sébastien, Grand et Soulier Étienne (de Brune).

1470. Soulier Michel, à Sabran. — *Sabran* (*Nicolay L. S. G.*): 8 mess. an II, « devezon » 10 sal., 1500l.

1471. Soulier Pierre, tisserand, à Aimargues. — *Aimargues* (*Moynier Claude*): 15 prairial an II, terre 5 cart. 2 1/2 quart., 3425 l. (4).

1472. Soulier Pierre, cult., à Aimargues. — Voy. Fontanès Pierre.

1473. Sousteile Jean-François-Mathieu, présid. du Tribunal du district d'Alais. — *Saint-Martin-de-Valgalgues* (*Lafare-Latour L. P.*): 25 prair. an II, jardin 1 boiss., 120 l. — Voy. en outre Deleuze Antoine.

1474. Talagran Jean, à Châteauneuf-du-Pape. — *Roquemaure* (*Bourbon* et *Rohan-Montbason*): 27 thermidor an II, domaine de Maubuisson comprenant : couvert 19 cannes, cour 32 cannes, terres 37 salm. 2

(1) Déclara avoir agi pour Moynier Thimothée.

(2) Déclara avoir agi pour Bouscharain Charles, de Marsillargues.

(3) Déclara avoir agi pour Barascut Pierre, nég., à Lodève.

(4) Déclara avoir agi pour Fontanès Pierre et Soulier Henry, d'Aimargues.

ém. 4 pougn., hermes 4 sal. 1 ém. 3 pougn., vignes 2 salm. 4 pougn., garrigues 50 salm., 20413 liv.

1475. Taradel Guillaume, à Uchaud. — *Uchaud* (*Fabrot R.*) : 3 germ. an II, olivette 30 dext., 300 liv.; terre 214 dext., 500 l.

1476. Tardieu Blaise, à Villeneuve. — *Les Angles* (*Forbin J. J.*) : 21 fruct. an II, terre 2 salm., 2880 l.

1477. Tassy Marie, à Saint-Gilles. — Voy. Durand Claude et Eymini.

1478. Taulier Simon, à Pujaut. — *Pujaut (Raousset-Boulbon)* : 1ᵉʳ fruct. an II, vigne 2 salm., 605 liv.

1479. Teissèdre Pierre, à La Cadière.—*La Cadière* (*Vissec L. A. M.*) : 7 germ. an II, tènement 2 sét. 2 quart. 10 dext., 480 liv.

1480. Teissier Antoine, agr., à Saint-Côme. — *Saint-Côme (Rochemore Saint-Côme)* : 5 vent. an II, bergerie 49 cannes et cour 20 cannes, 1700 l.

Teissier Daniel, à Lézan. — Voy. Roux Jean.

1481 84. Teissier Etienne-Daniel, Barafort Antoine, Michel Pierre et Durand Jacques, agr., à Lézan. — *Lézan (Cambis C. F.)* : 5 vend. an III, herme 9 cart. 2 boiss., 155 liv.

Teissier Étienne-Daniel, à Lézan. — Voy. Barafort Antoine.

1485. Teissier François, au Vigan. — *Montdardier* (*d'Assas F. C.*) : 16 pluv. an II, mas de Canilles ou de Cour : maison, cour et jasse 35 cannes, diverses pièces 81 1/2 sét. 7 quart. 3 boiss., 12200 l. (1).

1486. Teissier Jean-Louis, à Pujaut. — *Pujaut* (*Raousset-Boulbon*) : 1 fruct. an II, terre 2 sal., 1625 liv.

(1) Déclara avoir agi pour Barral Jean, not., au Vigan.

Teissier Louis, droguiste, à Nimes. — Voy. Paulet Marc-Antoine.

1487. Teissier Louis, à Saint-Michel-d'Euzet. — *Saint-Michel-d'Euzet* (*Pluviers fils*) : 14 vend. an III, terre 1 sal. 4 ém. 5 boiss., 2150 liv.

1488. Teissier Marthe, à Nimes. — *Nimes* (*Fabrot R.*) : 27 vent. an II, aire et mazet 92 perches 2 pieds 4 pouces, 5200 liv.

1489. Teissier Pierre, agr., à Lèques. — *Lèques* (*Chaumont-Guitry J. G. H.*) : 22 vend. an III, terre 3 sét. 2 quart. 18 dext., 291 liv. ; terre 2 sét. 2 quart. 22 dext., 260 liv.

1490. Teissier Pierre, nég., à Avèze. — *Montdardier* (*d'Assas F. C.*) : 29 germ. an II, châtaig., pât. et herme 8 sét. 1 quarte, 1225 liv. (1). — Voy. en outre Voitel Pierre.

Teissier Pierre fils, à Avèze. — Voy. Teissier Pierre père.

1491. Teissier Pierre, père, à Avèze. — *Pommiers* (*d'Assas F. C.*) : 1 pluv. an II, moulin, log. du meunier, écurie, pourcils, « maison gourgue », plus châtaig., jardin, vigne, mûriers, terre, pâtur. et pré (dix pièces) 27 sét. 11 quartes 11 boiss. 43 dext., 17250 liv. (2).

1492. Teissonnière Henri, à La Cadière. — *La Cadière* (*Vissec L. A. M.*) : 9 germ. an II, devois 1 sét. 2 quart. 10 dext., 700 liv.

1493. Teissonnière Pierre, trav., à Alais. — *Alais* (*enfants Guiraudet*) : 12 germ. an II, maison rue Saint-Jean 10 t. c. de sol, 1450 liv. (3).

(1) Déclara avoir agi pour Lacharrière Étienne fils aîné, prop., à Avèze.
(2) Déclara avoir agi pour Teissier Pierre, son fils.
(3) Fut déchu, et la revente eut lieu le 17 prair. an XII. — Voy. La Roche-Ponciès.

1494. Tempié Jean, cult., à Vauvert. — *Le Cailar* (*Baschy F.*) : 16 niv. an III, pré 6 cart., 2550 liv. ; 17 niv. an III, pré 6 cart., 2250 liv.

Tempié Pierre, à Vauvert. — Voy. Maroger Barthélemy et Méjanelle Jean.

Testedor Honoré, à Beaucaire. — Voy. Testedor Jacques.

1495. Testedor Jacques, à Beaucaire. — *Beaucaire* (*Coëtlogon*) : 6 brum. an VII, métairie de Lèques 55 cannes couvert, 48 cannes canal, 35 sal. terres, 500000 liv. (1).

1496. Théaulon François, not., à Valleraugue. — *Camprieu* (*Boyer Laurent-Barth.*) : 1 pluv. an V, le quart des biens (appartenant à cet émigré) provenant de la succession d'Étienne-Barthélemy Boyer père, comprenant maison d'hab., granges, écuries et cinquante-deux pièces terre (dont la contenance n'est pas indiquée) estimés 28590 liv., dont le quart est 7147 liv. 10 s. (2).

1497. Thérond Louis, agr., à Alais. — *Saint-Christol* (*Lafare-Latour L.P.*) : 5 germ. an II, pré-châtaig. 19 quart. 2 1/4 boiss., 8450 liv. ; terre-mûriers 19 quart. 2 boiss., 8250 liv.

1498. Thibaud Bastien, à Cavillargues. — *Cavillargues* (*Nicolay*) : 17 trim. an III, terre et herme

(1) Il fit élection d'ami le lendemain, en faveur de : Testedor Honoré, ménager ; Pour Jacques, cult. ; Robert Baptiste, maréchal ; Tousten Jacques, tailleur d'habits ; Mouillas Jean, ménag. ; Barry François, ménag. ; Bernard père, maçon ; Giraud Pierre, potier de terre ; Giraud Antoine, maçon ; Michel André, cult. ; Rivet Étienne, tisserand ; Daire Étienne, cult. ; Cartalier Raymond, maçon ; Navelle Jean, auberg. ; Pascal Pierre, ménager ; Moine Noé, cult. ; Guillaumond Etienne, cult. ; Gulot Gaspard, menuisier ; Fage Benoît, traceur de pierres, et Mounier Imbert, tous de Beaucaire, pour 1/21 chacun.

(2) Vente de gré à gré. — Théaulon est appelé Teulon ailleurs (1re origine, n° 2453).

7 ém. 3 boiss., 610 liv. (1); terre 4 ém. 2 boiss., 570 liv. ; 22 frim. an III, partie d'un vieux château délabré, 2525 liv.

1499. Thibaud Joseph, à Cavillargues. — *Cavillargues* (*Nicolay*) : 8 frim. an III, pigeonnier, cour, petit corps de bâtisse et terrains de 2 boiss. 1 lid., 470 liv. ; 18 frim. an III, terre 7 ém. 3 1/2 lid., 2000 l.

1500. Thiers Martin , à Lasalle. — *St-Bonnet* (*Vissec L. A. M.*) : 23 pluviose an II, pré et herme 1 quart. 18 dext., 585 l. ; pré 1 quart. 11 dext., 405 l.

1501. Thomas Jean, cult., à St-Côme. — *St-Côme* (*Rochemore St-Côme*) : 4 vent. an II, terre 1268 1/2 dext., 16600 liv. ; 1 vend. an III, parc attenant au château 320 dext., 6000 liv.

1502. Thomas Paul, cult., au Cailar. — *Le Cailar* (*Baschy F.*) : 22 floréal an III , pré 2 cart. 2 quartons, 5000 liv.

1503. Tondut Pierre , à Thoiras. — *St-Bonnet* (*Vissec L. A. M.*) : 26 niv. an II, terre et herme 2 sét. 20 dext., 1650 liv.

1504. Tournier Jean, à Roquemaure. — *Roquemaure* (*Raousset-Boulbon*) : 21 mess. an II, vigne 2 ém. 7 poug., 402 liv. — *Roquemaure* (*Lafont C. J.*): 18 vend. an III, vigne 31 perches, 850 liv.

1505. Tourret Louis, cult., à Orthoux. — *Quilhan* (*Cambis-Lézan*) : 16 floréal an II, bois et devois 26 sét., 3150 liv.

1506. Tourret Pierre, agr., à Orthoux. — *Quilhan*

(1) Rétrocéda cette terre à Nicolay, le 13 juin 1808 (Me Allemand, not., à Cavillargues). — Voy. aussi, 1re origine, n° 2553, Teulon ou Théaulon acheta, au prix de 4201 fr. 5 s., le 12 prair. an V, la moitié du tènement de Tudonès appartenant à la Couronne et le quart de la moitié restante appartenant à l'émigré Boyer, d'une contenance de 1400 sét. en prés et champs et de 100 sét. de bois.

(*Cambis-Lézan*) : 16 flor. an II, herme et bois 8 sél., 375 liv.

1507. Tousten Jacques, tailleur d'habits, à Beaucaire. — Voy. Testedor Jacques.

Treilles Pierre, à Avèze. — Voy. Brun Pierre.

1508. Trélis Jean, prop., à Mazat. — *St-Alban* (*enfants Guiraudet*) : 1 germ. an II, terre 3 quart. 1/2 boiss., 260 liv.

1509. Trenquier Joseph. — *Montfrin* (*Monteynard*) : 10 nivose an II, terre 4 ém., 620 liv.

1510. Tressaud François, cult., à Beaucaire. — Voy. Figuière Poncet.

Trial Pierre. — Voy. Silvain André.

1511. Trigniac Jean, à Montfrin. — *Montfrin* (*Monteynard*) : 15 therm. an II, terre 4 ém., 1200 l.

1512. Trinquelague Charlotte, femme divorcée de Cabannes. — *Uzès* (*Entraigues-Cabannes*) : 15 brum. an IV, maison 71 cannes couvert, jardin et eaux 60 cannes, rue de la monnaie, 10000 liv.

1513. Trouchaud Jacques, cult., à St-Laurent-d'Aigouze. — *Saint-Laurent-d'Aigouze* (*Moynier Claude*) : 18 germ. an II, terre 1 cart. 3 quart. 16 dext., 1350 liv.

1514. Trouchaud Jean-Louis, cult., à St-Laurent-d'Aigouze. — *St-Laurent-d'Aigouze* (*Lancrist*) : 1 vent. an II, terre 6 cart., 1900 liv. (1). — Voy. en outre Auzière Jean.

Troudet, à St-Gilles. — Voy. Verrot Raymond-Louis.

1515. Troupel Jean-Pierre, passementier, à Alais.

_____

(1) Déclara avoir agi pour Roux Pierre, de St-Laurent-d'Aigouze

— *Alais* (*Rauquil Louis*) : 7 germ. an II, maison rue Tisserie 18 toises carrées, 5125 liv.

1516. Tur Jean, nég., à Nimes. — *Nimes* (*Lareiranglade P.*) : 7 frim. an III, maison rue de la Couronne 179 cannes 1 pan, en 2 corps, 22000 liv. — *La Calmette* et *La Rouvière* (*Lareiranglade P.*) : 9 germ. an V, un domaine consistant en bâtiments, terres et vignes, 46420 fr. 7 s. 4 d. (1).

1517. Valadier Paul, nég., à Lasalle. — *St-Bonnet* (*Vissec L.A.M.*) : 26 niv. an II, pré 3 sét. 3 quart. 3 dext., 5150 liv.; pré et chat. 3 sét. 2 quart. 24 dext., 6300 liv. ; 28 niv. an II, partie de la maison de la Farelle au levant, avec 143 sét. 1 quart. 22 dext. chataig., cerclières, dougats, devois, hermes, terres, vignes, muriers et pré, 20400 liv.; partie de la maison de la Farelle au couchant, avec 117 1/2 sét. 2 cartes 10 dext. terres, chataig., devois, bruyères, prés et mûriers, 34400 liv.

1518. Valadier Paul fils, nég., à Lasalle. — *Thoiras* (*Vissec L. A. M.*) : 11 germ. an II, chataig. et muriers 2 sét. 4 dext., 835 liv.

1519. Valcroze Jean, à Branoux. — *Branoux* (*Garnier-Lamelouze P. P.*) : 2 prair. an II, maison et galerie 54 cannes, terres, casal, vigne et pré, 68 quart. 11 1/4 boiss., 12600 liv.

1520. Valés Jacques fils, au Vigan. — *Le Vigan* (*d'Assas F. C.*) : 11 niv. an II, partie de maison et enclos rue des Baris 1 quart. 23 dext., 3150 liv.

1521. Valès Jacques père, au Vigan. — *St-Sauveur* (*Bragouze Antoine*) : 8 niv. an II, pré 7 sét. 1 quar. 1 boiss., 6575 liv.

(1) Vente de gré à gré.

1522. Valette François, cult., à St-Laurent-d'Ai-gouze. — *Aimargues (Moynier Claude)* : 14 prairial an II, champ 4 cart. 3 quart. 26 dext., 5350 liv.

1523. Valette Honoré, cult., à Vergèze. — Voy. Lacombe Etienne.

1524. Valette Jean, agr., à Cincens. — *Calvisson (Gourbiglion Denis)* : 8 fruct. an II, vigne 104 dext., 835 liv.

1525. Valette Jean, cult., à Vergèze. — *Le Cailar (Baschy F.)* : 21 vent. an III, pré 6 cart. 1 quart. 4 dext., 5200 fr. (1).

1526. Valette Jean et Emin Isaac, cult., à Vergèze. — *Le Cailar (Baschy F.)* : 6 germ. an III, pré 5 cart., 6150 liv. ; pré 4 cart. 1 quart. 3 dext., 4600 liv.

1527. Valhien Louis, à St-Géniès-de-Comolas.— *St-Géniès-de-Comolas (Sicard J. A.)* : 12 therm. an II, partie de maison 26 cannes de couvert, aire 2 pougn. 1 lid., 1770 liv.

1528. Vallat Antoine, à Roquemaure. — *Roquemaure (Ebray, Mathieu fils)* : 6 fruct. an II, terre 7 ém., 1450 liv. ; — *Roquemaure (Bellon Gabriel)* : 17 fruct. an II, maison 7 cannes 6 p. couvert, 465 l. ; — *Roquemaure (Régis C. J.)* : 22 vend. an III, pré 60 perches, 2150 liv.

1529. Vallat Pierre, à Cavillargues. — *Cavillargues (Nicolay)* : 10 frim. an III, pré 1 ém. 3 boiss. 1/2 lid., 320 liv. ; 21 frim. an III, terre 2 ém. 3 boiss., 280 liv. (2).

1530. Vallord François, cult., à Combas. — *Com-*

(1) Déclara avoir agi pour Auzière Jean, de St-Laurent-d'Aigouze.

(2) Cette dernière terre fut rétrocédée à Nicolay, le 5 flor. an X, par Vallat Benoit (M⁰ Allemand, not. à Cavillargues), et le pré par Vallat Jean, le 30 juin 1808 (même not.).

bas (*Narbonne-Pelet*) : 7 germ. an II, olivette et bergerie au mas de Cannat 2 sét. 1 quart., 1200 l. ; 21 germ. an II, olivette 2 sét. 3 quart. 8 dext., 35 l. ; 22 germ. an II, bois 65 sét., 795 liv.

1531. Vanel Jacques, tonnelier à St-Gilles. — *St-Gilles (Eymini)* : 8 germ. an II, vigne 2 1/2 cart., 5175 liv.

1532. Varlet Jacques, à Aimargues. — *Aimargues (Fabrot R.)* : 5 pluv. an II, terre 1 1/2 arpent 1 boiss. 2 1/2 perches, 1200 liv. (1). — Voy. en outre Courtiol Pierre, Pélissier André et Soulier Etienne.

1533. Vasse Jean-Louis, à Villeneuve. — *Les Angles (Forbin J. J.)* : 24 fructidor an II, terre 2 salm., 2475 liv.

1534. Vedel Etienne fils. — *Junas (Panelier-Montgrenier)* : 12 therm. an II, terre 7 sét. 1 quart. 2 dext. et vigne 2 sét., 3000 liv.

1535. Velay Jean. — *Aramon (Sauvan P. P. A.)* : 14 mess. an II, terre 2 ém., 520 liv.

1536. Vendiol François, charron, à Remoulins. — *Remoulins (Bastet-Crussol)* : 5 pluv. an II, terre 1 sal. 4 ém. 1 1/2 vest., 4290 liv.

Verdier-Chabanel Antoine-Maurice, à Nimes. — Voy. Roubel Jean aîné.

1537. Verdier Louis, agr., à Alais. — *(Lafare-Latour L. P.)* : 11 flor. an II, vigne-olivette 14 quart., 2575 liv.

1538. Verdier Pierre, à St-Bonnet. — *St-Bonnet (Vissec L. A. M.)* : 22 pluv. an II, pré 1 sét. 4 dext., 2325 liv.

1539. Verger Paul, meunier, à St-Côme. — *St-*

(1) Déclara avoir agi pour Sabatier Pierre.

Côme (Rochemore St-Côme) : 1 vent. an II, pré et olivette 508 dext., 1840 liv.

1540. Vergier François, à St-Géniès-de-Comolas. — *St-Géniès-de-Comolas (Sicard J. A.)* : 11 therm. an II, trois vignes 6 ém. 5 pougn. 3 lid., 1367 liv.; 12 therm. an II, trois terres 3 ém., 990 liv.

1541. Vergier Jean-Pierre, à St-Géniès-de-Comolas. — *St-Géniès-de-Comolas (Sicard J.A.)* : 11 therm. an II, trois vignes 6 ém. 3 pougn. 3 lid., 1330 liv.

1542. Vergier Joseph, à St-Géniès-de-Comolas.— *St-Géniès-de-Comolas (Sicard J. A.)* : 11 therm. an II, trois vignes 6 ém. 16 pougn. 3 lid., 756 liv.

1543. Vergier Louis, à St-Géniès-de-Comolas. — *St-Géniès-de-Comolas (Sicard J. A.)*: 11 therm. an II, trois vignes 10 ém. 5 pougn. 3 lid., 1360 liv.

1544. Vergues Fulcrand, à Alzon. — *Alzon* et *Campestre (Saubert-Larcy A. F. L.)* : 5 pluv. an II, partie de la métairie de Larcy, comprenant : bâtiments 26 cannes 2 pans de sol, autres 9, cour 22, jasse 32, four 6, cabaux, et hermes, jardin, terres, aire, prés, champs, châtaign., chênes, pâturages, 310 sét. 7 quartes 1 boiss. 28 dext., 39000 liv. (1).

1545. Verrot Raymond-Louis. — *St-Gilles (Coriolis Firmin)* : 23 fruct. an IV, maison, cour et terrasse, en tout 13 pièces, 118 toises 5 pieds et 11 pouces, 5490 liv. (2).

1546. Verun Paul, cult., à Combas. — *Combas (Narbonne-Pelet)* : 6 germ. an II, terre 9 sét. 1 quart. 7 dext., 2650 liv.; terre 6 sét. 1 quart. 5 dext., 6400 liv.; terre 11 sét. 2 quart., 3100 liv.; — 7 germ.

---

(1) Fut déchu et ces biens furent attribués à Mesd. de Larcy par le partage du 27 germinal an VII.

(2) Vente de gré à gré.

an II, bois 14 sét. 4 quart. 36 dext. (en trois parties), 1050 liv.; — 21 germ. an II, moulin à huile, paillère et cour 1 quart. 9 1/2 dext., 4020 liv. terre 3 quart. 15 dext., 235 liv.

1547. Verun Pierre, cult., à Combas. — *Combas* (*Narbonne-Pelet*) : 6 germ. an II, pré 2 quart. 6 dext. 1450 liv.

Vesson Pierre, ag., au Cailar. — Voy. Fabre Jean.

1548. Veux Jean, à Roquemaure. — *Roquemaure* (*Bellegarde Louis*) : 31 vend. an III, vigne-olivette 33 perches, 95 liv.

1549. Veux Pierre, à Roquemaure. — *Roquemaure* (*Régis C. J.*) : 22 vend. an III, vigne 1 arpent 76 perches, 605 liv.

1550. Vézinet David, à Avèze. — *Montdardier* (*d'Assas F. C.*) : 29 germ. an II, chataign., pât. et herme 4 sét. 4 boiss., 540 liv.

1551. Viala Jacques, à Lasalle. — *Saint-Bonnet* (*Vissec L. A. M.*) : 24 pluv. an II, pré, mûriers, châtaig., herme et partie de maisonnage de l'ancien château, 11 sét. 6 dext., 22000 liv. — Voy. en outre Alméras Louis.

1552. Vianel Barthélemy, cult., à Lussan. — *Lussan* (*Drummont-Melfort*) : 29 vend. an III, terre 1 ém. 5 boiss., 48 liv. 15 s.

1553. Vidal Claude, à Pujaut. — *Pujaut* (*Raousset-Boulbon*) : 1 fruct. an II, terre 2 sal., 1625 liv.

1554. Vidal Esprit, à Pujaut. — *Pujaut* (*Raousset-Boulbon*) : 1 fruct. an II, terre 2 sal., 1625 liv.

1555. Vidal Gédédeya, nég., à Nimes. — *Nimes* (*Fabrot R.*) : 27 vent. an II, maison rue Dorée 4 per-

ches 1 toise 1 pied 4 pouces 3 lignes, 10700 liv. (1) ;
terre 3 sal. 3 3/4 ém., 13850 liv. — *Nimes (Entrai-*
gues) : 2 flor. an II, domaine de Cabane 3 ém. 2 dext.
en couvert et cour et 51 sal. 6 ém. 11 dext. en jardin, terres et vignes, 30800 liv. — Voy. en outre
Brunel Jacques et Roubel Jean aîné.

1556. Vidal Gilles. — *Sommières (Gautier J. J.*
fils) : 29 prair. an III, partie de maison, 17000 liv.

1557. Vidal Jacques, agr., à Aigremont. — *Aigre-*
mont (Rochemore - Aigremont) : 3 therm. an II, olivette 8 quart. 2 boiss., et terre 4 quart. 1 boiss., 1025 l.

1558. Vidal Jean, agr., à Aujac. — *Aujac (Lafare-*
Latour L. P.) : 12 mess. an II, châtaig. 6 sal., et terre
5 quart., 6225 liv.

Vidal Jean, à Mandagout. — Voy. Mercier Louis.

Vidal Joseph, à Nimes. — Voy. Vidal Gédédeya.

1559. Vidal Joseph, à Pujaut. — *Pujaut (Raousset-*
Boulbon) : 1 fruct. an II, terre 2 sal., 1625 liv.

1560. Vidal Joseph-Bruno, à Pujaut. — *Pujaut*
(Raousset-Boulbon) : 1 fruct. an II, vigne 2 sal.,
581 liv.

1561. Vidal Laurent, à Pujaut. — *Pujaut (Raous-*
set-Boulbon) : 1 fruct. an II, terre 2 sal., 1625 liv.

1562. Vidal Marc, à Pujaut. — *Pujaut (Raousset-*
Boulbon) : 1 fruct. an II, terre 2 sal., 1525 liv.

1563. Vidal Moyse, nég., à Nimes. — *Nimes*
(Fabrot R.) : 27 vent. an II, terre 1 sal. 5 ém.,
6500 liv. ; 3 germ. an II, terre 190 dext., 1400 liv.

1564. Vidal Pierre, à Pujaut. — *Pujaut (Raous-*
set-Boulbon) : 28 prair. an II, olivette 1 sal. 6 ém.
2 pougn., 2575 liv.

(1) Déclara avoir agi pour Vidal Joseph.

1565. Viel André, cult., à Aimargues. — *Aimargues (Bastet-Crussol)* : 5 frim. an III, champ 3 quart., 1850 liv. (1) ; 6 frim. an III, terre 10 cart. 19 quart. 30 dext., 4466 liv. (2). — Voy. en outre Mauméjean Guillaume.

1566. Viel André, Mauméjean Guillaume, Berlen Jacques, Berlen Pierre aîné et Mauméjean Charles, cult., à Aimargues. — *Aimargues (Bastet-Crussol)* : 5 frim. an III, terre 8 cart. 1 quart. 32 dext., 6900 l.

1567. Viger Antoine, fab. de molleton et maire, à Sommières. — *Fontanès (Narbonne-Pelet)* : 21 germ. an II, basse-cour, remise, paran, poulaillier, écurie, grenier à foin 10 quart., 11000 liv. ; château incendié, parterre, prés, bois, vigne et olivette 12 sal., 61000 liv. ; 8 fruct. an II, terre-olivette et herme 39 sal., 26100 liv. ; vigne 3 sal., 1300 liv. ; vigne 3 sal. 2 quart., 1550 liv. ; vigne 1 sal. 12 quart., 825 liv. ; vigne et bois 5 sal., 5600 liv. — *Gajan (Bastet - Crussol)* : 5 vent. an III, maison, cour, cellier, remise, bergerie, etc., terres, vignes, pât. et aire 973 sét. 2 quart. 20 dext., 118000 liv. (3).

1568. Vignal Martin, à Saint-Julien-de-Peyrolas. — *Saint-Julien-de-Peyrolas (Vogüé)* : 11 prair. an II, terre 7 ém. 1 boiss., 320 liv.; terre 5 salm. 4 ém. 4 boiss., 3550 l.

1569. Vignaud Jacques, fournier, à Montfrin. — *Montfrin (Monteynard)* : 10 niv. an II, four et vieille remise, 1550 l.

1570. Vignaud Jean, à Beaucaire. — *Beaucaire*

---

(1) Déclara avoir agi pour Daniel Sébastien, d'Aimargues.

(2) Déclara avoir agi pour Barascut Pierre, nég., à Lodève.

(3) Viger était alors administrateur du district.

(*Chaumont-Guitry*) : 21 brum. an V, terre 3 salm. 2 ém., 9284 fr. (1).

1571. Vigne Louis, trav., à Montfrin. — *Montfrin* (*Monteynard*) : 10 niv. an II, maison, ancienne boulangerie et cour, 1550 liv.; 11 niv. an II, terre 5 ém., 1575 l.

1572. Vigouroux Antoine, à Saint-Laurent-d'Aigouze. — *Saint-Laurent-d'Aigouze* (*Lancrisi*): 30 pluv. an II, terre 3 cart. 1 quart. 19 dext., 8650 liv.; terre 3 cart. 1 quart. 14 dext., 7950 l. (2) ; terre 4 cart. 3 quart. 3 dext., 10550 liv. (3); 1 vent. an II, terre 3 quart. 22 dext., 1300 livres. — *Aimargues* (*Moynier Claude*) : 14 prair. an II, champ 5 cart. 1 quart. 31 dext., 6475 liv. — Voy. en outre Chapel Pierre.

1573. Vigouroux Jean dit La Plume, cult., à Saint-Laurent-d'Aigouze. — *Saint-Laurent-d'Aigouze* (*Moynier C.*): 18 germ. an II, terre 3 quart. 10 dext., 650 l. (4).

1574. Vigouroux Michel, cult., à Gallargues. — *Gallargues* (*Rochemore-Gall.*) : 11 vent. an II, vigne 1414 dext., 10390 liv.; 12 vent. an II, vigne 6417 dext., 59000 liv.

1575. Vigouroux Pierre, à Gallargues. — *Gallargues* (*Rochemore-Gall.*) : 12 vent. an II, remise, écurie, grenier à foin, caves, cour, en tout 30 dext., 2050 l.

(1) Vente de gré à gré.

(2) Déclara avoir acquis cette pièce pour Chapel Pierre, de Saint-Laurent-d'Aigouze.

(3) Déclara avoir acquis cette pièce pour Plane Isaac fils, de St-Laurent-d'Aigouze.

(4) Déclara avoir acquis pour Guilliarmet Jean, de Saint-Laurent-d'Aigouze.

1576. Viguier Etienne, à Aulas. — *Aulas (Mercier J. F.)* : 26 niv. an II, terre 9 1/2 dext., 120 liv.

1577. Villa Jean-Dominique, docteur en médecine, à Calvisson. — *Uchaud (Fabrot R.)* : 3 germ. an II, maison, cour, jardin, olivette, vigne, le tout clos 1100 dext., 34000 liv.

1578. Villard Louis, fabr. d'eau-de-vie, à Vauvert. — *Le Cailar (Baschy F.)* : 2 vent. an III, champ 6 cart. 1 quart. 32 dext., 7600 l.; pré 4 cart. 2 quart., 5000 liv.; pré 5 cart., 13600 liv.; pré 5 cart., 12400 liv. (1).

Villas Jean, hote, à Alzon. — Voy. Ollivier Antoine.

1579. Villas Pierre-Mathieu fils. — *Alzon* et *Campestre (Saubert-Larcy A. F. L.)* : 5 pluv. an II, prépommiers 1 sét. 3 quart. 2 boiss., ribeiral, maison et paran 33 dext., moulin à blé et terrain 1 quart. 2 boiss., le tout 7500 l. (2).

1580. Ville Charles, à Roquemaure. — *Roquemaure (Bellon Gabriel)* : 17 fruct. an II, deux terresprés 7 sal. 10 poug., 4824 l. — *Roquemaure (Régis C. G.)* : 22 vend. an III, partie de maison, couvert 48 l., cour 12 l., 4050 l.; maison 36 t. 2/3 couvert, cour et jardin 1 arpent 30 perc., 8600 liv.

Villeméjane Julie-Michel, au Vigan. — Voy. Michel Pierre fils.

Villeneuve-Vence, à Saint-Étienne-des-Sorts. — Voy. Delaage Villeneuve-Vence.

1581. Villete Jérôme, à Roquemaure. — *Roque-*

(1) Déclara avoir acquis cette dernière pièce pour Burgata Jean fils, de Vauvert.

(2) Déclara avoir agi pour Compan François, propr., à Campestre. Il fut déchu et les biens furent attribués à Mme de Larcy par le partage du 27 germ. an VII.

maure (*Bellon Gabriel*) : 17 fruct. an II, partie de maison 7 cannes 4 pans couvert, 820 l.

1582. Villiers Jacques, à Roquemaure. — *Roquemaure* (*Régis C. J.*) : 22 vend. an III, partie de maison 30 l. couvert, 1575 liv. ; maison 17 t. couvert, cour 20 t., 900 liv.

1583. Vincent Etienne, préposé au marché au blé, à Nimes. — *Nimes* (*Fabrot R.*) : 27 vent. an II, maison aux Bourgades 15 toises 3 pieds 3 pouces, 1820 l.

Vincent Jacques-Mathieu, faiseur de bas, à Uchaud. — Voy. Vincent Louis.

1584. Vincent Jean, à Cavillargues. — *Cavillargues* (*Nicolay*) : 10 frim. an III, pré 1 ém. 1 boiss. 2 1/2 lid., 220 l. ; 21 frim. an III, herme 1 sal. 1 boiss. 2 lid., 265 l. ; terre 1 sal. 1 ém. 2 boiss. 1 1/2 lid., 5125 l. ; château et basse-cour, 12100 l.

1585. Vincent Jean-César, agr., à Aimargues. — *Aimargues* (*Journel*) : 4 frim. an III, terre 2 cart. 3 quart. 18 dext., 4700 liv. ; —*St-Gilles* (*Eymini*) : 5 frim. an III, chènevière 83 dext., 3100 l. (1); —*Aimargues* (*Bastet-Crussol*) : 6 frim. an III, champ 3 cart. 2 quart. 26 dext., 5000 liv. (2).

1586. Vincent Louis, chirurgien, à Uchaud. — *Vestric* (*Montmorency-Robecq*) : 16 flor. an II, terre 435 dext., 2225 l. (3).

1587. Vincent Pierre, à Barjac. —*Barjac* (*Hugonet*) : 4 prair. an II, vigne 756 cannes, 260 liv.

1588. Voitel Pierre, au Vigan. — *Pommiers* (*d'As-*

(1) Déclara avoir agi pour Coumoul Jean, de St-Gilles.

(2) Déclara avoir agi pour Pomier Jean-Pierre, négociant, à Montpellier.

(3) Déclara avoir agi pour Vincent Jacques Mathieu, faiseur de bas, à Uchaud.

sas *F. C.*) : 1 pluv. an II, pré et pommiers 4 sét. 3 quart. 5 boiss., 3000 l. (1).

1589. Volpclière Thomas, à Thoiras. — *St-Bonnet* (*Vissec L. A. M.*) : 3 pluv. an II, pré, terre, vigne 15 sét. 1 quart. 14 dext., y compris l'ancienne église de Saint-Bonnet acquise depuis peu par Vissec et contenant 14 cannes 3 1/2 pans, 8200 liv.

1590. Vouland Mathieu, à Uzès. — *St-Firmin* (*Bastet-Crussol*) : 28 pluv. an II, moulin à blé et ses dépendances, pré 1 sal. 9 ém. 9 vest., 30000 liv.

1591. Zode Jacques, cult., à Vestric. — *Vestric* (*Montmorency Robecq*) : 21 flor. an II, terre 381 dext., 1225 liv.

---

(1) Fit élection, le 4 mess., en faveur de Teissier Pierre, nég., à Avèze.

TABLE

PAR ORDRE ALPHABÉTIQUE

DE NOMS D'ÉMIGRÉS

AGUIER François, ci-devant chanoine.
Saint-Gilles, 25 vendémiaire an XIV, 6 (1).

Aguier François-Alexis, ci-devant chanoine, fils de Mathieu et de Marie Sénilhac, était « un jeune homme à peine sorti des écoles, ayant un bénéfice dont il jouissait à peine depuis un an, et dont les revenus furent employés cette année à l'acquittement de certaines dettes du Chapitre.... Il était logé et nourri dans la maison, comme ses frères et sœurs..... » (Lettre de sa mère, 2 prair. an III, *arch.*, *dép.* 1, Q, 1, 49).

Le 12 germinal an II, il avait été déclaré émigré ; il s'était embarqué à Aiguesmortes, le 26 août 1792, sur la tartane *la Saint-André*, en même temps que son oncle Jacques. Il retourna en France « lorsque la paix fut rendue à l'église ; il paraît que sa vocation ecclésiastique n'avait pas été spontanée, aussi fut-il peu édifiant, » dit M. Goiffon (*Saint-Gilles, son abbaye, son grand prieuré, sa paroisse*, Nimes, 1882, p. 146).

AIGREMONT. Voyez ROCHEMORE.

(1) Les chiffres romains correspondent aux noms des acquéreurs dont la liste précède.

ALBIGNAC (Claude-François d'), ci-devant maître
de camp de cavalerie, habitant Millau (Aveyron). .

Lanuéjols, 8 nivôse an II, 372, 882.

Son mobilier de Lanuéjols fut vendu 517 fr. 15 s., le 18 fructidor an II.

Claude-François d'Albignac, vicomte de Castelnau, habitait Mandagout avant son émigration, et Châteauneuf-de-
Mézenc (Drôme) à son retour en France. Il mourut le 30 Novembre 1821. De son mariage avec Jeanne-Henriette-Gabrielle
de Sambucy, il avait eu deux enfants : 1° Jean-Louis-Nestor
d'Albignac, né le 2 mars 1777, demeurant à Châteauneuf-de-
Mézenc ; 2° Agathe-Philippine d'Albignac qui se maria, le
17 floréal an XIII, avec Scipion-François-Louis de Chansiergue, de Pont-Saint-Esprit, et mourut le 14 juillet 1822 laissant deux enfants : *a* Paulin-François-Théodore de Chansiergue, né le 31 mars 1806 ; *b* Marie-Hélène-Gabrielle-
Laure de Chansiergue, née le 19 juillet 1807, mariée le 22
Novembre 1824 à Marie-Henry-François-Louis de la Bruyère, demeurant à Montélimart. Ces deux derniers et leur oncle
Jean-Louis-Nestor d'Albignac réclamèrent l'indemnité. Mais
l'actif de l'émigré ne montait qu'à 35.520 fr., tandis que son
passif s'élevait à 121.194 fr. Aussi ne voyons-nous pas qu'il
ait donné suite à leur réclamation.

ALBIGNAC (Jean-Charles d') demeurant au Vigan.

Mandagout, 1 frimaire an III, 12 ; 15 frimaire an
III, 1404.

L'émigré avait, paraît-il, cinq frères ou sœurs. Mais en
1825 la plupart avaient disparu. Les réclamants furent :
1° Magdeleine-Philippine d'Albignac, sa sœur et son héritière
pour moitié ; 2° Benoît-Alexandre d'Albignac, baron d'Arre,
et Louis d'Albignac, chevalier d'Arre, ses neveux, tous deux
fils de Louis d'Albignac, baron d'Arre, décédé. La liquidation
ayant été fixée à 237.06 + 118.53, passif déduit de l'actif, la
première obtint 5 fr. de rente et chacun de ses deux neveux
4 fr.

ALMÉRAS Joseph , condamné pour fabrication de faux assignats.

Salinelles, 9 vend. an III, 27, 529, 776.

Son mobilier fut vendu, savoir : le 3 prairial an II, 2631 l.; le 8 vend. an III, 670 l. 15 s. — On envoya à la monnaie de Paris, le 25 germ. an II, 2460 liv. en pièces d'or trouvées dans sa maison.

Joseph Alméras s'était marié le 2 janvier 1783 (Me Bonnaud, not.) avec Françoise Boissier (décédée le 8 mai 1792) laquelle avait un fils naturel, Jacques Nicol, domicilié à Lèques. (*Arch. dép.* 1, Q, 1, 45, n° 50).

Celui-ci demanda la distraction, sur les biens confisqués à Alméras, de ceux ayant, d'après lui, appartenu à sa mère. Rejeté le 8 therm. an II (ibid.).

ARAMON. Voy. SAUVAN.

ARRE. Voy. ALBIGNAC (Jean-Charles d').

ASSAS (François-Clément d'), officier de marine, demeurant au Vigan.

Arrigas, 3 pluv. an II, 263, 289, 770, 1417.

Dourbies, 11 niv. an II, 985.

Montdardier, 24 frim. an II, 142, 1107 ; 25 niv. an II, 50, 613, 754, 1139 ; 16 pluv. an II, 1485 ; 26 pluv. an II, 50, 317, 854, 855, 990, 1405, 1407 ; 27 pluv. an II, 50, 214, 317, 399, 871, 990 ; 7 vent. an II, 9 ; 27 germ. an II, 50, 217, 705, 854, 941, 1351, 1416, 1490, 1550.

Pommiers, 1 pluv. an II, 341, 375, 385, 883, 1411, 1491, 1588.

Rogues, 24 frim. an II, 142.

Vigan (Le), 6 niv. an II, 752 ; 7 niv. an II, 906 ; 9 niv. an II, 8, 1107 ; 10 niv. an II, 613, 755 ; 11 niv.

an II, 48, 386, 398, 754, 807, 808, 1520 ; 8 fruct. an IV, 1248.

Le comte d'Assas-Montdardier (François-Clément), fils unique de Jacques-François et d'Élisabeth Faventine (mariage du 14 juin 1763), marié le 16 octobre 1787, à Madeleine-Delphine Aguze, légataire universel d'Aguze-Lavalette, était capitaine de vaisseau en retraite, chevalier de Saint-Louis et membre du conseil général du Gard, lorsqu'il réclama, le 24 novembre 1827, au sujet de son bordereau d'indemnité dressé le 10 août 1825.

Ce bordereau fut liquidé à 28.800 fr. 23 et le propriétaire dépossédé reçut un titre de 864 fr. de rente annuelle et perpétuelle. — Pour les biens acquis par sa femme, il n'y eut pas d'indemnité à accorder, l'État n'ayant touché aucune somme ; bon nombre d'autres biens avaient été rachetés par d'Assas, directement ou par personnes interposées.

D'Assas avait passé pour mort en 1792 (*Arch. dép.* 1, Q. 2, 23, p. 121).

Avant d'émigrer, il séjourna deux mois et demi à Lyon où il s'était rendu sous prétexte de faire connaissance avec des parents de sa femme.

Assas (Jean-Charles-Marie d'), demeurant au Vigan. *Montdardier* et *Le Vigan*, 14 décemb. 1809, — 405.

François d'Assas (décédé à Bintestadt) avait eu cinq enfants de son mariage avec Marie Finiels qui mourut le 9 mars 1784, savoir :

1° Louis, tué à Costercamp le 16 octobre 1760 ; 2° Michel-Jean, mort à la Rochelle en 1761 ; 3° François, marié le 12 mars 1749 à Marie-Anne-Charlotte de Ginestoux, décédé le 15 juillet 1761 ; 4° Jeanne ; 5° Marie-Magdeleine.

François d'Assas, second du nom, eut un fils Jean-Charles-Marie, l'émigré dont il s'agit, qui se maria, le 9 février 1787, avec Élisabeth Etnant, d'Alais, d'où une fille, Anne d'Assas, qui épousa le marquis d'Urre (Maurice-Jacques-François) et réclama l'indemnité.

Mais nos renseignements sur la liquidation de cette indemnité sont contradictoires. D'après les uns, le propriétaire dépossédé, « capitaine au 11ᵐᵉ régiment de cavalerie, ci-devant royal, émigré, » serait entré en possession de ses biens ; un bordereau du 20 février 1826, porte cependant qu'il a été payé 61.905 fr. 95 de dettes à sa décharge et qu'il revient, à lui ou à ses ayant-droits, 7.649 fr. 36 (ou 7.659 d'après la décis. de liquid. déf. du 21 août 1826) représentés par une rente de 230 fr. dont le titre dût être retiré par la marquise d'Urre.

AYMINI. Voy. EYMINI.

BARON Jean-Jacques, demeurant à Nimes.
Fourques, 18 prair. an VI, 121.
Saint-Gilles, 30 flor. an XIII, 120.

Baron réclama lui-même l'indemnité. Son bordereau, du 2 septembre 1825, s'élève à 19.000 fr., de laquelle somme il fallait déduire 5.482 fr. 75 payés à sa décharge pour les biens acquis par Louis Baron, son frère ; il fut liquidé à 13.517 fr. 25 et Jean-Jacques Baron retira un titre de rente de 570 fr.

BARRE Jean fils aîné, ex-officier d'infanterie au ci-devant régiment d'Haynault, demeurant à Nimes.
Brignon, *Moussac* et *Nozières*, 5 mess. an IV, 121 bis.

Barre (de) Jean, maréchal des camps et armées du roi, chevalier de St-Louis, déclara, par une lettre datée de Nimes le 16 novembre 1825, n'élever aucune réclamation au sujet de son bordereau d'indemnité du 10 juillet précédent se soldant par 541 fr. 50, en vertu duquel il lui fut attribué une rente de 16 fr.

Il était simple capitaine au régiment ci-devant d'Haynault lorsque, en 1792, il fut déclaré émigré.

BASCHY François, ex-marquis, demeurant à Paris.

Cailar (Le), 16 niv. an III, 172, 226, 231, 348, 628, 1047, 1278, 1364, 1494 ; 17 niv. àn III, 226, 231, 628, 828, 932, 1143, 1279, 1494 ; 27 niv. an III, 184 ; 28 niv. an III, 184 ; 1 vent. an III, 183, 359, 525, 656, 974, 1002, 1047, 1455 ; 2 vent. an III, 160, 525, 745, 746, 974, 1002, 1047, 1455, 1578 ; 3 vent. an III, 449, 1249, 1367, 1393, 1447 ; 9 vent. an III, 183, 521, 540, 546, 975, 1002, 1011, 1012, 1014, 1047, 1229 ; 10 vent. an III, 974, 975, 1002, 1150, 1151, 1230 ; 16 vent. an III, 2.7, 525, 975, 1002, 1027, 1415 ; 17 vent. an III, 406 ; 21 vent. an III, 88, 183, 1394, 1525 ; 26 vent. an III, 900, 974, 976, 1027, 1028, 1029, 1041, 1230 ; 27 vent. an III, 900, 1014 ; 6 germ. an III, 195, 291, 436, 554, 1002, 1033, 1086, 1195, 1232, 1526 ; 22 flor. an III, 525, 900, 1002, 1003, 1077, 1502 ; 23 flor. an III, 237, 378, 484, 555, 703, 919, 949, 1002, 1028, 1077, 1143, 1149, 1230 ; 24 flor. an III, 377, 378, 824, 919, 1049 ; 25 flor. an III, 448, 525, 698, 1143 ; 20 flor. an V, 1002 ; 30 brum. an XII, 232.

Nîmes, 21 fruct. an V, 127.

BASCHY François et BASCHY Caroline.

Cailar (Le), 1 brum. an IV, 765, 1077, 1143 ; 28 brum. an IV, 1009.

Vauvert, 1 vend. an IV, 484 ; 1 brum. an IV, 299.

BASCHY Françoise-Caroline.

Cailar (Le), 5 mess. an IV, 701 ; 19 fruct. an IV, 183 ; 25 frim. an V, 1002 ; 8 therm. an V, 183 ; 24 pluv. an VI, 183, 1364, 1448 ; 7 mess. an VI, 1394 ; 21 fruct. an VI, 183.

Vauvert, 1er jour complémentaire an IV, 1098.

Le mobilier de Baschy fut vendu, savoir : *Le Cailar*, 10

avril 1793. — 91 l. 13 s. ; *Aimargues*, 25 flor. an III, 1600 l. ;
Nimes, 19 déc. 1792, — 941 l. 13 s., et 17 therm. an IV, 8625 l.

Le bordereau d'indemnité, du 29 juillet 1825, s'appliquant
tant aux biens de Baschy qu'à ceux de sa fille, s'élève à
421.406 fr. 59, d'où il fallait déduire 5.915 fr. de dettes
payées à la décharge des propriétaires dépossédés (liquidé
cependant à 425.799 fr. 79. Rente 12.774 fr.).

Dans ce bordereau ne figure pas la maison de Nimes vendue le 21 fructidor an V, qui fait l'objet d'un autre bordereau,
du 23 juillet 1825, montant à 14.400 fr. pour l'actif et à
23.189 fr. pour le passif.

François de Baschy mourut le 6 prair. an X, à Lyon, et
Françoise de Baschy, sa fille, le 12 avril 1819.

François de Baschy avait une sœur, Henriette-Lucie-Made-
leine de Baschy, épouse de François de Monteynard (Voy.
Monteynard) laquelle eut un fils Hector-Joseph, marquis de
Monteynard, qui, tant en son nom (pour moitié) qu'au nom
de son enfant mineur Henri-Raymond de Monteynard, (né le
11 juin 1811) héritier pour l'autre moitié, réclama, en 1826,
l'indemnité lui revenant pour la maison de Nimes qui appartenait à sa mère suivant un acte de partage fait entre elle et
François de Baschy le 3 août 1789.

Gabrielle-Pauline de Baschy du Caila, comtesse de Turenne
réclama aussi, mais se désista ensuite ; elle avait répudié le
legs à elle fait d'usufruit par feue Caroline-Françoise de
Baschy, sa nièce, domiciliée à Montpellier et décédée le
12 avril 1819 (acte reçu au greffe du trib. de Montpellier le
12 mai 1819). Demande rejetée le 15 nov. 1828.

Le titre de 12.774 fr. de rente fut remis au comte de
Turenne (Henri-Amédée-Mercure), son mari, légataire universel de la dépossédée.

Baschy Hercule-Philippe-Etienne, ex-colonel de
dragons.

Beauvoisin, 1 floréal an XI, 129.

Son mobilier fut vendu, le 3 prairial an III, 8250 livr.

Le bordereau d'indemnité, du 20 août 1825, s'élève à 27.284 fr. 40 et indique qu'il a été payé 148.388 fr. de dettes à la décharge du propriétaire dépossédé. Liquidé à 27.28 4 fr.40. Rente 818 fr.

En 1826, Hercule-Philippe-Etienne de Baschy, comte du Cayla, propriétaire dépossédé, était Pair de France, gentilhomme de la chambre du roi et lieutenant général de ses armées. Il habitait Paris ; sa réclamation pour cause de lésion fut rejetée par le préfet le 31 Décembre 1827.

BASTET-CRUSSOL (François-Emmanuel), duc d'Uzès.

Aimargues, 12 messidor an II, 543, 757, 1026, 1161, 1163, 1461 ; 27 messidor an II, 1015, 1166 ; 5 frimaire an III, 113, 172, 343, 378, 629, 697, 788, 908, 919, 921, 1022, 1193, 1228, 1348, 1565, 1566 ; 6 frimaire an III, 401, 536, 789, 869, 921, 1163, 1228, 1299, 1454, 1469, 1565, 1585 ; 21 brumaire an V, 1089 ; 25 pluviose an V, 1306 ; 22 brumaire an XII, 1345.

Bellegarde, 4 therm. an IV, 320.

Le Cailar, 5 flor. an II, 131, 436, 900, 1002.

La Capelle, 30 fruct. an III, 972.

Castillon-du-Gard, 15 flor. an II, 737.

Gajan, 5 vent. an III, 41, 1100, 1111, 1567.

Montaren, 14 flor. an II, 316.

Montignargues, 26 brum. an IV, 127.

Remoulins, 24 niv. an II, 737 ; 5 pluv. an II, 37, 150, 337, 362, 363, 419, 439, 463, 652, 729, 737, 747, 768, 769, 857, 858, 859, 943, 950, 962, 1034, 1052, 1053, 1158, 1206, 1218, 1347, 1379, 1536.

Sagriès, 4 brum. an V, 720.

St-Firmin, 26 pluv. an II, 840 ; 27 pluv. an II, 80, 130, 155, 1287 ; 28 pluv. an II, 1590.

St-Géniès-de-Malgoirès, 19 fruct. an III, 127.

St-Hilaire-d'Ozilhan, 15 flor. an II, 737.

St-Maximin, 4 brum. an V, 720.

St-Quentin, 26 pluv. an II, 1013 ; 27 pluv. an II, 136, 875, 1146.

St-Siffret, 26 pluv. an II, 80, 822, 875 ; 27 pluv. an II, 1146.

Uzès, 29 vent. an II, 244, 1013 ; 25 pluv. an VI, 945.

Son mobilier fut vendu, savoir : Uzès, les 13-27 oct. et 24 nov. 1792 et 12-15 janv. 1793, — 21.115 liv. 16 s. ; 21 therm. an VI, 1005 fr. 75 ; 8 vent. an VII, 291 fr. ; Gajan, 17 germ. an II, 307 liv.

Un bordereau d'indemnité, du 2 juillet 1825, fixe l'actif à 870.430 fr. 08 et le passif à 60.307 fr. 69. Un autre bordereau d'indemnité du 26 fév. 1826, s'élève à 953.959 fr. dont 7.150 fr. 82 montant des dettes payées à la décharge du propriétaire dépossédé.

Marie-François-Emmanuel de Crussol, duc d'Uzès, premier pair de France, lieutenant général des armées du roi, etc.., fils de l'émigré qui était décédé à Paris le 1er germ. an X, se déclara lésé par cette fixation d'indemnité. Le 31 déc. 1827, le Préfet proposa de fixer provisoirement à 473.064 fr. 80 le montant de la lésion.

Le 25 août 1830, à suite de cette réclamation, bordereau supplémentaire de 461.744 fr. 52 pour les 6/11e des marais de Bellegarde, désignés autrefois sous les noms des Franchises et des Contrats, cédés par l'Etat à la compagnie concessionnaire du canal d'Aiguesmortes à Beaucaire, suivant traité du 27 flor. an IX (16 mai 1801). Mais cette réclamation fut repoussée par la Cse (17 déc. 1832).

Sur François-Emmanuel de Crussol, voy. d'Albiousse, *Histoire des ducs d'Uzès*, p. 237 et suiv.

BAUDOUIN Jean-Baptiste.

Canaules, 3 vend. an III, 714.

« Baudoin, notre ci-devant curé, s'est rétracté de son serment... il a décampé depuis... il y a au moins six mois que nous n'avons eu aucune nouvelle du Sr Baudoin... » Lettre des off. mun., 29 oct. 1792 (*Arch. dép.* I. Q. I. 51.)

Baudouin avait, en effet, prêté le serment constitutionnel en sa qualité de curé de St-Nazaire-des-Gardies.

BEAUVOIR-ROURE-BRISON. (François-Denis-Auguste), demeurant à Paris.

Anduze, 16 fruct. an III, 751.

Lézan, 1 vend. an IV, 181, 426, 874, 1128.

Massillargues-Atuech, 27 prair. an II, 425, 426, 427, 561, 1037; 29 prair. an II, 181, 426, 721, 1037, 1175; 8 niv. an V, 482.

St-Nazaire, 11 therm. an II, 284, 482.

Tornac, 11 fruct. an III, 283, 812, 431, 459, 1429; 17 mess. an IV, 984.

Le bordereau d'indemnité, du 7 juillet 1825, s'élève à 145.451 fr. 17, rectifié le 18 août à 145.553 fr. 41; le 12 février 1828, une note rectificative indique que le passif (dettes payées à la décharge du propriétaire dépossédé) est de 128.568 fr., ce qui réduit le restant net à 16.985 fr. 41.

L'émigré laissa cinq enfants pour héritiers, savoir :

1° Denis-Scipion de Grimoard de Beauvoir du Roure de Beaumont, comte de Brison, lequel, étant décédé, fut représenté par ses deux enfants, Marie-Louise-Gabrielle-Charlotte et Marc-Gabriel-Scipion de Grimoard de Beauvoir du Roure de Beaumont de Brison, mineurs, assistés de Augustine-Joséphine-Henriette de Sacriste de Tombebeuf, leur mère et tutrice légale, demeurant à Grandchamp.

2° Nicolas-Louis-Auguste de Grimoard de Beauvoir du Roure de Beaumont, comte de Brison, maréchal des camps et armées du roi, chevalier de plusieurs ordres, demeurant à Paris, rue Christine n° 9, (fils aîné), né le 25 août 1753.

3° Anne-Henriette de Grimoard de Beauvoir du Roure de

Beaumont Brison, épouse de François-Camille marquis de Veyrac, laquelle, étant décédée, fut représentée, en 1826, par Jean-François-Théodore baron de Veyrac, maire du Puy (Haute-Loire) et le chevalier de Veyrac (François-Camille-Jules) demeurant à Vals, près le Puy, ses fils.

4° Denise-Alexandrine de Grimoard de Beauvoir, épouse du comte d'Hauteroche d'Hulst, qui eut un fils, Anne-Marie-François-Alexandre-Thomas-Scipion Lesage d'Hauteroche d'Hulst (marié à Claudine-Anne-Pauline Grimoard Beauvoir du Roure de Beaumont Brison) lequel, étant décédé, était représenté, en 1826, par Camille-Louise-Denise Lesage d'Hauteroche d'Hulst, sa fille mineure, assistée de sa mère.

· 5° Marie-Gabrielle du Roure Brison, épouse du comte Ange-Jean-François-Humbert de Grattet du Bouchage, demeurant à Ste-Agrève, près Grenoble.

Ils firent tous une réclamation pour cause de lésion, et le Préfet émit l'avis, le 31 déc. 1827, que cette lésion devait être fixée à 398.627 fr. 64 ; ils furent renvoyés devant les tribunaux par la Commission de liquidation.

— « M. de Brison père fit donation entre vifs, en 1778, à M. le comte du Roure, son fils, de la terre et baronnie de Tornac et Atuech ; en 1782, lors de son mariage, il lui donna toutes ses autres terres, Largentière, etc... M. le comte donataire eut le malheur de perdre, en 1788, avec la reine Marie-Antoinette, les barons et autres personnages de la Cour, quatre cent mille fr. Le roi Louis XVI, informé de sa perte, l'exile et le nomme vice-roi au Sénégal, en Afrique. Les lois révolutionnaires sur la vente des biens d'émigrés ne parvenant à ce pays que dans un long espace de temps , il fallait qu'il donna un certificat de résidence ; il lui fut impossible. Que fit-on alors ? on lui fait vendre ses terres sur la tête de son père qu'on suppose avoir émigré, tandis qu'il était allé alors à Chambéry marier une de ses demoiselles et que ses biens, d'après les donations faites à son fils, ne lui appartenaient plus. Voilà, Monsieur, de quelle manière M. le comte du Roure a été dépouillé de ses biens... » (Lettre de V. Perot not. à Anduze, proc. fondé du comte du Roure, à M. Donzel, secrét. en chef du bureau des Contributions à la préfecture, 2 juin 1816, *Arch. dép.* 3 Q, 1, 12).

Un arrêté du département de l'Ardèche, du 7 therm. an V, qui le raye de la liste des émigrés, porte :

« Que le citoyen Brison n'est sorti de France avec sa femme et sa fille, dans le courant de l'été de 1791, muni d'un passeport de la municipalité de Grenoble, que pour aller prendre les eaux de Boisse ; que pendant le séjour qu'il y fit, on lui proposa le mariage de sa fille Gabrielle avec le ci-devant duc de Bellegarde dont la négociation exigea une longue correspondance avec la cour de Saxe, au service de laquelle était ledit Bellegarde ; que ce mariage eut lieu le 25 janvier 1792 ; que son gendre étant décédé 14 jours après, il se vit dans la plus grande nécessité de prolonger son séjour auprès de sa fille, soit pour la consoler dans son affliction, soit pour l'aider de ses conseils dans une suite d'affaires auxquelles cet évènement donna lieu... ; que led. citoyen Brizon rentra au mois d'octobre 1792 et vint fixer sa résidence dans la commune de St-Fortunat ; qu'il y a résidé sans interruption depuis le 18 nov. suivant jusqu'à ce jour.... »
Arch. dép. 3 Q. 1, 13.

Le même arrêté indique que Brison était « natif de Largentière. »

BELLEGARDE Louis, vitrier, demeurant à Roquemaure.

Roquemaure, 21 vend. an III, 661, 1548.

Son mobilier fut vendu, le 28 fructidor an II, 112 l. 11 s. Le bordereau d'indemnité, du 28 novembre 1827, s'élève à 468 fr. 82. Rente 14 fr. . Le propriétaire dépossédé mourut le 3 vend. an VI, laissant deux enfants: Jacques-Marie-Louis, décédé avant la loi d'indemnité, « égaré dans la retraite de Russie en 1812 » dit un document, et Marie-Françoise, née le 21 nov. 1780, épouse de Jean-Louis Imbert, réclamante en 1828, qui obtint la totalité.

BELLON Gabriel, demeurant à Roquemaure.

Roquemaure, 17 fruct. an II, 75, 249, 277, 480, 658, 662, 750, 834, 1060, 1242, 1528, 1580, 1581.

Son mobilier fut vendu, le 15 fév. 1793, 401 liv. 10 s.

Le bordereau d'indemnité, du 29 juill. 1825, s'élève à ?236 fr. 79 c. — Rente 277 fr.

Gabriel-Marie-Pierre-Charles de Bellon, prop. dépossédé, était, en 1827, colonel de la 16ᵐᵉ Légion de gendarmerie royale à Marseille.

Il retira le titre de rente indiqué.

BÉRANGER Jean - François, officier au régiment Royal-Auvergne, hab. Le Vigan.

Aulas, 26 niv. an II, 562.

Bez, 26 niv. an II, 1036.

Bréau, 15 pluv. an II, 293.

Dourbies, 11 niv. an II, 621.

Salagosse, 4 pluv. an II, 519.

Valleraugue, 11 niv. an II, 621.

Son mobilier du Vigan fut vendu, les 17 et 19 oct. 1793, 1687 fr. 10 s.

Le bordereau d'indemnité, du 10 août 1825, s'élève à 31831 fr. 20 c., d'où on a déduit 4900 fr. de dettes payées à la décharge du dépossédé. Il fut liquidé à 26931 fr. 20 c., représentés par un titre de rente de 808 fr.

Le marquis de Béranger-Caladon (Jean-François), dont il s'agit, était chevalier de Saint-Louis, domicilié à Toulouse, rue Montgaliard, 6, lorsque, par lettre du 18 nov. 1825, il déclara renoncer à une plus forte indemnité.

BÉRARD Marie - Thérèse - Victoire, de Bezouce.

Bezouce, 6 brum. an IV, 1348.

Le bordereau d'indemnité, du 8 avril 1826, s'élève à 3857 fr. 04 c., représentés par une rente de 116 fr.

Cette indemnité fut réclamée par Marie-Thérèse-Victoire de Bérard de Montalet, elle-même, née le 24 décemb. 1761, qui n'avait pas émigré et habitait Paris depuis 1784. Elle obtint satisfaction.

Une de ses créancières, Louise-Marguerite-Pastourel de Cabrières, épouse de Louis-Théodore Plantier de Montvert, domiciliée à Marvéjols (Lozère), prétendait bien à cette indemnité, mais sa demande fut jugée « inadmissible ».

BERNIS. Voy. PIERRE.

BLANC-PASCAL Pierre.
Nimes, 21 fruct. an II, 1155, 1207.

Pierre Blanc, marié à Anne Pascal le 21 avril 1781, avait une fille, Anne Blanc, mineure en l'an III.

Anne Pascal prouva que les biens vendus sur la tête de son mari lui appartenaient à elle personnellement. Par suite, le directoire du district émit l'avis, le 5 germ. an III (*Arch. dép.* 5, Q, 8, n° 792), de prononcer la nullité des ventes faites et d'en accorder la récréance à la pétitionnaire.

La vente fut annulée (10 flor. an III, *Arch. dép.* 5, Q, 9, n° 10) par le directoire du département.

Blanc-Pascal fut rayé de la liste des émigrés le 19 nivôse an III.

BOISSET François père et BOISSET Jean, son fils, conscrit réfractaire.
Saint-Gilles, 3 avril 1810, 1352.

BOULBON. Voy. RAOUSSET.

BOURBON-CAPET Louis-Stanislas-Xavier, frère du roi. (S. A. R. Mgr Louis-François-Xavier, fils de France, Monsieur, plus tard S. M. Louis XVIII).
Bagnols, 21 germ. an II, 139, 301, 838, 1147, 1311.

On vendit, le 2 germ. an III, au prix de 1000 liv. le charbon trouvé dans ses magasins d'Alais.

L'indemnité revenant à « S. M. Louis XVIII » s'élevait à 6.389 fr. 90, d'après un bordereau du 28 nov. 1827, mais les créances s'élevaient ensemble « à environ 12 millions. » (Lettre préf., 31 oct. 1828, *arch. dép.* 4 Q, 4).

Elle fut réclamée par divers créanciers, savoir :

1° Jeanne Jomard, veuve de Leconte, chevalier des Graviers, comme légataire du prince de Conti, lequel était créancier du prince émigré d'environ onze millions;

2° Alix-Marie-Madeleine Papillon de la Ferté, épouse de Graville représentant les héritiers de Denis-Pierre-Jean Papillon de la Ferté, créancier d'une somme de 774000 fr. ;

3° Jean-Baptiste-Hercule Roussel, créancier de 18815 fr ;

4° Hélène-Madeleine Bouvet de Lozin, veuve d'Anglade, et ses co-héritiers, créanciers de 40000 fr ;

5° Toussaint-Nicolas Oudry, Lépine, etc. etc...

Mais toutes ces réclamations furent rejetées.

Le château de Portes lui appartenait : « La vente en serait vainement offerte même à un prix au-dessous de l'estimation (12000 liv.) et il est certain qu'une construction pareille coûterait aujourd'hui près d'un million...,» écrivait le district d'Alais à la commission des revenus nationaux, le 3 mes. an III (*arch. dép.* 1 Q, 2, 1).

BOURBON et ROHAN-MONTBAZON, présumés héritiers de ROHAN-SOUBISE.

Roquemaure, 27 therm. an II, 166, 395, 572, 593, 643, 662, 666, 750, 954, 956, 961, 983, 1182, 1190, 1296, 1474.

Le bordereau d'indemnité, du 2 mai 1826, s'élève à 138.632 fr. 39. Une note rectificative, du 28 nov. 1827, indique qu'il faut déduire le quart de cette somme pour biens engagés, de sorte que l'indemnité était réduite à 103.974 fr. 29 ; mais c'était une erreur, et le 13 déc. 1828, l'indemnité fut maintenue à 138.632 fr. 39. — La lésion fut estimée à 345.270 fr. 95 par le préfet (13 juin 1829).

Le maréchal prince de Soubise (Charles), était mort le 2 juillet 1787 ; un inventaire du même mois établit que les Condé sont ses héritiers pour moitié et Mme de Gueméné, pour l'autre moitié.

Ces héritiers furent :

1° S. A. R. Mgr le duc de Bourbon (Louis-Henri-Joseph de Bourbon Condé, duc de Bourbon), pour un quart, réclamant ;

2° Mlle de Condé (Louise-Adelaïde de Bourbon-Condé) sa sœur (pour un quart), décédée le 10 mars 1824, laissant pour seul héritier (d'après un acte de notariété du 2 août 1824) le duc de Bourbon, son frère ;

3° Armande-Victoire-Joseph de Rohan-Soubise, épouse de Henry-Louis-Marie de Rohan, prince de Gueméné,décédé le 21 sept. 1807, laissant (d'après un inventaire du 20 janv. 1808) la moitié de sa succession à Marie-Louise-Joséphine de Rohan-Gueméné, sa fille, épouse du prince de Rohan-Roche-fort (Charles-Louis-Gaspard), née le 14 avril 1765, réclamante, et l'autre moitié à sa petite-fille Berthe-Antoinette-Aglaé de Rohan, fille de Charles-Allain-Gabriel de Rohan-Montbazon « inhabile à succéder en France », réclamante. — Le prince Jules-Armand-Louis de Rohan, autre fils d'Armande, né le 20 oct. 1768, est aussi au nombre des réclamants; deux de ses autres fils, Charles-Alain-Gabriel de Rohan, susnommé, et Victor-Mériadie de Rohan, renoncèrent à la succession par acte du 28 février 1828.

BOURRET Louis, cadet, cultivateur, d'Arles.

Fourques, 23 flor. an II, 680, 724, 843, 948, 1094, 1408, 1452 ; 24 flor. an II, 680, 896, 947, 968, 1001, 1076, 1094, 1452.

Produisit un certificat de résidence daté de Lyon 4 octobre 1792 (*Arch. dép.* I, Q, 1, 51); fut déclaré émigré le 25 frim. an II.

Boyer Barthélemy-Laurent.

Camprieu, 1 pluv. an V, 1496.

L'indemnité, d'après un état, s'élevait à 6646 fr. 86 c. — Rente 199 fr.

Elle fut réclamée par Barthélemy-Laurent Boyer de Camprieu, chev. de Saint-Louis, lui-même, domicilié à Poissy (Seine-et-Oise). C'était le fils de la douairière de Camprieu, domiciliée à Sauve, et d'Étienne-Barthélemy Boyer.

Du mariage d'Étienne-Barthélemy Boyer, décédé le 14 niv. an III, avec Suzanne Nordéngh, étaient nés quatre enfants :

1° Louise-Françoise, domiciliée à Ganges ;

2° Sophie, domiciliée à Ganges ;

3° Marie-Adélaïde, épouse de François Teulon, domiciliée à Valleraugue ;

4° Barthélemy-Laurent, émigré.

Bragouze François-Guillaume (et non Antoine), demeurant à Meyrueis (Lozère).

Saint-Sauveur, 8 niv. an II, 319, 1521.

Le bordereau d'indemnité, du 8 mai 1826, s'élève à 36.276 f. Rente 1.088 fr.

François-Guillaume Bragouze, *émigré*, fils de Pierre et de Thomassy ...., né le 15 juin 1744, marié le 25 mai 1785, mourut le 21 vend. an XIV, laissant pour héritiers ses frères et sœurs, savoir :

1° Sylvestre-Antoine, né le 24 février 1748, mort le 9 août 1825 ;

2° Jean-Baptiste, né le 24 janvier 1754, mort le 21 janvier 1815 ;

3° Louis Bragouze de Saint-Sauveur, prêtre et chanoine de l'église cathédrale de Mende, né le 7 décembre 1756, *réclamant* ;

4° Louis-François Bragouze de Saint-Sauveur, né le 1er mars 1760, chevalier de Saint-Louis, demeurant à Paris, *réclamant ;*

5º Marie Bragouze de Saint-Sauveur, née le 28 avril 1765, veuve de Simon Boudier Larribal de Boisson, demeurant à Alais, *réclamante.*

L'émigré, né et décédé à Meyrueis, était chevalier de Saint-Louis, ex-capitaine-commandant au régiment de Languedoc-infanterie, habitant Meyrueis. Son mobilier avait été vendu à Saint-Sauveur, le 5 septembre 1793, 1125 liv. et les 16-18 prairial an II, 5435 liv. 5 s.

BRÉMOND SAINT-CHRISTOL, de Montélimar.
Villeneuve, 12 fruct. an II, 440.

Le bordereau d'indemnité, du 5 octobre 1825, s'élève à 10.426 fr. 50 c., d'où il fallait déduire 22.736 fr. de dettes payées à la décharge du propriétaire dépossédé ; de telle sorte que l'excèdent du passif sur l'actif était de 12.309 f. 50 c. Liquidé cependant à 10.426 fr. 50 c. — Rente 313 fr.

Antoine-Jacques-Jules Brémond de Saint-Christol, baron d'Eyrolles, décédé à Paris le 14 therm. an XI, avait laissé pour seule et unique héritière sa sœur, Marie-Françoise-Angélique de Brémond de Saint-Christol, épouse Benoît de Saint-Christol (Jean-Benoît), domiciliée à Valiguières, dont le fils était substitut au Vigan; elle qui obtint l'indemnité.

Cette indemnité fut réclamée aussi par le marquis Antoine-Jean-Louis-Camille de Lattier, époux de Marie-Françoise-Henriette Barbier de Villecrose de Buis, domicilié à Aimargues, héritier en la jouissance de la moitié des biens de sa femme, et par Marie-Jeanne Gaudibert, religieuse, héritière testamentaire de Catherine-Charlotte-Camille-Henriette de Lattier, tous deux héritiers de Barbier de Valcrose qui était propriétaire de la nue-propriété des biens confisqués à l'émigré ; mais cette demande fut rejetée.

BRISON. Voy. BEAUVOIR.

BROCHE-DESCOMBES cadet (Charles-Joseph-Régis), demeurant au Pont-Saint-Esprit.
Pont-Saint-Esprit, 21 fruct. an II, 208, 466, 467.

Le bordereau d'indemnité, du 13 juillet, 1825 s'élève à 10.455 fr. Rente 314 fr.

En 1826, le dépossédé était juge de paix à Remoulins et chevalier de Saint-Louis. Il réclama l'indemnité.

Broche n'avait pas émigré. Il établit qu'il avait habité Saint-Julien-de-Peyrolas du 9 mai 1792 au 26 niv. an III ; précédemment il était à Lyon, où il résida six mois ; il fut en conséquence rayé de la liste des émigrés, par arrêté du directoire exécutif du 14 vend. an V.

BRUGES Marie-Jean-Louis, demeurant à Vallabrègues.

Vallabrègues, 18 fruct. an II, 51, 81, 82, 84, 115, 205, 416, 723, 740, 781, 861, 881, 888, 889, 890, 891, 901, 902, 903, 936, 973, 1081, 1316.

Son mobilier fut vendu, le 6 frim. an II, 1082 liv. 16 s.

Le bordereau d'indemnité, du 31 mars 1826, s'élève à 22.956 fr. 90, mais il avait été payé 54.018 fr. 67 de dettes à la décharge du propriétaire dépossédé ; d'où un déficit de 31.091 fr. 77. Liquidé cependant à 13272 fr. 90. Rente 398 fr.

L'émigré mourut le 31 janvier 1807. L'indemnité lui revenant fut réclamée par ses enfants, savoir :

1° Louis-André-Hyacinthe comte de Bruges, né le 27 août 1761 ;

2° Henriette-Cornélie-Catherine-Jeanne-Alexandrine comtesse de Golowshin, veuve de Henri-Alphonse vicomte de Bruges qui avait laissé un fils mineur, Louis-Gabriel-Pierre François de Bruges, et une fille Marie-Charlotte-Appolonie de Bruges, épouse du comte de la Roche-Lambert, demeurant à Paris ;

3° Marie-Gabrielle-Gasparde de Bruges, veuve d'Inguimbert, demeurant à Valréas ;

4° Emmanuelle-Joséphine-Suzanne-Marguerite de Bruges, épouse de Charles-Jean-Pierre Cabot marquis de Lafare, demeurant à Florac.

CABOUX Jacques, demeurant à Brignon.

Brignon et *Castelnau*, 27 fruct. an III, 122.

Son mobilier de Brignon fut vendu 332 liv. 17 s. 6 d., le 20 février 1793.

Caboux Jacques, négociant à Marseille, n'avait pas émigré. Il avait quitté Brignon en juin 1790 pour se rendre à Paris où il résida jusqu'au 12 juin 1792, époque à laquelle il fut « employé à la suite des hôpitaux ambulants de l'armée du Rhin » à Wissembourg ; — directeur d'un hôpital le 19 mai 1793, employé en cette qualité à Molsheim le 7 juin 1793, à Colmar le 24 brum. an IV jusqu'au 21 therm. an V. Le 4 vend. an VI, il quitta le territoire français pour obéir à la loi du 19 fruct. an V, et se rendit en Suisse, par Bâle, ayant été porté sur la liste des émigrés.

De retour à Paris, le 30 mess. an IV, d'après un ordre du ministre de la police, il demanda sa radiation de la liste des émigrés. Le 15 brum. an VII, nous le trouvons à Lyon en route pour se rendre à l'armée d'Italie en qualité d'agent principal des hôpitaux militaires.

Son décès est constaté par un jugement d'homologation du tribunal d'Alais, du 8 déc. 1826.

L'indemnité lui revenant fut fixée à 14.403 fr. 60 et attribuée par moitié, savoir :

1° A Anne-Amélie-Jeanne de Gignoux, épouse de Barthélemy Bianquis, héritière dans la ligne maternelle.

2° A Françoise Chabaud, veuve Massadau, et à Pierre Chabaud, son frère, héritiers dans la ligne paternelle.

Chaque ligne eut un titre de rente de 216 fr.

CALADON. Voy. BÉRANGER.

CAMBIS Charles-François, officier de marine, demeurant à Avignon.

Boisset-et-Gaujac, 16 fruct. an III, 1301.

Lézan, 7 fruct. an II, 331 ; 11 fruct. an II, 93, 135, 354, 376 ; 13 fruct. an II, 147 ; 15 fruct. an II, 110,

494, 623, 991 ; 18 fruct. an II, 1301, 1374, 1438 ;
1 vend. an III, 1110 ; 3 vend. an III, 95, 307, 327 ;
5 vend. an III, 308, 1433, 1437, 1481 ; 7 vend. an III,
104, 329, 911 ; 23 vend. an III, 269, 274, 1368.

Liouc, 7 brum. an III, 528.

Quilhan, 16 prair. an II, 1136 ; 16 flor. an II, 112,
262, 278, 387, 526, 675, 712, 856, 1136, 1173, 1269,
1410, 1505, 1506.

Sardan, 21 pluv. an II, 683 ; 16 flor. an II, 684.

Son mobilier de *Lézan* fut vendu, le 22 avril 1793-2868 fr. 45.
Dans le bordereau d'indemnité, l'article *Boisset-et-Gaujac*
est compris sous le titre *Lézan* ; et on aurait en outre vendu,
le 21 pluv. an II, au prix de 10200 liv. en assignats, « un
moulin à eau et à farine » que Cambis possédait à Quissac.

Ce bordereau, du 17 mai 1826, s'élève à 83629 fr. 72 ; il
avait été payé 22065 fr. de dettes à la décharge du propriétaire dépossédé. Liquidé à 60964 fr. 72. Rente 1829 fr.

Le comte Charles-François de Cambis-Lézan, ancien capi-
taine des vaisseaux du roi, chevalier de Saint-Louis et de
Saint-Lazare, mourut le 19 juillet 1825 à Sours, près Chartres
(Eure-et-Loir).

L'indemnité fut réclamée par :

1° Claire-Melchior de Cambis, née le 12 mars 1757, ancienne
chanoinesse, demeurant à Versailles, au Château, cour des
Princes n° 9, légataire universelle en usufruit de tous les
biens du Comte de Cambis, son frère, aux termes de son testament olographe, du 20 juin 1825, déposé le 27 juillet en
l'étude de M⁰ Peluche, notaire à Chartres.

Le vicomte Joseph de Cambis, propriétaire à Sours, son
frère, qui avait droit pour moitié au dit legs en usufruit,
était décédé à Sours le 22 octobre 1825.

2° Antoinette-Marie-Charlotte-Delphine de Cambis, née le
5 janvier 1785, épouse d'Auguste-Louis-Etienne-Désiré de
Lamolère, né le 15 mars 1783, propriétaire au château de
Sours.

3° Anne-Marie-Luce-Gasparine de Cambis, née le 14 décembre 1788, épouse de Jean-Baptiste-Marie-Charles-Antoine marquis de Loyac, né le 17 mai 1788, chevalier de la Légion d'honneur, sous-intendant militaire à Chartres.

4° Adrienne de Cambis, née le 7 vend. an III, épouse d'Auguste-François de Trémault, né le 24 nov. 1787, propriétaire au château de Sours.

Ces trois dernières, légataires universelles pour chacune un tiers de la nue-propriété des biens du Comte, leur oncle.

Sur leur réclamation pour cause de lésion, le préfet estima que le montant de cette lésion était de 53654 fr. 98 (20 déc. 1827).

CARBONNIER Charles, demeurant à Aimargues.
Aimargues, 27 vend. an V, 988.

On vendit, le 11 germ. an II, au prix de 5623 liv. 1 s. 6 d., le mobilier de Jean Carbonnier, son père, agriculteur à Aimargues.

Le bordereau d'indemnité, du 20 fév. 1826, s'élevait à 553 fr. 86; mais il était erroné. Il en fut dressé un autre, le 19 juin 1826, montant à 196 fr. 45 seulement, rectifié le 21 août et élevé à 222 fr. 70. Rente 7 fr.

L'indemnité fut réclamée par Claire Carbonnier, épouse de Jean Pélissier, domiciliée à Aimargues, fille unique du propriétaire dépossédé.

Charles Carbonnier, fils de Jean, s'était marié le 5 avril 1784 avec Marie Martin. « Son penchant l'a toujours mis dans le cas de se comporter comme un mauvais père et mauvais mari. » (Délib. du Direct., 25 vent. an II, *Arch. dép.* 5 Q. 7, et 5 Q. 7 n° 21).

CARME Jean-César, prêtre déporté, demeurant à Cornillon.
Cornillon, 4 therm. an II, 345, 404, 453, 466.

Son mobilier fut vendu, le 8 prairial an II, au prix de 117 liv. 1 s.

Le bordereau d'indemnité, du 1er mars 1826, s'élève à 1669 fr. 40 c. — Rente 50 fr.

Cette indemnité fut réclamée par :

1° François-Joseph Carme ;

2° François-Scipion Carme ;

3° Marc-Paul Carme.

Les deux premiers étaient frères du propriétaire dépossédé; le troisième était fils de Joseph-Léon Carme, autre frère du propriétaire dépossédé, décédé.

Carme Jean-Antoine-César était mort à Issirac. Ex-curé du Garn, il avait été déclaré émigré le 30 vent. an II ; il s'était exilé ; il revint prendre ses fonctions en 1797 ; il fut arrêté le 13 oct. 1799 et emprisonné à Bagnols et à Nîmes, « jusqu'au moment où la paix fut rendue à l'Église ». (*Goiffon, Dictionnaire du diocèse de Nîmes*, Nîmes, 1881, p. 131).

CASTRIES. Voy. LACROIX.

CAYLA. Voy. BASCHY.

CHAMPLOIX LA BAUME, ex-conseiller à la Cour des Aides d'Aix.

Bagnols, 9 vent. an II, 560.

Saint-Firmin, 9 germ. an II, 134.

Saint-Siffret, 9 germ. an II, 218, 557.

Uzès, 9 germ. an II, 895.

L'indemnité aurait-elle était réclamée par « Mlle de la Baume », fille de feu de Bonnet de la Baume, conseiller au parlement d'Aix, « qui périt à Lyon victime de la Révolution » ? (Lettre de Melchior Brémond, Aix, 19 août 1826, *Arch. dép.*, 4 Q. 1). Ce la Baume est-il l'émigré en question ?

CHAUMONT-GUITRY Jacques-Georges-Henry, demeurant à Bienfait, district de Lisieux.

Aimargues, 1 prair. an II, 525, 1204.

Beaucaire, 13 fruct. an II, 1164, 1214, 1293; 19 mess.

an IV, 1426; 15 vend. an V, 845 ; 7 brum. an V, 1099 ;
21 brum. an V, 1570 ; 6 pluv. an VII, 1290 ; 23 mess.
an VII, 45, 114, 630, 818, 905, 1427.

Bellegarde, 22 therm. an IV, 394.

Cailar (Le), 2 flor. an II, 342, 402, 1459.

Lèques, 21 vend. an III, 222, 223, 311, 422, 603, 695,
728, 790, 820, 1457, 1489.

Son mobilier fut vendu, savoir : à *Aimargues*, le 25 germ.
an II, 100 liv. 10 s., à *Lèques*, les 11 et 26 vent. an III,
3932 liv. 12 s., à *Sommières*, le 19 février 1793, 829 liv.

L'état d'indemnité, du 2 août 1825, s'élève à 252.842 fr. 14 c.,
d'où il fallait déduire 25.480 fr. de dettes payées à la décharge
du propriétaire dépossédé.

Cet état ne fait aucune mention de biens situés à Aimargues. Il y a là une erreur de l'acte de vente, puisque le marquis de Guitry (Victor - Jacques - Guy - Georges - Henry de
Chaumont), propriétaire dépossédé, — né le 19 novembre 1765,
à Saint-Germain-de-la-Campagne, diocèse de Lisieux, fils de
Jacques-Guy-Georges-Henry, chef de brigade des gardes du
corps du roi, chevalier de Saint-Louis, marquis de Guitry,
baron d'Orbec et de Bienfait, etc., et de Marie-Victoire de
Margeot de Saint-Ouen, — colonel de cavalerie, domicilié à
Villeneuve-Saint-Georges (à Paris, rue de l'Université, 67,
en 1816), approuve l'état par une lettre du 7 juillet 1825, tout
en signalant de simples erreurs de calcul.

Deux de ses terres, au quartier de Lussan, avaient été
concédées à la Sénatorerie de Nimes, par arrêté préfectoral
du 22 fruct. an XII. Il en réclamait la restitution, et, si cette
restitution n'était pas opéré, il était reconnu qu'il lui revenait
une indemnité supplémentaire de 4.104 fr.

L'émigré fit observer que la somme de 25.480 fr. déduite
était également portée dans ses bordereaux d'indemnité pour
l'Hérault et le Calvados et ne devait l'être que sur l'un d'eux.
— Liquidé à 252.844 fr. 90 c. — Rente 7.585 fr.

CHANSIERGUE-DUBORD Pierre-Louis.

Pont-Saint-Esprit, 2 nov. 1809, 460.
Saint-Alexandre, 2 nov. 1809, 460.

Cet émigré mourut le 24 prair. an XIII, laissant deux enfants :

1° Sauveur-Antoine Chansiergue-Dubord, né le 25 déc. 1759,
officier supérieur en retraite, chevalier de Saint-Louis, domicilié à Pont-Saint-Esprit ;

2° Thérèse Chansiergue-Dubord, épouse de François Graf-
fand de Laval, qui mourut laissant pour héritiers ses enfants : *A.* Pierre-Louis, qui céda à Sauveur-Antoine Chansiergue, son oncle, ses droits sur la succession de son aïeul ;
B. Marie-Thérèse-Alexandrine-Marguerite, épouse de Pierre-
Jules-Dorié d'Albiouse, qui mourut laissant pour héritiers
ses deux enfants Adolphe et Honorine, dont le père céda ces
droits à Sauveur Chansiergue ; *C.* François-Antoine-Sau-
veur-Auguste ; *D.* Thérèse-Ursule-Philippine-Félicité ;
E. Jean-François-Eugène ; *F.* Marie-Joséphine-Clotilde,
morte en bas âge, au nom desquels leur père, François Graf-
fand de Laval, avait, le 8 mars 1806, cédé ses droits succes-
sifs à Sauveur-Antoine Chansiergue.

Esprit Chansiergue, troisième enfant de l'émigré, était
décédé le 27 fruct. an X.

De telle sorte que Sauveur-Antoine Chansiergue-Dubord
avait seul droit à l'indemnité.

Cette indemnité fut liquidée à 4521 fr. 54, représentés par
une rente de 130 fr. qui fut allouée.

D'après le bordereau d'indemnité, du 29 juillet 1825, l'émigré aurait pour prénom « Antoine » ; c'est donc lui-même qui
aurait racheté. (Voir N° 460).

CLUMAN. Voy. TAXIS.

COSTLOGON Alain-Emmanuel-Félicité, demeurant
à Beaucaire.

Beaucaire, 16 therm. an VI, 573 ; 11 fruct. an VI;

1813 ; 27 fruct. an VI, 76, 189, 320, 777, 1432 ;
6 brum. an VII, 1432, 1495 ; 16 brum. an VII, 681.

Son mobilier fut vendu, le 3 flor. an III, 2120 liv. 10 s.

L'indemnité, d'après un état, s'élevait à 68245 fr. 74, mais
le passif était de 70.632 fr. 76. Liquidé à 61 518 fr. Rente
1846 fr.

Elle fut réclamée par :

1° Jean-Baptiste-Félicité de Coëtlogon (comte), demeurant
à Rambouillet, adjudant du Château royal ;

2° Alain de Coëtlogon (marquis), demeurant à Paris, fils de
Alain-Emmanuel-Félicité, marquis de Coëtlogon, propriétaire
dépossédé, lequel était mort à Turin le 23 avril 1800.

Un arrêté de l'administration départementale du Gard, du
27 ventôse an V, l'avait rayé provisoirement de la liste des
émigrés ; mais le Directoire exécutif considéra cet arrêté
« comme un acte surpris à sa faiblesse ou rédigé par la mau-
vaise foi, » Coëtlogon ne justifiant « ni de sa résidence sur le
sol de la république française, ni d'aucune exception qui lui
soit légalement applicable, » et le nom de Coëtlogon fut définitivement maintenu sur la liste des émigrés. (7 flor. an VI, *Arch.
dép.* 3 Q 1, 13).

CLAUSONNETTE. Voy. ROQUES.

CONSEIL Jean-Alexandre-Bonaventure.
Aiguesmortes, 23 flor. an V, 433.

« Conseil, ci-devant capitaine du régiment ci-devant Bour-
gogne se trouve soupçonné d'être dans ce cas (émigré)...
C'est du bien de sa femme, mais nous croyons qu'il en a la
jouissance... » (Lettre des off. mun. d'Aiguesmortes, 17 juin 1792,
Arch. dép. 1 Q 1. 51).

CONTE Pierre-Célestin et CONTE Marie, frère et
sœur, co-succédants pour 1/5 à Jeanne Conte veuve
Charpentier.

Aiguesmortes, 11 brum. an IV, 1143.

Leur mobilier fut vendu, les 25 niv. — 2 pluv. an III, 1059 l. 15 s.

La nation était aux droits de Pierre-Célestin Conte et de Marie Conte, émigrés, qui avait hérité de leur sœur Jeanne. Les autres ayant droit étaient Etienne-Antoine Conte, Honoré-Jean Conte, Michel Conte, Jeanne Conte, Baptiste Conte, Jean-Paul Conte, Jean Marazel, Marie Conte, Rosalie Conte, autre Jeanne Conte, Marthe Demoutier, du chef de ses enfants, Victoire Conte, Brigitte Conte, Jean Conte, tous d'Aiguesmortes, héritiers chacun de 1/15 à prélever sur le prix de la vente.

CORIOLIS Firmin, ex-chanoine, ci-devant bénéficier du Chapitre.

Saint-Gilles, 23 fruct. an IV, 1545.

Son mobilier fut vendu, les 8—13 pluv. an III, 8073 liv. 5 s.

Louis-Firmin Coriolis, chanoine, doyen de la ci-devant Collégiale de Saint-Gilles (chapitre supprimé en janvier 1791) avait alors 59 ans. Il se retira à Marseille au commencement de 1792 et y resta jusqu'au 23 juillet, date à laquelle il se déporta « volontairement ».

« Se trouve à ce que l'on dit en Italie ».

Louis-Firmin de Coriolis Puy-Michel, doyen du Chapitre de Saint-Gilles, revint plus tard à Saint-Gilles, où il mourut en 1805. *Goiffon, Saint-Gilles*, op. cit. p. 145.

CORTOIS DE BALORE Pierre-Marie-Madeleine, ex-évêque.

Bouillargues et *Garons*, 6 brum. an IV, 143.

Son mobilier fut vendu, les 17 therm. an II et 25 fruct. an III, 678 + 105000 = 105678 liv.

Balore refusa de prêter le serment constitutionnel. Il fut remplacé, en février 1791, par Dumouchel. En 1792, il se réfugia en Hollande, puis à Zurich, donna sa démission après le Concordat et se retira à Polisy, près Bar-sur-Aube, où il mourut le 18 octobre 1812, à l'âge de 76 ans.

Les biens saisis sur son nom appartenaient, apparemment, au clergé nimois, ce qui explique l'absence de toute réclamation ultérieure.

COURTOIS Jean.

Fourques, 1 niv. an II, 30, 158, 159, 458, 798, 805, 843, 896, 1075, 1094, 1408, 1452.

Son mobilier et celui de sa mère née Virgile, furent vendus, à Beaucaire, le 30 novembre 1792, 5242 liv. 14 s.

Le bordereau d'indemnité, du 13 juillet 1825, s'élève à 32068 fr. 80. Rente 962 fr.

Courtois (de) Jean-Baptiste-Gabriel-Anne, chevalier de Saint-Louis, propriétaire dépossédé, époux de Marie-Eulalie-Victoire Gros, demeurant à Beaucaire, fit, en 1827, une réclamation pour cause de lésion ; le préfet exprima l'avis que cette lésion était de 868 fr. (23 déc. 1827).

Il avait émigré. Il rentra dans ses foyers en vertu d'une lettre du ministre de la police du 24 prair. an IX. *Arch. dép.* 3 Q. I, II.

CROTTAT Louis et CROTTAT frères, demeurant à Tavel.

Chusclan, 3 therm. an II, 466, 1365 ; 5 flor. an VI, 527.

Le bordereau d'indemnité, du 29 juillet 1825, s'élève à 7027 f. Rente 210 fr. Un autre bordereau applicable, à « Crottat frères » seulement et comprenant quement la vente du 5 flor. an IV, ne s'élève qu'à 6436

Le chevalier de Crottat (Loui chevalier de Saint-Louis et de la Légion d'honneur, un des propriétaires dépossédés, demeurant à Paris, rue de Seine, 68, neveu et légataire universel de Crottat Louis, dit, dans une lettre du 5 déc. 1825, que les deux articles vendus le 3 therm. an II, appartenaient à ce dernier, que son frère (père du réclamant) en avait la jouissance, qu'ils ont été vendus après le décès de celui-ci et que c'est à tort que l'administrateur les a fait vendre sous les noms de Crottat frères.

La seconde indemnité de 6136 fr. 20 fut réclamée par Henri-François-Alfred de Crottat, né à Paris le 19 oct. 1804.—fils de Pierre-François Crottat, l'un des propriétaires dépossédés, ancien commandant de place au fort de Peccais, décédé au dit fort le 8 mars 1832 (Rente 1841.).

Les deux émigrés étaient « domiciliés ci-devant à Saynes (Ardèche). »

CROY (de) François - Philippe - Marcelin , prêtre, demeurant à Saint-Victor-de-Malcap, (condamné à mort par le Tribunal révolutionnaire de Nîmes le 16 pluv. an II).

Uzès, 11 vend. an III, 725.

Le bordereau d'indemnité, du 22 sept. 1825, s'élève à 3317 fr. 60 « pour mémoire ».

La demande d'indemnité fut rejetée par la commission de liquidation.

Elle avait été présentée par Charles-Auguste de Croy, frère et unique héritier du propriétaire dépossédé. « Il a renoncé, » dit un état.

Le 24 fruct. an III, Charles-Auguste de Croy, Philippe-Eléonore-Julie de Croy et Louise-Thérèse-Henriette de Croy, frère et sœurs du condamné, étaient entrés en possession et jouissance des biens meubles et immeubles existant en nature (*Arch. dép.* 3, Q, 1, 5, N° 25).

CRUSSOL (de) duc d'Uzès. Voy. BASTET.

DAUDÉ Louis, prêtre, demeurant au Vigan.
Saint-André-de-Majencoules, 7 germ. an III, 2, 541, 601, 1418.

Le bordereau d'indemnité, du 13 juillet 1825, s'élève à 3660 fr. 71. Liquidé à 1937 fr. 03. Rente 58 fr.

Cette indemnité fut réclamée par Jean Daudé, propriétaire à Lacoste, commune de Saint-André-de-Majencoules, neveu et héritier institué du propriétaire dépossédé, en vertu d'un testament du 6 fév. 1807. (Mᵉ Noyrigat, notaire à Saint-André-de-Majencoules).

Louis Daudé d'Alzon desservait l'annexe de Taleyrac; un arrêté du Département, du 5 Mars 1791, lui accorda, en raison de prétendues infirmités, une pension de 800 fr.

Il n'était point en fonctions à l'époque du décret prescrivant le serment à tous les fonctionnaires publics; il n'était tenu, d'après son âge, qu'à la réclusion; mais il s'absenta de Saint-André-de-Majencoules, lieu de sa dernière résidence, et fut considéré comme émigré (18 vent. an II, *Arch. dép.* 1, Q. 2, 23, p. 112).

Il avait pris, le 14 septembre 1792, un passeport pour l'Espagne; le 9 germ. an II, on le déclara émigré; il était, en effet, parti; mais il revint et mourut à Saint-André-de-Majencoules, le 7 fév. 1807. (*Arch. dép.* 5, Q. 102.)

DELAFONT. Voy. LAFONT.

DELBOS Louis-Antoine.
Auzon, 29 pluv. an V, 339.

D'après un état, l'indemnité revenant à Antoine-Louis Delbosc d'Auzon, propriétaire dépossédé, s'élevait à 192 fr.

Elle fut réclamée par Louis-Auguste-Urbain Delbosc d'Auzon, né le 22 juin 1784 (il avait deux autres frères), capitaine à l'État-Major de la place de Paris, héritier pour 1⁄3 du propriétaire dépossédé, son père, lequel était mort le 25 mars 1820.

DELEUZE Camille et DELEUZE Joseph-Louis-Pierre-Guillaume, frères.
Montfaucon, 30 juin 1809, 559.
Roquemaure, 21 brum. an VIII, 559.

Trois bordereaux d'indemnité furent dressés : l'un concernant Deleuze Camille, du 18 oct. 1825, montant à 828 fr. (Rente 26 fr.) ; deux autres concernant Deleuze Joseph, montant à 1449 fr. au total. (Rente 26 fr. et 18 fr.).

Deleuze Camille, émigré, lieutenant du Roi à Lanterbourg (Bas Rhin), réclama ce qui lui revenait, par l'intermédiaire de Firmin Deleuze, notaire à Roquemaure, son frère, et obtint satisfaction.

Deleuze Joseph-Louis-Pierre-Guillaume était mort laissant 7 enfants : 1° Joseph-Marie-Isidore, domicilié à Saint-Laurent-des-Arbres ; 2° Marie-Hortense ; 3° Marie-Camille ; 4° Marie-Adélaïde, tous majeurs ; 5° Marie-Marguerite-Octavie ; 6° Louis-François-Prosper ; 7° et Marie-Virginie, mineurs, assistés de Mme Beauvais de Nogaret, veuve Deleuze, leur mère.

La mère des deux émigrés, Marguerite Isanove, veuve Deleuze, née à Roquemaure, mourut à Saint-Laurent-des-Arbres, le 9 brum. an X, à l'âge de 65 ans.

Camille Deleuze, frère puîné, n'était que légitimaire ; l'aîné était propriétaire. Deux partages eurent lieu entre eux et le Gouvernement en l'an VII.

DESPORTS. Voy. PIEPT.

DRUMMOND-MELFORT J...ques-Louis, militaire, seigneur ou comte de Lussan, demeurant à Goudargues.

Goudargues, 10 prair. an II, 466.

Lussan, 28 vend. an III, 389, 455, 635, 806, 1221 ; 29 vend. an III, 13, 455, 468, 580, 760, 806, 1382, 1552 ; 1er brum. an III, 326, 454, 468, 469, 530, 580, 581, 582, 583, 760, 1221, 1357, 1366, 1402 ; 3 brum. an III, 454, 455, 468, 580, 632, 739, 760, 1240, 1382 ; 6 brum. an III, 179, 390, 468, 531, 617, 635, 760, 806, 1221, 1318, 1382, 1402 ; 7 mess. an IV, 1305 ; 11 fruct. an IV, 1305.

Son mobilier fut vendu : le 14 mars 1793, 2584 liv. ; le 20 vend. an III, 12858 liv. 7 s. ; le 19 pluv. an III, 1423 liv.

Le bordereau d'indemnité, du 28 novembre 1827, s'élève à 76589 fr. 68, d'où il fallait déduire 13053 fr. de dettes payées à la décharge du propriétaire dépossédé.

Les créanciers de Drummond-Melfort firent ouvrir en 1827, devant le tribunal d'Uzès, un ordre pour la distribution entre eux de ce qui reviendrait de son chef à ses héritiers dans l'indemnité des émigrés. L'ordre fut clôturé définitivement le 22 mai 1830, et les ayant-droits retirèrent tous leur mandement de collocation. En vertu de ces titres, ils se pourvurent devant le ministre des finances en obtention de l'indemnité, mais aucun d'eux ne s'était mis en mesure de se conformer à l'ordonnance qui les obligeait à faire statuer sur la nationalité de leur débiteur. Ce ne fut que vers la fin de 1835 que le tribunal d'Uzès, à leur requête, reconnut à Drummond-Melfort la qualité de français, malgré l'avis du ministre des finances qui disait : « Son père était étranger, réfugié en France ; il avait constamment conservé, ainsi que son fils, ses qualifications telles que celles de marquis de Forth (Ecosse) de pair d'Irlande et d'Angleterre, incompatibles avec la qualité de français. Leur admission au service de France où beaucoup d'autres étrangers, suisses, allemands, irlandais, étaient reçus, sans qu'ils acquissent, par là, le caractère de français, n'est pas un argument dont on puisse se prévaloir dans le système de la réclamation. La possession d'une propriété en France, sans l'accomplissement d'aucune formalité manifestant l'intention de devenir français, n'est pas un moyen mieux fondé. La confiscation des biens en exécution des lois sur les émigrés ne prouve pas non plus la nationalité. » (Lettre du 8 sept. 1835, *arch. dép.* 4, Q. 9).

Les réclamants étaient :

1° Buquin Jean-François, receveur de l'enregistrement à Grenoble, créancier ;

2° Corner (créancier de Léon-Maurice Drummond-Melfort, l'un des héritiers de l'émigré), qui fut renvoyé devant les tribunaux le 4 janvier 1830 ;

3° Louis-Edouard-Geneviève Drummond-Melfort, capitaine-archiviste à la 18° division militaire à Dijon, comme héritier de son père lequel était créancier du duc de Melfort de 50000 fr. ;

4° Louis-Pierre-Mel-Colombe Drummond comte de Melfort, maréchal de camp à Lyon, créancier de 50000 fr., par représentation de son père ;

5° François-Joseph Moritz, tuteur de Redling et fondé de pouvoirs de Rosalie Redling, épouse Rausch, créanciers.

Les demandes en indemnité, produites après le 1er juillet 1832, étaient forcloses. La commission de liquidation de Paris les avait rejetées toutes, d'ailleurs, le 14 décembre 1832, par le motif qu'il n'était pas prouvé que l'ancien propriétaire était, à son décès, en possession de la qualité de Français. Nous ignorons s'ils obtinrent ensuite satisfaction.

Jacques-Louis Drummond, émigré, était né à Lussan, le 14 octobre 1750. Il était fils d'autre Jacques et de Marie Béranger, mariés le 29 janvier 1755, suivant acte portant reconnaissance et légitimation de Jacques-Louis, précité, de Charles-Édouard-Henri-Benoît et de Cécile-Henriette, enfants nés avant le mariage. Il épousa, en 1788, Aglaé-Élisabeth-Jacqueline d'Oms, dont la mère était une de Lafare.

Par acte reçu Me Prévot, notaire à Saint-Germain-en-Laye, le 26 janvier 1788, le comté de Lussan lui fut vendu, à suite de licitation, par ses co-héritiers.

Il était officier dans l'armée française.

Dans une lettre signée de Lanfant, son procureur-fondé du 30 mars 1814 (*Arch. dép.*, 3, Q, I, 12), il prend le prénom de Maurice, le titre de lord, et dit qu'il quitta « la France aux premiers jours de la Révolution pour se retirer en Angleterre, pays naturel de ses ancêtres ». A cette date (1814), il habitait Dunkerque.

Il mourut à l'île de Léon, le 7 septembre 1800, transmettant sa succession à ses frères et sœurs, qui étaient, croyons-nous : Charles-Édouard Drummond, duc de Melfort ; Léon-Maurice Drummond, comte de Melfort ; et Amélie Drummond de Melfort, — à moins que tous trois ne fussent que ses neveux, — qui le représentaient d'ailleurs en 1816.

DUCHOL, ex-officier d'artillerie.
Sommières, 23 frim. an II, 72, 152, 1440.

Son mobilier fut vendu, le 18 février 1791, — 906 liv. 13 c.

Louis-Philippe Duchol de Signac, émigré, mourut à Lyon, le 10 novembre 1818, laissant une veuve, Jeanne-Marie-Gabrielle de Mauclerc, native de Sommières, qui mourut aussi à Lyon, le 1er décembre 1819, à l'âge de 65 ans, et cinq enfants, savoir :

1° Charles-Louis-Pons-Marie-Nicolas Duchol, né le 20 octobre 1782, contrôleur de comptabilité à Auch ;

2° Pie-Gaspard-Marie Duchol de Signac, né le 6 juin 1788, domicilié à Paris ;

3° Joseph-Calixte Duchol de Signac, né le 17 octobre 1790, domicilié à Paris ;

4° Marie-Françoise Duchol, née le 18 septembre 1777, veuve de Jean-Jacques-Charles Allodie de Fonbonne ;

5° Marguerite-Joséphine Duchol de Signac, née le 29 septembre 1781, épouse d'André-Marie-Omer Dubost, demeurant à Lyon.

Ils réclamèrent, mais l'indemnité était de 6390 fr. seulement, alors que le passif à déduire s'élevait à 30766 fr.; aussi se désistèrent-ils.

Duchol avait quitté Sommières, avec sa femme, vers la fin de 1791, pour aller habiter Condrieu, chez « une dame de ses parentes qui voulait lui donner son bien ».

DUMAS Alexis, prêtre déporté.
Saint-Privat-de-Champclos, 21 fruct. an II, 403, 686, 687.

Son mobilier fut vendu, le 15 mess. an II, 681 liv. 5 s. (*Arch. dép.*, 2, Q, 3, 9 bis).

Dumas Alexis figure sur la liste des ecclésiastiques déportés en septembre 1792; il fut déclaré émigré le 15 flcr. an II.

Durand-Laroque, demeurant à Saint-Hippolyte.

Saint-Hippolyte-du-Fort, 27 novembre 1807, — 624.

Le bordereau d'indemnité, du 7 novembre 1827, s'élève à 3474 fr. Rente 125 fr. Cette indemnité fut réclamée et obtenue par Louise-Constance de Bousquet, veuve de Jean-Baptiste-Paul-Jacques Durant de Laroque, décédé le 6 prair. an V, mère de l'émigré, à laquelle les biens vendus appartenaient réellement.

Louis-Alexandre-Antoine Durant de Laroque, émigré, était lieutenant au régiment de Piémont, et, en 1792, il se trouvait encore sous la puissance paternelle. Il était mort lorsque sa mère réclama.

Ébray Mathieu fils (ou plutôt Hébray), demeurant à Roquemaure.

Roquemaure, 6 fruct. an II, 166, 277, 662, 750, 1060, 1182, 1314, 1528.

Le bordereau d'indemnité, du 26 avril 1826, s'élève à 3532 fr. 80. D'après le préfet (18 déc. 1827), la lésion serait de 7.851 fr. 20.

Il paraît que ces biens appartenaient, en réalité, à Pierre Hébray, frère de Jean-Marie-Mathieu, dont le fils réclama en vain sous l'Empire.

Pierre Hébray, docteur en l'université de Médecine de Montpellier, était mort le 27 février 1793 (sa veuve Marie-Louise Michel lui survécut jusqu'au 9 janvier 1819), laissant trois enfants : Jacques-Hyacinthe-François Hébray, né à Roquemaure le 6 avril 1767, chevalier de la Légion d'honneur, sous-inspecteur de l'entrepôt des sels, demeurant à Paris, rue Hauteville n° 41 (en 1827) ; Pierre-Louis-Claude-Rodolphe Hébray et Jean-Marie-Mathieu Hébray. Mais le premier avait seul droit à l'entière succession paternelle et obtint l'indemnité.

Toutefois, Laurence-Léonie Bourdon de Lamillère, veuve de Jean-Marie-Mathieu Hébray, forma opposition, au nom de ses enfants mineurs, au ministère des finances, contre la délivrance de l'indemnité réclamée par son beau-frère.

La question fut renvoyée devant les tribunaux. Aucune justification nouvelle n'ayant été faite, les réclamants furent déclarés déchus (26 nov. 1832).

Entraigues-Cabane, demeurant à Uzès (Louis-Marie d'Entraigues-Cabane).

Nimes, 2 flor. an II, 1555.

Poulx, 2 flor. an II, 346.

Uzès, 15 brum. an IV, 1512.

Son mobilier de Nimes fut vendu, le 15 fruct. an III, 11157 fr.

Le bordereau d'indemnité, du 14 juillet 1825, s'élève à 11991 fr. 84. Rente 360 fr.

Jean-Charles d'Entraigues, chevalier de Saint-Louis, domicilié à Uzès, fils et héritier du dépossédé, se déclara lésé par l'insuffisance de cette indemnité que le préfet fut d'avis (15 déc. 1827) de fixer à 31710 fr.

L'émigré était mort *ab intestat* le 13 février 1825 ; il avait divorcé avec sa femme, Françoise-Charlotte Trinquelague, le 26 therm. an II, et l'avait reprise par acte de réunion du 5 sept. 1818.

Cette femme disait de son mari, alors qu'elle était détenue en l'an II, à Uzès : « S'il est émigré, il n'est pas parti de chez lui pour cela ; il avait été mandé à la barre de l'Assemblée Constituante et c'est de Paris qu'il a passé dans l'étranger, s'il est vrai qu'il y est passé... Quant à son fils, il servait au corps royal d'artillerie ; on le dit également émigré... Si elle l'avait cru capable d'abandonner sa patrie, elle aurait été elle-même à Douai le détourner d'un pareil dessein...» (*Arch. dép.* 1, Q, 2, 21).

Esterhasy Valentin-Ladislas, demeurant au Vigan.

Vigan (Le), 21 brum. an VIII, 644.

L'ancien propriétaire était rentré en possession de ses biens, en les acquérant de l'État directement ou par personnes interposées. Son bordereau d'indemnité, du 4 octobre 1825, ne s'éleva, par suite, qu'à 23 fr., et il avait été payé 548 fr. de dettes à sa décharge.

Jean-Marie-Auguste Walsin d'Esterhasy, — héritier de Mme d'Esterhasy, sœur du comte Valentin Ladislas, propriétaire dépossédé, — réclamant en 1825, « a renoncé », dit un état. (Récl. déclarée inadmissible par la Cᶜᵉ de liquid.).

Valentin-Ladislas comte Esterhasy de Galantha et Frackno, chevalier de l'ordre du Roi, maréchal de camp, colonel du régiment de hussards de son nom, gouverneur de Rocroi, commandant en second dans les provinces du Hainaut et Cambrésis, époux de dame Philippe de la Nougarède de la Garde, propriétaire dépossédé, mort en 1805, près Rovno (Russie), était représenté, en 1826, par :

1° Ladislas-Henry-Valentin comte Esterhasy de Galantha et Frackno, demeurant à Vienne (Autriche), né au Vigan le 22 octobre 1740, ondoyé au Vigan le 2 novembre, baptisé à Paris, paroisse Saint-Jacques, le 4 avril 1752 ; 2° Gaspard-Philippe-Valentin comte Esterhasy de Galantha et Frackno, demeurant à Vienne (Autriche), né à Paris, le 20 mars 1786, baptisé le lendemain, paroisse Saint-Nicolas-des-Champs ; 3° Alméric-Françoise-Ursule Esterhasy, épouse d'Albert Joseph Gislain comte Murray de Melgeun, demeurant à Vienne (Autriche), née à Valenciennes le 24 sept. 1789 ; 4° Marie - Everilda Esterhasy de Galantha et Frackno , épouse de Charles-Louis vicomte de Iribert, demeurant à Vienne (Autriche), ses enfants, qui réclamèrent (dossier incomplet).

EYMINI Jean-François, ex-garde du corps.
Saint-Gilles, 8 germ. an II, 22, 258, 303, 336, 473, 477, 552, 620, 784, 829, 970, 997, 1061, 1067, 1093, 1349, 1531 ; 5 frim. an III, 1585 ; 16 vend. an XIII, 646.

Son mobilier fut vendu, le 22 mars 1793, — 1045 liv. 5 s.

D'après un état, l'actif était de 25172 fr. 04 et le passif de 8141 fr. 30. Liquidé à 25137 fr. 49. Rente 754 fr.

L'indemnité fut réclamée par :

1° Benoit Charles-André de Noyer de Sauvage du Roure, domicilié à Uzès, sous-préfet, chevalier de Saint-Louis, au nom de ses trois enfants mineurs, savoir Aglaé-Marie-Rosalie, Louise-Marie-Caroline-Antoinette-Julie, et Charles-Antoine-Marie-Désiré, dont la mère était Marie-Anne-Foi-Julie-Cabane de Camonts ; 2° Marie-Félicie-Emilie Cabane de Camonts, épouse de Charles de Retz, chevalier de Saint-Louis, toutes deux nièces maternelles et héritières d'Aymini.

Jean-François d'Aymini mourut à Saint-Gilles, le 8 oct. 1806. Le 15 therm. an II, il avait, par testament, légué à son frère Jacques d'Aymini, ex-chanoine à Saint-Gilles, la jouissance de tous ses biens et institué ses nièces, nées de Camonts, pour héritières par égales parts. L'usufruitier mourut ensuite.

FABROT Raymond, homme de loi.

Aimargues, 5 pluv. an II, 73, 182, 276, 377, 379, 388, 536, 544, 786, 907, 1103, 1161, 1185, 1299, 1391, 1396, 1459, 1468, 1469, 1532.

Cailar (Le), 15 vent. an II, 193, 280, 606, 650, 778, 799, 1014, 1043, 1167, 1392, 1465, 1469 ; 16 vent. an II, 799, 989, 1089, 1103, 1120, 1161.

Nimes, 27 vent. an II, 167, 500, 1343, 1488, 1555, 1563, 1583.

Uchaud, 3 germ. an II, 194, 234, 243, 579, 614, 785, 827, 831, 938, 978, 1235, 1264, 1265, 1266, 1341, 1367, 1381, 1385, 1401, 1409, 1475, 1563, 1577 ; 7 vend. an V, 1072 ; 30 brum. an XII, 1267 ; 6 sept. 1810, 1264.

Son mobilier fut vendu : à *Nimes*, le 30 oct. 1792, 5770 liv. 10 s. ; à *Uchaud*, le 30 janv. 1793, — 777 liv. 4 s.

Le bordereau d'indemnité, des 5 oct. 1825 et 27 juin 1826,

s'élève à 131556 fr. 74 et constate qu'il a été payé, à la décharge du propriétaire dépossédé, 17094 fr. de dettes à déduire. Dans ce chiffre est comprise une indemnité de 700 fr. pour une terre cédée aux hospices du Gard par arrêté préfectoral du 27 pluv. an XII, confirmé par décret du 7 sept. 1807.

Ce bordereau fut modifié et, le 31 déc. 1827, le préfet fut d'avis de fixer l'actif à 134412 fr. 30, le passif à 149351 fr. 86, et la lésion subie à 15060 fr. 44. Liquidé à 112863 fr. 04. Rente 3416 fr.

L'indemnité fut réclamée par Antoine-Raymond de Fabrot, domicilié à Paris, propriétaire dépossédé.

Ferrier Louis, boulanger à Nimes.
Nimes, 2 flor. an II, 346, 1162.

Le bordereau d'indemnité, du 10 juillet 1825, s'élève à 1551 fr. 24. Rente 47 fr.

L'indemnité fut réclamée par le propriétaire dépossédé, domicilié à Nimes, près le pont de Sigalon.

Firmas Charles - Armand - Daniel, demeurant à Paris.
Alais, 13 niv. an III, 878, 1200, 1226 ; 2 brum. an VI, 1277.

Le bordereau d'indemnité, du 17 avril 1826, s'élève à 9681 fr. 60 pour l'actif, et à 2262 fr. pour le passif. Rente 223 fr.

Armand-Charles-Daniel comte de Firmas-Périès, né le 5 août 1770, ex-maréchal des Camps et Armées du roi, lieutenant général au service du roi de Bavière, propriétaire dépossédé, réclama cette indemnité en 1827; il fit même une réclamation pour cause de lésion, lésion estimée à 2400 fr. par le préfet (31 déc. 1827)

Fléchier Esprit-Balthazar, demeurant à Avignon.
Marguerittes, 6 brum. an IV, 1348.
Saint-Gervasy, 1 vend. an IV, 1143.

Le bordereau d'indemnité, du 4 juillet 1825, s'élève à 30726 fr. 18. Rente 922 fr.

Cette indemnité fut réclamée par Esprit-Balthazar-Alexis de Fléchier, chevalier de Saint-Louis, ancien officier de l'état-major général des armées du roi, conseiller de préfecture de Vaucluse en 1827, propriétaire dépossédé.

FONTARÈCHE. Voy. ROSSEL.

FORBIN Ignace-Isidore, ex-comte, à Avignon.

Angles (*Les*), 21 fruct. an II, 15, 36, 434, 435, 437, 648, 825, 898, 1080, 1126, 1137, 1142, 1476 ; 24 fruct. an II, 74, 392, 393, 414, 553, 839, 842, 924, 1125, 1138, 1179, 1217, 1241, 1359, 1446, 1533 ; 26 fruct. an II, 63, 124, 256, 396, 397, 676, 772, 944, 994, 1068, 1109, 1137, 1144, 1271, 1421.

Son mobilier des Angles fut vendu, le 4 frim. an II, 5111. 1 s. On vendit aussi, à Beaucaire, le 28 vend. an II, au prix de 730 liv., des tonneaux lui appartenant.

Le bordereau d'indemnité, du 11 juillet 1825, s'élève à 43989 fr. 25. Rente 1320 fr. La lésion fut estimée 93149 fr. 20 c. (26 janv. 1826).

Jean-Baptiste-Ignace-Isidore marquis de Forbin des Issarts, décédé à Avignon le 8 février 1813, propriétaire dépossédé, était représenté par ses cinq enfants : 1° Joseph-Henri-Charles-Louis de Forbin des Issarts, marquis, domicilié à Paris ; 2° Joseph-Augustin-Amédée (comte) ; 3° Marie-Charlotte-Alexandrine, ex-chanoinesse ; 4° Marie-Charlotte-Sabine, épouse de Charles-Isidore d'Averton de Bonnevaux (le comte) ; 5° Marie-Agricolle-Julienne, épouse de Octave-Louis-Frédéric de Corvesy-Lascaris.

Mais cette dernière n'est pas, en 1825, au nombre des réclamants ; elle avait renoncé à la succession de son père par acte du 17 juin 1813.

Forbin n'avait pas émigré. Le fait fut reconnu et le ministre de la police générale le mit en surveillance à Avignon, par arrêté du 22 mess. an IX (*Arch. dép.*, 3, Q, 1, 11).

FORTON (veuve). Voy. VIRGILE.

FROMENT fils aîné, demeurant à Nîmes.
Nîmes, 24 germinal an II, 1143.

Son mobilier d'Aiguesmortes fut, le 22 vent. an II, vendu 770 l. 1 s.

Le bordereau d'indemnité, du 24 septembre 1825, porte l'actif à 886 fr. 15 et le passif à 6471 fr. Liquidé à 886 fr. 15. Rente 27 fr.

Cette indemnité fut réclamée, en 1825, par : 1° Pierre-Auguste Froment ; 2° Pierre-Isidore Froment ; 3° César Froment ; 4° Élisabeth Froment ; 5° Marguerite Froment ; 6° Marie Froment, veuve de Pierre Gaussard ; 7° Adélaïde Froment, épouse de Pierre-Étienne Lauret ; 8° Henriette Froment, épouse de François Laurent, enfants du propriétaire dépossédé, héritiers pour 1/8 chacun.

L'état qui fournit leur nom porte que le propriétaire dépossédé était «Froment Mathieu, ancien fabricant de burattes, à Nîmes» ; une chemise du dossier 5, Q, 105, porte « Froment François. »

Mathieu Froment dit Tapage, avait comparu, le 2 ventôse an VII, devant la Commission militaire de Montpellier, laquelle déclara qu'il avait justifié de sa non émigration et le mit en liberté. Mais, par arrêté du 9 mess., l'administration du Gard déclara que cette Commission avait excédé ses pouvoirs et revendiqua la connaissance de l'affaire. Le Directoire exécutif lui donna gain de cause et déclara, en conséquence, le 21 therm., que le jugement de la Commission de Montpellier «restera sans exécution». (*Arch. dép.* 3, Q, 1, 13).

GALLARGUES. Voy. ROCHEMORE.

GANGES. Voy. VISSEC.

GARNIER-LAMELOUZE Pierre-Philippe, demeurant à Saint-Martin-de-Valgalgues.

Blannaves, 6 prairial an II, 1286.

Branoux, 6 floréal an II, 574, 940 ; 2 prair. an II, 1519 ; 4 prairial an II, 1363, 1403 ; 22 prair. an II, 1403.

Laval, 3 prair. an II, 11, 1362 ; 11 prair. an II, 1403 ; 28 brum. an III, 1403.

Le bordereau d'indemnité, du 8 février 1826, s'élève à 39352 fr. 27 c. et constate qu'il a été payé 157183 fr. 68 c. de dettes à la décharge du propriétaire dépossédé. — Ce bordereau confond les propriétés de *Branoux* dans celles de *Laval* et de *Blannaves*, et mentionne, en outre, une olivette appelée les Canoux, sise à Blannaves, cédée par l'État aux hospices d'Alais par arrêté préfectoral du 8 fruct. an XIII, pour laquelle l'indemnité est fixée à 120 fr.

L'indemnité fut réclamée par Jean-Jacques Baron, ancien magistrat, demeurant à Nîmes, créancier du dépossédé « présumé absent de France et n'ayant fait encore aucune réclamation par lui-même », et de Pierre-Sylvestre Garnier de Lamelouze, son fils et son donataire contractuel, « absent depuis longtemps », — ledit Baron autorisé par un jugement du tribunal civil d'Alais du 23 décembre 1825. — Baron se désista.

Elle fut aussi réclamée par Eugène Hutteau d'Hurry, « héritier du propriétaire dépossédé », dont la demande fut rejetée le 18 mai 1829, et par le vicomte de la Roche-Poncié, domicilié à Sorgues, près Fontainebleau, agissant comme fondé de pouvoirs de Sylvestre Garnier de Lamelouze, son oncle, héritier de Philippe Garnier de Lamelouze, son père, habitant la Guadeloupe (*Arch. dép.*, 4, Q, 6), dont la réclamation n'eut pas de suite.

Pierre-Philippe Garnier de Lamelouze n'avait pas émigré. « Je puis prouver, — écrivait son père, ancien capitaine au régiment de Médoc, dans une lettre datée de Morat (Suisse), le

17 septembre 1792, — en faisant une enquête à Bordeaux, où sa femme a beaucoup de parents, qu'il s'y est embarqué, le 6 mai 1791, pour la Guadeloupe, pour y aller voir ses parents et ses biens. Il est même, dans ce moment, membre de l'Assemblée coloniale des Iles-sur-le-vent ». (*Arch. dép.*, 1, Q. 1, 51).

GAUDY Jacques, condamné.
Sommières, 2 frim. an II, 4.

Gaudy Jacques, plâtrier, de Sommières, avait été condamné à mort par le tribunal révolutionnaire de Privas.

GAUSSEN David-Augustin, d'Alais.
Alais, 1 flor. an II, 365 ; 3 flor. an II, 682 ; 6 flor. an II, 1257 ; 8 flor. an II, 682.

Le bordereau d'indemnité, du 10 juillet 1825, s'élève à 86984 fr. 05 c. ; il indique le passif comme montant à 87032 fr. 10 c.

D'après un avis du préfet, du 20 décembre 1827, sa lésion serait de 61844 fr. 99 c.

Augustin-David de Gaussen, chevalier de Saint-Louis, ex-capitaine au régiment de Navarre-Infanterie, propriétaire dépossédé, mourut, le 28 août 1820, à Mauguio (Hérault), ne laissant aucun descendant et instituant, par testament du 16 décembre 1819, pour ses héritiers universels, le sieur Souveyran Antoine et la dame Balandier Marie-Louise, « sous la réserve, pour ses héritiers naturels, de l'indemnité qui pourrait être accordée par le gouvernement, à raison des biens-fonds qui lui furent confisqués lors de son émigration ».

Sa sœur, Élisabeth de Gaussen, avait épousé Jean Ranchin de Massia ; elle mourut laissant deux enfants : Jean-Gustave Ranchin de Massia et Jean-Marie Ranchin de Massia, domiciliés à Mauguio.

Son frère, Pierre-Jean-François Dumas de Gaussen, habitait Paris ; il était son héritier pour moitié.

Ce dernier et ses deux neveux réclamèrent l'indemnité et reçurent un titre de rente de 2122 fr.

GAUTIER Jean-Joseph fils, garde du corps, demeurant à Sommières.

Fontanès, 24 germ. an III, 743.

Sommières, 22 frim. an II, 152; 9 niv. an II, 852; 29 prair. an III, 1556; 8 therm. an IV, 879.

Son mobilier fut vendu, les 19-20 février 1793, — 2273 l. 5 s.; son vin et son huile, le 21 du même mois, 1818 l. 10 s.

Le bordereau d'indemnité, du 14 juillet 1825, s'élève à 4915 fr. 57 c., y compris 1155 fr. 62 c. pour une terre sise à Sommières, cédée aux hospices du Gard, par l'État, le 27 pluv. an XII. — Rente 148 fr.

Cette indemnité fut réclamée, par le propriétaire dépossédé, en 1825. Il prenait alors le titre de « ancien brigadier des gardes du roi, chevalier de Saint-Louis ».

Il mourut peu après, laissant pour héritière sa veuve, Julie-Aglaé de Charier. (Lettre de Béchard, Nimes, 21 mars 1826, *Arch. dép.*, 4, Q. I).

Au mois d'août 1792, Gautier habitait Paris, rue Traversière, hôtel du Grand-Ballon, n° 19.

Sur un état des biens invendus au 23 frim. an XIII, figure J.-J. Gauthier, père, de Sommières, pour des terres estimées 1100 fr. (*Arch. dép.* 2, Q, 4, 53).

GIDE Joseph-Etienne-Théophile.
Uzès, 8 germ. an II, 768.

Gidé, ancien notaire d'Uzès, justifia avoir habité constamment Uzès ou Lussan depuis avant 1792 jusqu'au 19 brum. an III. Il fut, en conséquence, rayé de la liste des émigrés par arrêté du Comité de législation du 2 fruct. an III, et réintégré dans la jouissance de ses biens : « Le prix lui en sera remis dans le cas où ils auraient été vendus. » (*Arch. dép.* 3, Q. I, 13).

GILBERT Étienne, prêtre déporté.

Domazan, 7 niv. an III, 584.

Son mobilier fut vendu : le 8 mers. an II, 1351 liv. 4 s. ; le 21 fruct. an II, 879 liv.

Gilbert Jean-Étienne, curé à Domazan, s'embarqua à Aiguesmortes, le 18 septembre 1792, sur la tartane *la Sainte-Jeanne,* et fut déclaré émigré le 11 vent. an II.

GOURBIGLION Denis, prêtre déporté.

Calvisson, 8 fruct. an II, 1524.

Gourbiglion Denis, curé de Nages, domicilié à Calvisson, déporté, fut déclaré émigré le 1er août 1793. (*Arch. dép.,* 7, L, 2, 9).

GRIMOARD. Voy. BEAUVOIR.

GUICHARD LA LINIÈRE Jean-Louis, fils.

Saint-André-de-Majencoules, 15 fruct. an IV, 1253.

L'indemnité revenant à Antoine-Jean-Louis Guichard de la Linière, fils aîné, émigré, officier de cavalerie, marié le 3 avril 1791, à Françoise-Jeanne Roussy (Me Gendre, notaire), fils d'Antoine-François et d'une demoiselle d'Assas, s'élevait d'après un état, à 2030 fr. 58.

Elle fut réclamée par Jean-François Guichard de la Linière, chevalier de Saint-Louis, domicilié à Saint-André-de-Majencoules, son frère et unique successeur, dont la demande fut rejetée.

Voir au sujet de cet émigré, les deux lettres de son père dans la préface.

GUIRAUDET Sylvestre-Casimir, Françoise-Philippine-Émilie et Marguerite-Henriette, — enfants de Pierre-Maximilien, homme de loi.

Alais, 12 germ. an II, 156, 442, 1493 ; 16 germ. an II, 313, 756 ; 26 germ. an II, 1263 ; 28 germ.

an II, 28, 364, 931 ; 1ᵉʳ flor. an II, 1165 ; 17 prair. an XII, 917.

Méjanes, 2 germ. an II, 671, 1444.

Saint-Alban, 1ᵉʳ germ. an II, 1398, 1508.

Saint-Hilaire-de-Brethmas, 8 prair. an II, 925.

Leur mobilier d'Alais et de Saint-Hilaire fut vendu : le 1ᵉʳ therm. an II, 17543 fr. 35 ; en fruct. an III, 72789 fr. 10.

Le bordereau d'indemnité, du 17 janvier 1826, s'élève à 53275 fr. Liquidé à 59120 fr. Rente 1774 fr.

Guiraudet (Pierre-Sylvestre-Casimir de), l'un des propriétaires dépossédés, mourut à l'armée de Condé, *ab intestat.*

Guiraudet Françoise-Philippine-Émilie épousa le vicomte Philibert de la Roche-Poncié, maire de Montigny (Seine-et-Marne) en 1826 ; elle mourut laissant trois filles, Marthe-Marguerite-Athénaïs, Charlotte-Sylvestrine - Eliane- Louise et Henriette-Zulma de la Roche-Poncié.

Guiraudet Margueritte-Henriette, troisième propriétaire dépossédée, domiciliée à Mende, réclama l'indemnité, en 1825, en son nom et au nom de ses trois nièces sus-nommées, autorisées par leur père et tuteur, et domiciliées à Sorgues (Seine-et-Marne) en 1827.

D'après un avis du préfet du 21 décembre 1827, il y aurait eu lésion de 6906 fr.

GUITRY. Voy. CHAUMONT.

HÉBRAY Mathieu. Voy. ÉBRAY.

HUGONET Pierre, prêtre.

Barjac, 4 prair. an II, 566, 1587.

Cet ex-curé de Barjac figure sur la liste des ecclésiastiques déportés ou sortis de la République, et fut déclaré émigré le 12 pluv. an II.

JOUBERT Philippe-Laurent (les héritiers de), ex-trésorier du Languedoc.

Calvisson, 7 mess. an III, 1065.

Le mobilier fut vendu, le 12 therm. an III, 23994 liv.

Un décret du 26 germ. an II approuva la transaction arrêtée, le 24 du même mois, entre les commissaires de la Trésorerie nationale et les héritiers de Philippe-Laurent Joubert, trésorier général des ci-devants Etats du Languedoc, — (les héritiers comparants, étaient : Marie-Louise Poullalier, veuve de Laurent-Nicolas Joubert, tutrice de ses trois enfants mineurs, petits-fils et représentants de Philippe-Laurent Joubert), — portant, entre autres choses, cession à la République, pour paiement de la somme de deux millions « due en reste par leur grand-père comme ancien comptable, » de bâtiments situés à Calvisson, estimés 20009 fr., dans lesquels se trouvait une distillerie de vin. (*Arch. dép.* 1, Q, 1. 50).

Ce sont ces immeubles qui furent vendus.

JOURNEL Charles.
Aimargues, 4 frim. an III, 920, 1585.

Marianne-Dauphine Cabanon, veuve de François-Nicolas Journel, habitant Lyon, présenta, le 26 vent. an III, au district de Nimes, une demande tendant à obtenir « la recréance et main levée des biens lui appartenant, situés à Aimargues, séquestrés sur la tête de *Charles* Journel, son fils, porté sur la liste générale des émigrés de la République.... » Elle produisit ses titres de propriété et un « certificat du Département de Rhône-et-Loire constatant que Charles Journel n'est point émigré. »

Le directoire fut d'avis de faire droit à cette demande et de résilier la vente qui avait été faite. (*Arch. dép.* 5 Q, 8, N° 773).

Rentrée apparemment en possession.

JUGE (de). Voy. MONTPUY-JUGE.

LA BAUME. Voy. CHAMPLOIX.

LACOMBE Pierre, demeurant à la Cadière.

Cadière (La), 13 fruc. an II, 10, 862.

Le bordereau d'indemnité, du 16 sept. 1825, s'élève à 1115 fr. 11. Rente 33 fr.

Cette indemnité fut réclamée par Marie-Clotilde Lacombe, domiciliée à Béziers, épouse de Pierre-André-Valentin Barbe, employé à la sous-préfecture, fille du propriétaire dépossédé. Ce dernier étant mort, sa veuve s'était remariée avec Pierre Soulages.

Pierre Lacombe, époux de Catherine Cazals, cultivateur, avait « suivi le comte de Ginestous en qualité d'homme de confiance. » Il mourut le 2 vend. an XI.

LACROIX-CASTRIES Pierre-Eugène-Gabriel, demeurant à Paris.

Alais, 12 flor. an II, 1419 ; 27 flor. an II, 718, 1256 ; 19 fruct. an IV, 1277.

Laval, 21 therm. an V, 1308.

Saint-Andéol-de-Trouillas, 22 mess. an IV, 537.

Le bordereau d'indemnité, du 1er juillet 1825, comprenant Alais et Laval s'élève à 35507 fr. 70, à laquelle somme on a ajouté 64980 fr. (total 100487 fr. 70) pour les domaines de Lansemen, Trouillas, Peyroles, Masurier, Canton-Redon, Caleberger, la Pénarier, la Marine et Mazet, commune de Saint-Andéol-de-Trouillas, et une maison dite l'ancienne prison à Alais, cédés aux hospices du Gard, par l'Etat, le 27 pluv. an XII. Il fallait déduire de cette indemnité un passif de 2115 fr. Liquidé à 2645 fr. 25 par décision du 6 déc. 1826. Rente 79 fr. (*Arch. dép.* 5, Q, 101.)

L'indemnité fut réclamée, en 1826, par Armand-Charles-Augustin de Lacroix duc de Castries, pair de France, demeurant à Paris, fils du propriétaire dépossédé, lequel était mort, le 7 mai 1800, laissant deux enfants : 1° le réclamant ; 2° Adélaïde-Marie de Lacroix de Castries, veuve d'Alexandre-Louis vicomte de Mailly, décédée en 1825, laissant son frère pour héritier.

Les mines de charbon d'Abelon, à Alais, appartenant à Lacroix-Castries, estimées 80000 fr., figurent sur un état de biens invendus au 23 frim. an XIII. (*Arch. dép.* **2. Q, 4, 53**).

LACROIX-MEYRARGUES fils, demeurant à Gaujac.
Tresques, 28 vent. an IX, 1203.

Le bordereau d'indemnité, du 19 août 1827, s'élève à 59287 fr. 50. Rente 1779 fr.

« Lacroix Meyrargues fils » n'était autre que Jean-François-Henry-Anne-Louis de Lacroix comte de Castries, décédé le 2 nov. 1817.

. Il laissa pour unique héritier Auguste (ou Eugène) Gabriel-Hercule de Lacroix de Castries, son fils, marié à Agathe-Augustine - Geneviève - Aglaé de Séran, décédé laissant quatre enfants, savoir : 1° Louise -Marie - Gabrielle, née le 14 juin 1811 ; 2° Jeanne-Adélaïde-Valentine, née le 7 juin 1813 ; 3° Henriette-Eugénie, née le 9 janv. 1815 (morte pendant l'instruction) ; 4° Gaspard-Marie-Eugène-François, né le 24 février 1816, mineurs sous la tutelle de leur mère, qui obtinrent l'indemnité.

LAFARE LATOUR Louis-Philippe, ex-baron.
Alais, 8 flor. an II, 1039 ; 11 flor. an II, 71, 1038, 1537.

Aujac, 7 mess. an II, 1295 ; 12 mess. an II, 1442, 1558.

Castillon-de-Gagnières, 14 prair. an II, 1274 ; 14 mess. an II, 1210.

Cendras, 25 vend. an III, 64 ; 27 vend. an III, 43, 1219, 1285, 1354.

Portes, 21 mess. an II, 190.

Saint-Christol, 5 germ. an II, 1034, 1497.

Saint-Martin-de-Valgalgues, 23 prair. an II, 981 ; 25 prair. an II, 63, 558, 1353, 1473.

Sénéchas, 21 prair. an II, 1442 ; 16 mess. an II, 192, 764, 1445 ; 18 mess. an II, 140, 417, 505, 982, 1210.

Yvernes, 21 mess. an II, 1114 ; 23 mess. an II, 1442.

Son mobilier fut vendu, le 20 décembre 1792, 9970 fr. 85.

Le bordereau d'indemnité, du 29 septembre 1825, s'élève à 113681 fr. 30, y compris 1000 fr. pour une maison sise à Alais, cédée aux hospices du Gard par arrêté préfectoral du 27 pluv. an XII, confirmé par décret du 7 septembre 1807 ; il fallait déduire 29312 fr. de dettes payées à la décharge du propriétaire dépossédé.

Le préfet émit l'avis (24 déc. 1827) qu'il y avait lésion de 40657 fr. Liquidé à 73533 fr. 15. Rente 2205 fr.

Louis-Philippe de Lafare baron de Latour, propriétaire dépossédé, mourut le 6 août 1814.

Il s'était marié, le 29 septembre 1783, avec Marie-Marthe-Nicole-Louise-Catherine-Julie Pradt, qu'il institua pour unique héritière suivant testament olographe du 1er mess. an XI.

Celle-ci mourut le 11 octobre 1819, après avoir, par testament olographe du 8 novembre 1816, institué pour héritiers : 1° Louis-Barthélemy-Frédéric-Marie-Isaac de Roquefeuil, né le 8 septembre 1772 ; 2° Guillaume-Ferdinand de Roquefeuil, né le 7 mai 1778 ; 3° Pierre-Joseph-Elie-Alexandre-Edouard de Roquefeuil, né le 13 juillet 1780, capitaine au 33e de ligne, gendre de M. de Cabrières, secrétaire-général de la préfecture de l'Aveyron ; 4° Marie-Marthe-Nicole-Louise-Julie-Eugénie de Roquefeuil, épouse de Lapara de Salgue, née le 13 juillet 1790, frères et sœur, qui obtinrent l'indemnité.

LAFON Claude-Joseph, prêtre déporté, demeurant à Roquemaure.

Roquemaure, 18 vend. an III, 732, 956, 957, 971, 1160, 1504.

Son mobilier fut vendu, le 29 fruct. an II, 511 liv. 16 d.

Le bordereau d'indemnité, du 21 avril 1826, s'élève à 2604 fr. 20. Rente 78 fr.

Cette indemnité fut réclamée par Delafont Jean-Joseph-Pierre, propriétaire dépossédé.

Delafont, ex-curé de Mauressargues, domicilié à Roquemaure, sortit de la République le 28 septembre 1792 et fut
déclaré émigré le 7 prair. an II.

LAGORCE. Voy. MERLE.

LALOYELLE. Voy. LANCRIST.

LANCRIST-LALOYELLE Jean-Baptiste-Marie.
Aimargues, 24 germ. an II, 518, 536, 1161.
Saint-Laurent-d'Aigouze, 30 pluv. an II, 29, 88,
236, 446. 565, 710, 1102, 1227, 1384, 1465, 1572 ; 1 vent.
an II, 88, 443, 447, 452, 565, 1181, 1514, 1572.

Son mobilier d'Aimargues fut vendu, le 2 avril 1793,
1388 liv. 16 s.

D'après un état, l'indemnité fut fixée à 104239 fr. 57.
Rente 3129 fr. réclamée par Jean-Baptiste-Marie-Joseph-
Lancry de la Loyelle, propriétaire dépossédé, époux de
Cécile-Adélaïde Sombremond (mariés le 19 janvier 1789) qui
avait une fille, Cécile-Placide-Virginie, née le 21 août 1791.

LA PASCALIE. Voy. MARTIGNAC.

LARCY. Voy. SAUBERT.

LAREIRANGLADE Pascal, demeurant à Nimes.
Calmette (La), 9 germ. an V, 1516.
Fourques, 26 prair. an V, 457.
Nimes, 7 frim. an III, 992, 1516.
Rouvière (La), 9 germ. an V, 1516.

Son mobilier de Nimes fut vendu, les 8-17 therm. an IV,
26600 liv.

Le bordereau d'indemnité, du 6 octobre 1825, s'élève à
101038 fr. 68, de laquelle somme il fallait déduire 1800 liv. de
dettes payées à la décharge du propriétaire dépossédé ou de
rentes dues à d'anciennes corporations, et 13500 fr. montant

du quart de l'indemnité relative au domaine de Lareiranglade, à Fourques, qui était un bien engagé suivant acte d'inféodation de 1596.

D'après un état, l'actif n'était que de 70159 fr. 68. Liquidé à 1952 fr. de rente, le 8 septembre 1826.

L'indemnité revenant à Henri-Charles-Maxime Pascal de Lareiranglade, propriétaire dépossédé, fut réclamée par : 1° Marie-Joachim-Isidore de Chastellier, maire de Nimes ; 2° Joachim-Maxime de Chastellier, maire de Milhaud ; 3° Françoise-Eugénie de Chastellier, épouse de Victor-Denis-Ennemond d'André Blanc Saint-Laurent, enfants de Marie-Catherine-Constance Pascal de Lareiranglade, sœur de l'émigré, et son héritière unique, épouse de Charles-Louis-Marie-Joachim de Chastellier.

Le propriétaire dépossédé, « ancien capitaine de dragons », habita Paris du 26 février au 9 mai 1792.

LARGUIER Vincent, négociant, à Nimes.
Bouillargues, 5 frim. an III, 261, 708, 709.
Nimes, 5 frim. an III, 1348.

Son mobilier fut vendu à Nimes, le 25 fruct. an III, 6730 l.; les 6-9 vend. an IV, 16451 liv. 15 s. Le mobilier de *Bouillargues* fut vendu, les 16-19 pluv. an III, 7897 liv.

Le bordereau d'indemnité, du 2 août 1825, s'élève à 9322 fr. 25 c. — Rente 280 fr. Cette indemnité fut réclamée, le 30 juillet 1825, par Vincent-Joseph Larguier, propriétaire dépossédé, né le 6 mai 1760, domicilié à Nimes. Le préfet estima (31 décembre 1827) qu'il y avait lésion de 12007 fr. 75 c.

LAROQUE. Voy. DURANT.

LAROQUE Jacques-Jérôme.
Sommières, 7 niv. an III, 23, 733.

Le comte de Laroque n'avait pas encore fait sa demande, le 23 juin 1825 (*Arch. dép.*, 4, Q, 4).

Les Laroque n'avaient fait aucune demande au 26 fév. 1827 (*Arch. dép.*, 4, Q, 6), ni en 1828 (*Arch. dép.*, 4, Q, 7).

La femme de Jacques-Jérôme Laroque, domicilié à Sommières, se nommait Marie-Françoise Leblanc ; elle divorça.

Le comte de Laroque habitait Dusseldorf en 1793 et 1794.

LAROQUE (les deux frères).
Sommières, 26 germ. an VII, 918.

Trois dettes de 50423 fr., 53154 fr. et 740 fr. avaient été liquidées à la décharge de Laroque Jacques - Jérôme et Alphonse, dans le Gard.

La comtesse de Toulouse-Lautrec-Monfa, héritière de Flotan comte de Laroque-Bouillac, son père, réclamait une indemnité dans Tarn-et-Garonne (Lettre min. 29 juin 1829. *Arch. dép.*, 4, Q, 3).

Les Laroque n'avaient fait aucune demande au 26 fév. 1827 (*Arch. dép.*, 4, Q, 6).

Jacques-Jérôme de Laroque et feue Élisabeth de Lestrade eurent cinq enfants : Jacques-Jérôme, émigré ; Jacques-Gabriel, garde du corps du roi ; Jacques - Félix, prêtre, vicaire général de Perpignan ; Rosalie, mineure, et Louis-Pierre de Laroque de la Croix (Vente du 6 mai 1790, Marignan, not., à Nimes). Un autre frère, émigré, s'appelait, paraît-il, Jérôme. Avec Félix et Jean-François de Laroque, ils étaient propriétaires par indivis, comme héritiers de la citoyenne Crès, veuve Lestrade, leur grand'mère, d'une maison sise à Sommières.

LATOUR-DUPIN Alexandre-César, ex-officier d'infanterie, au Vigan.
Vigan (Le), 10 niv. an II, 7, 1085.
Vissec, 8 germ. an III, 398, 754 ; 26 germ. an VI, 490 ; 6 prair. an VI, 923.

Son mobilier fut vendu, les 18-19 therm. an II, 5576 liv.

D'après un état, l'actif était de 40124 fr. 41 c. et le passif de 224794 fr. 61 c.

L'indemnité fut réclamée par Jacques-David Garnier, l'un des héritiers du propriétaire dépossédé, dont la demande fut rejetée le 21 octobre 1831.

Le comte de Latour-Dupin avait recouvré la possession du domaine de Lesperet, par arrêté de la Commission du 15 juillet 1816 (*Arch. dép.* 5, Q, 109, lettre du 30 juin 1830).

Alexandre-César Latour-Dupin, baron de Malérargues, propriétaire dépossédé, fils de Jean-Alexandre (qui avait testé le 7 janvier 1781) et de Louise de Broche, était mort après avoir fait son testament. Il avait trois frères et une sœur, savoir : 1° Joseph, demeurant à Paris en 1816 (*Arch. dép.*, 3, Q, 1, 12); 2° Louis-Auguste-François; 3° Marie-Thérèse; 4° Jean-Marie, enfant posthume (*Arch. dép.*, 1, Q, 23).

LATOUR. Voy. LAFARE.

LAVERNÈDE. Voy. PAGÈZE.

LAVONDÈS-BRUN Louis.
Nimes, 12 mess. an II, 1101.

Louis Lavondès-Brun fut rayé provisoirement de la liste des émigrés, par arrêté du directoire du district du 6 pluv. an III et réintégré provisoirement dans la jouissance de ses biens. Le 3 prair. an III, le directoire du district émit l'avis de lui accorder, en attendant sa radiation définitive, « à titre de secours, pour régénérer son commerce absolument interrompu par son absence et les persécutions exercées contre lui », la somme de 25000 fr., à prendre sur celles versées pour son compte dans la caisse du receveur des Domaines nationaux (*Arch. dép.*, 5, Q, 9, n° 46). Le 14 prair., arrêté conforme du représentant Perrin. Un arrêté du comité de législation du 3 fruct. an III (*Arch. dép.*, 3, Q, 1, 13), constate que Lavondès a habité constamment Nimes, Montpellier et Orléans depuis le 2 fév. 1792 jusqu'au 15 prair. an II, « date de son départ en qualité de hussard dans le 11me régiment à l'armée des Pyrénées-Orientales, dans lequel il a servi depuis le 22 prair.

an II jusqu'au 14 brum. an III, date de son congé, qui lui a été accordé par le citoyen Monestier, représentant du peuple, eu égard à ses infirmités. Il est en conséquence réintégré dans la possession de ses biens, le prix lui en sera restitué dans le cas ou tout ou partie d'eux auront été vendus... »

Le 3 fruct. an III, il fut rayé définitivement de la liste des émigrés.

LOUBAT Joseph, prêtre.
Saint-Julien-de-Peyrolas, 5 prair. an II, 466.

Le prieur de Saint-Julien-de-Peyrolas partit pour l'Espagne le 6 septembre 1792.

LIRAC. Voy. RESTAURAND.

LOUIS XVIII. Voy. BOURBON-CAPET.

LUSSAN (Comte de). Voy. DRUMMOND.

MANOEL Étienne, condamné, demeurant à Lasalle.
Colognac et *Monoblet*, 7 vend. an III, 821, 964; 8 vend. an III, 109, 567, 605, 897, 1317.

Le bordereau d'indemnité, du 10 avril 1828, s'élève à 8892 fr. 08 c., mais il fut dressé, le 19 déc. 1828, un bordereau supplémentaire de 1866 f. 80 c. Liquidé à 1866 f. 60 c. Rente 56 fr.

Manoel Étienne, exécuté à Paris le 29 niv. an II, eut trois frères, savoir : 1° Manoel-Lagravière Louis-Charles, décédé le 11 janvier 1819 ; 2° Manoel-Saumane Louis, décédé le 2 juillet 1817 ; 3° Manoel Pierre, décédé le 12 flor. an VI.

Manoel-Saumane Louis eut six enfants, savoir : 1° Manoel Étienne-Élisabeth, né le 3 février 1777, *réclamant* ; 2° Pierre-Louis, décédé le 14 octobre 1819 ; 3° Louis-Charles, né le 13 janvier 1779, *réclamant* ; 4° Louise-Pierrette-Jeanne, née le 9 mars 1781, *réclamante* ; 5° Catherine-Cécile, née le 20 décembre 1781, *réclamante* ; 6° Philippine, décédée le 21 août 1827.

45

Manoel Pierre-Louis laissa quatre enfants : 1° Pierre-Louis-Joseph-Antoine, né le 1er septembre 1806, *réclamant* ; 2° Charles-Louis-Antoine, né le 11 février 1812, *réclamant* ; 3° Louis-Anne-Hippolyte, né le 23 septembre 1813, *réclamant* ; 4° Anne-Jeanne-Rose, née le 22 août 1808, *réclamante*.

Manoel - Lagravière Louis - Charles , par testament du 11 novembre 1818, avait institué pour son héritier ledit Étienne-Élisabeth, *réclamant*.

Manoel Philippine, par testament olographe du 29 juillet 1827, avait institué pour héritiers lesdits Étienne-Élisabeth, Louis-Charles, Louise-Pierrette-Jeanne et Catherine-Cécile.

Étienne-Élisabeth de Manoel, adjoint au maire de Lasalle, neveu du propriétaire dépossédé, écrivait au préfet, le 21 mars 1838, en lui adressant les pièces exigées : «... Vous pourrez vous apercevoir de quelques irrégularités qu'il nous a été impossible d'éviter. Une existe dans l'extrait mortuaire de notre malheureux oncle, dont le décès a été enregistré sous le nom de Pierre, au lieu de l'être sous le nom d'Étienne. Quand on fut pour l'arrêter, il dit à ses bourreaux qu'il n'était point Étienne, qu'il était Pierre, croyant, par cette feinte, bien permise en pareille circonstance, d'échapper à leur fureur. Voilà pourquoi cette erreur existe sur les registres à Paris. Il y a cependant une identité incontestable avec son titre de commandant de l'île de Sainte-Lucie. Son frère Pierre n'a jamais été employé que dans la diplomatie, quoi qu'il eût le grade de colonel de cavalerie, comme on pourrait s'en convaincre à Paris et où on le trouverait désigné sous le nom de chevalier de Lagravière, qui fut envoyé dans différentes cours de l'Europe... » (*Arch. dép.* 4. Q. 10).

MARTIGNAC (LA PASCALIE DE), brigadier des armées, maréchal de camp, à Sommières.

Sommières, 28 mess. an IV, 999.

Son mobilier fut vendu, les 27 niv. — 18 pluv. an II, 7079 l. 4 s.

Le bordereau d'indemnité, du 31 mai 1826, s'élève à 10800 fr.

Charles La Pascalie de Martignac, propriétaire dépossédé, mourut le 8 décembre 1793.

Il avait fait, le 16 mars 1762, un testament mystique par lequel il donnait la jouissance de ses biens à Françoise de Godin, sa mère, et la propriété à Françoise comtesse de Godin, « sa demi-sœur », lui substituant ses deux cousines, filles de La Pascalie de Rochemont, son oncle : Françoise de Godin mère et Françoise comtesse de Godin moururent avant la loi d'indemnité.

Les deux cousines de l'émigré, substituées, sont : 1° Marie-Louise de La Pascalie de Rochemont, femme de Joseph de Boredon de Rives, née le 24 mai 1757, *réclamante* ; 2° Louise-Marguerite-Angélique de La Pascalie de Rochemont, née le 5 mars 1744, mariée à François d'Andrieu, décédée le 13 octobre 1822, et représentée par : I. Louis-Jean-Baptiste d'Andrieu, né le 20 juin 1774, *réclamant* ; II. Rose d'Andrieu, née le 7 mai 1770, veuve Monbel, *réclamante* ; III. Marguerite d'Andrieu, veuve d'Alain Guyot, *réclamante*.

Marie-Louise reçut un titre de rente de 324 fr. et les enfants de Louis-Marguerite-Angélique, sa sœur, un pareil titre.

« Martignac était dans l'armée de Custine. On assure qu'il émigra de Strasbourg ».

MASSANE fils, de Sumène.
Saint-Roman, 28 vent. an IX, 1087.

Le bordereau d'indemnité, du 29 juillet 1825, s'élève à 5000 fr. Rente 150 fr.

Marie-Pierre-Henri de Massane, chevalier de Saint-Louis et de la Légion d'honneur, juge de paix de Sumène en 1826, propriétaire dépossédé, fils de François-Charles de Massanne, réclama et obtint cette indemnité.

Dans une lettre du 10 oct. 1827 (*Arch. dép.* 4, Q. 10), il dit :

« Depuis 1784, j'ai servi le roi jusqu'en 1801, sans interruption. Dans le 10° de chasseurs en France jusqu'en 1792 ;

au commencement de cette année, je joignis l'armée du prince de Condé avec les officiers de mon régiment presque en totalité. J'y fis trois campagnes. J'entrai dans les chasseurs à cheval de Bassi, régiment d'émigrés, et je suis rentré dans ma famille au mois de juin 1801.

« En 1815, lorsque Mgr le duc d'Angoulême vint dans le Midi faire un appel aux fidèles serviteurs des Bourbons, je quittai ma femme et mes enfants pour aller joindre le prince au Saint-Esprit à la tête d'une compagnie de grenadiers volontaires que je levai dans les environs de Montpellier que j'habitais alors. Son Altesse Royale daigna récompenser mon zèle de la décoration de la Légion d'honneur. Je fus nommé bientôt après chevalier de Saint-Louis. Ainsi le roi a voulu qu'un vieux serviteur pût suspendre dans ses foyers avec honneur une épée qu'il n'a tirée que pour sa cause toutes les fois et tout le temps que le danger a duré ; je n'ai jamais quitté les armes que quand elles m'ont été arrachées des mains par des traités. »

Il avait 28 ans et était en garnison en Franche-Comté lorsqu'il émigra. Son frère, parti lors de la levée en masse quoiqu'il eut pu s'en dispenser à cause d'une infirmité, fut tué à l'affaire de Villelongue et reçut le coup mortel en secourant un de ses amis qui était dangereusement blessé (*Arch. dép.* 1, Q. 2, 23, p. 223).

Mathieu Jean, prêtre, demeurant à Nimes.
Nimes, 21 fruct. an II, 445, 1143, 1153, 1156.

Le bordereau d'indemnité, du 6 sept. 1825, s'élève à 7860 fr. Rente 236 fr.

Mathieu-Jean, curé de l'église Saint-Paul à Nimes, mourut à l'âge de 78 ans, le 7 nov. 1814 laissant pour héritiers, par testament olographe du 12 juillet 1810 : 1° Jean-Étienne Celse, propriétaire à Lyon, son neveu, réclamant ; 2° Élisabeth Celse, épouse Laboissière, sa nièce, laquelle, étant décédée, était représentée par son fils, Jean-François Laboissière, chirurgien à Lédenon, autre réclamant.

Jean-Etienne et Elisabeth Celse avaient obtenu, le 21 prair. an IV, la réintégration en jouissance des biens de Mathieu, leur oncle, sous forme d'un bon au porteur de 26213 l. 7 s. 3 d. (*Arch. dép.* 3. Q. 1. 5, N° 45).

Mathieu Jean s'était embarqué à Aiguesmortes, le 18 sept. 1792, sur la tartane la *Sainte-Jeanne* et fut dévalisé avant son départ. Rentré en France, il fut le premier curé de Saint-Paul après la Révolution ; installé le 14 oct. 1803.

MELFORT. Voy. DRUMMOND.

MERCIER Jean-François, demeurant à Aulas.
Aulas, 26 niv. an II, 53, 54, 56, 169, 893, 933, 1031, 1121, 1123, 1239, 1576 ; 19 therm. an IX, 1055.

Le bordereau d'indemnité, du 15 juillet 1825, porte l'actif à 10225 fr. 68 et le passif à 8216 fr. 39.

Le préfet émit l'avis, le 11 oct. 1826, que l'actif devait être réduit à 10051 fr. 68 (dettes suppr. par la commission). Rente 302 fr.

Jean-François de Mercier-Coustalant, ancien lieutenant colonel de cavalerie, chevalier de Saint-Louis, domicilié à Montpellier, propriétaire dépossédé, obtint cette indemnité en 1827.

Il était fils de François (qui fit son testament le 8 fév. 1766) et de Jeanne Béranger (mariage du 23 oct. 1759).

Le 13 mai 1788, il épousa Marie-Magdeleine Bégon, laquelle profita de l'émigration de son mari pour divorcer (*Arch. dép.* 1, Q. 2, 23, f° 171).

MERLE Charles dit Lagorce, demeurant à Barjac.
Barjac, 18 fruct. an II, 257, 551, 685, 1289.

Le bordereau d'indemnité, du 14 juillet 1825, s'élève à 4405 fr. 50. Rente 132 fr.

La lésion était de 6427 fr. 50, d'après le préfet (23 déc. 1827), par suite de reventes en numéraire.

Cette indemnité fut réclamée par Louis-Charles de Merle

baron de Lagorce, chevalier de Saint-Louis, domicilié à Barjac, propriétaire dépossédé.

MEYRARGUES. Voy. LACROIX.

MONTALET. Voy. BÉRARD.

MONTDARDIER. Voy. ASSAS (Jean-Marie Charles d').

MONTEYNARD François, ex-seigneur de Montfrin. *Meynes*, 17 septembre 1812, — 35.
Montfrin, 10 niv. an II, 14, 164, 212, 305, 959, 1509, 1569, 1571 ; 11 niv. an II, 14, 141, 164, 210, 219, 253, 444, 590, 591, 663, 734, 959, 1571 ; 28 pluv. an II, 40, 253, 305, 810, 939 ; 14 therm. an II, 128, 210, 281, 589 ; 15 therm. an II, 18, 38, 39, 171, 210, 219, 253, 282, 444, 585, 680, 865, 927, 959, 980, 1054, 1088, 1106, 1245, 1340, 1350, 1439, 1511 ; 11 pluv. an III, 60, 1250 ; 17 sept. 1812, — 651, 775.

Son mobilier de *Montfrin* fut vendu les 1er décembre 1792-2 février 1793, 25793 liv. 12 s.

Le bordereau d'indemnité, du 8 juillet 1825, s'élève à 20261 fr. 27 ; le passif était de 49237 fr. 37.

Dans ce bordereau, il n'est pas question de la terre de *Meynes* (n° 35). Le bordereau indique qu'une terre de 37 ares 89 centiares, sise à Montfrin, appartenant à Monteynard, a été cédée par l'État à la Sénatorerie de Nîmes, le 22 fruct. an XII, mais qu'il « paraît certain qu'on est rentré dans la possession de ce bien » ; par suite, l'indemnité qui s'y rapporte n'est mentionnée que pour « mémoire ».

La lésion, d'après le préfet (26 décembre 1827), était de 16533 fr. 07.

François de Monteynard, propriétaire dépossédé, mourut le 9 mai 1798 ; il avait épousé Henriette-Lucie de Baschy, décédée le 31 janvier 1820, de laquelle il eut un fils unique,

Hector-Joseph marquis de Monteynard, maréchal de camp,
né le 16 mars 1770, « gentilhomme de la chambre du roi, »
réclamant tant en son nom que comme tuteur de son fils
Raymond-Henri (né le 15 juin 1811), héritier, par moitié, des
biens de sa grand'mère.

François de Monteynard habitait Avignon, pays étranger,
depuis 1786. Lors des troubles du Comtat, il partit pour
l'Italie. Un certificat des magistrats de Roveredo, vallée de
Mesoleina de la Ligue grise supérieure, constate qu'il habite
dans les environs de Roverodo et dans le pays de la Valteline
depuis le 25 septembre 1793. (*Arch. dép.* 3, Q, 1, 13).

MONTMORENCY-ROBECQ Anne-Louis-Alexandre, ex-
prince, à Paris.

Aubord, 11 brum. an IV, 207 ; 26 prair. an IV,
1097.

Bernis, 23 therm. an III, 1346 ; 16 mess. an IV,
330.

Générac, 26 prair. au IV, 207, 1097.

Uchaud, 23 therm. an III, 1346.

Vestric, 16 flor. an II, 243, 614, 615, 659, 723, 783,
884, 916, 938, 1086, 1222, 1233, 1236, 1344, 1345,
1586 ; 18 flor. an II, 47, 168, 242, 633, 722, 762, 783,
884, 916, 1056, 1209, 1233, 1345 ; 21 flor. an II, 46,
47, 168, 241, 432, 599, 660, 884, 916, 1056, 1086, 1092,
1222, 1344, 1591.

Son mobilier de *Bernis* fut vendu, le 25 janvier 1793,
1676 liv. 15 s. ; (on vendit, en outre, le 26 mars, pour 455 liv.
d'huile) ; de *Vestric*, le 7 brum. an III, 4900 liv.

Le bordereau d'indemnité, du 13 juillet 1825, s'élève à
318538 fr. 08 pour l'actif, et à 126564 fr. pour le passif
(liquidé à 318538 fr. 08). Rente 9556 fr.

Les biens vendus, saisis sur la tête de Montmorency-
Robecq, appartenaient en réalité à Alexandrine-Émilie de la

Rochefoucauld, sa femme, qui les tenait de Marie de La Rochefoucauld duchesse d'Estissac, sa mère, suivant testament du 24 mars 1786.

Elle mourut, en 1814, laissant pour héritiers, (testament du 9 février 1814) François-Alexandre-Frédéric duc de La Rochefoucauld, pair de France, demeurant à Liancourt, et les trois enfants de ce dernier, savoir : François duc d'Estissac, Alexandre-François comte de La Rochefoucauld, et Frédéric-Gaëtan comte de La Rochefoucauld, qui réclamèrent l'indemnité.

Montmorency-Robecq « lieutenant-général au service de S. M. très chrétienne, » habita, à partir du commencement de mai 1791, son château de Rêves (Brabant), sous le prétexte de terminer 86 procès pendants au sujet de la succession Serclaes-Telly.

En juin 1792, il habitait Paris, rue du Regard.

Montpuy-Juge, demeurant à Lunel (Hérault).

Gallargues, 26 nivôse an III, 545.

Le bordereau d'indemnité, du 20 avril 1826, s'élève à 9750 fr. — Liquidé à 8699 fr. Rente 261 fr.

Louis de Juge de Montpuy, émigré, né le 23 mars 1752, mourut le 12 floréal an II, laissant une veuve Marie Paulet, née le 23 mars 1754, *réclamante*, et trois frères ou sœurs, savoir : 1° Marguerite de Juge, née le 20 nov. 1740, épouse Lamouroux ; 2° Jean-Louis de Juge, né le 12 octobre 1738 ; 3° Madeleine de Juge, née le 10 décembre 1739, épouse Bion Lapierre.

Jean-Louis de Juge, susnommé, mourut le 17 frimaire an V, laissant pour héritiers ses deux enfants, savoir : François-Claire-Louis, né le 11 novembre 1759, et Paul-Henri-Barthélemy de Juge, né le 9 mars 1771, *réclamants*.

Marguerite de Juge, susnommée, était veuve lorsqu'elle mourut, le 26 mai 1823 ; elle avait eu trois enfants : 1° Louis-François-Lamouroux, né le 22 décembre 1776, *réclamant* ; —

2° Jean-Henri Lamouroux, né le 9 septembre 1770, lequel était mort le 28 mai 1816, laissant quatre enfants : Louis-Henri-Lamouroux, né le 3 mai 1809, Jean-Benjamin Lamouroux, né le 13 avril 1811, Pierre-Adrien Lamouroux, né le 12 septembre 1812, et Joséphine-Jeanne Lamouroux, enfant posthume, née le 1er septembre 1816, mineurs, *réclamants*, représentés par Marie Verdier, leur mère et tutrice ;—3° Marie-Suzanne Lamouroux, née le 9 janvier 1773, épouse Claux, décédée le 20 nivôse an XII, laissant deux enfants : Antoine Claux, né le 28 pluviôse an IX, et Marie Claux, née le 31 ventôse an V, épouse de Pierre Marier, *réclamants*.

Madeleine de Juge, susnommée, était veuve lorsqu'elle mourut, le 8 octobre 1813. Elle avait eu trois enfants, savoir : 1° Claude Bion, dit Montvert, né le 10 octobre 1774, *réclamant*; 2° Marthe Bion, née le 27 août 1777, épouse Ayot, laquelle mourut le 27 janvier 1826, laissant un fils, Joseph Ayot, né le 9 germinal an V, *réclamant* ; 3° Augustin Bion, né le 17 avril 1769, lequel mourut le 17 thermidor an XIII, laissant trois enfants : Victoire Bion, née le 28 nivôse an VI, femme de Bazile, Cousin-Hippolyte Bion, né le 18 pluviôse an VIII, *réclamants*, et Marie-Cornélie Bion, née le 14 ventôse an XIII, décédée le 28 octobre 1825, représentée par son frère et par sa sœur, susnommés, ainsi que par Élisabeth Guibal, sa mère et son héritière à réserve, née le 11 octobre 1774, remariée à Henri La Treille le 2 avril 1812, et par Madeleine-Clorinde La Treille, née le 16 août 1810 et Henri La Treille, né le 1er septembre 1813, ses frère et sœur utérins, mineurs, *réclamants*.

MOYNIER Claude, ex-maréchal de camp, demeurant à Aimargues.

Aiguesvives, 16 vendémiaire an IV, 538.

Aimargues, 11 prairial an II, 292, 378, 535, 536, 670, 832, 846, 1460 ; 14 prairial an II, 58, 131, 174, 378, 452, 672, 757, 1095, 1168, 1469, 1522, 1572 ; 15

prairial an II, 131, 174, 354, 378, 388, 452, 465, 518, 535, 536, 697, 757, 799, 832, 1163, 1185, 1466, 1469, 1471.

Cailar (Le), 30 germinal an II, 799, 800, 900, 949.

Saint-Laurent-d'Aigouze, 18 germinal an II, 42, 565, 690, 1513, 1573.

Son mobilier d'Aimargues fut vendu, le 5 avril 1793, 948 l. 10 s.

Le bordereau d'indemnité, du 10 mars 1826, porte l'actif à 183213 fr., y compris 2500 fr. pour trois terres sises à Aimargues, cédées aux hospices d'Alais par arrêté préfectoral du 8 fructidor an XIII, — et le passif à 232328 fr. 53 c.

Moynier Claude, ou plutôt Claude comte de Moynier, époux de Marie-Madeleine-Françoise Bourgeois, mourut le 4 octobre 1794, laissant pour seule et unique héritière Marie-Anastasie-Céleste de Moynier, sa fille, mariée, le 8 novembre 1790, à Bernard-Henri-Louis Huc vicomte de Caligny, chevalier de Saint-Louis, maréchal de camp, qu'elle institua pour son légataire universel le 2 pluv. an IX ; elle mourut le 23 mess. an XII. Le vicomte de Caligny réclama, mais rien n'indique qu'il obtint une indemnité.

Narbonne-Pelet Amalric, demeurant à Aubiac (Lot-et-Garonne).

Beaucaire, 19 mess. an IV, 1069.

Combas, 6 germ. an II, 119, 209, 251, 542, 577, 730, 899, 1546, 1547 ; 7 germ. an II, 209, 438, 542, 577, 952, 967, 1063, 1174, 1458, 1530, 1546 ; 21 germ. an II, 77, 209, 542, 576, 636, 844, 899, 954, 1170, 1458, 1530, 1546 ; 22 germ. an II, 251, 318, 797, 899, 953, 1178, 1358, 1458, 1530 ; 5 prair. an III, 119 ; 9 mess. an III, 79.

Fontanès, 21 germ. an II, 1567 ; 4 therm. an II, 152 ; 6 therm. an II, 489, 696 ; 8 fruct. an II, 117, 133,

508, 510, 563, 706, 850, 886, 960, 1082, 1119, 1131, 1132, 1180, 1.05, 1213, 1342, 1567.

Montagnac, 28 germ. an II, 21 ; 1 mess. an II, 491.

Vic-le-Fesq, 1 flor. an II, 1383.

Son mobilier de Foutanès fut vendu, savoir : 8 brum. an III (domaine de Barret) 306 liv. 15 s. ; 9 brum. an III, 617 liv. 10 s. ; 18 pluv. an III, 2370 liv.

Le bordereau d'indemnité, du 15 juillet 1825, porte l'actif à 171122 fr. 68, et le passif à 10913 fr.

Une terre de 2 s. 10 quartes portée à *Salinelles* doit être restituée à *Fontanès* d'après l'acte de vente. (Liquidé à 131109 fr. 68. Rente 3942 fr.).

Le duc Amalric-Narbonne-Pelet Raynaud-Jacques-Marie, pair de France, propriétaire dépossédé, réclama lui-même l'indemnité.

NICOLAY Louis-Scipion-Guillaume , seigneur de Sabran, à Lyon (ou à Cavillargues).

Cavillargues, 7 frim. an III, 32, 187, 200, 240, 247, 250, 315, 716, 1453 ; 8 frim. an III, 19, 191, 246, 247, 250, 935. 1141, 1499 ; 9 frim. an III, 20, 187, 248, 250, 259, 285, 315, 321, 323, 338, 356, 428, 502 ; 10 frim. an III, 19, 321, 935, 1529, 1584 ; 16 frim. an III, 200, 246, 252, 259, 340, 631, 716, 840, 1141, 1429 ; 17 frim. an III, 19, 57, 99, 165, 191, 201, 240, 247, 248, 250, 315, 495, 716, 1198, 1231, 1247, 1453, 1498 ; 18 frim. an III, 17, 20, 162, 200, 202, 248, 252, 340, 428, 497, 631, 716, 894, 935, 1141, 1499 ; 19 frim. an III, 260, 321, 894 ; 21 frim. an III, 20, 57, 70, 200, 340, 428, 571, 894, 946, 1051, 1159, 1275, 1430, 1529, 1584 ; 22 frim. an III, 631, 1498 ; 29 pluv. an III, 894.

Pin (Le), 22 vent. an III, 1135, 1238.

Sabran, 8 mess. an II, 16, 1470.

Son mobilier de *Bagnols* fut vendu, les 19-23 germ. an II, 6846 liv. 11 s. ; celui de *Cavillargues*, les 5-10 pluv. an II, 9126 liv. 9 s., et les 18-20 niv. an III, 4905 liv. 10 s. ; celui de *Sabran*, le 16 mess. an II, 5196 liv. 11 s.

Le bordereau d'indemnité, du 14 février 1826, s'élève à à 44780 fr. 20. Dans ce bordereau, les propriétés du Pin sont confondues avec celles de Cavillargues. D'après le préfet (24 décembre 1827), il y avait lésion de 22127 fr. 70. Liquidé à 44803 fr. Rente 1344 fr.

L'indemnité revenant à Louis-Guillaume-Scipion-Jean marquis de Nicolay, époux d'Élisabeth-Félicité Jarente, décédé le 14 septembre 1793 (*arch. dép.* 1, Q, 1, 49), fut réclamée par ses deux enfants : 1° Scipion-Cyprien-Jules-Louis-Saint-Marin-Marie-Élisabeth marquis de Nicolay ; 2° Louise-Justine-Chantal de Nicolay, épouse du comte Joseph de Barême, sous-préfet à Arles.

« M. le marquis de Nicolay, persécuté par les habitants de la Sabranenque, fut obligé de quitter Cavillargues. Il se retira d'abord à Saint-Just, département de la Haute-Loire, auprès de M. le marquis de Saint-Just, son oncle. Poursuivi de nouveau dans cette commune, il se rendait à Montbrison lorsqu'il fut assassiné dans les environs de cette ville. Sa femme et sa fille furent traduites dans les prisons du Puy, où elles ont resté pendant plus de dix-huit mois... » (Lettre du comte de Barême, sous-préfet d'Arles, 3 juillet 1826, *arch. dép.* 4, Q, 1).

Il y avait trois mois que Nicolay était mort lorsqu'il fut déclaré émigré.

Ode, ex-chapelain de Laudun.
Laudun, 15 flor. an V, 1224.

Je n'ai retrouvé cet *Ode* nulle part.

Pagèze Jean-François-Urbain, prêtre déporté, demeurant à Cornillon.
Cornillon, 9 therm. an II, 466.

Son mobilier fut vendu, le 8 prair. an II, 2233 l. 11 s.

Un extrait du bordereau d'indemnité, du 26 avril 1826, porte l'actif à 13617 fr. Un état le porte seulement à 8520 fr. 00 c. Liquidé à 13617 fr. Rente 409 fr.

Cette indemnité fut réclamée par Marie-Joseph-Jean-Baptiste Brézun, inspecteur des contributions en retraite à Pont-Saint-Esprit, né le 9 novembre 1777, et par Marthe-Élisabeth-Joséphine Brézun, née le 22 octobre 1779, épouse de Martin-Victor Ode, créanciers de l'émigré par jugement du tribunal d'Alais du 13 avril 1826.

Mais leur réclamation fut rejetée comme n'étant que conservatoire.

D'ailleurs, de Pagèze de Lavernède, propriétaire dépossédé, vivait encore; il habitait Potelières en 1827; il réclama et obtint le titre de rente indiqué.

PANETIER-MONTGRENIER, demeurant à Sommières.
Junas, 12 therm. an II, 72, 587, 588, 597, 713, 738, 763, 1000, 1046, 1176, 1534; 14 juillet 1811, — 1177.

Son mobilier fut vendu, le 23 fruct. an II, 5803 l. 10 s.

Le bordereau d'indemnité, du 6 septembre 1825, porte l'actif à 37489 fr., et le passif à 66567 fr. Le passif, d'après un état, n'était que de 8258 fr.

Jean-Arnaud comte de Panetier-Montgrenier, émigré, né le 27 juillet 1755, décédé le 7 février 1794, laissa pour héritiers ses trois sœurs, savoir : 1° Suzanne-Louise Panetier, épouse de Valentin marquis de Caumels, qui mourut et était représentée par Aimée-Marie-Zoé de Caumels, et par Alexandre-Marie de Caumels, capitaine à la garde royale, ses enfants; 2° Élisabeth-Sophie de Panetier vicomtesse d'Albenas, qui mourut et fut représentée par ses cinq enfants : Françoise-Suzanne-Zoé d'Albenas, Hélène-Athalie-Marguerite d'Albenas, Sophie-Agathe d'Albenas, Diane-Athénais d'Albenas et Décadi-Prosper d'Albenas ; 3° Honoré-Anne-Suzanne de Panetier de Montgrenier, née le 21 juin 1754, veuve du baron de Saint-Blanquat, lequel mourut le 19 therm. an X.

Chacune des sœurs, ou leur représentant, toucha un titre de rente de 292 fr.

PAYZAC Joseph, condamné.
Redessan, 5 frim. an III, 828.

Son mobilier fut vendu, le 7 flor. an II, 50 liv.; le 10 vend. an III, 650 fr. Dans un état, du 31 janvier 1829, il est dit : « Aucun bien n'a été vendu ».

Les biens de Payzac furent vendus, mais non payés par l'acquéreur, qui les restitua « gratuitement à sa famille », porte une décision du 18 mai 1829, — « d'où il résulte qu'aucune indemnité n'est due ».

Joseph Payzac, né le 6 octobre 1750, à Nîmes, fils de Louis et de Marguerite Bernard, célibataire, fut condamné à la peine de mort par le tribunal révolutionnaire de Nîmes, le 9 flor. an II, et exécuté le même jour sur l'Esplanade.

Il laissa pour héritiers : 1° Marie Payzac, sa sœur, née le 5 décembre 1756, veuve de Joseph Lafont ; 2° Victoire Payzac, son autre sœur, épouse de Jean-Baptiste Périllier, ancien fournisseur général de l'armée d'Italie, « absent depuis de longues années sans avoir donné de ses nouvelles », qui avait pour gendre Jean Poise, notaire à Nîmes ; 3° Étienne Payzac, son frère, employé supérieur des subsistances à Paris, où il mourut laissant deux enfants : Louise Payzac, épouse de Marc-Antoine-Frédéric Jaussaud, domiciliée à Naples, et Étienne-Joseph Payzac, directeur des spectacles à Metz. Lesquels réclamèrent en vain une indemnité en 1829.

PÉGAT veuve CRESPIN.
Beaucaire, 25 juin 1812, 592.

Le 16 nov. 1807, le tribunal de première instance de Nîmes, ordonna le désistat en faveur du Domaine d'une maison sise à Beaucaire que Crespin avait fait bâtir sur un terrain national à l'entrée du port, à la charge de rembourser à la femme

Pégat, veuve Crespin, les frais de construction réglés à 2588 fr. 90 par un second jugement du 13 mars 1811. Cette somme fut payée à la femme Pégat le 26 sept. 1811.

Cette vente fut donc faite pour le compte de la caisse d'amortissement (*Arch. dép.* 5, Q, 37) ; elle serait, par suite, mieux classée dans la première catégorie.

PERROCHON François, demeurant à Saint-Ambroix.
Saint-Ambroix, 1 brum. an III, 211, 669, 1044, 1443.

Le bordereau d'indemnité, du 8 mai 1826, s'élève à 5046 f. 25. Un bordereau rectificatif, du 12 nov. 1826, porte le passif à 1343 fr. Liquidé à 3703 fr. 25. Rente 111 fr.

L'indemnité fut réclamée par : 1° Thérèse-Adélaïde Perrochon, veuve Forby, 1/3 ; 2° Marie-Geneviève-Clotilde Perrochon, épouse Sigalon, 1/3 ; 3° Marguerite-Thérèse-Geneviève Barne, sœur de Simon, Marguerite-Joséphine Barne et Simon-François-Saturnin Barne, domiciliés à Nimes, pour l'autre 1/3.

Les deux premiers, enfants et héritiers de François Perrochon ; les trois autres, représentants de Jeanne-Marie-Françoise Perrochon leur mère, décédée le 14 nov. 1810, autre fille de François Perrochon.

Perrochon était un cidevant notaire et procureur.

PEYRIDIER Antoine, notaire, émigré, demeurant à Pompignan.
Pompignan, 12 flor. an II, 569, 860, 862 ; 13 flor. an II, 532, 922, 1105 ; 2 prair. an II, 569.

Le bordereau d'indemnité, du 4 avril 1827, s'élève à 3405 f. 94. Liquidé à 3603 fr. 93. Rente 108 fr.

Cette indemnité fut réclamée par Peyridier Antoine, propriétaire dépossédé.

PEYZAC. Voy. PAYZAC.

PIERRE-BERNIS Pons-Simon-Frédéric.

Aiguesmortes, 1 vend. an IV, 511, 885.

Le dépossédé, ci-devant domicilié à Lunel, s'était rendu « il y a environ 12 ans », dit un avis du District du 17 vend. an IV, auprès d'un de ses parents à Rome « d'où il n'a pas bougé depuis cette époque ». Il habitait cependant à ce moment Salgar.

Par suite, le District émit l'avis qu'il y avait lieu de surseoir à la vente de ses biens. (*Arch. dép.* 5, Q. 9. n° 254).

Il dut rentrer en possession.

« Dans un acte qu'il passa dans cette commune en 1780 (style esclave) à raison du pré qu'il possédait sur le territoire de cette même commune, il prit les noms de Pons-Simon-Frédéric de Pierre Desports, chevalier de Bernis, et autres titres qu'il répugne trop à des républicains pour en salir le papier, lesquels se terminaient par dire qu'il habitait à Lu ..

« Lettre des officiers municipaux du Cailar, 23 mess. an II. . (*Arch. dép* 1, Q, 2, 9.)

« Cet individu réside à Rome depuis environ 12 ans et n'est pas rentré dans la République depuis son départ. » Lettre des officiers municipaux de Lunel, 25 mess. an II, *id.*

Il obtint, en vend. an IV, du District de Montpellier, un arrêté le rayant provisoirement de la liste des émigrés.

PLUVIERS fils Joseph-Marie dit Saint-Michel, ou Pluviers Louis-Marie, ex-officier d'infanterie, demeurant à Saint-Michel-d'Euzet.

Saint-Michel-d'Euzet, 14 vend. an III, 618, 779, 1133, 1134, 1273, 1487 ; 18 vent. an VII, 779.

Son mobilier fut vendu, le 11 mars 1793, 1293 liv. ; le 23 fruct. an II, 408 liv. 15 s.

Le bordereau d'indemnité, du 10 août 1825, indique les deux noms et s'élève à 20252 fr. 54. Liquidé à 19982 fr. 60. Rente 599 fr.

L'indemnité fut réclamée par le comte de Pluviers Saint-Michel (Louis-Marie) époux de Solémy (Anne-Mélanie-Symon), propriétaire dépossédé, demeurant à Bourg-Saint-An-déol.

PRIEURET Jean, prêtre déporté, demeurant à Nimes.

Nimes, 5 frimaire an III, 524, 1157. ; 6 frim. an III, 343.

Le bordereau d'indemnité, du 25 mai 1826, s'élève à 4452 fr. 50. Cette indemnité fut réclamée par Marguerite Martin, née le 16 février 1762, héritière universelle de Prieuret, ancien chanoine (testament olographe du 30 mai 1809), à laquelle la commission de liquidation du 21 déc. 1827 alloua 1905 fr. 55 (Lettre signée Viguié, 15 juillet 1829, *arch. dép.*, 4, Q, 1). Elle reçut une inscription de rente de 57 fr. (Lettre du 21 juillet 1829).

Prieuret mourut le 11 janvier 1824. (Il était né le 25 septembre 1718, *Arch. dép.* 3, Q, 1, 5).

Prieuret s'était embarqué à Aiguesmortes, le 8 octobre 1792, pour aller en Italie.

Il avait un frère, Joseph, qui laissa deux filles : Delphine, née le 1er avril 1751, et Agathe, née le 18 mai 1755, demeurant à Nimes. Lors de sa déportation, il avait une autre sœur, Marie Prieuret, religieuse à l'Hôtel-Dieu, directrice de l'hôpital civil et militaire. Toutes trois furent réintégrées, le 25 brumaire an IV, dans la possession et jouissance du quart des biens, meubles et immeubles, existant encore(*Arch. dép.* 3, Q, 1, 5, N° 27). Le 21 germ. suivant, Marie obtint la moitié (id. n° 36).

Jean et Bruno Prieuret, neveux du dépossédé, obtinrent le quatrième quart le 18 floréal an VI (id. n° 40).

PUY-MICHEL. Voy. CORIOLIS.

RAFIN Pierre et Denis, frères, prêtres déportés, demeurant à Cornillon.

Cornillon, 8 therm. an II, 466.

Leur mobilier de Cornillon fut vendu, le 8 prairial an II, 23 l. 1 s.; celui de Sanilhac, appartenant à Pierre seul, le 8 messidor an III, 1634 l.

Le bordereau d'indemnité, du 18 octobre 1825, s'élève à 8840 fr. Rente 265 fr. — La lésion fut évaluée à 3410 francs. (21 déc. 1827).

L'indemnité fut réclamée par Pierre-Julien Rafin, né le 10 janvier 1764, propriétaire à Cornillon, neveu et unique, héritier de Pierre Rafin, son oncle, propriétaire dépossédé, suivant testament du 31 octobre 1823.

RAOUSSET-BOULBON (Zacharie), ex-comte, à Avignon.

Pujaut, 28 prairial an II, 69, 188, 296, 470, 503, 506, 1291, 1307, 1312, 1564 ; 1 fructidor an II, 1, 34, 67, 68, 78, 123, 177, 180, 203, 206, 220, 268, 296, 297, 298, 314, 357, 358, 380, 383, 384, 479, 481, 495, 504, 507, 509, 534, 578, 642, 645, 679, 787, 816, 868, 880, 1187, 1188, 1189, 1191, 1202, 1288, 1291, 1292, 1293, 1294, 1312, 1478, 1486, 1553, 1554, 1559, 1560, 1561, 1562.

Roquemaure, 21 mess. an II, 522, 649, 661, 662, 665, 677, 678, 735, 791, 793, 835, 836, 957, 969, 972, 1066, 1152, 1450, 1564 ; 22 mess. an II, 969.

Son mobilier de Pujaut fut vendu, le 25 prairial an II, 15937 l. 12 s., non compris 19 l. 10 s. provenant de la vente de 26 bouteilles de vin blanc.

Le bordereau d'indemnité, du 17 décembre 1827, s'élève à 48564 fr. 81 c.; les propriétés vendues le 28 prairial an II y sont indiquées comme étant, sauf deux, situées à Aramon.— La lésion fut évaluée à 78308 fr. 15 par le préfet (26 décembre 1827).

Louis-Zacharie-Raoul de Raousset de Boulbon, proprié-

taire dépossédé, étant mort à Florence, pendant son émigration, le 18 mars 1801, d'après un acte de notoriété homo-
logué par le tribunal civil d'Avignon le 9 mars 1825, l'indemnité fut réclamée par son fils aîné, Henri-Emile-Charles-
Louis-Michel Raoux de Raousset comte de Boulbon, né le
2 mars 1769, qui avait reçu en dot, par contrat de mariage du
26 janvier 1790, sous diverses charges, les biens vendus
par l'Etat ; il toucha un titre de rente de 1457 fr., représentant la moitié de l'indemnité.

Un autre fils de l'émigré, le chevalier Louis-Charles-René-
Victoire-Aurelle de Raoux Raousset-Boulbon, domicilié à
Marseille, reçut, lui aussi, un titre de rente de 1457 fr.

L'émigré avait laissé deux autres enfants, savoir : Louis-
André-Antonin (absent) et Madeleine-Emilie, née le 12 sept.
1773, mariée le 11 octobre 1792 à un étranger le comte
Beltram-Amédée Christiani de Ravaran, domiciliée à Turin
depuis 1815, légitimaire ayant droit à 1/12e, qui obtint une
liquidation particulière.

Une sœur de l'émigré, la comtesse Christiani, prétendait,
à tort, avoir des droits à la succession de son frère.

Avignon était encore sous la domination étrangère, en 1790,
lorsque Raousset-Boulbon quitta cette ville, qu'il habitait depuis trente ans, pour se rendre à Nice, — où il avait des
parents, où il maria sa fille, — afin d'y rétablir sa santé com-
promise à la suite d'une attaque de paralysie.

RAUQUIL Louis, notaire, demeurant à Alais.
Alais, 7 germ. an II, 5,915, 1444, 1515.

Son mobilier fut vendu, les 21 et 22 frim. an III, 877 f. 10 s.
Le bordereau d'indemnité, du 31 mars 1826, porte l'actif à
8289 fr. 84, et le passif à 1187 fr. 50.

L'indemnité fut réclamée par François Pascal, qui avait
épousé, le 16 juillet 1786, Marie Rauquil née le 30 août 1772,
et était tuteur-curateur de Jean-Louis-Nicolas Rauquil Sabatier, interdit contumax suivant arrêt de la cour criminelle de
la Seine du 3 déc. 1808, son cousin germain, fils du proprié-

taire dépossédé, — et par Jean-François Rédarès, avoué à Alais, curateur nommé à la succession vacante de Louis-Salomon-Nicolas Rauquil, décédé le 19 janv. 1823, autre fils du propriétaire dépossédé.

La demande de Pascal fut rejetée le 25 avril 1831. Mais il réclama à nouveau comme héritier, avec sa femme, sous bénéfice d'inventaire, de Louis-Salomon-Nicolas Rauquil, précédemment représenté par Rédarès, et reçut un titre de rente représentant le capital de 3551 fr. 17, moitié de la liquidation faite après déduction du passif.

Louis Rauquil avait habité, sans interruption, Lyon, Paris, Pougny, Villefort, Laval, du 1er avril 1792 au 2 germ. an III. Il fut en conséquence rayé de la liste des émigrés par arrêté du directoire exécutif, du 28 brum. an V.

Régis Charles-Joachin-François, bourgeois, de Roquemaure.

Roquemaure, 22 vend. an III, 33, 138, 166, 279, 302, 572, 634, 661, 662, 667, 677, 717, 774, 811, 833, 955, 956, 958, 983, 1182, 1192, 1244, 1528, 1549, 1580, 1582 ; 23 vend. an III, 61, 249, 750, 811, 812, 834, 942.

Son mobilier fut vendu, le 26 fruct. an II, 1897 liv. 12 s.

Le bordereau d'indemnité, du 10 juillet 1825, porte l'actif à 17762 fr. 65 et le passif à 12230 fr. pour rentes dues à des corporations religieuses supprimées. La lésion était de 45237 fr. 31, d'après le préfet (22 décembre 1827). Liquidé à 5502 fr. 65, par décis. du 15 septembre 1826. Rente 165 fr.

L'indemnité fut réclamée par Marie-Grégoire-Édouard de Régis, capitaine de cavalerie en réforme, à Nîmes, et Marie-Jeanne-Françoise de Régis, demeurant à Valence (Drôme), fils et fille de Charles-Joachin-François de Régis, émigré, décédé.

Marie-Jeanne-Françoise de Régis mourut à Valence le 8 août 1827 ; son frère et héritier obtint toute l'indemnité.

Reinolt Charles-Marie-Simon.

Alais, 30 vent. an II, 667.

Reinolt était officier au régiment ci-devant Turenne.

RESTAURAND Pierre-Gabriel, fils cadet, demeurant à Pont-Saint-Esprit.

Pont-Saint-Esprit, 4 germ. an XI, 1280.

Le bordereau d'indemnité, du 22 novembre 1825, s'élève à 4903 fr. 88

Cette indemnité fut réclamée par Alexis-François-Prosper-Restaurand de Lirac, ancien officier d'infanterie, domicilié à Pont-Saint-Esprit, fils de Jean-Joseph-Marie et cessionnaire de son frère Alexandre-Pierre-Gabriel. Il reçut un titre de rente de 147 fr.

Le propriétaire dépossédé était mort le 20 mai 1817.

RICHARD Jean-Antoine, prêtre déporté.

Souvignargues, 27 mess. an II, 508.

Richard Jean-Antoine, ancien curé de Souvignargues, s'embarqua à Aiguesmortes, le 26 août 1792, sur la tartane *la Saint-André*, et fut déclaré émigré le 5 vent. an II.

RICHARD Louis, prêtre déporté, demeurant à Saint-Côme.

Saint-Côme, 1 therm. an II, 795, 1424.

Le bordereau d'indemnité, du 2 septembre 1825, s'élève à 1892 fr. 75. Rente 57 fr. La lésion fut estimée à 589 fr. 45 (24 décembre 1827).

L'indemnité fut réclamée par Françoise-Marie Richard, domiciliée à Nimes, sœur et unique héritière de Claude-Louis Richard, propriétaire dépossédé, qui avait testé en sa faveur.

Richard Claude-Louis s'était embarqué à Aiguesmortes, le 26 août 1792, sur la tartane *la Saint-André*.

ROCHEMORE-AIGREMONT Jean-Baptiste-Louis, baron d'Aigremont, demeurant à Nimes (appelé aussi Jean-Claude).

Aigremont, 26 mess. an II, 92 ; 28 mess. an II, 153, 575 ; 1er therm. an II, 951, 993, 1215 ; 3 therm. an II, 564, 1399, 1557 ; 7 therm. an II, 853 ; 11 therm. an II, 25, 830, 1360, 1413 ; 13 therm. an II, 1413 ; 15 therm. an II, 993 ; 17 therm. an II, 154, 610, 694; 21 therm. an II, 1208 ; 23 therm. an II, 151, 608, 731, 1413 ; 25 therm. an II, 575, 610 ; 27 therm. an II, 575, 1215, 1412 ; 29 therm. an II, 610, 1278 ; 18 février 1813, 651.

Lédignan, 28 prair. an II, 306, 424, 1215 ; 1er mess. an II, 254, 610, 692, 1388 ; 3 mess. an II, 607, 1172, 1387.

Saint-Jean-de-Serres, 1er fruct. an II, 52 ; 3 fruct. an II, 264 ; 5 fruct. an II, 52, 1251.

Son mobilier d'Aigremont fut vendu, le 29 avril 1793, 3711 fr. 85.

Le bordereau d'indemnité du 12 juillet 1825, porte l'actif à 98565 fr. 31, et le passif à 252027 fr. (Liquidation du 24 décembre 1836 : 131973 fr. 73 de passif).

L'indemnité cependant fut réclamée par : 1° Louise-Aglaé de Rochemore ; 2° Pauline-Caroline de Rochemore, toutes deux majeures, demoiselles, domiciliées à Bragassargues ; 3° Jean-Maurice de Rochemore (vicomte), chef d'escadron au 10e régiment de chasseurs à cheval, en garnison à Poitiers, enfants de Jean-Baptiste-Louis vicomte de Rochemore, propriétaire dépossédé, mort en 1815.

ROCHEMORE-GALLARGUES Anne-Joachim - Annibal, demeurant à Gallargues.

Aubais, 12 vent. an II, 870.

Cailar (Le), 6 flor. an II, 525, 900.

Gallargues, 11 vent. an II, 332, 334, 361, 461, 501, 640, 691, 903, 1078, 1574 ; 12 vent. an II, 137, 163,

361, 373, 499, 550, 619, 639, 641, 668, 727, 804, 965, 966, 1297, 1574, 1575.

Son mobilier de Gallargues fut vendu 1765 liv. 10 s., le 1er flor. an II. Le 18 brum. an IV, on vendit, au prix de 101438 liv., diverses matières extraites du puits du château. (*Arch. dép.* 2, Q, 5, 16). Le bordereau d'indemnité, du 20 février 1826, porte l'actif à 142791 fr. 25, et le passif à 246900 fr.

L'indemnité fut néanmoins réclamée par Anne-Joachim-Joseph marquis de Rochemore Saint-Côme, son neveu et donataire depuis le 6 mars 1788, maître des cérémonies de France, maréchal de camp, commandant la subdivision de Seine-et-Oise, membre de la Chambre des députés, commandant de Saint-Louis et de la Légion d'honneur, domicilié à Paris, rue Saint-Honoré, n° 387, lequel prétendit faire rejeter l'imputation des dettes de son oncle qui n'avait pas fait de leur paiement la condition de la donation de 1788 (lettre préf. du 9 août 1826, *arch. dép.* 5, Q, 103).

Anne-Joachim-Annibal de Rochemore-Gallargues, mourut à Vérone, le 22 janvier 1796.

Il avait eu apparemment quatre enfants, savoir : 1° Rochemore Joseph, domicilié à Nimes ; 2° Marie-Joséphine-Henriette Rochemore, épouse de Jean-François-Marie Vibrac, domiciliée à Sériès ; 3° Cécile Rochemore, épouse Maillet, domiciliée au Puy ; 4° Jacques Rochemore (*Arch. dép.* 1 Q, 1, 49).

ROCHEMORE-SAINT-CÔME Louis, demeurant à Paris. *Bouillargues*, 11 brum. an IV, 1319.

Saint-Côme, 4 pluv. an II, 233 ; 1 vent. an II, 86, 224, 344, 352, 516, 602, 699, 726, 795, 847, 848, 849, 1268, 1425, 1539 ; 2 vent. an II, 516, 602, 1270 ; 3 vent. an II, 85, 86, 87, 344, 352, 595, 702, 794, 795, 796, 900, 996, 1272, 1395 ; 4 vent. an II, 86, 87, 221, 233, 352, 699, 700, 711, 795, 910, 995, 1184, 1270, 1451.

1501 ; 5 vent. an II, 516, 609, 794, 1237, 1268, 1270,
1480 ; 1 vend. an III, 1501 ; 3 vend. an III, 794 ;
23 vend. an III, 1270.

Savignargues, 27 fruct. an II, 52, 610, 873, 928,
930, 1251.

Son mobilier fut vendu : Saint-Côme, 24 février — 10 mars
1793, 947 liv. 6 s., et 7 8 pluv. an II, 1524 liv. 5 s. —; Nîmes,
6 vend. an III, 4200 liv.

Le bordereau d'indemnité, du 20 février 1826, porte l'actif
à 165034 fr. 29, le passif à 320461 fr. ; ce qui n'empêcha pas
Anne-Joachim-Joseph marquis de Rochemore Saint-Côme,
propriétaire dépossédé, né le 5 juil. 1766, de réclamer une
indemnité.

Rohan-Montbason. Voy. Bourbon.

Rohan-Soubise. Voy. Bourbon.

Roys Saint-Michel (de) Joseph-François.
Aramon, 21 prair. an II, 612.
Beaucaire, 13 fruct. an II, 125.

Son mobilier de Beaucaire fut vendu, le 30 brum. an II,
2675 liv. D'après un état, l'actif s'élevait à 2553 fr. 75, le
passif à 3604 fr. 80 et la lésion à 1991 fr. 25.

L'indemnité fut réclamée par : 1° Jérôme-Joseph de Roys
de Lédignan de Saint-Michel, né le 23 mai 1791 ; 2° Jean-
Victor de Roys de Lédignan de Saint-Michel, né le 15 juin
1792 ; 3° Pierre-Henri-Joseph de Roys de Lédignan de Saint-
Michel, né le 16 avril 1795, héritiers naturels du propriétaire
dépossédé, leur père.

François-Joseph de Roys, époux de Blanche Le Courtois,
mourut le 17 brum. an IX. De 1791 à 1793, il habita Trets,
district d'Aix. Il fit partie du 3° bataillon de l'armée départementale des Bouches-du-Rhône. En vend. an III, il demanda sa radiation de la liste des émigrés.

Rossel-Fontarèche cadet, demeurant à Nimes.
Nimes, 4 frim. an III, 749, 1183.

Le bordereau d'indemnité, des 14 juil. et 3 nov. 1825, porte l'actif à 15484 fr. et le passif à 7188 fr. 70. La lésion fut évaluée à 15916 fr. (20 déc. 1827). Liquidé à 7098 fr. 50. Rente 212 fr.

Pierre-Alexandre-Philippe de Rossel de Fontarèche, chevalier, propriétaire dépossédé, mourut le 18 août 1814, laissant la moitié de ses biens à Anne-Jeanne-Marie de Rossel de Fontarèche, sa sœur, épouse de Manoel Nogaret, laquelle mourut laissant pour héritiers ses trois enfants, savoir : 1° Gilles-François-Henri-Philippe-Auguste Manoel de Nogaret, maire de Saint-André-de-Valborgne; 2° Anne-Marie-Gabrielle Manoel de Nogaret, veuve Delon ; 3° Anne-Marie-Elisabeth Manoel de Nogaret, épouse de Louis-Charles Delon, réclamants. Ils reçurent 106 fr. de rente pour la moitié.

L'autre moitié des biens du propriétaire dépossédé échut à Jean-Antoine-Gilles de Rossel baron de Fontarèche, son frère, lequel était mort, le 16 février 1824, laissa pour héritiers ses deux fils : 1° baron de Fontarèche (Rodolphe-Ernest de Rossel), 2° de Rossel-Fontarèche (Louis-Rodolphe-Edouard-Barthélemy-Philippe), domiciliés à Uzès, qui reçurent un titre de 106 fr. de rente.

Roure. Voy. Beauvoir.

Roux Hippolyte.
Roquemaure, 19 vend. an III, 661.

Roux Benoît-Hippolyte, émigré, était fils de Jean-Louis (mort en 1780) et de Jeanne-Théodore Villeneuve (morte en 1793) qui eurent cinq enfants, dont Louis-Sauveur, qui fut l'héritier universel de son père.

Saint-Côme. Voy. Rochemore.

Saint-Michel. Voy. Pluviers.

SAINT-MICHEL, Voy. ROYS (DE).

SAINT-SAUVEUR, Voy. BRAGOUZE.

SAUBERT-LARCY Anne-François-Louis, demeurant au Vigan.

Alzon et *Campestre*, 5 pluv. an II, 55, 333, 493, 755, 808, 1130, 1544, 1579.

Rogues, 24 frim. an II, 1219.

Vigan (Le), 1 niv. an II, 7, 841 ; 11 niv. an II, 92.

Le bordereau d'indemnité, du 11 juillet 1825, s'élève à 4312 fr. 49 c. — Rente 129 fr. Dans ce bordereau, le domaine de Laborie d'Arre est désigné comme situé à Rogues et Blandas ; les propriétés d'Alzon et Campestre figurent sous le nom seul d'Alzon.

L'indemnité fut réclamée par Anne-François-Louis baron Saubert de Larcy, propriétaire dépossédé, sous-préfet d'Alais, chevalier de Saint-Louis.

Sa mère se nommait Marianne-Pauline de Peyrot ; elle était veuve, en 1792, de Louis-François Saubert (mariage du 2 décembre 1760), et avait trois autres enfants : Rose-Pauline, Marianne-Pauline et Élisabeth-Adélaïde, mineures ; une autre fille, Marie-Louise, était décédée *ab intestat* le 11 décembre 1777, « à la survivance de cinq frères ou sœurs » ; elle avait aussi un autre fils qui émigra également.

« Anne-François-Louis Saubert, dit sa mère, manifesta ses sentiments civiques, pendant le séjour qu'il fit dans cette commune (Le Vigan), au commencement de la Révolution, et son patriotisme y fut assez prononcé pour être connu de tous. Parti pour l'Amérique avec le ci-devant régiment de l'Isle-de-France et revenu bientôt avec lui dans la grande province de Bretagne, il continua de se montrer patriote... » Malade, elle chargea Rouger, p. s., d'écrire à son fils, en garnison à Quimper, « pour lui faire connaître l'odieux de l'émigration et le garantir de ce crime. » (*Arch. dép.*, 1, Q, 2, 23, p. 244).

Cela fut prouvé par une enquête (*id*. p. 258).

Sauvan Pierre - Philippe - Auguste - Antoine, ex-seigneur d'Aramon.

Aramon, 21 prair. an II, 91, 429, 872, 1064, 1243, 1255, 1284 ; 14 mess. an II, 3, 175, 178, 304, 430, 483, 523, 616, 654, 657, 673, 803, 834, 837, 866, 887, 979, 1101, 1116, 1252, 1386, 1535 ; 18 mess. an II, 173, 381, 382, 483, 647, 673, 674, 761, 792, 803, 892, 1057, 1400.

Son mobilier fut vendu, les 3-27 brum. an II, 8354 l. 17 s.

Le bordereau d'indemnité, du 10 juillet 1825, s'élève à 18156 fr. 78 pour l'actif, et à 2132 fr. 25 pour le passif. — La lésion fut estimée par le préfet à 55317 fr. 08 c. (13 décembre 1827). Rente 479 fr.

Pierre-Philippe-Auguste-Antoine de Sauvan, chevalier, marquis d'Aramon, baron de Vallabrègues, seigneur de Comps, Saint-Pierre-des-Termes, Saint-Étienne-des-Airs, Lubières, Bertrand et autres lieux, pair de France, domicilié à Aramon, propriétaire dépossédé, réclama lui-même cette indemnité.

L'émigré, né le 14 mars 1768, s'était marié à Paris, (paroisse Madeleine-la-Ville-Lévêque), le 23 mars 1786, avec Marguerite-Mélanie-Stéphanie de Fayolle-Mellet, dont il eut fils, Camille-Élisabeth, né dans la même paroisse le 5 mars 1787, et une fille, Louise - Marguerite - Mélanie, née à Avignon (paroisse Saint-Agricol) le 20 octobre 1789.

Serguier Joseph, prêtre déporté, demeurant à Roquemaure.

Roquemaure, 21 fruct. an II, 157.

Le bordereau d'indemnité, du 4 avril 1826, s'élève à 720 fr. Rente 22 fr.

L'indemnité fut réclamée par Jean-François Serguier, frère et héritier universel de Jean-Joseph Serguier, propriétaire dépossédé, décédé,

Serguier avait quitté la France le 29 septembre 1792.

SERVIER Alexandre et SERVIER Joseph, frères, prêtres déportés, demeurant à Aiguèze.

Saint-Gervais-lès-Bagnols, 17 vend. an III, 1048.

Le bordereau d'indemnité, du 10 août 1825, s'élève à 20793 fr. La lésion éprouvée fut estimée 20921 fr. par le préfet (20 déc. 1827).

Servier Joseph-Andéol mourut à Narnie, en Ombrie, le 8 mars 1797. Servier Jean-Baptiste-Louis-Alexandre, son frère, autre propriétaire dépossédé des biens leur appartenant par indivis, mourut après avoir, le 25 avril 1818, fait son testament olographe.

Leurs héritiers, savoir : 1° Geneviève Servier, leur sœur, ex-religieuse, demeurant à Saint-Gervais ; 2° Étienne-Charles-Alexandre Servier, propriétaire à Bourg-Saint-Andéol (Ardèche), fils de Étienne-François Servier, décédé, et neveu des propriétaires dépossédés, *réclamants,* dont le second eut les 5/6 et Geneviève, héritière de Joseph-Andéol, 1/6 seulement, obtinrent un titre de rente de 624 fr.

Les deux frères Servier avaient quitté la France le 11 septembre 1792.

SICARD Joseph-Augustin, ex-capitaine au régiment de Bourgogne-infanterie.

Saint-Géniès-de-Comolas, 11 therm. an II, 133, 204, 235, 245, 288, 594, 625, 626, 963, 1129, 1201, 1315, 1527, 1540, 1541, 1542, 1543 ; 12 therm. an II, 59, 287, 715, 736, 753, 809, 813, 814, 826, 1281, 1282, 1315, 1431, 1540.

Son mobilier fut vendu, le 25 février 1793, 1845 liv.

Le bordereau d'indemnité, du 10 juillet 1826, s'élève à 14514 fr. 63. Rente 435 fr.

Antoine-Joseph-Augustin de Sicart de Taqui, propriétaire dépossédé, né le 5 mai 1752, décédé le 4 janvier 1797, avait deux frères et une sœur, savoir : 1° Ignace-Joseph-Bonaventure de Sicart de Taqui, né le 1er février 1757, prêtre en Cerdagne (canton de Saillagouze, Pyrénées - Orientales) , *réclamant* ; 2° François-Adrien de Sicart de Taqui, né le 25 mai 1750, marié à Anne Dalhougny, décédé le 20 mai 1787 ; 3° Antoinette de Sicart de Taqui, mariée à François Pontich de Catelar, décédée le 4 novembre 1824.

François-Adrien de Sicart laissa pour héritiers ses deux enfants , savoir : 1° François - Louis - Antoine de Sicart d'Alonglès, sous-inspecteur des douanes à Bayonne, né le 12 avril 1778, *réclamant* ; 2° Rosalie de Sicart, mariée à Thomas Joubert, décédée le 8 mars 1824.

Antoinette de Sicart laissa pour héritiers ses enfants, savoir : 1° Antoine-Adrien-Jean-Joseph-François de Pontich, né le 5 mars 1775, propriétaire, maire de Vinça (Pyrénées-Orientales), *réclamant* ; 2° Rite-Françoise-Marie de Pontich, née le 23 juin 1776, veuve de Thomas de Pallarès, demeurant à Vinça, *réclamante* ; 3° François-de-Paule-Antoine-Augustin-Jean de Pontich, né le 28 août 1782, capitaine au 64e de ligne, *réclamant*.

Rosalie de Sicart laissa pour héritiers ses enfants, savoir : Marie-Josephe-Rite-Antoinette-Catherine Joubert , née le 30 prair. an XII ; François-Joseph-Thomas-Quentin Joubert, né le 9 brum. an XIV ; Pierre-André-Louis Joubert, né le 30 novembre 1807 ; Anne-Victoire-Adélaïde Joubert, née le 24 décembre 1811 ; Marie-Louise-Marguerite Joubert, née le 17 juin 1813 ; Louis-Jacques-Jean-Baptiste Joubert, né le 3 mars 1815 ; Thérèse-Victoire-Antoinette Joubert, née le 19 février 1817 ; Antoinette-Virginie-Léocadie Joubert née le 13 août 1818 ; et Charles-Jean-Bernard Joubert, né le 14 novembre 1820, *réclamants*.

SIGNAC. Voy. DUCHOL.

SOLIER Jean-Louis, prêtre.
Lasalle, 3 pluv. an XII, 1449.

L'indemnité fut fixée à 1980 fr. en capital.

Du mariage de Daniel Solier (décédé le 3 juin 1763), avec Jeanne de Roussy, naquirent vingt-huit enfants, dont : 1° Daniel, qui eut plusieurs enfants, entre autres un nommé François ; 2° Pierre, marié à Jeanne de Mallet, mort sans postérité après Antoinette, sa sœur ; 3° François, encore vivant en l'an VIII ; 4° *Jean-Louis*, prêtre ; 5° Jeanne, décédée le 4 janvier 1793 ; 6° Antoinette, décédée après Jeanne ; 7° Lucie, décédée avant l'an VIII ; 8° Anne-Rose, mariée à Guyon Bagars, décédée le 28 juillet 1786.

Les biens de Jean-Louis Solier consistaient dans le sixième de ceux de sa sœur Jeanne dont il était l'un des héritiers.

L'indemnité fut réclamée par Astier aîné et ses co-héritiers, neveux du dépossédé, qui se désistèrent ensuite en raison du trop grand nombre des ayants droits et de la multiplicité des pièces à fournir (29 janv. 1829, *Arch. dép.* 4 Q. 5.).

Sur Jean-Louis Solier, fusillié au Vigan en mars 1801, voir *le serment du prieur de Colognac* dans mes *Lundis révolutionnaires*, p. 289.

SOUBISE. Voy. BOURBON et ROHAN-MONTBASON.

SURVILLE Jean-Joseph-Étienne, ex-capitaine d'infanterie, demeurant à Cruviers-Lascours.

Boucoiran, Brignon, Castelnau et *Cruviers-Lascours*, 28 fruct. an III, 1042.

Nîmes, 6 brum. an IV, 1074.

Son mobilier de *Cruviers-Lascours* et de *Brignon* fut vendu, les 20-24 fév. 1793, 2580 liv. 3 s.

Le bordereau d'indemnité, du 25 avril 1826, porte l'actif à 39681 fr. et le passif à 39248 fr. 97. Rente 1190 fr.

L'indemnité fut réclamée par : 1° Jean-Stanislas de Surville, abbé, frère du propriétaire dépossédé ; 2° Marie-Jeanne de Surville, célibataire, sa sœur ; 3° Adèle-Angélique-Olympe Rey, mineure, et Charlotte-Caroline-Marie Rey, épouse Bernardy (Amédée-Elzéar-Félicien de), filles d'Angélique de

Surville, épouse de Noël-Michel Rey, décédée, nièces du propriétaire dépossédé ; 4° Joseph-Jacques-Martin de Bazalgette de Charnève et Jacques-Alphonse de Bazalgette de Charnève, frères, fils de feue Louise-Françoise de Surville, et de feu Jacques Alphonse de Bazalgette, neveux du propriétaire décédé.

TAMISIER (ou **TAMISSIER**) Dominique-Guillaume. *Aiguesmortes*, 28 brum. an IV, 741.

Il était garde-salins.

TAQUI. Voy. SICARD.

TAXIS Clément (ou plutôt **CLUMAN**),prêtre déporté, demeurant à Aramon.
Aramon, 12 mess. an II, 175, 653.

Son mobilier fut vendu, le 19 mes. an II, 1791 liv. 11 s.

Le bordereau d'indemnité, du 12 avril 1826, s'élève à 1212 fr. 75. Rente 36 fr. Le Préfet estimait la lésion à 1307 fr. 25.

Joseph-François-Xavier Taxis de Cluman, propriétaire dépossédé, mourut à Rimini, près Rome,laissant pour unique héritier son neveu Joseph-Louis-Marie de Taxis des Dombes, fils de Jean-Louis Taxis de Cluman, *réclamant.*

THOMASSY François, de Meyrueis. *Lanuéjols*, 9 niv. an II, 613.

Le bordereau d'indemnité, du 25 fév. 1826, porte l'actif à 30288 fr. et le passif à 23022 fr. Liquidé à 7266 fr. Rente 218 fr.

L'indemnité fut réclamée par ses fils : Jean-François-Jacques-Hippolyte de Thomassy,de Meyrueis, 2° Jean-François-Jules-Henri de Thomassy,de Meyrueis, ancien mousquetaire du roi.

François de Thomassy, propriétaire dépossédé, mourut le 16 janv. 1820.

Uzès (duc d'). Voy. CRUSSOL.

VACHIER André, prêtre déporté.
Saint-Laurent-de-Carnols, 29 fruct. an II, 498.
Vachier avait été curé à Navacelles.

VENCE. Voy. VILLENEUVE.

VIGIER François, prêtre déporté, demeurant à Chusclan.
Chusclan, 2 therm. an II, 867, 1058.

Le bordereau d'indemnité, du 12 août 1825, s'élève à 897 fr. 80 c. Rente 27 fr. La lésion fut estimée à 1527 fr. 20 c. par le préfet (22 décembre 1827).

L'indemnité fut réclamée, en 1825-1827, par Julien-François Vigier, desservant la succursale de Domazan, propriétaire dépossédé.

Vigier avait été vicaire à Vallabrègues, puis prieur de Carsan, lorsque, le 21 septembre 1792, il s'embarqua à Aiguesmortes sur la tartane *la Sainte-Théoliste*.

VILLEMÉJANE Jean-Pierre, demeurant au Vigan.
Rogues et *Le Vigan*, 28 therm. an IV, 1070.

Le bordereau d'indemnité, du 15 juillet 1825, porte l'actif à 6206 fr. 18 et le passif à 1144 fr. 18 c. — Tous les biens y sont indiqués comme sis au Vigan. (Dettes rejetées par la Commission.) Rente 184 fr.

L'indemnité fut réclamée par Villeméjane Jean-Pierre, propriétaire dépossédé, domicilié au Vigan, fils de Pierre-David, marié le 22 février 1784 avec demoiselle Bedos.

VILLENEUVE-VENCE.
Saint-Étienne-des-Sorts, 1 therm. an IV, 556.

Il fut vendu, le 4 mars 1793, 5067 liv. 4 s. de blé lui appartenant.

Le bordereau d'indemnité, du 14 juillet 1825, s'élève à 239670 fr. 36 c. ; mais celui du 15 juin 1826 (définitif), porte l'actif seulement à 101020 fr. 30 c., et le passif à 43000 fr.

L'indemnité fut réclamée par : 1° Clément-Louis-Hélion de Villeneuve, marquis de Vence, pair de France, demeurant à Paris, né le 12 février 1783 ; 2° Claire-Jeanne-Rossoline-Chantal de Villeneuve de Vence, née le 21 septembre 1785, épouse du marquis de Bassompierre (né le 22 septemb. 1777), fils et fille du propriétaire dépossédé, Pierre-Paul-Ours-Hélion de Villeneuve, marquis de Vence, (et de la marquise née de Laage) qui avait été rayé de la liste des émigrés le 8 flor. an VIII, et qui mourut le 10 sept. 1819.

VIRGILE Marie, veuve FORTON, demeurant à Beaucaire.

Aramon, 21 prair. an II, 429, 604, 647, 979, 1243, 1284.

Beaucaire, 9 niv. an II, 655, 819 ; 27 niv. an II, 472, 474, 655,

Son mobilier de Beaucaire fut vendu, le 7 frim. an II, 5548 fr. 11 s.

Le bordereau d'indemnité, du 24 oct. 1825, porte l'actif à 44967 fr. 75 (Rente 449 fr.) et le passif à 10617 fr. 75 (qui furent retranchés par la C°)

Marie de Virgile, veuve de Forton Jean-Louis, propriétaire dépossédé, mourut le 11 pluv. an X. L'indemnité fut réclamée par : Marie-Jacques-François-Martin-Louis-Isidore de Forton, fils de la dépossédée, 1/6 (Rente 75 fr.) ; Maurice-Marie de Forton (marquis) (7/16 du restant, 164 fr. de rente) ; Agathe-Isidore de Forton (vicomte), 70 fr. de rente ; Marie-Clémentine de Forton, épouse du marquis Guibert de la Bastide (François-Joseph-Amédé), 70 fr. de rente ; Henriette de Forton, épouse de Fesquet (Sébastien-Prosper), 70 fr. de rente, ces quatre derniers comme héritiers de Jean-Antoine de Forton, leur père, (et de dame Fabre de Montvaillant), autre fils de la dame Virgile, décédé le 14 déc. 1823.

Vissec Louis-Alexandre-Marianne.

Cadière(La), 4ᵉ jour 3ᵉ mois an II, 864,1199 ; 1 niv.
an II, 864, 1096, 1361, 1456 ; 7 germ. an II, 10, 31,
89, 255, 350, 1283, 1309, 1361, 1456, 1479 ; 8 germ.
an II, 10, 89, 322, 353, 374, 420, 421, 1283 ; 9 germ.
an II, 10, 420, 421, 863, 904, 1310, 1492 ; 6 prair.
an 2, 111, 391, 423, 758, 862, 904, 1456.

Saint-Bonnet,9 niv. an II,374,600,637,1050 ; 26 niv.
an II,26,586,638,1050 , 1127,1140,1234,1503,1517 ; 28
niv. an II, 1517 ; 3 pluv. an II,780,1467,1589 ; 21 pluv.
an, 627, 1030, 1127 ; 22 pluv. an II, 213, 627, 1127,
1467, 1538 ; 23 pluv. an II, 24, 26, 213, 1032, 1500 ;
24 pluv. an II, 26, 324, 1551 ; 11 germ. an II, 24, 110 ;
7 oct. 1807, 568.

Thoiras, 11 germ. an II, 24, 110, 1518.

Le bordereau d'indemnité, du 22 juillet 1825, s'élève à
178355 fr. 41.

Louis-Alexandre-Marie-Anne de Vissec comte de Ganges,
propriétaire dépossédé, fut inscrit, en 1792, sur la liste des
émigrés.

Il habitait alors aux environs de Bayonne ; « muni de patentes, il s'y livrait à des opérations de commerce pour mieux
favoriser les émigrés d'Espagne en leur faisant passer des
denrées de première nécessité. Mais la Providence, fatiguée
des crimes de tous ceux qui conspirent contre la liberté de
leur patrie et le bonheur du monde,les livre les uns après les
autres au glaive de la justice...» (Lettre de Guisquet, président du Département, au District de Saint-Hippolyte,3 mess.
an II, *arch. dép.*, 1 Q. 2, 11).

Il était à Bayonne depuis octobre 1791 ; le 6 août 1792,
« il prit un passeport pour aller aux eaux minérales de Cambo,
d'où un arrêté du Département des Basses-Pyrénées l'obligea
de sortir comme étranger.» (Lettre de la municipalité de
Bayonne, 12 déc. 1792, *arch. dép.* 1, Q, 1, 51). A la date de
cette lettre, le comte de Ganges était en état d'arrestation.

Le 27 germ. an II, il se coupa la gorge avec un rasoir au moment où il montait dans la voiture qui devait le conduire de la prison de Bayonne devant le Tribunal révolutionnaire de Pau.

Il était célibataire.

Il avait deux sœurs : 1° Marguerite-Laurence-Louise-Charlotte Vissec de Ganges, et 2° Marie-Jeanne Vissec de Ganges, l'une abbesse de l'abbaye de Notre-Dame-du-Trésor, l'autre abbesse de l'abbaye d'Alais.

Ces deux dames se présentèrent comme héritières de leur frère, obtinrent la main-levée et furent mises en possession des biens de sa succession par le District de Montpellier (sauf ceux vendus).

Elles en jouirent pendant leur vie, et en disposèrent, après elles, en faveur de leur cousin Dissez (Marie-Charles), ex-chef à la division des contributions directes du ministère des finances, directeur des contributions directes à Melun en 1825, — l'une par testament olographe du 28 novembre 1805, enregistré à Paris le 23 septembre 1811, l'autre par testament mystique du 19 octobre 1812, enregistré à Paris le 26 janvier 1813, tous deux déposés aux minutes de M° Pelletier, notaire.

Mais la Cour de Paris, par arrêt du 9 février 1818, reconnut à Marie-Jeanne-Bernarde de Gontaut-Biron, veuve de Charles-Philippe Maurice de Vissec, marquis de Ganges, cousin du propriétaire dépossédé, les droits à un sixième de la succession de ce dernier.

Un partage amiable fut fait, le 19 décembre 1818 (MM° Piet et Chambette, not. à Paris), entre Dissez et la marquise de Ganges qui réclamèrent, en 1825, le premier 5/6, l'autre le 1/6 de l'indemnité.

Dissez eut un titre de rente de 4459 fr., et la marquise de Ganges un titre de 892 fr.

VOGUÉ (Melchior). acquéreur de ROCHEMORE, demeurant à Saint-Esprit.

Aiguèze, 9 mess. an II, 771.

Saint-Julien-de-Peyrolas, 11 prair. an II, 83, 471, 475, 1039, 1422, 1423, 1568 ; 12 prair. an II, 466, 744, 1422.

Salazac, 3 prair. an II, 265, 266, 267, 1414.

Son mobilier de Saint-Julien-de-Peyrolas fut vendu, le 22 prair. an II, 3160 liv. 15 s.

Le bordereau d'indemnité, du 10 août 1825, s'élève à 59542 fr. 09 c. Rente 1787 fr.

Cette indemnité fut réclamée et obtenue par Eugène-Jacques-Innocent comte de Vogué, député, héritier, suivant testament du 12 novembre 1782, de Jacques-Joseph-Félix vicomte de Vogué, lieutenant-général des armées du roi et lieutenant de ses gardes, des biens duquel Melchior de Vogué était possesseur comme usufruitier.

Cécile-François-Melchior comte de Vogué, propriétaire dépossédé, avait émigré en 1792. Il était mort laissant des enfants mineurs, dont Mme de Damas de Chatelux et le marquis de Rochemore étaient tuteurs.

TABLE

PAR ORDRE ALPHABÉTIQUE

DES NOMS DE COMMUNES

AIGREMONT. — 26 mess. an II, *Rochemore*, 92 ; 28 mess., id, 153, 575 ; 1er therm., id., 951, 993, 1215 ; 3 therm., id., 564, 1399, 1557 ; 7 therm., id., 853 ; 11 therm., id., 25, 830, 1360, 1413 ; 13 therm., id., 1413 ; 15 therm., id., 993 ; 17 therm., id., 154, 610, 694 ; 21 therm., id., 1208 ; 23 therm., id., 151, 608, 731, 1413 ; 25 therm., id., 575, 610 ; 27 therm., 575, 1215, 1412 ; 29 therm., id., 610, 1278 ; 18 février 1813, id., 651.

Château (dom. du) 575. Courme (Valat de) 610. Fosset (dom. du) 92. Ranquet (mas de) 853. Villespaces (dom. de) 993.

AIGUESMORTES. — 1er vend. an IV, *Pierre-Bernis*, 511, 885 ; 11 brum., *Conte*, 1143 ; 28 brum., *Tamissier*, 741 ; 23 flor. an V, *Conseil*, 433.

Marine (rue de la) 443. Peyret (mas de) 511, 514.

AIGUESVIVES. — 6 vend. an IV, *Moynier*, 538.

AIGUÈZE. — 9 mess. an II, *Vogué*, 771.

AIMARGUES. — 5 pluv. an II, *Fabrot*, 73, 182, 276, 377, 379, 388, 536, 544, 786, 907, 1103, 1161, 1185,

1299, 1391, 1396, 1459, 1468, 1469, 1532 ; 24 germ.,
Lancrist, 518, 536, 1161 ; 1ᵉʳ prair., Chaumont-Guitry, 525, 1204; 11 prair., Moynier, 292, 378, 535, 536,
670, 832, 846, 1460 ; 14 prair., id., 58, 131, 174, 378,
452, 672, 757, 1095, 1168, 1469, 1522, 1572; 15 prair.,
id., 131, 174, 354, 378, 388, 452, 465, 518, 535, 536,
697, 757, 799, 832, 1163, 1185, 1466, 1469, 1471; 12
mess., Bastet-Crussol, 543, 757, 1026, 1161, 1163,
1461 ; 27 mess., id. 1015, 1166; 4 frim. an III ,Jour-
net, 920, 1585 ; 5 frim., Bastet-Crussol, 113, 172,
343, 378, 629, 697, 788, 908, 919, 921, 1022, 1193,
1228, 1348, 1565, 1566; 6 frim., id., 401, 536, 789,
869, 921, 1163, 1228, 1299, 1454, 1469, 1565, 1585; 27
vend. an V, Carbonnier, 988 ; 21 brum., Bastet-
Crussol, 1089; 25 pluv., id., 1306 ; 22 brum. an XII,
id., 1345.

Rosquet (dom. du) 757, 1161, 1163, 1461. Boulaine (dom.
de) 920. Malherbe (bât. de) 670. Montredon (île de) 1161. Pénitents (île des) 536. Rieutor (dom. de) 920. Saint-Gilles (chemin de) 343. Saint-Michel (dom. de) 1204.

ALAIS. — 30 vent. an II, Reinolt, 667 ; 7 germ.,
Rauquil, 5, 915, 1444, 1515 ; 12 germ., Guiraudet,
156, 442, 1493 ; 16 germ., id., 313, 756 ; 26 germ.,
id., 1263 ; 28 germ., id., 28, 364, 931 ; 1 flor., id.,
1165, Gaussen, 365 ; 3 flor., Gaussen, 682 ; 6 flor.,
id., 1257; 8 flor., id., 682, Lafare - Latour, 1039 ;
11 flor., Lafare - Latour, 71, 1038, 1537 ; 12 flor.,
Lacroix - Castries, 1419 ; 27 flor., id., 718, 1256 ;
13 niv. an III, Firmas, 878, 1200, 1226 ; 19 fruct.
an IV, Lacroix - Castries, 1277 ; 2 brum. an VI,
Firmas, 1277 ; 17 prair. an XII, Guiraudet, 917.

Berthole (moulin de) 365, 371. Boujac (moulin de) 1257.
Bouquerie (rue de la) 1277. Bruèges (dom. des) 1263. Fabrerie (rue) 313, 756. Galère (rue de la) 5. Grand'-Rue 5, 1039,

Hermitage 1277. Orbe (rue) 915. Padèle (pré de la) 718. Paradis (moulin de) 682. Peyroularié (rue de la) 156. Pont-Vieux 915. Porte-d'Aude (rue) 313. Puits-Banal (rue du) 1038, 1039. Saint - Germain (section) 1277. Saint-Jean (petite traverse) 917. Saint-Jean (rue) 442, 1493. Spectacles (salle des) 915. Souteranne (rue) 1277.

ALZON. — 5 pluv. au II, *Saubert-Larcy*, 55, 333, 493, 755, 808, 1130, 1544, 1579.

Larcy (mét. de) 1544.

ANDUZE. — 16 fruct. an III, *Beauvoir - Brison*, 751. — Voy. TORNAC.

Malhivet ou Malivert (mét. de) 751.

ANGLES (LES). — 21 fruct. an II, *Forbin*, 15, 36, 434, 435, 437, 648, 825, 898, 1080, 1126, 1137, 1142, 1476 ; 24 fruct., *id.*, 74, 392, 393, 414, 553, 839, 842, 924, 1125, 1138, 1179, 1217, 1241, 1359, 1446, 1533 ; 26 fruct., *id.*, 62, 124, 286, 396, 397, 676, 772, 944, 994, 1068, 1109, 1137, 1144, 1271, 1421.

Saint-Jullian (dom. de) 1126.

ARAMON. — 21 prair. an II, *de Roys*, 612, *Virgile*, 429, 604, 647, 979, 1243, 1284, *Sauvan*, 91, 429, 872, 1064, 1243, 1255, 1284 ; 12 mess., *Taxis*, 175, 653 ; 14 mess., *Sauvan*, 3, 175, 178, 304, 430, 483, 523, 616, 654, 657, 673, 803, 834, 837, 866, 887, 979, 1101, 1116, 1252, 1386, 1535 ; 18 mess., *id.*, 173, 381, 382, 483, 647, 673, 674, 761, 792, 803, 892, 1057, 1400. — Voy. en outre « Table des émigrés, *Raousset-Boulbon* », la note.

Moulin (dom. du) 429.

ARRIGAS. — 3 pluv. an II, *d'Assas*, 263, 289, 770, 1417.

Bouffiac (mét. de) 770, 1417,

Aubais. — 12 vent. an II, *Rochemore-Gallargues,* 870.

Carrière (moulin de) 870.

Aubord. — 11 brum. an IV, *Montmorency-Robecq,* 207 ; 26 prair., id., 1097.

Cagueraule (dom. de la) 207, 1097. Pignet (moulin de) 207. Valbournès (dom. de) 207, 1097.

Aujac. — 7 mess. an II, *Lafare-Latour,* 1295 ; 12 mess., id., 1442, 1558.

Cheylard (dom. du) 1295.

Aulas. — 26 niv. an II, *Béranger,* 562, *Mercier,* 53, 54, 56, 169, 893, 933, 1031, 1121, 1123, 1239, 1576 ; 19 therm. an IX, *Mercier,* 1055.

Auzon. — 29 pluv. an V, *Delbos,* 339.

Bagnols. — 9 vent. an II, *Champloix-Labaume,* 560 ; 21 germ., *Bourbon,* 139, 301, 838, 1147, 1311 ; 10 mars 1806 (? ?) 977.

Bercon (dom. de) 560. Canillac (four banal de) 139. Canillac (rue) 1311. Four du Roi 1147. Portier de la ville 977. Prisons (anciennes) 301.

Barjac. — 4 prair. an II, *Hugonnet,* 566, 1587 ; 18 fruct., *Merle,* 257, 551, 685, 1289.

Beaucaire. — 9 niv. an II, *Virgile,* 655, 819 ; 13 fruct., *de Roys,* 125 ; *Chaumont-Guitry,* 1164, 1214, 1293 ; 27 niv. an III, *Virgile,* 472, 474, 655 ; 19 mess. an IV, *Narbonne-Pelet,* 1069, *Chaumont-Guitry,* 1426 ; 15 vend. an V, *Chaumont-Guitry,* 815 ; 7 brum., id., 1099 ; 21 brum., id., 1570 ; 16 therm. an VI, *Coëtlogon,* 573 ; 11 fruct., id., 1313 ; 27 fruct., id., 76, 189, 320, 777, 1432 ; 6 brum. an VII, id., 1432, 1495 ; 16 brum., id., 681 ; 6 pluv., *Chaumont-Guitry,* 1290 ; 23 mess., id., 45, 114, 630, 818,

905, 1427 ; 1ᵉʳ flor. an XI, *Baschy*, 129 ; 25 juin 1812, *Pégat*, 592.

Arver (les) 1069. Beauvoir (dom. de) 655, 819. Château de Coëtlogon 681. Font-du-roi (dom. de la) 1313. Lèques (mét. de) 1495. Moutet (mas de) 320, 777, 1432.

BEAUVOISIN. — 1 flor. an II, *Baschy-Hercule*, 129.

BELLEGARDE. — 4 therm. an IV, *Bastet-Crussol*, 320 ; 22 therm., *Chaumont-Guitry*, 394.
Barreau (cabane de) 320. Broussan (dom. de) 320.

BERNIS. — 23 therm. an III, *Montmorency-Robecq*, 1346 ; 16 mess. an IV, id., 320.
Château (vieux) 320.

BEZ. — 26 niv. an II, *Béranger*, 1036.

BEZOUCE. — 6 brum. an IV, *Bérard*, 1348.

BLANDAS. — Voy. table des émigrés , *Saubert-Larcy*, la note.

BLANNAVES. — 22 prair. an II, *Garnier-Lamelouze*, 1286.

BOISSET-ET-GAUJAC. — 16 fruct. an III, *Cambis*, 1301. — Voy. LÉZAN.

BOUCOIRAN. — 28 fruct. an III, *Surville*, 1042.

BOUILLARGUES. — 5 frim. an III, *Larguier*, 261, 708, 709 ; 6 brum. an IV, *Cortois-Balore*, 143 ; 11 brum., *Rochemore-Saint-Côme*, 1319.

BRANOUX. — 6 flor. an II, *Garnier-Lamelouze*, 574, 940 ; 2 prair., id., 1519 ; 4 prair., id., 1363, 1403 ; 22 prair., id., 1403.

BRÉAU. — 15 pluv. an II, *Béranger*, 293, mét. de Rouveyrol.

Brignon.—27 fruct. an III, *Caboux*, 122 ; 28 fruct. *Surville*, 1042 ; 5 mess. an IV, *Barre*, 121 bis.

Cadière (La). — 4ᵉ jour 3ᵉ mois an II, *Vissec*, 864, 1199 ; 1 niv. an II, id., 864, 1096, 1361, 1456 ; 7 germ. id., 10, 31, 89, 255, 350, 1283, 1309, 1361, 1456, 1479 ; 8 germ., id., 10, 89, 322, 353, 374, 420, 421, 1283 ; 9 germ., id., 10, 420, 421, 863, 901, 1310, 1492 ; 6 prair.; id., 111, 391, 423, 758, 862, 904, 1456 ; 13 fruct. *Lacombe*, 10, 862.

Baraque (la) 1361. Hubac (dom. d') 862. Rouvière (tènement de la) 863.

Cailar (Le). — 15 vent. an II, *Fabrot*, 193, 280, 606, 650, 778, 799, 1014, 1043, 1167, 1392, 1465, 1469 ; 16 vent., id, 799, 989, 1089, 1103, 1120, 1161 ; 30 germ. *Moynier*, 799, 800, 900, 949 ; 2 flor., *Chaumont-Guitry*, 342, 402, 1459 ; 5 flor., *Bastet-Crussol*, 131, 436, 900, 1002 ; 6 flor., *Rochemore-Gall.*, 525, 900 ; 16 niv. an III, *Baschy F.*, 172, 226, 231, 348, 628, 1047, 1278, 1364, 1494 ; 17 niv., id., 226, 231, 628, 828, 932, 1143, 1279, 1494 ; 27 niv., id., 184 ; 28 niv., id., 184 ; 1 vent., id., 183, 359, 525, 656, 974, 1002, 1047, 1455 ; 2 vent., id., 160, 525, 745, 746, 974, 1002, 1047, 1455, 1578, ; 3 vent., id., 449, 1249, 1367, 1393, 1447, ; 9 vent., id., 183, 521, 540, 546, 975, 1002, 1011, 1012, 1014, 1047, 1229 ; 10 vent., id., 974, 975, 1002, 1150, 1151, 1230 ; 16 vent., id., 227, 525, 975, 1002, 1027, 1415 ; 17 vent., id., 406 ; 21 vent., id., 88, 183, 1394, 1525 ; 26 vent., id., 900, 974, 976, 1027, 1028, 1029, 1041, 1230 ; 27 vent., id., 900, 1014 ; 6 germ., id., 195, 291, 436, 554, 1002, 1033, 1086, 1195, 1232, 1526 ; 22 flor., id., 525, 900, 1002, 1003, 1077, 1502 ; 23 flor., id., 237, 378, 484, 555, 703, 919, 949, 1002, 1028, 1077, 1143, 1149, 1230 ; 24 flor.

id., 377, 378, 824, 919, 1049, ; 25 flor., id., 448, 525, 698, 1143 ; 1 brum. an IV, *Baschy F.* et *Baschy C.»* 765, 1077, 1143 ; 28 brum., id., 1009 ; 5 mess., *Baschy C.*, 701 ; 19 fruct., id., 183 ; 25 frim., an V, id., 1002 ; 20 flor., *Baschy*, 1002 ; 8 therm., *Baschy F.*, 183 ; 24 pluv. an VI, id., 183, 1364, 1448 ; 7 mess., id., 1394 ; 21 fruct., id., 183 ; 30 brum. an XII, *Baschy F.*, 232. (1).

Barry (le) 1009. Château (ancien) et fossés 183. Fabrique de salpêtre 1002. Levade (moulin de la) 237, 239. Moulin d'Etienne 484, 488. Supérieure (rue) 1009. Tour d'Anglas (dom. de la) 184, 185.

CALMETTE (LA). — 9 germ. an V, *Lareiranglade,* 1516.

CALVISSON. — 8 fruct. an II, *Gourbiglion,* 1524 ; 7 mess. an III, *Joubert,* 1065.

CAMPESTRE. — 5 pluv. an II, *Saubert-Larcy,* 55, 333, 493, 755, 808, 1130, 1544, 1579. — Voy. Alzon. Larcy (mét. de) 1511.

CAMPRIEU (canton de Trèves). — 1 pluv. an V, *Boyer,* 1496.

CANAULE. — 3 vend. an III, *Baudouin,* 714. Église ancienne et Temple de la Raison, 714.

CAPELLE (LA). — 30 fruct. an III, *Bastet-Crussol,* 972, dom. de la Forêt-Saint-Martin.

CASTELNAU. — 27 fruct. an III, *Caboux,* 122 ; 28 fruct., *Surville,* 1042.

CASTILLON-DE-GAGNIÈRES. — 14 prair. an II, *Lafare-*

(1) Le bordereau d'indemnité, du 29 juillet 1825, comprend en outre une indemnité de 11000 fr. pour trois parties de pré concédées par l'Etat aux hospices du Gard en exécution d'un décret du 7 sept. 1807.

Latour, 1274, dom. de Tarabias ; 14 mess., id.,1210, Tarabias.

Castillon - du - Gard. — 15 flor. an II , *Bastet-Crussol*, 737, dom. de Breton.

Cavillargues. — 7 frim. an III, *Nicolay*, 32, 187, 200, 240, 247, 250, 315, 716, 1453 ; 8 frim., id., 19, 191, 246, 247, 250, 935, 1141, 1499 ; 9 frim., id., 20, 187, 248, 250, 259, 285, 315, 321, 323, 338, 356, 428, 502 ; 10 frim., id., 19, 321, 935, 1529, 1584 ; 16 frim., id., 200, 246, 252, 259, 340, 631, 716, 840, 1141, 1428 ; 17 frim., id., 19, 57, 90, 165, 191, 201, 240, 247, 248, 250, 315, 496, 716, 1198, 1231, 1247, 1453, 1498 ; 18 frim., id., 17, 20, 162, 200, 202, 248, 252, 340, 428, 497, 631, 716, 894, 935, 1141, 1499 ; 19 frim., id., 260, 321, 894 ; 21 frim., id., 20, 57, 70, 200, 340, 428, 571, 894, 946, 1051, 1159, 1275, 1430, 1529, 1584 ; 22 frim., id., 631, 1498 ; 29 pluv., id., 894.

Château 1498. Gasconnière (dom. de la) 840. Puech (grange à) 894.

Cendras. — 25 vend. an III, *Lafare-Latour*, 64 ; 27 vend., id., 43, 1219, 1285, 1354.

Plantiers (dom. des) 64, 66.

Chusclan. — 2 therm. an II, *Vigier*, 867, 1058 ; 3 therm., *Crottat*, 466, 1365 ; 5 flor. an VI, id., 527.

Tourette (mét. de la) 527.

Colognac. — 7 vend. an III, *Manoel*, 821, 964 ; 8 vend., id., 109, 567, 605, 897, 1317.

Combas. — 6 germ. an II, *Narbonne-Pelet*, 118, 209, 251, 542, 577, 730, 899, 1546, 1547 ; 7 germ., id., 209, 438, 542, 577, 952, 967, 1063, 1174, 1458, 1530, 1546 ; 21 germ., id., 77, 209, 542, 576, 636, 844, 899, 934, 1170, 1458, 1530, 1546 ; 22 germ., id., 251, 318,

797, 899, 953, 1178, 1358, 1458, 1530 ; 5 prair. an III,
id., 119 ; 9 mess., id., 79.

Aubac (dom. d') 79. Cannat (mas de) 1530. Château (le) 899.
Pinèdes (bois des) 231, 318.

CORNILLON. — 4 therm. an II, *Carme*, 345, 404, 453,
466 ; 8 therm., *Rafin*, 466 ; 9 therm., *Pagèze*, 466.

Cabrol (dom. de) 466.

CRUVIERS-LASCOURS. — 28 fruct. an III, *Surville*,
1042. — Voy. BOUCOIRAN.

DOMAZAN. — 7 niv. an III, *Gilbert*, 584.

DOURBIES. — 11 niv. an II, *d'Assas*, 985, mét. de la
Ressensonne; id., *Béranger*, 621.

FONTANÈS. — 21 germ. an II, *Narbonne - Pelet*,
1567 ; 4 therm., id., 152 ; 6 therm., id., 489, 696 ;
8 fruct., id., 117, 133, 508, 510, 563, 706, 850, 886,
960, 1082, 1119, 1131, 1132, 1180, 1205, 1213, 1342,
1567 ; 24 germ. an III, *Gautier*, 743.

Baret (mas de) 489. Bizour (bergerie de) 117. Château 1567.
Moulin de la Figuière 152. Moulin « Vieux » 152.

FOURQUES. — 1 niv. an II, *Courtois*, 30, 158, 159,
458, 798, 805, 843, 896, 1075, 1094, 1408, 1452 ;
23 flor., *Bourret*, 680, 724, 843, 948, 1094, 1408,
1452 ; 24 flor., id., 680, 896, 947, 968, 1001, 1076,
1094, 1452 ; 26 prair. an V, *Lareiranglade*, 457 ;
18 prair. an VI, *Baron*, 121,

Lareiglanglade (mét. de la) 457. Marsanne (mas de) 121.

GAJAN. — 5 vent. an III, *Bastet-Crussol*, 41, 1100,
1111, 1567.

GALLARGUES. — 11 vent. an II, *Rochemore-Gall.*,
332, 334, 361, 461, 501, 640, 691, 998, 1078, 1574 ;
12 vent., id., 137, 163, 361, 373, 499, 550, 619, 639,

641, 668, 727, 804, 965, 966, 1297, 1574, 1575 ; 26 niv. an III. *Montpuy*, 545.

Château (le) 668. Liquier (moulin de) 639.

GAROXS. — 6 brum. an IV, *Cortois de Balore*, 143.

GÉNÉRAC. — 26 prair. an IV, *Montmorency-Robecq*, 207, 1097. (La Caguerole ou Valbournès et le moulin de Pignet).

GOUDARGUES. — 10 prair. an II, *Drummond-Melfort*, 406.

JONAS. — 12 therm. an II, *Panetier-Montgrenier*, 72, 587, 588, 597, 713, 738, 763, 1000, 1046, 1176, 1534 ; 14 juillet 1811, id., 1177.

LANUÉJOLS. — 8 niv. an II, *d'Albignac*, 372, 882 ; 9 niv., *Thomassy*, 613.

Claparouze (mét. de la) 882. Latour (dom. de) 613. Roger (château de) 372.

LASALLE. — 3 pluv. an XII, *Solier*, 1449.

LAUDUN. — 15 flor. an V, *Ode*, 1224.

LAVAL. — 3 prair. an II, *Garnier-Lamelouze*, 11, 1362 ; 11 prair., id., 1403 ; 28 brum. an III, id., 1403 ; 21 therm. an V, *Lacroix-Castries*, 1308.

LÉDIGNAN. — 28 prair. an II, *Rochemore-Aigremont*, 306, 424, 1215 ; 1er mess., id., 254, 610, 692, 1388 ; 3 mess., id., 607, 1172, 1387.

LÈQUES. — 21 vend. an III, *Chaumont-Guitry*, 225, 422, 603, 1143, 1223 ; 22 vend., id., 222, 223, 311, 422, 603, 695, 728, 790, 820, 1113, 1457, 1489.

Château 422.

LÉZAN. — 7 fruct. an II, *Cambis*, 331 ; 11 fruct., id., 93, 135, 351, 376 ; 13 fruct., id., 147 ; 15 fruct.,

(La Cagueraule ou Valbournès et le moulin de Pignet).

id., 116, 494, 623, 991 ; 18 fruct., id., 1301, 1374,
1438 ; 1er vend. an III, id., 1110 ; 3 vend. id., 95,
307, 327 ; 5 vend., id., 308, 1433, 1437, 1481 ; 7 vend.,
id., 104, 329, 911 ; 23 vend., id., 269, 274, 1368 ;
1er vend. an IV, *Beauvoir-Brison*, 181, 426, 874, 1128.

Château 331. Pigeonnier 351.

LIOUC. — 7 brum. an III, *Cambis*, 528.

LUSSAN. — 28 vend. an III, *Drummond-Melfort*,
389, 455, 635, 806, 1221 ; 29 vend., id., 13, 455, 468,
580, 760, 806, 1382, 1552 ; 1 brum., id., 326, 454, 468,
469, 530, 580, 581, 582, 583, 760, 1221, 1357, 1366,
1402 ; 3 brum., id., 454, 455, 468, 580, 632, 739, 760,
1240, 1382 : 6 brum., id., 179, 390, 468, 531, 617, 635,
760, 806, 1221, 1318, 1382, 1402 ; 7 mess. an IV, id.,
1305 ; 11 fruct., id., 1305.

Aires (mét. des) 13. Chazel (mas de) 580, 581. Cougnioulet
(devois de) 1305. Espalices (mét. des) 455. Fan (dom., moulin et cabaret de) 1305. Prade (moulin de) 1305. Ruf (bois de)
1305. Travers (le) 581.

MANDAGOUT. — 15 brum. an III, *d'Albignac J.-C.*,
1404 ; 1 frim., id., 12.

MARGUERITTES. — 6 brum. an IV, *Fléchier*, 1348.

MASSILLARGUES-ATUECH. — 27 prair. an II, *Beauvoir-Brison*, 425, 426, 427, 561, 1037 ; 29 prair., id.,
181, 426, 721, 1037, 1175 ; 8 niv. an V, id., 482.

Bousso 1037.

MÉJANNE-LÈS-ALAIS. — 2 germ. an II, *Guiraudet*,
671, 1444.

MEYNES. — 17 sept. 1812, *Monteynard*, 35.

MONOBLET. — 7 vend. an III, *Manoël*, 821, 964 ;
8 vend., id., 109, 567, 605, 897, 1317.

MONTAGNAC. — 28 germ. an II, *Narbonne-Pelet,*
21 ; 1 mess., id., 491.

MONTAREN. — 14 flor. an II, *Bastet-Crussol,* 316,
dom. de Ferminargues.

MONTDARDIER. — 24 frim. an II, *d'Assas,* 142, 1107 ;
25 niv., id., 50, 613, 754, 1139 ; 16 pluv., id., 1485 ;
26 pluv., id., 50, 317, 854, 855, 990, 1405, 1407 ;
27 pluv., id., 50, 214, 317, 399, 871, 990 ; 7 vent.,
id., 9 ; 29 germ., id., 50, 217, 705, 854, 941, 1351,
1416, 1490, 1550 ; 14 décemb. 1809, autre *d'Assas,*
405.

Balmarié (mét. de) 50. Cabanis (rue del) 1416. Campallion
(dom. de) 405, 705. Canilles ou de Cour (mas de) 1485. Château
ancien 50. Flouirac (mét. de) 142. Regnas (bois de) 50, 214, 317.

MONTFAUCON. — 30 juin 1809, *Deleuze,* 559.

MONTFRIN. — 10 niv. an II, *Monteynard,* 14, 164,
212, 305, 959, 1509, 1569, 1571 ; 11 niv., id., 14, 141,
164, 210, 219, 253, 444, 590, 591, 603, 734, 959, 1571 ;
28 pluv., id., 40, 253, 305, 810, 939 ; 14 therm., id.,
128, 210, 281, 589 ; 15 therm., id, 18, 38, 39, 171, 210,
219, 253, 282, 444, 585, 689, 865, 927, 959, 980, 1054,
1088, 1106, 1245, 1340, 1350, 1439, 1511 ; 11 pluv.
an III, id., 60, 1250 ; 17 sept. 1812, id., 651, 775.

Porte de Montagna 128.

MONTIGNARGUES. — 26 brum. an IV, *Bastet-Crussol,* 127.

MOUSSAC. — 5 mess. an IV, *Barre,* 121 *bis.*

NIMES. — 27 vent. an II, *Fabrot,* 167, 500, 1343,
1488, 1555, 1563, 1583 ; 24 germ., *Froment,* 1143;
2 flor., *Entraigues,* 1555, *Ferrier,* 316, 1162; 12 mess.,
Lavondès, 1104 ; 21 fruct., *Blanc-Pascal,* 1155, 1207,
Mathieu, 445, 1143, 1153, 1156; 4 frim. an III, *Rossel-*

Fontarèche, 749, 1183 ; 5 frim., *Larguier*, 1348, *Prieuret*, 524, 1157 ; 6 frim., *Prieuret*, 343 ; 7 frim., *Lareiranglade*, 992, 1516 ; 6 brum. an IV, *Surville*, 1074 ; 21 fruct., an V, *Baschy F.*, 127.

Aspic (rue de l') 1343. Bellot (mét. de) 992. Bourgades (les) 1143. Cabane (dom. de) 1555. Citadelle (descente de la) 749, 1183. Couronne (porte de la) 1426. Couronne (rue de la) 1516. Dorée (rue) 1555. Lombards (rue des) 1348. Marchands (rue des) 167, 500. Sainte-Elisabeth (rue) 127. Tondeurs (rue des) 1348.

NOZIÈRES. — 5 mess. an IV, *Barre*, 121 bis.

PIN (LE). — 22 vent. an III, *Nicolay*, 1135, 1238.

POMMIERS. — 1 pluv. an II, *d'Assas*, 341, 375, 385, 883, 1411, 1491, 1588.

POMPIGNAN. — 12 flor. an II, *Peyridier*, 569, 860, 862; 13 flor., id., 532, 922, 1105; 2 prair., id., 569.

PONT-SAINT-ESPRIT. — 21 fruct. an II, *Broche-Descombes*, 208, 466, 467 ; 4 germ. an XI, *Restaurand*, 1280 ; 2 nov. 1809, *Chansiergue-Dubord*, 460.

Château (dom. du) 1280. Malatras (dom. du petit) 1280.

PORTES. — 21 mess. an II, *Lafare-Latour*, 190.

POULX. — 2 flor. an II, *Entraigues*, 346.

PUJAUT. — 28 prair. an II, *Raoussel-Boulbon*, 69, 188, 296, 470, 503, 506, 1291, 1307, 1312, 1564 ; 1 fruct. id., 1, 34, 67, 68, 78, 123, 177, 180, 203, 206, 220, 268, 296, 297, 298, 314, 357, 358, 380, 383, 384, 479, 481, 495, 504, 507, 509, 534, 578, 642, 645, 679, 787, 816, 863, 880, 1187, 1188, 1189, 1191, 1202, 1288, 1291, 1292, 1293, 1294, 1312, 1478, 1486, 1553, 1554, 1559, 1560, 1561, 1562.

QUILHAN. - 16 prair. an II, *Cambis*, 1136; 16 flor.

id., 112, 262, 278, 387, 526, 675, 712, 856, 1136, 1173, 1269, 1410, 1505, 1506.

Quissac. — Voy. Table des émigrés, *Cambis*, la note.

Redessan. — 5 frim. an III, *Paysac*, 828.

Remoulins. — 24 niv. an II, *Baslet-Crussol*, 737 ; 5 pluv., id., 37, 150, 337, 362, 363, 419, 439, 463, 652, 729, 737, 747, 768, 769, 857, 858, 859, 943, 950, 962, 1034, 1052, 1053, 1158, 1206, 1218, 1347, 1379, 1536 ; 15 flor., id., 737.

Breton (dom. de) 737. Lafoux (auberge) 419. Lafoux (moulins de) 737. Poste aux chevaux 419.

Rogues. — 24 frim. an II, *d'Assas*, 142, *Saubert-Larcy*, 1216, mét. de Laborie d'Arre ; 28 therm. an IV, *Villemejane*, 1070, mét. de Flouirac.

Roquemaure. — 21 mess. an II, *Racusset-Boulbon*, 522, 649, 661, 662, 665, 677, 678, 735, 791, 793, 835, 836, 959, 969, 972, 1066, 1152, 1450, 1504 ; 22 mess. id., 969 ; 27 therm., *Bourbon* et *Rohan-Montbason*, 166, 395, 572, 593, 643, 662, 666, 750, 954, 956, 961, 983, 1182, 1190, 1296, 1474 ; 6 fruct., *Ebray*, 166, 277, 662, 750, 1060, 1182, 1314, 1528 ; 17 fruct., *Bellon*, 75, 249, 277, 480, 658, 662, 750, 834, 1060, 1242, 1528, 1580, 1581 ; 21 fruct., *Serguier*, 157 ; 18 vend. an III, *Lafont*, 732, 956, 957, 971, 1160, 1504 ; 19 vend., *Roux*, 661 ; 21 vend., *Bellegarde*, 661, 1548 ; 22 vend., *Régis*, 33, 138, 166, 279, 302, 572, 634, 661, 662, 667, 677, 717, 774, 811, 833, 955, 956, 958, 983, 1182, 1192, 1244, 1528, 1549, 1580, 1582 ; 23 vend., id., 61, 249, 750, 811, 812, 834, 942 ; 21 brum. an VIII, *Deleuze*, 559 ; 30 juin 1809, id., 559.

Grange (tènement de la) 666. Lhers (grange du grand) 593.

ROUVIÈRE (LA). — 9 germ. an V, *Lareirangladé*, 1516.

SABRAN. — 8 mess. an II, *Nicolay*, 16, 1470.

SAGRIÈS. — 4 brum. an V, *Bastet-Crussol*, 720, dom. de Peret.

SAINT-ALBAN. — 1er germ. an II, *Guiraudet*, 1398, 1508.

SAINT-ALEXANDRE. — 2 nov. 1809. *Chansiergue-Dubord*, 460.

SAINT-AMBROIX. — 1er brum. an III, *Pérochon*, 211, 669, 1044, 1443.

Boucherie (rue de la) 1044.

SAINT-ANDÉOL-DE-TROUILLAS. — 22 mess. an IV, *Lacroix Castries*, 537, domaines de Calle-Berger, Canton-Redon, le Château, Deleuze, Leyrole, Marine, Massolier, Masurier, Mazel, la Pénarier, Peyrolle.

SAINT-ANDRÉ-DE-MAJENCOULES. — 7 germ. an III. *Daudé*, 2, 541, 601, 1418; 15 fruct. an IV, *Guichard La Linière*, 1253.

SAINT-BONNET, *district de Saint-Hippolyte.* — 9 niv. an II ; *Vissec*, 374, 600, 637, 1050 ; 26 niv., id., 26, 586, 638, 1050, 1127, 1140, 1234, 1503, 1517 ; 28 niv., id., 1517 ; 3 pluv., id., 780, 1467, 1589 ; 21 pluv., id., 627, 1030, 1127 ; 22 pluv., id., 213, 627, 1127, 1467, 1538 ; 23 pluv., id.. 24, 26, 213, 1032, 1500 ; 24 pluv., id., 26, 324, 1551 ; 11 germ., id., 24, 110 ; 7 oct. 1807., id., 566.

Castélas ou château 324, 780, 1467, 1551. Eglise (ancienne) 1589. Farelle (maison de la) 1517.

SAINT-CHRISTOL-LÈS-ALAIS. — 5 germ. an II, *La-fare-Latour*, 1084, 1497.

Saint-Côme. — 4 pluv. an II, *Rochemore-Saint-Côme*, 233 ; 1ᵉʳ vent., id., 86, 224, 344, 352, 516, 602, 699, 726, 795, 847, 848, 849, 1268, 1425, 1539; 2 vent., id., 516, 602, 1270 (château); 3 vent., id., 85, 86, 87, 344, 352, 595, 702, 794, 795, 796, 909, 996. 1272, 1395 ; 4 vent., id., 86, 87, 221, 233, 352, 699, 700, 711, 795, 910, 995, 1184, 1270, 1501 ; 5 vent., id., 516, 609, 794, 1237, 1268, 1270, 1480; 1ᵉʳ therm., *Richard*, 795, 1424; 1ᵉʳ vend. an III, *Rochemore-Saint-Côme*, 1501 ; 3 vend., id., 794 : 23 vend., id., 1270.

Saint-Etienne-des-Sorts. — 1ᵉʳ therm. an IV, *Villeneuve-Vence*, 556, dom. de Brouteiron et ilon des Caillets.

Saint-Firmin. — 26 pluv. an II, *Bastet-Crussol*, 840 ; 27 pluv., id., 80, 130, 155, 1287 ; 9 germ., id., *Champloix-la-Baume*, 134.

Saint-Géniès-de-Comolas. — 11 therm. an II, *Sicard*, 132, 204, 235, 245. 288, 594, 625, 626, 963, 1129, 1201, 1315, 1540, 1541, 1542, 1543; 12 therm., id., 59, 287, 715, 736, 753, 809, 813, 814, 826, 1281, 1282, 1315, 1431, 1527, 1540.

Saint-Géniès-de-Malgoirès. — 19 fruct. an III, *Bastet-Crussol*, 127, dom. du château.

Saint-Gervais-lès-Bagnols. — 17 vend. an III, *Servier*, 1048.

Saint-Gervasy. — 1 vend. an IV, *Fléchier*, 1143.

Saint-Gilles. — 8 germ. an II, *Eymini*, 22, 258, 303, 336, 473, 477, 552, 620, 784, 829, 970, 997, 1061, 1067, 1033, 1349, 1531 ; 5 frim. an III, id., 1585 ; 23 fruct. an IV, *Coriolis*, 1545 ; 16 vend. an XIII,

Eymini, 646 ; 30 flor., *Baron,* 120 ; 25 vend. an XIV, *Aguier,* 6 ; 3 avril 1810, *Boisset,* 1352.

Notre-Dame (faub.) 258.

SAINT-HILAIRE-DE-BRETHMAS. 8 prair. an II, *Guiraudet,* 925, dom. de la Lèque.

SAINT-HILAIRE-D'OZILHAN. — 15 flor. an II, *Bastel-Crussol,* 737, dom. de Breton. — Voy. CASTILLON-DU-GARD.

SAINT-HIPPOLYTE-DU-FORT. — 27 nov. 1807, *Durand,* 624.

SAINT-JEAN-DE-SERRES. — 1ᵉʳ fruct. an II, *Roche-more-Aigremont,* 52 ; 3 fruct.. id., 264, dom. d'An-gêne ; 5 fruct., id., 52, moulin de Bérias, 1251.

SAINT-JULIEN-DE-PEYROLAS. — 5 prair. an II, *Lou-bal,* 466 ; 11 prair., *Vogué,* 83, 471, 475, 1059, 1422 (granges des Bigourdonnes, Grandejasse et Pigeon-nier), 1423, 1568 ; 12 prair., id., 466, 744, 1422.

SAINT-LAURENT D'AIGOUZE. — 30 pluv. an II, *Lan-crist,* 29, 88, 236, 446, 565, 710, 1102, 1227, 1384, 1465, 1572 ; 1ᵉʳ vent., id., 88, 443, 447, 452, 565, 1181, 1514, 1572 ; 18 germ , *Moynier,* 42, 565, 690, 1513, 1573.

SAINT-LAURENT-DE-CARNOLS. — 29 fruct. an II, *Va-chier,* 498.

SAINT-MARTIN-DE-VALGALGUES. — 23 prair. an II, *Lafare-Latour,* 981 ; 25 prair., id., 63, 558, 1353, 1473.

SAINT-MAXIMIN. — 4 brum. an V, *Bastel-Crussol,* 720, dom. de Perel. — Voy. SAGRIÈS.

SAINT-MICHEL-D'EUZET. — 14 vend. an III, *Pluviers,*

618, 779, 1133, 1134, 1273, 1487 ; 18 vent. an VII, id., 779.

SAINT NAZAIRE-DES-GARDIES. — 11 therm. an II, *Beauvoir-Brison*, 284, 482.

SAINT-PRIVAT-DE-CHAMPCLOS. — 21 fruct. an II, *Dumas*, 403, 686, 687.

SAINT-QUENTIN. — 26 pluv. an II, *Bastet Crussol*, 1013 ; 27 pluv., id., 136, 875, 1146.

SAINT-ROMAN. — 28 vent. an IX, *Massanes*, 1087, dom. de Puech-Guyma.

SAINT-SAUVEUR. — 8 niv. an II, *Bragouze*, 319 (château), 1521.

SAINT-SIFFRET. — 26 pluv. an II, *Bastet-Crussol*, 80, 822, 875 ; 27 pluv., id., 1146 ; 9 germ., *Champloix-la-Baume*, 218, 557.

SALAGOSSE. — 4 pluv. an II, *Béranger*, 519.

SALAZAC. — 3 prair. an II, *Vogué*, 265, 266, 267, 1414.

SALINELLES. — 9 vend. an III, *Alméras*, 27, 529, 776.

SARDAN. — 21 pluv. an II, *Cambis*, 683 ; 16 flor., id., 684.

SAUVETERRE. — 19 vend. an III, *Roux*, 661.

SAVIGNARGUES. — 27 fruct. an II, *Rochemore L.*, 52, 610, 873, 928, 930, 1251.

SÉNÉCHAS. — 21 prair. an II, *Lafare-Latour*, 1442 ; 16 mess., id., 192, 704, 1445 ; 18 mess., id., 140, 417, 505, 982, 1210.

L'Harboux (dom. de l') 1442. Tarabias (dom. de) 192.

SOMMIÈRES. — 2 frim. an II, *Gaudy*, 4 ; 22 frim.,

Gautier, 152 ; 23 frim., *Duchot*, 72, 152, 1440 ; 9 niv.,
Gautier, 852 ; 7 niv. an III, *Laroque*, 23, 773 ;
29 prair., *Gautier*, 1556 ; 28 mess. an IV, *Martignac*,
999 ; 8 therm., *Gautier*, 879 ; 26 germ. an VII, *Laroque frères*, 918.

Bourguet (place du) 999. Brun (traverse de) 1440. Droite
(rue) 918. Église (rue de l') 72. Marché (place du) 879. Pont
(faub. du) 4. Pont (rue du) 879. Sabaterie (rue de la) 852.

Souvignargues. — 27 mess. an II, *Richard*, 508.

Thoiras. — 11 germ. an II, *Vissec*, 24, 110, 1518.

.Tornac. — 11 fruct. an III, *Beauvoir-Brison*, 283,
312, 431, 459, 742, 1429 ; 17 mess. an IV, id., 984.

Bellefond (château et dom. de) 1429. Madeleine (logis de
la) 1429. Mas-Neuf (mét. du) 312. Mule (dom. de la) 431.
Rey (mas de) 459. Trial (moulin au) 283.

Tresques. — 28 vent. an IX, *Lacroix-Meyrargues*,
1203.

Uchaud. — 3 germ. an II, *Fabrot*, 194, 234, 243,
579, 614, 785, 827, 831, 938, 978, 1235, 1264, 1265,
1266, 1341, 1367, 1381, 1385, 1401, 1409, 1475, 1563,
1577 ; 23 therm. an III, *Montmorency-Robecq*, 1346 ;
7 vend. an V, *Fabrot*, 1072 ; 30 brum. an XII, id.,
1267 ; 6 sept. 1810, id., 1264.

Uzès. — 29 vent. an II, *Bastet-Crussol*, 244, 1013,
sénéchal ; 8 germ., *Gide*, 768 ; 9 germ., *Champloix-
la-Baume*, 895, marché des bœufs ; 11 vend. an III,
de Croy, 725 ; 15 brum. an IV, *Entraigues-Cabannes*,
1512 ; 25 pluv. an VI, *Bastet-Crussol*, 945, duché.

Vallabrègues. — 18 fruct. an II, *Bruges*, 51, 81,
82, 84, 115, 205, 416, 723, 740, 781, 861, 881, 888, 889,
890, 891, 901, 902, 903, 936, 973, 1081, 1316.

Valleraugue. — 11 niv. an II, *Béranger*, 621,

Vauvert. — 1 vend. an IV, *Baschy F.* et *Baschy C.*, 484;1 brum., id., 299 ; 1ᵉʳ jour complém., *Baschy C.*, 1098, moulin de La Levade.

Vestric. — 16 flor. an II, *Montmorency-Robecq*, 243, 614, 615, 659, 722, château, 783, 884, 916, 938, 1086, 1222, 1233, 1236, 1344, 1345, 1586 ; 18 flor , id., 47, 168, 242, 633, 722, 762, 783, 884, 916, 1056, 1209, 1233, 1345 ; 21 flor., id., 46, 47, 168, 241, 432, 599, 660, 884, 916, 1056, 1086, 1092, 1222, 1344, 1591.

Vic-le Fesq.—1ᵉʳ flor. an II, *Narbonne-Pelet*, 138 '.

Vigan (Le). — 1ᵉʳ niv. an II, *Saubert-Larcy*, 7, 841 ; 6 niv., id., *d'Assas*, 752 ; 7 niv., id., 906 ; 9 niv., id., 8, 1107 : 10 niv., id., 613, 755, *Latour-Dupin*, 7, 1085 ; 11 niv., id., *d'Assas*, 48, 386, 398, 754, 807, 808, 1520 , *Saubert-Larcy*, 92 ; 23 therm., an IV, *Villeméjane*, 1070 ; 8 fruct., id., *d'Assas*, 1248 ; 21 brum., an VIII, *Esthérasy*, 644 ; 14 déc. 1809, *d'Assas J. C. M.*, 405.

Auvergne (place d') 405. Baris (rue des) 8, 63, 386, 398, 754, 807, 808, 1085, 1520. Billiard (rue du) 752. Campallion (dom. de) 405. Casernes 906. Courlat (jardin de) 1107. Four (rue du) 641. Supérieure (rue) 906. Temple (rue du) 1070.

Villeneuve. — 12 fruct. an II, *Brémond Saint-Christol*, 440, dom. à la Barthelasse.

Vissec.—8 germ. an III, *Latour-Dupin*, 398, 754; 26 germ. an VI, id., 490 ; 6 prair., id., 923, dom. de Lesperelle.

Yvernes. — 21 mess. an II, *Lafare-Latour*, 1114 : 23 mess., id., 1442, dom. de Pluveisset.

RELEVÉ ALPHABÉTIQUE

DES

ACQUÉREURS DES BIENS DES COMMUNES CÉDÉS A LA

CAISSE D'AMORTISSEMENT

ET VENDUS PAR ELLE

Accabat Louis, à Moussac. — Voy. Girand André.

1. Amalric Anne, à Fourques. — *Fourques*, 30 mai 1815 : terre 57 perch. 80 m., 159 fr.

2. Amalric Jean, à Fourques. — *Fourques*, 15 novembre 1814, terre 40 perch. 38 m., 108 fr. — *Fourques*, 30 mai 1815, terre 29 perch. 50 m., 84 fr.

Aptel aîné, prop., à Saint-Gilles. — Voy. Rivière Louis-Ulfrain.

3. Arbousset André, prop., à Alais. — *Anduze*, 8 août 1814, pàturages, broussailles, bruyères, 3385 fr.

4. Armet Anne, à Fourques. — *Fourques*, 30 mai 1815, terre 25 perch. 30 m., 73 fr.; terre 22 perch., 65 fr.

5. Armet Claude, à Fourques. — *Fourques*, 30 mai 1815, terre 23 perch., 67 fr.

6. **Armet Pierre, à Fourques.** — *Fourques,* 30 mai 1815, terre 27 perch. 90 m., 80 fr.

7-8. **Arnal Antoine fils et Arnal Antoine père,** notaire, à Campestre. — *Campestre,* 2 août 1813, biens, 972 fr. ; autres biens, 220 fr.

9. **Arnaud de Valabris (Jean-François-Gaspard d'),** prop., à Uzès. — *Uzès,* 5 juillet 1813, la garrigue de Castille 12 h. 40 a., 805 fr.

Arnaud Henry-Jacques, à Moussac. — Voy. Girand André.

Arnaud Louis-Antoine, à Moussac. — Voy. Girand André.

Arnavielle Étienne, à Pompignan. — Voy. Granier Jean-François.

10. **Aubert Joseph, à Sabran.** — *Sabran,* 26 août 1814, terres et vignes 1 h. 92 a., 480 fr. 80.

Audiger Jean, à La Calmette. — Voy. Rivière Jean-Baptiste.

Aurillon Jacques, à Saint-Gilles. — Voy. Carbonnel Antoine.

Auvergne François, agr., à Bellegarde. — Voy. Dupuy Pierre.

Ayme Étienne, à Beaucaire. — Voy. Mistral Joseph.

Bagnols Christophe, à Saint-Étienne-des-Sorts. — Voy. Duplan Augustin.

Barolière (de la), receveur général du Gard. — Voy. Barrière Jean.

Barolière (Marie-Sophie-Pilote de la), à Thoulon (Meurthe). — Voy. Barrière Jean.

Baron Mira, prop., à Saint-Gilles. — Voy. Rivière Louis-Ulfrain.

Barrière Antoine, prop., à Bellegarde. — Voy. Dupuy Pierre.

11-49. Barrière Jean, prop., à Bellegarde ; de la Barolière, receveur-général du Gard (agissant tant pour lui que pour Marie-Sophie Pilote de la Barolière, habitant Thoulon (Meurthe) ; Guion Etienne, Eygonnet Antoine, Page Pierre, Carles Jean-Baptiste père, Coulomb Pierre, Félix Laurent, Félix Jean, Bedos Claude, Bedos Jean, Gallet Pierre, sabotier, Rieu Pierre, Rieu Anne veuve de Guillaume Vidal, Page Pierre fils, Blanché Antoine, Blanché Antoine-Laurent, Paul Gédéon , Bascoul Pierre, Blanché Barthélemy, Bonnaure François, Journet Barthélemy, Gallet Pierre fils à Louis, Moure François, Barrière Louis, Michel Henry, Page Louis, Bascoul Claude, Journet Antoine, Bedos Laurent neveu , Coulomb Jacques, Coulomb Magdeleine femme Granon, Page Antoine, Michel Gédéon, Frustié Pierre, agriculteurs, à Bellegarde, Deydier Henriette veuve Randon de Grolier, Dupuy Pierre, prop., à Bellegarde. — *Bellegarde*, 29 oct. 1813, La Grande Palus (marais) 66 hect., 46100 fr.

Barrière Jean, agriculteur, à Bellegarde. — Voy. Dupuy Pierre.

Barrière Louis, agr., à Bellegarde. — Voy. Barrière Jean et Dupuy Pierre.

Bascoul Claude, agr., à Bellegarde. — Voy. Barrière Jean et Dupuy Pierre.

Bascoul Pierre, agr., à Bellegarde. — Voy. Barrière Jean et Dupuy Pierre.

50. Baume (Jean de la) prop. à Chusclan. — *Chusclan*, 5 juillet 1813, brouteau de Jean-Bœuf, 43 a., 1005 fr.

Baumet David, à Nimes. — Voy. Reilhe André.

51. Bauquier François, notaire, à Rivières. — *Rivières*, 20 juillet 1813, terre 600 m., jardin 300 m., jardin 800 m., terre 100 m., 1450 fr.

Béchard Charles, à La Calmette. — Voy. Rivière Jean-Baptiste.

Béchard Jacques, à la Calmette. — Voy. Rivière Jean-Baptiste.

Bedos Claude, agr., à Bellegarde.— Voy. Barrière Jean et Dupuy Pierre.

Bedos Jean, agr., à Bellegarde. — Voy. Barrière Jean et Dupuy Pierre.

Bedos Laurent neveu, agr., à Bellegarde. — Voy. Barrière Jean et Dupuy Pierre.

52. Benet Justin, à Fourques. — *Fourques*, 15 nov. 1814, terre 61 perch. 40 m., 169 fr.; 30 mai 1815, terre 26 perch. 30 m., 75 fr.

53. Benet Pierre, à Fourques. — *Fourques*, 30 mai 1815, terre 24 perch. 50 m., 71 f.

54. Béraud Henry, à Fourques. — *Fourques*, 15 nov. 1814, terre 28 perch. 80 m., 82 fr.; 30 mai 1815, terre 28 perch. 60 m., 82 fr.

55. Béraud Henry et Bonnet Etienne, à Fourques. — *Fourques*, 15 nov. 1814, terre 49 perches 90 m., 138 f.

56. Béraud Jacques, à Fourques. — *Fourques*, 30 mai 1815, terre 25 perch., 72 f.

Bernard Joseph, à Saint-Etienne-des-Sorts. — Voy. Duplan Augustin.

57. Bernard Louis, à Fourques. — *Fourques*, 30 mai 1815, terre 27 perch. 10 m., 78 fr.; terre 25 perch. 60 m., 74 fr.; terre 28 perch. 50 m., 81 f. — Voy. en outre Fuya Jacques.

Bernis (Jacques-René-Philippe de Pierre de), propr., à Nimes. — Voy. Esparon François.

Berlaudon Anne veuve G^{el} Vaizon, à Bellegarde.— Voy. Dupuy Pierre.

58. Blanc Catherine veuve Imbert, à Fourques. — *Fourques*, 15 nov. 1814, terre 57 perch. 80 mètr., 159 fr.

59. Blanc Jacques, à Fourques. — *Fourques*, 15 nov. 1814, terre 8 perch. 70 m.,30 f.; terre 36 perch. 80 m., 103 fr.; terre 28 perch.; 80 f.; 30 mai 1815, terre 11 perch. 50 m., 36 fr.

60. Blanc Jean, à Fourques. — *Fourques*, 15 nov. 1814, terre 16 perch. 60 m., 50 fr. ; terre 13 perch. 50 m., 41 fr. ; 30 mai 1815, terre 26 perch., 75 fr.

61. Blanc Jean et Bouisset Pierre, à Fourques, — *Fourques*, 30 mai 1815, terre 32 perch. 20 m., 91 fr.

62. Blanc Joseph, à Fourques. — *Fourques*, 15 nov. 1814, terre 29 perch. 70 m., 84 fr.; terre 34 perch. 60 m., 98 fr. ; terre 46 perch., 128 fr.; terre 40 perch. 30 m., 113 fr.; terre 1 arpent 26 perch. 50 mètres, 342 fr.; 30 mai 1815, terre 18 perch., 53 fr.; terre 31 perch., 88 fr.; terre 37 perch. 17 m., 104 fr.; terre 25 perch., 72 fr. — Voy. en outre Fuya Jacques.

63. Blanc Mathieu, à Fourques. — *Fourques*, 30 mai 1815, terre 21 perch., 61 fr.

64. Blanc Simon, à Fourques. — *Fourques*, 30 mai 1815, terre 25 perch. 20 m., 73 fr. — Voy. en outre Fuya Jacques.

Blanché Antoine, agr., à Bellegarde. — Voy. Barrière Jean et Dupuy Pierre.

65. Blancher Antoine, à Fourques. — *Fourques*, 30 mai 1815, terre 63 perch. 40 m., 174 fr.

66. Blancher Antoine et Page Pierre, à Fourques.
— *Fourques*, 30 mai 1815, terre 1 arp. 58 perch. 40
m., 417 fr.

Blanché Antoine-Laurent, agr., à Bellegarde. —
Voy. Barrière Jean.

Blanché Barthélemy, agr., à Bellegarde. — Voy.
Barrière Jean et Dupuy Pierre.

Blanché Laurent, agr., à Bellegarde. — Voy.
Dupuy Pierre.

67. Blancher Théophile et Chastanier Baptiste,
prop., à Lussan. — *Lussan*, 15 nov. 1813, devois de
la Can (1er lot) 5225 fr.; (2e lot) 5525 fr. (1).

Blanchon Jean-Antoine, cordonnier, à Bellegarde.
— Voy. Dupuy Pierre.

Blanchon Jean-Mathieu, à Fournès. — Voy.
Seyne Cosme.

Blanchon Louis fils, à Fournès. — Voy. Seyne
Cosme.

68. Bleirac Etienne, agr., à Saint-Vincent. —
Jonquières, 3 juin 1813, jardin au-dessus de Saint-
Vincent, 15 ares, 655 f.

69. Boissy d'Anglas, sénateur. — *Aimargues*,
29 oct. 1813, marais d'Ilivernon, 41 hect. 78 a., 2900 f.
— Voy. en outre Bouvier Joseph-Jean.

70. Boissy d'Anglas veuve Lebœuf, à Paris. —
Fourques, 39 mai 1815, terre 69 perch. 60 m., 610 f.;
terre 37 perch., 200 fr.; terre 73 perch. 40 m., 450 f.;
terre 52 perch., 350 fr.; terre 1 arp. 37 perch. 40 m.,
825 fr.; terre 16 perch. 80 m., 41 fr.; terre 21 perch.,
50 fr.; terre 28 perch., 65 fr.; terre 24 perch. 40 m.,
57 fr.; terre 36 perch., 82 fr.

(1) Ce devois avait 49 hect. en tout. Pour le surplus, voy.
Chazel Simon et Gaussen Pierre.

Bonnaure François, agr., à Bellegarde. — Voy. Barrière Jean et Dupuy Pierre.

Bonnet André, à La Calmette. — Voy. Rivière Jean-Baptiste.

71. Bonnet Etienne, à Fourques. — *Fourques*, 30 mai 1815, terre 24 perch. 40 m., 70 fr. — Voy. en outre Béraud Henry.

Bonnet Pierre, à Moussac. - Voy. Girand André.

72. Bosanquet-Cardet Jean-Denis-Marie, prop., à Alais. — *Cardet*, 22 nov. 1813, 56 arp. patur., 1000 fr.

73. Bosanquet Jacques-Médard, prop., à Aimargues. — *Aimargues*, 15 nov. 1813, four à pain, 80 m., 740 fr.

Boucairan Pierre, cult., à Bellegarde. — Voy. Dupuy Pierre.

Boucoiran André dit la man, à Moussac. — Voy. Girand André.

74. Boucoiran Antoine, prop., à Moussac. — *Moussac*, 25 sept. 1813, terre aux Mattes, 13 a. 80 c., 286 fr. — Voy. en outre Girand André.

Boucoiran Etienne dit le paysan, à Moussac. — Voy. Girand André.

75. Bouisset Antoine, à Fourques. — *Fourques*, 30 mai 1815, terre 27 perch., 77 fr. — Voy. en outre Bouisset Pierre.

76. Bouisset Claude, à Fourques. — *Fourques*, 30 mai 1815, terre 26 perch., 75 fr.

77. Bouisset Guillaume, à Fourques. — *Fourques*, 30 mai 1815, terre 27 perch. 30 m., 78 fr.

78. Bouisset Jacques, à Fourques. — *Fourques*, 15 nov. 1814, terre 29 perch. 90 m., 85 fr. ; 30 mai 1815, terre 24 perch. 90 m., 72 fr., et terre 36 perch., 111 fr.

79. Bouisset Louis, à Fourques. — *Fourques*, 30 mai 1815, terre 22 perch. 50 m., 65 fr.

80. Bouisset Marie femme Chaulet, à Fourques. — *Fourques*, 30 mai 1815, terre 23 perch. 50 m., 68 fr. ; terre 52 perch., 75 fr.

Bouisset Pierre, à Fourques. — Voy. Blanc Jean.

81. Bouisset Pierre, berger (veuve de), à Fourques. — *Fourques*, 30 mai 1815, terre 22 perch. 20 m., 65 fr.

Bouisset Pierre (feu), à Fourques. — Voy. Mille Étienne.

Bouisset Pierre (les hoirs de), à Fourques. — Voy. Mille Etienne.

82. Bouisset Pierre et Bouisset Antoine, à Fourques. — *Fourques*, 15 nov. 1814, terre 21 perches 20 m., 62 fr.

Bourely Étienne, agr., à Théziers. — Voy. Jouve Jean-Martin.

83. Bourguet Jean-Louis, agr., à Thoiras. — *Corbès*, 20 juillet 1813, bois taillis de 750 ares, 2215 fr.

Bourillon Marie veuve Perrier, couturière, à Bellegarde. — Voy. Dupuy Pierre.

84. Bourret Claude, à Fourques. — *Fourques*, 30 mai 1815, terre 22 perch., 64 fr.

85-86. Bouvier Joseph-Jean, ing. des Ponts et Chaussées, et Boissy-d'Anglas, sénateur. — *Le Cailar*, 29 octobre 1813, marais de Montilles, Souteyrane et Hivernon, 332 hect. 44 a., 36200 fr.

87. Bouvin Étienne, à Fourques. — *Fourques*, 30 mai 1815, terre 26 perch. 80 m., 77 fr. ; terre 25 perch., 72 fr.

88. Boyer Raymond, à Fourques. — *Fourques*,

15 nov. 1814, terre 90 perch. 28 m., 82 fr. ;
30 mai 1815, terre 24 perch. 60 m., 71 fr.; terre
22 perch. 80 m., 66 fr. — Voy. en outre Matheron
Justin.

89. Bret Guillaume, à Fourques. — *Fourques*,
30 mai 1815, terre 24 perch. 50 m., 71 fr. ; terre
25 perch., 72 fr. ; terre 24 perch. 60 m., 71 fr. ;
terre 57 perch. 50 m., 158 fr. ; terre 48 perch.
70 m., 135 fr. ; terre 36 perch. 90 m., 104 fr. — Voy.
en outre Roche Pierre.

90. Bret Laurent, à Fourques. — *Fourques*,
30 mai 1815, terre 26 perch. 10 m., 75 fr.

91. Bret Noël, à Fourques. — *Fourques*,
30 mai 1815, terre 23 perch. 20 m., 67 fr.

92. Bret Pierre-Laurent (représentant les hoirs
de Jacques Gros), à Fourques. — *Fourques*,
10 mai 1815, terre 59 perch., 162 fr.

Briat Jean, agr., à Bellegarde. — Voy. Dupuy
Pierre.

93. Bros Jean - Frédéric, prop., à Anduze. —
Quissac, 18 nov. 1813, devois et garrigues, 31 arp.
80 a. 27 m., 4650 fr.

94. Bruel François, entrep., à Nîmes. — *Nîmes*,
8 juin 1813, corps de garde du marché, 4800 fr. (1).

Bruguière Claude, prop., à Dions. — Voy. Chabaud de la Tour.

95. Brun Gilles, à Fourques. — *Fourques*,
15 nov. 1814, terre 41 perch., 115 fr.

Brun Jacques, prop., à Saint - Gilles. — Voy.
Rivière Louis-Ulfrain.

Brun Jean-Baptiste, prop., à Remoulins. — Voy.
Guérin Louis.

(1) Fit élection; le 9, en faveur de Quet Louis, marchand de fer,
à Nîmes.

48

96. Brunier Pierre, traiteur, à Nimes. — *Verfeuil*, 8 juillet 1813, terre de l'église, 6 ares, 365 fr. (1).

97. Cadière Jean, prop., à Saint-Gilles. — *Saint-Gilles*, 14 juillet 1814, grandes et petites faïsses, terres 79 ares, 1365 fr.

Cambis (Auguste de), à Orsan. — Voy. Mourier Daniel.

Canal d'Aiguesmortes à Beaucaire (Société de l'entreprise de l'achèvement du). — Voy. Garilhe Stanislas-Privat.

98-100. Carbonnel Antoine, Aurillon Jacques et Lafaye Alexandre, à Saint.-Gilles. — *Fourques*, 15 nov. 1814, terre 1 arp. 73 perch. 30 m., 455 fr.

101. Carcassonne Isaac cadet, nég.-prop., à Nimes. — *Jonquières*, 3 juin 1813, montagne de Gayau, 3125 fr.

Carles Jean-Baptiste, agr., à Bellegarde. — Voy. Dupuy Pierre.

Carles Jean-Baptiste père, agr., à Bellegarde. — Voy. Barrière Jean.

Carles Jean-Joseph, agr., à Bellegarde. — Voy. Dupuy Pierre.

102. Carrière Étienne, à Fourques. — *Fourques*, 15 nov. 1814, terre 18 perch. 90 m., 56 fr. ; terre 20 perch. 50 m., 50 fr. ; 30 mai 1815, terre 46 perch., 128 fr.

103. Carrière Etienne et Imbert Jacques dit Cacha, à Fourques. — *Fourques*, 15 nov. 1814, terre 80 perch. 50 m., 159 fr.

104. Carrieu Paul, nég., à Nimes. — *Boucoiran*,

_____

(1) Fit élection, le 9, en faveur de Marie-Thérèse-Pauline Niel d'Ornac de Verfeuil, à Uzès.

20 juillet 1813, terre 7 hect., terre 6 a., terre 7 a., terre 10 a., le temple ruiné 2 a., 3625 fr. (1).

105. Castanier Antoine, à Fourques. — *Fourques*, 30 mai 1815, terre 24 perch. 50 m., 71 fr. — Voy. en outre Gaillard Honoré.

106. Castanier Joseph, cultiv., à Sabran. — *Sabran*, 26 août 1814, terres et vignes 1 h. 72 a., 404 fr. 20 c.

Castel Jean, pêcheur et aubergiste, à Aiguesmortes. — Voy. Desmarets.

107-109. Chabaud de la Tour (Antoine-Georges-François), député, Bruguière Claude, prop., à Dions, et Trinquelague de Dions (Jean-Charles), prop., à Dions. — *Dions*, 20 oct. 1814, trois pâturages, 20 h., 30 h. et 5 h., 12700 fr.

Chabaud-Latour Antoine-Georges-François, à Nimes. — Voy. Reilhe André.

110. Chambon Raymond, fils d'autre, cult., à Sabran. — *Sabran*, 26 août 1814, terre 21 a., 35 fr. 80.

Chastagnier Baptiste, prop., à Lussan. — Voy. Blancher Théophile.

111. Chaulet Barthélemy, à Fourques. — *Fourques*, 30 mai 1815, terre 25 perch. 50 m., 73 fr.; terre 28 perch., 80 fr.

Chaulet (femme), à Fourques. — Voy. Bouisset Marie.

112. Chazel Simon, propr., à Lussan. - *Lussan*, 15 nov. 1813, devois de la Can (4e lot), 4025 fr. (2).

Chevalier François-Joseph, à Moussac. — Voy. Girand André.

---

(1) Fit élection, le 21, en faveur de Maurin Pierre, agr., à l'Église, commune de Boucoiran.

(2) Pour la contenance totale, voy. Blancher Théophile.

Chevalier Louis-Auguste, à Moussac. — Voy. Girand André.

113. Christol Baptiste, cult., à Campestre. — *Campestre*, 22 mai 1815, champ de Lavagne, 305 fr. ; les herbages de Lavagne, 145 fr.

Clamour Gaspard (Martin Marie, veuve de), à Fourques. — Voy. Martin Marie.

114. Clamour Louis, à Fourques. — *Fourques*, 15 nov. 1814, terre 1 arp. 1 m., 274 fr.

Clausonne (François-Honoré-Barthélemy-Auguste, Fornier de), conseiller à la Cour de Nimes. — Voy. Gide Jean-Joseph-Théophile-Étienne.

Clausonnette (Charles-Henry-Roques, marquis de), à Beaucaire. — Voy. Donzel Antoine.

115. Cocu Antoine, à Pont-Saint-Esprit. — *Pont-Saint-Esprit*, 26 août 1814, remise place Saint-Pierre, 775 fr. 35 c.

116. Commune Antoine, à Fourques. — *Fourques*, 15 nov. 1814, terre 50 perch., 138 fr. ; terre 25 perch., 72 fr.

117. Commune Antoine et Gachon Catherine, à Fourques. — *Fourques*, 15 nov. 1814, terre 1 arp. 79 m., 182 fr.

118. Commune Élisabeth, veuve de Jacques Imbert, à Fourques. — *Fourques*, 30 mai 1815, terre 26 perch. 10 m., 75 fr.

119. Compan Antoine, prop., à Campestre. — *Campestre*, 18 novembre 1813, bois des taillades, 2400 fr.

Constant Henri, à Moussac. — Voy. Girand André.

Conte Baptiste, à La Calmette. — Voy. Rivière Jean-Baptiste.

120. Contestin Jacques, à Fourques. — *Fourques*, 15 nov. 1814, terre 40 perch. 38 m., 108 fr. ; terre 54 perch., 149 fr. (1) ; terre 30 perch., 85 fr. ; terre 67 perch. 60 m., 185 fr.

121. Contestin Pierre, à Fourques. — *Fourques*, 30 mai 1815, terre 12 perch. 50 m., 39 fr. ; terre 22 perch. 80 m., 66 fr.

122. Contestin Pierre et Daire Marie, à Fourques. — *Fourques*, 30 mai 1815, terre 57 perch. 10 m., 157 fr.

123. Cornu Esprit, à Fourques. — *Fourques*, 30 mai 1815, terre 22 perch. 50 m., 65 fr.

124. Corraud Louis - Mathieu - Raphaël, prop., à Nimes. — *Le Cailar*, 14 juillet 1814, pré 1 hect. 35 a., 1049 fr.

Coste Catherine veuve Darboux, à Bellegarde. — Voy. Dupuy Pierre.

Coulomb, femme Granon, à Bellegarde. — Voy. Dupuy Pierre (2).

Coulomb Jacques, agr., à Bellegarde. — Voy. Barrière Jean et Dupuy Pierre.

Coulomb Jean, milit. retraité, prop., à Bellegarde. — Voy. Dupuy Pierre.

Coulomb Magdeleine femme Granon, à Bellegarde. — Voy. Barrière Jean (3).

Coulomb Mathieu, à Fournès. — Voy. Seyne Cosme.

Coulomb Pierre, agr., à Bellegarde. — Voy. Barrière Jean et Dupuy Pierre.

Courdil Pierre dit le riche, à Moussac. — Voy. Girand André.

(1) Tant pour lui que pour Noyer Catherine.
(2) Voy. ci-après Coulomb Magdeleine.
(3) Voy. ci-dessus Coulomb femme Granon.

125. Courlas (veuve), à Fourques. — *Fourques*, 30 mai 1815, terre 18 perch., 53 fr.

126. Coustan Raymond, prop., à Saint-Gilles. — *Saint-Gilles*, 31 déc. 1813, terres, herbages et marais des grandes et petites Ponches, 8 hect. 11 a., 9314 fr. — Voy. en outre Rivière Louis-Ulrain et Soulier Adrien.

127. Coye Nicolas, à Fourques. — *Fourques*, 30 mai 1815, terre 24 perch. 50 m., 71 fr. ; terre 26 perch., 75 fr.

Crouzier Simon, agr., à Saint-Bonnet. — Voy. du Roure Charles-Joseph.

128. Daire François, à Fourques. — *Fourques*, 30 mai 1815, terre 27 perch. 80 m., 79 fr. ; terre 24 perch. 80 m., 71 fr. ; terre 45 perch., 125 fr.

Daire Georges, agr., à Bellegarde. — Voy. Dupuy Pierre.

Daire Laurent, agr., à Bellegarde. — Voy. Dupuy Pierre.

129. Daire Marie, à Fourques. — *Fourques*, 30 mai 1815, terre 26 perch. 40 m., 76 fr. — Voy. en outre Contestin Pierre.

130-132. Daire (ou Dayre) Pierre, Dupont Pierre et Veyrat François, à Bezouce. — *Bezouce*, 4 août 1814, pré au quartier du Vistre, 2796 fr.

Darboux Coste-Catherine (veuve), à Bellegarde. — Voy. Dupuy Pierre.

133. Dauvergne Louis-André, à Pont-Saint-Esprit. — *Pont-Saint-Esprit*, 26 août 1814, remise place Saint-Pierre, 798 fr.

134. Déjardin Jacques, nég., à Nimes. — *Le Cailar*, 10 fév. 1815, la palus Mejanne 8 h. 82 a. 9 c., 18200 fr. ; 30 mai 1815, pré 3 h. 54 a. 22 c., 6025 fr.

135. Desmarets, empl. à la Direct. des Cont. dir. du Gard. — *Sommières*, 30 mai 1815, bâtiment de la grande boucherie 26 m. de surface, 355 fr. (1) ; bâtiment de la petite boucherie 7 m. de surface, 305 fr. (1).

136. Despuech Barthélemy, notaire, à Saint-Hippolyte-du-Fort. — *Saint-Hippolyte-du-Fort*, 10 sept. 1813, paturages et garrigues 85 arp. 9 perch., 10075 fr. (2).

Deydier Henriette veuve Randon de Grolier, prop., à Bellegarde. — Voy. Barrière Jean.

Dijol (veuve), à Manduel. — Voy. Tempié Marie.

137. Domergue Isidore, prop., à Domazan. — *Domazan*, 31 août 1813, bâtiment servant de moulin à huile, 500 fr.

138. Donzel Antoine, chef de Div. à la préf. — *Meynes*, 4 août 1814, aire dite de Clausonnette 233a. 96 c., 1681 fr. (3).

Douzil Guillaume, agr., à Sabran. — Voy. Martin Velérian.

139. Dulhias Louis, à Aiguèze. — *Aiguèze*, 26 août 1814, trois terres, 102 fr.

Dumas Jean-Baptiste, prop., à Remoulins. — Voy. Guérin Louis.

Dumas-Souchon Marc, à Moussac. — Voy. Girand André.

Dumazer Pierre, prop., à Canaule. — Voy. Fontanieu Pierre.

140-147. Duplan Augustin, Méric Jacques-Augus-

(1) Fit élection, le 31, en faveur de Castel Jean, pêcheur et aubergiste, à Aiguesmortes.

(2) Déclara avoir agi pour Villaret Joseph, prop., à Montpellier.

(3) Déclara avoir agi pour Charles-Henry Roques marquis de Clausonnette.

lin, Raoux Placide, Bagnols Christophe, Taulier Joseph, Bernard Joseph, Platin Victor et Sautel Antoine-Nicolas, agriculteurs, à Saint-Étienne-des-Sorts. — *Saint-Étienne-des-Sorts*, 4 août 1814, broutières 5 hect., 4480 fr.

Dupont Pierre, à Bezouce. — Voy. Dayre Pierre.

148-184. — Dupuy Pierre, Barrière Jean, Guion Etienne, Eygonnet Antoine, Page Pierre, Carles Jean-Baptiste, Carles Jean-Joseph, Coulomb Pierre, Félix Laurent, Félix Jean, Bedos Claude, Bedos Jean, Gallet Pierre, sabotier, Rieu Pierre, Rieu Anne veuve Guillaume Vidal, Page Pierre fils, Blanché Antoine, Blanché Laurent, Paul Gédéon, Bascoul Pierre, Blanché Barthélemy, Flandin François, Bonnaure François, Journet Barthélemy, Gallet Pierre fils à Louis, Moure François, Barrière Louis, Michel Henry, Page Louis, Bascoul Claude, Journet Antoine, Bedos Laurent neveu, Coulomb Jacques, Coulomb femme Granon, Page Antoine, Michel Gédéon et Frustié Pierre, agriculteurs, à Bellegarde. — *Bellegarde*, 29 oct. 1813, marais de l'herbe molle 18 hect., 9275 fr.

185-220. Dupuy Pierre, Frustier Jean aîné, Barrière Antoine, Barrière Jean, prop., Bertodon Anne veuve Gabriel Vaizon, Coulomb Jean, militaire retraité, cult., Pastouret Pierre, agr., Pastouret Jean oncle, prop., Goirand Jean, Daire Laurent, prop., Paul Etienne-Henry, aubergiste, Daire Georges, Briat Jean, Louis Jacques, Maurin Thomas, agr., Roubin Thomas, revendeur, Malaygue Barthélemy, Juvénel Pierre, Ragoust Martin, cultivateurs, Blanchon Jean-Antoine, cordonnier, Panisse Jean, berger, Michel Joseph, cult., Frustié Mathieu, Vidal Chris-

tol, ménagers, Menouret Louis, meunier, Meyrac
Claudine veuve Vidal, Montet Antoine, Pelet Mathieu fils d'autre, cultivateurs, Trouillet Jean, tailleur d'habits, Coste Catherine veuve Darboux, Pastouret Jean, berger, Perrier Jean père, Perrier Guillaume fils, Boucairan Pierre, cultivateurs, Bourillon
Marie veuve Perrier, couturière, Page Jacques père,
Page Jacques fils, Auvergne François, agr., tous de
Bellegarde. — *Beaucaire*, 14 juillet 1814, 32 hect.
50 a, 04 c. du marais le Contral, 21505 fr.

Dupuy Pierre, prop., à Bellegarde. — Voy. Barrière Jean.

Durand Jacques, nég., à Montpellier. — Voy.
Garilhe Stanislas-Prival.

221. Durand Thomas, cult., à Sabran. — *Sabran*,
26 août 1814, terres et vignes 2 hect. 04 a., 665 fr.

222. Durzian Antoine (représentant les hoirs de
Charles Durzian), à Fourques. — *Fourques*,
30 mai 1815, terre 25 perch. 50 m., 73 fr.

Durzian Charles (les hoirs de), à Fourques. —
Voy. Durzian Antoine.

223. Durzian Guillaume, à Fourques. — *Fourques*, 30 mai 1815, terre 23 perch. 50 m., 68 fr.;
terre 24 perch., 69 fr.

224. Durzian Guillaume et Faïsse Marie, veuve
Marbal, à Fourques. — *Fourques*, 30 mai 1815, terre
24 perch. 50 m., 71 fr.

225. Durzian Jean, à Fourques. — *Fourques*,
30 mai 1815, terre 12 perch. 50 m., 39 fr.

226. Durzian Louis, à Fourques. — *Fourques*,
30 mai 1815, terre 23 perch. 57 m., 68 fr.; terre
27 perch., 77 fr.

227. Esparon François, prop., à Aiguesmortes,

— *Aiguesmortes*, 10 juin 1813, marais dit herbages du grand Bouranet, 241 hect. 09 a., 1850 fr. (1).

228. Estève Thomas, à Saint-Gilles. — *Fourques*, 15 nov. 1814, terres 2 arp. 4 perch. 80 m., 532 fr. ; terres 1 arp. 31 perch. 30 m., 347 fr.; terres 86 perch. 40 m., 237 fr.

229. Euzéby Marc, à Uzès. — *Vers*, 26 août 1814, terre 124 a. 34 c., 1151 fr. 40 (2).

Eygonnet Antoine, agr., à Bellegarde. — Voy. Barrière Jean et Dupuy Pierre.

230. Fabre Claude, à Beaucaire. — *Fourques*, 30 mai 1815, terre 24 perch. 50 m., 71 fr.; terre 29 perch., 83 fr.

231. Faïsse Anne, veuve Matheron, à Fourques. — *Fourques*, 30 mai 1815, terre 24 perch., 69 fr.

232. Faïsse Anne, veuve Rébuffat, à Fourques. — *Fourques*, 30 mai 1815, terre 38 perch. 30 m , 108 fr.

233. Faïsse Guillaume, à Fourques. — *Fourques*, 15 nov. 1814, terre 59 perch. 40 m., 163 fr.; 30 mai 1815, terre 23 perch. 56 m., 68 fr.

Faïsse Marie, veuve Marbal, à Fourques. — Voy. Durzian Guillaume.

Faïsse (veuve), à Fourques. — Voy. Matheron Anne.

234. Fajon Jean-Louis, conseiller à la Cour de Nimes. — *Comps*, 20 oct. 1814, palus 9 hect. 31 a., 7525 fr.

Faugère Antoine, nég., à Nimes. — Voy. Reilhe André.

(1) Fit élection, le 11, en faveur de Jacques-René-Philippe de Pierre de Bernis, prop., à Nimes.

(2) Déclara avoir agi pour Ferrand Casimir.

235. Faventine Maurice, prop., au Vigan. — *Campestre*, 2 août 1813, biens, 1718 fr.

236. Favier Pierre, à Fourques. — *Fourques*, 15 nov. 1814, terre 25 perch., 72 fr. ; 30 mai 1815, terre 24 perch. 70 mét., 71 fr.

Félix Jean, agr., à Bellegarde. — Voy. Barrière Jean et Dupuy Pierre.

Félix Laurent, agr., à Bellegarde. — Voy. Barrière Jean et Dupuy Pierre.

Ferrand Casimir, prop., à Vers. — Voy. Euzéby Marc.

237. Figuière Baptiste, à Sabran. — *Sabran*, 17 juin 1813, terre 3 hect. 84 a., 725 fr. ; terre 40 a., 125 fr.

Flandin François, agr., à Bellegarde. — Dupuy Pierre.

238. Flandrin Jean, à Fourques. — *Fourques*, 15 nov. 1814, terre 14 perch. 50 m., 44 fr. ; terre 36 perch., 100 fr.; terre 49 perch. 20 m. 136 fr. ; terre 92 perch., 250 fr. ; 30 mai 1815, terre 22 perch. 50 m , 65 fr.; terre 13 perch., 40 fr.

239. Flandrin Pierre, à Fourques. — *Fourques*, 15 nov. 1814, terre 30 perch. 20 m., 86 fr. ; terre 72 perch., 193 fr. ; terre 35 perch., 99 fr.; 30 mai 1815, terre 26 perch. 20 m., 75 fr. ; terre 28 perch. 60 m., 83 fr.

Flandrin Pierre (veuve de). — Voy. Noyer Catherine.

Floutier Pierre, à Moussac. — Voy. Girand André.

240. Fontaine Pierre, à Saint-Dézéry. — *Saint-Dézéry*, 26 août 1814, maison sur la place, 12 lopins de terre 2 h. 72 a., garrigues, devois, hermes 10 h., le tout 2400 fr.

241. Fontanier François, à Fourques. —*Fourques,* 30 mai 1815, terre 26 perch. 10 m., 75 fr.; terre 27 perch. 30 m., 78 fr.; terre 38 perch. 80 m., 109 fr.

242. Fontanier Honoré, à Fourques. —*Fourques,* 15 nov. 1814, terre 47 perch. 60 m., 132 fr.; terre 9 perch., 29 fr.; terre 35 perch. 30 m., 99 fr.; 30 mai 1815, terre 24 perch. 50 m., 71 fr.

243. Fontanier Jacques, à Fourques. — *Fourques,* 15 nov. 1814, terre 30 perch. 20 m., 86 fr.

244. Fontanier Jacques, fils à Honoré, berger, à Fourques. — *Fourques,* 30 mai 1815, terre 23 perch. 50 m., 65 fr.

245. Fontanier Pierre, à Fourques. — *Fourques,* 30 mai 1815, terre 24 perch. 50 m., 71 fr.

246-247. Fontanieu Pierre et Dumazer Pierre, prop., à Canaules. — *Saint-Jean-de-Serres,* 10 sept. 1813, paturages, 4929 fr.

248. Franc Jacques, aubergiste, à Sommières. — *Sommières,* 3 juin 1813, ancien cimetière au faubourg du Bourguet 30 a., 1945 fr.

Frustier Jean ainé, prop., à Bellegarde. — Voy. Dupuy Pierre.

Frustié Mathieu, ménager, à Bellegarde. — Voy. Dupuy Pierre.

Frustier Pierre, agr., à Bellegarde. — Voy. Barrière Jean et Dupuy Pierre.

249. Fuya (ou Fuillas) Anne, à Fourques. — *Fourques,* 30 mai 1815, terre 23 perch., 67 fr.

250. Fuillas Baptiste, à Fourques. — *Fourques,* 15 nov. 1814, terre 94 perch., 256 fr.; 30 mai 1815, terre 27 perch. 80 m., 79 fr.

251. Fuya Claude, à Fourques. — *Fourques,* 30 mai 1815, terre 26 perch. 10 m., 75 fr.; terre 35 perch., 99 fr. ; terre 22 perch, 50 m., 65 fr. ; terre 26 perch. 50 m., 76 fr. — Voy. en outre Fuillas Henry.

252. Fuillas Henry, à Fourques. — *Fourques*, 15 nov. 1814, terre 49 perch., 36 fr. (1) ; terre 60 perch. 25 m., 74 fr. (1) ; 30 mai 1815, terre 31 perch. 50 m., 89 fr.

253. Fuillas Jacques, à Fourques. — *Fourques*, 15 nov. 1814, terre 60 perch. 53 m., 148 fr. ; 30 mai 1815, terre 20 perch. 50 m., 65 fr. ; terre 24 perch., 69 fr.

254-255. Fuya Jacques, Moulin Antoine (veuve de) et Bernard Louis, à Fourques. — *Fourques*, 15 nov. 1814, terre 81 perch. 80 m., 223 fr.

256-257. Fuya Jacques, Blanc Joseph et Blanc Simon, à Fourques. — *Fourques,* 15 nov. 1814, terre 49 perch. 90 m., 138 fr.

258-259. Fuillas Jacques fils de Baptiste, et Gibelin Jean dit Calale, à Fourques. — *Fourques,* 15 nov. 1814, terre 62 perch., 170 fr.

260. Fuya Martin, à Fourques. — *Fourques*, 30 mai 1815, terre 25 perch. 50 m., 73 fr. ; terre 52 perch., 144 fr. — Voy. en outre Noyer Martin.

261. Gachon Catherine, à Fourques. — *Fourques*, 30 mai 1815, terre 58 perch. 60 m., 161 fr. — Voy. en outre Commune Antoine.

Gachon (Hermet Marie, veuve) à Fourques. — Voy. Hermet Marie.

262. Gachon Pierre, à Fourques. — *Fourques*, 30 mai 1815, terre 55 perch.,152 fr.

Gachon Thomas (veuve de), à Fourques. — Voy. Hermet Marie.

(1) Déclara avoir agi pour Fuillas Claude, son frère.

263. Gaillard Honoré, à Fourques. — *Fourques*, 15 nov. 1814, terre 31 perch. 70 m., 90 fr.

264. Gaillard Honoré et Bouvin Antoine, à Fourques. — *Fourques*, 30 mai 1815, terre 26 perch. 30 m., 75 fr.

265. Gaillard Honoré et Castanier Antoine, à Fourques. — *Fourques*, 15 nov. 1814, terre 36 perch., 20 m., 102 fr.

Galafrès Antoine, à St-Chaptes. — Voy. Reilhe André.

Gallet Pierre, sabotier, à Bellegarde. — Voy. Barrière Jean et Dupuy Pierre.

Gallet Pierre fils à Louis, agr., à Bellegarde. — Voy. Barrière Jean et Dupuy Pierre.

266. Garilhe Stanislas-Privat, avoué, à Nimes. — *Bellegarde*, 29 oct. 1813, marais de la Palunette, 80 hect., 33200 fr.; (1) marais de la Correge, 12 hect., 7000 fr. (1). *St-Laurent-d'Aigouze*, 29 oct. 1813, marais de la Paluzette et palus de Serin, 76 hect. 95 a. 34 c., 8150 fr.; (2) marais, pature et maison d'exploitation dit Psalmody, 182 hect. 51 a. 4 c., 50000 fr.; marais et terre de Port-Vieil, 160 hect. 11 a. 53 c., 30.000 fr.; (1) *St-Gilles*, 25 nov. 1813, terres, herbages et marais du bien dit « Correges, Laubert, Cambon et Palunettes, » 287 hect. 19 a. 92 c. (les 28 premiers lots) 30905 fr. (3) 7 déc. 1813, les 29ᵉ à 59ᵉ lots,

_____

(1) Fit élection, le 2 nov., en faveur de la Société de l'entreprise de l'achèvement du canal d'Aiguesmortes à Beaucaire et de celui de la Radelle.

(2) Fit élection, le 2 nov., en faveur de Durand Jacques, nég., à Montpellier.

(3) Fit élection, le même jour, en faveur de Granier Zoé-Guillaume, prop., à Montpellier.

13630 fr. ; (1) 21 déc. 1813, les 60ᵉ à 71ᵉ lots 19942 fr. (2)

267. Gaudin, prop., à Uzès. — *Sagriers*, 26 août 1814, herbages et pattis 110 hect. 48 a., 1686 fr. (3).

268-269. — Gaussen Pierre et Vernet Louis, prop., à Lussan. — *Lussan*, 15 nov. 1813, devois de la Can, 4ᵉ lot, 5600 fr. (4).

270. Gazagne Jean-Baptiste, à Sabran. — *Sabran*, 17 juin 1813, terre au quartier de Codignac, 55 fr.

Germain Vincent, à Beaucaire. — Voy. Mistral Joseph.

271. Gibelin Jacques dit Daire, à Fourques. — *Fourques*, 15 nov. 1814, terre 30 perch. 40 m., 44 fr.; 30 mai 1815, terre 15 perch. 70 m., 47 fr. ; terre 23 perch. 30 m., 67 fr. ; terre 27 perch., 77 fr. ; terre 14 perch., 43 fr.

272. Gibelin Jean dit Catalo, à Fourques. — *Fourques*, 31 mai 1815, terre 31 perch., 88 fr. ; terre 26 perch., 75 fr. — Voy. en outre Fuillas Jacques.

273. Gide Jean-Joseph-Théophile-Etienne, notaire, à Nimes. — *Logrian*, 10 sept. 1813, devois 139 h. 33 a. 59 c., 23300 fr. (5) ; *Meynes*, 29 oct. 1813, l'aire de Clausonne 75 a. 82 c., 105 fr. (6).

Gilles Antoine-Joseph, prop., à Remoulins. — Voy. Tourelle.

(1) Fit élection, le 7 déc., en faveur de Granier Zoé-Guillaume, précité.

(2) Fit élection, le 21 déc., en faveur du même.

(3) Déclara avoir agi pour Trinquelague-Dions Jean-Charles (deux tiers) et Roux-Sagriers Jean-Pierre (un tiers).

(4) Pour la contenance totale, voy. Blanchet Théophile.

(5) Fit élection, le 11, en faveur de François-Edouard de Pellet, prop., à Nimes.

(6) Fit élection, le 30, en faveur de François-Honoré-Barthélemy-Auguste Fornier de Clausonne, conseiller à la Cour de Nimes.

Gilles Joseph, prop., à Remoulins. — Voy. Martin Valérian.

274-297. Girand André, cardeur, Rouvière Antoine, maire, Rouvière Pierre, Chevalier Louis-Auguste, Chevalier François-Joseph, Gontard Antoine, Constant Henri, Floutier Pierre, Boucoiran Etienne dit paysan, Vidal Jean, Petit Jean, Lauze François père, Dumas-Souchon Marc, Mathieu Pierre, Boucoiran André dit la man, Boucoiran Antoine, Bonnet Pierre, Courdil Pierre dit le riche, Saint-Martin Etienne, Arnaud Louis-Antoine, Arnaud Henri-Jacques, Accabat Louis et Massadau Jean, de Moussac. — *Moussac*, 1er mars 1814, la grande vigère, les grandes raysses et le Cambon, 5275 fr.

298. Girand Jean, agr., à Moussac. — *Moussac*, 8 juillet 1813, terre à la Gau, section B, 310 fr.

Goirand Jean, prop., à Bellegarde. — Voy. Dupuy Pierre.

Gontard Antoine, à Moussac. — Voy. Girand André.

Granier Louis, à la Calmette. — Voy. Rivière Jean-Baptiste.

299-301. Granier Jean-François, Arnavieille Etienne et Guéringue Zacharie, à Pompignan. — *Pompignan*, 20 oct. 1814, le patus de la Camp, de Saint-Millias et de la Planasse, 10450 fr.

Granier Zoé-Guillaume, prop., à Montpellier. — Voy. Garilhe Stanilas-Xavier.

Granon (Coulomb Magdeleine, femme), à Bellegarde. — Voy. Barrière Jean et Dupuy Pierre.

Gros Catherine, à Fourques. — Voy. Matheron Justin.

Gros Jacques (les hoirs de), à Fourques. — Voy. Bret Pierre-Laurent.

302. Gros Philippe, à Fourques. — *Fourques*, 30 mai 1815, terre 47 perch., 131 fr.

303. Gros Pierre-Esprit, prop., à Aiguesmortes. — *Aiguesmortes*, 23 août 1813, pêcherie de la Gaze-Malmatier, marais et pâturages, 50 hect. environ, 6816 fr.

304. Guérin Louis, droguiste, à Nimes. — *Remoulins*, 10 sept. 1813, neuf pièces terres et hermes 432 a. 01 c., 4909 fr. (1).

305. Guérin Louis, droguiste, et Mourier Daniel, fermier du bac à traille, prop., à Nimes. — *Vers*, 10 sept. 1813, terre 9 hect. 94 a. 72 c., 8025 fr.

Guéringue Zacharie, à Pompignan. — Voy. Granier Jean-François.

306. Guigue Guillaume, propr., à Orsan. — *Orsans*, 21 juin 1813, vigne et herme 32 a., 105 fr. ; vigne 88 a., 710 fr.

Guiguet Philippe-Honoré, à Beaucaire. — Voy. Mistral Joseph.

Guion Étienne, agr., à Bellegarde. — Voy. Barrière Jean et Dupuy Pierre.

307. — Hermet Marie veuve Gachon Thomas, à Fourques. — *Fourques*, 15 nov. 1814, terre 1 arp. 1 perch. 70 m., 275 fr. ; terre 40 perch. 88 m., 241 fr. ; 30 mai 1815, 2 arp. 9 perch. 60 m., 550 fr. ; terre 47 perch. 30 m., 131 fr.

Hugon Jean, à La Calmette. — Voy. Rivière Jean-Baptiste.

308. Hugues François, à Fourques. — *Fourques*, 15 nov. 1814, terre 80 perch. 52 m., 146 fr. ; 30 mai 1815, terre 23 perch., 50 m., 68 fr.

(1) Fit élection, le 11, en faveur de Brun Jean-Baptiste et Dumas Jean-Baptiste, prop., à Remoulins.

309. Imbert Antoine fils à Claude, à Fourques.— *Fourques*, 30 mai 1815, terre 25 perch. 72 fr.

Imbert (Blanc Catherine, veuve) à Fourques. — Voy. Blanc Catherine.

310. Imbert Jacques, à Fourques. — *Fourques*, 15 nov. 1814, terre 70 perch. 31 m., 90 fr.

Imbert Jacques dit Cacha, à Fourques. — Voy. Carrière Etienne.

Imbert Jacques (veuve de), à Fourques. — Voy. Commune Elisabeth.

311. Imbert Justin, à Fourques. — *Fourques*, 15 nov. 1814, terre 32 perch. 90 m., 93 fr. — Voy. en outre Matheron et Noyer Jean (les héritiers).

312. Imbert Simon, à Fourques. — *Fourques*, 30 mai 1815, terre 40 perch. 91 fr.

313. Isac Jean, à Fourques. — *Fourques*, 30 mai 1815, terre 26 perch., 75 fr.

314. Jammet Jean-Charles, prop., à Uzès. — *Tresques*, 5 juil. 1813, maison sur la place, 765 fr. (1)

315. Jaquet Pierre, à Fourques. — *Fourques*, 15 nov. 1814, terre 60 perch. 33 m., 95 fr. ; 30 mai 1815, terre 23 perch., 67 fr.; terre 28 perch. 60 m., 82 fr.

316. Jauffret Vincent, à Fourques. — *Fourques*, 30 mai 1815, terre 25 perch., 72 fr.

317. Jehan Firmin, à Fourques. — *Fourques*, 30 mai 1815, terre 26 perch. 80 m., 77, fr.; terre 10 perch. 50 m., 33 fr. — Voy. en outre Pascal Etienne.

318. Jonquet Guillaume, à Fourques. — *Fourques*, 15 nov. 1814, terre 43 perch. 40 m., 121 fr.; terre

(1) Déclara avoir agi pour Charles-Louis-François-Florimond de Vogüé, prop., à Tresques.

80 perch. 23 m., 69 fr. ; 30 mai 1815, terre 38 perch. 90 m., 109 fr.; terre 25 perch. 80 m., 74 fr.

319. Jossaud Joseph-Marie, prop., à Aramon. — *Aramon*, 31 août 1813, ancien four en mauvais état 120 m., 600 fr.

Journet Antoine, à Bellegarde. — Voy. Barrière Jean et Dupuy Pierre.

Journet Barthélemy, agr., à Bellegarde. — Voy. Barrière Jean et Dupuy Pierre.

320-321. Jouve Jean-Martin et Bourely Étienne, agr., à Théziers. — *Théziers*, 4 août 1814, bâtiment servant de moulin à huile, 80 m., 2406 fr.

322. Julien Jean, notaire, à Sauve. — *Sauve*, 10 sept. 1813, devois Les Vabres 67 hect. 60 a., devois bois Duranc, devois Puechious, terre des Espluche-rons, devois Puech d'Anduze, devois Fouchange, Lau-rel et Saint-Saturnin 8 hect. 1/2, le tout 19500 fr. (1).

323. Jullien Joseph, prop., à Saint-Julien. — *Saint-Julien-de-Peyrolas*, 21 juin 1813, terre 1 hect., 335 fr.

Juvénel Pierre, agr., à Bellegarde. — Voy. Dupuy Pierre.

324. Labourey Jean-Jacques, empl. à la préfec., à Nîmes. — *Mus*, 1er mars 1814, maison, 82 fr. — *Le Vigan*, 16 août 1813, sept pièces, au total 190 a., 205 fr.

Lafaye Alexandre, à Saint-Gilles. — Voy. Carbon-nel Antoine.

325. Laforêt Justin, à Fourques. — *Fourques*, 15 nov. 1814, terre 15 perch. 80 m., 48 fr. ; 30 mai

(1) Fit élection, le 13, en faveur de Malzac Claude-Étienne aîné, prop., à Sauve.

1815, terre 15 perch. 80 m., 48 fr. ; 30 mai 1815, terre 19 perch., 56 fr. — Voy. en outre Noyer Jean (les hoirs) et Reynaud Louis.

326. Laforet Pierre, à Fourques. — *Fourques*, 30 mai 1815, terre 11 perch. 50 m., 36 fr.

Langlois Marie, à Fourques. — Voy. Roche Pierre.

Larnac François-Simon, à Saint-Chaptes. — Voy. Reilhe André.

Larnac Louis-Jacques, à Saint-Chaptes. — Voy. Reilhe André.

Lauze François père, à Moussac. — Voy. Girand André.

327. Lavie Louis, prop., à Saint-Jean-de-Maruéjols. — *Navacelles*, 20 juillet 1813, maison en mauvais état, 410 fr. ; *Tharaux*, 20 juillet 1813, terre 64 a., 1100 fr. (1).

Lebœuf (veuve), à Paris. — Voy. Boissy-d'Anglas.

Légaud Louis, à Saint-Chaptes. — Voy. Reilhe André.

Levat Louis, à Saint-Chaptes. — Voy. Reilhe André.

328. Liautaud Louis, à Fourques. — *Fourques*, 15 nov. 1814, terre 25 perch. 30 m., 99 fr. ; 30 mai 1815, terre 26 perch., 75 fr.

329. Liautaud Pierre, à Fourques. — *Fourques*, 30 mai 1815, terre 1 arp. 61 perch., 424 fr.; terre 51 perch., 141 fr.

330. Liautaud Pons, à Fourques. — *Fourques*, 30 mai 1815, terre 26 perch. 80 m., 77 fr.

331. Ligonès Jean, à Saint-Nazaire. — *Saint-Nazaire*, 25 sept. 1813, terre 7 a. 93 c., 150 fr.

(1) Déclara avoir agi pour Jean-Alexandre Peschaire, agr., à Rochegude.

332. Lombard Gaspard, à Fourques. — *Fourques*, 15 nov. 1814, terre 40 perch., 112 fr.; terre 24 perch., 69 fr.; terre 71 perch., 194 fr.; 30 mai 1815, terre 45 perch. 90 m., 128 fr.; terre 25 perch. 80 m., 74 fr.

333. Lombard Louis, à Fourques. — *Fourques*, 30 mai 1815, terre 29 perch. 50 m., 84 fr. ; terre 28 perch., 80 fr.

334. Lombard Marie, à Fourques. — *Fourques*, 30 mai 1815, terre 24 perch. 70 m., 71 fr.; terre 10 perch. 50 m., 33 fr.

Louis Jacques, agr., à Bellegarde. — Voy. Dupuy Pierre.

Malaygue Barthélemy, cult., à Bellegarde. — Voy. Dupuy Pierre.

335. Malbois. — *Aiguesmortes*, 10 juin 1813, marais de la Peyrade verte, 41 hect. 12 a. 48 c., 6550 fr.

Malzac Claude-Étienne aîné, prop., à Sauve. — Voy. Julien Jean.

336. Marbal Jean, à Fourques. — *Fourques*, 15 nov. 1814, terre 30 perch. 40 m., 86 fr. ; 30 mai 1815, terre 24 perch. 40 m., 70 fr.

Marbal (veuve), à Fourques. — Voy. Faïsse Marie.

337. Martin Etienne, percepteur, à Alzon. — *Campestre*, 22 mai 1815, biens dit de la Broussière, 190 fr.

333. Martin Marie (veuve Clamour Gaspard), à Fourques. — *Fourques*, 15 nov. 1814, terre 32 perch. 60 m., 92 fr.

339. Martin Valérian, prop., à Uzès. — *La Bastide-d'Engras*, 25 sept. 1813, devois sur le territoire de Cavillargues, 4 hect. 35 a. 12 c., 1200 fr. — *Saint-Maximin*, 15 novemb. 1813, terre 5 hect. 84 a. 26 c.,

8000 fr. — *Remoulins*, 15 nov. 1813, vigères 3 hect. 41 a. 95 c., 5550 fr. (1). — *Sabran*, 4 août 1814, terres 19 hect. 20 a., 4121 fr. (2).

Massadau Jean, à Moussac. — Voy. Girand André.

340-341. Matheron et Imbert Justin, à Fourques. — *Fourques*, 15 nov. 1814, terres 30 perch. 34 m., 97 fr.

342. Matheron Anne (veuve Faïsse), à Fourques. — *Fourques*, 30 mai 1815, terre 23 perch. 50 m., 68 fr. — Voy. en outre Matheron Antoine.

343. Matheron Antoine et Matheron Anne, à Fourques. — *Fourques*, 30 mai 1815, terre 32 perch. 30 m., 91 fr.

344. Matheron François, à Fourques. — *Fourques*, 30 mai 1815, terre 24 perch. 80 m., 71 fr. ; terre 8 perch. 40 m., 28 fr.

345. Matheron Jean dit Pierrot, à Fourques. — *Fourques*, 30 mai 1815, terre 44 perch. 50 m., 124 fr. ; terre 25 perch., 72 fr. ; terre 28 perch., 80 fr. ; terre 26 perch., 75 fr. ; terre 43 perch. 70 m., 122 fr. ; terre 26 perch. 10 m., 75 fr.

346. Matheron Jean, à Fourques. — *Fourques*, 15 nov. 1814, terre 22 perch. 60 m., 66 fr.

347. Matheron Jean, berger, à Fourques. — *Fourques*, 15 nov. 1814, terre 25 perch. 40 m., 73 fr.

348. Matheron Justin, à Fourques. — *Fourques*, 15 nov. 1814, terre 33 perch. 40 m., 94 fr.

349. Matheron Justin et Gros Catherine, à Fourques. — *Fourques*, 15 nov. 1814, terre 47 perch., 131 fr.

(1) Fit élection, le 15, en faveur de Gilles Joseph, prop., à Remoulins.

(2) Fit élection, le même jour, en faveur de Donzel Guillaume, agr., à Sabran.

350. Matheron Justin et Boyer Raymond, à Fourques. — *Fourques*, 15 nov. 1814, terre 36 perch.
50 m., 103 fr.

351. Matheron Pierre, fils à Pierre, à Fourques.
— *Fourques*, 30 mai 1815, terre 26 perch. 80 m., 77 fr.

Matheron (veuve), à Fourques. — Voy. Faïsse
Anne.

Mathieu Antoine, à Saint-Chaptes. — Voy. Reilhe
André.

Mathieu Philippe, à Nimes. — Voy. Reilhe André.

Mathieu Pierre, à Moussac. — Voy. Girand André.

352. Maurin Jean-Antoine, propr., à Vauvert. —
Vauvert, 10 fév. 1815, tènement de la Malgue, terres,
pâtures et marais 52 hect., 7800 fr.

Maurin Pierre, agr., à Boucoiran. — Voy. Carrieu
Paul.

Maurin Thomas, agr., à Bellegarde. — Voy. Dupuy Pierre.

353. Mazel André, agr., à Boucoiran. — *Nozières*,
20 juillet 1813, maison et casal attenant 2 a. 50 c.,
230 fr.

354. Mazel Jean fils, propr., à Moussac. — *Moussac*, 25 sept. 1813, terre et herme 75 a. 10 c., 179 fr.

355. Mazel Paul, prop., à Cruviers-Lascours. —
Cruviers-Lascours, 20 juil. 1813, gravier des Croza-
des 4 hect., 325 fr.

356. Mazel Paul, à la Calmette. — *La Calmette*,
26 août 1814, local dit de la terre, près la Tour,
70 m., 93 fr.

357. Mège Jean, à Fourques. — *Fourques*, 30 mai
1815, terre 15 perch. 50 m., 47 fr. ; terre 27 perch.
30 m., 78 fr.

358. Mégier Michel, agr., à Sabran. — *Sabran*,

17 juin 1813, terre au quartier de Codognac 20 a., 65 fr.

Menouret Louis, meunier, à Bellegarde. — Voy. Dupuy Pierre.

359. Méric François, notaire, à Brignon. — *Brignon*, 20 juil. 1813, terre à Peyrol 94 a. 75 c., 245 fr. ; 22 nov. 1813, gravier, pâture, pré 9 hect. 60 a., 530 fr.

Méric Jacques-Augustin, à Saint-Étienne-des-Sorts. — Voy. Duplan Augustin.

Meyrac Claudine veuve Vidal, à Bellegarde. — Voy. Dupuy Pierre.

Michel Gédéon, agr., à Bellegarde. — Voy. Barrière Jean et Dupuy Pierre.

Michel Henry, agr., à Bellegarde. — Voy. Barrière Jean et Dupuy Pierre.

Michel Joseph, cult., à Bellegarde. — Voy. Dupuy Pierre.

360. Mille Étienne (gendre et successeur de Bouisset Pierre), à Fourques. — *Fourques*, 15 nov. 1814, terre 50 perch. 13 m., 41 fr. ; terre 50 perch. 37 m., 105 fr.

361. Mille Pierre, à Fourques. — *Fourques*, 30 mai 1815, terre 24 perch., 69 fr.

362. Missonnier Jean-Baptiste. — *Chusclan*, 26 août 1814, brouteau 3 ares, 450 fr. 20.

363-365. Mistral Joseph, Germain Vincent, Guiguet Philippe-Honoré et Ayme Etienne, à Beaucaire. — *Beaucaire*, 14 juil. 1814, parties de marais à la Palunette 9 h. 84 a., 4633 fr.

Monier Antoine, prop., à Saint-Gilles. — Voy. Rivière Louis-Ulfrain.

366. Montagne Joseph, prop., à Chusclan. — *Chusclan*, 26 août 1814, brouteau 1 h. 12 a . 811 fr. 20.

367. Montcalm (Louis-Pierre-Marie-Paulin-Hippolyte-Dieudonné de), prop., à Vestric. — *Vestric,* 9 août 1813, prés et marais 4 h. 50 a., 5385 fr. ; 23 août 1813, la Sylve godesque, terres et marais 658 h., 27605 fr.

Montel Antoine, cult., à Bellegarde. — Voy. Dupuy Pierre.

368. Montfajon Henry, prop., à Vergèze. — *Le Cailar,* 30 mai 1815, palus 40 a., 305 fr.

Moulin Antoine (veuve de), à Fourques. — Voy. Fuya Jacques.

369. Moulin François (veuve de), à Fourques. — *Fourques,* 30 mai 1815, terre 26 perch., 75 fr.

370. Moulin Jacques, à Fourques. — *Fourques,* 15 nov. 1814, terre 22 perch. 60 m., 66 fr. ; terre 42 perch. 80 m., 119 fr. ; terre 90 perch. 10 m., 34 fr. (1) ; 30 mai 1815, terre 22 perch. 40 m., 65 fr. ; terre 23 perch. 50 m., 68 fr. ; terre 25 perch. 30 m., 73 fr.

371. Moulin Jacques fils à Jacques, à Fourques. — *Fourques,* 15 nov. 1814, terre 21 perch., 61 fr.

372. Moulin Pierre fils à Jacques, à Fourques. — *Fourques,* 15 nov. 1814, terre 10 perch., 32 fr. ; 30 mai 1815, terre 27 perch., 77 fr. — Voy. en outre Noyer Martin.

373. Moulin Pierre vieux, à Fourques. - *Fourques,* 15 nov. 1814, terre 36 perch., 101 fr. ; 30 mai 1815, terre 23 perch., 67 fr.

Moulin (veuve), à Fourques. — Voy. Noyer Marguerite.

Moure François, agr., à Bellegarde. — Voy. Barrière Jean et Dupuy Pierre.

(1) Annulé par arrêté du 11 janv. 1815, attendu que cette pièce est une draille.

374. Moureau Jean-Baptiste, prop., à Aigues-mortes. — *Aiguesmortes*, 10 juin 1813, pêcherie dite du Rhône mort, marais et herbages, 46 h. 72 a. 17 c., 10100 fr.

375. Mourier Daniel, prop. à Nimes. — *Castillon-du-Gard*, 8 juin 1813, six pièces terres et vignes 4 h. 60 a. 28 c., 10100 fr. ; trois pièces vigne, terre et jardin 11 h. 50 a. 16 c., 30000 fr. — Voy. en outre Guérin Louis et Tourrette.

376. Mourier Daniel, prop., à Nimes, et Auguste de Cambis, à Orsan. — *Aiguesmortes*, 23 août 1813, les pacages du Listel 377 h. 03 a. 87 c., 22039 fr.

377. Noyer Catherine veuve de Pierre Flandrin, à Fourques. — *Fourques*, 30 mai 1815, terre 73 perch. 50 m., 201 fr. ; terre 29 perch., 83 fr. — Voy. en outre Conteslin Jacques.

378. Noyer Guillaume, à Fourques. — *Fourques*, 30 mai 1815, terre 25 perch. 10 m., 72 fr. ; terre 23 perch. 20 m., 67 fr. ; terre 23 perch. 20 m., 67 fr.

379. Noyer Jacques fils à Jean, à Fourques. — *Fourques*, 30 mai 1815, terre 24 perch. 30 m., 70 fr. ; terre 30 perch. 20 m., 70 fr.

380. Noyer Jean, à Fourques. — *Fourques*, 15 nov. 1814, terre 27 perch., 77 fr. — Voy. en outre Noyer Martin.

381-382. Noyer Jean (les héritiers de) représentés par Imbert (ou Juibert) Justin, et Laforêt Justin, à Fourques. — *Fourques*, 15 nov. 1814, terre 60 perch. 62 m., 172 fr.

383. Noyer Jean fils, à Fourques. — *Fourques*, 30 mai 1815, terre 22 perch. 50 m., 65 fr.

384. Noyer Jean fils d'Henry, à Fourques. — *Fourques*, 15 nov. 1814, terre 87 perch. 40 m., 238 fr.

385. Noyer Jean fils de Pierre, à Fourques. — *Fourques*, 30 mai 1815, terre 29 perch. 40 m., 84 fr.

386. Noyer Marguerite veuve Moulin, à Fourques. — *Fourques*, 30 mai 1815, terre 24 perch. 50 m., 71 fr. ; terre 24 perch., 69 fr.

387. Noyer Martin, à Fourques. — *Fourques*, 15 nov. 1814, terre 11 perch. 50 m., 36 fr. ; terre 28 perch., 80 fr. ; terre 31 perch. 70 m., 90 fr. ; 30 mai 1815, terre 27 perch. 50 m., 79 fr. ; terre 25 perch., 72 fr.

388. Noyer Martin et Fuillas Martin, à Fourques. — *Fourques*, 15 nov. 1814, terre 51 perch., 141 fr.

389. Noyer Martin et Moulin Pierre fils à Jacques, à Fourques. — *Fourques*, 30 mai 1815, terre 23 perch. 70 m., 69 fr.

390. Noyer Martin et Noyer Jean, à Fourques. — *Fourques*, 15 nov. 1814, terre 29 perch., 83 fr. ; 30 mai 1815, terre 25 perch. 50 m., 73 fr.

391. Noyer Pierre fils à Jacques, à Fourques. — *Fourques*, 30 mai 1815, terre 23 perch. 50 m., 68 fr.

392. Noyer Pierre fils à Justin, à Fourques. — *Fourques*, 15 nov. 1814, terre 28 perch., 80 fr. ; terre 70 perch. 17 m., 53 fr. ; 30 mai 1815, terre 25 perch., 72 fr.

Orgeas Amand fils, prop., à Théziers. — Voy. Orgeas Joseph père.

393-394. Orgeas Joseph père et Orgeas Amand fils, à Théziers. — *Théziers*, 15 nov. 1813, bâtiment ruiné servant de moulin à huile, 159 m., 585 fr. ; 4 août 1814, servant de moulin à huile, 92 m., 1926 fr.

Ornac de Verfeuil (Marie-Thérèse-Pauline Niel d'), à Uzès. — Voy. Brunier Pierre.

Page Antoine, agr., à Bellegarde. — Voy. Barrière Jean et Dupuy Pierre.

Page Jacques fils, agr., à Bellegarde. — Voy. Dupuy Pierre.

Page Jacques père, agr., à Bellegarde. — Voy. Dupuy Pierre.

Page Louis, agr., à Bellegarde. — Voy. Barrière Jean et Dupuy Pierre.

Page Pierre, agr., à Bellegarde. — Voy. Barrière Jean, Blancher Antoine, Dupuy Pierre et Roche Pierre.

Page Pierre fils, agr., à Bellegarde. — Voy. Barrière Jean et Dupuy Pierre.

395. Pagès Jean, à Fourques. — *Fourques*, 15 nov. 1814, terre 70 perch. 45 m., 127 fr. ; 30 mai 1815, terre 25 perch., 72 fr.

Panisse Jean, berger, à Bellegarde. — Voy. Dupuy Pierre.

396. Pascal Antoine, à Fourques. — *Fourques*, 15 nov. 1814, terre 40 perch. 54 m., 150 fr. ; terre 29 perch. 10 m., 83 fr.

397. Pascal Étienne, à Fourques. — *Fourques*, 15 nov. 1814, terre 34 perch. 50 m., 97 fr.

398. Pascal Étienne et Jehan Firmin, à Fourques. —*Fourques*, 15 nov. 1814, terre 47 perch. 50 m., 132 f.

399. Pascal Jacques, à Fourques. — *Fourques*, 15 nov. 1814, terre 19 perch. 10 m., 56 fr. ; terre 26 perch., 75 fr. ; terre 48 perch. 20 m., 119 fr. ; 30 mai 1815, terre 24 perch. 50 m., 71 fr. — Voy. en outre Pascal Jean.

400. Pascal Jean et Pascal Jacques, à Fourques.—*Fourques*, 15 nov. 1814, terre 67 perch. 20 m., 184 fr.

Pascal (Sayard Catherine, veuve), à Fourques. — Voy. Sayard Catherine.

Pastouret Jean, berger, à Bellegarde. — Voy. Dupuy Pierre.

Pastouret Jean, oncle, propr., à Bellegarde. — Voy. Dupuy Pierre.

Pastouret Pierre, agr., à Bellegarde. — Voy. Dupuy Pierre.

401. Paul Antoine, à Fourques. — *Fourques*, 15 nov. 1814, terre 90 perch. 49 m., 138 fr.; 30 mai 1815, terre 23 perch. 90 m., 69 fr.; terre 22 perch. 70 m., 66 fr.

Paul Etienne Henry, aubergiste, à Bellegarde. — Voy. Dupuy Pierre.

Paul Gédéon, agr., à Bellegarde. — Voy. Barrière Jean et Dupuy Pierre.

402. Paul Thomas, à Fourques. — *Fourques*, 30 mai 1815, terre 23 perch. 80 m., 69 fr.

403. Pazin Étienne, à Fourques. — *Fourques*, 30 mai 1815, terre 23 perch. 50 m., 68 fr.; terre 25 perch., 73 fr.

404. Pelat Pierre, à Fourques. — *Fourques*, 30 mai 1815, terre 17 perch., 51 fr.

Pellet (François-Édouard de), propr., à Nimes. — Voy. Gide Jean-Joseph-Théophile-Étienne.

Pellet Mathieu, fils d'autre, cult., à Bellegarde. — Voy. Dupuy Pierre.

Pelouzet (les enfants), à La Calmette. — Voy. Rivière Jean-Baptiste.

405. Pénarier Jean, propr., à Saint-Étienne-de-Lolm. — *Saint-Étienne-de-Lolm*, 22 nov. 1813, vieux bâtiment occupant un terrain d'environ 3 ares, 175 francs.

Perrier (Bourillon Marie, veuve) courtière, à Bellegarde. — Voy. Dupuy Pierre.

Perrier Guillaume fils, cult., à Bellegarde. — Voy. Dupuy Pierre.

Pe··r Jean père, cultiv., à Bellegarde. — Voy. Du-p··. ·erre.

Peschaire Jean-Alexandre, agr., à Rochegude. — Voy. Lavie Louis.

Petit Jean, à Moussac. — Voy. Girand André.

Plantier François père, prop., à Nimes. — Voy. Tur-Lafont Jean fils.

Platin Victor, à Saint-Étienne-des-Sorts. — Voy. Duplan Augustin.

Quet Louis, marchand de fer, à Nimes. — Voy. Bruel François.

406. Quittard Baptiste, cult., à Sabran. — *Sabran,* 26 août 1814, terre 24 ares, 46 fr.

407. Quittard Joseph, cult., à Sabran. — *Sabran,* 26 août 1814, terre, 18 fr.

Ragoust Martin, cult., à Bellegarde. — Voy. Dupuy Pierre.

Randon de Grolier (Deydier Henriette, veuve), prop., à Bellegarde. — Voy. Barrière Jean.

Raoux Placide, à Saint-Étienne-des-Sorts. — Voy. Duplan Augustin.

408. Rébuffat Anne, à Fourques. — *Fourques,* 30 mai 1815, terre 22 perch. 50 m., 65 fr.

409. Rébuffat Étienne, à Fourques. — *Fourques,* 30 mai 1815, terre 24 perch. 50 m., 71 fr.

410. Rébuffat Jacques, ménager, à Fourques. — *Fourques,* 15 nov. 1814, terre 40 perch. 34 m., 97 fr.; terre 43 perch. 20 m.,   fr.; 30 mai 1815, terre 48 perch. 80 m., 135 fr.; terre 73 perch. 50 m., 201 fr.; terre 24 perch., 69 fr.

Rébuffat (veuve). — Voy. Faïsse Anne.

411. Redon Sylvestre, agr., à Saint - Hilaire - d'Ozilhan. — *Saint-Hilaire-d'Ozilhan*, 4 juin 1813, terre 9 hect. 32 a. 55 c., 4600 fr.

412-425. Reilhe André, Larnac Louis-Jacques (pour Antoine Mathieu, son oncle), Larnac François-Simon, Sayerle Élisa, Rouvière André, Levat Louis, Galafrès Antoine, Reilhe-Sadargues Louis-Jacques, Légaud Louis, prop., à Saint - Chaptes, Veaute Jean-Louis, nég., Baumet David, Mathieu Philippe, Chabaud-Latour Antoine-Georges-François, Faugère Antoine, nég., de Nimes. — *Saint-Chaptes*, 21 déc. 1813, vigères des Rompues et d'Accabat, 11860 fr. ; le Grand Pré, petit coin de terre, terre de la Cabane et gravier, 11300 fr. ; le pré des Saules, 13060 fr.

Reilhe-Sadargues Louis-Jacques, à Saint-Chaptes. — Voy. Reilhe André.

426-427. Reynaud Louis et Laforêt Justin, à Fourques. — *Fourques*, 30 mai 1815, terre 20 perch. 20 m., 64 fr.

Rieu Anne (veuve Guillaume Vidal), à Bellegarde. — Voy. Barrière Jean et Dupuy Pierre.

Rieu Pierre, agr., à Bellegarde. — Voy. Barrière Jean et Dupuy Pierre.

428-438. Rivière Jean-Baptiste, notaire (pour le sieur François-Marie Mathei de Valfons, prop., à La Calmette), à Saint-Géniès, Tur-Cavalier François fils, nég., à Nimes, Viala Louis, Pelouzet (les enfants), Granier Louis, Hugon Jean, Bonnet André, Conte Baptiste, Béchard Charles, Béchard Jacques, Audiger Jean, à La Calmette. — *La Calmette*, 20 oct. 1814, le grand devois 30 hect. 97 a. 23 c., 12225 fr.

439-445. Rivière Louis-Ullrain , Soulier Adrien, Aptel aîné, Coustan Raymond , Monier Antoine, Brun Jacques et Baron Mira, prop., à Saint-Gilles. — — *Saint-Gilles*, 14 juillet 1814, la Carreirasse et partie de marais d'Entre-Cambon, 11620 fr.

446. Robert Jean-Louis, à Saint-Maximin. — *Saint-Maximin*, 25 sept. 1813, ancien cimetière 4 a., 229 fr.

447. Roche Antoine, à Fourques. — *Fourques*, 15 nov. 1814, terre 25 perch. 40 m., 73 fr. ; 30 mai 1815, terre 39 perch., 109 fr.

448. Roche Antoine-Joseph, à Fourques. — *Fourques*, 30 mai 1815, terre 28 perch. 50 m., 81 fr.

449. Roche-Fustier Pierre, à Fourques. — *Fourques*, 15 nov. 1814, terre 42 perch. 70 m., 119 fr.

450. Roche Jean, sabotier, à Fourques. — *Fourques*, 15 nov. 1814, terre 15 perch., 45 fr. ; 30 mai 1815, terre 22 perch. 50 m., 64 fr. ; terre 26 perch. 20 m., 75 fr. ; terre 23 perch., 67 fr.

451-454. Roche Pierre, Bret Guillaume, Langlois Marie et Page Pierre , à Fourques. — *Fourques*, 30 mai 1815, terre 4 arp. 65 perch. 70 m., 309 fr. chacun, soit, au total, 1236 fr.

455. Romanet André, prop., à Saint-Julien. — *Saint-Julien-de-Peyrolas*, 21 juin 1813, tènement de la grande ramière 4 hect. 41 a., 4700 fr.

Roques Charles-Henry, marquis de Clausonnette, à Beaucaire. — Voy. Donzel Antoine.

Roubin Thomas, revendeur, à Bellegarde. — Voy. Dupuy Pierre.

456. Roure (Charles-Joseph du), prop., à Beaucaire. — *Saint-Bonnet*, 31 août 1813, terrain inculte

104 m., 45 fr. (1) ; terrain inculte 160 m., 45 fr. ; terrain inculte, 55 fr.

457. Rousset Pierre-Antoine, prop., à Campestre. — *Campestre*, 2 août 1813, bois et pâturages, 464 fr. ; biens, 655 fr.

Rouvière André, à Saint-Chaptes. — Voy. Reilhe André.

Rouvière Antoine, maire, à Moussac. — Voy. Girand André.

Rouvière Jean-Pierre-Étienne, à Moussac. —Voy. Girand André.

Rouvière Pierre, à Moussac. — Voy. Girand André.

458. Rouvière Pierre, prop., à Boucoiran. —*Boucoiran*, 22 nov. 1813, terre 4 hect., 1100 fr.

459. Roux Jean-Baptiste, prop., à Uzès. — *Uzès*, 25 sept. 1813, terre 12 a. 44 c., 500 fr.

Roux-Sagriers Jean-Pierre. — Voy. Gaudin.

Saint-Martin Étienne, à Moussac. — Voy. Girand André.

460. Salin Étienne, à Fourques. — *Fourques*, 30 mai 1815, terre 24 perch. 50 m., 71 fr.

461. Salin Guillaume, à Fourques. — *Fourques*, 30 mai 1815, terre 24 perch. 50 m., 71 fr.

462. Salles Pierre, maréchal à forge, à Saint-André-de-Majencoules. — *Le Vigan*, 22 mai 1815, sept pièces châtaigneraies et herme 5 hect. 25 a. 20 c., 705 fr.

Sautel Antoine-Nicolas, à Saint-Étienne-des-Sorts. — Voy. Duplan Augustin.

463. Sayard Catherine veuve Pascal, à Fourques.

(1) Fit élection, le même jour, en faveur de Crouzier Simon agr., à Saint-Bonnet.

— *Fourques*, 15 nov. 1814, terre 38 perch. 80 m., 109 fr. ; terre 19 perch. 70 m., 58 fr. ; terre 26 perch. 6 m., 76 fr.

Sayerle Élisa, à Saint-Chaptes. — Voy. Reilhe André.

461. Sayerle Guillaume, à Garrigues. — *Garrigues*, 26 août 1814, terre dite aire 75 a., 1305 fr.

465-468. Seyne Cosme, Blanchon Louis fils, Blanchon Jean-Mathieu et Couloinb Mathieu, prop., à Fournès. — *Fournès*, 26 août 1814, tuilerie avec bergerie et deux terres 1 hect. 85 a. 86 c., 1223 fr. 20.

469. Seynes (Sozine de), prop., à Nimes. — *Beaucaire*, 31 août 1813, terrain appelé la draille de Pastoureau (quelle que soit la contenance), 1200 fr.

470. Silhol André-François, prop., à Saint-Ambroix. — *Robiac*, 22 nov. 1813, deux lopins de terre d'un revenu de 4 fr., 400 fr.

471. Solier Jean, à Sabran. — *Sabran*, 26 août 1814, terres 2 hect., 351 fr. 20 c.

Soulier Adrien, prop., à Saint-Gilles. — Voy. Rivière Louis-Ulfrain.

472-473. Soulier Adrien et Coustan Raymond, prop., à St-Gilles. — *Saint-Gilles*, 14 juillet 1814, terre 2 hect. 71 a., 6181 fr.

474. Tardieu Claude, fermier, à Beaucaire. — *Beaucaire*, 14 juillet 1814, terre en deux parties, 45 a. 69 c., 671 fr.

Taulier Joseph, à Saint-Étienne-des-Sorts. — Voy. Duplan Augustin.

475. Teissier Henri-Jacques Berbiguier, notaire, à Anduze. — *Boisset-et-Gaujac*, 8 août 1814, pâturages 7 hect. 45 a., 1305 fr.

476. Tempié Marie, veuve Dijol. — *Manduel*, 30 mai 1815, terre 32 a. 40 c., 205 fr.

477. Teulon Louis, cult., à Arphy. — *Aulas* et *Arphy*, 22 mai 1815, bois et pâturages sur le terroir d'Arphy, 1101 fr.

478. Tourrelle, géomètre du cadastre. — *Remou-lins*, 15 nov. 1813, vigères 11 hect. 81 a. 23 c., terres et graviers 6 hect. 21 a. 70 c., le tout 20300 fr. (1).

479. Trenquier Jean-Baptiste, nég., à Montfrin. — *Montfrin*, 31 août 1813, bâtiment ruiné (ancien écor-choir) 87 m., bâtiment de la boucherie 8 m., le tout 422 fr.

480. Trinquelague-Dions Jean-Charles, prop., à Dions. — *Saint-Anastasie*, 10 sept. 1813, tènement de Ponteil (terres et vignes), 4529 fr. — Voy. en outre Chabaud de Latour et Gaudin.

481. Tronche Esprit, agr., à Théziers. — *Théziers*, 30 mai 1815, terre 8 a. 32 c., 105 fr.

Trouillet Jean, tailleur d'habits, à Bellegarde. — Voy. Dupuy Pierre.

Tur-Cavalier François fils, nég., à Nimes. — Voy. Rivière Jean-Baptiste.

482-483. Tur-Lafont Jean fils, nég., et Plantier François père, prop., à Nimes. — *Domazan*, 20 oct. 1814, terre à Pichaulet, 2790 fr. — *Beau-caire*, 20 oct. 1814, marais 6 hect., 8525 fr.

484. Turquis Claude, prop., à Saint-Alexandre. — *Saint-Alexandre*, 26 août 1814, terrain 24 a., 133 fr.

Vaizon (Bertaudon Anne, veuve Gabriel), à Bel-legarde. — Voy. Dupuy Pierre.

_____

(1) Fit élection, le 17, en faveur de Gilles Antoine-Joseph, prop., à Remoulins, et de Mourier Daniel, entrepreneur, à Nimes.

Valfons (François-Marie-Mathei de), à La Calmette. — Voy. Rivière Jean-Baptiste.

485. Vallat Antoine, à Sabran. — *Sabran*, 26 août
1814, terres 86 a., 158 fr. 60.

486. Vallat Jean, agr., à Sabran. — *Sabran*, 62
août 1814, terres et vignes 2 h. 56 a., 486 fr. 40.

Veaute Jean-Louis, nég., à Nimes. — Voy. Reilhe
André.

487. Verdaguès Guillaume, prop., à Aiguesmortes.
— *Aiguesmortes*, 10 juin 1813, étang de Repausset
(levant), marais et herbages 313 h. 11 a. 41 c.
7500 fr. (1).

488. Verdeille Jean-Claude, prop., à Sauve. —
Sauve, 18 nov. 1813, bâtiment dit des Casernes,
2820 fr.

Vernet Pierre, prop., à Lussan. — Voy. Gaussen
Pierre.

Veyrat François, à Bezouce. — Voy. Dayre Pierre.

Viala Louis, à la Calmette. — Voy. Rivière Jean-
Baptiste.

489. Vidal Antoine, messager, à Sommières. —
Sommières, 3 juin 1813, boutique sur le grand aque-
duc du faubourg du Bourguet, 9 m., 305 fr.

Vidal Christol, ménager, à Bellegarde. — Voy.
Dupuy Pierre.

490-491. Vidal David, nég., et Vigne Henry, prop.,
à Nimes. — *Bouillargues*, 13 août 1813, terre de la
figuiérasse 29 h. 70 a. 90 c., 6550 fr.

Vidal Guillaume (Rieu Anne, veuve), à Bellegarde.
— Voy. Barrière Jean et Dupuy Pierre.

_____

(1) Fit élection, le 11, en faveur de Vigne Pierre, prop., à Aiguesmortes. Cette vente fut annulée par décret du 11 déc. 1813 ;
une nouvelle adjudication eut lieu le 1er mars 1814, mais il ne fut
fait aucune enchère.

Vidal Jean, à Moussac. — Voy. Girand André.

Vidal (Meyrac Claudine, veuve), à Bellegarde. — Voy. Dupuy Pierre.

492. Vigne Barthélemy ainé, chargeur, à Nimes. — *Milhaud*, 8 juin 1813, terre 15 a. 98 c., 1625 fr.; 30 mai 1815, terre 3 a. 92 c., 80 fr.; terre 14 a. 70 c., 305 fr.; terre 42 a. 10 c., 1150 fr.

Vigne Henry, prop., à Nimes. — Voy. Vidal David.

Vigne Philippe fils ainé. — Voy. Vigne Pierre.

493. Vigne Pierre, prop., à Aiguesmortes. — *Aiguesmortes*, 10 juin 1813, marais dit herbage du petit Boucanet 313 h. 89 a. 86 c., 2425 fr.; marais du grand Pas 10 h. 77 a. 16 c., 1425 fr.; étang du Re-paussel (couchant) marais, herbages, 607 h. 58 a. 47 c., 23300 fr. (1); pêcherie de la Marette, pâturages et marais 114 h. 40 a. 90 c., 14100 fr. (2).. — Voy. en outre Verdaguès Guillaume.

Villaret Joseph, prop., à Montpellier. — Voy. Despuech Barthélemy.

Vogué Charles-Louis-François-Florimond, prop., à Tresques. — Voy. Jammet Jean-Charles.

---

(1) Cette vente fut annulée par décret du 11 déc. 1813. Une nouvelle adjudication eut lieu le 1er mars 1815, au profit de Vigne Philippe fils ainé, au prix de 28900 fr.

(2) Cette vente fut annulée par décret du 11 déc. 1813. Une nouvelle adjudication eut lieu le 1er mars 1814; on ne fit pas d'enchère.

TABLE

PAR ORDRE ALPHABÉTIQUE

DES COMMUNES

Calmette (La). —26 août 1814, 356; 29 oct. 1814, 428.

Campestre. — 3 août 1813, 7, 235, 457; 18 nov. 1813, 119; 22 mai 1815, 113, 337.

Cardet. — 22 nov. 1813, 72.

Castillon-du-Gard. — 8 juin 1813, 375.

Cavillargues. — 25 sept. 1813, 339.

Chusclan. — 5 juillet 1813, 50; 26 août 1814 ; 363, 366.

Comps. — 20 oct. 1814, 234.

Corbès. — 20 juillet 1813, 83.

Cruviers-Lascours. — 20 juillet 1813, 355.

Dions. — 20 oct. 1814, 107.

Domazan. — 31 août 1813, 137 ; 20 oct. 1814, 482

Fournès. — 26 août 1814, 465.

Fourques. — 16 nov. 1814, 2, 52, 54, 55, 58, 59, 60, 62, 78, 82, 88, 95, 98, 102, 103, 114, 116, 117, 120, 228, 233, 236, 238, 239, 242, 243, 250, 252, 253, 254, 256, 258, 263, 265, 271, 307, 308, 310, 311, 315, 318, 325, 328, 332, 336, 338, 340, 346, 347, 348, 349, 350, 360, 370, 371, 372, 373, 380, 381, 384, 387, 388, 390, 392, 395, 396, 397, 398, 399, 400, 401, 410, 447, 449, 450, 463; 30 mai 1815, 1, 2, 4, 5, 6, 52, 53, 54, 56, 57, 59, 60, 61, 62, 63, 64, 65, 66, 70, 71, 75, 76, 77, 78, 79, 80, 81, 84, 87, 88, 89, 90, 91, 92, 102, 105, 111, 116, 118, 121, 122, 123, 125, 127, 128, 129, 222, 223, 224, 225, 236, 230, 231, 232, 233, 236, 238, 239, 241, 242, 244, 245, 249, 250, 251, 252, 253, 260, 261, 262, 264, 271, 272, 302, 307, 308, 309, 312, 313, 315, 316, 317, 318, 325, 326, 328, 329, 330, 332, 333, 334, 336, 342, 343, 344, 345, 351, 357, 361, 369, 370, 372, 373, 377, 378, 379, 383, 385, 386, 387, 389, 390, 391, 391, 392, 395,

ERRATA

P.   6, ligne 6, on lit : « Lorsque cette liste sera publiée...»
Il convient de dire, pour expliquer ce membre de
phrase, que cette étude sur l'aliénation des biens
nationaux a paru dans la *Revue du Midi* de 1897, et
que l'auteur ne songeait pas alors à publier la liste
des acquéreurs.

P. 63, note 2, au lieu de : « voy. n° 323 », lire « 333,
Bonnaud Jean-Louis ».

P. 64, n° 15. La date de la vente, qui a été omise, est
28 avril 1791.

P. 65, n° 28. La date de la vente, qui a été omise, est
1er août 1813.

P. 69, n° 78. La situation des biens est *Meynes.*

P. 73, n° 113, la note. Au lieu de : « voy. n° 1316 », lire
« voy. n° 1328, *Fornier-Arnail* ».

P. 74, n° 118. Le tiré qui suit « Nimes » doit être placé
avant ; *Nimes* est la situation des biens.

P. 79, la note. Au lieu de n° 541, lire 551.

P. 87, n° 207. Au lieu de « Dufort », lire *Durfort.*

P. 90, n° 225. La situation des biens est *Saint-Gilles.* —
Note 5, après « Saussine » ajouter « *Jean* n° 2424 ».

P. 96, 21me ligne. Au lieu de « Chapelle », lire *Chapelles.*

P. 117, n° 442. La date de la vente, qui a été omise, est
9 mars 1791.

P. 119, 25me ligne. Au lieu de « n° 542 », lire 552.

P. 146, n° 902. Avant « 12 vend. an V », lire *Tavel (prieuré).*

P. 153, n° 940. Au lieu de 15 fév., lire : 16 fév.

P. 155, 2e ligne. Après « 459 fr. », lire : *Nimes* (...?)

P. 164, n° 1009. La date de la vente, qui a été omise, est *15 mars 1792*.

P. 173, n° 1101. La date de la vente, qui a été omise, est *18 juin 1791*.

P. 180, 1re ligne. Au lieu de « Fons-sous-Gardon », lire *Fons-outre-Gardon*.

P. 190, n° 1203. La situation des biens est *Nimes*.

P. 191, 16me ligne. Au lieu de 1808, lire *1208*.

P. 196, 2e ligne, lire *traille* au lieu de traill.

P. 204, n°s 1309-1310. La date de la vente, qui a été omise, est *10 mars 1791*.

P. 206, n° 1326. Au lieu de « Souvignargues », lire *Savignargues*.

P. 249, n° 1605. La date de la vente, qui a été omise, est *17 fév. 1791*.

P. 364, n° 2485. La date de la vente, qui a été omise, est *24 janv. 1791*.

P. 655, la note. Au lieu de « chiffres romains », lire « chiffres *arabes*.

P. 656, 23me ligne. Après « ait », ajoutez « *été* ».

P. 658, 33me ligne. Au lieu de « Etnant », lire *Enault*.

TABLE DES MATIÈRES

L'Aliénation des biens nationaux dans le Gard

————

ACHEVÉ D'IMPRIMER

PAR L'IMPRIMERIE GÉNÉRALE

NIMES

LE 31 DÉCEMBRE 1899

DU MÊME AUTEUR :

L'Abjuration de 1686 à Nimes. (Petite bibliothèque de NEMAUSA, Nimes, imp. Clavel-Ballivet, 1883) 8 p. in-8°; (1 fr.) *Épuisé.*

Méyère (de Laudun), juge au Tribunal révolutionnaire de Paris. (Charavay frères, Paris, 1883) in-8° de 106 p. orné d'un fac-simile (2 fr. 50).

Le général Villaret. (P... bibliothèque de NEMAUSA, Nimes. A. Catélan, 1884) in-8° de 15 p. (1 fr.) *Épu....*

Le mouvement électoral dans le Gard en 1782 (Nimes, lib. Catélan et lib. Lavagne-Peyrot, 1884) 1 vol. in-12 de 370 p. avec 2 pl. de fac-simile (3 fr. 50).

Rabaut Saint-Etienne (quatre lettres inédites de) (Nimes, lib. Catélan et lib. Lavagne-Peyrot, 1885), broch. de 16 p. in-8° (1 fr.)

Quatrefages de Laroquète, constituant du Gard. (Paris, Charavay frères, 1886), broch. de 93 p. in-8°, avec un portrait. (2 f. 50).

Les Viganais à la bagarre de Nimes. (Lib. Catélan, Nimes, 1887) 66 p. in-12 (2 fr.)

Dimanches révolutionnaires. (Nimes, lib. Catélan, 1888), 1 vol. de 450 p. in-12 (5 fr.) *Épuisé.*

La Révolution française à Saint-Gilles. (Nimes, lib. Catélan, 1889) broch. de 69 p. in-12 (2 fr.)

Les Religionnaires des Diocèses de Nimes, Alais et Uzès, et la Révolution française, recherches publiées sous les auspices de la Société de l'Histoire du protestantisme français pour le premier centenaire de la liberté de conscience en France. (Paris, lib. Fischbacher, et Nimes, lib. Lavagne-Peyrot, 1889) petit vol. de 216 p. in-12 sur papier teinté avec titre en deux couleurs (5 fr.) *Épuisé.*

Ricard, constituant du Gard. (Paris, Charavay frères, 1889) 16 p. in-8° (1 fr.)

Histoire de la Révolution française dans le département du Gard (Nimes, Catélan, 1887 à 1889) 4 forts vol. in-12 (20 fr.) *Épuisé.*

Ménard (Jean-François-Xavier de), général, député à l'Ass. législ. (Paris, Charavay frères, 1890) 40 p. in-8°. (1 fr.).

La Jhalésade, poème révolutionnaire en vers patois (Nimes, Catélan, 1890) broch. de 56 p. in-8° (3 fr.)

Lundis révolutionnaires. (Nimes, Catélan, 1891) 1 vol. de 398 p. in-12 (5 fr.) *Épuisé.*

Mardis révolutionnaires. (Nimes, Catélan, 1893) 1 vol. de 370 p. in-12 (5 fr.) *Épuisé.*

L'Assemblée du moulin de l'Agau. (Paris, Société de l'histoire du protestantisme français, 1893) broch. de 33 p. in-8° avec un plan et un fac-simile (2 fr.)

Le Cabinet de Graverol. (Nimes, Catélan, 1895. broch. de 22 p. in-8° (1 fr.)

L'Académie de Nimes au XVIIIe siècle. (Nimes, Catélan, 1896) 38 p. in-8°. (2 fr.)

Une hôtellerie nimoise au XVe siècle. Le logis St Jacques. (Nimes, imp. Gervais-Bedot, 1898) 19 p. in-8° (1 fr.)

EN PRÉPARATION :
Les Clubs de Nimes sous la Révolution.

Nimes. — Imprimerie Générale, rue de la Madeleine, 21.

www.ingramcontent.com/pod-product-compliance
Lightning Source LLC
Chambersburg PA
CBHW060536280326
41932CB00011B/1310